김재준과 개신교 민주화운동의 기원

김재준과 개신교 민주화운동의 기원

초판 1쇄 발행   2016년 12월 30일

지은이 │ 고지수
펴낸이 │ 윤관백
펴낸곳 │ 도서출판 선인

등 록 │ 제5-77호(1998.11.4)
주 소 │ 서울시 마포구 마포대로 4다길 4(마포동 324-1) 곳마루 B/D 1층
전 화 │ 02) 718-6252 / 6257
팩 스 │ 02) 718-6253
E-mail │ sunin72@chol.com

정가   40,000원
ISBN   979-11-6068-018-8   93910

· 잘못된 책은 바꿔 드립니다.
· www.suninbook.com

# 김재준과 개신교 민주화운동의 기원

고지수 지음

 도서출판 선인

# 책을 내며

이 책은 필자의 박사학위 논문 『김재준의 기독교적 사회참여 연구』(성균관대학교, 2016)를 보완하여 펴낸 글이다. 장공 김재준 목사의 서거 30주기를 앞둔 시점에 그의 삶을 조명하는 작업은 매우 의미 있는 일이라 생각된다. 김재준은 대체로 세 차원에서 인식되어 온 인물이다. 일반적으로 장공 김재준은 1970~1980년대 권위주의 정치권력에 맞서 개신교의 사회참여운동을 이끈 지도자로 알려져 있다. 필자의 전공인 한국현대사에서 김재준은 독재권력에 맞선 기독교 저항 정신의 상징으로 일찍부터 매력적인 연구 대상이 되어 왔다. 한국교회 안에서 김재준 목사는 보수신학 전통의 한국장로교 안에서 자유주의 신학운동을 전개하여 1950년대 중반 한국장로교 2차 분열에서 중심인물로 알려져 왔다. 이와 같이 다양한 인식이 가능한 김재준의 삶이지만 그동안 한국교회사 안에서 그의 신학사상을 중심으로 조명되어 왔을 뿐 역사학에서는 본격적인 연구가 진행되지 못하였다.

이러한 연구 경향은 1960년대 중반을 경계로 교회와 사회, 양 차원에서 선명하게 대비를 이룬 김재준의 참여 양식을 통합적으로 서술해 내는 데 어려움이 있었기 때문으로 보인다. 가령 김재준의 역사참여를 신학적 언어로 정치하게 설득해 내는 작업과 일반 역사학에서 김재준의 일관된 '교회 참여'를 비종

교적 언어로 해석하는 작업은 각각의 학문 영역만으로 해소하기 어려운 제약
이 된다. 결과적으로 기존 교회사 서술에서 김재준 연구는 한국장로교의 분열
과 기독교장로회의 출현을 둘러싼 신학 갈등 및 변증에 초점이 맞춰져 왔고
이 경우 교단 입장에 따라 긍정 또는 부정의 극단적 평가로 나뉘어 조명되어
온 것이 사실이다. 따라서 김재준의 이례적인 역사참여를 고려할 때 교회와
교단을 넘어 시대와 역사 속에서 통합하여 조망하는 시야와 안목이 요구된다.

  필자가 김재준의 삶을 학위 논문 주제로 구체화시키기까지 고민하고 발전
시켜 간 학문적 동기들이 중요했다. 최초의 문제의식은 명료했는데, 생애 전반
을 교회 안에 머물렀던 한 인물이 60대 중반에서야 정치 현실로 뛰어든 계기
가 무엇일까 하는 것이다. 역사 인물에게서 이 계기성을 찾는 작업은 흥미롭
고 의미 있는 과정임에 분명해 보였다.

  한국 사회 민주화 과정은 학생 · 노동 · 종교 · 시민사회 등 다양한 운동 주체
의 참여로 성장 · 발전해 왔다. 이 가운데 종교계의 민주화운동은 1969년 박정
희 정권이 영구 집권의 교두보로 마련한 3선개헌에 맞서 '3선개헌반대범국민
위원회'를 조직하고 김재준 목사가 위원장에 선출됨으로써 촉발된 것으로 보
는 것이 현재 학계의 일반적인 견해이다. 필자는 이 기구에서 김재준의 위원
장직 수락을 그의 '정치참여' 출발로 보았는데, 기존의 교회사 또는 교단사에서
는 김재준의 이러한 정치참여의 동기와 역사적 의미를 명확히 규명해 내지 못
한다. 책에서 다루겠지만 여기에는 '종교참여'를 둘러싼 신학 논쟁이 역사 이
해 방식에 절대적인 영향을 미쳤기 때문이다. 교회 인물 연구에서 신학적 언
어의 역사화 작업은 필연적으로 제기되는 극복 과제라 할 수 있다.

  한국교회 전체 지형에서 1970년대 개신교의 민주화운동은 한국기독교장로
회를 중심으로 신학적 동질성 · 집단성을 띤 소수의 저항 그룹에 의해 전개되
었으며 이 가운데 김재준 목사의 사상적 지도력이 매우 중요했다. 이후 유신
체제의 몰락, 1980년 신군부의 등장, 전두환의 제5공화국이 무너진 1987년까지
김재준의 삶은 종교 지형을 넘어 한국 사회 민주화 요구의 상승과 궤를 같이

하여 전개된다. 따라서 김재준 연구는 넓게는 한국 사회 민주주의 성장에서
종교계의 참여와 역할, 위상의 역사적 평가를 위해서 무엇보다 중요하며, 좁게
는 1970~1980년대 개신교 민주화운동의 하위 범주들, 즉 주도 세력의 형성·
운동 주체의 조직화·참여 신학의 이론화(이념화) 등 후속 연구의 선행 작업으
로서도 의미 있는 연구 의의를 갖는다.

　학위논문에서 필자는 다음의 세 가지 규명 과제를 제시하고자 하였다. 첫째,
김재준의 삶을 통사로 접근하여 역사 인물로 해석함으로써 선행 연구들의 단
절적인 시야를 극복하고자 하였다. 둘째, 김재준의 사회참여를 통해 개신교 민
주화운동의 시원적 성격을 밝히고자 하였다. 이 경우 김재준의 전 생애에 걸
친 교회 참여와 신학 자유운동, 기독교장로회의 출현은 1970년대 개신교 민주
화운동의 전(前) 역사를 형성하는 계기들, 원인들로 접근된다. 즉 개신교 사회
참여운동의 관점에서 볼 때 1950년대까지 김재준의 교회 참여는 운동의 주도
세력·사상적 기반·지도력 등이 형성되는 종교 사회운동의 전사(前史)로 이
해할 수 있다. 셋째, 교회사에 종속된 김재준 인식의 극복이다. 한국교회사가
신학 방법에 귀속된 인물 이해를 지속하는 한 단편적·분절적 인식은 넘어서
기 힘들다. 역사 인물 연구에서는 생애 전반을 일관된 주제로 접근하는 것이
중요한데 김재준의 '기독교적 사회참여'는 그의 생애를 관통하는 주제로 통합
적 서술이 가능하다. 따라서 이 책의 서술도 학위논문에서 크게 진전시키지
않았으며 교열·교정에 충실하여 보완하였다. 서술 과정에 빚어진 오류들은
전적으로 필자의 책임이며 향후 진전된 연구 과제로 남겨둔다.

　필자가 박사학위 연구 주제를 정하고 이 책이 나오기까지 대략 7년의 시간
이 걸렸다. 짧지 않은 연구 과정에 많은 선생님들의 지도와 가르침, 격려에 전
적으로 의존하였음을 말해야 할 것이다. 박사 수료 후 교회사에 관심을 보인
필자에게 연구 주제 선정에서부터 아낌없는 애정과 지지를 보내주신 지도교수
서중석 선생님께 감사와 존경의 마음을 드린다. 필자의 오랜 연구 과정에서

선생님은 1960~1970년대의 현장감을 그대로 체감할 수 있도록 꾸준한 지도와 격려로 이끌어 주셨다. 이 책에 서술된 현대사의 줄기와 흐름은 전적으로 선생님의 가르침에 따른 것임을 밝혀야 할 것이다.

필자의 인물사 연구는 학부와 석사과정에서 지도받은 도진순 선생님으로부터 훈련된 결과이다. 백범 연구의 획을 이룬 선생님께 인물의 내면과 역사 해석의 무게를 일찍부터 배울 수 있었던 것은 필자에게 가장 큰 자양분이 되었다. 진심으로 감사드린다.

한신대 강인철 선생님의 선행 연구들은 한국현대사 전공인 필자가 교회사 공부에 입문하여 연구 주제를 구체화하기까지 길잡이와 교과서가 되어 주었다. 논문 심사 과정에도 합류하신 선생님은 필자의 불분명한 주제 의식과 논지 전개를 명료하고 타당하게 세워주셨다. 다듬지 않은 문장까지 손수 교열해 주신 선생님의 열의에 깊은 감사를 드린다.

숙명여대 이만열 선생님은 교열·교정 없이 제본된 필자의 학위논문에 기꺼이 첫 독자가 되어 주셨다. 장공 연구 의의를 높이 평가해 주시고 아낌없는 격려로 화답해 주신 선생님의 아량과 후의는 연구 초년생에게 비할 데 없는 감동이 되었다. 이 자리를 빌려 선생님의 변함없는 건재를 기원 드린다.

목원대 김흥수 교수님은 필자의 학위논문에서 수많은 오류와 정정을 밝혀 주셨고 미처 알지 못했던 사실들을 보완해 주시는 관심과 정성을 보내어 주셨다. 선생님의 퇴임 이후 더욱 왕성한 연구 활동을 기대해 볼 수 있을 것이다.

한국기독교역사연구소의 이덕주 소장님은 갓 태어난 필자의 학위논문을 연구소 학술발표회에서 발표할 수 있는 기회를 제공해 주셨다. 선생님의 넉넉한 배려에서 김재준 목사님에 대한 애정을 읽을 수 있었다. 진심으로 감사드린다.

김재준 목사님의 막내 아드님 김관용·이정희 장로님 내외의 따뜻함을 잊을 수 없을 것이다. 수유리 자택에서 뵌 장로님에게서 김재준 목사님의 생존 인품이 베어 나는 감동을 받았다. 연구자로서 장로님의 따뜻함에 누를 끼치고 싶지 않은 바람을 되새겨 본다.

　장공기념사업회 김경재 이사장님은 역사학에서 장공 연구로 첫 박사학위 논문이 나온 것에 큰 기쁨을 표현해 주셨다. 선생님의 선행 연구에서 배운 바가 크다.

　도서출판 선인의 윤관백 사장님과 필자와의 오랜 인연이 학위논문 출간으로 귀한 결실을 맺게 되어 진심으로 고마움을 전하고 싶다. 거칠고 매끄럽지 않은 문장을 꼼꼼한 애정으로 다듬어준 선인의 직원분들께도 깊이 감사드린다.

　전통교회 안에서 회심한 필자의 신앙과 학문의 조화는 교회 안에서 시작되어 성장하고 있음을 고백해야 한다. 학문 연구의 자유로 필자의 교회사 연구에 아낌없는 격려를 보내 주신 혜성교회 정명호 목사님께 깊은 감사를 드린다. 기도의 힘으로 필자의 삶에 가장 큰 힘이 되어 주시는 신앙의 어머니, 정신적·물질적 도움과 사랑으로 필자를 지켜봐 준 언니와 오빠에게도 고마움을 전하고 싶다. 먼저 역사 연구의 길을 걷고 있는 남편 윤경섭 박사와의 오랜 토론 과정이 없었다면 이 연구는 완성되지 못했을 것이다. 그의 섬세하고 균형감 있는 조언은 필자의 연구를 돕고 세워준 지도책이 되었다. 그에게 깊은 존경과 사랑의 마음을 보낸다. 오랜 시간 엄마의 연구 과정에도 불구하고 사랑받는 아이로 자라준 아들 강인에게는 어떤 말로도 사랑을 다 표현할 수 없다.

　이 모든 과정이 있기까지 가장 가까이에서 세밀한 터치로 지켜주신 하나님께 모든 감사와 사랑을 올려드리며.

2016년 12월

고 지 수

# 화보로 보는 장공 김재준

• 김재준의 고향 창골집

• 1917년 회령 간이농업학교 시절(앞줄 왼쪽 세 번째가 김재준)

• 19세 김재준

• 20대 신학생 시절 김재준

• 1936년 용정 시절(뒷줄 맨 오른쪽이 김재준)

• 1950년대 한국신학대학 수유리 교사 신축 때

ㆍ 1974년 지학순 주교와 함께

ㆍ 캐나다에서 함석헌과 함께

• 해외 민주화운동 활동 시절(앞줄 왼쪽 세 번째가 김재준, 그 옆이 문재린 목사)

• 서울 귀국 후 재야운동에서(1980년대)

• 강연 모습('민족이 나아갈 길')

• 야당 총재 시절의 김대중과 장공. 젊은 고은과 안병무

· 노년의 김재준

· 김지하의 '난'에 장공의 낙관

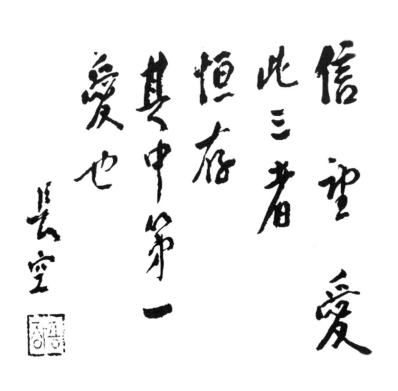

· 김재준의 휘호 '믿음 · 소망 · 사랑'

· 김재준의 휘호 '모의여기갈'

# 차 례

제1장

# 연구의 목적과 방법

# 제1절

◆

# 문제 제기 및 연구의 목적

장공(長空) 김재준(金在俊, 1901~1987)은 1901년 9월 26일 함경도 경흥에서 태어나 기독교 세계관의 외투 속에 실존적 신앙의 삶을 추구했던 개신교 목사이자 신학교육자·사회운동가였다. 본 연구는 김재준의 삶을 '기독교적 사회참여'의 관점에서 역사 전개에 따라 변화·발전해 간 과정을 시론적으로 고찰하였다.

김재준은 교회와 사회 두 영역에서 이례적인 참여 이력을 남긴 인물이다. 한국교회 안에서 김재준은 근본주의 보수신학을 배경으로 1930년대 이후 현실 중심의 신앙관과 사회참여 의식을 바탕으로 신학교육 기관에 투신하여 신학교육운동을 전개하였다. 김재준의 신학적 개방성과 현실 중심의 신앙관은 해방 이후 한국교회 재건 과정에서 신학적 보수·진보분파운동을 가속화시켜 1953년 한국기독교장로회의 출현으로 귀결되었다. 또한 한국 현대사에서 개신교 사회참여운동은 김재준의 신학교육운동의 결과 배출된 소수의 개신교 지식인들에 의해 주도되었다.[1] 따라서 한국장로교 신학분파운동과 김재준의 신학 노

• • • • • •

[1] 김재준의 지도력은 북간도 1930년대 용정의 은진중학교를 시작으로 한국신학대학(조선신학교의 후신)과 경동교회, 기독교장로회 등을 통해 1970년대 이후 한국사회 민주화·인권운동, 통일운동 등 분야별 걸출한 활동가들을 배출해 냈다. 대표적으로 문익환·문동환 형제·안병무·강원용· 장준하·이우정·이해영·김관석·김윤옥·이영민·이상철·이해동·김상근 등을 들 수 있으며

선, 1970년대 개신교 사회운동사는 밀접한 상관성을 갖는다. 본 연구는 1930년
대 이후 본격적으로 시작된 김재준의 신학 노선과 한국장로교 신학분파운동과
의 관계를 살펴봄으로써 1970년대 개신교 사회참여운동의 시원적 성격을 밝히
고자 한다.

1960년 4월혁명으로 시작된 한국 민주화운동에서 핵심 세력은 학생 그룹이
었으나 1970년대 이후 반독재민주화운동에서 종교계(개신교 · 천주교)의 적극
적인 정치 활동은 주목할 만한 현상 가운데 하나였다.[2] 특히 유신체제에서 현
저해진 종교계의 반정부 정치참여는 5 · 16쿠데타 이후 혁신계에 대한 대대적
인 탄압으로 독자적인 정치 세력 형성이 불가능했던 진보운동 공간을 종교계
가 대신한 측면에서 개신교 사회운동의 역사적 의미는 재평가받아야 한다.[3]
현재 학계의 일반적인 견해로는 개신교의 민주화운동이 1969년 '3선개헌반대
범국민투쟁위원회'에 김재준이 위원장에 선출되고 다수의 개신교 지식인들의
참여함으로써 출발된 것으로 본다.[4]

본 연구는 1970년대 유신 초기까지 김재준을 지도력으로 한 소수의 개신교

• • • • • •

서울제일교회(기장)의 박형규는 김재준에게 직접 배우지 않았으나 1965년 한일협정반대운동을
계기로 사회참여 문제에서 김재준의 뜻을 따르게 된다(박형규, 「장공과의 만남과 억지 제자의
변」, 『장공이야기』, 장공기념사업회, 333쪽). 대표적인 민중신학자 서남동은 한국전쟁기 김재준
에 의해 조선신학교 교수로 채용되어 사회참여적 신학자로 변화해 간 경우이다.

[2] 서중석, 「천주교정의구현전국사제단의 출범 배경과 활동」, 『사림』 제27호, 2007, 230~231쪽.

[3] 서중석은 1970년을 전후로 종교계(개신교 · 천주교)의 정치참여가 확대되어 간 측면을 강조하였
다. 1969년 7월에 조직된 '3선개헌반대범국민투쟁위원회'의 위원장에 김재준이, 1971년 양대 선거
국면에서 민주수호국민협의회(1971.4 결성)의 김재준 · 조향록 · 박형규 등 목사들의 참여가 현저
해지며, 유신체제 이후 긴급조치 1 · 4호 위반 구속자들 중 학생들을 제외하면 모두 기독교 관계
자들이다. 개신교와 천주교의 정치참여는 1974년 12월 민주회복국민회의 결성 이후 더욱 두드러
진다(서중석, 위의 글, 231~232쪽). 1970년대 종교계의 이러한 정치참여 특징은 통일운동에서도
동일한 현상으로 나타난다. 5 · 16군사쿠데타 이전까지 통일운동은 혁신계와 학생이 주로 담당하
였으나 1970년대 이후로는 기존의 반공 · 반북적 성향의 종교계 인사들(장준하, 함석헌, 문익환
등)에 의해 주도된 특징을 보인다(서중석, 「분단체제 타파에 몸던진 장준하」, 『비극의 현대지도
자』, 성균관대학교출판부, 2002, 294~295쪽; 「한국전쟁 후 통일사상의 전개와 민족공동체의 모
색」, 『분단 50년과 통일시대의 과제』 역사비평사, 1995, 337~338쪽 등 참조).

[4] 강인철, 「종교계의 민주화운동」, 민주화운동기념사업회연구소 편 『한국민주화운동사』 2, 돌베개,
2008, 360쪽.

그룹의 민주 참여·인권운동·반유신운동의 초기 전개 과정을 다루고자 한다.
이들은 한국교회 전체 지형 안에서는 다수의 보수진영에 비해 조직적으로 소
수의 저항 세력으로, 이론적으로는 사회참여 선교신학을 토대로 '신학적 동질
성' 또는 집단성을 띠는 특징을 보였다.[5] 이 가운데 김재준은 신학적 동질성을
형성하여 이론적 기반을 제공함으로써 처음부터 지도력을 발휘했다고 볼 수
있다. 1960~1970년대 역사적 맥락에서 김재준의 사회참여가 갖는 지도력에 대
한 분석은 1970~1980년대 개신교 사회참여운동이 변화·발전해 간 선행 원인
으로 유의미한 작업이 될 것이다.

본 연구는 사회운동 관점에서 김재준의 기독교적 사회참여 성격을 설명하
고자 하였다. 김재준은 전 생애에 걸쳐 기독교적 '변화론'의 입장에서 교회와
사회, 양 차원의 참여 방식을 전개하였다. 이것은 다시 1960년대 중반을 경계
로 '비정치적 사회참여'에서 정치적 참여로 변화해 간 특징을 보인다.[6]

사회운동 관점에서 접근할 때 '비정치적 사회참여'란 구체적으로 종교·교
육·사상(이론) 활동을 통한 참여운동을 내용으로 한다. 김재준은 1920년 기독
교 회심 후 1961년 5·16 직후까지 교육을 통한 계몽운동, 기독교적 갱생윤리
의 사회화, 도의사상운동, 인간개조운동 등 기독교적 개인 변화에 초점을 둔
사회운동을 전개하여 직접적인 정치참여와 거리를 둔 제한적 참여를 유지했
다. 이러한 비정치적 사회참여는 김재준 고유의 '현실 중심적' 신앙관이 종교

· · · · · ·

5) 여기서 '신학적 동질성'·집단성의 표현은 강인철의 선행연구에서 빌려 온 것으로, 그는 1970년대
   이후 기장과 NCCK 내 소수 참여 그룹의 특징을 신학적 자유주의와 (비판·저항으로서의) 정치적
   지향이 일관성을 보이기 시작한 점을 들었다. 1970년대 신학적 진보그룹의 이러한 수렴 또는 일
   관성은 이전시기까지 이들이 보여 온 정치적 보수성—일본 식민체제 협력, 반공·분단체제 형성
   에의 기여, 이승만 독재정권에 대한 협력 등—과 선명한 대조를 이룬다는 점에서 중요한 의미를
   갖는다. 강인철, 『저항과 투항: 군사정권들과 종교』, 한신대출판부, 2013, 268~273쪽; 「민주화 과
   정과 종교: 1980년대 이후의 한국종교와 정치」, 『종교연구』 27, 2002.6, 27~28쪽 참조.
6) 사회운동 방식의 접근은 강인철이 제시한 종교의 정치참여 전략 중 '사회운동 전략'을 활용한 것
   인데 (강인철, 「해방 후 한국 개신교의 정치참여: 역사와 평가」(『한국교수불자연합학회지』 Vol.15
   No.2, 2009, 167쪽·186~187쪽 참조), 김재준의 사회운동은 '비정치적 영역'에서 시작하여 1960년
   대 중반 '정치 영역'으로 확장된 특징을 보인다.

영역으로 제한되어 국가 또는 정치 영역에 순응 또는 협력하는 특징을 보인다.

1960년대 중반 이후 변화론적 인식이 개인 차원에서 집단 차원으로 확장되면서 김재준의 사회참여는 교회와 사회 양 차원에서 증폭된다. 교회적으로는 기독교장로회를 통해 개혁교회 전통의 교회 갱신 · 개혁운동을 주도하는 한편,[7] 1965년 한국교회 한일협정비준반대운동을 시작으로 3선개헌반대운동 · 민주수호운동 · 반유신운동 등 저항적 정치참여 사회운동을 본격적으로 전개하였다.

본 연구는 다음의 내용을 서술의 주요 흐름으로 기술하고자 한다. 첫째, 김재준의 전 생애를 역사 전개에 따라 통합적으로 서술하되 근현대 정치적 전환기들, 구체적으로는 일제 시기, 해방과 분단, 4 · 19와 5 · 16, 권위주의 정치체제 등이 김재준의 참여 방식에 영향을 준 외적 · 계기적 변인으로 제시하고자 한다. 따라서 역사 전환이 인물에 미친 요소를 서술의 흐름으로 구성하였다. 둘째, 김재준의 '교회 참여'에 대한 서술 관점이다. 1960년대 중반을 경계로 김재준의 사회참여가 비정치적 · 종교적 참여에서 저항적 정치참여로 통합 · 수렴된다고 볼 때 1961년까지 김재준의 '교회 참여'는 개신교 사회참여운동의 중요 세력이 사상적 · 조직적으로 형성되는 전(前) 역사로서의 의미를 두었다. 이 경우 1930년대 이후 김재준의 신학적 자유운동과 1950년대 한국장로교의 분열, 기장의 형성은 1970년대 개신교 민주 참여 세력의 형성을 위한 전사(前史)로서 재음미 될 수 있다. 마지막으로 김재준의 '사회참여'를 구성하는 세 요소

• • • • • •

7) 김재준은 회심 이후 개인주의적 변화론의 관점에서 1920년대 소학교 '개종운동'을 시작으로 1930 년대 말 '적은무리 복음(개종)운동', 해방 후 '새사람운동', 선린형제단운동, 1950년대 『十字軍』 독 자회운동, 1960년대 초 '인간혁명운동'까지 다양한 형태의 '갱생'운동을 전개했다. 1960년대 중반 이후 집단적 차원으로 변화론 인식이 확장되면서 기장 교단을 중심으로 교회갱신운동 · 사회참여 운동을 전개함으로써 종교운동으로서의 사회변화를 추구했다. 전자인 '개인주의적 차원'의 변화 운동은 1970년대 초 개인과 교회, 사회와 국가의 통합적 변혁(개혁)이 가능한 인식으로 수렴된 다. 변화론적 관점에 의한 '사회운동'의 개념과 범주는 강인철, 위의 글, 167~168쪽 참조(원출처: Rhys H. Williams, "Religious Social Movement in the Public Sphere: Organization, Ideology, and Activism," Michele Dillon ed., *Handbook of the Sociology of Religion*, Cambridge: Cambridge University Press, 2003, pp.315~316).

로 '역사참여 신학, 정교분리, 예언자론'을 서술의 주요 내용으로 구성하여 각 시기마다 변화·발전·성숙 과정과 참여 관계를 규명하고자 하였다. 이 세 요소의 개념적 이해는 본장 제3절 '연구 방법 및 내용'에서 다시 설명할 것이다.

## 제2절

◆

## 기존 연구 검토

지금까지 김재준 연구는 교회사 안에서 신학사상을 중심으로 조명되어 왔으며 일반 학계에서 본격적으로 진행된 연구는 없었다.[1] 선행 연구들은 한국 장로교의 교단 분열과 기독교장로회 출현을 둘러싼 갈등적 신학 해석 및 변증에 종속된 측면이 강했다. 그 결과 교단 차이에 따라 김재준 연구는 긍정 또는 부정의 극단적 해석 경향이 지배적이었다. 이러한 상반된 연구 경향은 다음과 같이 서술상의 한계로도 나타난다. 첫째, 기독교장로회 또는 에큐메니컬운동 진영에서는 김재준의 신학적 진보성·실천성을 강조함으로써 현실 참여적 저항 정신을 김재준 생애 전반에 걸쳐 일관되게 서술하는 경향이다.[2] 이 경향은

-----

[1] 현재까지 장공 김재준을 다룬 학술연구 성과로는 2015년 현재 약 24편의 학위논문(석사논문)과 약 60여 편의 학술논문, 두 권의 평전(김경재,『김재준 평전: 성육신 신앙과 대승 기독교』, 삼인, 2001; 천사무엘,『근본주의와 독재에 맞선 예언자적 양심』, 살림, 2003)과 연구서(주재용,『김재준의 생애와 사상』, 풍만출판사, 1986; 손규태,『장공 김재준의 정치신학과 윤리사상』, 대한기독교서회, 2002; 장공 김재준목사기념사업회편,『장공사상 연구 논문집』, 한신대출판부, 2001; 장공 김재준목사기념사업회 편,『장공 김재준의 삶과 신학』, 한신대학교출판부, 2014; 장공김재준목사 기념사업회편,『장공김재준의 신학세계』1~2, 한국신학대학 출판부, 2016) 등이 있다.

[2] 이오갑,「자유의 맥락에서 본 장공 김재준의 삶과 사상」『신학사상』통권 제141호, 韓國神學硏究所, 2008; 김경재,「자유혼 인간 김재준」,『씨알사상』복간호(1988년 12월호), 나눔사, 1990; 박영배,「長空 金在俊의 神學: 進步主義的 參與神學의 先驅者」,『연구논문집』제5집 한성신학대학, 1995.12; 심일섭,「長空 金在俊의 歷史參與의 神學思想研究」,『인문과학논집』Vol.1, 강남대학교 인문과학연구소, 1996; 박재순,「역사를 형성하는 신학: 김재준의 진보적 역사신학」,『基督敎思想』Vol.46 No.6, 대한기독교서회, 2002; 임걸,「김재준의 정치·사회 참여교회론: 정치사회적 책임

김재준의 전 생애에서 상대적으로 그늘지거나 가려진 부분을 드러내지 않은 의도성을 엿볼 수 있어서 진보신학계가 극복해야 할 과제이다. 둘째, 이와 상반되게 보수 교단의 입장은 대체적으로 '대립적 관점'이 지배적이다. 이 경우 평가의 척도는 김재준의 '성경관'을 둘러싼 부정적 평가인데, '성경파괴자', '신신학자' '자유주의자' 등 역사적 개념으로 유형화하기 어려운 연구 편향과 교단 분열에 귀속된 분리주의적 인식을 드러낸다.[3] 한 인물의 생애와 사상을 하나의 척도로만 일관되게 평가하는 보수 교단의 흐름은 시대착오적이라 하지 않을 수 없다. 최근 들어 김재준 신학을 객관적으로 개혁 신학 관점에서 '신정통주의(新正統主義)'로 개념화하려는 시도들이 생겨나고 있다.[4] 일반 학계의 연구로는 김재준의 정치사상을 다룬 연구들이 소수 전개되었을 뿐 아직까지 본격적으로 진행되지 않고 있다.[5] 앞으로 김재준 연구는 역사적 인물로 공정하고 객관적인 평가를 위해서라도 교단 신학의 영향을 넘어 생애 전반을 통합적으로 다가서는 시도들이 요구된다.

· · · · · ·

　공동체로서의 교회」(1~2), 『基督敎思想』 통권 558호, 대한기독교서회, 2005.6; 이광호, 「사회참여의 윤리에 대한 연구: 김재준의 신학사상을 중심으로」, 호남신학대 석사논문, 2001; 김경재, 앞의 책; 천사무엘, 앞의 책 등이 있다.

3) 박형룡, 「한국교회에 있어서의 자유주의」, 『신학지남』 Vol.31 No.1, 1964; 박아론, 「민중신학은 백번 태어나도 민중신학이다」, 『신학지남』 Vol.60 No.4, 1993; 김의환, 「自由主義 神學이 敎會에 끼친 영향」, 『神學과 宣敎』 Vol.- No.8, 2004.

4) 김재준의 성경관을 '신정통주의 신학'으로 연구한 초기 연구는 한철하다(한철하, 「김재준의 성경관과 신정통주의신학」, 『신학사상』 Vol.50, 한국신학연구소,1985 참조). 최근 개혁주의 신학 계보 연구는 소기천, 「장공 김재준 박사의 성서적 개혁신학과 신앙」, 『한국개혁신학』 39, 한국개혁신학회, 2013; 김영한, 「장공 김재준 신학의 특징: 복음적 사회참여신학」, 『한국개혁신학』 38, 한국개혁신학회, 2013 등이며, 에큐메니컬 신학으로는 임걸, 「세계교회의 한 지체로서 한국교회: 김재준의 교회일치신학」, 『한국기독교신학논총』 Vol.46 No.1, 2006 등.

5) 김경재, 「김재준의 정치신학: 신학적 원리와 사회·정치변혁론: 1970~1980년대 인권·민주화·평화통일 운동을 중심으로」, 『신학사상』 통권 제124호 봄호, 韓國神學硏究所, 2004; 문지영, 「김재준과 1960~70년대 민주화운동의 정치사상」, 『정치사상연구』 제16집 제2호, 한국정치사상학회, 2010; 이철호, 「『사상계』 초기 서북계 기독교엘리트의 자유민주주의구상: 김재준의 에밀 브루너(Emil Brunner) 신학수용과 「바비도」 재독」, 『한국문학연구』 Vol.45, 동국대학교 한국문학연구소, 2013; 김동환, 「김재준의 정치사상」, 『神學思想』 Vol.164, 한국신학연구소, 2014.

위와 같이 김재준 연구의 개괄적인 경향을 토대로 다섯 가지 쟁점에 따라 선별된 기존 연구들을 구체적으로 검토하였다. 다섯 가지 쟁점은 생애사 연구, 신정통주의 신학으로 접근한 김재준의 신학 노선 연구, 역사참여 관점에서 본 김재준 연구, 자유민주주의 정치사상 연구, 한국교회와 국가 관계 연구 등이다. 먼저 김재준의 생애사 연구로 두 권의 평전이 있다. 김경재의 저서는 2001년과 2014년에 초 · 재판되었는데, 초판의 경우 '역사적 잔가지들을 쳐내고 거목의 몸통 줄기를 보려'한 저술 의도에서 알 수 있듯이[6] 김재준 생애에서 변화의 굴곡들 가운데 간추려졌거나 다루지 않은 내용들이 다수 포함되었다.[7] 개정판은 김재준 신학을 '자유주의 신학' 전통이 아닌 개혁교회 계보—바울 · 어거스틴 · 루터 · 캘빈 · 바르트로 이어지는—로 분류하여 최근의 연구 경향을 반영하였다.[8]

천사무엘의 저서는 김경재의 평전과 대동소이하면서도[9] 마찬가지로 생략과 배제가 있는데 가령 재건국민운동 참여에 대해 '주변의 권유에 의한 마지못한 선택'으로 축소 평가함으로써 4 · 19 이후 김재준의 '국민혁명' 주장의 근거가 상실되었다.[10] 김재준의 생애사를 다룬 두 권의 평전이 기장과 에큐메니컬 신학계에서 나왔다는 것은 진보신학계의 긍정평가 경향이 반영된 것으로 볼 수 있다. 이러한 경향성을 배제하면서 본 연구는 역사적 변수에 주목하여 김재준의 '사회참여'에 나타난 제약 요소를 객관적으로 접근하였다.

다음으로 김재준의 신학 노선을 다룬 선행 연구 검토이다. 한국교회 안에서 김재준은 1930년대 이후 자유주의 신학자로 분류되어 오늘에 이르기까지 그대

- - - - - -

[6] 김경재, 『김재준 평전: 성육신 신앙과 대승기독교』(개정판), 삼인, 2014, 4쪽.
[7] 구체적으로는 1930년대 말의 현실 순응적 삶의 태도가 일으킨 변화와 '조선신학원 참여'의 관계, 1950년대 이승만 정부 관계에서 침묵으로 일관했던 태도, 5 · 16 시기 군사정부의 '재건국민운동 참여' 등의 내용이 다뤄지지 않았다.
[8] 김경재, 위의 책 참조.
[9] 천사무엘, 앞의 책, 6쪽.
[10] 천사무엘, 위의 책, 181쪽.

로 유지되었다.[11] 여기서 자유주의 신학이란 개념적으로 19세기 독일을 중심으로 형성·전파된 역사적 산물인데, 본문에서 상세히 다루겠지만, 김재준은 역사적 산물로서의 '자유주의 신학'과 직접적인 인연이 없는, 오히려 신정통주의 계보를 잇는 신학자로 분류할 수 있다. 김재준을 신정통주의로 접근한 최초의 연구는 한철하이다.[12] 한철하 교수는 1950년대 김재준의 『십자군』에 나타난 신학 특징을 신정통주의 신학으로 밝혔으며 '자유주의자' 대신 '자연주의자 김재준'으로 표현하여 '자유주의'로부터 탈피한 첫 시도가 되었다.[13] 한국개혁신학협회는 2013년에 '장공 김재준 신학 연구'를 특집으로 재조명하였는데, 여기서 김영한은 김재준을 칼빈과 바르트 전통을 잇는 신정통주의자로 분류하였다.[14] 소기천 역시 '성서적 개혁주의신학'으로 김재준을 분류하여 김재준 신학에서 최고 권위와 신앙 원리를 성서에 입각한 것으로 논증하여 개혁 전통 위에 있음을 강조하였다.[15] 본 연구가 김재준의 신학적 근거를 신정통주의로 이해한 근거도 한국개혁신학협회의 최근 연구들에 기반을 둔 것임을 밝혀 둔다. 이외에도 임걸은 김재준 신학을 '교회일치신학'으로 제기하여 한국교회 에큐메니컬 신학운동을 주도한 신학적 이해를 논증하였다.[16]

다음은 역사참여 관점으로 김재준을 이해한 선행 연구이다. 주재용은 김재준의 생애가 1961년 5·16에서부터 '거의 전적인 사회적 인간의 삶'으로 제시하고 쿠데타 이후 비민주적 과정에서 드러난 불의·부정·부패에 적극 참여한

• • • • • •
11) 해방 후 최초로 정리된 김양선의 『韓國基督敎解放十年史』(1956)에서 김재준은 '자유주의 신학자'로 평가되었다.
12) 한철하, 「김재준의 성경관과 신정통주의신학」, 『신학사상』 50집, 1985년, 가을호 참조.
13) 한철하, 위와 같음.
14) 김영한, 앞의 글, 8-9쪽 참조.
15) 소기천, 앞의 글, 160쪽.
16) 임걸, 앞의 글 참조. 여기서 임걸은 '에큐메니컬 신학'을 세계교회운동이 지향하는 신학적 특징을 모두 포괄한다는 의미에서 개혁주의, 신정통주의, 자유주의 등 어느 한 분파의 신학으로 명명하지 않았으며, 한국교회가 세계교회 일원으로서 '세계교회일치정신'을 추구하는 것을 '교회일치신학'의 의미로 표현하였다.

것으로 보았다.17) 그러나 5·16 직후 군정이 실시한 '재건국민운동'에 김재준
이 자발적으로 참여한 사실에서 볼 때 이러한 해석은 과도한 측면이 있다. 심
일섭은 김재준의 역사의식이 1930년대 예언자 연구에서 심화되어 해방 직후
민주주의 이념·원칙에서 이승만 독재에 대한 날카로운 비판으로, 1965년의
한일협정반대운동, 박정희 군사독재와의 마지막 싸움 등의 '역사참여'로 이어
진다고 보았다.18) 그러나 해방공간에서 김재준의 민주주의 인식은 매우 제한
적이었으며 더욱이 이승만에 대한 비판은 거의 없었던 사실을 간과하였다.19)
　　임걸은 텍스트 분석을 통해 김재준의 '정치·사회 참여 교회론'을 제시하였
다.20) 그는 크게 세 시기로 구분하여 '기독교인·교회' 두 기관의 사회정치참
여 특징을 분석하였는데,21) 첫째 해방공간에서 기독교인의 직접적인 사회정치
참여론은 재고의 여지가 있다. 해방공간에서 김재준은 기독교인의 도덕적·정
신적 역할로서의 참여를 주장하여 '비정치적 참여론'을 전개했다. 또한 임걸은
1960년대를 '비정치 영역에서의 사회정치참여'로 구분하였는데, 1965년 한일협
정반대운동이라는 정치 현안에 김재준과 기장 소속 목사들의 참여 의식에는
'교회적 참여' 의식이 깔려 있었다. 임 걸은 김재준 문헌의 텍스트 분석을 시도
하였으나 김재준과 기장의 실질적인 참여 행위와 비교 검토되지 않음으로써
의미론적 해석에 그치는 한계가 있다.
　　김재준의 정치사상을 '자유민주주의'로 이해하여 검토한 연구들이 있다. 대
표적으로 문지영은 김재준의 '자유주의적 신학' 배경과 민주주의 이해가 1970

17) 주재용, 「장공 김재준의 생애와 사상」, 『한국문화신학회논문집』 Vol.5, 한국문화신학회, 2001, 170쪽.
18) 심일섭, 앞의 글, 8~9쪽.
19) 김재준, 「基督教의 建國理念」, 『장공김재준저작전집』 2, 한국신학대학출판부, 1971년, 27~42쪽 참조.
20) 임걸, 앞의 글, 267~277쪽.
21) 세 시기는 첫째, 1940~1959년까지 시기를 '기독교인의 직접 사회참여와 교회의 간접 사회정치참여'로, 둘째, 1960~1970년까지 시기를 기독교인의 직접 정치참여와 비정치 영역에서의 교회의 '사회정치참여', 셋째, 1971년 이후 개인·기관으로서 교회의 직접적인 사회정치 '참여 교회'로 시기와 특징을 각각 분류하였다(임걸, 위의 글 참조).

년대 저항 이념인 '자유민주주의'로 통합되어 정치사상으로 발전한 것으로 보았다. 문지영은 해방 후 국가건설기부터 김재준이 체제로서 '민주주의' 주장을 일관되게 지속된 것으로 주장하였는데[22] 필자가 보기에 김재준의 민주주의 이해에는 '가치론적 접근'과 정치 이념으로서의 접근 간에 차이가 있는 것을 발견하였다. 김재준은 제도로서의 민주주의가 '다수결'에 지배될 때 절차적 합리성은 유지될 수 있으나 '민의(民意)' 또는 '민도(民度)' 수준에 따라 결정되는 '민주주의의 위험성'을 지속적으로 경계하였다.[23] 따라서 문지영의 검토는 김재준의 민주주의·자유민주주의의 이상주의적 측면만을 수용한 측면이 있다.

이철호의 연구는 1950년대 『사상』 및 『사상계』에 발표된 김재준의 글을 중심으로 신정통주의 신학자 에밀 브루너의 '정의와 사회질서', '자유' 등의 신학적 개념에서 김재준의 '자유민주주의' 이해의 배경과 근거를 밝혔다.[24] 먼저 이철호는 전제로서 김재준을 장준하와 동일한 『사상계』 인맥의 '자유민주주의자'로 분류하고 사상계 인맥에 기독교적 영향을 김재준이 제공한 것으로 주장하였다. 다만 차이가 있다면 자유민주주의 저항 담론이 '민족(장준하)', 또는 '민중(함석헌)'을 중시한 것에 비해 김재준은 '개인'을 강조하였다는 점에서 독보적임을 주장했다. 그러나 이철호가 주장하듯이 김재준이 『사상계』 '서북지식인의 엘리티즘'에[25] 얼마만큼 일체된 정체성을 공유하였는지 의문이다. 더군다나 이철호는 『사상계』 서북계 자유민주주의론에 김재준의 '기독교적 영향'이 기반을 형성한 것으로 보았는데 김재준은 장준하와 함석헌의 평안도 지역과 성격이 다른 함경도 지역의 자유주의적 기독교 배경이며 '반공주의'와 '친미

• • • • • •

22) 문지영, 「김재준과 1960~70년대 민주화운동의 정치사상」, 『정치사상연구』 제16집 제2호, 한국정치사상학회, 2010, 37쪽.

23) 김재준의 경우 1971년 총선 결과에서 비로소 '낮은 민도'에 대한 경계가 늦춰진 것을 확인할 수 있는데, 1970년대 초까지 '민주주의 교육'을 통한 국민의식화에 주력했던 이유도 그의 일관된 '민의·민도' 의식에서 나온 사회의식으로 이해할 수 있다.

24) 이철호, 「『사상계』 초기 서북계 기독교엘리트의 자유민주주의구상: 김재준의 에밀 브루너(Emil Brunner) 신학수용과 「바비도」 재독」, 『한국문학연구』 Vol.45, 동국대학교 한국문학연구소, 2013.

25) 이철호, 위의 글, 55쪽.

주의'에서도 동일한 이해를 보이지 않는다.26) 따라서 서북계 자유민주주의자
에 대한 김재준의 기독교적 영향은 재고의 여지가 있다. 김동환은 김재준의
정치사상에서 기본 개념을 '자유'로 이해하고, 1970년대 자유민주주의의 신학
적 의미를 파악하였다.27) 김동환은 김재준이 최적의 정치체제로 자유민주주의
를 제시하고 최종 지향을 '전 우주적 자유의 공동체'로 제시하여 김경재와 문
지영의 연구를 아우르는 특징을 보였다.

마지막 쟁점은 교회와 국가 관계 연구이다. 먼저 본 연구는 해방과 4·19의
두 시기에 주목하여 교회 국가 관계의 변화 요인을 검토하였다. 한국교회와
국가 관계를 다룬 대표적인 연구자는 강인철로 그는 해방 이후 한국교회가 반
공주의를 토대로 남한 사회 재구조화 과정에 미친 영향과 성격을 분석하였
다.28) 또한 1960년대 박정희 정권과 개신교 관계를 다룬 연구에서는 1950년대
장로교 2차 분열 결과로 수립된 기장의 신학적 진보성이 '정치적 분화'와 일치
되는 시기를 1960년대 후반으로 제시하였다.29) 본 연구는 강인철의 선행연구
에서 크게 두 가지 점에 주목하여 교회와 국가 관계 흐름을 재구성하였다. 첫
째, 해방 후~한국전쟁기 월남 기독교인들의 남한 교회 편입과 재입국 선교사
들의 영향력 회복 등이 남한 교회에 미친 영향, 즉 높아진 보수 밀도가 신학적
분파운동을 가속화시켜 기장 수립에 직접 원인이 된 과정을 구체적으로 입증
하였다. 둘째, 김재준과 '반공주의' 관계이다. 한국 개신교의 반공주의는 성전
(聖戰)주의와도 같은 태생성을 보여주는 개념이다.30) 김재준의 경우 한국교회

26) 이 부분은 본 연구 제3장 제3절 1항의 '민주주의·공산주의 이해'에서 다룰 것이다.
27) 김동환, 「김재준의 정치사상」, 『神學 思想』 Vol.164, 한국신학연구소, 2014.
28) 강인철, 『한국 기독교회와 국가·시민사회: 1945~1960』, 한국기독교역사연구소, 1996; 「대한민국
    초대 정부의 기독교적 성격」, 『한국기독교와 역사』 30호, 한국기독교역사연구소, 2009; 『종속과
    자율』, 한신대학교출판부, 2013; 『한국의 종교, 정치, 국가 1945~2012』, 한신대학교출판부, 2013
    등 참조.
29) 강인철, 「박정희 정권과 개신교 교회」, 『종교문화연구』 제9호, 2007; 『저항과 투항: 군사정권들과
    종교』, 한신대출판부, 2013, 268~272쪽 참조.
30) 강인철, 「한국 개신교 반공주의의 형성과 재생산」, 『역사비평』 제70호, 2005; 『한국의 개신교와
    반공주의: 보수적 개신교의 정치적 행동주의 탐구』, 중심, 2007 등 참조.

일반론적 반공주의와는 성격을 달리하는 측면을 강조하고자 한다. 김재준의
공산주의관은 전쟁 경험의 유무에 따라 상대적으로 유연하게 접근된 특징을
보인다.[31] 따라서 한국교회 보편 정서인 '극우 반공주의'와 김재준의 공산주의
관의 차이를 대조하여 남북 관계 인식 등을 확인하고자 한다.

• • • • • •

[31] 김재준의 반공주의는 첫째, 공산주의관, 한국전쟁 후 '체험성'의 획득, 국가의 '안보 논리' 등 역사
적 변수에 따라 시기마다 유연성을 보여 한국교회 일반적 '극우' 반공주의와는 차별된다. 둘째,
김재준의 반공주의는 기독교의 보편 가치에 의해 '복음을 통한 수용'의 여지를 보인 점에서 한국
교회 일반과도 다른 면이 있다. 시기적으로 해방공간의 수용적 공산주의관, 한국전쟁 이후 체험
적 냉전의식 획득, 1970년대 남북 관계 변화에 따른 대북 인식 변화 요구 등이 중요하다.

# 제3절

•

## 연구의 범위 및 내용


본 연구는 김재준의 '기독교적 사회참여'를 구성하는 세 요소로 역사참여 신학, 정교분리, 예언자론을 제시하고 생애를 세 시기로 구분하여 역사참여 관계를 규명하고자 한다. 생애 구분은 크게 ①출생~일제 시기(1945년 해방 이전), ②해방 후~제1공화국, ③1960년 4월혁명~1974년 3월 캐나다 출국 직후로 나누었다.[1] 각 시기는 다시 근현대의 주요 정치적 변수들에 의해 김재준의 사회참여가 제약되거나 유인된다. 구체적으로는 일제강점기, 해방과 분단, 4·19와 5·16, 한일협정과 1960년대 후반의 부정선거 국면, 1969년의 3선개헌 정국, 1970년대 초 유신체제 등이 김재준의 사회참여에 미친 영향에 주목하였다.

필자는 서술에서 다음의 조건에 유의하였다. 첫째 한국교회사 서술의 비중 문제이다. 김재준은 1920년에 회심한 이후 만 60세가 되는 1961년 한국 신학대학을 물러나기까지 한국교회와 신학교육 안에 머물렀던 인물이다. 따라서 1960년대 초까지 그의 사회참여는 한국교회사 안에서 관찰되며 서술 또한 비중 있게 다뤄질 수밖에 없다. 이 조건은 신학자 김재준이 남긴 방대한 저술의 분석에도 제약 요소가 된다. 역사 인물 연구 방법으로 본 연구는 역사적 전환

• • • • • •

[1] 세 번째 시기를 김재준이 캐나다로 이주한 1974년 3월 직후로 한정한 이유는 출국 후 만 10년 동안 해외에서 전개된 민주화운동의 범주를 다른 차원의 참여 확장으로 이해하였기 때문이다.

국면을 최대한 활용하여 신학 텍스트와 '역사적 맥락(context)'과의 관계를 주된 변인으로 서술하고자 했다.

　김재준의 기독교적 사회참여를 구성하는 '역사참여 신학', 정교분리, 예언자론의 세 요소를 이해하는 것이 중요하다. 김재준의 역사참여 신학은 1920년대 일본 유학에서 칼 바르트 중심의 신정통주의 신학을 접한 이후 1930년대 말 본격적으로 세계교회 신학을 수용하면서 형성되기 시작하였다. 해방 후 조선신학교를 중심으로 세계교회운동의 에큐메니컬 신교신학을 한국교회에 도입하는 과정에서 현실 참여의 신학적 기반으로 발전하였다. 1950년대 한국장로교 2차 분열 결과 1953년 기독교장로회의 출현은 한국장로교의 근본주의적 보수신학과의 단절을 의미하면서 김재준의 신학적 자유운동의 기반 형성으로 설명될 수 있다. 따라서 김재준의 역사참여 신학은 기독교장로회를 기반으로 교회갱신운동, 사회참여운동, 민주화운동에서 신학적 참여논리로 적극 확대된다.

　김재준의 예언자론은 1930년대 '예언서 연구'를 통해 최초로 제기되었으며 해방 후 국가건설운동에서 '예언자적 인물론'으로, 1960년대 중반 본격적인 사회참여 이후 보완된 '예언자론'으로, 1970년대 유신체제 후 '예언자적 역사참여 신학'으로 전면화 된다. 예언자적 정체성은 현실비판과 기독교적 질서의 회복을 추구한 점에서 성서 속 구약의 예언자들과 동일한 정체의식을 갖지만 한국사회 정치 현실에서 비판과 참여의 내용을 취한다는 점에서 김재준의 예언자론이 갖는 독자성을 이해할 수 있다. 시기적으로 1960년대 중반을 경계로 종교 영역에 제한된 예언자 기능이 역사 자체의 '불의'한 국면으로 확대·성숙된다.

　김재준의 사회참여에서 정교분리는 참여의 수준과 내용을 제약 또는 확대하는 하나의 규범이다. 한국교회 안에서 정교분리는 개념적으로나 쓰임새에 있어 혼란과 오해의 소지가 있어 왔다. 본 연구에서는 '종교적 규범'과 '법적 규범'의 쓰임새로 구분하여 이해하고자 한다. 종교적 규범의 정교분리란 '종교의 정치참여 금지'를 핵심 내용으로 하며, 법적 규범으로서의 정교분리는 '국가의 종교적 중립성 내지 비(非)종교성'을 강조하는 개념이다.[2] 김재준은 일제 말 신학교육운동에 참여한 이후 1960년대 초까지 '종교적 규범'으로서의 정교분리에 의해 '비정치적 사회참여'를 유지했다. 이 경우 참여 성격은 '간접적·종교적 참여'로, 신학교육운동, 기독학생운동, 도의(道義)운동, 인간개조운동 등으로 나타난다. 종교 영역으로의 제한은 현실 정치 인식과 참여의 한계로 나타난다.

1960년대 중반 한일협정비준반대운동과 정부의 사회단체등록법안을 계기로 김재준은 국가의 종교 간섭을 배제하는 '법적 규범'의 과도기를 거쳐 정교분리 자체로부터 이탈하는 일원론적 참여이해로 변화한다. 이 과정은 1960년대 중반의 다양하고 복합적인 요소들—참여 신학의 변화, 국가 인식의 상대화, 비판적 예언자론 등—이 중층적으로 결합되어 정교분리 이탈이 가속화 된다. 그 결과 1960년대 후반 이후 김재준의 사회참여는 역사 현실 자체로 뛰어드는 '저항적 정치참여'로 나타난다.

위의 세 요소를 중심으로 본론은 세 개의 장으로 구성하였다. 제2장은 출생에서 일제 시기로 김재준의 기독교적 사회참여의 '기초 준비기'에 해당한다. 구체적으로는 출생, 성장 과정의 유교적 배경, 20세 만우(晩雨) 송창근과의 인연과 YMCA에서 터득한 기독교적 '개조정신', 그리고 회심 등이 김재준이 기독교적 갱생윤리를 획득해 가는 데 최초의 재료들이다. 회심 직후 소학교 교육운동은 개인변화 중심의 최초 복음운동 사례로 유의미하다. 일본과 미국 유학을 통한 신정통주의 신학, 구약학의 획득 등 신학자로서의 변모와 신학교육에 대한 소명의식의 획득도 김재준의 사회참여를 이끌어 간 재료들이다. 1930년대 평양기독교 공간은 보수주의 신학과 마찰(아빙돈 주석 사건), '예언서 연구'의 출발 등 김재준의 신학적 자유운동의 최초 공간이 된다. 1936년 북간도 이

• • • • • •

2) 강인철, 「정교분리 이후의 종교와 정치」, 『민주사회와 정책연구』 제26호, 민주사회정책연구원, 2014, 144~148쪽 참조.

주 후 은진중학교를 매개로 전개된 복음운동과 개인잡지 『十字軍』의 발행은
현실 중심적 신앙관의 획득에 직접적인 계기로 설명하였다. 그 결과 1939년
서울에서 조직된 '조선신학원' 개원에의 합류로 본격적인 사회참여의 길로 들
어선다. 일제 말 조선신학원 합류는 현실 순응과 타협의 관점에서 참여 신학
이 갖는 한계로 설명하였다.

　제3장은 해방 이후 이승만의 제1공화국 시기로 '비정치적 사회참여'의 틀 안
에서 김재준의 본격적인 교회운동 다루었다. 3장 전체 흐름은 해방과 분단의
민족사적 전개가 김재준 개인의 삶에 미친 영향, 특히 해방 후 신학교 재건 문
제와 한국교회 관계가 주로 다뤄질 것인데, 여기에는 몇 가지 요인들이 상호
중층 작용하여 기독교장로회의 출현을 보게 되는 내용이 다뤄진다. 해방 이후
김재준의 비정치적 사회참여는 기독교청년운동과 교회운동으로 전개된다. 해
방 직후 김재준은 '선린형제단', 서울대기독학생회, YMCA 종교부 활동 등에서
기독청년운동의 지도력으로 활동하였으며, 사상적으로는 '기독교적 건국이
념·건국론'을 제시하여 해방공간의 좌우이념 대립에서 기독교적 세계관, 역사
관, 정체성을 조성하는 일에 주력하였다. 교회운동으로는 경동교회 강단을 통
해 타계주의·내세주의의 한국교회 보수성을 극복하고 현실 중심의 '젊은 교
회', '지성교회'의 교회갱신을 주장하였다.

　1953년 기독교장로회 수립 후 김재준은 기장의 역사적 의의를 정립하는 일
에 주력하는 한편 '에큐메니컬 신학'의 한국적 수용에 집중하였다. 이 과정에
서 기장의 'NCC 가입' 문제와 한국장로교의 WCC 인식은 1950년대 중·후반
한국장로교 내 이념지형의 특징을 이해하는 데 중요하여 거시적으로 다루었
다. 사상적으로 1950년대는 김재준의 '기독교적 실존주의' 또는 '기독교적 현실
주의' 역사의식이 형성되는 시기로 1960년대 이후 사회참여로 나아가는 과도
기적 특징으로 이해할 수 있다.

　제4장은 1960년 4·19 이후 1974년 3월 김재준이 캐나다 이주 직후까지 국
내 활동 시기를 다루었다. 4·19~5·16 시기 김재준의 현실 인식을 중심으로

기장, 에큐메니컬 지식인 그룹의 한국교회 반성과 갱신운동의 내용과 한계, 그리고 5·16 시기 김재준의 '인간개조·혁명' 주장을 군사정부의 재건국민운동 논리와의 관계 속에서 살폈다. 1960년대 중반 제3공화국의 한일외교 국면은 김재준의 본격적인 '사회참여'로 나아가는 매개적 사건이다. 특히 이 시기 세계교회 선교 신학의 변화 흐름들이 한국 개신교 진보진영과 유기적으로 결합되면서 참여논리로 구체화된다. 대표적인 논쟁으로 '세속화신학'에 대한 김재준의 이해를 살펴볼 것이다. 1964년 한일관계정상화 국면에서 '비판적 예언자론'을 천명한 김재준은 1965년 한일협정비준반대운동을 계기로 국가의 '전체주의적 성격'에 주목하여 국가 의식을 상대화시켰다. 이 운동 직후 나온 정부의 '사회단체등록법'은 국가에 의한 종교 영역(개신교) 억압책으로 이에 대한 개신교 전체의 대응과 내용상 차이를 살펴봄으로써 개신교 참여 세력과 보수진영의 정치적 태도 분화가 일어나는 과도기적 특징을 이해할 수 있다. 특히 김재준의 '종교자유 투쟁' 논리는 국가 인식의 상대화가 더 가속화되는 계기로 설명된다. 1960년대 중반 김재준 주도로 전개된 기장의 교회갱신·개혁운동은 개혁교회 전통 안에서 시대적 선교론과 접목되는 교회의 사회화 관점에서 살펴볼 것이다.

1968년 이후 김재준의 본격적인 '정치참여'를 다루었다. 김재준의 '3선개헌 반대투쟁'과 1971년 '민주수호국민협의회'의 활동은 개신교 사회참여진영의 반정부·저항운동의 본격적인 출발로 의미를 두었다. 1970년 '전태일 분신사건' 이후 김재준의 참여 신학은 '인간화'와 '예언자적 역사참여 신학'으로 제시된다. 특히 이 시기 김재준이 주장한 기독교적 '인권론'은 엠네스티 한국위원회와 한국기독교교회협의회의 '인권과 신앙협의회' 조직을 통해 확대되어 'NCCK인권위원회' 결성으로 귀결된다. 그리고 한국기독교교회협의회인권위원회는 유신시대 기독교 인권운동의 산실로 자리 잡게 된다. 캐나다 이주 전까지 김재준의 반유신·민주화운동의 전개는 민주수호국민협의회 대표위원으로 재야진영에 합류하여 성명서, 백만인서명운동 등 범국민운동을 중심으로 전개되었다. 긴급조치로 현실화된 박정희 정권의 폭압적 유신 권력이 강성화될 무렵 김재준의 캐나다 이주는 '다른 출구'의 모색으로 구체적으로는 해외 민주화네트워크를 통한 국내 '포위망'으로 설명되었다.

# 제4절

•

# 연구의 자료

본 연구의 1차 사료는 김재준 목사가 생전에 남긴 저작물들이다. 신학자로 최초의 『전집』이 엮일 만큼 김재준은 일생 동안 많은 글을 남겼고 전경연의 표현 그대로 '기독교 문필의 개척가'로 불릴 만큼 이 분야에 독보적인 업적을 남겼다.[1] 1992년에 나온 그의 『전집』은 총 18권이며 각 권마다 평균 500페이지가 넘을 만큼 방대하다. 그러나 앞서 설명했듯이 신학자의 저술을 역사 연구에 적용하기 위해서는 역사적 맥락에 맞는 언어화가 요구된다. 이를 위해 신학 언술 자체의 서술을 지양하고 김재준의 내면적·계기적 서술로 표현하고자 하였다. 김재준의 자서전 『凡庸記』는 두 가지 판본이 있는데 첫째는 캐나다 거주 당시 신문 연재물을 단행본으로 엮어 1982년에 총 6권으로 출간한 『凡庸記』로 본 연구에서는 편의상 1~6의 일련번호를 표기하였다. 둘째 판본은 캐나다에서 귀국한 1983년에 도서출판 풀빛에서 단권으로 출판한 『凡庸記』이다. 캐나다 판본을 축약하였으나 후에 추가된 내용도 있어 상호 대조하여 활용하였다.

1930년대 용정에서 창간한 김재준의 개인잡지 『十字軍』, 같은 시기 전영택의 『새사람』, 그리고 평양신학교 기관지인 『신학지남』 등의 정기간행물, 일제

• • • • • •

[1] 전경연, 「신앙과 신학의 자유를 실천하고 확보하신 분」, 『장공 이야기』, 한신대출판부, 2001, 371쪽.

시기 글들을 모아 최초로 발행한 수상집『落穗』(1941년, 수상집) 등은 일제 시기 김재준의 신학 형성 파악에 중요한 자료들이다. 해방 이후 자료로는 전영택의 속간『새사람』,『興國時報』, 속간『十字軍』,『神學硏究』,『한국신학대학학보』,『思想』,『思想界』,『基督敎思想』등의 정기간행물,『落穗以後』,『啓示와 證言』등의 단행본이 있다. 1950년대 중반 기장 수립 후『총회회보』와『기독세계』,『기독교장로회총회회의록』등은 기장운동의 시원과 전개, 변화와 특징 등을 파악할 수 있는 1차 사료이다. 제4장인 1960년대 자료로는『基督敎思想』,『사상계』,『제3일』등이 중요하며 이상의 1차 사료에서 제외되었거나 취합하지 못한 부분은『저작전집』(1971년)과『전집』(1992년)의 수록 글을 참고하여 이용하였다.

이상의 1차 사료 외에 중요 검토 대상으로 인물 관련 회고록, 평전 등 2차 문헌이다. 특히 김재준 외에도 강원용 · 신영희 · 장하구 · 정대위 · 문익환 · 문재린 · 문동환 · 장준하 · 이춘우 · 조향록 · 송창근 · 이우정 · 공덕귀 · 박형규 · 이장식 · 강문규 · 오재식 · 김관석 등 개신교 참여운동 관련 인사들의 회고록과 평전은 1차 사료 못지않게 중요한 증언 자료로 이용된다. 각 교단에서 편찬한 통사류의 교회사는 교단 · 교회, 신학적 차이 등을 비교 검토하는 데 중요하게 활용하였다. 한국교회 인물 관련 정보는『기독교대백과사전』(기독교문사)에 의존한 바 큰데, 개별적인 오류와 미확인 사실 등은 전적으로 필자의 책임임을 밝혀 둔다. 이외 민주화운동 관련 NCCK 자료집, '민주수호국민협의회' 자료집, 1970년대『기사연』자료집, 한국기독교교회협의회인권위원회의『1970년대 民主化運動』자료집, NCCK인권위원회에서 펴낸『한국교회 인권선교 20년사』·『한국교회 인권운동 30년사』등은 1970년대 개신교 민주화 · 인권운동이 운동으로 형성되어 가는 과정을 이해하는 데 중요한 1차 사료의 성격을 갖는다.

# 제2장

# 일제 시기 김재준의
# 기독교적 세계관 형성과 신학운동

# 제1절

•

## 김재준의 기독교세계관의 수용과 신학교육


## 1. 유교적 성장 배경과 소학교육 과정

장공(長空) 김재준(金在俊)은 1901년 9월 26일(양력 11월 6일) 함경북도 경흥군 오봉동의 창골 마을에서 부친 김호병과 모친 채성녀 사이의 2남 4녀 중 둘째 아들로 태어났다. 김재준의 증조부인 김덕영은 1860년대 말 3만 평의 땅을 개간한 대농으로 김씨 일가를 이룬 대인(大人)이었다.[1] '수구주의자'였던 조부 김동욱의 영향으로 김재준의 부친인 김호병은 구한말 과거 낙방 후 '국운은 기울어지고 기강은 무너져 출세가 도리어 욕'이라 여겨 낙향한 뒤 농사와 한약방, 서당 등을 경영하며 유유자적한 일생을 보낸 은둔형의 유사(儒士)였다.[2] 부친이 경영하는 서당에서 공맹지도(孔孟之道)의 유가적 세계관을 배운

• • • • • •

[1] 김재준, 『凡庸記』1, 칠성인쇄소, 1982, 11~15쪽. 이 『凡庸記』는 김재준이 캐나다에 체류할 당시 『뉴코리아타임스』紙에 연재된 것을 단행본으로 엮어 총 6권으로 출판된 김재준의 '자서전 시리즈'의 첫째 권에 해당한다. 연번은 권호를 달리하여 출판된 것을 표기하기 위해 연구자 임의로 붙인 것이다. 1권은 출생~해방 직후 시기에 해당한다.

[2] 김재준의 부친 김호병은 과거 낙방 후 함남 문천 책실에 채용되었으나 이 역시 그만두고 낙향하여 은둔형 '儒士'로 일생을 보냈는데, 이것은 김재준 조부의 영향이 컸다. 조부는 "벼슬하다 때가 바뀌면 깨끗이 물러나 낙향할 것이지 '피발역복하고 洋夷를 따라야 한단 말이냐'라 하여 '수구적 반감'이 컸던 인물이다. 이 영향은 김재준의 부친이 '위정척사(衛正斥邪)'편에 선 것과 김재준의 백부 김주병(金洲炳)이 아버지의 뜻과 다른 개화파의 길을 걸었던 것과 관계가 있을 것으로 보인다(김재준, 『凡庸記』1, 위의 책, 229쪽).

김재준은 구질서가 해체되고 근대적 세계로 전환하는 시대성을 터득하지 못한 채 유년기를 보내야 했다.

반면에 김재준의 어머니 채성녀는 경원군 용계면 함향동 평강 채동순의 셋째 딸로 경원의 실학파 채향곡(蔡香谷)의 4대 후손이다. 어머니의 온유한 성품은 아버지의 엄한 유교적 계율과 권위로부터 김재준을 감싸주는 보호처가 된다. 더욱이 외가의 실학적 학풍은 김재준을 서당교육에서 근대식 소학교 교육으로 옮겨가는 통로가 되었다.

김재준의 근대와의 접촉은 두 경로가 있었는데 실학적 가풍의 외가로부터 제공된 근대 학문으로의 길과 일찍 개화사상에 눈을 떠 활동하던 백부 김주병(金洲炳)으로부터 제공되었다. 1910년 10살인 김재준은 함북 경원군 함향동에 외가인 채씨 일가가 세운 향동소학교 3학년으로 편입한 뒤 비로소 '단발의례'를 치렀으며 선생 김희영으로부터 민비시해사건, 한일합방, 이준의 할복 사건 등 민족수난의 이야기들을 접하기도 하였다.[3] 이 소학교 시절에 김재준은 매서인을 통해 처음으로 기독교를 접하였으나[4] '孔孟의 正道를 따르는' 아버지의 유가신념에 예수교는 '이단(異端)'으로 배척되었으며 소년 김재준은 아버지의 뜻을 따라 '결코 예수쟁이가 되지 않겠다'는 맹서를 하게 된다.[5]

향동소학교를 졸업한 김재준은 '한성도서주식회사'와 관계하고 있던 백부 김주병으로부터 제공된 각종 신간 서적들을 통해 근대 문명세계를 접하는 계기를 얻는다.[6] 백부 김주병에 대해 약간의 설명이 필요하다. 그는 부유한 가계를 배경으로 상공업에 종사하면서 일찍부터 개화사상을 받아들여 구한말 개

화운동, 애국계몽운동에서 활동한 인물이다. 대표적으로는 대한자강회, 대한
협회, 서북학회, 한북흥학회(漢北興學會) 등에서 활동하였으며 교육사업으로
'漢北義塾' 관계와 오성중학교(교장) 등을, 출판계로는 '한성도서주식회사' 설립
에서 장도빈 등과 공동 설립자로 관계하였으며, 1921년부터 물산장려운동에
함북대표지방위원으로, 1925년 제3회 총회에서는 이사로 이름을 올렸다.[7]

　　향동소학교를 마친 김재준은 12세에 외가에서 멀지 않은 고건원 공립 보통
학교 3학년에 편입하여 2년의 과정을 더 배운 뒤 졸업하였다. 이후 김재준은
회령 간이농업학교에 입학하여 16세에 졸업한 뒤 향동소학교 담임이던 김희
영 선생의 추천으로 1917년에 회령군청 간접세과에 취직하였다.[8] 회령군청
간접세과에서 주세(酒稅)관련 일을 맡아 사회인의 삶을 이어가던 1919년 만
18세에 부친의 결정에 따라 경흥군 회암동 장석연의 맏딸 장분여와 혼례를 치
른다.[9]

　　성년이 되기까지 김재준의 삶은 '자연인'으로서의 평범성 안에 머물러 있었
다.[10] 유교적 질서 안에 머물러 있었던 부친의 영향은 성년이 되기까지 김재
준에게 가장 큰 규범이었다. 소학교육을 받는 동안 탁월한 지적 활동을 보였
으나 근대와 민족, 새로운 문명에 대한 접촉과 수용의 길은 더 이상 열리지 못
했다. 부친의 일방적 결정에 따른 '혼례'를 거스를 수 없었던 것도 그의 규범화
된 효행의 결과로 볼 수 있다.

・・・・・・

[7] 김주병의 자료는 「會員名簿」, 『대한자강회월보』 제5호, 1906년 11월 25일; '本懷歷史' 「대한협회
회보」 제5호, 1908년 8월 25일; 「會事記要」, 『서북학회월보』 제5호, 1908년 10월 1일; 「漢塾漸進」,
『皇城新聞』 1907년 2월 27일; 『東亞日報』 1921년 7월 30일, 8월 1일·1925년 10월 18일 등 참조.
[8] 이 시기 향동소학교 시절 열렬한 민족지사였던 김희영 선생은 보통문관시험을 치른 뒤 판임관이
되어 회령군청 재무부 직세과에 근무하면서 김재준을 채용했던 것이다.
[9] 김재준의 처가인 장(蔣)씨 집안은 조선 중엽 중국 산동성에서 충북 아산으로 이주해 온 대륙 출
신의 家系였다. 김재준은 아내 장분여에 대해 '좀처럼 감정을 나타내지 않고 아무리 어려워도 말
없이 오래 참는 성격'에 무던히 대륙적인 사람으로 묘사하였다. 김재준, 『凡庸記』 1, 칠성인쇄소,
1982, 34쪽.
[10] 김재준은 기독교 회심 이전의 자신의 삶을 일컬어 '자연인'으로 묘사하였는데, 회심 후 '영의 사람'
과 대비되는 표현으로 이해할 수 있다.

‣ 1918년 회령 군청 시절(아랫줄 왼쪽 두 번째가 김재준)

## 2. 기독교 수용과 YMCA를 통한 근대적 세계관의 획득

1910년 한일합방이 되자 민족적 상실감을 개인의 삶과 연결하였던 한국교회 기독교인들은 민족독립의 열망을 담아 3·1운동에 적극 가담하였다. 기독교 신앙은 민족구원을 가져오게 하는 미래관을 심어주었으며 그 결과 독립운동의 현실로 뛰어들게 하였다. 한반도 동북 면 끝에 위치한 함경북도 지방의 3·1운동은 다른 지역에 비해 늦은 10일에 시작되었다. 3월 10일 성진을 중심으로 시작된 함북 만세운동에도 기독교가 중심이 되어 전개되었는데 15일 이후 명천, 회령, 청진으로 4월 1일에 온성, 8일에 경흥(慶興)군으로 전개되었다.[11]

●●●●●●

11) 민족사바로찾기국민회의, 『3·1운동』(독립운동총서 2), 민문고, 1995, 112~113쪽.

전국적인 민족독립의 열망이 채 가시지 않은 1920년 웅기금융조합으로 자리를 옮긴 김재준의 삶은 여전히 '자연인'의 시간에 머물러 있었다. 김재준의 회고에 민족운동에 대한 특이할 만한 내용이 기록되지 않은 것으로 볼 때 식민지 민족의 운명을 개인의 삶과 연결하지 못한 채 개인적 삶 안에 머물러 있었다고 볼 수 있다.[12]

김재준에게 3 · 1운동은 오히려 '개인 차원'에서 삶의 전환을 가져오게 하는 계기가 되었다. 1920년 만우(晩雨) 송창근(宋昌根)과의 만남이 그것이다. 김재준과 동향인 송창근은 1898년 10월 5일 함경북도 경흥군 웅기면 웅상동에서 송시택과 신봉남의 사이에서 장남으로 태어났다. 김재준의 유교적 배경과 달리 송창근의 가문은 일찍 개화한 기독교 집안이었다.[13] 송창근은 종숙 송시명이 세운 북일(北一)학교에서 초등교육을 받았으며[14] 종숙의 권고로 15세에 간도로 건너가 명동중학교에 입학하였으며 이때 이동휘(李東輝)와 인연을 맺게 된다.[15] 송창근은 명동학교가 재정난으로 문을 닫게 되자 '귀국하여 기독교에 전념하라'는 이동휘의 권유에 따라 귀국하여 1915년 18세에 서울의 피어선 성경학교에 입학, 1920년 3월에 졸업한 뒤 남대문교회 조사(전도사)가 되었다.[16]

• • • • • •

[12] 다만 3 · 1운동 전후로 두만강을 건너던 독립운동가들의 조력자 무역상 김기련과의 만남을 통해 김재준은 유년기 김희영 선생에게서 감화되었던 민족의식이 싹을 틔우기 시작했으나 이때의 의식은 '애숭이'적인 것, 사회적으로는 '있으나 마나 한 것'으로 기억되었다. 김재준, 『凡庸記』. 풀빛, 1983, 37쪽.

[13] 웅기 몽새마을에서 송(宋)씨 일가의 기독교 내력은 잘 알려진 사실로 송창근의 從叔인 송시명(宋始明)은 캐나다선교회 소속 박걸(朴杰, A. H. Barker) 선교사의 웅기 포교 당시 첫 입교자이기도 했다. 송시명의 아들 송창희(宋昌熙)는 아버지 송시명이 설립한 북일학교와 서울 등에서 수학한 뒤 후에 간도 明東중학교에서 교편을 잡기도 하였다. 그의 아들인 송몽규(宋夢奎)가 시인 윤동주(尹東柱)와 함께 일본 도시샤대학에서 순옥(殉獄)한 사실은 잘 알려진 일이다.

[14] 성남교회사편찬위원회, 『서울성남교회50년사』, 서울성남교회, 1998, 34쪽. 송창근이 유년기 신앙생활을 하던 웅기 몽새교회는 김관식, 채필근 등 훗날 장로교의 지도적 인물들을 배출한 곳이기도 하다.

[15] 1911년에 북간도로 들어 간 이동휘는 국자가(局子街) 소영자(小營子)에서 김립(金立) · 계봉우(桂奉瑀) 등과 더불어 광성학교(光成學校)를 설립하여 민족주의 교육활동을 전개하는 한편 캐나다선교회 구례선(具禮先) 목사의 도움으로 북간도 전역에 기독교 선교 사업에도 종사할 무렵 송창근이 이동휘와 인연을 맺는다.

[16] 이 시기 남대문교회에는 3 · 1운동으로 투옥된 함태영이 장로 겸 조사로 있었는데 송창근은 그의 후임이 되었다. 晩雨 宋昌根선생기념사업회 편, 『晩雨 송창근』, 만우송창근기념사업회, 1978, 20~21쪽; 김재준, 『만우 회상기』, 1985, 20~21쪽 등 참조.

민족심과 기독교정신이 남달랐던 송창근은 3 · 1운동의 물결 속에 1920년 '독립운동 창가 배포 사건'에 연루되어 체포되었다.

이후 석방된 1920년 8월 고향인 웅기로 내려가 함북지역 교회들을 중심으로 강연회를 열어 청년들에게 많은 감명을 주었다.[17] 이 무렵 송창근과 김재준의 만남이 이루어지게 된다.[18]

1919년 3 · 1운동을 전후로 각 지방단위 기독청년회(YMCA)가 조직되기 시작했는데 제1차로 조직된 곳이 함경남도 함흥지역이다.[19] 김재준의 고향인 경흥의 경우 1920년 8월 2일에, 웅기는 8월 15일에 연이어 조직되었는데,[20] 송창근은 웅기 교회들에 초대되어 기독청년의 민족의식을 고취시키는 강연회를 개최하였다. 이 시기 교회와 무관하게 지내던 김재준도 송창근의 강연 소식을 접했던 것으로 보인다.[21] 면식이 없던 두 사람의 만남을 『凡庸記』에는 송창근이 김재준의 하숙집을 찾아와 인사를 나누면서 이루어진 것으로 기록되어 있

• • • • • •

17) 송우혜에 따르면 '독립운동 창가 배포사건'이 1920년 1월 말경 송창근과 박인석, 정후민 등이 조선독립운동 원조를 목적으로 창가를 지어, 6백 부를 인쇄하고 경신 · 배재 · 이화학당 · 정신학교 등에 배포했던 사건(송우혜, 『벽도 밀면 문이 된다: 송창근 평전』, 2008, 생각나눔, 82쪽)이라 했는데, 『성남교회사』에는 이 사건을 '남대문교회가 뚝섬에 세운 전도소에 나가 전도할 때 교인들에게 독립운동 노래를 유포시켰다는 혐의로 일경에 체포된 사건'으로 기술되어 있다. 성남교회사 편찬위원회, 『서울성남교회50년사』, 서울성남교회, 1998, 35쪽.

18) 한편 김재준은 송창근을 만난 시기를 1919년 12월 크리스마스 즈음으로 기억하고 있는데 송창근의 체포와 석방 시기를 고려할 때 착오인 듯하다.

19) 관북지방의 중심지인 함흥은 평양이나 선천에 비해 기독교 비율이 현저히 낮았음에도 불구하고, 중앙 YMCA의 김창제(金昶濟)가 함흥 영신초등학교 교장으로 있으면서 영생중학교 등 기독학교의 학생운동을 지원하고 있었다. 그 영향으로 1920년에 들어서 함경 지방의 기독독청년회 조직운동이 활발히 전개되었다.

20) 경흥기독청년회: 1920.8.2. 金泰勳, 金觀植, 金文協, 金信愛, 金貞媛, 金秉○ 등 발기하였고 김병도의 사회로 창립총회가 개최되었다. 회장에 김문협, 부회장: 김태훈, 총무: 김병율, 서기: 김정원, 김영구, 회계: 유영일, 김신애, 종교부장: 김태훈, 교육부장: 김관식, 체육부장: 김문협 등을 선출하였다(『동아일보』, 1920년 9월 14일자 기사 「慶興基督青年會」 참조); 웅기기독청년회 青年有志 諸氏가 8월 15일에 웅기청년회창립총회 개최. 회장: 박용수, 부회장: 김○, 총무: 김성구, 교육부장: 정봉우 등 선출(『동아일보』 1920년 9월 14일자 기사 「雄基青年會創立會」 참조).

21) 『凡庸記』에는 송창근과의 첫 만남에 대한 전후 설명이 없기 때문에 송창근이 김재준을 찾아간 이유는 추측해 볼 수밖에 없다. 천사무엘은 김재준의 백부가 서울에서 한성도서주식회사를 설립하고 『서울』, 『학생계』 등의 잡지와 여러 계몽도서들을 출판하고 있었기 때문에, 동향인 송창근이 백부와 알고 지내면서 인사 차 김재준을 찾아온 것으로 설명하였다. 천사무엘, 위의 책, 37쪽.

다. 이 만남에서 송창근은 '새로운 시대', '민족중흥' 등을 웅변하고 개인의 삶
에 머물렀던 김재준에게 변화의 계기를 이끌어 내었다.

> "지금 3·1운동 이후에 우리 민족은 일어나고 있습니다. 天運은 갔다가도 반드
> 시 돌아옵니다. 김선생 같은 유능한 젊은이가 그저 이런데 묻혀 있을 때는 아닙
> 니다. 서울에는 유명하신 백부님이 계시지 않습니까? 용감하게 정리하고 서울 와
> 서 공부를 다시 하십시오."[22]

3·1운동에서 한국교회 참여가 민족의식과 불가분의 관계에 있었듯이 송창
근의 웅변도 민족의 장래와 기독교 신앙에 경계를 두지 않고 있음을 알 수 있
다. 이 시기까지 기독교와 민족 어느 쪽에도 냉담했던 김재준은 송창근과의
만남을 계기로 '알 수 없는 것에 들뜬' 심정을 경험하게 된다. 그 결과 금융조
합에 사직서를 낸 뒤 고향 창골의 젊은 아내에게는 기별도 않은 채 '무작정' 상
경 길에 오른다.

김재준의 이 무작정 상경은 의미 있는 행보로 볼 수 있다. 송창근의 웅변에
설득되었다는 것은 그의 내면에 자연적 삶으로 만족되지 않는 내적 동기가 작
용했다고 볼 수 있는데, 유교의 가부장적 질서에 순응해온 그가 '새로운 시대'
와 '중흥'의 메시지에 감흥 되었다는 것은 유교적 정신세계와 다른 새로운 시
대정신의 욕구가 그의 내면을 자극했음을 짐작케 한다. 이러한 내적 변화가
고향의 가족으로부터 공감되기 어려울 것이란 판단이 '무기별'의 상경을 선택
하게 했을 것이다. 성년이 되기까지 유가적 규범에 속했던 그의 삶에서 '돌출'
이며 가족과의 갈등이 예견된 행보였고 자연인으로서의 삶에서 '첫 탈출'을 의
미했다.[23]

······
22) 김재준, 『凡庸記』 1, 위의 책, 39쪽.
23) 김재준, 『晩雨 回想記』, 한신대출판부, 1985, 23쪽. 김재준은 이전에도 만주 하얼빈, 서울 유학 등
   몇 차례 고향을 떠날 기회가 있었으나 그때마다 부친의 반대에 부딪혀 주저앉았던 경험이 있다.
   김재준, 『凡庸記』 1, 위의 책, 57~58쪽.

1919년 3·1운동 이후 조선 독립을 희망하였던 민족운동가들은 파리강화회의·국제연맹회의, 태평양회의 등에서 한국문제가 거론조차 되지 않은 현실 앞에 자력에 의한 독립을 자각하기 시작했다. 그 결과 실력 양성을 통한 신문화건설과 정신 개조, 민족성 개조를 강조했다. 송창근의 견인(牽引)으로 김재준이 상경했을 때 그가 만난 시대정신에는 '개조'의 흐름이 있었다.[24] 이 시대정신 아래에서 김재준은 1923년까지 서울 YMCA를 통해 기독청년운동의 공간 안에서 근대적 세계를 섭렵하기 시작했다.

1920년 2월 윤치호의 뒤를 이어 신흥우 총무 체재의 YMCA는 3·1운동 이후 조직 재정비에 나서는 한편 문화론적 개조, 종교의 사회화, 사회복음주의 등에 관심을 기울였다.[25] 김재준은 상경 후 YMCA의 영어 전수과에 적을 둔 한편 『개조』, 『개벽』, 『중앙공론』 등의 잡지를 섭렵하면서 '개조'의 흐름과 사회복음주의의 영향, 그리고 반기독교운동에 대한 대응으로서의 기독교 사회주의 등 이 시기 YMCA의 시대적 흐름을 함께 수렴해 갔다.[26]

김재준의 잡지와의 인연은 백부 김주병이 관계된 한성도서주식회사의 『서울』과 『조선지광』 그리고 오천석 주간의 『학생계』 등과 자연스럽게 이루어졌다.[27]

· · · · · ·

[24] 장도빈은 "지금 세계는 개조의 세계이라. 민중주의라 인도주의라 하야 전 세계의 인류가 대개조(大改造)에 입(入)하얏다고 하여 금일 현상(現狀)에 지(至)하얏나니 아인(俄人)은 지금 개조시대를 당하야 금번에나 요행으로 개조의 예에 입(入)하면 거의 상유(桑榆)의 보(補)를 획(獲)할지라. 만일 그러치 못하면 아인의 전도는 비참뿐이라"고 하여 개조를 역설하였다(장도빈, 「희망과 비평」, 『서울』 3, 3~4쪽; 윤정란, 「1920년대 기독교의 민족운동」, 『종교계의 민족운동』, 한국독립운동사편찬위원회, 2008, 30쪽). 상경 후 김재준은 한성도서주식회사의 백부의 소개로 장도빈과 인연을 맺었는데 그의 주간 잡지 『서울』, 『조선지광』의 제작을 직접 돕는 일을 맡고 있었다.

[25] 1922년 4월 4일~6일 동안 개최된 세계기독학생청년회(WSCF)에 조선인 대표로 이상재, 김활란, 김필례, 이대위, 신흥우, 여운홍이 참석했다. 이 대회의 주제는 '기독교와 세계개조'였는데, 기독교정신으로 개인을 개조하면 그것이 국가의 개조가 되고 나아가 세계를 개조할 수 있다는 내용이다. 윤정란, 앞의 글, 40쪽.

[26] 서울 YMCA에서는 1921년 4월 '學館 學則' 내용을 加入變更'하여 '속성과'를 설치하였는데 고등, 중등, 초등 3반을 두었고, 신입생 가입자가 273명이었다. 4월 22일에 개학하였는데 이때 주간 영어과 학생은 134명, 야간 영어과가 203명 등이었다(100년사편찬위원회, 『서울YMCA운동100년사(1903~2003)』, 220쪽). 김재준은 1920년 여름 이전 상경하여 1년의 중등학교 과정을 끝낸 1921년 봄 '영어과'에 등록했던 것으로 추정된다. 영어과 졸업시험에서 김재준은 1등을 하였지만 수업료를 내지 않아 졸업자 명단에는 이름을 올리지 못한다.

1920년대 초 서울 YMCA를 통해 김재준이 터득한 시대정신의 대략적인 윤곽이 가능해진다. 유교적 성장 과정에서 탈출한 그는 1920년대 초 개조론적 세계관과 사회주의적 기독교의 범주 안에서 새로운 자아발견의 계기들을 형성해 가고 있었다. 이 계기들이 보다 구체적인 세계관의 획득으로 확장될 수 있었던 사건이 바로 그의 회심이다.

김재준의 기독교 회심은 이 시기 한국교회 진흥운동 가운데 이루어졌다. 1920년에 감리교회는 '백년전진(the Centenary Advance)'로, 장로교회는 '진흥운동(the Forward Movement)'을 각각 전개하여 교회의 부흥책을 강구했다. 특히 장로교 제8회 총회는 전국 12노회 대표 각 3인씩으로 구성된 진흥위원회(振興委員會)를 조직하여 3·1운동 이후 황폐한 상황에 대응하였는데, 전국 교회가 한 해 동안 1~2회 부흥사경회를 개최하는 방식으로 교회의 부흥 책을 모색했다.[28] 1920년 가을 서울의 7개 교회가 연합하여 황해도의 김익두(金益斗) 목사를 초청하여 10월 10일~26일까지 승동교회에서 도사경회를 개최하였는데 이 부흥회에 줄곧 참석했던 김재준은 마지막 날에 '극적인 회심'을 경험하게 된다.[29]

> 마감 날 나는 그의 설교에 말려들고 말았다. 그건 '닭이 달걀에서냐? 달걀이 닭에서냐?' 하는 얘기였는데 창조주 신앙이 없다면 모든 것이 '순환(循環)'일 뿐이요. '해결'은 있을 수 없다는 내용의 것이었다… '옳다!'고 생각되자 '믿겠다!'고 결단했다.[30]

김재준은 자신의 회심을 '교실에서 탈락한 자연인이 위로부터 난 영(靈)의 사람이 된 것'으로 묘사했다.[31] 회심 이후 김재준은 경건생활에 몰두하는 한편

• • • • • •

27) 특히 장도빈은 월 20원의 급료에 김재준을 채용하여 『조선지광』 제작에 직접 참여시켜 원고수집에서 편집, 인쇄, 서점 배본, 수금 등 마감 교정을 제외한 잡지 제작의 전 과정을 배우게 하였다.

28) 승동교회110년사편찬위원회, 『승동교회110년사』, 대한예수교장로회승동교회, 2004, 182쪽.

29) 승동교회110년사편찬위원회, 위의 책, 183쪽.

30) 김재준, 「한 권의 성서」, 『인간이기에』, 종로서적, 1968, 214~215쪽.

가가와 도요히코(賀川豊彦), 우치무라 간조(內村鑑三), 도스토예프스키, 톨스토이, 성 프란치스코의 삶 등에서 기독교적 애(愛)의 정신, 사회적 실천, 청빈(淸貧) 등 반(反)물질주의 정신에 깊이 천착하였다.[32] 특히 톨스토이와 성 프란치스코에서 감화를 받은 김재준은 '정신적인 자유', 청빈의 가치를 선택함으로써 무소유적 기독교 정신을 내면화하게 된다.[33] 김재준은 회심 후 3년째 되던 해에 승동교회 김영구 목사로부터 세례를 받아 김재준은 한국장로교회 정식 교인으로의 삶을 시작하게 된다.

회심 후 귀향한 김재준은 3년 동안 용현·귀낙동·신아산 등 지역 소학교를 돌며 교육자로서의 짧은 삶을 경유하게 된다. 이것은 20세까지 비기독교적 개인의 삶에 충실했던 그가 YMCA를 거치면서 교육과 계몽 그리고 기독교적 '개인의 발견'을 통해 삶의 전환이 이루어졌음을 의미했다. 귀낙동 소학교에서 그가 벌인 서당 해체운동은 유교적 세계로부터 탈피한 그의 모습을 보여주는 단적인 예다. 또한 이곳에서 김재준은 일요일마다 주일학교를 열어 복음전도를 통한 최초의 개종운동을 전개하였다.[34] 그리고 이 시기 김재준은 인도의

• • • • • •

31) 김재준, 「無所有의 浪漫」, 『인간이기에』, 앞의 책, 217쪽.

32) ①가가와 도요히코(賀川豊彦, 1888~1860): 일본 장로교 목사이자 사회(빈민)운동가, 저술가로 코베시 출생이다. 메이지 학원 신학부와 코오베신학교(1910) 졸업, 신학교 재학 중 결핵을 앓고 투병기인 『사선을 넘어』를 썼다. 투병 생활 후 빈민선교에 투신, 코오베 빈민촌에서 전도활동을 하였다. 이후 프린스턴 등에서 수학 후 1917년 귀국, 계속 코오베 니이가와(新川) 빈민·노동자를 상대로 사회 선교활동을 전개한다. 재단법인 예수단 友愛구제소, 1920년 오사카(大阪) 공익사(共益社)를 일으키고, 예수의 친구회 등을 조직했고 1921년 코오베 가와사키 조선소, 미쓰비시 조선소, 코오베 제강소 등의 노동쟁의를 지도하기도 했다. 1922년 개인잡지 『구름기둥』(雲柱)을 발간, 같은 해 4월 코오베 YMCA에서 일본 농민조합 창립대회를 열고, 스기야마 모도지로 등과 함께 일본 농민조합을 조직했다. 그해 6월 오오사카 시외에서 제1회 오사카 노동학교를 열고, 1923년 9월 칸토오(關東) 대지진 구호를 위해 기독산업청년회를 창립, 인보(隣保)사업을 했다. 1940년 반전(反戰)사상으로 체포된 바 있으며, 제2차 세계대전 후 사회당 결성을 도왔고, '신일본건설 그리스도운동'을 벌였다.
②우치무라 간조(內村鑑三 1861~1930): 일본의 성서학자이자 목사. 무교회주의의 창시자로도 유명하다. 일제 시기 대표적인 한국의 무교회주의자인 김교신·함석헌·최태용 등이 그의 제자로 한국 무교회주의의 연원을 이루기도 한다.

33) 김재준, 「나의 讀書 生活」, 『하늘과 땅의 邂逅』, 동양출판사, 1962, 280쪽; 김재준, 「無所有의 浪漫」, 앞의 책, 218쪽. 성 프란시스는 송창근이 존경하는 인물이기도 했다.

34) 김재준, 『凡庸記』 1, 앞의 책, 58~60쪽.

성자 '선다 싱(Sundar Singh)의 영성에 깊이 천착하여 1926년 1월~6월까지 13회에 걸쳐 『기독신보』에 '성자 썬다싱그'를 발표하기도 하였다. 인도에서 배출된 가장 '이상적인 그리스도의 제자'로 불리는 선다 싱으로부터 김재준은 그리스도 중심의 영성을 추구했다.[35]

1920년대 초 YMCA에서의 경험과 회심을 경유하면서 김재준이 체득한 세계관의 의미를 짚어 볼 필요가 있다. 첫째, 김재준은 자신의 회심을 '영의 자유'로서의 의미를 부각했다. 이것은 그의 정신세계를 지배했던 봉건적 유교질서로부터 벗어나 기독교적 거듭남을 통한 새로운 자아의 발견, 즉 '자유로운 존재'로서의 개인의 발견을 의미했다. 이 경험을 통해 얻은 기독교와 '자유'의 연관성은 이후 그의 삶을 이끌어 가는 새로운 질서가 된다. 둘째, 연합기구 YMCA를 통해 김재준은 기독교의 다양성과 일치를 추구하는 '에큐메니즘'을 경험함으로써 연합성을 일찍부터 터득했다.[36] 셋째, 1920년대 초 YMCA의 기독교 사회주의나 가가와 도요히코, 우치무라 간조 등 일본의 기독교사회주의·무교회주의 사상, 성 프란치스코, 톨스토이, 선다 싱 등 무소유·청빈·고난에의 감화는 그가 교리 중심이 아닌, 삶에 기반을 둔 기독교적 윤리의식에 자신을 조화시키고 있음이 발견된다.[37] 그러나 아직까지는 회심 직후의 변화, '새로운 개인'으

• • • • • •

35) 선다 싱(Sundar Singh 1889~1932)은 1889년 9월 3일 인도 편잡 주의 람푸르에서 태어나 장로교 신학교에서 교육받았다. 1905년에 회심한 뒤 이후 33년 동안 사도로서 금욕생활을 유지하였다. 『주님의 발 앞에서』, 『그리스도와 함께 사는 사람과 그렇지 못한 사람』, 『참 생명』, 『참 진주』, 『실재와 종교』 등 8권의 저서를 남겼다(선다 싱·최대형 역, 『사두 선다싱 전집』, 은성출판사, 2005, 13~15쪽). 이덕주는 이 시기 김재준이 선다 싱으로부터 '환경과 조건에 매이지 않고 십자가 고난 영성(suffering spirituality)'을 추구한 것으로 설명하였다(이덕주, 「장공 김재준의 삶과 영성」, 『장공 김재준의 신학세계』 2, 한신대학교 출판부, 2016, 353~354쪽).

36) 일제하 YMCA는 교파 연합의 사회참여적이고 개혁적 성격을 띤 국제 YMCA연맹의 에큐메니컬적 풍토가 처음부터 강했다고 볼 수 있다(노치준, 앞의 글, 115쪽).

37) 천사무엘, 앞의 책, 살림, 2004, 52쪽. 김재준은 아시시의 성 프란체스코의 전기를 탐독한 후 그의 전기를 동경의 송창근에게 보낸다. 이 시기 동양대학 문화학과에 재학 중이던 송창근과 편지 왕래가 잦았는데, 김재준의 원고를 받은 송창근은 성 프란체스코의 시 '태양의 노래'에서 '장공(長空)'을 따와 김재준에게 '호'로 선사했다(장공김재준목사기념사업회, 『장공 김재준의 삶과 신학』, 한신대학교출판부, 2014, 40쪽).

로의 발견의 의미가 컸고 이것을 '정신적, 영적 거듭남'으로 강조하여 훗날 이 시기를 일종의 낭만주의로 기록했다.[38]

김재준이 소학교 교사로 활동할 무렵 일본 유학 중이던 송창근으로부터 '도일(渡日)'을 권유하는 편지가 도착하게 된다.[39] 송창근은 1922년 4월에 안동교회 전도부인 이신실(李信實)의 도움을 받아 일본으로 건너가 동양대학 문화학과를 거쳐 아오야마(靑山)학원에 적을 두고 있었다.[40] 유학경비 마련을 위해 김재준은 신아산 소학교로 자리를 옮겨 6개월을 근무한 뒤 만삭이던 아내를 뒤로한 채 송창근이 있는 도쿄를 향해 '무작정' 고향을 떠난다. 3·1운동 이후 두 번째 무작정 탈출로, 자유를 향한 그의 출발은 언제나 '고향을 떠남'으로부터 시작되었다.


## 3. 일본 아오야마(靑山)학원 유학과 자유주의 신학 수학

1920년대 일제의 식민지배가 문화정책으로 바뀌면서 지식인들의 해외 유학도 하나의 권장사업이 되자 한국교회 내에도 미국, 일본 등에서 직접 신학을 배우려는 욕구가 커지면서 유학이 장려되는 분위기가 조성되었다.[41] 새로운

38) 무소유의 낭만에 사로잡혀 김재준은 한 벌 있던 솜옷을 걸인에게 주기도 했고, 눈이 내린 겨울 밤, 하숙집에서 쫓겨난 채 혜화동 길을 걷다가 한 걸인이 걸어가는 것을 보고 '예수'의 화신이 아닐까 하며 느닷없이 따라가는 등 '낭만'적 자취를 남겼다(김재준, 「無所有의 浪漫」, 『인간이기에』, 위의 책, 220쪽).
39) 송창근은 처음엔 도요(東洋)대학 문학과에 입학하였다가 이듬해 아오야마(靑山)학원 신학부 2학년에 편입하여 1926년에 졸업하였다. 졸업 후에는 미국으로 건너가 샌프란시스코 신학교 신학과에 입학, 그해 9월에 프린스턴신학교로 옮기게 된다(송우혜, 『벽도 밀면 문이 된다: 송창근 평전』, 생각나눔, 2008, 187~189쪽 참조).
40) 송우혜, 위의 책, 109쪽. 송창근은 서울에서 남대문교회 조사(助事)로 3~4년을 보낸 뒤 일본으로 건너갔다(만우송창근선생기념사업회, 『晩雨 송창근』, 1978, 선경도서출판사, 29쪽).
41) 김재준은 사이토 총독의 교육정책 중 사립학교, 미션계 학교에서도 '자격증'을 소지한 교사를 채용해야 한다는 지시에 따라 강봉우, 채필근 등이 만학(晩學)에 일본 유학길에 올랐고 송창근도 이들을 따라 도일한 것으로 기술하였다(김재준, 『凡庸記』 1, 앞의 책, 97쪽).

문화의 유입 결과 신흥세대 성장은 자연히 현실비판으로 이어지는 경우가 많았는데, 신학교육도 비판적 인식의 대상이었다. 1920년대까지 한국교회 안에는 1901년에 선교사들이 세운 평양신학교가 유일한 신학교육 기관이었는데 이곳에서 전수되는 신학교육의 수준은 그리 높은 편이 아니었다. 이것은 제도교회가 조직되면서 선교사들이 고안해 낸 '韓人教役者 養成理念'이 반영된 결과이다.

1896년에 선교사 레이놀즈(이눌서, William David Reynolds, 1867~1951)는[42] 한인교역자 양성이념의 '적극적인 면'을 제시하였는데, 네 번째 조항은 "韓國基督教人의 教養과 現代文明이 向上됨에 따라서 韓國人牧會者의 教育程度를 높일 것. 그의 교육은 一般에게 尊敬을 받고 權威가 설 수 있도록 韓國人의 平均教育水準보다 若干 높으리만큼 하고 너무 지나쳐서 一般이 猜忌心이나 離脫感을 가지지 않도록 할 것"이라 하여 한인교역자의 교육 수준이 매우 제한되었음을 알 수 있다.[43] 백낙준이 지적했듯이 선교사들을 계승해야 할 한인 교역자 양성의 기준이 '지적 정도가 얕은 대중사회'보다 '약간 높은 수준의' 교육을 시행했다는 것은 평양신학교 1세대 한인 교역자들의 교육 수준이 1920년대 유학파와 달랐음을 의미했다.[44] 송창근의 도일(渡日) 배경을 김재준은

• • • • • •

42) 레이놀즈(이눌서,William David Reynolds, 1867~1951) 선교사는 1867년 12월 11일 미국 출신으로 대표적인 남장로교선교부 선교사이다. 1892년 11월 3일 한국에 도착한 그는 1894년 군산에 도착, 이후 호남선교의 문을 열었다. 1895년 성경번역위원회 남장로회 대표로 선임되어 언더우드, 게일(Gale) 등과 성경번역에 매진하였고 1917년부터 20년 동안 평양신학교 교수와 『신학지남』 편집인을 역임하였다.

43) 레이놀즈가 제안한 '한인교역자 양성이념'은 '소극적인 면' 3조항(①어떤 特定人을 教役者로 養成할 底意를 가지고 있더라도 相對方에게는 오랫동안 그 생각을 알리지 말 것. ②外國財政을 가지고 그를 講道師나 傳道師로 採用치 않도록 최선을 다할 것. ③宣教事業 초창기에 있어서만은 그를 教育시키기 위하여 美國에 보내지 말 것)과 '적극적인 면' 4조항(①그로 하여금 높은 경지의 靈的 體驗을 가지는 사람이 되게 할 것, 무엇보다 聖靈의 사람이 되기를 추구할 것. ②그로 하여금 하나님의 말씀과 기독교의 기본적인 眞理와 事實을 철저히 通達하게 할 것. ③靑年牧師 志願者를 예수 그리스도의 精兵으로서 곤란을 참을 수 있도록 訓練시킬 것. ④위와 같음) 등이었다. 백낙준, 『韓國改新教史 1832~1910』, 연세대출판부, 1973, 226쪽.

44) 백낙준, 위의 책, 227쪽.

다음과 같이 회고하였다.

> 그 당시 한국교회는 선교사들의 保育 아래 있었다. 간단한 정통주의 신조를 주
> 입시키고 자유비판을 금지하고 교직자의 지식정도를 제한하고 사상을 통제하는
> 등 '정신적 식민정책'이랄까 '우민정책'이랄까… 하여튼 극단의 보수주의, 고정(固
> 定)주의로 일관했던 것이다. 한국에서의 신학교육은 선교사들이 전적으로 장악한
> 평양신학교 하나밖에 없었는데 그게 그 꼴이었으니 의기와 꿈으로 피어오르는 젊
> 은 지성인들의 氣味에 맞을 리가 없었다. 그래서 晩雨는 일본으로 뛰었다.[45]

현실적으로 송창근은 한국교회의 신학적 보수주의, 선교사 의존에 의한 낮
은 신학교육 수준을 일찍부터 비판적으로 인식하고 있었음을 알 수 있다. 1921
년 5월 『청년』지에 '교회를 발전하랴면 우리난 엇지할가'란 제목의 글을 실어
'선교사의 경제력에 따른 조선 교회의 예속 문제'를 비판하는 등 송창근은 한
국교회의 주체성 문제에도 비판적 이해를 보였다.[46]

송창근을 찾아 도착한 아오야마(靑山)학원은 1878년 미 북감리회 선교부가
세운 기독교 학교로 중등에서 대학 과정까지 있었고 대학 과정에는 신학부와
일반학부가 있었다.[47] 장로교인인 송창근이 비교적 자유로운 감리교 계통의
신학교를 택했다는 것은 부연해 볼 필요가 있다. '자유주의 신학 기풍'의 캐나
다 선교부 선교지인 함경도에서 나고 자란 송창근의 기독교 배경이 이유가 되

• • • • • •

45) 김재준, 「잊을 수 없는 晩雨」, 『제3일』 44호, 1974.4, 46~47쪽. 이 글은 1974년 시점에 김재준이
송창근을 회상하여 쓴 글로 『제3일』에 수록돼 있다.

46) 송우혜, 앞의 책, 90~110쪽 참조. 송우혜는 이 시기 송창근의 소속을 '남대문교회 조사'로 기록했는
데(송우혜, 앞의 책, 90쪽), 승동교회사편찬위원회는 1920년 초 송창근이 승동교회 교인으로 김익
두 목사의 부흥회 이후 설치된 전도국에서 원세성, 김신실, 김심절 등과 함께 전도인이 되어 서울
시내에서 연합 전도활동을 벌인 것으로 기록하였다. 승동교회110년사편찬위원회, 앞의 책, 184쪽.

47) 이덕주, 「장공 김재준의 삶과 영성」, 『장공 김재준의 신학세계』 2, 한신대학교 출판부, 2016, 355
쪽. 아오야마학원은 1874년 북감리회 선교사인 소퍼(Julius Soper)가 세운 영어교육 중심의 경교
학사(耕教學舍)로 시작되었다. 1875년에 설립된 미회(美會)신학교와 1882년에 동경영학교(東京英
學校)로 통합된 후 1894년에 다시 지명을 따라 '아오야마학원(靑山學園)'으로 개칭하였다(송우혜,
앞의 책, 155쪽).

었을 것이며 서울 YMCA에서의 활동 역시 교파 중심의 폐쇄적 특징과 달리 개방적, 연합적 사고의 배경이 되었을 것으로 보인다. 송창근의 비판적 한국교회 인식도 이러한 배경에서 형성된 것으로 이해할 수 있다.

김재준의 아오야마 입학은 교회 배경과 신학적 배경이 없는, 그야말로 '무작정 행'이었기 때문에 정식절차를 거치지 못했고 신학부 청강생으로 등록하여 수강 기회를 얻게 된다.[48] 김재준의 아오야마 유학 시절(1926~1928)은 세계사적으로 제1차 대전 이후로 정치적으로는 일본 군국주의 식민통치가 강행되면서도 전후 '민주주의, 평화' 등 자유주의적 사상이 팽배하던 시기이다.[49]

> 청산학원이라면 '자유'가 연상된다. 학생이고 선생이고 간에 개인자유, 학원자유, 학문자유, 사상자유—모두가 자유 분위기다. 물속의 고기 같이 자유 속에 살았던 것이다.[50]

위의 회상은 회심자 김재준이 청산학원의 '자유' 분위기를 통해 신학적 자유주의보다 인간적 · 사상적 사유에서의 자유에 큰 자원을 제공받고 있었음을 짐작케 한다. 1920년대 청산학원의 분위기는 사회주의 영향을 크게 받고 있었다.

> '군부는 부자집 개'라고 공석에서 창피를 퍼 붓는다. 나도 청중의 하나로 직접 들었다. …그야말로 '백화 쟁발'의 시기였다. 기독학생들의 노방 전도대, 캠퍼스 내 전도대가 거리와 교정을 메웠는가 하면, 좌익 학생들의 사회주의 선전도 요란했다. …청산학원 영문과 고등사범과 신학과 등의 학생들 중에도 「좌경」이 아니면 「바보」라는 그룹이 있었다.[51]

- - - - - -

48) 아오야마에서 김재준은 송창근의 주선으로 고학생 기숙사인 '근우관'에서 기거하였다(김재준, 『凡庸記』, 풀빛, 1983, 65쪽).
49) 김경재, 『김재준 평전』, 삼인, 2001, 33쪽.
50) 김재준, 『凡庸記』 1, 위의 책, 125쪽.
51) 김재준, 위의 책, 122쪽.

청산학원의 '자유' 분위기 속에 김재준은 독서회모임을 통해 사회주의 이론을 섭렵하기도 했다. 1920년대 중반 사회주의 이론가들을 초청해 강연과 토론 형식으로 진행된 '독서회'모임에 꾸준히 참가했던 김재준은 입회를 권유받기도 하였으나 신앙적 동기에 따른 사회적 관심일 뿐이라는 이유로 거절한다.52) 사회주의적 열기, 사상의 자유, 신학적 자유 등 김재준의 청산학원 시절은 '자유'와의 결합을 더욱 견고케 하는 통로가 되었다. 이외에도 김재준은 도스토예프스키, 톨스토이 전집에 사로잡혀 장삭활동에 전념하는 등53) 이십대 중반을 경유하면서 자유의 틀과 문학적 인간의 내면을 형성해 갔다.

청산학원을 통해 김재준은 두 가지 의미 있는 결과를 더 체득한다. 하나는 고등비평 성서해석학을 배운 것이며,54) 다른 하나는 자신의 미래를 설계하게 된 일이다. 입학한 첫해 여름인 1926년 8월 기숙사 2층에서 김재준은 식민지 조건에서 '비교적 양심적으로 할 수 있는 일'로 교회와 교육을 연결한 기독교 교육기관의 설립을 꿈꾸게 된다. 이것은 앞서 YMCA를 통해 얻은 교육을 통한 계몽의식이 '기독교교육기관'의 양성이라는 보다 구체화된 목표로 발전된 것이다. 동시에 식민지 조건이라는 현실은 그에게 거스를 수 없는 시계(視界)였으며 그 안에서 '비교적 양심적인 일'이란 기독교적 개인으로서의 윤리의식을 의미했다. 그의 이러한 기독교적 윤리의식의 상징이 '성 프랜시스'로 표현되었는데, 1926년 7월 동경에서 발행된 잡지 『사명』에 발표한 글을 통해 이 시기 그가 기독교적 '갱생(거듭남)'과 청빈, 긍휼 등의 개인윤리에 깊이 몰두하였음을

· · · · · ·

52) 거절 이유를 '크리스천으로서 마르크스 · 레닌 이론을 본격적으로 시작할 이유는 없었다'고 한 것으로 보아 기독교적 입장에서 사회주의 이론에 관심이 있었던 것으로 추정할 수 있다(김재준, 위와 같음).

53) 김재준, 『하늘과 땅의 해후』, 동양문화사, 1962, 241쪽.

54) 성서 고등비평은 성서 해석방법론으로 역사비평, 문학비평 등을 말한다. 18세기 이후 성서해석학의 발달에 따라 성서 연구에 적용되기 시작한 비평적 방법을 이 시기에 김재준은 터득하게 된다(장공김재준목사기념사업회, 『長空 김재준의 삶과 신학』, 한신대출판부, 2014, 51쪽).

알 수 있다.[55] 특히 이 시기 신학 또는 교회에 부정적이었던 것을 볼 때 회심 후 김재준에게는 인간 조성(造成)의 문제가 더 시급하고 중요했다.[56] 20대 중반의 김재준에게 종교적 심상의 몰두는 '식민지 조선'이라는 외적 조건에 불편한 저항감을 느끼지 못하게 하는 제약이자 한계임에 분명했다.

아오야마에서 김재준이 받은 신학교육에 대해서는 『凡庸記』가 구체적으로 언급하고 있지 않고 있으나, 졸업할 당시 『바르트의 초월론』을 제출한 것에서 유추해 볼 수 있다.[57] 독일의 신학자 '칼 바르트(Karl Barth)'가[58] 일본 신학계

• • • • • •

55) 글에서 김재준은 "성자여 당신은 주의 십자가를 생각하시고 대로(大路)에서 통곡하셨으며 머리에 재를 뿌리시고 참회를 끊지 않으셨습니다.…당신은 가장 적은 이의 형제가 되셨습니다. 걸인과 병자와 빈자와 죄인의 가장 살뜰한 형제이셨습니다…당신의 마음속에서 거짓을 찾을 수 있아오리까. …당신은 종교개혁가나 예언자로서의 외식을 가지지 않으셨습니다"라고 하였다(유동식, 『在日本韓國基督敎靑年會史』, 재일본한국YMCA, 1990, 197쪽; 천사무엘, 『김재준: 근본주의와 독재에 맞선 예언자적 양심』, 살림, 2003, 62쪽).

56) '신학에 들어온 것을 어쩔 수 없이 몰려서'라고 한 것이나, '목사 할 생각은 처음부터 없었'으며 '교회에 충성할 용의도 없었다'고 한 것으로 보아 교회 관계에 부정적 이해를 보이고 있음을 알 수 있다(김재준, 『凡庸記』 1, 앞의 책, 112~113쪽).

57) 김재준의 1982년판 『凡庸記』에는 조직신학 부문에서 『바르트의 초월론』을 쓴 것으로 기록하고 있다.

58) 칼 바르트(Karl Barth)는 1866년 5월 10일 스위스 바젤에서 출생한 20세기 대표적인 개신교 조직신학자로 19세기 인간 이성 중심의 '자유주의 신학'에 반대하여 「하나님의 말씀의 신학」을 주창하였다. 이 신학을 일컬어 '신정통주의 신학' 또는 '말씀의 신학', '변증법적 신학', '위기 신학' 등 다양한 이름으로 불린다. 바르트는 제1차 세계대전에 직면하여 독일 황제 빌헬름(Wilhelm)2세의 전쟁정책에 동조한 93명의 독일 지성의 선언서에 자신의 스승들이 직접 가담한 것에 충격을 받은 후 이전까지 신학으로부터 절연하고 '신'중심의 새로운 신학을 전개하는 한편 종교적 사회주의운동에 가담하는 등 교회와 신학의 과제에 깊이 성찰하게 된다. 그 결과 1919년에 나온 그의 『로마서 주석(commentary on Romans)』은 '신학자들의 놀이터에 떨어진 폭탄'의 평가를 받으면서 신학계에 충격을 던졌는데, 특징은 자유주의 신학의 합리주의, 역사주의, 이성주의 등과 대조적인 「하나님의 전적인 타자성」과 인간의 유한성을 강조하여 20세기 '신정통주의 신학'으로 명명되기 시작했다. 독일의 괴팅겐(1921), 뮌스터(1925), 본(1930)대학교의 교수직에 머물면서 투르나이젠, 루돌프 불트만, 프리드리히 고가르텐, 에밀 브룬너, 게오르크 메르츠 등으로 구성된 '변증법적 신학학파'를 결성하여 양차 대전 사이 새로운 신학운동을 전개하였으며 정기간행물인 『Zwischen den Zeiten』을 통해 유포시켰다. 히틀러 정권이 시작되면서 바르트는 국가사회주의와 '독일기독교'에 적극 반대하여 반나치교회 지도자인 마르틴 뮐러 목사를 포함한 개신교 신학자들을 규합하여 바르멘 시노드(1934.5)를 조직, 여기에서 독일 고백교회의 역사적 문서인 '바르멘 선언'(바르트에 의해 작성)이 채택되었다. 히틀러에 대한 충성을 거부함으로써 본 대학에서 추방되어 스위스 바젤대학으로 옮겨 나치주의와 대항하는 신학운동을 지속적으로 전개하였다(이신건, 『칼 바르트의 교회론』, 성광문화사, 1989; 오성현, 『바르트와 슐라이어마허: 바르트의 초기(1909~1930년)를 중심으로』, 아카넷, 2008; 기독교대백과사전출판위원회 편, 『기독교대백과사전』, 기독교문사, 1980 등 참조).

에 유입된 것은 1924~1925년 무렵으로 김재준이 논문을 쓸 당시만 해도 일본
신학계에서는 바르트 류의 '신정통주의 신학'이 소개되기 시작하는 수준이었
다.59) 그럼에도 김재준이 '초보적인 재료'밖에 없는 바르트를 논제로 정한 이
유가 '자유신학에 대한 도전이란 데 흥미를 느꼈기 때문'이라고 한 것을 볼
때60) 어느 정도 추정이 가능하다.

　이 당시 일본에 소개된 바르트는 19세기 독일의 '자유주의 신학'과 절연하고
1차 대전 직후 『로마서강해』(1919년 출판, 1921년 재판)를 출판하여 새로운 신
학적 전환을 보이기 시작할 무렵의 내용이었던 것으로 보인다. 19세기 독일
자유주의 신학의 특징인 인간중심주의, 역사낙관주의를 부정하고 '신의 초월
성'을 강조하는 바르트 신학은 전후 독일 사회가 맞닥뜨린 혼란과 인간성의 파
멸적 위기감에 대한 대응에서 출발하였다.61) 이 신학이 메이지유신 이후 일본
의 주류 자유주의 신학에 일종의 '도전'으로 1차 대전 이후 일본 시대상 속으로
수용되고 있었던 것으로 이해된다.62)

• • • • • •

59) 김재준, 「新正統主義의 歷史的 考察」, 『基督敎思想』 Vol.4, 대한기독교서회, 1960, 19쪽. 이 논문
　　에서 김재준은 일본에 '신정통주의 신학'(바르트·브루너 등)의 초기 유입 과정을 비교적 상세히
　　소개하였는데, 1924~5년에 高倉德太郎 문하에서 소개되기 시작한 후, "福田正俊이 E. 브룬너의
　　「哲學과 啓示」, 「神秘主義와 말씀」을 읽고 戶山敎會의 청년회에서 소개한 것이 처음이라고 한다.
　　1924년에 동경신학사에서 브룬너의 신학이 강의되었고, 1925년 福音新報 誌上에 「信仰의 本義」
　　라는 제목으로 브룬너의 「體驗, 認識, 信仰」이 번역 소개 되었다. 그 결과 1926년 이후 신학생들
　　중에는 사회적 그리스도교냐 위기 신학이냐의 둘 중에 하나를 택하지 않으면 안 될 고민을 느끼
　　고 있었다"고 하였다(김재준, 위와 같음).
60) 김재준, 『凡庸記』 1, 위의 책, 124쪽.
61) 19세기 독일의 '자유주의 신학'에 대한 개념은 다음의 3-2-2항 '신신학 논쟁'에서 자세히 다룰 것
　　이다. 여기서는 바르트의 신학적 전환의 계기·맥락으로서만 소개하였다. 바르트가 '자유주의
　　신학과 절연하게 된 직접 계기는 앞서 보았듯이 1차 대전에서 독일 전쟁정책을 지지하는 지식
　　인 '선언서'를 자신의 스승인 하르낙(A.von Harnack)이 기초하고, 헤르만(W. Herrmann), 다이스
　　만(A. Deissmann), 나우만(F. Naumann), 제베르크(R. Seeberg), 쉴라터(A. Schlatter) 등의 저명한
　　신학자들이 포함된 것에서 바르트는 이들로부터 전수받은 '신학적 자유주의'를 '윤리적 실패'로
　　이해했다(이신건, 위의 책, 24쪽). 다른 이유는 1차 대전을 통한 새로운 신학의 모색이다. 인간을
　　중시하는 자유주의 신학은 전쟁의 경험에 대결할 수 있는 '자원'을 인간에게 제공해 주지 못한다
　　는 현실에서 바르트는 '설교'와 '말씀'에 대한 재인식의 출구를 모색하였는데, 그 과정에서 그는
　　'로마서 강해'를 출판하게 된다(이상, 박봉랑, 『신학의 해방』, 대한기독교출판사, 1991, 407~409
　　쪽 참조).

· 1928년 아오야마 졸업 무렵

아오야마의 '자유' 속에 묻혀 자신의 불투명한 미래를 설계해 가던 회심자 김재준에게 신학은 아직까지 직접적인 탐구의 대상이라고 보긴 어렵다. 오히려 문학적 열기에 열정을 쏟고 있었던 것에서 알 수 있듯이 인간의 내적 변화와 그 동력을 찾는 일에 집중했다는 편이 옳을 것인데, 이 경우 인간 제한 너머 신의 '초월성'은 현실의 불안정을 극복할 수 있는 궁극의 대상으로 수용될 수 있는 것이었다. 여기에서 김재준의 초기 바르트 이해와 수용의 관계가 설명된다고 볼 수 있다.

아오야마를 졸업할 무렵 김재준에게 유학생의 졸업 관례인 국내 순회강연의 기회가 주어졌다. 신학부 1학년의 박원혁(朴元爀)의 소개로 몬트리올 출신 여 선교사 스쿨톤으로부터 재정 지원을 받는 조건으로 마지막 학기 여름방학 동안 선교지 순회전도의 기회를 갖게 된 것이다. 선교부로는 함경도 출신의 유학생 후원·관리가 목적일 것이며 교회 배경이 없던 김재준으로서는 국내 선교부와 맺은 최초의 관계였다. 서울을 시작으로 함경도 경흥, 웅기, 고읍 등을 돌며 순회강연을 가졌는데 서울 묘동교회에서는 전필순의 요청으로 '얼빠진 민족'이란 제목의 연설을 하기도 했다.[63] 이 강연의 내용은 확인할 수 없으

• • • • • •

62) 사와 마사히코에 의하면 메이지시기에 독일의 자유주의 신학이 유입되어 하르낙, 궁켈, 슐라이에르마허 등의 저서가 1900년대 초까지 일본 신학계에 널리 유행했다. 1920년대로 접어들어 자유주의 신학의 전환기를 맞기 시작해서 바르트 이전의 바르트라 불리는 영국의 포사이스(P. T. Forsyth)의 글이 소개되었으며 위기 신학의 이름으로 1920년대 후기의 에밀 브루너가 소개되고 브루너에 의한 '바르트'가 읽혔고 이해되기 시작했다. 이후 1930~1940년대에는 바르트의 『로마서주석』을 비롯해서 그의 신학이 일본 신학에 절대적인 영향을 주었으며, 제2차 세계대전의 종전을 전후로 라인홀드 니버, 트뢸치, 틸리히, 불트만, 본회퍼 등의 신학이 유포되었다(사와 마사히코, 『일본기독교사』, 대한기독교서회, 1995, 165~166쪽).

나 이십대 후반 김재준의 민족의식 단면을 보여주는 표현이다.

## 4. 미국 프린스턴·웨스턴신학교 유학과 김재준의 신학 노선

일본에서 귀국한 김재준의 다음 행보는 프린스턴의 송창근으로부터 날아온 '미국행 권유'를 따라 유학길에 오른 일이었다.[64] 김재준의 미국 유학 여비는 고향집, 서울의 윤치호 그리고 승동교회 김대현 장로 등의 도움으로 이뤄졌다. 특히 과학·신학 공부를 목적으로 한 미국 유학생들의 자금지원과 재정보증을 하던 윤치호를 직접 찾아간 김재준은 '현금 백 원'을 얻어 미국행 여비를 마련하였다.[65]

요코하마, 하와이, 샌프란시스코를 거쳐 프린스턴에 도착한 김재준은 1928년 9월 가을학기에 대학원 과정에 등록하게 된다.[66] 프린스턴신학교(Princeton Theological Seminary)는 1812년 세워진 미국 장로교 신학교이다. 칼빈의 개혁교회 전통에 신학적 뿌리를 둔 이 학교와 한국교회와의 인연은 이승만으로부터 시작해서 백낙준,[67] 남궁혁, 김관식[68] 등이 선배그룹에 속했고 정인과, 이

. . . . . .

63) 김재준, 『凡庸記』 1, 칠성인쇄소, 1982, 116쪽.

64) 송창근은 김재준의 '프린스턴신학교'의 입학허가증과 1년 200달러의 '장학금(Scholarship) 허락서'를 보내왔다. 한편 1926년에 아오야마를 졸업한 송창근은 미리 샌프란시스코 신학교를 거쳐 프린스턴에 이미 체류하고 있었다. 이후 1928년 9월 펜실베니아의 웨스턴신학교로 옮겨 1930년에 졸업한 뒤 1931년 5월 덴버대학교 아일리프 신학원에서 신학박사 학위를 취득한다. 같은 해 귀국 후 평양 산정현교회 전도사로 취임하고 이듬해 평양노회에서 목사 안수를 받았다. 성남교회사편찬위원회, 『서울성남교회50년사』, 서울성남교회, 1998, 35쪽.

65) 김재준의 여권신청은 승동교회 김대현(金大鉉) 장로, 이재향 목사 등의 재정 보증으로 진행되었고 고향 집에서는 형님이 가산 일부를 저당으로 아오지 금융조합에서 얻은 50원을 보탰다. 견지동에서 윤치호를 처음 만난 김재준은 신학공부를 위한 유학의 목적을 설명하였고, 이에 윤치호는 몇 마디 당부와 함께 은행으로 가서 현금 백 원을 찾아 김재준에게 넘겨주었다. 김재준, 『凡庸記』, 풀빛, 1983, 80~81쪽.

66) 김재준이 프린스턴에 도착했을 때 송창근은 1927년 가을학기부터 1928년 봄학기까지 프린스턴 유학을 마치고 펜실베니아 피츠버그의 웨스턴신학교로 옮긴 후였다. 송우혜, 앞의 책, 198쪽.

67) 백낙준(白樂濬, 1895~1985)은 1895년 평북 정주군 관주면 출생으로, 장로교 목사이며 역사학자로 호는 용재(庸齋)이다. 1913년 선천 신성중학교를 졸업하고 중국 하북성 천진 소재 신학서원(新學書院)에서 3년간 수학한 뒤 1918년 도미하여 미주리 주 파아크 대학에서 역사학(문학사)·

성휘, 박형룡[69] 등이 김재준이 입학하기 직전에 프린스턴을 졸업했으며 김성
락, 윤하영,[70] 이규용, 최윤관 등의 한인 유학생이 재학 중이었다. 일본에서 주

• • • • • •

프린스턴신학교(신학사)·프린스턴대학교 대학원 석사과정에서 역사학을 전공하였다. 1927년 예
일대학에서 종교사학(철박)을 전공한 뒤 귀국하여 연희전문학교 교수, 교장, 연희대 총장, 연세대
총장, 재단이사장 등을 역임하였다. 1950년 문교부장관에 취임 후 교육행정가로 활동하였다. 미
국 캔자스시 노회에서 목사안수를 받고(1927), 예장 경기노회로 이명하여 대현(大峴)교회·조선
시독교서회 이사·대한 YMCA연합회 이사장·미국 연합장로교회 고문 등 역임하였다(기독교대백
과사전출판위원회, 「백낙준편」, 『기독교대백과사전』 Vol.7, 기독교문사, 1980, 350쪽).

[68] 김관식(金觀植, 1887~1948)은 경기도 양주 출생으로 보성전문학교 법과 졸업 후 함남 이원중학교
교사로 재직 중 기독교인이 되었다. 함북 회령 지방 순회전도사로 활약하였고 1920년 함북노회에서
장로로 장립되었다. 1921년 평양신학교를 졸업하고 1922년 캐나다장로회의 후원으로 녹슨 신학
교·프린스턴신학교에서 구약을 전공하였다. 1929~1938년 함흥 영생중학교 교장 역임하였다. 1945
년 7월 19일 '일본기독교조선교단' 조직 시 교단의 통리(統理)가 되었으며 해방 후 월남하여 1945년
11월 27일 정동교회에서 개최된 '남부대회'에서 대회장에 피선된다. 1946년 9월 3일 '조선기독교연
합회' 재건에서 회장에 피선되어 1948년 제1회 세계교회협의회(WCC) 창립 총회에 한국교회 대표로
참석하였다. 기독교대백과사전출판위원회, 『기독교대백과사전』 Vol.3, 기독교문사, 1980, 163쪽.

[69] 박형룡(朴亨龍)은 1897년 평북 벽동군 운서면 출생으로 선천 신성중학교를 거쳐 평양숭실대학교
입학, 1920년에 졸업하였다. 26세에 중국 남경으로 건너가 금릉(金陵)대학에 유학하였고 1923년
7월 졸업과 동시에 미국 유학에 올라 뉴저지 프린스턴신학교에 입학하였다. 1926년 5월 신학사,
신학석사 학위를 동시에 받은 후 캔터키 루이스빌에 있는 남침례교 신학교 대학원에 입학하여
기독교변증학을 전공한 뒤 철학박사 학위를 받았다. 1927년 귀국한 후 평양 산정현교회 전도사로
시무하고 목사안수를 받았다. 평양 장로회신학교 강사로 출발하여 1931년 4월 정교수로 취임했
다. 1938년 6월 신사참배 문제로 평양신학교가 폐교된 후 1938년 9월 일본으로 건너가 『표준성경
주석』의 편찬에 전념하다 4년 후인 1942년 만주 봉천의 동북신학교 교수직, 교장직을 역임한다.
해방 후 1947년 7월 고려신학교의 송상석 목사에 의해 국내로 귀환하여 고려신학교 교장에 취임
하였다. 1951년 9월 18일 총회가 장로회신학교의 발전적 폐교를 결의하고 총회 직영신학교로 대
구에 '총회신학교' 개교하자 20여 년간 교수직과 교장 직을 번갈아 맡아 보수신학의 전통을 세웠
다. 1972년 은퇴 후 자신의 저작전집 편찬에 전념하여 1977년 14권의 『박형룡 박사 전집』을 출간
했다. 기독교대백과사전출판위원회, 『기독교대백과사전』 Vol.7, 기독교문사, 1981, 163쪽.

[70] 윤하영(尹河英)은 평북 의주 출생으로 1905년 선천의 미 북장로회 소속 램프(南行里) 선교사의
전도로 입교하였다. 1916년 평양신학교에 입학하여 1919년 3·1운동에서 의주 만세시위운동 주
도로 체포되어 1년 옥고를 치렀다. 출옥 후 신학교로 돌아가 1921년 14회로 평신을 졸업하였다.
평북노회에서 목사안수를 받았고 용천군 용계동교회에 부임하여 시무했다. 1924년 유학길에 올
라 프린스턴신학교에서 4년간 수학 후 1929년 9월 신의주 제일교회 위임목사로 부임하여 14년
동안 목회했다. 1939년 장로교 총회장에 선출되었다. 신사참배에 저항하여 1941년 구속되고 목사
직을 박탈당했다. 해방 후 복직되어 신의주제이교회 한경직과 평북 기독교인 중심의 최초 정당인
'기독교사회민주당'을 1945년 9월에 창당하였고 각 지방마다 교회 중심의 지부를 설치, 민주주의
정부수립과 기독교정신에 의한 사회개혁을 주도했다. 의주고등성경학교를 복교시키고 평북 행정
위원, 부위원장으로 민주정부 수립에도 관계하였으나 1947년 월남, 미군정청 요청으로 충북 도지
사에 임명되어 남한 민주정부 수립에 참여하였다. 한국전쟁 중 미국 공보원과 유엔군 사령부에서
근무하고 휴전 후 교과서 편찬 및 계명협회(啓明協會)의 문맹퇴치운동 등을 전개하였다. 기독교
대백과사전편찬위원회, 『기독교대백과사전』 Vol.12, 기독교문사, 1980, 857쪽.

로 사상적 자유주의, 초기 바르트주의 등을 섭렵한 김재준은 프린스턴에서 보
수 신학을 택했는데 특히 그레샴 메이첸(J. Gresham Machen)의 근본주의 신학
을 선호하여 수강하였다.

　김재준이 재학할 당시 프린스턴신학교는 보수주의－진보주의신학 간에 논
쟁이 전개되고 있었다. 스티븐슨 교장(J. R. Stevenson)을 중심으로 진보적 신
학을 견지하였고 이것을 반대하는 근본주의 입장은 메이첸이었으며 중도적 입
장의 찰스 어드맨(Charles Eerdman)이 있었다.[71] 프린스턴의 논쟁은 1926년
미국 장로회총회가 신학교 문제 조사위원회를 파견하여 1927년의 총회에 보고
함으로써 마무리 되었다. 보고는 스티븐슨교장의 입장이 반영되어 1929년에
메이첸 등 근본주의 진영이 프린스턴을 떠나 펜실베니아 주 필라델피아에 '웨
스트민스터신학교(Westminster Theological Seminary)'를 설립함으로써 최종 마
무리 되었다.[72] 논쟁의 와중에 한경직은 "메이첸을 제외하고는 모두 비교적
시야가 넓은 분들이어서 학문적인 연구에 크게 보탬이 되었다"고 하였는데 그
는 프린스턴의 온건파 입장을 대변한 찰스 어드맨의 입장을 취하면서도 스티
븐슨의 에큐메니칼 정신을 수용하는 태도를 취했다.[73] 김재준이 프린스턴에서
주로 근본주의 신학을 선택했던 것은 아오야마에서의 '자유주의 사상'에 대한
신학적 균형감, 신앙의 조화를 위한 방편으로 이해할 수 있다. 그러나 메이첸
강의에서 '이미 막을 내린 극단적 정통주의의 마지막 발악 같은 고민을 보았다'
고 하여 극단적 자유주의와 극단적 근본주의 모두를 거부하는 신학 노선을 선
택하게 된다.[74]

　이 시기 김재준은 송창근, 한경직과 가까운 교류를 하였는데 송창근은 목회

• • • • • •

71) 찰스 어드맨은 한국에 선교사로 와 있던 월터 어드맨(Walter Eerdman, 1877~1948)의 형이다.
72) 홍철, 「20세기 미국 근본주의 운동의 역사적 고찰: 미국 장로교를 중심으로」, 『역사신학논총』 제
　　13집 참조; 데이빗 웰스 편집·박용규 약, 『프린스톤신학』, 엠마오, 1992 등 참조.
73) 박용규, 『한국기독교회사』 2, 생명의 말씀사, 2004, 978쪽(원출처: 『영락교회 35년사』, 52).
74) 김재준, 위의 책, 143~144쪽.

• 프린스턴 시절 김재준, 송창근, 한경직, 김성락

신학을, 한경직은 신약과 교회사, 김재준은 구약학을 각각 전공하였다. 이들은 '선교사 중심의 한국신학이 새로워져야 한다'는 문제의식을 공유하면서 각자의 전공을 살려 한국교회 미래 '신학교육'을 발전시킬 것을 맹약(盟約)하기도 하였다.[75] 이것은 아오야마에서 세운 기독교교육기관의 소명관이 보다 구체화되어 가는 계기로 볼 수 있다. 프린스턴에서 두 학기를 보낸 김재준은 1929년 9월 피츠버그에 있는 웨스턴신학교(Western Theological Seminary) 2학년 과정에 편입하여 구약학을 전공하였다.

1785년에 시작된 웨스턴신학교는 미국 장로교회 직영 신학교 중 하나로 학풍은 대체로 학문적인 진실과 목회적인 경건을 겸한 곳이었다.[76] 웨스턴에서 구약학에 매진한 김재준은 구약 개론, 구약 원전 강의, 히브리어, 셈 언어(Semitic language) 등 성서학 분야에 집중하였으며 부전공으로는 조직신학을 수학하였고 웨스턴으로 옮긴지 2년 반 만인 1932년 5월 졸업했다. 신학사 졸업논문으로는 「출애굽 연대에 대한 고찰」을, 신학석사 논문으로는 「오경 비판과 기원전 8세기 예언운동」을 제출했다.[77]

청산학원의 유학생활이 개인의 내적 변화와 그 동인을 찾은 일에 몰두되었

••••••

75) 조성기, 『한경직 평전』, 김영사, 2003, 88쪽.

76) 웨스턴신학교는 북미연합장로교회(United Presbyterian Church of North America)와 통합되었고 1958년 피츠버그 크세니아신학교와 통합, 그 후 1959년 피츠버그 신학교로 개편되었다. 현재 피츠버그신학교는 미국 장로교회(P.C.U.S.A) 소속 중 한 신학교이다. 이곳에서 김재준은 학비, 기숙사비 모두 면제받았고 장학금으로 300달러를 더 받았다(천사무엘, 앞의 책, 74쪽).

77) 『김재준 평전』의 저자 김경재의 글에서는 이 시기를 1930년 가을로 기술했는데 프린스턴에서 보낸 기간이 1년임을 감안하면 1929년이 맞다(김경재, 『김재준 평전』, 39쪽 참조). 한편 웨스턴신학에서 구약학, 특히 성서언어학 분야에 매진했던 김재준은 졸업식에서 히브리어 특별상 수상할 만큼 발군의 실력을 보이기도 했다(김재준, 「웨스턴신학교에서」, 『하느님의 義와 인간의 삶』, 삼민사, 1985, 251~252쪽).

다면, 프린스턴과 웨스턴신학을 거치는 동안 김재준에게 일어난 변화는 보다
명료하고 구체화된 특징이 있다. 무엇보다 신학이 학문적 탐구의 대상으로 자
리 잡혔고, 구체적으로는 구약학을 통해 자신의 기독교적 신앙관을 표현할 수
있는 언어와 방편이 마련되었다. 또한 이전까지 불투명했던 기독교교육이 '신
학교육'이라는 방향과 목표로 구체화되었으며, 송창근, 한경직 등 뜻을 같이하
는 동지적 결합도 이루어졌다. 최소한 이들 세 사람에게는 한국장로교회 신학
교육이 변화가 필요한 수준에 와 있다는 것이 공유되고 있음을 알 수 있게 하
는 부분이다.

김재준의 이러한 변화 지점들은 1930년대 초 한국장로교회, 특히 국내 선교
부의 해외 유학생 동향 파악에서도 확인될 만한 수준의 내용이었던 것으로 보
인다. 귀국을 준비하던 시점에 김재준은 국내 선교부로부터 귀국 후 진로와
신학 노선을 타진하는 한 통의 편지를 받게 된다. 김재준이 이름을 밝히지 않
은 이 무명의 선교사는 "'근본주의'라야 평양에서의 진로가 열릴 수 있다"고 하
여 김재준의 신학 노선을 확인하였고[78] 이에 "나는 생동하는 신앙을 받았을
뿐"이라 회신한 김재준은 자신이 '근본주의' 노선이 아님을 간접적으로 표출했
다. 귀국 시점에 유학생들의 신학 노선을 평양의 선교사가 직접 검토하였다는
것은 프린스턴의 신학갈등 경험, 구체적으로는 '자유주의 신학'의 한국교회 유
입을 막고자 했던 사전조치로 볼 수 있다. 이 경계의 조치는 김재준의 귀국 직
후 평양에서 부딪칠 갈등을 예견하는 것이기도 했다.[79]

• • • • • •
78) 김재준, 『凡庸記』, 풀빛, 1983, 96쪽.
79) 김재준은 회고에서 이 편지를 보낸 선교사의 이름을 밝히진 않았으나, 편지 왕래 후 얼마 안 된
시점에 이 선교사가 안식년으로 귀국(미국)했음을 밝힌 점으로 보아, 윌리엄 데이비스 레이놀즈
(William Davis Reynolds, 1867~1951, 한국명 李訥瑞)로 추측된다. 한 자료에 의하면 이눌서 선교
사는 1917년 평양 장로회신학교 어학 교수 겸 『神學指南』 편집인으로 있었으며, 1931년 봄 안식
년으로 渡美하였다가 1932년 4월 초 조선으로 귀국한 바 있다(「神學校消息」, 『神學指南』, 14(3)
1932.5, 307쪽).

# 제2절

•

## 1930년대 한국장로교회의 변화와 김재준의 신학운동


### 1. 1930년대 평양의 교권주의와 수양동우회 관계

1932년에 귀국한 김재준은 고향인 함경도 일대 교회를 순방하는 가운데 선교사의 소개나 노회, 또는 총회의 추천 없이 '제멋대로 나갔던 사람'이란 이유로 '냉담하고 싸늘한' 분위기를 접해야 했으며[1] 회령에서 개최된 함북노회에서는 '정통주의', '율법주의' 분위기에 '더 집에 머물 수 없는 절박감'이 더해지면서 송창근, 한경직이 자리를 잡은 평양을 향해 '덮어 놓고' 고향을 떠나게 된다. 이 무렵 잡지『삼천리』에는 미주 유학에서 귀국한 젊은 신학자들의 관련 기사가 실려 주목된다.

耶蘇敎가 서양선교사의 손을 통하야 朝鮮에 드러오기는 벌서 50년의 긴 역사를 가젓다. 그동안에 반도의 방방곡곡에는 사원이 업는 곳이 업시되엇고 또 누구나 야소의 일흠을 모르는 이 업스리만치 그 根盤은 깁흐게 널으게 박히어저서 현재 교도 40만이라 칭호함에 이르럿다. 그러나 근래에 유물사관적인 反宗운동이 熾熱하여감에 따라 기독교의 金城湯也인 平安道 일대에 조차 落漠한 가을바람이 불고 지난달 말이 잇는데 과거 數次의 역사적 기회에서 특수 역할을 마터오든 光輝잇든 이 거대

. . . . . .

[1] 이때 송창근의 모교회인 웅상교회 송원규 장로로부터 '시골교회 전도사'로 밀어주겠다는 제의를 받았으나 '자신이 없다'는 이유로 거절한다(김재준,『凡庸記』1, 앞의 책, 171쪽).

한 종교적 結社는 그러면 금후의 진로가 엇더케 되며 금후의 성쇠가 엇더케 될가 與人注目할 일인가 한다. 卽 기독교는 신흥하는 諸세력과 永永流離하여 中老有閑人의 안식소로 영원히 下向되고 말아버릴가? 그러치 안으면 특수한 使役에 나설 것인가? 이것은 오로지 차대의 지도자의 역량과 用意에 달린 일일 것이다.[2]

계속해서 글은 기독교의 차세대를 이끌 인물들을 출신지를 불문하고 후보자군으로 거명하였는데, 위로는 윤치호로부터 30대의 신진 유학파들에 이르기까지 망라되었다. 특히 귀국한 지 1년도 채 되지 않은 송창근, 조희염, 윤하영, 박형룡, 한경직 등이 거명되었으나 정작 김재준의 이름은 보이지 않는다. 이러한 정황은 1930년대 초 한국교계 지형 속에서 김재준의 입지가 전혀 없었거나 매우 희박했음을 방증한다고 볼 수 있다.[3]

김재준의 평양행 목적은 송창근, 한경직과 프린스턴에서의 맹약의 연장선에서 이해될 수 있다. 교회 배경이 없던 김재준에게 교계 중심지 평양은 '교회데뷔'와도 같은 곳이었다. 일본 유학 당시 캐나다 선교부의 지원을 받아 국내 순회강연회의 경험이 있었으나 단편적 사건으로 끝이 났을 뿐, 귀국 후에도 함경도 지역교회는 김재준에게 별다른 도움이 되지 못하고 있었다.[4] 따라서 신학자가 된 후 김재준의 교계 관계는 '보수주의' 평양이 첫 대면인 셈이며 교권 중

• • • • • •

2) 「次代의 指導者 總觀」(『삼천리』 제4권 3호, 1932), 「米洲留學生의 面影」(오천석, 『삼천리』 제5권 3호, 1933) 등이 있다. 기사는 미주 유학에서 돌아온 각 방면 차세대 지도자 群들을 다루었는데 앞의 기사는 노총, 천도교, 농총, 기독교계 등 각 방면 '次代'를 이을 명단들을 나열하고 있는데, 기독교의 경우, 먼저 '次代'란 선교사 중심의 1세대, 윤치호, 신흥우, 양주삼 중심의 제2기, 그리고 앞으로의 시기를 '차세대-제3기'로 보고 구자옥을 비롯해서 약 30명이 거명됐고 여성 인사 5명도 포함되어 있다. 대체로 미국·일본 등 해외 유학파를 중심으로 정리된 이 명단에 송창근, 박형룡의 이름은 보이나, 김재준은 보이지 않는다. 오천석의 기사는 1933년인 것으로 보아 김재준이 이미 귀국한 상황인 데도 박형룡, 송창근, 윤하영, 정경옥 등 김재준의 동급 신학자들이 모두 포함되었음에도 김재준의 이름은 빠져 있다.

3) 『동아일보』 1932년 1월 10일, 7월 31일자 기사에는 송창근, 한경직이 미국 유학 후 귀국 기사가 실려 있는 반면 김재준은 『신한민보』에 도미(渡米)할 당시 기사(『신한민보』 1928년 10월 4일)가 실린 것 외에 귀국 관련 기사는 어디에도 없다.

4) 송창근과 김재준이 캐나다 선교부의 지원 없이 유학을 다녀온 것과 달리 비슷한 시기 함경도 출신의 채필근(동경제국대학), 강봉우(동경고등사범), 김관식(토론토, 프린스턴신학), 문재린(캐나다 임마뉴엘신학) 등은 모두 캐나다 선교부의 지원으로 유학을 다녀온 경우였다.

심지 평양에서 김재준은 자신의 신학 노선을 조율해야 함을 의미했다.

1930년대 초 평양에는 김재준의 프린스턴 선배이자 근본주의 신학자 박형룡이 1928년 미국에서 돌아와 산정현교회를 거쳐 1930년부터 평양 장로회신학교 교수로 재직 중에 있었다. 그는 1920년대 중반 프린스턴신학교의 신학 갈등 시기에 근본주의로 분리해 나간 메이첸의 옹호자였다.[5] 김재준보다 6개월 앞선 1932년 1월에 귀국한 송창근은 같은 해 4월 평양 산정현교회에서 목회를 시작하고 있으면서 평양신학교 3학년에 편입하여 1년 동안 재교육 과정에 적을 두고 있었다.[6] 오산학교와 숭실을 거쳐 1932년에 미국 유학에서 돌아온 한경직은 조만식이 이사장으로 있던 숭인상업학교에서 성경 교사 겸 교목과 숭실대학 채플 강사 등을 맡고 있었다.[7]

김동원 장로 소유인 송창근의 사랑방에 거처를 마련한 김재준에게도 일자리 기회가 주어졌다. 장로교 총회 종교교육부 총무인 정인과(鄭仁果)로부터 서울에서의 문서선교 사업에 합류할 것을 제의받은 것이 하나이며, 숭실전문학교 교장 메큔(George Shannon McCune, 1872~1941, 한국명 윤산온) 선교사의 숭전(崇專) 교수직 제의가 그것이다. 그러나 김재준은 메큔의 제의가 실현 가능성이 낮다는 판단에서 거부 의사를 밝혔으며,[8] 정인과의 제의는 '고려해 보겠다'는 여지를 남겼다. 『凡庸記』에 다른 설명이 없는 것으로 보아 정인과의

• • • • • •

5) 박형룡은 신학이 시대에 따라 변화, 변천할 수 없으며, 사도시대부터 전승해 내려오는 '사도적 정통의 정신학'을 그대로 보수하는 것이라 굳게 믿고 있었다. 따라서 성서무오설(聖書無誤設)과 성경은 성령의 감동을 받아 쓴 것으로 일점일획도 틀림이 없다는 축자영감설을 따르는 근본주의 신학자였다. 김인수, 『한국기독교회사』, 한국장로교출판사, 1991, 263쪽.

6) 송창근은 1932년 10월 4일 선교사 8명 목사 59명, 장로 121명, 합 188명이 참석한 가운데 연화동교회에서 소집된 제23회 평양노회에서 박학전, 한경직, 길진경, 김표엽 등과 함께 강도사인허를 받았고(『神學指南』, 신학지남사, 1932.11, 83쪽); 김요나, 『동평양노회사』, 동평양노회, 2003, 1177), 1933년 제24회 평양노회에서 길진경, 김성락, 박학전, 김표렵, 송상석, 치창근, 조택수, 차종식 등 8인과 목사안수를 받았다.

7) 김병희 편저, 『韓景職 목사』, 규장문화사, 1982, 36쪽.

8) 메큔의 제의는 숭전확장 계획의 일부인 여자부 신설을 총독부에 청원하였으며 곧 인가(認可)가 날 예정으로 김재준을 청빙한 것인데 평소 메큔 선교사를 '과대 선전하는 버릇'으로 불신했던 김재준이 직접 확인한 결과 숭전 확장 계획이 사실무근인 것과 메큔 선교사의 교장직도 '풍전등화' 처지에 놓인 상태임을 확인함으로써 거부 의사를 밝혔다(김재준, 위의 책, 173~174쪽).

제의는 이후 유야무야된 것으로 보인다. 정인과의 제의에 김재준이 거부 또는 승낙의 의사를 표하지 않은 채 '고려'의 여지를 남겨 둔 이유는 무엇인가. 첫째, 현실적인 조건을 고려해 수락할 경우 서울로 거주를 옮겨야 하는 문제를 들 수 있다. 둘째, 이 시기 문서선교란 교파 연합의 '찬송가편찬' 또는 선교사 주도의 성경 번역 등 연합사업에 합류하는 것인데 이것은 김재준의 '반선교사적' 이해관계로 볼 때 실현 가능성이 낮은 일이었다. 마지막으로 『凡庸記』가 정인과를 '서북교권의 대변자 격'으로 표현하고 있는 것으로 보아 그와의 결합은 김재준이 교권과의 결합을 의미하는 것으로 받아들였을 수 있다. 그렇다면 서북교권의 중심인물인 정인과의 제의를 수락하지 않음으로써 김재준은 스스로 '어떤 길'을 포기하였다고 볼 수 있는가.

한 가지 실마리는 프린스턴의 선배이자 평양신학교 최초 한인 교수인 남궁혁이 평양신학교 교수직에 김재준을 거론하였으나 그가 자유주의 신학이라는 이유로 선교사들과 선배 박형룡의 거부로 성사되지 못하였던 것을 볼 때[9] 평양에서 김재준의 상황은 송창근과 매우 대조적인 상태였음을 알 수 있게 한다. 송창근의 경우 김재준과 같은 함경도 출신에 자유주의적 청산학원과 프린스턴의 유학경험, 그리고 평양행이 초행인 점 등 동일한 조건이었음에도 귀국 1년 전부터 평양 굴지의 산정현교회 목회가 결정되었던 것은 매우 '이례적인 일'임에 분명했다.[10] 송창근이 기독교 가문에 3·1운동에서의 투옥 경험, YMCA와 전영택의 잡지 『신생명』활동 등 일찍부터 언론, 사회 방면에 이름을 알렸던 이유도 중요했지만 평양 지역과의 결합이 비교적 순탄했던 것은 송창근의 흥사단 가입과 무관하지 않았던 것으로 보인다.[11]

• • • • • •

9) 『總神大學敎100年史』, 432쪽; 이상규, 『박형룡 연구』, 한국기독교역사연구소, 1991.
10) 당시 산정현교회 당회원은 조만식, 김동원, 오윤선, 변홍삼, 박정익, 최정서, 김찬두 등 7인의 장로로 구성되었는데, 이들은 송창근이 미국에서 귀국하기 이전인 1931년 당회에서 이미 송창근의 부임을 확정해 놓았다. 송우혜는 송창근의 '산정현 행'을 그의 '저력, 실력'으로, 산정현교회로서는 '새로운 목회'에 대한 갈망이 작용한 것으로 보았다(송우혜, 『벽도 밀면 문이 된다: 송창근 평전』, 생각나눔, 2008, 106·248~249쪽).

장규식이 말했듯이 당시 수양동우회의 영향력은 본회가 있는 서울보다 평양·
선천·안악 지회가 더욱 강했으며, 특히 관서지방 기독교계 학교는 수양동우회
조직의 유력한 재생산 기반을 갖추고 있었다. 학력에서도 전문학교 이상 고학력
자가 전체 회원의 절반 이상이며 미국 유학 출신은 20명에 이르는 등 친미세력
(親美勢力)의 본거지로, 당시 최고 엘리트를 망라한 '중추계급'의 거점이라 볼 수
있다.[12] 그렇다면 1930년대 평양의 교계의 결사체적 유대가 젊은 신학박사 송창
근을 이끌어 내는 데 주도적인 역할을 했을 것이란 짐작이 가능하다.[13]

그리고 이러한 동우회 관계는 송창근과 밀접한 김재준에게도 다양한 경로
로 제의되었다고 보이는데, 앞서 정인과의 제의를 포함하여, 산정현교회 당회
원이자 유력자인 김동원 장로 주선으로 열린 김재준의 귀국강연회, 선천 신성
중학교 장리욱 교장의 교사직 제의 등은 모두 이러한 배경에서 설명될 수 있
다.[14] 그러나 결과적으로 1930년대 평양에서의 김재준은 어떤 결사체에 의탁
하지 않는 특징을 보였는데, 이것은 이 시기 그의 참여 특징이 집단적 관계 맺
기보다 개인적 참여 방식을 더 선호하였음을 의미했다.

김재준이 바라던 '교육에의 길'은 한경직이 신의주 제2교회 담임목사로 부임
하면서 숭인상업의 성경교사 및 교목을 맡게 됨으로써 뜻밖에 열리게 된다.[15]

· · · · · ·

11) 송창근은 미국에서 귀국길에 LA에 들러 1931년 9월 하순 김병연(金炳淵)의 권유를 받고 흥사단에
    입단했다. 송창근은 '실생활에 중점을 두는 기독교의 유다야이즘이 흥사단의 무실역행의 주장과
    서로 합치'하는 이유에서 흥사단에 가입하였다. 송우혜, 앞의 책, 106쪽.
12) 당시 서울에는 정인과를 비롯하여 백낙준, 이대위, 이용설, 정용도 등이, 평양에서는 김동원을 비
    롯하여 송창근, 이경선, 한승곤 외 김봉성, 김성업, 김하현, 박영로, 오정수, 이선행, 장성심, 최능
    진, 최윤호 등, 선천에는 백영엽, 신성학교 교장 장리욱, 안악에는 김선량, 김용장 등이 동우회원
    이었다. 장규식, 『일제하 한국 기독교 민족주의 연구』, 혜안, 2001. 144~145쪽.
13) 김동원, 전영택 등 수양동우회 조직 관련은 장규식의 위의 책, 145~146쪽 참조. 송창근의 귀국
    전인 1931년에 송창근의 일본 유학 선배들인 채필근(당시 숭실전문 교수), 강봉우(숭실중학교 교
    무주임) 등이 산정현교회 추천을 했을 것으로 보는 시각도 있는데, 두 사람의 추천만으로 산정현
    교회 당회가 결정을 내린 이유는 아니었을 것으로 보인다. 정대위, 『노닥다리 초록 두루마기』,
    종로서적, 1987, 14쪽; 송우혜, 앞의 책, 249쪽 등 참조.
14) 김동원 주선의 귀국강연회는 '앞에 내세울 만한 인물이 못 되는 정도'의 평가로 끝이나 뚜렷한
    자취가 되진 못했다. 김재준은 '예수의 광야 유혹'을 주제로 강연하였는데 젊은 층에서만 호응이
    있었다. 김재준 『凡庸記』 1, 칠성인쇄소, 1982, 178쪽.

'숭상' 교목 취임 후 경흥의 가족들을 불러 온 김재준은 송창근의 권유에 따라
평양노회에서 강도사 시취청원 및 인허를 받게 된다. 이미 웨스턴신학교 졸업
전에 피츠버그 노회에서 강도사 인허를 받았음에도 '조선은 조선대로 다시 해
야 한다'는 논리에 따라 재시취 과정을 통과해야 했다.16) 송창근 자신이 평양
신학교 별과 1년 과정을 마쳤듯이, 김재준도 강도사 인허 과정을 받았던 사실
에서 김재준보다 송창근의 현실 적응력이 훨씬 유연해 있음을 알 수 있다. 그
리고 김재준은 송창근의 산정현교회에 등록하여 평신도로서의 신앙생활을 이
어 갔는데 이곳에서 만난 숭실중 3학년의 김정준,17) 조선출, 정대위,18) 광성고

• • • • • •

15) 숭인상업학교는 숭실·숭의와 함께 고당 조만식이 오윤선 등과 함께 1920년에 설립한 학교로 김
재준이 부임했을 때 교장은 조만식의 제자 김항복이었다. 숭인상업을 포함한 평양의 '3숭' 학교는
산정현교회 당회와 연합으로 운영될 만큼 평양의 교육계와 교회 관계는 매우 밀접했다(홍성준,
『古堂 曺晩植』, 홍성준·평남민보사, 1966, 92쪽).

16) 김재준의 강도사 시험은 논문 1편과 구두시험이었는데, 논문 제목은 「마태복음에 나타난 천국개념」
이었다. 『凡庸記』에는 구두시험에서 '천국이 지상에 있는가?'란 질문에 '천국이란 하나님이 다스리
는 나라란 뜻이니까 하나님이 하늘과 땅 모든 공간과 시간을 주장하는 분이라면 하늘이고 땅이고
땅 아래고 간에 존재할 수 없는 데가 없겠지요…'로 대답하였는데, 이것은 당시 근본주의 교리에서
'사후천당'이 곧 '하늘나라'라는 기대치와 어긋난 대답이었다(김재준, 『凡庸記』 1, 위의 책, 177쪽).

17) 김정준(金正俊, 1914~1981)은 장로교 목사·신학자로 1914년 11월 6일 경남 동래군 구포에서 기
독 가정에서 출생하였다. 1935년 평양 숭실중학교를 졸업한 뒤 성경교사 송창근 박사를 만나 총
애를 받았다. 1939년 연희전문학교 2년 수료 후 도쿄 아오야마학원 신학부에 입학, 1943년 졸업
하였다. 귀국 후 경동노회에서 목사안수를 받은 후 경주 불국사 역전의 구정교회 목사로 청빙되
었다. 1945년 8월 송창근 박사 후임으로 경북 김천 황금정교회로 전임, 목회하던 중 결핵으로 투
병 생활을 시작하였다. 믿음으로 회복한 후 1949년 3월 한국신학대학 교수로 취임과 동시에 성남
교회 목사를 겸임했다. 1953년 캐나다 빅토리아대학교 임마누엘신과대학에서 2년 수학, 구약신
학 석사학위 취득 후 귀국한 뒤 다시 1959년 5월 독일 함부르크대학에서 구약 연구 후 돌아와
6대 한국신학대학 학장, 1963년 4월 연세대학교 교목실장 겸 신과대학 구약학 교수, 1970년 5월
에는 다시 8대 한국신학대학 학장 등을 역임하였다.

18) 정대위(鄭大爲)는 1917년 10월 3일 함남 원산에서 독립운동가인 부친 정재면과 모친 차신면의 아
들로 출생하였다. 1920년 부친 정재면이 민족운동의 방편으로 북간도로 이주, 상해 임정 간도출
장소였던 화룡현 옹성라자(후에 명월구)에서 성장했다. 1923년 독립운동기지인 명동으로 이주,
기독교 민족주의 교육 온상인 명동소학교를 거쳐 1930년 캐나다 선교부에서 경영하는 용정 은진
중학에 입학, 1932년 평양 숭실중학교로 전학, 1935년에 졸업한다. 그 후 일본 교토 도시샤대학
(同志社大學) 문학부 신학과에 입학, 1941년 졸업(신학사)했고, 귀국하여 1941년 4월 조선예수교
장로회에서 목사 안수를 받고, 경북 예천 등에서 목회 활동을 하였다. 해방 후 1945년 10월 장공
김재준 목사를 도와 조선신학교(후 한국신학대학)에 부임, 전임강사로 교회사 과목을 담당하였
다. 1947년 8월 캐나다 토론토대학으로 유학, 1949년 6월 신학석사 학위(B.D.) 취득, 9월에 귀국
하여 한국신학대학 교수로 부임하여 초동교회 당회장으로 목회를 겸임했다. 1953년에는 백낙준

보생 홍순관, 숭인상업학교의 최봉윤 등과는 훗날 이들이 신학의 길을 걷는데
사제의 인연으로 발전하게 된다.[19]

김재준과 평양의 관계는 1920년대 서울 YMCA에서 신흥우·윤치호·이상재
등 기독청년운동가들과의 만남 이후 1930년대 기독민족운동계와의 접촉이란
점에서 의미를 둘 수 있다. 『凡庸記』에는 산정현교회에서 매주 수요일마다 열
린 강연회를 통해 김재준이 신앙과 교회, 목회와 인격, 민족, 역사 등을 배우는
계기가 되었다는 기록이 나온다. 그 이상의 정보를 주고 있지 않아 이 모임의
실체가 무엇인지 확인되지 않으나, 동우회와 연관된 정기모임으로 추정된다.[20]

앞서 1920년대 서울 YMCA에서 윤치호·신흥우·이상재 등 기호지방의 기
독교 인물들을 통해 터득한 기독교적 개조사상에 이어 1930년대 평양의 기독
교적 실력 양성가들의 수양론을 용해한 측면이 있다. 후대의 기록이긴 하나
김재준은 수양동우회를 직접적인 독립운동 또는 정치운동이 아닌, '인격수양을
목적으로 한 모임'으로 인식했고 이광수의 민족개조론도 안창호의 '소론'을 대
변한 것으로 이해했던 것을 보면[21] 이 시기 김재준은 기독교적 '인간·민족변
화'의 측면에서 '개조론적 이해'에 공감을 가졌던 것으로 보인다. 김재준은 기

• • • • • •

박사와 함께 한국유네스코 창립에 참여, 사무국장과 초대총장을 역임했다. 1953~1954년에 세계
유네스코 본부 한국대표 연락원으로 파견 근무하였고, 1956년 9월 한국신학대학 교수직을 사임
하고 미국 예일대 유학, 종교학과 인류학을 전공하고 1959년 2월 귀국, 서울대 사회학과 교수로
부임했다. 이후 건국대학교로 옮긴 뒤 1961년 건국대학 총장에 취임하여 1968년 6월까지 재임하
였다. 이후 1969년 7월 캐나다 오타와 소재 탈튼대학교 동양학 교수직에 부임, 1983년까지 교수
로 봉직하다 1983년 9월 귀국 후 한신대 제9대 학장으로 취임하였다.

19) 김정준, 「聖貧으로 가르쳐 주신 선생님」, 장공김재준목사탄신100주년기념사업위원회 편, 『장공이
야기』, 한신대출판부, 2001, 329~330쪽; 조선출, 「선생님, 죄송합니다」, 『장공이야기』, 한신대출판
부, 2001, 352~353쪽.

20) 이 시기 김재준과 수양동우회의 직접 관련을 밝혀주는 자료가 현재 남아 있지 않지만 1937년 '수
양동우회' 사건이 났을 때 경성 지방법원에서 열린 1, 2심 재판에 직접 방청했던 사실이나, 송창
근, 전영택 등 그의 주변 인물들의 동우회 관계, 무엇보다 안창호의 개조론적 인식과 수양론 등
이 김재준의 기독교적 갱신사상에 공감을 일으킨 요소 등을 고려할 때 김재준과 수양동우회의
관계는 어느 정도 추정이 가능하다.

21) 김재준, 『凡庸記』 6, 칠성인쇄소, 1982, 268쪽. 이 부분은 1980년대 김재준이 캐나다 거주할 당시
북미주 흥사단모임에서 행한 연설을 토대로 추정하였다. 후대의 글이나 수양동우회와 '개조정신'
에 대한 김재준의 이해를 확인할 수 있어 의미가 있다.

독교적 인간 갱생(更生), 개인 변화를 통한 사회 변화에 오랜 시간 천착하였는데 이러한 사상의 배경에는 1920~1930년대 기독교 실력 양성 운동가들의 '개조론적 인식'과 개량주의적 사고에서 터득한 점진주의적 변화를 수용하고 있었기 때문으로 볼 수 있다.

## 2. 1930년대 초 『神學指南』 관계와 김재준의 예언서 연구

1930년대 한국장로교는 전통의 보수신학이 주류를 이룬 가운데 미국, 일본에서 유학 후 돌아온 젊은 신학자들의 수혈로 '신학적 자유'의 분위기가 형성되고 있었다. 특히 1920년대까지 평양신학교 분위기는 선교사들의 전통적 교수방법에 의해 근본주의 교육이 시행되었는데 1930년대로 접어들면서 해외 유학에서 귀국한 신진 연구자들의 유입으로 신학적 변화의 기류가 형성되고 있었다. 근본주의 신학 노선을 일관해 온 장로교 선교부는 1920년대 이후 서구 신학을 경험한 젊은 세대의 변화 흐름을 저지함으로써 전통의 유지를 고수하려 했다. 원로 선교사 마펫(S. A. Moffet)이 '선천3노회연합 희년기념대회'에서 행한 강연 내용은 이러한 시대적 분위기를 잘 보여준다.

> 조선 모든 선교사가 다 죽고 다 가고 모든 것을 축소한다 할지라도 형제여! 조선 교회 형제여! 40년 전에 전한 복음 그대로 전파합시다. 나와 한석진 목사와 13도에 전한 그것이오. 길선주 목사가 평양에 전한 그 복음… 그들이 성신에 감동을 받아 전한 복음이니 변경치 말고 그대로 전파 하십시오… 바울에게 받앗고 하느님의 말씀을 전한 것인 데는 다른 복음 전하면 저주를 받을 것이오. 딴 복음을 전하지 말기를 간절히 바랍니다.[22]

• • • • • •
22) 한국기독교역사연구소, 『한국기독교의 역사』Ⅱ, 기독교문사, 1990, 246쪽(원출처: 마포삼열(S. A. Moffet), 「朝鮮敎會에 寄함」, 『宗敎詩報』, 1934. 10, 10쪽).

"40년 전 원로 선교사들"의 전한 복음 외에 다른 복음을 전할 경우 '저주를 받을 것'이라는 경고는 선교사들이 그동안 전유해 온 신학적 해석의 전횡을 보여주는 표현이다.[23] 이렇듯 장로교회의 전통신학을 유지, 보수하려는 선교사들의 강경한 어조는 1930년대 장로교회 안에 신학적 변화의 동기들이 형성되었음을 방증하는 것이기도 했다. 이 변화의 가장 큰 배경은 1920년대 이후 서구 신학을 흡수한 한국인 신학자들의 대거 유입을 들 수 있다. 1930년 전후 해외유학에서 귀국한 신학자들은 다음의 〈표 2-1〉과 같다.

〈표 2-1〉 1930년 전후 해외 유학 귀국자 명단(장 · 감)[24]

| 장로교 | | | | | 감리교 | | | | |
|---|---|---|---|---|---|---|---|---|---|
| 이름 | 출생 | 출신지 | 출신 학교(유학) | 귀국시기 | 이름 | 출생 | 출신지 | 출신 학교 | 귀국시기 |
| 남궁혁 | 1881 | 서울 | (미)리치몬드유니온신학교 | 1925 | 변홍규 | 1899 | 충남 | (미)햄린대(미네소타주)/드루신학 | 1934 |
| 백낙준 | 1895 | 평북 | (미)파아크대 역사학/프린스턴신학/예일대 | 1928 | 한치진 | 1892 | 평남 | (미)사우스 캘리포니아대 | 1928 |
| 이성휘 | 1889 | 평북 | (미)샌프란시스코신학교/프린스턴신학교/헨노이대 | 1928 | 정경옥 | 1903 | 전남 | (일)도시샤대 신학부/(미)개럿신학교/노스웨스턴대 | 1931 |
| 채필근 | 1885 | 평남 | (일)명치학원/도쿄제국대 | 1925 | 유형기 | 1897 | 평북 | 아오야마(고등부)(미)웨슬리안대/보스턴대 신학부/하버드 대학원 | 1931 |
| 김재준 | 1901 | 함북 | (일)아오야마학원/(미)프린스턴신학교/웨스트신학교 | 1931 | 김창준 | 1888 | 평남 | (일)아오야마학원 | ? |
| 윤인구 | 1903 | | (일)명치학원/(미)프린스턴신학교/애딘버러신대원 | 1931 | 갈홍기 | 1906 | 경기강화 | (미)노스웨스트대/시카고대 | 1934 |

· · · · · ·

23) 내한 선교사들의 성향이 대부분 '보수주의자'들인데 반해 몇몇 예외적인 사람들이 있는데 선교사 홀드크로프트(G. Holdcroft, 許大殿)는 이 "예외"의 사람들을 '근대주의자들, 악하고 반역적이며 배신하는 무리들'이라 극평했다. 민경배, 앞의 책, 411쪽(원출처: S. A. Moffet, Report of the Anniversary Celebration of the Korea Mission of the U.S.A Presbyterian Church, June 30~July 3, 1934, p.40).
24) 유동식(『한국신학의 광맥』, 전망사, 1982, 134쪽)의 글을 참조하여 명단을 작성했으며 장로교의 송창근을 추가했다. 인물 정보는 『기독교대백과사전』, 기독교대백과사전편찬위원회, 기독교문사, 1980, 1~15권 참조.

| 장로교 | | | | | 감리교 | | | | |
|---|---|---|---|---|---|---|---|---|---|
| 이름 | 출생 | 출신지 | 출신 학교(유학) | 귀국 시기 | 이름 | 출생 | 출신지 | 출신 학교 | 귀국 시기 |
| 박윤선 | 1905 | 평북 | (미)웨스트민스터신학교 | 1936 | 김영희 | ? | | | |
| 박형룡 | 1897 | 평북 | (중)남경 금릉대/ (미)프린스턴신학교/ 루이스빌 남침례교신학교(철박) | 1927 | 이환신 | 1902 | 평남 | (미)밴더빌트대 신학부/ 펜실베니아대 | 1933 |
| 송창근 | 1898 | 함북 | (일)도쿄대문화학과/ 아오야마 신학부/ (미)샌프란시스코대 신학과/ 프린스턴신학교/ 웨스턴신학교/덴버대 | 1931 | 정일형 | 1904 | 평남 | (미)드루대 사회학·철학 전공 | 1935 |

1930년을 기점으로 한국교회 안에는 19세기 선교사들로부터 주입식 신학교육을 전수받은 평양신학교의 1세대 한인 신학자들과 달리, 서구 신학을 직접 수학하여 돌아온 한인 신학자들의 유입으로 진보적·자유주의적 신학의 분위기가 형성되고 있었다. 첫 사례가 1925년 남궁혁(南宮 赫)이 버지니아 주 리치먼드 유니온신학교 대학원 수료 후 평양신학교 교수로 채용되었고,[25] 1928년에는 평북 철산 출신의 이성휘(李聖徽)가, 1931년에는 박형룡이 각각 평양신학교의 한인 교수로 등용되었다.[26] 이러한 변화는 보수주의 평양 교계에서 김재준이 자신의 신학적 입장을 조율해 나갈 수 있는 조건이 형성되고 있음을 의미했다.

직접적인 계기는 1928년에 평양신학교 기관지인『신학지남』편집장을 남궁혁이 맡게 되어 편집권이 선교사 주관에서 한국인의 손으로 넘겨지면서 이때부터 한국인 집필자들이 등장할 수 있는 배경이 되었다.[27] 남궁혁이 편집장으

25) 남궁혁은 1882년 서울 출신으로 배제학당(1896), 인천, 목포 세관을 거쳐 남장로교 선교사에 의해 기독교로 입교하였다. 1918년 35세에 평양신학교에 입학한 뒤, 1923년 도미하여 프린스턴과 유니온 신학교를 거쳐 1925년 모교인 평신의 초청으로 교수로 부임하여 최초의 한국인 교수가 되었다. 유동식, 앞의 책, 159쪽.

26) 이성휘는 평북 철산 출신으로 프린스턴신학교를 거쳐 헨노이대학에서 신학박사 학위를 취득하고 1928년에 귀국하였다. 박형룡은 1927년 미국 캔터키 주 루이스빌 남침례교 신학교에서 기독교 변증학으로 철학박사 학위를 취득 후 귀국 하여 교수가 되었다. 강신명목사탄생100주년기념사업위원회·김명구 지음,『小竹 강신명목사: 교회와 민족을 위한 한 알의 밀알 되어』, 서울장신대출판부, 2009, 82쪽.

27) 유동식, 위의 책, 159~160쪽.

로 있는 동안 보수주의에서 속칭 자유주의에 이르기까지 집필진의 폭이 넓었
는데, 1933년에는 프린스턴 후배들인 송창근, 한경직, 김재준을 편집위원으로
등용함으로써 김재준에게 신학 연구의 길이 열리게 된다.[28]

　김재준은 1933년 봄부터 1935년까지 『神學指南』에서 집필활동을 하면서 구
약의 예언서 연구에 집중하였다.[29] 구약학 전공자로서 김재준의 신학 연구는
크게 세 가지 특징을 보였다. 첫째, 성경해석에서 문헌비평, 역사비평 등 비평
적 방법을 택함으로써 보수주의 평양신학의 '문자무오·축자영감설'을 탈피하
였다는 점, 둘째, 내용에 있어서 '예레미야, 아모스, 이사야' 등 구약의 예언자와
예언활동의 관계를 시대적 맥락에서 이해하기 시작하였다는 점, 셋째, 이 시기
그의 신학적 경향이 내세주의적 종교성을 지양하고 '현세'와 '실존'의 탐구, '도
덕주의적' 인생관의 강조 형태로 나타나기 시작한 점 등을 들 수 있다.[30]

　성경해석에서 고등비평이란 '성서의 저자들은 고대인의 세계관을 가진 시대
적 환경의 아들이었다. 그러므로 당연히 고대 문화적 요소와 그 안에 담겨져
있는 하나님의 산 말씀과를 구별해야 한다. 이러한 작업이 곧 문학적, 역사적
연구 곧 고등비평학의 임무이다'라고 하였는데,[31] 김재준의 1930년대 신학 연

• • • • • •

28) 심일섭, 『韓國 土着化神學 形成史 論究』, 국학자료원, 1995, 83쪽. 김재준의 프린스턴 선배이자
　유니온 신학교에서 신학박사 학위(1927)를 받은 남궁혁은 평양신학교 신약학 교수로 있으면서
　박형룡·채필근·송창근·김재준 등 프린스턴 후배들의 진로를 열어주었는데 『神學指南』
　에서의 기회 제공은 남궁혁의 일방적 결정으로 이뤄진 것이었다. 이외에도 평양신학교 주일 정
　기 기도회를 송창근·김재준·한경직이 인도했던 것(4월 24일: 송창근, 5월 12일: 김재준, 6월 6
　일: 한경직)도 남궁혁의 주선으로 이루어진 것이다(박용규, 『평양 산정현교회』, 생명의 말씀사,
　2006, 199~200쪽 참조). 김재준은 남궁혁을 '평신' 교수로서는 리버럴한 편이었고, 소탈하면서도
　어른다운 '보스' 풍의 분으로 묘사하였다(김재준, 『凡庸記』, 앞의 책, 108쪽).
29) 『神學指南』에 발표된 김재준의 글들은 「욥記에 나타난 靈魂不滅觀」(15권 3호 통권 69호, 1933.5),
　「아모스의 生涯와 그 豫言」(15권 6호 통권 72호, 1933.11, 「이사야의 임마누엘像言研究」(16권 1
　호; 통권 73호, 1934.1), 「傳記的으로 본 예레미야의 內面生活」(15권 5호 통권 71호 1933.9), 「實
　在의 探究: 전도서를 읽고」「그리스도의 復活에 對한 研究」(17권 3호 통권 81호, 1935.5), 「뿍맨
　運動과 그 批判」(17권 1호 통권 79호, 1935.1) 등이다. 이 글들은 1941년에 발표된 김재준의 최초
　문집 『落穗』(1941)에 모두 재수록 되어 있다.
30) 김재준, 「욥記에 나타난 靈魂不滅觀」(15권 3호 통권 69호, 1933.5); 「實在의 探究: 전도서를 읽고」
　등 참조.
31) 유동식, 앞의 책, 139쪽.

구의 특징이 '사회, 역사적 배경 연구'를 중요시한 예언자 연구였으며, 문헌비평을 통해 풍부한 해석으로 표현되었다. 1930년대 김재준에게 "예언"의 의미는 「이사야의 임마누엘豫言硏究」에서 다음과 같이 표현되었다.

> 모든 豫言을 硏究함에는 두 가지 態度가 있다. 하나는 그 當時의 歷史와 豫言者 自身의 個性을 背景으로 한 人間性을 硏究의 中心點으로 삼고 이를 通하야 하나님의 經綸의 時代的 한 토막을 엿보려함이오 또 하나는 아주 하나님 便에 서서 모든 豫言을 純目的論的으로 硏究하는 것이다. 豫言을 참으로 理解함에는 두 가지 方面이 具備하여야 할 것이다.[32]

위에서 김재준은 예언의 전제이자 구비 조건으로 당대 역사, 예언자 자신, 그리고 '하나님의 경륜' 등을 들었다. 예언의 목적과 활동은 두 가지로 첫째, 예언자 개성이 배경이 된 '인간성의 연구'를 중심으로 '하나님의 시대적 경륜'을 읽는 것이며, 둘째, 인간성을 배제한 '순 목적론적인' 예언활동, 즉 '종교적 목적'에 의한 예언활동이다. 1933년 12월에 쓰이고 이듬해 1월에 발표된 이 글에서 확인되는 김재준의 초기 '예언(자)론'은 "예언자 개성을 배경으로 한 인간성의 연구"를 강조한 특징을 보였다. 여기서 예언의 내용 못지않게 예언의 '주체'에 대한 내면 이해를 강조한 것은 예언자의 '내적 동기'에 따라 시대와 '종교적 경륜'의 해석, 결과가 달라질 수 있기 때문이며, 이것은 궁극적으로 예언자의 '책임성'의 문제와 연결된 것이기 때문으로 보인다.

1930년대 초 김재준의 예언자 표상은 구약의 선지자 아모스로,[33] 아모스의 예언활동은 특히 지배층의 타락, 사회의 부정부패상, 특히 종교의 내면적 타락

· · · · · ·

32) 김재준, 「이사야의 임마누엘豫言硏究」, 『落穗』, 敎文社, 1941, 50쪽.
33) 아모스는 기원전 8세기 예언자로 이성적이면서 사색적, 윤리적이고 실존적인 특징이 있다. 아모스 이전의 선지자들은 왕 주변에서 친여당적 위치에서 정치 문제에 간섭하여 역사의 방향을 충언하였으나 아모스 이후의 예언운동은 야당적인 입장에서 민중의 소리를 대변하거나 대중의 권익과 복리를 위해 발언하거나 집권자, 집권층의 부정에 강력한 항의와 경고를 하는 등 저항운동에 앞장 선 특징이 있다(김찬국, 『豫言과 政治』, 정우사, 1978, 67쪽).

상을 고발하고 다가올 심판의 날을 경고하는 등 강한 현실비판적 특징을 보였
다.[34] 아모스 예언의 중심 사상은 '社會의 정의가 강물같이 흐르게 하지 않는
한 이스라엘은 송두리째 망하리라'는 것으로, 김재준은 아모스가 당대 '종교가'
들을 향해 던진 비판의 소리를 다음과 같이 해석하였다.

> 당시의 所謂 여호와를 믿노라는 宗敎家들은 어떠한 態度를 가지고 있었던가?
> 가장 점잖고 智慧있는 者라는 이들은 '때가 惡하니 말해무엇하랴'는 傍觀, 獨善,
> 沈默主義를 지키였으며 그 아래 普通 宗敎家라는 祭司, 官屬豫言者의 무리는 오
> 직 官僚的이오 職業的이여서 支配階級의 擁護役 以外에는 다른 아무것도 하는
> 일이 없었던 것이다. 그들은 從來의 非倫理的 原始宗敎의 神學을 支持하야 富와
> 榮譽는 여호와의 축복의 결과요 貧과 賤은 여호와의 咀呪의 結果이매 '誰怨誰咎'
> 리오 하는 태도를 가지였으며…[35]

위에서 김재준은 아모스예언을 빌어 당대의 '여호와 신봉의 종교가'뿐 아니
라 보통의 종교가 등 종교가 일반을 모두 비판의 대상으로 삼았다. 전자인 '여
호와 신봉 종교가'들을 '점잖고 지혜 있는 자'로 지칭한 뒤 이들의 태도에 대해
서는 '방관, 독선, 침묵주의'로, 후자인 '보통종교가' 즉 사제와 관속예언자들에
대해서는 관료적, 직업적인 특징에, 역할도 '지배계급의 옹호 역뿐'이라 하여
당대 종교가 일반을 신랄하게 비판하였다. 특히 김재준은 '부와 명예'를 '여호
와의 축복'으로, '가난과 천함'을 '저주의 결과'로 받아들이도록 하는 체념주의
가 강조된 아모스시대 신학윤리를 '비윤리적 원시종교의 신학'이라 하여 물질
주의에 접근된 현실을 비판하였다. 결론에서 1930년대 김재준의 현실 인식의
언어가 명확히 드러난다.

• • • • • •

34) 김재준, 「아모스의 生涯와 그 豫言」, 『落穗』, 敎文社, 1941, 32~34쪽.
35) 김재준, 위의 글, 34쪽.

이제 우리는 **이 不義로 가득찬 世代에 있어서** 이 義의 預言者의 勇氣를 부러
워함과 同時에 이 預言者의 義를 이루어주신 그리스도의 義만을 宣布하며 그를
爲하야 奮鬪하며 또 生命을 버림이 마땅할 것인가 한다.[36]

김재준의 1930년대 초기 예언자 연구는 두 가지 중요한 의미를 갖는다. 첫
째, 이 시기 예언자 연구는 학문적으로 구약학 연구의 범주로 성서 비평의 해
석방법을 사용하였다. 이것은 당시 장로교 제1신조인 '문자무오(文字無誤)
설'·'축자영감(逐字靈感)설'에서 벗어난 방법이며 따라서 교리신조를 위배한
것으로 신학적으로는 '도전'이며 학문적으로는 자유와 '모험'을 의미했다.[37]

다음으로 1930년대 김재준의 '예언자·선지자' 정의는 이 시기 한국교회 현
실에서 처음 표현된 후 그의 '예언자적 사회참여' 의식을 형성해 가는 하나의
개념으로 발전된다. 이것은 그의 역사의식과 현실 중심적 신앙관이 예언의 참
여 수준을 결정하게 될 것을 의미하는데 1930년대의 예언자의식은 현실을 '불
의로 가득 찬 세대'로, 특별히 관료적, 직업적 '종교가'들에 대한 비판적 이해를
보여 한국교회와 불편한 긴장을 표출하고 있음을 알 수 있다. 이 불편한 긴장
감은 1935년 1월 『신학지남』에 발표한 「自覺, 整頓, 建設」을 통해서도 분명하
게 드러난다.

조선의 역사는 참된 自覺, 自立, 自尊의 毅然한 精神下에서 움즉인 記錄은 아니다.
玉碎언정 瓦全을 不肯하며 鷄口언정 牛後를 不願하는 士道의 體現은 아니였다.[38]

• • • • • •

36) 김재준, 위의 글, 37쪽.
37) 1930년대 예언자 연구에서 김재준이 사용한 성서 비평 방법이 본격적으로 문제가 된 것은 해방
   이후의 일이다. 이것은 김재준의 성경관 논란이 해방 후 전개된 교회 정치 상황과 무관하지 않은
   측면을 방증한다.
38) 김재준, 「권두언: 自覺, 整頓, 建設」, 『신학지남』, 1935.1, 353쪽. 이 글의 필자가 김재준인 사실은
   1952년 7월 『十字軍』에서 확인된다(김재준, 「美國長老派宣敎師와 韓國長老敎會」, 『十字軍』 Vol.9,
   1952.7, 17~18쪽).

한국 역사에 대한 비판적 시선이 드러난 위의 글은 이 시기 김재준의 민족
의식, 역사의식의 단면을 보여주는 유일한 글이란 점에서 흥미롭다. 이상의 내
용 진전이 없어 비판적 역사 이해의 내용이 무엇인지 단언하기 어렵지만, 바로
이어 한국교회 비판과 연결된 것으로 볼 때 '외래 의존성'을 의미하는 것으로
보인다. 김재준은 한국교회 50년 역사에 대해서도 "우리 敎會 또한 어느 정도
그 轍을 밟지 않았는가 의심하지 않을 수 없다"라고 하여 조심스러운 어조로
비판의 논조를 더했다. 또한 한국교회에 필요한 정신으로 "高潔한 自覺, 自立,
自尊의 정신이 우리 役軍의 가슴에 사모쳐"야 할 것을 주장했는데 구체적으로
는 '被動的 模倣을 能動的 創造로', 재정적, 사업적, 지적, 사상적으로 "九鼎의
무게를 가진 丈夫가 되어 毅然히 서서 흔들리지 않는 敎會"가 될 것을 주문하
면서 다음의 비유로 글을 맺었다.

> "쉰한 살 먹고도 '三寸'덕에만 살려는 못난 아들 둔 아버지의 心情을 생각하면
> 서 새해를 맞음이 어떠한가?('三寸'은 물론 Uncle Sam, 미국을 의미함이다)"[39]

위에서 한국교회의 의존 대상이 미국, 특히 선교사들을 지칭하는 것임은 분명
해 보인다. 따라서 한국교회가 나아갈 자립, 자존의 방향 또한 '반 선교사적', '조선
적' 교회의 수립을 의미 하는 것으로 볼 수 있다.[40] 후대의 기록이긴 하나 1934년
평양에서 거행된 '선교50년 축하 式典'에 대해서도 김재준은 "한국교회가 선교사에
게 들이는 花環'이자 동시에 "선교사 중심 시대가 종말을 告하는 弔鐘"으로 표현하
여 1930년대 중반 김재준의 '반선교사 의식'이 매우 강했음을 알 수 있다.[41]

‥‥‥‥

39) 김재준, 위와 같음.
40) 그러나 여전히 의문으로 남는 것은 한국역사에 대한 그의 불편한 시선이다. 1930년대 중반 김재
   준의 민족의식에서 '의존성', '몰자각성'의 구체적인 의미가 무엇인지 짧은 단서만으로는 확인되기
   어려운 부분이다.
41) 김재준, 「美國長老敎會와 韓國長老敎會: 특히 神學敎育問題를 中心으로」, 『十字軍』 속간 9호,
   1952.7, 17쪽.

## 3. '아빙돈 단권(單券) 주석' 사건과 김재준의 성서 연구

1930년대 한국교회는 전통주의적 신학의 터전 위에 새로운 변화의 기류가
형성되고 있었다. 특히 1934~35년 사이 장로교 내에는 성경해석 방법론을 둘
러싼 신학적 보수주의와 자유주의적 흐름이 충돌한 사건들이 연이어 발생했는
데, '창세기 모세 저작 문제', '여권 문제 사건', 그리고 '아빙돈 주석 사건' 등이
예이다.[42) 이러한 변화의 흐름에 근본주의 신학 노선을 일관해 온 장로교 선
교부는 젊은 신학세대의 변화 흐름을 저지함으로써 전통의 유지를 고수하려
했는데 특히 19세기 독일의 자유주의 신학에 강한 영향을 받았던 일본신학에
대한 경계가 심했다.[43) 장로교 총회는 1917년에 이미 '자유주의 신학'의 영향
을 배제하기 위한 대책으로 "他神學을 卒業한 이로 本長老會에 使役하려는 者

• • • • • •

42) 성경해석을 둘러싼 사건으로는 1934년 김춘배 목사의 '여권 문제 해석 사건'과 김영주 목사의 '창
세기 모세 저작 부인 사건', '아빙돈 단권 주석 사건' 등이다. 1934년 함남 성진 중앙교회의 김춘배
목사의 여권(女權) 문제 사건은 여권에 대한 자유주의적 해석이 문제가 된 경우로 "2천 년 전의
한 지방 교회의 교훈과 풍습을 만고불변의 진리로 아는 것은 허황하다"는 글을 『基督申報』(1934
년 8월 22)일에 실어 문제가 된 사건이다. 같은 해 서울 남대문교회 김영주 목사의 '창세기 모세
저작 부인 사건'은 창세기의 모세 저작을 부인했다는 이유로 1935년 장로회 총회가 '창세기 저작
문제와 김춘배 목사 성경해석 문제 연구위원회'를 통해 조사 보고하도록 했는데, 이때 보고서를
작성한 박형룡은 "모세의 창세기 저작을 부인하는 사람은 장로교의 목사 됨을 거절함이 가하다"
는 유권해석을 총회에 제출하였으며 김춘배 목사에 대해서는 "여권운동의 이론이 세상에 대두하
는 시대사조에 영합해서 성경을 해석하려는 사람이기 때문에 교회의 징계에 처함이 옳다"고 하여
이단 심문관의 역할을 맡았다. 민경배, 『韓國基督敎會史』, 연세대출판부, 1993, 469쪽.
43) 김인수, 『한국기독교회사』, 한국장로교출판사, 1991, 262쪽. 김춘배 목사와 김영주 목사는 캐나다
선교부 관할지인 함경도 출신으로 1933년 전후 일본 칸사이(關西)학원 신학부를 졸업하고 귀국한
신진 학자들이었다(김춘배, 『筆苑半百年』, 성문학사, 1977, 55~66쪽). 일본 신학계는 관서와 관동
지역의 지방적 특징이 있었는데 오사카의 도시샤(同志社)신학교 및 조합교회의 세력이 컸던 관서
지방은 자유정신, 사회, 문화에 대한 적극적인 관심, 역사에의 관심 등의 특징을 들 수 있다. 특히
일찍부터 독일 자유주의 신학의 성서비평학을 받아들여 선교사들의 신학에서 탈피했고, 국가, 사
회, 문화에 대한 기독교적 적응에 민감한 신학적 분위기를 낳았다. 신조나 전통보다 현실 문제
중심의 태도는 일본의 국가주의에 쉽게 편승하여 일본적 기독교를 주장하는 폐해를 낳기도 했으
나, 일본 기독교 토착화론을 전개해온 것은 관서지방 신학이다. 반면에 관동지방은 관서에 비해
칼비니즘 장로파의 전통을 이어받아 교회주의적이고 보수적이다. 사와 마사히코에 의하면 관동
지역의 보수주의는 한국의 보수와 달리, 자유정신을 통과한 보수, 전통보수로 설명했다. 전쟁 전
후 일본의 교회신학 형성에 주류를 이룬 신학자들은 모두 관동지역 출신이다. 사와 마사히코,
『일본기독교사』, 대한기독교서회, 1995, 164~165쪽.

는 먼저 長老會의 引導와 管理를 받고, 本校(平壤神學校) 別神學에 出席하여
信經, 政治, 規則을 講習한 後 就職케 하기로" 결의하여 평양신학교를 통한 재
교육의 통제장치를 마련해 놓은 바 있다.[44] 강인철이 지적했듯이 이 시기까지
장로교회에서 선교사들은 신학적 해석권을 독점함으로써 개인 또는 집단의
'도전'들을 이단정죄, 정직(停職), 출교 등 '배제'의 수단으로 징계하여 권력 독
점을 유지했다.[45]

이 관점에서 김재준이 직접 관련된 1935년의 '아빙돈 단권(單券) 성경주석
사건'을 살펴보면 1930년대 중반 장로교회 교권과 대립된 자유주의적 신학운
동의 단면을 이해할 수 있다. 『아빙돈 단권 성경주석(The Abingdon Bible
Commentary)』은 미국 아빙돈 출판사에서 1930년에 발행한 성경주해서로 미국
과 유럽, 아시아의 성서신학자 66명이 현대적 방법론인 고등비평을 사용하여 편
찬한 주해서이다.[46] 1934년 11월 한국 감리교의 유형기(柳瀅基) 목사가 '조선 선
교 50주년'을 기념하여 이 주해서의 한국어 번역에 착수하여 장·감 연합으로 52
명의 신학자·목사들을 참여시켰으며 최종 편집은 유형기 목사가 맡았다.[47]

문제의 발단은 이 작업에 장로회 소속 목사인 송창근, 채필근, 조희염, 한경
직, 김재준, 김관식, 윤인구, 문재린 목사 등이 포함되어 있었다는 점이다.[48]

●●●●●●

44) 『朝鮮예수敎長老會史記』下, 23쪽.
45) 강인철은 선교사들이 '배제'수단으로 자신들의 입장을 충실히 대변하는 인사들을 내세워 종교재
판 등을 통해 탈선 가능성을 사전에 봉쇄하였는데 대표적인 인물로 박형룡을 꼽았다(강인철, 『한
국기독교회와 국가·시민사회』, 한국기독교역사연구소, 1996, 136쪽).
46) 「「單券 聖經註釋」을 세상에 내어 보내며」, 『單券 聖經註釋』, 新生社, 1934, 1쪽; 『한국기독교의
역사』 II, 한국기독교역사연구소, 1994, 159쪽.
고등비평(higher criticism)은 성서의 저작연대와 저자, 또는 역사적·사상적 배경 등 성서에 대한
문학적·역사적 비평을 주안으로 해서 '문학비평' 또는 '역사비평'이라고도 한다. 18세기 이후 J.
G. 아이히호른에서 시작하여 18~19세기에 J. 베르하우젠, F. 파울 등의 자유주의적 경향 속에서
급속히 발전하게 되었다.
47) 인쇄와 출판은 新生社와 한성도서주식회사가 맡았다(기독교대백과사전편찬위원회, 『기독교대백
과사전』 Vol.10, 기독교문사, 1008쪽).
48) 이 주석서에 동참한 장로교 목사들의 공통점은 한경직을 제외하고 모두 함경도를 배경으로 한
캐나다 선교부의 영향 아래 있었다는 점이다. 김재준은 이 성서 번역에서 요나서를 제외한 소선
지(小先知)서를 번역하였다(김재준, 『凡庸記』, 풀빛, 1983, 108쪽).

책이 출간되자 '성서무오설'을 신조 1조로 삼았던 장로교회의 충격은 "폭탄이 던져진 것"과 같았고[49] 1935년 9월 6일 평양 서문밖 교회에서 열린 제24회 장로교 총회에서 이 문제가 정식으로 제기되었다. 보수적인 길선주목사는 집필자의 대부분이 자유주의 신학자인 것을 지적하고 '장로교회 안으로 침입 못하게 할 것'과 '번역진으로 장로교 목사가 관련된 것을 유감으로 여겨 엄중한 책임규명을 요구하여 후일의 경계를 삼아야 할 것'으로 경고하였다.[50] 평양신학교 교수 박형룡은 "성서를 파괴적인 고등비평의 원칙으로 해석하며 계시의 역사를 종교적 진화의 편견으로 분석하고 있다"고 비판했다.[51]

이에 총회는 "신생사 발행 성경주석에 대하여는 그것이 우리 장로교회의 교리에 위배되는 점이 많음으로 장로교회로서는 購讀치 않을 것이며 同 주석에 집필한 장로교 교역자에게는 소관 교회로 하여금 사실을 심사케 한 후 그들로 하여금 집필의 始末을 기관지를 통하여 표명케 할 것"을 결정하였다.[52] 그 결과 해당 노회는 진상조사에 나서, 참여한 장로교회 소속 목사들에게 ①아빙돈 주석이 異說을 가르치는 것의 시인 여부 ②참여한 동기와 그런 일에 이름을 빌려준 동기 ③거기에 참여한 것이 잘못되었다는 사실의 인정여부 ④총회의 요구대로 기관지에 자신들의 입장과 주석의 교를 반대하는 사과문의 발표 여부 ⑤출판사의 재판(再版)에 자신들의 이름 삭제요청 여부 등을 확인토록 하였다.[53]

채필근 목사는 총회의 권고에 따라 즉각 '집필의 과오'를 사과하여 무마되었

• • • • • •

49) 김재준, 「韓國敎會의 神學運動」, 『基督敎思想』 Vol.4 No.1, 1960, 14쪽.

50) 김양선, 『韓國基督敎解放十年史』, 大韓예수교長老會, 1956, 176~177쪽.

51) 간하배(H. M. Conn), 「장로교 신학사상연구」 I, 157쪽.

52) 김양선, 위의 책, 177쪽.

53) 박용규, 앞의 책, 각주 155) 참조(원자료: B. Hunt, "Letter from Korea", p.238). 이 사건의 처리를 위해 평양노회 특별심사위원회가 선정되었는데 위원장은 곽안련(C. A. Clark) 선교사였다. 심사위원회에서 김재준은 자신이 쓴 글이 "문제가 되어야 할 아무것도 없"기 때문에 "내가 쓴 글에 대한 책임"을 져야 한다면 자신에겐 아무런 책임도 없다는 진술을 하였다(김재준, 위의 글, 14쪽; 『凡庸記』 1, 앞의 책, 179쪽).

으나, 송창근, 한경직, 김재준 등은 오히려 "교리의 違背를 이유로 한 사과와 같은 것은 할 수 없으며 신학의 자유를 억제하려는 총회의 독단에 應할 수 없음"을 표명하였다.[54] 그리고 총회 요구를 따르는 것은 "내용에 문제가 있음을 인정하는 것"일 뿐만 아니라 '교리의 자유를 제약하는 것이기 때문에 받아들일 수 없다'는 입장을 재확인했다.[55]

이들이 총회 권고에 불응하자 선천·강서노회 등 평안도 소속 노회 중심으로 세 목사의『신학지남』편집진에서의 퇴출 압력을 편집장 남궁혁에게 요구했으며, 평양신학교의 박형룡 교수도 이들이 계속 신학지남에 글을 실을 경우 자신의 글을 싣지 않겠다는 강경한 태도를 보였다.[56] 송창근, 채필근, 김재준이 더 이상『神學指南』에 기고할 수 없음은 자명해 졌다.[57] 더욱이 1935년 여름 송창근이『神學指南』에 발표한 "감격의 생활"에서, "한국장로교의 보수주의는 미국에서 직수입한 극단적인 보수주의 신학"으로, "정통이 밥통"이라는 등의 신랄한 표현을 담아 이 문제가 되고 있었던 터였다.[58] 결국 강경 보수노회들에서 문제를 제기하면서 평양신학교에 항의하자 편집책임자인 남궁혁은 세 사람에게 '성명서' 발표를 권유하였으며 권고에 따라 3인은『신학지남』1935년 11월호에 다음의 성명서를 발표했다.

· · · · · ·

54) 김양선, 위와 같음.
55) 김재준, 「한국교회의 신학운동」, 앞의 글, 14쪽.
56) 100년사편찬위원회 편,『總神大學校百年史』, 위의 책, 433쪽.
57) 박형룡은 후에 이 일을 회고하면서 "『신학지남』의 발전기에 이 같은 혼란은 편집부장 남궁혁 박사가 만들어 낸 일이었다. 남궁 박사는 자신이 보수주의 입장에 있으면서도 자유주의를 용납하며 옹호하는 인물들을 청해들인 일은 전혀 그의 독단에 의한 처사요 편집부원들도 교수회원들도 사전에 알지 못하였다. 이후에 필자는 편집부의 일원으로 이 일을 바로 잡아 보려고 아무리 노력하여도 성과가 없었다"는 글을 남겼다. 박형룡,『박형룡 전집』XIV, 한국기독교교육연구원, 1978, 350쪽.
58) 송창근, 「감격의 생활」,『神學指南』, 17, 1935, 34~39쪽. 이보다 앞선 1월에도 "새 생활의 전제"를 실어, "조선 교회에 누구의 당이 있다, 누구의 파가 있다 하야 서로 노려보고 못 믿어 하는 터이요, 게다가 같은 조선 사람으로서 남(南)놈, 북(北)놈 하야 스스로 갈등을 일삼으니 이 어찌 합인가… 50년 희년(禧年)인가, 50년(噫年) 인가!"라고 하여 희년을 맞은 교회를 향해 비난의 목소리를 높였다(송창근, 「새 생활의 전제」,『神學指南』 Vol.17 No.1, 1935, 12쪽).

금번 문제된 신생사 발행 단권 성경주석에 대하야 본인 등은 총회의 권고를
따라 좌와 여히 성명함.
   (一) 본인 등이 집필한 부분은 장로회신경에 위반됨이 無함.
   (二) 타인 등이 집필한 부분이나 전체 편집에 대하야는 본인 등은 상담 혹 관
      여한 事가 無함.
   (三) 본 주석의 내용에 대하야는 이미 제24회 총회에서 결정된 것인 바 본인
      등은 집필자의 일원으로서 유감의 의를 표함.
                                                    1935년 10월 19일
                                              송창근, 김재준, 한경직59)

   위의 성명은 사실상 3인이 자신들에게는 '오류 없음'을 표명한 것으로 총회
권고사항에 불응하는 입장의 내용이었다. 이 성명서' 두고 "내나마나한 성명",
"어느 쪽이 '유감'이란 말인지 모르겠다"는 등의 평가가 있었지만 사태는 더 이
상 확산되지 않은 채 김재준, 송창근, 한경직의 『신학지남』과의 관계 종결로
일단락되었다.60) '아빙돈 사건'은 1930년대 중반 김재준과 평양 교권과의 관계
에서 몇 가지 의미를 던져준다. 이 사건은 앞서 '배제'의 논리에서 볼 때 장로
교회가 신학적 교리의 이탈을 막기 위해 교권기구를 통해 소수의 신학자들을
통제, 치리한 사건으로 해석될 수 있다.61) 또한 위의 성명서는 김재준이 기초
하여 작성된 것으로 한경직은 김재준의 '설득'으로 참여한 것으로 회고한 것에
서 볼 때,62) 이 사건에서 김재준은 총회 결의를 처음부터 따를 의사가 없었던

• • • • • •
59) 『神學指南』, 1935년 11월호; 김재준, 「한국교회의 신학운동」, 위의 글, 15쪽.
60) 김재준, 『凡庸記』 1, 앞의 책, 180쪽.
61) 성서주석에 합류했던 윤인구는 명치학원 출신으로 『아빙돈성서주석』에서 '요한 1·2·3서'와 '묵
   시록'을 맡아 번역하였는데 그는 이 사건을 두고 '장로회 총회가 이 책이 팔리게 되는 것을 시기
   하여 그 내용이 신신학적이라고 문제 삼아 집필자들을 비난'한 것으로 해석했다. 신학적으로는
   미국의 근본주의 정통파 일색의 선교사들과 한국인으로서는 '근본주의의 특파원 비슷한 朴某 씨'
   가 과도한 미국적 사조를 강조하여 학생, 교계의 분열을 조장한 것으로 해석하였다(방덕수, 『윤
   인구 박사, 그 참다운 삶과 정신』, 발행처 불명, 1988, 68쪽).
62) 조성기, 『한경직 평전』 김영사, 2003, 88쪽.

것으로 보인다. 그렇다면 '예언자 연구'에 이은 '아빙돈 사건'은 김재준이 한국
장로교회 보수신학에 도전한 또 다른 사건으로 해석할 수 있다.

박용규에 의하면 김재준과 송창근이 『神學指南』 편집진에서 물러난 배경에
박형룡이 수차례에 걸쳐 남궁혁에게 읍소한 사실이 확인된다. 박형룡은 아빙
돈 사건을 계기로 남궁혁에게 송창근, 김재준, 채필근의 『神學指南』 기고를 중
단시킬 것을 요청했고 받아들여지지 않을 경우 자신이 『神學指南』 위원에서
물러날 것을 주장했다. 자신의 요청이 받아들여지지 않자 박형룡은 먼저 위원
직 사표를 내고 1934년 11월호를 끝으로 『神學指南』 기고를 중단하게 된
다.[63] 더욱 흥미로운 사실은 송창근이 산정현교회 담임을 맡고 있던 이 시기
에 박형룡도 산정현교회 소속이었다는 점이다.[64] 근본주의 신학 노선의 박형
룡 교수와 신학적 자유주의의 송창근 목회 간에 갈등은 예견된 사실일 수 있
다. 결과적으로 『神學指南』의 편집진에서 물러난 후 김재준과 송창근의 신변
변화는 불가피했다. 송창근은 1936년 4월 산정현교회를 사임한 뒤 부산으로
내려가 호주선교사들의 빈민사업인 '성빈학사'의 일을 시작하게 된다. 송창근
의 산정현교회 사임 이유는 여러 가지로 설명된다. 송우혜는 "교회 신축 자금
문제를 둘러싼 당회원과의 갈등"이 직접 원인이 된 것으로 설명했고, 『평양 산
정현교회』의 저자 박용규는 송창근의 목회 경험 부족과 '여과되지 않은 직선적
비판의 설교'를 원인으로, 그리고 김재준은 '산정현 당회가 중량급'이었던 데
반해 송창근은 '비전에 타는 젊은 재사'였기 때문으로 묘사했다.[65] 세 가지 이

• • • • • •
63) 박용규, 『평양 산정현교회』, 생명의 말씀사, 2006, 216쪽.
64) 김인서는 이 시기 산정현교회 풍경을 "산정현교회에 사복음연구자(四福音硏究者) 송창근(宋昌根)
    박사(博士) 주강(主講)이 되고 구약학자(舊約學者) 김재준씨와 신학교 교수 박형룡(朴亨龍) 박사
    좌우(左右) 보조하고 잇스니 산정현(山亭峴) 강단(講壇)은 조선(朝鮮) 고급(高級)의 강(講)단이라
    고 하야 과언(過言)이 아니다'라고 표현했다. 박용규, 위의 책, 204쪽(원출처: 김인서, 「평양통신」,
    『信仰生活』33호, 1934.8).
65) 송우혜, 앞의 책, 142~143쪽; 박용규, 앞의 책, 220~222쪽; 김재준, 위의 책, 191쪽 등 참조. 송창근
    이 사임한 후 산정현교회는 박형룡이 임시 당회장이 되어 후임자를 물색한 결과 주기철 목사가
    후임으로 부임하게 된다.

유 모두 타당성이 있는 것으로 보인다.

송창근의 사임과 부산행은 김재준의 평양 생활도 더 이상 안전하지 않다는 것을 의미했다. 『凡庸記』는 김재준이 평양을 떠나게 된 배경을 신사참배 문제로 연결시켜 설명했다. 숭인 상업 교장 김항복이 신사참배에 동참해 줄 것과 학생들에게 '민족의식을 불어 넣지 말라달라는 것'을 요구하자 1936년 4월에 사표를 제출하였다는 것이다.[66] 1936년 무렵 김재준은 신사참배 거부를 "시도 시대의 황제 예배 거부"와 비슷한 것으로 인식하여 학교 측의 요구에 '불응'한 것으로 설명했다.

그러나 이러한 김재준의 설명은 달리 해석할 여지가 있다. 1935~1936년은 평양의 기독교학교 책임자들과 총독부, 그리고 평남도 간에 '신사참배' 건을 놓고 긴 공방의 기간으로 아직까지 평양의 기독교학교가 신사참배에 순응할 시기는 아니었다.[67] 신사참배 건으로 인해 평양의 기독교계 학교의 존속 여부 문제는 1936년 6월 25일부터 열린 '조선선교부 연례회의'에서 '교육 철수 권고 안'이 표결에 부쳐진 결과 69대 16의 압도적 찬성으로 통과되면서 본격화된다. 1938년 3월 교육인퇴를 최종 결의함으로써 평양의 '3崇'의 폐교를 비롯해 서울의 경신·정신여학교, 대구의 계성·신명여학교, 선천의 신성·보성여학교 들이 잇달아 폐교하였다.[68]

따라서 김재준의 숭상 사표가 송창근의 산정현교회 사임과 같은 시기인 1936년 4월인 것을 볼 때 신사참배 '불응'에 따른 불가피한 상황에서 내려졌다기 보다 향후 거취 관련 판단이 작용된 것으로 보아야 한다.[69] 즉 김재준과

• • • • • •

[66] 김재준, 『凡庸記』, 위의 책, 192쪽.

[67] 대한예수교장로회평양노회, 『떠나온 평양 다가온 평화통일: 평양노회100년사』, 한국장로교출판사, 2012, 186~195쪽; 김승태, 「1930년대 기독교계학교의 '신사문제'소고」, 『한국기독교와 신사참배문제』, 한국기독교역사연구소, 1991, 370~375쪽 참조.

[68] 김승태, 위의 글, 373쪽.

[69] 무직자가 된 김재준은 로마 황제숭배를 거부했던 초대교회 순교자들의 『聖子列傳(Stories of Saints)』을 탐독하여 『순교자열전』을 집필하기 시작했다(김재준, 『凡庸記』, 풀빛, 1983, 116~117쪽).

송창근의 신학적 자유주의 경향이 평양 보수교계와 마찰을 겪으면서 평양이란 공간이 김재준의 진로에 "제재"가 될 수 있음을 확인한 것이 더 중요한 이유가 되었을 것으로 볼 수 있다. 기독교학교를 매개로 연결된 평양의 교계와 산정현의 원로 당회원들, 여기에 신학적 보수주의는 김재준이 더 이상 평양에 머무를 수 없는 조건들이 되고 있었다. 송창근이 떠난 평양에 혼자 남은 김재준에게 숭전(崇傳)교장인 선교사 마우리(E. M. Mowry) 박사로부터 북간도 용정 은진(恩眞)중학교의 '교목 겸 성경 교사' 자리를 제의 받게되는데,[70] 이 제의의 원 발신자는 용정의 문재린이었다. 김재준보다 6살 연상인 문재린은 이 당시 은진중학교 이사장으로 있으면서 같은 함경도 출신인 김재준을 평양 밖으로 끌어냄으로써 또 다른 삶의 공간을 제공해 주었다.[71]

• • • • • •

[70] 마우리(E. M. Mowry, 한국명 牟義理 1880~1970) 선교사는 미국 오하이오주 출생으로 1909년 웨스턴신학교 졸업과 함께 10월 2일 미국 북장로교 선교사로 내한, 평양 중심으로 활동하였다. 숭실학교 교사, 평양의 숭인, 숭덕 등 지방 14개 소학교 교장을 역임했고 1938년 신사참배 문제로 3숭의 폐교 후 평양에 계속 머물며 교회를 인도하던 중 1940년 강제 추방되었다. 해방 후 재입국하여 활동하다 1949년 1월 은퇴 후 귀국했다(김승태 · 박혜진 엮음, 『내한선교사총람: 1884~1984』, 한국기독교역사연구소, 1994, 367쪽).

[71] 문동환, 『자서전: 떠돌이 목자의 노래』, 삼인, 2009, 139쪽.

# 제3절

•

## 일제 말 종교정책과 김재준의 조선신학원 참여


## 1. 1930년대 간도와 용정(龍井)의 기독공동체

### 1) 북간도 용정의 기독공동체와 캐나다 선교부

1937년 이후 일제에게 만주는 日·滿·支블록 또는 大東亞共榮圈의 실현에 없어서는 안 될 제국의 공간이 되어 있었다. 기독교인들 가운데는 일제의 신사참배 압박을 거부하기 위해 만주로 이주하는 경우가 있었는데 남궁혁, 박형룡, 박윤선 등이 대표적이다.[1] 김재준의 '간도 행'은 두 가지 의미로 이해할 수 있다. 간도는 일찍부터 캐나다 선교부의 선교지로서 '자유주의 신학'을 취했다.[2]

• • • • • •

[1] 만주국의 신사참배는 일본의 직접 지배를 받던 국내보다 비교적 느슨한 조건이었던 것으로 보인다. 박형룡과 박윤선은 만주 봉천의 '동북신학교'로 옮겨 신학교육을 계속하였는데 여기서도 신사참배 요구가 있었으며 대부분의 교수, 학생들은 참여했다. 장동민에 의하면 박형룡이 봉천으로 초빙될 때 '신사참배를 안 하는 조건'으로 갔기 때문에 신사참배 문제에서 예외 되었고, 박윤선은 '한 번 참배'한 적이 있다고 하였다(장동민, 『박형룡의 신학연구』, 한국기독교역사연구소, 1998, 270~271쪽).

[2] 1899년 연합공의회 결정에 따른 선교지분할로 미국 북장로교 선교지였던 함경도지역이 캐나다장로회로 이관되어 본격적인 선교활동이 이뤄졌고 1903년 이후 국경을 넘어 간도·동만 등지로 선교지역이 확장되었다. 1912년 북간도 명동촌을 중심으로 형성된 한인 공동체의 대표 김약연 등이 캐나다 선교부에 간도지역 관할의 선교부 설치, 관할구역 관리 목회자 파견 등을 요청하는 청원서를 제출하여 캐나다장로회와 본격적인 관계가 성립되었다. 캐나다 선교부는 그해 박걸(A. H. Parker)

김재준의 대륙로의 이주는 평양의 정통주의 신학, 한국교회의 선교사 '의존성'
으로부터 벗어나고자 하는 의미가 있다. 새로운 길의 모색지로서 만주는 두
가지 의미가 있다. 첫째, 용정으로 떠나기 전 서울에서 송창근을 만났던 김재
준은 각각 만주와 부산에서 주어진 일에 머물기로 하고 후일을 약속한 바 있
다.[3] 1936년 말 현재 이 '후일'의 의미는 명확지 않으나 '기독교 교육' 또는 '신
학교육'과 관계된 것으로 이해한다면 만주는 새로운 모색에 필요한 공간적 경
유로 볼 수 있다.

둘째, 용정은 김재준에게 김약연, 문치정, 정재면, 구춘선 등 기독교 한인공
동체와의 만남을 의미했다. '명동공동체'로 불리기도 하는 한인기독교공동체는
1899년에 규암 김약연, 김하규, 문치정, 김정규, 남위언 등이 집단망명으로 두
만강을 건너면서 형성되었다. 1900년에는 윤동주의 가계인 윤하현이 합류하여
5대 명문가가 명동촌을 중심으로 집성촌을 이루면서 한인 민족·기독공동체를
이루었다. 이곳에서 '옛 간도의 한인 대통령'으로 불릴 만큼 북간도 기독교 민
족공동체의 선구자로 시인 윤동주의 외숙이기도 한 규암 김약연(목사)과의 만
남, 1890년대에 일가 전체가 두만강을 건너 명동에서 터를 닦은 문치정(문재린
의 父, 문익환의 祖父) 가계와의 결합은 김재준 일생에 '숙명적 만남'으로 기억
해 두어야 한다.[4]

함경도와 북간도를 선교지로 했던 캐나다 선교부의 선교정책은 경제적으로
는 다른 지역에 비해 열악했으나, 사상이 자유로 왔고, 선교사 독단의 행사가

• • • • • •

선교사를 간도주재 최초 선교사로 임명하고 용정에 선교부 설치할 것을 결정했다. 이듬해인 1913
년 박걸 선교사가 만주 용정에 일명 '영국덕이(데기, 英國德)' 선교부를 설치하고 영국기를 게양하
여 치외 법권 지역임을 명시하고, 간도지역 한인 기독교 사회를 관할하게 된다(예수교장로회함해
노회사편찬위원회, 『함해노회80년사』 대한예수교장로회함해노회, 1992, 107, 109쪽).

3) 김재준, 『凡庸記』 1, 칠성인쇄소, 1982, 196쪽.

4) 김재준의 기독교 회심에서 '송창근'을 기억해야 하듯이 용정이후 김재준의 참여적 삶에서 문재린
일가와의 결합은 '동지적 결속'이 된다. 한말 기독교 비밀결사체인 신민회(新民會)의 회원으로,
이상설의 독립군 양성소였던 서전의숙 계승을 위해 1907년에 용정으로 들어왔던 열혈 기독교도
인 정재면과의 만남도 중요하다(정대위, 『노닥거리 초록 두루마기』, 종로서적, 1987, 7쪽 참조).

적어 1927년 이사회를 신설, 선교부 대표와 한국인 대표가 동수로 참석하여 선교부를 이끌어 나가는 등 진보적이고 실용적인 선교운영방침을 수행했다.[5] 호주 출신 역사가 케네스 웰즈(Kenneth M. Wells)는 일제통치의 즉각적인 종결을 위하기보다는 오히려 "사회와 궁극적으로 확실한 독립국가로서의 지위로 변혁시키고자 하는 단계로서 개인의 도덕성, 지식, 전문기술의 증진을 위해 힘썼다"고 하여 이 시기 캐나다 선교부의 실용주의적이고 비대립적 접근 방식을 적절히 표현하였다.[6]

이러한 특징은 미국 선교부가 평양신학교를 유일의 신학교육 기관으로 삼아 신학교육 수준을 높지 않은 정도로 제한했던 것과 대조적으로 캐나다 선교부의 유학생 지원 사업에서도 확인할 수 있다. 채필근 목사의 동경제국대학 유학, 강봉우의 동경고등사범, 김관식 목사의 토론토와 프린스턴 유학, 그리고 캐나다 연합교회 성립 후인 1928년 여름 문재린의 캐나다 유학 등이 바로 그 예다.[7] 1925년 캐나다 장로회 선교부가 연합교회(캐나다장로회 · 감리회 · 회중교회 연합)로 통합된 후 선교부도 연합교회선교부로 계승되어 캐나다 선교부가 이전 시기보다 더욱 자유롭고 실용주의적 성격을 띠게 될 것을 의미했다.[8]

은진중학교는 선교사 푸트(W. R. Foote, 한국명 富斗一)에 의해 용정촌 예수교서회 2층에서 28명의 아이들과 성경학교를 시작으로 개교했다.[9] 초대 교장은 영국 선교사 푸트였으며 학감으로 평양 숭전(崇專) 출신인 이태준(李泰

5) 문영금 · 문영미 엮음, 『기린갑이와 고만네의 꿈』, 앞의 책, 110쪽.
6) 루드 C. 브로우어(Ruth C. Brouwer) · 이상규 · 박원주 역, 「카나다 장로(연합)교회의 한국선교: 1942년까지의 간략한 개요(canadian Rresbyterian/United Church of Canada Work in Korea: A Brief Overview to 1942」, 기독교사상 연구소 주최 제13회 공개강좌 강연(1997.6.2.), 97~98쪽.
7) 이 후에도 한국인 유학프로그램은 계속되어 캐나다 유학생이 40~50명에 달했다.
8) 캐나다장로교회가 연합교회로 통합되자 국내 선교사 중 비교적 보수 성향의 영(L. Young) 선교사 등이 선교부를 떠남으로써 선교부 성격도 더 자유로워졌다.
9) 은진(恩眞)은 요한복음 1장 14절의 '은혜와 진리'에서 따온 것이다. 은진중학은 개교한 지 20여 일 만인 1920년 2월 28일 학생 27명이 임시교사에 모여 3 · 1운동 1주년 기념 만세운동을 준비하면서 소형 태극기를 제작한 것이 일제 관헌에 발각되어 관련 학생 전원과 교사 2인이 구금당했을 만큼 항일 · 민족의식이 강했다.

俊)이 맡았다.[10] 성경교사로 김재준이 은진중학교에 부임했을 때 교장은 캐나다 선교부의 브루스였고 문재린, 명희조 등 민족주의 색채가 강한 교사진으로 구성되어 있었다. 1936년 단신으로 북간도 땅에 내린 김재준은 평양신학교 출신 최문식의 후임으로 은진중학교 성경교사에 부임했다.[11] 부임할 당시 김약연 목사(당시 학교 이사장)가 학생들에게 김재준을 소개하던 인상이 남아 있다.

> 이제 학생들은 유명한 선생님을 모시고 성격공부하게 되었다. 그 분은 우리가 선생님으로 맞이하기에는 분에 넘치며 유명하시다. 세례요한은 예수님이 세상으로 오셨을 때 너무 황송하고 떨려 '나는 주님의 신 들 매도 감당 못하겠다'고 하셨다. 학생 여러분은 장차 부임하실 성경선생님이 오시면 극진히 뫼시고 말씀 하나하나를 직접 예수님 대하듯이 받아들여야 한다.[12]

부임 첫 기도회에서 김재준은 『부르심을 받은 네 어부』의 제목(마태복음 1 : 16~20)으로 '부름'과 '대답'을 주제로 설교하였다.[13] 은진중학교에서 김재준은 종교부를 지도하면서 강원용 · 김영규 · 전은진 · 남병헌 · 안병무 · 김기주 · 신영희 · 문동환 · 장하린 · 이상철 등 훗날까지 인연을 맺는 제자들을 길러냈다. 이들은 용정 일대 용강동(龍江洞), 합성리(合成里), 중흥리(仲興里), 수칠구(水七溝) 등 촌락을 중심으로 주일학교운동을 전개하고 부락마다 종교부원을 배치

● ● ● ● ● ●

10) 1921년 바커(A. H. Parker:朴傑) 목사가 제2대 교장으로, 1922년에는 스코트(W. Scott, 徐高道) 목사가 3대 교장으로 취임했고 1924년 스코트 목사가 함흥영생(永生)고등학교로 전임한 후 프레이저(E. J. O. Fraser, 한국명 裵禮任) 목사가 4대 교장으로, 1928년에는 브루스(G. Bruce, 富禮壽)가 5대 교장으로 취임하였다.

11) 강원용, 『역사의 언덕에서』 1, 한길사, 2003, 84쪽. 최문식은 해방 후 경북 인민위원회 부위원장으로 1946년 10월 대구항쟁을 주도하였던 인물이다.

12) 은진중학교동문회, 『恩眞 80年史』, 코람데오, 2002, 117~118쪽.

13) 이 설교에서 김재준은 '그리스도의 부름'에 '응답'할 것을 가르쳤는데, 여기서 부름이란 사람(학생)의 '운명'에 대한 도전을 의미였다(김재준, 『凡庸記』 1, 201쪽). 한편 강원용에 의하면 김재준이 부임하기 전 은진중학교는 '보수적, 정통주의적 신앙분위기'라고 한다(강원용, 『역사의 언덕에서』 1, 한길사, 2003, 84쪽).

하여 야학·전도·계몽사업 등의 복음운동을 전개했다.[14]

훗날 김재준과 밀접한 인연을 맺게 되는 용정의 강원용은 당시 18세의 만학으로 '앞장서는 행동파'였다. 종교부와 학생회에서 회장을 도맡아 김재준의 지도하에 종교부 활동을 발전시켰으며 해란강 너머 일송정 아래 있는 용강동에서 주일학교와 교회를 시작하였다. 문동환보다 1년 아래인 안병무도 강원용과 같은 2학년으로 종교부에서 활동하였으나 강원용 그룹과 별개로 조양촌에서 주일학교와 주민봉사, 교육에 힘썼다.[15] 당시 종교부 활동에서 강원용과 안병무는 서로 조화를 이루지 못하였는데 이유를 안병무는 "달변에 정치력이 대담한 노학생으로 분위기를 좌지우지하던 강원용의 언동을 탐탁케 여기지 않는 학생들이 강원용 그룹에 가담하지 않았"는데 자신도 그중 하나였다.[16] 이 외에도 문익환의 동생 문동환이 있었고, 후에 종로서적을 경영하게 될 장하린, 훗날 김재준의 사위이자 캐나다 한인교회 목회와 민주화운동을 전개한 이상철 등이 종교부에 속해 있었다. 이 시기 김재준의 시, '노래'에는 은진중학교 종교부를 '적은 무리'에 비유한 그의 내면이 잘 드러나 있다.

> 달빛이 눈 속에 얼어 가슴 안에 부서지는 겨울 밤
> 十里길을 혼자 걸어 적은 무리를 찾습니다.
>
> 컴컴한 中國마을 지나 훤한 벌판을 건너
> 눈 속을 헤치며 노래 소리 찾아가는 내 마음 기쁩니다.
> 沙漠에 ○紅花 눈 속에 노래!
> 이리하야 적은 무리는 노래하며 자랍니다.[17]

14) 문동환, 위의 자서전, 139쪽; 강원용, 위의 책, 89~91쪽; 신영희, 『檜木들의 영광: 신영희장로 회고록』, 전광출판사, 1980, 94~95쪽 등 참조. 한편 김재준이 은진에 부임했을 때 문익환은 송몽규, 윤동주와 은진을 졸업한 뒤 평양 숭실중학교에 입학해 유학을 떠나 있었다. 따라서 방학 중에 용정에서 강원용, 문동환 등과 가깝게 지냈다.
15) 김재준, 『凡庸記』 1, 칠성인쇄소, 1982, 202쪽; 문동환, 위의 자서전, 140쪽.
16) 안병무, 「현대를 그대로 호흡하는 사상가」, 『장공이야기』, 한신대출판부, 2001, 341쪽.

· 은진중학교 제자들과 김재준(뒷줄 세 번째가 안병무)

한편 은진중학교 종교부와 용정의 중앙교회, 동산교회는 용정 기독학생들의 신앙 활동에 중요한 근거지가 되고 있었다. 용정 중앙교회는 문익환의 부친 문재린 목사가 캐나다 유학에서 돌아온 1932년에 부임하여 1946년까지 목회한 용정의 대표적인 장로교회이다. 은진중학교 종교부에서 김재준으로부터 신앙을 배운 학생들은 다시 중앙교회 야학교, 청년회, 주일학교 등에서 교사로 활동하면서 신앙생활을 이어 갔다. 이때 중앙교회 야학교에는 강원용, 이상철, 김영규, 문익환 등이 가르쳤고 주일학교에도 강원용, 전택열, 전택완, 문동환, 박문환 등이 교사로 활동했다.[18] 동산교회는 안병무가 출석했던 교회로 여기에도 장하구·최봉삼·장덕순·도기순 등 훗날 평신도 교회운동의 향린교회 주축 멤버들이 신앙생활을 공유하였다.[19] 그리고 1937년 3월 김재준은 동만노회에서 문재린 목사의 집례로 목사 안수를 받았다.[20]

1937년 중일전쟁의 발발로 만주를 둘러싼 국제 정세가 악화되자 은진중학교

· · · · · ·

17) 김재준, 『十字軍』, (간도)신앙운동사, 1937.5, 5쪽.
18) 문영금·문영미 엮음, 『기린갑이와 고만녜의 꿈』, 삼인, 2006, 159쪽. 1938년 현재 동만노회 교세는 선교사 3명, 목사 13명, 장로 81명, 남전도사 22명, 여전도사 20명, 영수 39명, 남집사 266명, 여집사 190명, 신학생 9명 등이며 교회 91개 처, 교인 6,500명 등이다(대한예수교장로회, 『함해노회80년사』, 대한예수교장로회함해노회, 1992, 121쪽).
19) 김남일, 『민중신학자 안병무 평전: 성문 밖에서 예수를 말하다』, 사계절출판사, 2007, 57쪽.
20) 김경재는 김재준의 목사 안수가 '용정에서는 평양에서처럼 신사참배를 철저하게 강요하지 않았고, 일본 영사관의 감시 감독도 평양 또는 서울보다 덜했기 때문'이라고 해석하였는데(김경재, 『김재준 평전』, 삼인, 2006, 55쪽). 여기에 더하여 신학교육자로서 진로를 전개하는 데 필요했기 때문으로 보인다.

에도 변화의 조류가 밀려 왔다. 1936년 2월에 만주국 교육부의 지령으로 은진
중학교는 공과(工科)학교로 개칭되고 1937년 12월에는 교육권이 선교부에서
만주국으로 이양된다. 1938년 4월 4일 만주국 민생부로부터 '공과(工科)은진중
학'으로 인가되면서 종교교육이 정식으로 폐지되었다.[21] 이 무렵 평양신학교
가 신사참배 문제로 폐교되고 서울에서는 '신학교설립기성회'가 꾸려져 새로운
운동의 분위기가 조성되었다.

### 2)『十字軍』에 나타난 김재준의 비판적 한국교회 이해

용정에서 김재준은 은진중학교 교목으로 활동하는 한편 1937년 5월 1일에
신앙잡지『十字軍』을 창간하여 문서선교활동을 전개하였다.[22] 1937년 5월 간
도 용정에서 월간으로 간행된『十字軍』의 발행소는 용정 은진중학교 내 '신앙
운동사(信仰運動社)'이며 발행자는 이태준(李泰俊)으로 되어 있으나 실질적인
발행, 편집, 주간 책임은 김재준이 맡았다. 창간호와 제2호는 4·6배판 12면으
로, 제3호부터 체재를 개편하여 국판 40면 안팎으로 나왔으며 서울의 한성도
서주식회사에서 인쇄되었다.[23] 용정의 열악한 환경에서 잡지발행은 쉽지 않
는데, 김재준이 원고를 작성하여 서울의 한성도서주식회사 인쇄소로 보내면
초교와 재교를 전영택이 본 뒤 3교는 용정에서 김재준이 다시 보는 형태로 잡
지를 만들었다. 김재준의『十字軍』은 제호에서 느껴지는 것처럼 '칼과 창을 들

------

[21] 종교교육의 폐지로 매일 진행된 예배도 자원자에 한해 주 1회 수요일에만 실시되는 것으로 방침이 변경된다(정협연변조선족자치주위원회 문사자료연구위원회 편,『연변문사자료』제4집, 627~629쪽).

[22] 처음 계획에는 평양에서 집필하였던『순교자 열전』을 출판할 계획이었으나 출판신청서와 원고를 받은 일본영사관 측이 '너무 잔인한 기록들로 민심을 자극' 할 것을 이유로 출판을 불허하고 원고마저 압수당하자 '잡지창간'으로 계획을 수정하게 된다(김재준,『凡庸記』1, 207쪽).

[23]『十字軍』은 1938년 2월(2권 1호, 통권 6호)로 발행이 중단되었고 해방 후 1950년 1월에 속간호가 나오게 된다(기독교대백과사전편찬위원회,『기독교대박과사전』Vol.10, 기독교문사, 1980, 714~715쪽).

고 피에 적신 성지를 피로 씻으려든 歷史的 十字軍, 血肉의 十字軍을 본뜨려는
것은 아니다'라고 하여 '鬪爭'의 이미지를 배제한 '신앙운동' 지향의 개인잡지였
다.24) 잡지의 구성은 교계 소식, 성서 이해, 단상, 편집자 소감, 세계교회 흐름
과 신학 동향 소개 등으로 이루어졌다.

김재준이 『十字軍』을 낼 무렵 부산의 송창근은 『성빈(聖貧)』을, 서울의 전영
택은 『새사람』을 냄으로써 세 사람의 '信仰誌' 출간을 통한 문서복음운동이 전
개되었다고 볼 수 있다.25) 이들 세 사람은 아오야마학원의 선후배이자 미국 신
학유학의 경험, 평양 기독공동체를 매개로 교류하였던 것으로 보인다. 흥사단
원 송창근과 수양동우회의 전영택이 시기적으로는 더 일찍 알았으며 '글쓰기'와
교회라는 공통의 이해와 한국교회 주류(主流)에 대한 비판적 공감대를 가졌다.
『十字軍』이 지향한 복음의 내용은 창간호의 「宣言」에 잘 드러나 있다.

□創刊에 際하야 左記數條의 宣言으로 本誌의 主旨를 開明하려한다.
一. 우리는 그리스도敎를 全的으로보아 各 方面의 主張과 活動에 調和를 齎來
　　하고저 努力한다.
二. 우리는 朝鮮敎會의 全一과 協同을 期하며 統一된 朝鮮敎會를 通하야 主님
　　께 忠誠을 다하고저 한다.
三. 우리는 過去의 모든 基督敎流産을 尊重하는 意味에서 偉大한 信仰의 祖先
　　들을 우리 敎會에 다시 살리며 同時에 現代의 偉大한 信者들과 그 思想,
　　運動등을 紹介하야 우리 信仰의 深化運動에 努力하려한다.
四. 우리는 오직 그리스도 自身을 總帥로 모시고 福音宣傳과 愛의 實行을 軍
　　法으로 삼으며 聖神을 參謀로 받들고 聖經으로, 武裝한 行軍中의 靈的 十
　　字軍임을 意識하는 點에 있어서 聖經硏究와 傳導와 온갖 善한 社會事業에
　　가장 忠實한 親舊되기를 期約한다.26)

• • • • • •
24) 김재준, 『十字軍』 Vol.1, 神仰運動社, 1937.5, 1쪽.
25) 이 시기 전영택과 김재준의 교류는 두 잡지의 출간에서도 확인된다. 『새사람』 제3집 '소식란'에는
　　'김재준 형의 경영하는 잡지는 만주국에서 許可를 얻기가 여간 시끄럽지 안어서 날래 못나온답니
　　다'라는 기사가 실려 있다(전영택, 『새사람』, 1937.3, 복음사, 39쪽).

창간호에 나타난『十字軍』의 지향은 크게 세 가지로 볼 수 있다. 그것은 '그리스도 중심'의 복음과 조선교회의 통일과 조화, 에큐메니컬운동의 지향을 나타낸다. 한국교회 교리 중심의 근본신앙을 탈피하고 '조화, 협동, 전일(全一)' 등의 표현에서 일치·연합의 기독교정신을 강조하고 있다.

특히 3항의 '과거 유산' 위에 현대 신앙운동을 강조함으로써 세계교회 신학운동의 적극적 수용태도를 밝히고 있다. 4항에서 '그리스도를 본위로 한' 복음전도, 성령, 그리고 성경 등 세 가지가 조화를 이룬 '십자군대열'로 형상화하였는데, 이것은 교리 중심의 근본주의 신앙의 변화와 새로운 신앙운동의 추구를 의미했다. 『十字軍』에서 나타난 김재준의 새로운 신앙운동의 주장은 이 시기 그의 한국교회 인식과 비판에서 더욱 분명하게 드러난다. 김재준은 한국교회의 문제를 '직업적 열심'의 '고정화된' 것으로 빗대어 비판하고 '위대한 소망', '위대한 환상', '세계적 지도자의 출현', '교파연맹의 운동' 등의 방향을 제시하여 새로운 신앙운동의 방향을 표현하였다.[27]

> 지금 조선교회의 문제가 무엇인가? 行路難이 問題가 아니라 遠大한 所望에 불타는 者 偉大한 幻想에 그마음 뛰노는者 있고 없음이 問題이다 指導者들의 보는 幻想이 地域的으로 朝鮮을 넘지못하며 教派的으로 自教派를 넘지못하고 教理的으로 '바리새'(分離)主義를 버서나지 못한다면 어느밭에서 世界的前導者가 자라나며 누구로 말미암아 教派聯盟의 運動이 일어나며 어찌하여 聖徒의 거룩한 交際, 사랑의 聯合이 이루어지랴! 그 마음속에 거룩한 幻想을 품지못한 者로서 다만 教條와 言論과 謀略을 材料삼어 自己中心의 「職業的熱心」에 마

• • • • • •

26) 김재준, 위의 글, 같은 쪽. 한편 이 창간 「宣言」은 제2권 1호에도 「本誌의 宣言」으로 재수록되어 있다.

27) 김재준은『十字軍』의 여러 지면을 '세계교회운동' 관련 신학사상, 국제대회 등을 소개하는 내용으로 채우고 있다(김재준, 「그리스도의 教會」, 『十字軍』 1권 2호, 1937.5, 7~8쪽(세계교회운동의 흐름을 소개, 기독교인의 사회적의식의 각성, 각 교파 합동·협력운동의 성격 강조)); '1937년 옥스퍼드의 생활과 봉사(Life and Work) 대회 소식'은 김재준, 「私書函」, 『十字軍』 1권 4호, 1937.7, 33쪽; 1937년 에딘버러 제2회 '신앙과 직제(Faith and Order)'대회 소개, 김재준 「에딘바라의 信條와 職制大會」, 『十字軍』 1권 5호, 1937.8, 6~8쪽 등 참조.

끼여 教會事를 弄絡한다면 그 結果는 必然的으로 分爭, 排擊 等의 惡德을 비
저낼 것이다.[28]

위에서 김재준은 한국교회의 현주소를 지역적 · 교파적 · 교리적 한계에서
벗어나지 못하고 있는 것에서 찾았다. 그 결과가 교조, 언론, 모략의 '직업적
열심(職業的 熱心)'이 교회 일의 농락으로, 분쟁과 배격의 악덕으로 나타나게
된 것으로 진단하였다. 여기서 그가 비판하는 '직업적 열심'의 대상은 '선교사
들', '목사인 교권주의자', 신학교수들을 지칭했다.

　　지금 우리 교계는 이 거룩한 感激이 없어도 熱心으로 일하며 또 그 名聲을 나
　　타내는 이들이 있다. 그러나 그의 열심은 '職業的'이며 그의 名聲은 그대로 그의
　　審判이 되는 것을 알아야한다. 나는 이 '職業的 熱心'이란 무서운 陷穽에 대하여
　　좀더 說明할 義務를 느낀다. 만일 이 성령의 거룩한 感激이 업이 神學을 講解한
　　다면 그 '神學校'는 그야말로 '牧師之法'을 가라치는 職業學校는 될지언정 '牧師를
　　養成하는, 거룩한 心情의 傳援處는 아닌 것이다 '牧師적심정', 先知者的心情을 培
　　養하지 못하고 다만 **教理教條와 教派熱과 教界處身術**이나 배워가지고 나온다면
　　그 '得業士'는 진실로 寒心한 得業士임을 切感한다.…새 生命의 躍動이 있어 **그들
　　의 固定된 方法과 制度**에 들어맞지 않는때면(원문) 그들은 **온갖 術策으로 그 抑
　　壓에 盡力**한다. 결국 그들은 그들의 職業을 하나님보다 더 높이며 **그들의 制度와
　　方法을** 하나님의 心情보다 더 重히 역인다.[29]

다시 김재준은 '선지자적 심정'의 배양 없이, 교리교조, 교파 열, 교계처신술
을 가르치는 신학교를 비판하고 이들이 결국 '득업사'로 교계를 지배하는 '직업
적 열심'의 사람들로 전락하게 된다고 진단하였다. 하반부에서 '그들의 고정된
방법과 제도'란 선교사들이 신학교육 기관에서 가르쳐 온 직업교육식 신학 내

●●●●●●
28) 김재준, 「先知者的 心情」, 『十字軍』 제2권 1호, 1938. 2, 5쪽.
29) 김재준, 위와 같음(이 글은 『落穗』 130~138쪽에도 실려 있다).

용을 의미했다. '새 생명의 약동', '성령의 거룩한 감격'은 새로운 신학 방법일 것인데 이것을 '온갖 술책으로 억압'하는 것이 '그들'이라고 하여 선교사들의 '신학 해석권'의 독점을 강하게 비판하였다.

"네비어쓰 선교 방법을 金科玉條로 직히여 能率主義우에 建設한 朝鮮敎會가 必然的으로 到達할 곳은 이 '職業的' '敎權的'이란 함정이 아닌가?"라고 하여 그의 비판은 더욱 분명해진다.[30] '職業的 熱心者'가 2인 이상 될 때 거기에는 반드시 '分裂, 抗爭'이 있으며, '…그리하야 거룩한 靈感들이 恩寵의 感激을 노래한 讚頌歌 出版도 그들의 눈에는 利權獲得의 機會로밖에 보이지 안어', '마츰내 某某 두 機關의 惡感情을 스사로 廣告하고', '自敎派의 소리 만에 정신이 팔려 全 基督敎會적 大義名分을 無視하고 分裂에 分裂을 더하야', '主日工課의 分離, 年會公議會에서의 分離, 敎派熱의 古調, 他敎派의 異端視, 敎理的疑懼心의 助長등 사탄의 詭計에 自進하야 빠지고 있다'고 하여 1930년대 중반 이후 한국교회 내에서 빚어진 갈등, 분열 사건들을 교회 일치운동의 관점에서 비판적으로 이해하고 있음을 알 수 있다.

1930년대 말 캐나다 선교부 선교지인 북간도 용정으로 자리를 옮긴 김재준은 미국 북장로교 선교지 평양에서 경험한 폐쇄성의 풍토로부터 벗어나고 있음을 알 수 있다. 이것은 선교 방법이 피선교지에 미치는 영향을 보여주는 부분으로 만주에서 경험한 캐나다 선교부의 자유로운 신학 노선과 연합성을 지향하는 선교 방법은 김재준에게 한국교회의 '닫힌 공간'을 더욱 비판적으로 인식하게 되는 계기가 되고 있었다.

또 다른 면에서 공간의 확장을 통해 김재준은 신앙의 '적극성', 또는 개방성을 획득해 가고 있었다. 1937년에 『새사람』 기고 글에서 김재준은 신앙의 적극성을 '장갑차의 驀進, 방파제 안의 배가 아니라 大海에 떠서 怒한 물결과 쉬임 없이 싸우면서 나아가는 航海 중의 배'로 비유하고, "우리의 신앙은 곧 생활

의 모험에서 참 면목을 발휘"한다고 하여 적극적인 생활의 신앙을 강조하였
다.[31] 여기서 생활의 모험이란 다음을 의미하였다.

　"정치 문제, 경제 문제 교육 문제 국제도덕 이런 것만은 하나님도 어쩌지 못한
다 이것들은 우리끼리서만 할 것이오 하나님은 종교에 관한 것 천상에 관한 것이
나 주관하시리라는 것이 현대의 보통태도이다. … 이런 온갖 문제에 그리스도의
교훈을 그대로 적용할 생각조차 못하는 믿음 없는 세대이다. 한번 이런 큰 문제
를 하나님께 마끼고 신임하고 모험할 신앙의 위인은 없을까요 **나는 어떻게 던지
우리 조선 사람들은 전 민족적 사회적 중요 문제를 들어 하나님께 마끼고 하나님
과 함께 모험해 보아야겠다고 생각합니다.**"[32]

　신앙이란 "전인격적 모험"이라고도 표현한 김재준의 이 관점은 그가 '현실
중심'의 신앙관을 획득해 가고 있음을 보여주는 부분이다. 그의 나이 40 세로
접어들면서 개인 변화에 초점을 둔 신앙의 내향성을 지양하고 현실 중심의 적
극적 신앙관을 갖는다는 것은 식민지 관계에서도 적극적인 태도로의 변화를
의미하는 것으로 볼 수 있을 것인가. 그의 새로운 삶의 태도와 변화는 다음과
같은 인식의 변화와도 연결된다.

　"朝鮮사람이 滿洲에 와서 愁心에 싸힌 蒼白한 얼골로 本國타령 故鄕생각만 하
고 '집시—' 放浪者의 心情으로 지낼 것은 아니다. 예레미아의 勸勉과 같이 집짓
고 果樹심으로 시집가고 장가들어 百年大計를 세우며 자자손손이 傳하야 받을
基業을 準備해야 할 것이다. 그리고 「民族協和·王道樂土」 宏壯한 標語를 羊頭
狗肉의 看板이라고 冷笑로운 態度로 對할 것이 아니라 積極的으로 그 偉大한 理
想의 實現을 爲하야 眞心으로 祈禱할 것이다. 이는 무엇이 문제니하고 理論을 캐
고 떠든대야 結局 朝鮮 사람이 갈 곳 끗은 이 나라밖에 없는 까닭이다."[33]

• • • • • •
31) 김재준, 「冒險의 信仰」, 『새사람』 6집, 복음사, 1937.6, 15쪽.
32) 김재준, 위의 글, 16쪽.

위의 글에서 김재준은 이주민으로서의 새로운 정체성과 삶의 태도를 획득하고 있음을 알 수 있다. 즉 조선인의 정체성과 만주국의 오족협화와의 충돌을 냉소로운 태도로 부정할 것이 아니라 '이상의 실현'을 위해 적극적인 현실 수용의 자세로 변화해 가고 있음을 알 수 있다. 그렇다면 평양에서의 길과 간도, 용정의 길은 김재준에게 분명 다른 선택을 의미했다.

김재준에게 민족성은 기독교적 보편성의 배후에서 잘 드러나지 않는 영역이었는데, 평양의 전통주의적 교리 중심에서 벗어나 '오족(五族)'의 다양성, 이 다양성 속에서 보편적 정체성을 요구하는 1930년대 말 파시즘의 공간 안에서 새로운 '복음의 의미'를 찾고 있었던 것은 아닐까. 21세 회심 이후 김재준에게 기독교 진리가 개인의 변화와 자유의 추구로 조화를 이루었다면 은진중학교 '적은 무리'를 통한 복음운동의 결실은 '조선의 땅 끝' 만주로부터 미래에 대한 적극적인 삶의 태도로 변화하고 있음을 보여준다. 여기서 '갈 곳 끝', 만주는 김재준에게 '종말론적 공간'이자 현실참여의 시계(視界)로 표상된다.

이 시점에서 김재준에게 '식민'과 민족은 갈등의 요소로 고려되지 않고 있음이 분명하다. 식민지현실에서 안전장치인 '교육'을 선택했던 이십대로부터 크게 다르지 않은 민족의식이었으며, 1930년대 후반 다양성 속에서 조화를 선전하는 파시즘의 언어를 수용하는 현실이해는 '조화와 일치'를 강조하는 신앙의 모험성이 낳은 함정일 수 있었다. 일제 말기 북간도로부터 김재준은 '현실주의적 신앙', '에큐메니즘', '기독교 보편주의'에서 자신의 내면적 자유와 조화를 이뤄가고 있음을 알 수 있다. 식민지 현실에서 민족에 대한 이해와 성찰의 부족은 그가 지향하는 바 '자유하는 심정'의 추구에서 온 필연적인 한계로 이해된다.

●●●●●●
33) 김재준, 「移住群을 생각하며: 예레미야의 바벨론書翰을 읽음」, 『十字軍』 1권 3호, 1937.7, 6쪽.

## 2. 일제 말 조선신학원의 개원과 김재준의 참여

### 1) 1930년대 말 신사참배와 두 개의 장로회 신학교운동

1938년 9월 제27차 장로회 총회가 신사참배 가결안을 통과시키자, 1938년 9월 30일 선교사들은 총회본부와 상의 없이 평양신학교를 폐쇄 조치시켰고, 이후 선교사들은 신학교의 재개조치 없이 본국으로 강제 출국 또는 귀국했다.[34] 평양신학교에서 교수하던 남궁혁 박사는 중국 상해로 망명하였고, 박형룡 박사는 일본을 거쳐 만주 봉천(奉天)신학교로 옮겨 가자, 서울과 평양 두 곳에서 각각 새로운 신학교 설립운동이 전개되었다.

『凡庸記』에는 이 시기 신학교 개설 문제를 둘러싼 '선교사 파'와 '조선 교회 파'의 갈등이 묘사되어 있는데, 전자는 선교사들이 신사 참배를 거부하고 신학교를 폐교하고 돌아갔으니 그 뒤를 따라야 한다는 주장으로 새 신학교 설립은 선교사에 대한 배신행위요 우상숭배에 굴종하는 배교행위로 보았다.[35] '조선 교회 파'는 선교사 시대는 지났고 조선 교회는 조선사람 손으로 운영 추진 건설해야 한다는 입장이었다.[36] '조선교회 파'는 다시 두 갈래로 나뉘었는데 하나는 평남의 3노회(평양, 평서, 안주)의 주도하에 평양에 신학교를 세우려는 움직임과 서울 중심의 '장로회신학설립운동'이다.[37]

시기적으로는 서울의 '장로회신학설립운동'이 먼저 시작되었는데, 최초 움직임은 1939년 초 서울 승동교회의 오건영 목사, 새문안 교회의 차재명(車載明) 목사, 안동교회의 김우현(金禹鉉) 목사 등 3인이 모여 신학교 설립과 기성회의

• • • • • •

34) 평양신학교는 장로회 총회본부와 선교부의 공동 운영체제로 유지되고 있었다.
35) 이 주장의 선봉은 부흥사로 유명했던 김익두 목사였다.
36) 김재준은 이 '조선교회파'의 입장이 절대다수였다고 한다.
37) 이것을 김재준은 '조선교회파' 그룹이 지도이념을 둘러싸고 의견이 나뉘었는데, 선교사 전통을 그대로 답습하자는 평양 중심의 서북교회 지도자들과 그의 동조자 그룹이 한 부류였고, 이때를 기회로 세계교회의 신학적 방향과 수준으로 도약해야 한다는 서울 중심의 신진 '엘리트'그룹이 또 한 부류였다.

조직을 결정하였다.[38] 설립 기금 조성과 교사(校舍) 확보는 승동교회 김대현
(金大鉉) 장로의 거금 희사로 창립 준비에 속도를 내었고 여기에 함태영(咸台
永), 채필근(蔡弼近), 김영주(金英柱),[39] 송창근(宋昌根) 등이 설립의 필요성에
공감을 보태면서 같은 해 3월 27일, '장로회 신학교설립기성회'가 발족되었
다.[40] 기성회 설립 후 교수 추대 과정의 의견 차이로 차재명·오건영·김우현
목사가 기성회에서 탈퇴하고 김대현 장로를 중심으로 설립이 추진되었다.[41]
갈등의 원인은 신학적 자유주의 또는 '진보주의자'로 알려진 송창근·김재준·
윤인구 등이 교수로 추천된 것에 서북계열의 차재명, 오건영, 김우현 등이 이
탈한 것으로 설명된다.[42] 1939년 무렵 한국장로교회는 서북계의 교권주의에
대항하여 경성노회를 중심으로 총회분립을 주장하는 기류가 형성되었는데 신
학교 건설 문제도 쟁점 가운데 하나였다.[43] '신학교설립기성회'는 그해 가을

• • • • • •

38) 승동교회, 『승동교회110년사』, 대한예수교장로회승동교회, 2004, 240쪽.
39) 김영주(金英珠 1899~1950)는 함북 명천 출생으로 1932년 일본 간사이(關西)학원 신학부를 졸업한 후
   함북노회·서울 남문밖 교회 등에서 시무하다 1934년 6월 목사로 위임받았다. 이곳에서 목회하던 중
   에 '창세기 모세 저작설 부인 사건'으로 총회에 문제가 되어 김춘배 목사의 '여권 문제'와 함께 총회
   조사를 받았다. 총회 조사연구위원으로는 선교사 로버츠(S. L. Roberts, 나부열), 불(W. F. Bull, 부위
   염), 윤하영, 박형룡 등이었다. 1939년 4월 조선신학원 출범에 합류하였으며 1944년 전임 차재명, 박
   화선에 이어 새문안교회 목사로 위임되었다. 해방 후 새문안교회당을 개방하여 교파 통일을 위한 장
   감 협의회, 초교파기독처년운동의 광장으로 제공하여 교회 재건에 힘썼으나 한국전쟁으로 납북되었
   다(기독교대백과사전출판위원회, 『기독교대백과사전』 Vol.3 기독교문사, 1980, 254~255쪽).
40) 한신대학50년사편찬위원회, 『한신대학50년사』, 한신대학교출판부, 1990, 15~16쪽.
41) 김대현(金大鉉, 1873~1939)은 경북 영일군 흥해면 출생으로 유교가정에서 태어나 흥해면협의원·
   흥해명신학교 학감 등 교육활동에 주력했던 인물이다. 서울로 이주 후 승동교회에 적을 두고
   1923년에 장로로 장립되었다. 김재준과는 승동교회 인연으로 미국 유학에 오를 때 재정보증을
   해줬을 만큼 신뢰가 두터웠다.
42) 교수 추천이 문제가 되어 서북계의 이탈 원인이 된 것은 사실인 듯하다. 적극신앙단 사건당시
   승동교회 오건영 목사(서북계)와 함태영 목사가 정면충돌한 사실을 볼 때 이 시기 경성노회와 서
   북지역 간 갈등 구도가 신학교 문제에 영향을 주고 있음을 알 수 있다. 승동교회110년사편찬위원
   회, 『승동교회110년사』, 대한예수교장로회승동교회, 2004, 241쪽).
43) 경성노회의 총회분립 주장은 1934~1936년경으로 거슬러 올라간다. 외국인 선교사들의 입김이 강하
   게 작용해 온 총회 측에 대해 경성노회가 1936년 광주에서 열린 총회에서 이른바 '남부총회(南部總
   會)', 또는 '남선총회(南鮮總會)' 분립론을 제기한 후 1939년 9월 총회에서 다시 한국교회 치리구역의
   분립론을 제기하였으나, 부결되었다(윤경로, 『새문안교회100년의 역사』, 새문안교회역사편찬위원회,
   1987, 231쪽; 박용권, 「1930~1940년대 조선예수교장로회 내의 지역 갈등에 관한 연구」, 『하나님의 대
   화 인간의 시간』, 청사 김인수교수퇴임기념논문집 편찬위원회, 쿰란출판사, 2009, 89~91쪽 참조).

총회에 직영 설립을 청원하였는데[44] 이때 제출된 '장로회신학교설립기성회'의
설립 취지는 다음과 같다.

> "더욱이 兄수은 國家에서 東亞의 新秩序를 樹立하고저 莫大의 犧牲을 애끼지
> 아니하고 最善의 努力을 要求하는 이때에 우리 敎會에서도 自然히 新秩序를 세
> 우지 아니할 수가 없게 되었다.…이제부터는 半島의 信者인 우리들이 敎會使役
> 의 主體가 되지 아니하면 안 될 것이다. 그러면 敎役者를 養成하는 機關인 神學
> 校는 무엇보다 먼저 우리 손으로 經營하지 아니할 수 없을 것이다."[45]

위의 설립 취지문은 일제의 대동아신질서의 적극 수용과 조선인에 의한
주체적 조선교회의 신질서 수립, 조선인에 의한 신학교육기관의 경영 등을
핵심으로 제시하였다. 이것은 일제 말 종교지형에서 의 이중적 교차성이 뚜
렷이 드러난 취지문으로 볼 수 있다. 즉 한국교회가 미국선교부로부터 자유
와 독립을 추구하는 '조선적 기독교'를 주장할수록, 일제의 종교정책에 타협
하게 되는 종속적 성격을 띠게 된다. 태평양전쟁으로 미국과 일본이 적국 관
계가 됨으로써 식민지 종속국이 안은 이중적 민족모순의 한 단면으로 이해
할 수 있다.

평양 중심의 서북 교권 세력들은 서울의 장로회신학신설운동을 '용납될 수
없는 것'으로 인식하였다.[46] 김양선은 '서울에 조선신학교의 開校를 보게 되
자 보다 低級한 方法으로 敎權을 장악한 李承吉, 吳文煥, 金善煥, 姜炳錫, 金
影燁 등을 중심한 神學校 設立運動이 일어나'라 하였는데[47] 여기서 '저급한
방법'이란 무엇을 의미하는가. 장로교의 신사참배 저항의 기세가 꺾인 것은

• • • • • •

44) 김양선, 앞의 책, 192쪽. 한편 1939년 장로회총회 28회 총회록에는 '경성노회장 이정로 씨의 경성
　　에 신학교 설립 승인을 구하는 헌의'라고 기록되어 있다.
45) 채필근 편, 「예수敎長老會 朝鮮神學校設立槪要」, 4쪽(박용권, 위의 글, 86~87쪽 재인용).
46) 김인수, 『한국 기독교회의 역사』, 한국장로교출판사, 1994, 542쪽.
47) 김양선, 앞의 책, 192쪽.

전국에서 교세가 가장 컸던 평북노회가 1938년 2월 9일 지방 노회로는 가장 먼저 신사참배를 결의함으로써 다른 노회들로 점차 신사참배 결의가 확산되었다.[48]

1938년 제27회 장로교 총회의 '신사참배 결의' 배후에는 평남지역 3개 노회(평양·평서·안주)가 총회를 앞둔 시점에 '솔선하야 신사참배를 실행할 뿐 아니라… 신사참배는 종교적 행사가 아니오 국가 의식이니 거리낌이 없노라'는 사전 성명이 있었으며, 27회 총회개최 전에 위 3개 노회가 총회장인 홍택기(평북 선천 출신, 평북노회)에게 '신사참배 결의와 성명서' 채택의 가결을 제안하였으며, 총회에서 평양노회장의 신사참배 제안, 평서노회장의 동의, 안주노회장이 재청함으로써 신사참배가 가결되었다.[49] 『基督申報』는 1938년 9월 8일자 사설은 평양, 평서, 안주 세 노회가 신사참배 결의를 주도한 사실과 그것의 의도가 '평양 신학교의 계속 유지', '조선인 중심으로 운영되어야 할 것'으로 보도하였다.

평양에 거주하는 일본인과 조선인 기독교도로 결성된 평양기독교친목회 상무이사 오문환(吳文煥)과 평양노회장 나기환(羅基煥) 목사 이하 평양도내 유력 혁신파 목사 등 15명은 9월 10일 평양노회 사무소에 모여 신학교 처리에 관하여 "①평양신학교를 속히 개교할 것 ②개교가 불가능할 때는 그 경영권을 조선교회에 양도할 것 ③개교도 양도도 불가능한 경우에는 校舍를 빌려줄 것"을 협의 결정한 뒤 개교 촉진회를 결성, 평신의 대리 교장인 클라크에게 요구하였

<hr>

48) 당시 평북노회는 헌병보조원 출신의 김일선(金一善) 목사와 부총회장이면서 신사참배 가결 총회(27회)시 총회장이었던 홍택기 목사가 이끌고 있었다. 평북노회 둘째 날인 9일에 출석회원 116명 '전원찬성'으로 신사참배를 결의하고 이 사실을 노회 산하 각 교회에 적극 시달할 것을 결의하였다(대한예수교장로회평양노회, 『떠나온 평양 다가온 평화통일: 대한예수교장로회평양노회100년사』, 한국장로교출판사, 2012, 202쪽; 평북노회100년사편찬위원회, 『감사로 돌아보고 기대로 바라본다』, 기독교문사, 2014, 287쪽 참조).

49) 박용권, 앞의 글, 86쪽(원출처: 社說, 「長老會總會에 臨하야 평양신학교문제에 일언을 포함」, 『基督申報』1938년 9월 8일자). 『평북노회 100년사』에 의하면 평양·평서·안주 3노회의 신사참배 결의 주도에는 평양 경찰국장이 꾸민 '각본'에 의한 것으로 기술되어 있다. 평북노회100년사편찬위원회, 위 책, 287쪽.

다.50) 개교촉진회에서는 이 학교를 양도받은 후에 이를 일본신학교의 分校로
서 일본인 목사를 강사로 초빙할 의향을 가지고 있었다.51) 평양 교계의 의도
는 기독교의 聖都인 평양이 아닌 경성에 신학교가 설립되는 것에 반대하는 입
장에서 선교부의 평양 장로회신학교 시설의 양도를 거부에 부딪치자 유지재단
의 조직까지 1년간의 경비 3만 원을 갹출하여 가교사(假校舍)에서 신학교를
경영할 것을 계획한 후 9월 8일부터 신의주에서 개최된 1939년 제28회 장로회
총회에 제안하기로 결의하였다.52)

신의주에서 개최된 장로회 제28회 총회는 9월 13일 평양노회에서 제안한 평
양신학교 설립에 관해 이사, 학제, 임시 교사, 교원, 경비판출 방법 등을 의결
하였다.53) 총회에서 선임된 학교 이른바 혁신파인 이사 이승길(李承吉) 등은
"신설학교는 명실공히 충량(忠良)한 일본적 기독교 교역자의 양성기관이 되지
않으면 안 된다"고 하고, 신학 또는 철학의 교사로서 1명은 반드시 일본인을
채용할 것을 결정한 후 1939년 10월 12일에 전 동덕학교를 임시 신학교로 회
집, 10월 18일 설립 인가원을 당국에 제출함과 동시에 10월 21일에 임의로 문
을 열게 된다.54) 평양신학교 재단 이사장인 김석창의 다음의 글을 보자.

　　　금년은 기쁘게도 황기(黃紀) 二千六百年에 해당(該當)하여 신무천황(神武天皇)
　　　께옵서 대화국강원(大和國橿原)에 궁을 지으신 후로 二千六百年년 되는 해입니

• • • • • •

50) 김승태, 『일제강점기 종교정책사 자료집: 기독교편, 1910~1945』, 김승태 편역, 한국기독교역사연
　　구소, 1996, 300쪽.
51) 김승태, 위와 같음.
52) 박용권, 위의 글, 87쪽(원자료: "純朝鮮人經營의 平壤神學校胎動 宣敎師와 絶緣 不日 認可申請"
　　(『매일신보』 1939년 10월 14일); 김승태, 위의 책, 같은 쪽.
53) 의결된 신학교 현황은 1. 신학교 이사로 이문주(李)文主) 이하 16인을 선임한다. 2. 학년과 학제는
　　종래대로 한다. 3. 校舍는 임시로 평양부 서문외예배당과 麻布기념관을 사용할 것. 4. 교육은 교
　　장 1명, 교수 4명, 강사 4명으로 할 것. a. 경비 판출 방법: 년액 1만 5천 원, 내역: 2천 원 총회
　　부담, 7천 원 평양 도당회(道堂會) 부담, 1천 4백 원 학기금 및 입학금, 4천 6백 원 기부금 등이다
　　(김승태, 위의 책, 301쪽).
54) 새로운 평양신학교 개교에는 83명의 학생이 모여 10월 31일~12월 20일까지 5명의 교수 지도하에
　　수업을 마쳤다(박용권, 위의 글, 88쪽).

다. 우리는 이 기쁜 해에 되는 우리 신학교를 황기 二千六百年 기념 신학교로, 따
라서 그 기초를 튼튼하게 하여 기본 재단을 조성(造成)할 때 **황기 二千六百年년
기념 신학교 재단**으로 할가하옵니다.[55]

위에서 평양신학교는 총독부의 인가를 받지 않은 상태에서 신학교 유지
와 당국의 인가를 위해 설립 목적에서부터 일본신학교의 "分校"로, "명실 공
히 충량(忠良)한 일본적 기독교 교역자의 양성기관"으로 자처했고 신학교
재단을 '황기 二千六百年년 기념 신학교 재단'이라 하여 '일본적 기독교'를
표방했다.

## 2) 김재준의 조선신학원 참여와 한계

서울에서 '조선신학교설립기성회'가 조직된 소식이 용정의 김재준에게 알려
진 것은 1939년 3월 27일 송창근이 김재준의 상경을 요청하는 전보를 통해서
였다.[56] 1939년 6월에는 승동교회 김대현 장로가 30萬圓(25만 불)을 신학교
기금으로 내어 놓았다는 소식과 「朝鮮神學校設立 槪要書」, 그리고 김재준의
'상경'을 요청하는 전보를 재차 보내게 된다. 이 소식에는 '조선신학원설립기성
회'가 이미 전국적으로 조직되었고, '창립준비위원회'를 구성, 위원장에 채필근,
실무에 송창근이 맡고 있는 내용이 포함되어 있었다.[57]

「朝鮮神學校設立 槪要書」에 나타난 조선신학원의 현실 이해는 앞서 보았
듯이 '**더욱이 지금은 국가에서 동아(東亞)의 신질서를 수립하고저 막대한 희
생을 애끼지 아니하고 최선의 노력을 요구하는 이때에 우리 교회에서도 자
연히 신질서를 세우지 아니할 수가 없게 되었다**'라고 하여 신학원 설립의 목

55) 박용권, 위와 같음(원자료: 김석창, 「總會神學校消息一片」, 『長老會報』 1940년 1월 24일).
56) 김재준, 「韓國神學大學25年回顧」, 『神學硏究』 제9집, 한국신학대학신학연구소, 1965, 6쪽.
57) 김재준, 위와 같음. 이 당시 송창근은 1937년에 일어난 수양동우회 사건으로 입건되어 보석 중으
로 사회활동 부자유의 이유로 들어 자신을 대신해 김재준이 실무를 담당해 줄 것을 요청하였다.

적이 일본의 전시체제에 조선교회가 적극 참여할 것임을 확인했다.[58] 여기
서 조선신학원의 국가 의식 또한 명백히 일본제국주의와 일치되고 있음이
확인된다.

> 초대에는 선교사가 주체이었고 반도(半島)의 신자(信者)가 객체이었으나 시대
> 는 점차로 전개되어 양자의 관계는 **호상 협조의 상태**에 있어 왔다. 그러나 이제
> 부터는 **반도의 신자인 우리들이 교회 사역(使役)의 주체**가 되지 아니하면 안 될
> 것이다. 그러면 교역자를 양성하는 기관인 신학교는 무엇보다도 먼저 우리의 손
> 으로 경영하지 아니할 수 없을 것이다.[59]

선교사-주체 문제에 대해 위의 '槪要書'는 '반선교사운동', '조선적 기독교운
동'의 결산으로 조선신학원이 설립되었음이 확인된다. 그러나 '취지서'의 '반도
의 신자' 표현은 일제의 '내지-반도' 지배논리를 그대로 수용한 것으로 일제에
의 동화를 보여준다.

송창근의 여러 차례 걸친 전보와 설립 개요서를 전달 받은 김재준은 1939년
8월 1일~15일까지 서울, 평양, 황주, 함흥 등을 경유하는 여정에 올라 자신이
떠나 있었던 3년 동안의 국내 상황을 검토하였던 것으로 보인다. 이 과정에 서
울에서 자신의 모교회인 승동교회를 찾아 김대현 장로의 장남 김영환으로부터
신학교 설립 경위에 관한 자세한 설명을 들은 뒤 용정으로 복귀하게 된다.[60]
용정으로 복귀한 지 얼마 안 된 9월 18일 송창근으로부터 경북 김천의 '황금정
교회'로 옮겨가게 된 일과 1939년 장로교 총회에서 평양신학교를 총회 직영으

● ● ● ● ● ●

58) 송우혜, 앞의 책, 320~323쪽. 이「槪要書」에는 ①목적 ②명칭 ③위치 ④수업연한 ⑤정원 ⑥입학
    자격 ⑦각과 학과 과정 ⑧강좌 그 교수 및 강사 ⑨시설 ⑩경상비 급 기금 ⑪장학금 또는 산업부
    기금 ⑫재단법인 조선신학교 유지재단 등이 기록되어 있고 이외에 신축할 건물의 정면도와 평면
    도가 첨부되었다. 이「개요서」는 인쇄하여 1939년 5월 27일에 총독부에 납본됐고 통과되어 발행
    한 날이 1939년 6월 5일이다.
59) 송우혜, 앞의 책, 323쪽.
60) 천사무엘, 앞의 책, 107쪽.

로, 조선신학원은 '신학원 승인'을 받게 된 소식을 전해 오자[61] 김재준은 1939
년 9월 25일 은진중학교를 사임한 뒤 단신으로 상경 길에 올라 조선신학원 개
원에 합류하였다.[62]

 김재준의 조선신학원 합류 과정에서 대해 몇 가지 의미를 짚어 볼 필요가
있다. 김재준이 송창근으로부터 전보를 통해 조선신학원 개원 소식을 처음
들은 것이 1939년 3월 27일이다. 이후 최종 결정까지 짧다고 볼 수 없는 약
6개월의 시간이 걸렸는데, 이전까지 김재준이 보여 온 행동패턴과 비교할
때, 더군다나 '신학교육'의 터전을 마련하는 일에 매우 신중한 결정의 과정을
거쳤음을 알 수 있다. 여기에는 두 가지 고려요소가 있었던 것으로 보이는데
첫째는 신학원 설립 주체들의 신학 성향이며, 둘째는 신사참배 등 일제와의
관계이다.

 설립 주체들과의 관계는 서북계의 차재명, 김우현, 오건영 등이 '자유주의자'
'진보주의자'들과의 연합을 거부하면서 이탈하여 한 차례 변화를 거쳤다. 따라
서 '조선신학원 개원'에 잔류한 주도 세력은 함태영, 송창근의 주도하에, 김재
준과도 밀접했던 김대현 장로의 물적 기반이 토대가 되면서 '신학적 자유주의'
와 반 선교사 특징을 전면으로 내세울 수 있는 원칙이 세워졌음을 의미했다.

 다음으로 일제와의 관계이다. 1939년 8월 약 15일에 걸친 김재준의 국내 역
방(歷訪)은 제27회 장로교 총회(1938년)의 신사참배 결의 이후 국내 교계 상황
을 확인하고 이 과정에서 '신사참배'를 수용한 한국교회 현실과 일종의 타협해

• • • • • •

[61] 1937년 수양동우회 사건으로 검거되었다 풀려난 송창근은 일본 경찰의 간섭으로 사회활동이 부
자유스러운 상태에서 경북 김천의 '황금정교회'로 옮겨 목회생활을 하게 된다. 이곳에서 일본 유
학에서 귀국한 정대위·조선출·김정준 등 산정현교회 출신 제자들을 부교역자로 세웠으며 일본
요코하마 여자신학교를 막 졸업한 공덕귀가 합류해 송창근의 인맥을 형성했다(송우혜, 앞의 책,
326~336쪽 참조).

[62] 자신의 후임으로 김재준은 아오야마 출신의 동향 후배이자 당시 평양 장대현교회 조사 겸 숭혜여
교 교사인 안희국을 추천하였다. 김재준이 떠난 뒤 용정에 남겨진 아내와 가족은 하숙을 쳐 생계
를 유지했는데, 안병무, 김기주, 회령의 최동렵 등이 이때 학생들이었다(안희국, 「부단없이 생동
하는 바닷물 같으신 분」, 『장공이야기』, 한신대출판부, 2001, 348~351쪽 참조).

가는 과정을 밟았을 것으로 보인다. 앞서 살폈듯이 이 시기 총독부당국에는 평양신학교 측과 조선신학원의 설립인가 신청이 함께 제출된 상태였는데 1940년 1월 22일 조선신학원의 개원은 '불허'되고, 여기에 합류했던 채필근이 '평양신학교 교장'으로 옮겨감에 따라 평양신학교는 1940년 2월 9일에 총회 직영 인가를 받아 4월 11일에 정식 개교하였다.[63] '한 교파 안에 한 신학교'의 원칙에 따라 일제 당국이 평양신학교의 손을 들어 준 것이다.[64]

이에 조선신학원 측은 1년마다 갱신되는 강습소 인가(認可)로 입장을 변경, 1940년 3월 4일에 신청서를 제출하여, 3월 22일 인가증을 교부받았다. 이보다 앞선 2월 19일에 이사회는 윤인구 목사와 김재준을 정교수로 초빙할 것을 정식으로 결정하였으며 1940년 4월 2일에 개원식을 거쳐 4일부터 정식으로 수업을 시작하였다. 조선신학원 이사회는 이사장인 김대현 장로를 초대 원장으로 선임하고 윤인구 목사를 원장직무대리로 임명하였다. 그 외 이사는 함태영, 김관식, 오진영 · 조희염 · 김길창 · 김영주 · 김영철 · 한경직 · 윤인구 등이었고 전임교수로는 윤인구 · 김재준 · 미야우찌 아키라(宮內彰) · 전임강사 하나무라 요시오(花村芳夫) · 무라기시 세이유(村岸淸洙) · 야마구치 다로(山口太郎) · 마츠모토 다타오(松本卓夫) · 무라야마 기요히코(村山淸彦) 등으로 구성되었다.[65] 주요 교과목은 국민도덕(일본도덕), 국사(일본사), 국어(일본어), 구신약 개론, 구신약신학, 교회사, 교리사, 종교철학, 조직신학, 설교학, 목회학, 종교교육, 영어, 희랍어, 히브리어 등이다. 조선신학원 개원식에서 김재준이 발표한 '신학교육이념'의 요지는 다음과 같다.

• • • • • •
63) 「平壤神學校 開校式 盛大擧行」, 『동아일보』 1940.4.13(4면).
64) 김요나, 『동평양노회사; 1895~2003』, 동평양노회역사편찬위원회, 2003, 225쪽.
65) 한신대학50년사편찬위원회, 위의 책, 20쪽; 최덕성, 위의 책, 302쪽. 최덕성은 『한신대학50년사』가 교수명단에서 전임강사 이하 일인(日人) 명단과 2대, 3대 이사장인 마츠모토 다타오, 무라야마 기요히코 등을 의도적으로 삭제하고 박용희(2대), 함태영(3대)을 이사장 명단에 올려 왜곡했다고 보았다.

1. 우리는 朝鮮敎會로 하여금 福音宣布의 實力에 있어서 世界的일 뿐 아니라, 學的, 思想的으로도, 世界的 水準에 到達하게 할 것.
2. 그러하기 爲하여 우리 神學校는 敬虔하면서도 自由로운 硏鑽을 經하여 自律的으로 가장 福音的인 信仰에 到達하도록 指導할 것.
3. 敎授는 學生의 思想을 抑壓하는 일이 없이 充分한 同情과 理解를 가지고 神學의 諸學說을 紹介하고 다시 그들의 自律的인 結論으로 칼빈神學의 正當性을 再確認함에 이르도록 할 것.
4. 聖經硏究에 있어서는 現 批判學을 紹介하되 그것은 聖經硏究의 豫備知識으로 探擇함이오 神學 樹立과는 別個의 것이어야 할 것.
5. 어디까지나 朝鮮敎會의 建設的인 實際面을 考慮에 넣는 神學이어야 하며 信仰과 德에 活力을 주는 神學이어야 할 것. 神學을 爲한 紛爭과 謀略과 敎權利用等은 朝鮮敎會의 破滅을 일으키는 惡德이므로 삼가 그런 論爭을 避할 것.[66]

위 신학교육이념 1, 2, 3에서 김재준은 신학 연구의 사상적, 학문적 자율성을 가장 중요한 신학교육의 이념과 방향으로 제시하였다. 한국교회 선교 이래 보수주의 일변도로 유지되어 온 신학 연구의 제한, 폐쇄성을 극복함으로써 학문적 수준을 높이고 교회의 복음 선포 또한 개방적이어야 할 것을 주장했다. 이것을 위해 성경 연구에서 비평학을 공식적으로 채택함으로써 신학 연구 방법의 폭을 넓혔고 신학적 지향에서는 '조선교회의 건설적인 실제면', '신앙과 덕에 활력을 주는 신학' 등 현실주의적 특징을 강조하였다. 이 세 가지 특징은 일제 말 현재 한국교회 근본주의 보수신학의 교리중심주의, 획일화된 성경관, 신학 해석권을 통한 교권행사 등에 대한 강한 비판적 이해가 반영된 것으로 볼 수 있다.

조선신학교 개원에 대한 역사적 평가는 크게 두 가지 흐름이 있다. 첫째는 반 선교사적·조선적 신학운동의 결과 '조선적 신학의 수립'이라는 긍정 평

••••••
66) 김양선, 앞의 책, 194쪽.

가와 일제 말기 종교정책에 순응한 타협적 결과물로 보는 해석이다. 교회사
가 김양선은 자유주의 신학에 대한 부정적 인식과 달리 조선신학교 개교를
'조선교회 50년 史上에 있어 처음 되는 기록적 사건', '선교사집권시대의 종
결', '이날부터 참된 의미의 조선교회가 始作된 것'으로 평가하였다.[67] "선교
사 우월권과 선교사 주권을 유지하기 위해 조선교역자의 質을 선교사 이하
수준으로 停止시켰고, 이를 위해 신학교육을 선교사가 독점하는 방법을 취할
수밖에 없었던 기왕의 틀이 전쟁에 의한 불가피한 사태 속에서 종결된 것"으
로 이해했다.

송창근, 김재준이 일찍부터 한국교회 신학교육의 선교사 의존성을 비판하고
자립·자존을 주장해 온 것은 사실이나[68] 조선신학원이 신사참배와 근로노역
을 조건으로 개원된 사실이나[69] 신학교육에서 선교사들이 빠져나간 공간을
일본인 신학자, 교수로 충원된 것, 황민화교육 내용, 운영 주체에서 일본적 기
독교와 종교보국을 선전하는 일본인들이 포함된 사실은 '조선적·주체적 신학'
으로 평가되는 데 부정적인 영향을 미친다.[70]

다음으로 김재준의 신사참배 참여 문제이다. 김재준의 신사참배는 '행위' 자

• • • • • •

67) 김양선, 앞의 책, 195쪽.
68) 함태영의 '반 선교사적·주체적 인식'을 알 수 있는 내용으로 함태영이 편집위원을 맡아 저술된
『조선예수교장로회사기』(하권1912~23)에는 "선교사 제군이 조선교회를 동일시하여 형제시하지
않고 야만시하여 노예시함이다. 선교사 제군이여 성신으로 시작하여 육체로 결국하느냐? 속히
회개할지어다. 그 밖의 개인(선교사)의 부족은 거론하지 아니하노라"라고 하여(『조선예수교장로
회사기』(하권), 한국교회사학회편, 1968, 54쪽) 선교사들의 제국주의적 태도, 문화적 우월감에서
나온 조선민족에 대한 멸시, 선교비 혜택에 따른 선교사들의 특권의식, 총회와 노회 등 행정권에
대한 지배와 간섭 등 반선교사운동의 논리가 조선신학교 개원에 중요한 배경이 되었음은 분명해
보인다. 조신신학원 학교재단 기금을 담당했던 승동교회 김대현 장로는 신학원 개원운동을 시작
할 당시 김익두 목사로부터 비난의 편지를 받았는데 '선교사들의 은덕에 대한 의리적 반역, 신앙
적 배교행위'로 중단할 것을 경고 받는다. 이때 김대현 장로는 전도서 3장을 인용하여 '날 때가
있으며 죽을 때가 있고, 헐 때가 있으면 세울 때가 있다'라고 하여 조선인 목회자 양성에서 선교
사 전권시대는 지나간 것으로 대응했다(김재준, 『凡庸記』 1, 앞의 책, 221쪽).
69) 연규홍, 「역사의 사실과 해석의 진실: 장공 김재준에 대한 친일 논의를 반박함」, 『신학연구』 48,
한신신학연구소, 2006, 277쪽.
70) 김승태, 앞의 글 참조.

체보다 사후 해석을 둘러싼 비판과 변론의 논쟁이 형성되어 왔다.[71] 김재준의
신사참배 사실관계는 다음의 글을 통해 확인할 수 있다.

일제말기 조선신학원 역시 신사참배 문제가 컸읍니다 신사참배 안하면 무조건
학교 취소였읍니다 이사장 함태영목사께 의논했지요. 그랬더니 함 목사님이 '나
도 올라가지…'해서 남산 신궁에 함 목사님과 함께 올라갔읍니다 '함 목사님 뭐라
고 기도했읍니까…' '난 이렇게 기도했네. 어서 속히 이 남산에서 이 일본놈의 귀
신을 쫓아 버리고 여기에 예배당이 서게 해 주시오. 그리고 어서 속히 독립되게
하소서…' '그럼 나도 그렇게 기도하지요' 그렇게 신사참배 기도(?)하면서 신학교
를 밀고나갔읍니다.[72]

김재준은 해방 후 신사참배에 대한 총평을 다음과 같이 남긴 바 있다.

日帝末期 神社參拜가 强要되던 때 朱基徹牧師를 爲始하여 數十名의 獄死者를
낸 것은 當時의 韓國敎會가 다만 屈從만 한 것이 아니었다는 것을 말함이겠지만
敎會 全體로서의 決議는 亦是 屈從의 表現이었다. 朱基徹牧使등의 抗拒도 그것
이 歷史參與라는 基督敎 倫理意識에서라기 보다 '우상에게 절하지 말라'는 宗敎
的 戒律遵守라는데 그 一念이 傾注된 것이었다. 말하자면 안티오커스時代에 그
리시아 軍隊에 應募된 유대인들이 안식일에 군대훈련이나 출전하려는 것을 거부

• • • • • •

71) 이 주제는 김재준의 '신사참배' 건과 함께 한국교회 과거사 청산 문제와 연관된 쟁점 가운데 하나
이다. 조선신학원의 친일 논란과 관련한 학계의 글로는 최덕성,『한국교회 친일과 전통』, 본문과
현장사이, 2000; 김승태, 「돌아보는 기장 50년」,『기장 50년, 돌아보고 내다보고』, 2002; 「과거사
청산 안했기에 사회 신뢰 잃어」, 『뉴스엔조이』 2005년 6월 24일; 최성일, 「일제박해 시대의 선교
유형에 관한 연구」, 『신학사상』 여름, 2005; 연규홍 위의 글 등이 있다.
72) 연규홍, 위의 글, 273쪽. 한신대의 연규홍은 김재준이 신사참배를 하면서 일본 제국주의의 패망을
간구한 것을 '이중성'이 아닌 '역사의식의 단면'으로 해석했다. 즉 '자기만의 순수를 주장한 의를
버린 것', '신사를 우상숭배로 두려워하던 생각의 공포를 버린 것'이라 했는데, 이것이 역사의식과
어떻게 연결된 의미인지 정확치 않다. 최성일 교수는 '장공의 신사참배를 단순히 박해를 피하기
위한 합리화가 아니라 한국교회를 위한 선택으로 해석(최성일, 위의 글, 216쪽)하였다. 이상에서
김재준의 신사참배에 대한 한신대의 관점은 한국교회를 위한 불가피한 선택으로 보는 입장에 서
있다고 볼 수 있다.

하고 死刑을 받은 것과 서로 통하는 心境이었다고 말할 수 있을 것이다.[73]

위에서 김재준이 신사참배를 이해하는 두 가지 특징이 엿보인다. 첫째는 한국교회 신사참배가 '교회 전체 결의에 의한 굴종'이라는 인식이다. 이러한 인식은 개인의 참배가 '교회 전체의 결의'에 따른 불가피한 측면으로 해석될 소지가 있다.[74] 실제로 김재준은 신사참배를 일제 말기 상황에서 집단적으로 경험된 '공유 인식'으로 기록하는 경우가 많았다.[75]

두 번째로 소수의 '참배 저항'에 대한 김재준의 해석이다. 김재준은 주기철 목사 등의 순교를 기독교의 역사참여적 윤리의식에 의한 사회적 행동이 아닌 '종교적 계율 준수'로 해석하여 교리주의와 연결하였다. 이러한 해석은 해방 후 교회의 사회적 책임윤리를 강조하는 사회참여진영에서 동일한 논리로 해석하는 경향을 보이기도 하였다.[76]

여기서 제기되는 의문은 일제 말기 지형에서도 신사참배 거부를 사회적 윤

• • • • • •

73) 김재준, 「韓國敎會의 民主參與와 使命」, 『基督敎思想』 Vol.4, 1960.6, 29~30쪽.

74) 다음의 글에서도 '총회 결정'에 따른 불가피한 선택의 의미가 드러난다. "평양신학교가 문 닫힌 지 2년이 지났고 신사참배는 해도 무방하다고 장로교총회에서 결정되어 각 교회에 통고가 왔고 일본 정부의 일본화운동은 더욱 치열해지기 시작했지요…"(김재준, 「새벽의 메아리」, 『전집』 9, 1992, 장공기념사업회, 118쪽) "결국 1938년 9월 10일 제27회 장로교 총회에서까지 신사참배는 '종교행사'가 아니라 '국가 의식'이라는 이유로 이를 공인했습니다"(김재준, 「解放 廣野 30年」, 『전집』 11, 장공기념사업회, 178쪽) 등 참조할 것.

75) "한국에서 일제의 신사참배 강요 때문에 수난한 민족적 모독과 양심의 짓밟힘은 천추에 잊지 못할 모독이었다. 그 당시 우리 민족혼이 강탈당한 기록은 악몽 중의 악몽이었다. 특히 기독교인으로서는 스스로의 오염을 탄식하며 자신을 경멸하지 않을 수 없었다"(김재준, 「일본의 정국신사 국영법안과 한국교회의 관심」, 『전집』 9, 장공기념사업회, 455쪽), "일반대중은 모두 하라는 대로 했습니다. 어떤 공식모임에서든지 시작하기 전에 일본천황이 있는 동쪽을 향하여 '동방요배'를 하고 '황국신민서사'를 복송해야 했습니다. …어떤 단체나 단체행동을 할 경우에는 우선 신사에 참배해야 했고 수학여행을 가면 먼저 그곳 신사에 참배하도록 지시되어 있었습니다."(김재준, 「解放 廣野 30年」, 『전집』 11, 장공기념사업회, 178쪽), "일제시대 때에 한국민족의 민족의식을 말살하고 온전히 '일본화'를 한다고 철저한 노력을 기울였습니다. 모두 일본말을 하고 '우리는 일본 신민이다'라는 소위 '황국신민'을 매일 낭독했습니다."(김재준, 「한국민족의 민족적 사명의식」, 『전집』 11권, 64쪽 등).

76) 최덕성, 앞의 책, 251~254쪽 참조. 참여 신학진영의 윤리의식의 강조는 2차 대전 당시 독일교회의 나치 저항이 교회의 사회적 책임과 사명에서 나온 하나의 모범을 표상한 것으로 볼 수 있다. 따라서 신사참배 거부를 '정통교리주의' 결과 계율 준수로 독해한 것으로 볼 수 있다.

리의식이 결여된 교리주의로 이해하였는지 여부이다. 사후적 해석일 가능성이 크다.[77] 김재준은 일제 말기 신학교육운동에의 참여를 학문 영역에 속한 순수 참여로 이해했다. 해방 후 글이지만 당시 인식을 반영하고 있는 다음의 글을 보자.

그러나 우리 학원에는 비교적 가벼운 멍에 밖에 메여지지 않았습니다. 그것은 학교가 아니고 학원이라는 점도 있겠지만 우리가 신학적으로 확신과 이론이 서 있기 때문에 공갈이나 위협이 들어먹지 않는다는 점도 알고 있기 때문이라고 봅니다. 총독부에서 요구하는 일본화에 관한 학과목은 모두 일본 선생에게 맡기고 우리는 순수한 신학과정만을 가르쳤으니까, 우리로서의 체면 유지는 된 셈이었습니다.[78]

위에서 김재준은 순수 학문 영역, 즉 '비정치적 영역'에의 참여를 명분으로 인식하고 있음을 알 수 있다. 즉 일제 말기 '조선적' 신학운동에의 참여라는 종교적 명분이 신사참배를 결의한 총회 결정에 '순응'하는 정치적 태도로 나타났고, 그 결과 국가(정치) 영역인 신사참배 순응과 참여로 귀결되었다. 김재준의 이러한 결정의 배경에는 북간도를 경유하면서 체득한 캐나다 선교부의 실용주의적·현실주의적 영향도 크게 작용했을 것으로 보인다. 즉 캐나다 선교부는 신사참배를 종교의식이 아닌 '국가 의식'으로 유연하게 대응하였는데, 윌리엄 스코트의 다음 글은 이 시기 그가 기독교학교와 국가와의 관계를 어떻게 인식하였는지 알 수 있게 한다.

- - - - - -
[77] 해방 직후인 1946년의 글에서 김재준은 "일제의 국가지상주의적 종교에 피로 부딪치지 못한 것을 부끄러워하지 않을 수 없다"라고 하여 자기 고백적 기록을 남긴 바 있다(김재준, 「한국교회는 무엇을 할 것인가?」, 『落穗以後』, 1946. 10쪽). 그러나 이후 그의 기억은 앞서 보았듯이 집단적 경험의 공유로 표현하는 형태로 바뀐다.
[78] 김재준, 「새벽의 메아리: KY방송(8)」, 『전집』 9, 장공김재준목사기념사업회, 1992, 119쪽.

우리는 엄격한 국가체제 안에서는 세속적인 학교이다. 우리는 정부가 하는 것
만큼 훌륭한 세속교육을 제공하는 것을 목표로 한다. 우리는 학생들을 훌륭한 시
민으로 훈련시키는 것을 늦추어서는 안 된다고 믿는다. 정부가 어떤 조건과 제한
을 강요할 권한이 있음을 인정한다. 우리는 교육적 진보에 보탬이 되는 중대한
유익을 기억할 때 더 좋은 혜택을 누리며 정부를 따르게 된다. 우리는 모든 학교
에서 공식적으로 동의함으로써 그리스도인이라는 증거를 유지할 수 있다.…[79]

위의 글에서 스코트는 국가영역 안에서 기독학교의 자율성을 유지·확보하
기 위한 실용적이고 유연한 자세를 충분히 드러내 주고 있다.[80] 따라서 1930
년대 후반 김재준의 북간도 경험을 통한 '신앙의 적극성'은 일제 말기 국가-
종교지형에서 참여와 순응의 결과를 가져온 것으로 이해할 수 있다.

● ● ● ● ● ●

79) 루드 C. 브로우어(Ruth C. Brouwer)·이상규·박원주 역, 위의 글, 97쪽.
80) 다음의 글에서도 윌리엄 스코트(William Scott)는 "참배를 거부함으로써 학교를 폐쇄하고 교육사
업 전체를 정부에 맡기게 하는 것은 그리스도의 뜻에 맞지 않는다고 생각한다. 이 극단적인 일본
제국주의는 언제까지 계속될지 알 수 없다. 나는 자신의 입장을 지키고 그 일을 위해서 작은 역
할을 하고 싶다"라고 하여 신사참배로 기독교학교가 폐쇄되어서는 안 된다는 입장에 있었다(사와
마사히코, 「일제하 '신사문제'와 기독교주의학교」, 『한국기독교와 신사참배문제』, 김승태 엮음,
한국기독교역사연구소, 1991, 416쪽).

# 제4절

•

# 소 결

제2장은 김재준의 기독교세계관 형성에서 1940년 조선신학원의 합류까지 신학교육운동의 준비 과정을 다루었다. 일제 시기 김재준의 참여 유형은 '비정치적 참여'에 속하면서 신학교육운동을 위한 일종의 '기초적 준비기' 또는 '잠정적 형성기'에 해당한다. 따라서 김재준의 사회참여에서 세 가지 특징들―역사참여 신학, 정교분리, 예언자론―이 이 시기에 모두 충족되거나 일관되게 드러나는 것은 아니며 참여의 수준과 내용도 준비기 또는 '형성기'의 불규칙성, 일회성, 잠복성 등의 특징을 보였다.

일제 시기 '비정치적 참여'의 내용을 구성하는 불규칙하고 산발적인 재료들을 중심으로 이 시기 김재준의 참여 내용을 이해해 보자. 첫째, 김재준의 기독교 '회심'의 성격이다. 김재준의 회심은 '자유 하는 존재'로서의 인간 또는 '개인'으로서의 발견의 의미가 매우 컸다. 여기에 기독교적 '갱생(更生)'·기독교적 무소유의 개인 윤리가 결합된 특징을 보였다. 이러한 회심의 성격은 기독교적 갱생·개조의 '변화론적 관점'을 강조하는 사회(윤리)의식을 형성하는 계기가 된다. 교육을 통한 계몽·개종운동, 인간 내적 변화의 추구도 이러한 회심의 성격으로 설명될 수 있다.

둘째, 일본과 미국에서의 유학 경험을 통해 김재준은 역사참여를 특징으로

하는 20세기 신정통주의 신학 노선을 획득함으로써 이후 역사참여 신학의 틀
을 형성하게 된다. 특히 1930년대 말 이후 적극적인 신앙관의 획득은 내세(來
世)중심의 보수신앙을 탈피하여 현세 중심의 참여 신학 전개를 예견할 수 있
었다.

셋째, 1930년대 중반 김재준의 초기 예언자론의 등장은 일제 시기 '비정치적
참여'에서 두드러진 특징 중 하나이다. 1930년대 김재준의 '예언자론'은 구약학
연구의 형식을 빌려 왔지만 내용적으로는 성서를 근거로 시대와 '하나님의 경
륜'을 예언자의 눈을 통해 해석·선포하거나 미래를 예견함으로써 직접적인
역사참여 행위가 된다. 그러나 1930년대 중반의 예언자론이 곧 김재준 자신의
예언자적 정체성에서 비롯된 것은 아니며 이 시기 한국교회를 향한 그의 비판
도 '예언자적 일체감'에 의한 것으로 보는 것은 시기상조로 볼 수 있다.

마지막으로 1930년대 말에 집중된 '비정치적 참여'의 내용과 한계이다. 김재
준은 1940년 조선신학원 개원에 합류함으로써 신학교육운동에 본격적으로 참
여했는데 여기에는 1930년대 말 북간도를 경유하면서 터득한 두 가지 조건이
중요한 계기가 되었다. 첫째는 '에큐메니컬 참여정신'의 터득이며 둘째는 신앙
의 적극성, 즉 현실주의적 신앙관의 획득이다. 두 조건은 상호 보완적으로 김
재준의 현실참여를 독려하는 내적 동기들이 되었다. 일제 말 국가-종교지형
에서 김재준의 조선적 신학운동의 참여 명분은 신사참배 순응이라는 시대적
한계로 나타난다. 여기에 김재준의 초기 정교분리 인식을 포착할 수 있는데,
즉 그는 신학교육이라는 '종교 영역'의 참여(명분)와 국가 의식이라는 정치 영
역(신사참배)을 분리 인식함으로써 명분을 위한 '순응'의 길을 선택하는 참여
론의 한계를 드러냈다.

제3장

# 1945~1950년대
# 한국장로교회와 김재준의 교회운동

## 제1절

•

## 해방 후 한국교회 건국운동과 김재준의 기독교적 건국론


### 1. 해방 후 한국개신교의 건국 문제와 김재준의 참여 관계

해방정국에서 한국개신교는 임시정부 환국을 계기로 이승만·김구·김규식이 표방한 '기독교적 건국'을 지지함으로써 우익진영의 국가건설에 적극 참여하였다. 미군정의 수립과 우익정치인들의 '기독교적 건국' 수사는 한국개신교가 '기독교국가의 건설'과 동의어로 받아들임으로써 국가건설에서 적극적인 정치참여로 이어지는 계기가 되었다. 그 결과 한국개신교의 정치참여는 좌익·공산진영과 대립하는 우익정당, 사회단체의 결성을 통해 이승만의 반탁·반공노선을 전폭적으로 지지함으로써 단독정부로 이어져 제1공화국에서 참여율이 가장 높은 정치집단이 되었다.[1]

해방 후 한국개신교의 정치집단화를 다룬 연구는 현재까지 상당수 축적되어 있다.[2] 이들 선행 연구는 대체적으로 한국개신교의 친정부적 성격, 국가와

• • • • • •

1) 강인철, 「대한민국 초대 정부의 기독교적 성격」, 『한국기독교와 역사』 30호, 2009, 한국기독교역사연구소, 91~129쪽 참조.
2) 미군정기 한국교회(개신교)와 국가 관계, 교회의 정치참여를 다룬 연구들은 다음과 같다. 강인철, 「한국 개신교회의 정치사회적 성격에 관한 연구: 1945~1960」(제115회 연구모임 주제 발표), 『한국기독교역사연구소소식』, 한국기독교역사연구소, 1994, 23~31쪽; 이은선, 「한국교회사의 관점에서 본 한국교회와 정치참여」, 『한국개혁신학』 Vol.13, 한국개혁신학회, 2003; 김흥수, 「이승만의

의 밀착 관계, 이승만 노선으로 수렴된 정치 노선·참여 형태를 강조하면서 이념상으로는 반탁·반공이념, 기독교국가 특유의 친미(親美) 자유민주주의를 강조하여왔다. 구체적으로 우익 정치 노선에는 김구의 임시정부를 지지하는 세력과 이승만의 '독촉' 지지 세력, 중간파인 김규식을 지지하는 기독청년 세력까지 포괄하였다. 여기에 김창준의 기독교연맹 같은 극소수의 사회주의 계열이 있었으나 이들이 북한 정부수립에 흡수되고 한국전쟁을 거치면서 한국개신교는 '반공주의'를 토대로 한 이념집단으로 동질화된다. 특히 한국전쟁 중 한국장로교회가 두 차례의 신학적 보수, 진보의 분열을 거쳤음에도 반공주의가 더 공고해진 것을 볼 때 한국개신교의 신학지형은 분단구조에 종속되었음을 알 수 있다.

　김재준은 한국장로교 목사이자 신학자, 신학교수의 위치에서 해방을 맞이했다. 해방 이후 김재준의 사회참여는 조선신학교와 경동교회를 중심으로 신학교육운동, 기독학생운동, 교회운동 등으로 전개되었다. 해방 이후 1960년대까지 김재준은 '교회 영역' 속에 머물러 있으면서 '비정치적 참여'의 특징을 보였다. 여기서 김재준의 '비정치적 참여'는 종교적 규범으로서의 '정교분리'에 의한 참여이해를 의미한다.3) 해방 이후 김재준의 이념적 특징은 '기독교적 건국'을 표방하였다는 점에서 한국교회 전체 '건국운동'의 범주 안에서 독해될 수

· · · · · ·

비전, 기독교국가건설」,『성격교회와 신학』제19호, 2008; 박응규, 「한국교회의 정치참여에 대한 역사적 고찰과 평가: 교회와 국가관계를 중심으로」,『장로교회화 신학』5, 2008, 159~212쪽; 김명배, 「해방 후 한국개신교 사회참여에 나타난 교회와 국가의 관계」,『기독교철학』Vol.7, 2008, 한국기독교철학회, 23~57쪽; 김권정, 「해방 후 기독교세력의 동향과 국가건설운동」,『숭실사학』제29집, 2012; 안교성, 「건국과 한국기독교의 관계의 역사적·정치사회적 맥락: 아시아 국가, 특히 베트남과 필리핀과의 비교연구를 중심으로」,『한국기독교와 역사』40호, 한국기독교역사연구소, 2014 등을 참조할 것.

3) 종교적 규범으로서의 정교분리는 '성속이원론'에 기원한 것으로, 강인철은 이 규범의 다의적 의미를 첫째, 종교인의 정치참여에 대한 자발적 금지 또는 제한, 둘째, 국가의 종교 영역 간섭 금지, 셋째, 국가권력에 대한 종교의 순응 등으로 설명했다(강인철, 「정교분리 이후의 종교와 정치」,『민주사회와 정책연구』Vol.26, 2014, 144~145쪽 참조). 김재준의 경우 첫 번째 의미로 '종교인의 정치참여에 대한 자발적 금지'에 해당하는 특징을 보인다. 그러나 '금지'의 정도를 '전면적' 또는 '선택적'으로 구분할 때(위의 글, 145쪽) 김재준은 후자의 '선택적'인 금지 유형에 해당한다.

있으나 이 건국이념의 실현 방법으로 기독교인, 조직교회, 기독학생·청년 등 종교적 개인을 기초로 한 교회운동, 사회운동을 추구하였다는 점에서 '정치적 요소'와는 거리를 둔 입장이었다.

참여 내용도 '기독교적 갱생윤리'를 통한 사회 정화(淨化) 기능에 초점이 맞춰져 있다는 점에서 김재준의 사회참여는 한국교회 일반의 정치참여와는 다른 이해의 각도가 필요하며 이러한 특징은 조선신학교의 정치참여 인물들과도 비교되는 이력으로 볼 수 있다. 즉 김재준의 '비정치적 참여'는 조선신학교의 함태영이 이승만으로, 박용희가 기독신민회로, 그리고 그의 제자들인 강원용, 조향록 등이 김규식의 중간파 노선에서 정치활동에 적극적이었던 것과도 비교된다. 따라서 해방 이후 김재준의 '기독교적 사회참여'에서 주목할 부분은 그의 '비정치적 참여'가 '정치적 참여'로 전환되는 시기와 계기, 변화된 참여 내용 등이 될 것이다.

일제 시기 종교와 국가 관계, 교회의 정치참여를 규정해 온 '정교분리'는 한국개신교의 사회참여에서 긴장의 요소이자 혼란스러운 개념으로 인식되어 왔다. 해방 후 수립될 국가와 한국교회의 '정교 관계' 정립은 종교의 사회적, 정치적 역할의 제한과 참여를 결정짓는 중요한 과제임에 분명했다. 그러나 해방 직후 현실 수준은 『기독공보』의 사설이 말하는 바와 같이 "'정치와 종교는 분리해야 한다'는 정교분리는 '시대착오적'"이라는 시각이 일반적이었다.[4] 따라서 정교 관계 논의는 논외 대상이 되었고 한국개신교의 현실참여는 극대화되었다. 반면에 김재준은 '기독교 건국론'을 통해 '정치와 종교 관계', '기독교의 정치참여', '교회와 세속 관계' 등에서 종교적 규범에 의한 정교분리를 전개하면서 한국교회와 기독교도의 사회참여를 제안 또는 제한하였다.

• • • • • •
[4] 「사설: 기독교인의 정치생활」, 『기독공보』 1952년 8월 4일.

## 2. 김재준의 기독교적 건국론의 이해

### 1) 김재준의 기독교적 건국론 · 「基督敎의 建國理念」의[5] 배경

해방 후 한국사회는 '사회혁명'의 열기, '사회주의적 개혁'을 요구하는 급진
적 주장들로 넘쳐났으며 미군정에 의해 탄압되기 전까지 해방공간에서 좌익운
동은 거스를 수 없는 대세였다.[6] 혁명의식의 고조와 사회주의 실현을 요구하
는 급진적 현상들이 가장 첨예하게 드러난 곳이 학원가이다. 해방 당시 광주
에 거주했던 김천배는 해방 직후 기독학생운동을 가리켜 "맹수들의 생존 투쟁
이 벌어지고 있는 아프리카 밀림 속에 버려진 '타잔'과 같은 운명"으로 묘사한
것도 이런 이유에서이다.[7]

학원은 생리적으로 좌와 우 모두에게 정치도구화하기에 최적화된 곳이었다.
독서회 서클이 '民靑'으로, 신탁통치 이후 '학련'(反託政治全國學生總聯盟)이 조
직되면서 학원 안에서 좌우가 격돌하였고 집단 난투현상도 비일비재했다.[8] 학
원가의 혼란과 대립, 갈등의 소용돌이 속에 사상적 대응이 미비했던 기독청년
들은 많은 경우 좌익에 '동화'되거나 자생적으로 '기독서클'을 조직하여 신앙수
호운동에 나섰다.[9] 특히 기독청년(학생)운동의 근간인 YMCA가 일제 말 해체
후 정상화되지 못한 상태에서 기독청년의 조직화는 자생적으로 이뤄졌고 교회
는 학생들을 동원하여 정치운동에 앞장서는 현상도 현저했다.

해방 당시 경기도 양주 도농(陶農)과 서울을 오가며 조선신학원 운영에 몰

• • • • • •

5) 김재준의 「基督敎의 建國理念」은 해방 직후부터 2차 미소공위 기간에 걸쳐 작성·완성해 간 '팸
   플릿'으로 현재『전집』(1971) 2권에 실려 있다.
6) 강원용,『빈들에서: 나의 삶, 한국현대사의 소용돌이』, 열린문화, 1993, 153~154쪽.
7) 김천배,「韓國의 學生基督敎運動 1945~1960」,『基督敎思想』Vol.23 No.6, 1979, 32쪽.
8) 광주시내 중·고등학교의 세력 분포를 보면 '民靑'계가 80%, '學聯'계가 20%일 만큼 좌익이 압도
   적이었다. 김천배는 당시 상황에서 '학생은 누구나 어느 한 서클에 속해야 했고 단독인 학생은
   정글 안에서 생명의 위협마저 느껴야 했다'고 회고했다(김천배, 위의 글, 32~33쪽).
9) 서울대기독학생회가 대표적인 자생 신앙운동 서클이다.

두했던 김재준에게 해방은 두 가지 차원의 현실 인식과 연결된 '사건'이었다. 첫째 역사인식의 '부재'로서의 해방이다. 김재준은 해방을 '역사의 핸들'이 일본에서 우리 민족에게로 옮겨 온 역사 주체의 변화로,[10] 일제 말기 10년 동안 한국개신교의 역사의식이 "'틴에이저 정도'의 주체의식도 수련하지 못한 상태"에서 '준비 없이 맞은 시기'이기도 했다.[11] 김재준의 이러한 현실 인식은 학원가에서 전개된 좌우 대립을 목격하는 '당혹감'의 다른 표현이다.

> 갑자기 해방이 되자 사상적으로 청년학생들을 참신하게 지도해야할 처지에 있는 사람으로서 세계사상이 그동안 어떻게 돌아간 것을 모르니 자신이 있을 수 없고 따라서 몹시 당황할 수밖에 없었습니다. 그러는 동안 이미부터 공식적으로 준비하고 있던 공산주의자들은 유능한 청년들을 다량으로 유혹해 갔습니다. 진실로 안타까운 일이었습니다.[12]

> 해방 후 정세는 변하였다. 우리는 무척 기뻤으나 준비와 自信이 되어 있지 않은 탓으로 어리둥절 하였다. 그 틈을 타서 規格的으로 훈련받은 左翼이 오붓하게 秋收해 버렸다.[13]

위에서 '당황', '안타까움', '어리둥절' 등은 해방 후 전개된 좌우 이념대립을 독해하는 김재준의 시선을 확인시켜 준다. 김재준은 해방의 현상을 좌우의 '이념 대결'로 먼저 이해함으로써 좌익에 대응할 우익의 건국이념, 기독교적 대응력을 갖추는 일이 가장 시급한 과제로 인식되었다.

노명식의 지적처럼 해방 후 역사의식이 가장 강렬하고 명확했던 것은 마르크

• • • • • •

10) 김재준, 「韓·日 條約 및 協定과 基督敎人의 姿勢」, 『한국기독교장로회회보』, 1965.8, 3쪽; 김재준, 「역사참여의 문제와 우리의 실존」『基督敎思想』 Vol.2 No.3, 1958, 18쪽. 김재준은 해방 당시 글을 남기지 않고 있어서 사후 쓰인 글을 인용하였다. 따라서 기억에 의존된 한계가 있다.

11) 김재준, 「戰後 韓國敎會 20年史 批判」, 『基督敎思想』 Vol.9 No.9, 1965, 16~17쪽.

12) 김재준, 「나의 讀書生活」, 『基督敎思想』 Vol.6 No.2, 1962, 38쪽.

13) 김재준, 「역사참여의 문제와 우리의 실존」, 위의 글, 18쪽.

스주의자들이라는 가정하에[14] 김재준은 '規格的으로 훈련받은 左翼'에 대항할 '기독교적 논리', 기독교적 역사인식의 부재를 인식의 한계로 여기고 있음을 짐작할 수 있다. 기독교가 본질상 유물론과 무신론의 공산이론에 정면 대결할 수밖에 없는 필연성이 있음에도 '폭력 대응' 또는 '동화' 외에 기독교적 대응논리를 갖추지 못한 현실은 신학교육자인 김재준이 가장 우선되는 해결 과제가 되었다.

다른 측면에서 해방 후 기독청년학생들의 문제는 한국개신교의 오랜 보수 신앙의 결과 사회적 현실에 대한 대응력의 부재도 들 수 있다. 학원가를 중심으로 전개된 좌우 대립은 기독청년들의 이론·사상적 취약성을 고스란히 드러내는 결과를 보였는데 이것은 한국개신교 보수신앙의 특징인 타계주의적·내세주의적·이원론적 신앙관이 가져온 탈사회적 태도의 결과로도 이해될 수 있다. 즉 해방공간에서 기독청년(학생)들은 기성교회에는 비판적이었으나 신앙적으로는 한국개신교의 보수성을 답습하고 있었다.[15]

> 정통주의 신학에 의한 사상의 동결, 부흥운동에 의한 감정의 승화, 일제강압에 의한 굴종의 습관, 이것이 물려 받은 한국개신교의 전통이었다. 1945년 8월 15일과 함께 해방과 자유가 왔다. 그러나 교회는 예비된 지도역량을 가지고 있지 못하였기 때문에 그 자유는 오히려 현혼증을 일으켰다. 어리둥절해서 무분별하게 허우적거리는 동안에 유위한 많은 청년들을 공산당에게 빼앗겼다.[16]

즉 김재준이 해방 직후 신학교육자로서 '기독교적 건국론'의 이념과 방향을 제시한 배경은 한국장로교의 전통주의적 신학교육을 비판함으로써 한국개신교 신학을 재형성하고 이것을 통해 해방공간의 국가건설에 간접 참여한 특징을 보였다. 해방 직후 한국개신교는 연합국에 의한 해방과 미군정의 실시, 기독교 정치

----

14) 노명식, 「4·19혁명과 기독교」, 『韓國歷史와 基督教』, 대한기독교서회, 245쪽.
15) 김천배, 위의 글, 34쪽.
16) 김재준, 「韓國教會의 民主參與와 使命」, 『基督教思想』, Vol.4 No.6, 1960, 30쪽.

인들의 '기독교적 이상' 주장 등에 힘입어 우익 정치 노선을 따라 적극적인 정치참여운동을 전개했다. 즉 기독교적 가치를 표방한 미국식 자유민주주의를 체제이념으로 한 '기독교국가'의 실현이 한국교회의 국가건설 목표가 되었다. 1945년 11월 28~30일 조선기독교남부대회 기간 중 열린 '臨時政府領袖歡迎大會'에서 "대한민국임시정부절대지지"를 선언한 것은 '정치적 의미'이며 교회의 정치참여 출발 지점이 되었다.[17] 여기에 이승만 · 김구 · 김규식 3인의 '기독교적 건국' 표방은 남한 교회가 우익진영의 정치적 기반으로 나아가게 되는 직접 계기가 되었다.[18] 남부대회를 계기로 '기독신민회', '독립촉성기독교중앙협의회' 등 기독교계 정치결사들이 잇달아 조직되는 이유도 여기서 찾을 수 있다.[19]

따라서 김재준이 '기독교적 건국론'을 제기한 배경에는 한국개신교의 높은 '정치지향'에서 이해될 수 있는 요소가 있었다. 그러나 뒤에서 확인되듯이 해방공간에서 김재준은 한국개신교의 높은 '정치지향' 현상에 비판적 이해를 보

• • • • • •

[17] 「임시정부 요인 기독교서 환영회」, 『자유신문』 1945년 11월 29일. 남부대회 결의문 1, 2, 5항은 정치적인 의미를 담고 있는 것으로서 朝鮮基督教南部大會 '決議件' (一) 朝鮮獨立促成을 爲하야 三日間禁食祈禱키로 (二) 大韓民國臨時政府絕對支持키로 (五) 三八度線問題와 朝鮮完全自主獨立키 爲하야 美國教人에게 輿論을 換氣할 것과 토루만大統領께 陳情키로 등이다. 「朝鮮基督教南部大會」, 『기독교공보』 1946년 1월 17일 참조.

[18] 1945년 11월 28일 정동교회에서 열린 임시정부영수환영대회에서 이승만 · 김구 · 김규식의 '기독교적 건국' 발언의 내용은 각각 다음과 같다. 김구: "…二大方策이있으니 卽 建國과 建敎를 同時에 함이다 敎化가 있는 나라는 아름다운 나라이요 强한 나라이다. 警察署 열을 세우지 말고 敎會 하나를 세우라…우리는 어떠케 하면 亡하지 않는 强한 나라를 세울가 곳 聖書 우에 세워야한다", 이승만: "…이제 우리는 新國家建設을 할 터인데 基礎없는 집을 세우지말 자 곳 萬世盤石 되시는 그리스도 우에 이 나라를 세우자!…", 김규식: "…다른 나라가 不可侵의 强國을 세우려면 우리의 힘으로 될 것이 아니라 곳 하나님의 힘으로야 한다. 그리스도라는 盤石우에 하나님의 나라를 세우자 責任은 敎會에 있다…" 등 참조(『活泉』 20권 1호(통권 229호), 1946, 2~4쪽).

[19] 남부대회 조직은 중앙 임원진(대회장: 김관식, 부회장: 김영섭, 서기: 김종대, 부서기: 정등섭)과 각 부처 부장 及 부원으로 총 12명의 부장과 82명의 부원으로 구성되어 매우 큰 규모였다. 基督新民會의 구성: 회장-박용희, 부회장-강태희 · 최동(崔棟), 비서-최석주, 총무국장-박용래, 전도국장-방훈, 신생국장-박용준, 문교국장-김영섭, 공제국장-김수철, 외교국장-김영주, 조사국장-김춘배, 재무국장-신창균, 조직국장-유재기, 독립촉성기독교중앙협의회: 회장-함태영, 부회장-박용희, 김영주 총무-김종대 등이다. 『기독교공보』1946년 1월 17일 3면). 이 가운데 박용희 · 함태영 · 김영주 · 김종대 등은 모두 경기노회 소속 목사들로 조선신학교의 이사진에 포함된 인물들이다. 해방 후 기독교계 정치참여 유형과 분류는 김흥수의 「한국 기독교의 현실 정치 참여의 유형과 역사」, 『신학사상』 제78집, 한국신학연구소, 1992 참조.

임으로써 '기독교적 가치'의 실질적인 수립과는 거리가 먼 정치활동으로 이해
했다. 따라서 그의 건국론은 '비정치적 의도'를 가지면서 좌익이념에 대항할
우익적 종교이념을 제시할 목적에서 작성된 것으로 이해될 수 있다.


## 2) 김재준의 '기독교적 건국론'의 내용과 특징

### (1) 김재준과 한경직의 해방 직후 활동 비교

기독지식인이자 신학자, 개신교 목사인 김재준은 해방 직후인 1945년 8월
말 '한 크리스천이 본 건국이념'의 작성을 시작으로[20] 기독학생 대상 강연에서
는 「나의 건국이념」을,[21] 1·2차 미소공동위원회 국면에서는 「基督敎의 建國
理念」(이하, 「建國理念」)을 각각 발표하였다.[22] 김재준의 「建國理念」은 해방
직후 작성한 '한 크리스천이 본 건국이념'을 발전시켜 나간 건국구상으로 일찍
부터 많은 연구자들에 의해 의미 있게 평가되어 왔다.[23] 이외에도 김재준은

• • • • • •

[20] 김재준, 『凡庸記』 1, 칠성인쇄소, 1982, 254쪽.

[21] 해방 직후 선린형제단, 경동교회, 서울대 기독학생회 등을 통해 김재준과 깊은 인연을 맺고 있었
던 노명식은 1946년 8월 경동교회에서 김재준이 '나의 건국이념'을 제목으로 한 강연을 직접 들었
다는 증언을 남겼다(노명식, 「김재준의 기독교적 건국이념」, 『한국사시민강좌』 제17집, 일조각,
1995, 115쪽 참조).

[22] 현재 이 글은 『장공김재준저작전집』 2(한국신학대학출판부, 1971년, 27~42쪽)과 1992년판 『김재
준 전집』 제1권(장공김재준기념사업회)에 수록되어 있다. 그러나 1992년판 『전집』은 앞의 71년
판 『저작전집』을 재수록한 것임으로 김재준의 「建國理念」의 원 사료는 1971년에 나온 『전집』 2
를 따르는 것이 적절하다. 이외에도 1976년에 나온 『경동교회 30년사』 (경동교회30년사기념사업
회) 제3장 앞부분에 「建國理念」의 일부가 인용되어 있다. 시간순서상 1971년 『전집』 2→1976년
『30년사』→1992년 『전집』 1로 볼 수 있다. 김재준의 「建國理念」의 쟁점은 쓰인 시기인데 본 연
구는 이 글의 작성시기가 1945년 8월 '한 크리스천이 본 건국이념'을 시작으로 1947년 2차 미소공
위국면까지 점차 보완, 확대된 것으로 이해한다. 사료 「建國理念」의 내용과 특징에 대해서는 고
지수, 「해방 후 장공 김재준의 '기독교적 건국론' 이해: 사료 「기독교의 건국이념(基督敎의 建國
理念)을 중심으로」(『인문과학』 제54집, 성균관대인문과학연구소, 2014)를 참조할 것.

[23] 교회사로는 『한국기독교100년사』(한국기독교장로회 역사편찬위원회, 1992, 한국기독교장로회출
판사) 참조할 것. 김경재는 「건국이념」을 김재준 '정치신학'의 '메니페스토'로 높이 평가하였다(김
경재, 『김재준 평전』 삼인, 2001, 90쪽).

흥국형제단의 『興國時報』와[24] 전영택의 『새사람』 등을 통해 '국가와 교회', '정치와 종교의 역할', '기독교인의 참여' 등 건국론을 전개하였다.

한편 한경직도 해방 직후부터 '기독교적 이상'에 의한 국가건설론을 적극 주장하였다.[25] 김재준과 한경직의 건국론은 내용면에서 매우 흡사했던 것으로 알려져 있으며 현재 남아 있는 글 속에도 유사성이 확인된다. 1장에서 보았듯이 김재준과 한경직은 1920년대 프린스턴 유학을 시작으로 1930년대 평양을 거쳐, 1945년 해방공간에서 재회한 후 각각 경동교회와 영락교회를 토대로 교회운동을 전개하였으며 1960년대 중반 이후 서로 다른 성격의 한국개신교 '사회참여 전통'을 형성해 간 개신교 인물이다.

김재준이 월남 기독청년들을 규합하여 지식인 중심의 교회운동과 진보적 사회참여의식을 통한 개신교 민주화운동의 전통을 개척했다면 한경직은 서북계 월남인을 규합하여 영락교회를 중심으로 반공적 애국주의에 기반을 둔 교회운동을 거쳐 개신교 민족복음화운동의 전통을 수립했다.[26] 이처럼 해방 직후 양자가 공히 '기독교 건국론'에서 시작하여 서로 다른 성격의 사회참여 전

• • • • • •

24) 흥국형제단은 일제 시기 농촌운동의 배경을 가진 유재기(劉載奇)가 대구에서 서울로 활동공간을 옮기면서 송창근을 매개로 함태영 등 조선신학원 그룹과 결합, 여기에 서울교계의 다양한 기독인들을 초교파적으로 포섭하면서 1946년 10월 16일에 조직한 기독교사회운동체였다. 흥국형제단 조직에는 김재준 외에 흥국형제단이 조직되었을 때 중심 세력은 경기노회 소속 서울교계 인물들(김관식, 배은희, 박용희, 함태영, 김영주, 김종대), 조선신학교 배경으로 한 인사들(함태영, 송창근, 김재준, 최윤관, 전성천), 농촌운동계(조민형, 정태성) 기독교청년운동(이명하, 엄요섭) 등, 김창준(감리교), 박현명(성결교) 등 광범위한 범기독사회단체였다.

25) 한경직의 '기독교 건국론'은 여러 연구자들에 의해 검토된 바 있는 주제이다. 대표적으로 이혜정, 「한경직 연구의 관점: 기독교적 건국론」, 『한국기독교와 역사』 제30호, 2009; 임희국, 「제1공화국 시대(1948~1960) 장로교회의 정치참여, 이와 관련된 한경직 목사의 설교」, 『장신논단』 Vol. 44 No. 2; 박종현 「한경직의 기독교 정치사상」, 『한국문화신학회논문집』 Vol. 8, 한국문화신학회, 2011; 안종철, 「반일·반공의 토대로서 기독교: 한경직 목사의 해방 전후 사역」, 『한경직목사기념사업회 세미나』 No. 4, 2011 등 참조. 본 연구는 1949년에 출간된 한경직의 『建國과 基督敎』(서울 보린원 刊)를 참조하였다.

26) 한경직은 해방 전 신의주 第二교회를 담임하였고 해방되자 신의주에서 '새 나라 건설'에 적극 참여, 1945년 9월에 장로교 목사 윤하영(신의주 제일교회)·이유필(평북 자치위원회·장로)과 남북한 지역을 통틀어 최초의 정당 중 하나인 '기독교사회민주당'을 조직하였다. 소련군의 진주에 대항해 결성된 기독교 우파 정당인 '기독교사회민주당'은 "민주주의 정부의 수립과 기독교 정신에 의 한 사회개량"을 강령으로 채택하였다.

통의 기원을 낳은 원인은 어디에 있는가. 본 연구는 월남 개신교인의 공산주의 경험과 반공주의 정서가 파생한 결과로 접근하고자 한다. 1939년 용정에서 상경한 뒤 해방을 서울에서 맞은 김재준의 경우 공산주의와의 대결은 해방공간의 좌우 이념대립, 신탁통치를 둘러싼 갈등 등 국가건설 과정에서 경험된 특징이 있다. 그 결과 김재준은 '직접적 신체적 경험'에서 나오는 정서적 · 감정적 대응보다 이념적 대응으로 압축되었고 구체적으로는 공산주의에 대한 '기독교적 세계관', '기독교적 역사인식'의 수립 등 사상적 내용으로 전개되었다.

반면에 한경직은 기독교적 반공주의에 기반 한 애국주의적 민족주의의 특징을 보였다. 북한의 사회주의 정권 수립 과정에서 피난하여 1945년 10월 월남한 한경직은 조선신학교의 천리교재단 접수에 합류하여 12월 2일 베다니전도교회(영락교회 전신)를 개척하였다.[27] 영락교회는 평안도 출신 월남 기독교인들로 결집되면서 반공이데올로기와 애국주의 등 보수 개신교 이념의 확산 통로가 되었다.[28] 1946년 4월 조직된 '이북기독교신도연합회'의 회장에 선출된 한경직은 월남기독교인들의 남한 정착 사업, 이북교회재건운동, 월남인 교육 사업 등에 주력했고[29] 한국전쟁 전후로는 기독교구국운동 · 반공주의 이념화에 앞장서는 등 한국개신교의 친미 반공주의 형성을 주도했다. 두 인물에게서 나타난 이러한 차이는 한국장로교의 서로 다른 사회참여 전통의 비교 관점을 확인할 수 있다는 점에서 유의미한 검토가 된다.

### (2) 김재준과 한경직의 기독교적 건국론의 내용 비교
### : '기독교 윤리'의 사회화 對 반공주의적 민주주의

김재준의 '기독교적 건국론'의 대 전제는 '기독교적 이상'의 실현에 있다.

27) 최종고, 『영락교회의 부흥: 한 종교사회학적 연구』, 한국문학사, 1974, 120~121쪽.
28) 한경직목사탄신100주년기념사업위원회, 『목사님들, 예수 잘 믿으세요』, 샘터사, 2002, 263쪽.
29) 한경직을 포함한 월남 개신교인의 한국전쟁 전후 '반공주의' 활동에 대해서는 강인철, 『한국의 개신교와 반공주의』(중심, 2007), 514~520쪽, 525~530쪽 참조.

「基督教的 建國理念」의 총론이 밝히는 기독교적 이상은 '하나님 나라의 건설'
에 있다.

> 기독교인의 最高理想은 하나님나라가 人間社會에 如實히 建設되는 그것이다.
> 그러나 이「하나님나라」라는 것을 超世間的 末世的인 所謂 天堂이라는 말로서
> 그 전부를 意味한 것인 줄 알아서는 안된다. 하나님의 뜻이 人間의 全生活에 君
> 臨하여 聖靈의 感化가 生活의 全部門을 支配하는 때 그에게는 하나님나라가 臨
> 한 것이며 이것이 全社會에 浸透되며 死線을 넘어 未來世界에까지 생생發展하여
> 宇宙的 大極의 大樂園의 날을 기다리는 것이 곧 하나님나라의 全貌일 것이다.[30]

김재준은 '하나님 나라'가 내세적·말세적 의미가 아닌 인간사회, 역사 속에
'형성'되는 것으로 이해하였다. 이것은 기존에 한국교회의 전통주의적 신앙관인
내세지향적 타계주의를 경계하면서 역사 현실에서 기독교적 이상의 실현을 강
조하는 특징을 보여준다. 그러나 '하나님 나라'의 내용에 있어서는 '하나님의 뜻'
과 '성령의 감화'라는 종교적 언술을 그대로 표현하여[31] 종교이념을 모델로 삼은
이상적(理想的)인 면모도 보인다. 그 결과 김재준은 이상과 현실을 분리하여 건
국의 기초를 '도덕적·종교적 건설'에 기반을 둔 정신적 건설을 주장했다.[32]

> 思想的인 건설, 經濟的인 建設 等은 많이 論議되고 있다 그러나 가장 基礎되
> 는 道德的이오 宗教的인 建設에 關정하야는 거의 不問에 부치는 것이 금일 우리
> 指導者들의 現狀인듯싶다. 政治라면 權謀術數만을 몬저생각하고 思想이라면 共
> 産主義니 民主主義니하는 것을 남들이 떠든다고 따라서 떠들썩할뿐이오 그 基礎
> 인 哲學이 과연 수긍할만한것인가도 생각지 안는다…우리의 着眼해야할 가장 中
> 心되는 問題를 凝視하려한다. 그것은 建國의 基礎는 道德이어야한다.[33]

. . . . . .

30) 김재준, 「基督教的 建國理念」, 『장공김재준저작전집』 2, 한국신학대학출판부, 1971, 27~42쪽 참조.
31) 김재준, 위와 같음.
32) 김재준, 「기독교와 도덕」, 『새사람』 속간 1호(통합 8호), 1946.5, 6쪽; 「건국과 기독교」, 『새사람』,
    속간 9호, 1946.6, 10쪽

다시 김재준은 인간의 정신적 바탕을 '종교적 신앙'에서 찾고 역사적으로 건국시기마다 종교가 '국가건설' 이념으로 결합하는 이유도 여기에 있다고 보았다. 이와 유사하게 한경직도 건국의 기초로 도덕적 건설을 주장하였는데, '오늘 우리 사회에 도덕심이 극도로 타락'한 것으로 전제한 뒤 "새 나라는 고상한 개인 급 사회 도덕의 국가가 되어야 할 것"이라 하였다.[34]

여기서 김재준과 한경직이 '도덕적 건국'을 제시한 배경에서는 다소 차이를 보인다. 김재준의 경우 '오늘날 길핏하면 건국, 너도 나도 어중이 떠중이가 다 자기만이 自己네 黨派만이 조선을 料理한다고 떠들고 있다'고 하여 '현실비판'적 인식이 반영된 것이나,[35] "'建設'을 위한 정강, 정책, 과학, 기술은 많으나 정신적 기반에 대해서는 '用心'하는 이가 적다'고 보고 이것은 '돼지에게 진주를 주면 짓밟히는 것 뿐이오, 철부지에게 이검을 주면 殺傷할 것 뿐'이라 하여 정신적 기반 없는 건국운동을 비판하였다.[36]

> 우리나라가 解放된 數週 이내로 정당이 五十이니 六十이니 하는 所聞을 세계에 퍼쳐 놓앗다. 그러면 이렇게 많은 정당들이 다 가장 투철한 政見을 세우고 … 목숨을 내 놓고 동지와 함께 조선건국의 祭壇에 전부를 봉헌한다는 진격한 정치적 양심에서 나온 것이냐 하면 대부분은 그런 것이 아는 듯 싶다. 이런때 나도 한번 정계에 일음을 걸어 놓아두는 것이 금후 出世에 必要하리라 利權運動하기에 便하리라…심지어 정당등록을 해놓으면 하지 중장 면회하기에 便하니까 그 사람까지 있다.[37]

• • • • • •
33) 김재준,「기독교와 도덕」위의 책, 6쪽.
34) 한경직,「建國과 基督敎」,『建國과 基督敎』, 보린원 刊, 1949, 195쪽.
35) 김재준,「기독교와 도덕」, 위의 책, 6쪽.
36) 김재준,「건국과 기독교」, 위의 책, 10쪽.
37) 김재준, 위의 글, 7쪽. 이러한 인식은 한경직에게도 나타난다. 그는 "현대문명의 특색이 기독교 신앙을 기초로 한 민주주의 혼에 과학과 예술의 몸이 발달된 것"이라 하여 정신과 육체(몸)의 관계로 기독교를 설명하는 동일한 특징을 보였다(한경직,「基督敎와 現代文明」,『建國과 基督敎』, 보린원, 1949, 134쪽).

위에서 김재준은 해방정국의 다양한 정치운동들을 비판하면서 현실정치의 '정신적 기초'로 기독교가 되어야 할 것을 주장했다. 화랑도나 불교를 빼고 신라문화를 말할 수 없듯이, 서구 문화가 기독교를 바탕으로 한 것은 누구나 아는 사실이다. 따라서 서양의 정신적 기반인 기독교에 대한 수용 없이 과학자체만을 환영한다는 것은 '본체에서 떨어진 가지로 결국 枯死'하거나, 발달한다 하더라도 그것을 이용할 인격의 '내용 결핍으로 오히려 自殺行爲가 되고 말 것'이라 하여 기독교를 건국의 정신적 기반으로 주장하였다.[38]

반면에 한경직의 경우 '도덕적 기초'는 현대의 '반도덕사상의 대두'에 대한 대응으로서의 의미가 컸다. 한경직이 말하는 반도덕사상이란 '목적을 위하여는 수단 不擇의 악덕사상', '반도덕 야만주의 사상'인 '유물론적 공산주의'이다.[39] 한경직은 기독교 외에 공산주의의 악덕사상에 대응할 수 있는 도덕적 정신력은 없으며 "기독교가 실패하면 아주 실패하고 말 것"이라 하여 "새 나라의 정신적 기초는 반드시 기독교"가 되어야 할 것을 주장했다.[40]

정신적 기반으로서 기독교가 건국에서 제공할 수 있는 내용은 무엇인가. 김재준은 세 가지를 제시하였는데, 첫째, '하나님과 사람의 관계 회복'이며, 둘째 도덕적 인물의 제공, 셋째, 새 나라의 제공 등이다. 김재준의 건국론은 '凡百事爲를 오직 하나님의 관계에서 규정'함으로써 '하나님 없이 우주도 인생도 없'음을 전제로 한다.[41] 따라서 기독교가 제시하는 첫째 기여는 '기독교적 주권' 안에서 개인, 사회, 국가건설의 기본을 삼는 것이다. 둘째로 기독교를 통한 '새사람의 제공'이다. 여기서 '새사람'은 도덕적 인격의 인물이다.[42] 김재준이 말하는 도덕적 인격이란 '성신에 의한 거듭남', 즉 기독교적 '갱생(更生)'을 의미한

• • • • • •

38) 김재준, 위의 글, 10~11쪽.
39) 한경직, 위의 글, 195~197쪽.
40) 한경직, 위의 글, 197쪽.
41) 이 글에서 김재준은 전반부에 '기독교'를, 중반 이후에 '그리스도교'로 혼용하고 있는데, 시차를 달리하여 쓰인 것으로 보인다.
42) 김재준, 위의 글, 13쪽.

다. 김재준은 "인간은 본래가 악으로 흘러가는 경향이 더 많음으로 수양의 길은 될 것 같으면서도 안 되는 길인데 반해, 속죄, 구령(救靈), 신생(新生)의 길은 초자연적·신창조사업으로 사람의 생각으로 보면 안 될 홎計인 듯 하나 사실상 가장 자연스럽게 되어지는 길"이라 하여 기독교적 갱생을 통한 인물의 제공을 주장했다.[43]

셋째로 기독교는 '새 나라'를 제공한다. '국민이 되기 전에 爲先 좋은 크리스챤이 되쟈, 그리하여야 좋은 國民이 될 수 있다'고 하여 현실의 '국가' 이전에 인간의 마음에 형성된 왕국, '도덕적 인격'에 의해 세워진 나라를 강조하였다.[44] 김재준이 제시하는 '기독교적 건국'은 기독교의 이상론적 특징을 보이면서 현실적으로는 도덕적 인물의 제공을 통한 정신적 기반으로서의 기독교를 주장하였다. 그러나 '인간 마음의 왕국(하나님 나라)'과 현실 국가와의 관계가 불분명하며, '종교적 새 인간'에 의한 국가건설을 주장함으로써 종교 이상적 특징으로 나타난다.

이에 비해 한경직은 기독교의 제공을 매우 구체적이고 현실적인 근거위에 제시하였다. 첫째, 기독교는 '과거 암담한 50년 역사에서 우리 민족의 유일한 위안과 소망의 원천'인 구원의 도가 된다. 둘째, 기독교는 20세기 과학문명의 소개자·선구자이다.[45] 셋째, 기독교는 외래문화의 보급자이자 고유문화를 보존 발양하기에 노력한 종교이다.[46] 넷째, 기독교는 일제 시기 사회운동, 사회

---

43) 김재준은 '도덕적 인격'의 방법으로 '自力수양의 길'과 '영적 갱생'의 두 가지 길이 있는데, 기독교 신앙의 틀에서 '물로 세례를 받는다는 것'이 수양의 길이며, '성신에 의한 거듭남'을 '영적갱생'의 길이다. 김재준은 수양의 길을 포기하고 있진 않다. 대표적인 수양의 길인 '교육'에 대해서도 '힘써야 할 것'으로 주장하고 있다. 그러나 교육의 방법도 근본적 해결을 주지는 못하며 종교적으로 '거듭난 새사람'이 되는 길을 주장하였다(김재준, 위의 글 14쪽). 김재준의 이러한 '인간갱생'윤리는 그의 사상을 관통하는 개념으로 이해할 수 있다.

44) 김재준, 「기독교와 도덕」, 위의 글, 7쪽.

45) 한경직은 기독교가 전래될 당시 문화 수준이 제일 높은 영미(英美)로부터 선교사들이 교회와 학교를 세워 과학적 지식을 보급시킨 것을 강조하였다(한경직, 「大韓 民族아 깨여라」, 『建國과 基督教』, 보린사, 1949, 102~103쪽).

46) 기독교가 한글 가치를 먼저 발견하여 성경과 찬송가의 한글 발행·보급에 앞장선 것을 꼽았다.

사업의 선구자로 사회 복리를 넓히는 데 이바지한 종교이다. 다섯째, 기독교는
유교의 종교적 폐단을 시정하고 사회적, 도덕적 윤리 기준을 제시하였다.[47)
여섯째, 기독교는 3·1운동 등 애국운동의 중심 세력이 되었다. 일곱째, 기독
교는 민주주의사상의 교육자이다. 개인의 생명·인격·권리 존중, 인간 자유,
평등사상은 성경이 가르치는 근본으로 민주주의의 원리이다. 특히 한경직은
기독교가 민주주의를 가르칠 뿐 아니라 '장로교회' 제도가 민주 정치의 실행자
임을 주장했다.[48) 미국이 1776년 독립선언 후 기독교적 국가건설의 예에서 보
듯이 "현재 大韓에 민주주의 훈련을 받은 자는 기독교외에 없다"고 주장하여
기독교와 민주주의, 그리고 친미(親美) 경향이 강한 특징을 보인다.

특히 한경직은 기독교와 민주주의를 동일한 이념적 가치로 이해하였다. 여
기에는 해방 정국을 "민족의 중대 위기"로 이해한 한경직의 현실 인식과도 관
계가 깊다. 해방공간에서 한경직은 "유물론적 폭력적 독재적 사상의 기초"와
"민주주의적 기독교적 기초" 중 선택의 기로에 있음을 강조하고, 일례로 '혼돈
과 무질서'의 예를 '대구 폭동'에서 들고, 기독교가 아니면 '대한민족은 서로 싸
와 망하고 말 것'이라 경고하였다.[49) 이것은 그가 해방공간의 좌우 이념 대결
에서 기독교와 민주주의를 동일 개념으로 내세우고 있음을 알 수 있다. 다음
의 글에서도 한경직의 이러한 인식을 확인할 수 있다.

"민주주의란 꽃은 기독교 문화의 밭에서만 아름답게 핀다는 사실입니다. 이
밭이 변하여 보라 그 꽃이 몇 일 가겠는가? 기독교를 이해치 못하는 이는 민주주
의를 이해치 못합니다. 그러므로 새 한국은 반드시 기독교가 그 정신적 기초가
되어야 합니다."[50)

• • • • • •

47) 구체적으로는 유교문화—제사, 축첩, 남존여비, 반상(班常)의 차별—의 폐단을 없애고 기독교적
합리주의로 사회적, 도덕적 윤리기준을 제시한 점을 들었다.
48) 한경직, 위의 글, 105쪽.
49) 한경직, 위의 글, 106~107쪽.
50) 한경직, 「건국과 기독교」, 『建國과 基督教』, 보린원, 1949, 195쪽.

한경직은 "종교적 신앙은 자유민주주의의 샘터"이며 "민주주의는 반드시 종
교와 합작해야 한다"고 주장했다.51) 즉 해방공간의 높은 공산주의 · 사회주의
현상에 대해 한경직과 김재준은 동일하게 '위기' 또는 '당혹'을 느끼면서도 대
응에 있어서 한경직은 기독교와 자유민주주의의 일치를 표방하여 공산주의와
의 대결에서 승리를 주장한 반면 김재준은 공산주의 이론에 대응할만한 기독
교적 논리를 갖추는 일에 주력했다.

이러한 차이는 정치이념에 대한 인식의 차이에서도 나타난다. 김재준은 현실
의 정치 · 체제이론을 생성 · 소멸되는 시대적 산물, 가변적 '물결'에 비유하였다.

> 이 세상은 사상의 물결로 덮혀 있습니다. 軍國主義의 칼, 資本主義의 욕심이
> 全世界를 휩쓰리고 합니다. 팟시즘, 나치즘이 동으로 서로 오고 가고 합니다. 공
> 산주의니 민주주의니 하는 물결이 또한 서로 부다쳐 안고 넘실거리기도 합니다
> 그리고 이 밀려가고 밀려오는 물결을 타고 가장 선각자인 듯이 득의양양한 사람
> 들도 많습니다. 그러나 이것은 물결입니다. 이러낫다가는 꺼집니다. 조수같이 밀
> 려올 때 천하에 당할 자 없는 것 같습니다. …조수를 타고 뒤둥실 자랑하던 배는
> 밀려간 다음 건천에 나 앉은 부끄러움을 면할 수 없습니다(원문).52)

민주주의에 대해서도 김재준은 "진정한 민주주의란 究極의 주권이 인민에게
있음을 주장하는 것이 아니다. 다만 하나님의 뜻을 옳게 遵行하기 위해 大多數
인민의 意見을 參照하는 것이 가장 안전에 가깝다는 의미에서 行政方法으로
案出된 것 뿐"이라 하여53) 기독교적 절대주권 아래에 있는 '상대적' · 제도적
민주주의를 강조하였다.

● ● ● ● ● ●

51) 한경직, 위와 같음.
52) 김재준, 「生命샘」, 『새사람』, 1946.5, 13쪽.
53) 김재준, 「宗敎와 政治의 因緣」(『홍국시보』, 1947년 12월 15일) 『落穗以後』, 59~60쪽. 이 글에서
   김재준은 기독교와 민주주의 관계를 '기독교도는 이 현실에 대한 하나님의 주권적 의도를 언제나
   선포하는 예언자로서의 입장에 서 있어야 할 것'이라고 하여 기독교의 '예언자적', 종교적 기능을
   강조하였다.

공산주의에 대해서도 김재준은 유사한 패턴의 이해를 보인다. 「建國理念」
에 나타난 김재준의 공산주의 이해는 두 가지 특징이 있는데, 사회과학적 입장
에서 객관적 사실을 드러낸 이론으로서의 공산주의는 '受諾할 義務'가 있으나[54]
사상·정신적 부문에서 '유물론·무신론적 견해'가 강요될 때에는 '신앙·사상
의 自由', '하나님의 영광과 各個 인격의 尊嚴'을 위해 거부할 것으로 보았다.[55]
유사한 이유로 경제적 자본주의, 물질만능주의에 대해서도 김재준은 매우 비
판적이다.

> 利己主義를 根據로 하고 資本을 萬能의 武器로하여 人格을 機械化, 奴隷化하
> 며 不義의 策謀와 略奪과 戰爭으로 市場을 獨占하여서 各自의 貪慾을 채우려는
> 말하자면 基督敎倫理와는 전연 背馳되는 機具內에서도 基督敎會는 獨自의 繁榮
> 의 길을 찾아 왔거니와…[56]

김재준은 자본주의가 초래한 인간소외와 전쟁, 시장 독점 등이 기독교윤리
와 배치되며, 오히려 '착취당하는 대중의 생활 향상과 인간적 尊貴'를 위해 경
제, 정치기구를 개혁하는 사회적 노력이 기독교 윤리에 더 가까운 것으로 해석
하였다.[57] 여기서 김재준은 '공산주의자들도 사회정의수립을 위한 하나님의
종임을 자각할 것'과 '하나님 앞에 謙遜할 것', '하나님의 특별은총 기관인 교회
를 중히 여겨 나가면 자본주의시대보다 더욱 친밀하게 提携할 수 있다'고 하여
초시대적 기독교와 공산주의와의 친화력을 강조했다.[58]

• • • • • •

54) 김재준, 위와 같음.
55) 기독교인들이 공산주의에 '불쾌감'을 가지게 된 것은 공산주의의 철학적 근거인 '유물론, 무신론'
   에도 기인하지만, '초기 공산주의자들의 적대행동'에 더 큰 이유가 있다고 보았다. 즉, '기독교에
   대하여 몰이해한 적대행동을 取하여 神을 冒瀆하고 聖域을 蹂躪하고 신자를 모욕살해하며 悖倫
   의 道를 감행하였기 때문으로 보았다.
56) 김재준, 「基督敎的 建國理念」, 『전집』 2, 한신대출판부, 1971, 30쪽.
57) 김재준, 위와 같음.
58) 김재준, 위의 글, 31쪽.

기독교와 국가, 정치참여 문제에 대해 한경직은 현대 사회 대표적 민주국가
인 미국을 예로 들어 '건국 이래 세계에서 제일 축복받은 평화의 나라'로 소개
하고59) 이것은 '주권의 근본이 신'에게 있음을 가장 잘 표현해 주는 '증좌(證
左)'라고 하였다.60)

반면에 김재준은 정치를 인간 생활에 가장 외곽에 위치한 세속적인 것인데
반해 법적 구속력은 가장 강력한 것으로 보았다.61) 또한 교회란 "이 세상 나라
가 하나님 나라로 化하게 하는 가장 근본적인 신사회 건설의 內在的 活力"이라
하여 국가건설의 정신적 기반과 연결된 교회론을 제시했다. 여기서 교회와 사
회는 불가분의 관계로 "교회는 산 有機體이자 그 시대의 공기를 호흡하며 그
문화를 섭취, 동화 또는 배제하는" 사회적 존재이자62) 어느 시대, 어떤 정체
(政體)에서도 존재할 수 있고 또 존재해 온 '역사적 종교'로 이해했다.63)「基督
敎的 建國理念」에서도 '교회는 신앙과 예배, 전도와 사색집회와 출판의 자유만
허여되면 어느 시대 어떤 기구에서도 빛과 소금과 누룩의 役割을 하는 것'이라
하여 정치체제에 대해 교회의 상대적 독립성을 강조하였다.64) 그렇다면 교회
와 '역사적, 사회적' 시대와의 접촉면은 어디에 있는가. 기독교인은 "기독교적
윤리의 원칙을 천명하여 현실을 기독교적 정의와 사랑 위에 건설"해야 할 것이
라 하여65) 기독교 윤리의 사회화를 강조하였다.

• • • • • •

59) 한경직, 「基督敎와 政治」, 『建國과 基督敎』, 보린원, 1949, 142쪽.

60) 한경직은 역사적으로 '다윗, 글래드스톤, 링컨' 등도 이와 같은 (주권)의식을 가지고 정치를 하였
다고 하였으며 반면에 패망당한 일본은 주권의 근본이 '하나님께 있다는 것을 알지 못한 말로(末
路)'라 보았다(한경직 위의 글, 143~144쪽).

61) 김재준은 정치를 '인격적 생명적 결합의식이 가장 희박'할 뿐 아니라 '정권획득을 위한 권모술수,
모략, 폭력만이 응수될 뿐'이라 하여 종교와는 가장 거리가 먼 것으로 이해했다(김재준, 「宗敎와
政治의 因緣」(『흥국시보』1947.12.15.)『落穗以後』, 종로서관, 1954, 58쪽).

62) 김재준, 「敎會와 時代」(1947.8)『落穗以後』, 종로서관, 1954, 31쪽.

63) 이러한 그의 '역사적 교회'이해는 그의 사상에서 일관되게 주장되는 논리이다.

64) 김재준, 위의 글, 30쪽.

65) 김재준, 「宗敎와 政治의 因緣」, 위의 책, 59~60쪽.

지금 우리는 교회의 獨特한 靈的 道德的 사명에 입각하여 그 안에 있는 온갖 非道德的인 것을 배제하여야 한다. … 國家至上主義 貪慾的인 資本主義 無神的 共産主義者들의 한복판에 聖愛의 十字架를 용감히 세울 수 있다면 얼마나 큰 영광이냐! 그러나 現存한 교회는 이 부패한 實情에 있어서 이런 영예의 십자가를 짊어지기에는 너무나 無氣力하고 用意가 없다.[66]

김재준에게 국가지상주의, 자본주의, 무신론적 공산주의 등 체제와 이념은 '비도덕적인' 것이다. 반면에 교회의 영적·도덕적 역할은 기독교 정신을 세우는 것으로 이것의 구체적 표현이 '政界의 예언자" 또는 '복음의 使者'와 같은 '예언자적' 역할의 강조이다.[67] 이 '예언자적 의식'이 없는 참여는 '俗人의 무리에 섞여 名利에 코가 길어 먹을 것을 찾는 코끼리 코처럼 흐느적거린다면 그것은 타락이요, 모반이라 해도 무방하다'라고 경계하였다.[68] 종교와 정치 관계에 대해 김재준은 '인간 생활의 전면적 통제력을 가진 정치를 吾不關焉格으로 남의 일 보듯 할 수는 없는 것'이며 오히려 '죄와 불의가 많을수록 그것에 의와 긍휼의 공급이 많아야 할 것'이라 하여 종교적 기능적 역할에 의한 참여를 강조하였다.

교회는 하나님의 기관이요 정치는 세속의 기관이니 교회인이 정치에 관여함은 타락이다 云云하는 말은 물론 잘못된 斷定이다. 그렇다고 해서 교회자체가 무분별하게 정치의 沼澤(늪)에 뛰어들어 함께 딩굴어서 남도 저도 別 소득없이 진흙만 뒤집어쓸 필요는 없는 것이다. 그러므로 교회는 교회에서 길러낸 좋은 人物을 정치, 경제, 교육에 勤勞者운동에 보내어 그들을 그리스도적 이념하에서 변화시키도록 할 것이다. 무슨 방법, 무슨 기획으로 그 사람이 그를 實現하는가는 그 사람 자체에게 속한 것이요 교회 자체가 직접 關與할 바 아니다.[69]

• • • • • •
66) 김재준, 「敎會와 時代」, 36쪽.
67) 김재준, 「한국교회 무엇을 할 것인가?」, 『落穗以後』, 종로서관, 1954, 53쪽.
68) 김재준, 위의 글.

위에서도 김재준은 교회 인물의 제공을 통한 사회적 변화를 '참여'의 내용으로 제시하였다. 이러한 특징은 그의 건국론이 '성속이원론'에 근거하면서 종교의 기능적 역할을 강조하는 제한적·선택적 참여론에 있음을 알 수 있다.[70]

이상에서 해방 직후 김재준과 한경직의 '기독교적 건국'의 이념적, 내용적 특징을 비교·검토해 보았다. 김재준과 한경직의 건국론에는 기독교적 이상의 실현, 건국의 '도덕적 기초'로서 '기독교의 제공' 등 유사성이 많음에도 불구하고 체제 이념·사상 이해, 정치참여 등에서 차이를 보였다. 한경직이 민주주의와 공산주의 대결의식을 바탕으로 '자유민주주의'를 건국이념으로 내세워 적극적인 현실참여를 주장하였다면 김재준은 교회의 기능적 역할에 주목하여 도덕적 인물의 제공을 통한 기독교적 윤리의 사회화를 주장하였다.

김재준의 이러한 건국론의 특징을 잘 보여주는 사례가 1949년 1월 문교부 산하에 '생활개선과'가 구성될 당시 제2분과인 '도의(道義)분과위원회' 명단에 '김인선·손정규·박승호·현선윤·김재준·안재홍 외 9명' 가운데 포함된 것을 들 수 있다.[71] 이 '도의분과위원회'의 활동 내용은 주로 '생활개선·의식함양'을 선도하는 활동으로 종교 영역의 '도의·윤리적 기능'으로 이해된다. 이외에도 기독교사회운동단체인 흥국형제단에 합류하여 기관지『흥국시보』주필로 신앙교리·기독교사상 문제 등의 해설을 맡았던 것이나,[72] 1946년 전영택

● ● ● ● ● ●

69) 김재준, 위의 글, 54쪽.

70) 강인철은 종교 영역의 정치참여 '금지 강도'에 따라 '전면적이고 엄격한 제한'만을 종교규범의 정교분리로 간주할 것을 제안하였는데(강인철, 「정교분리 이후의 종교와 정치」,『민주사회와 정책연구』Vol.26, 2014, 144~145쪽 참조) 김재준의 '정계의 예언자, 복음의 使者'와 같은 선택적 참여는 '전면적 제한'으로서의 종교적 규범은 아니며 오히려 '선택적이고 느슨한 제한'(강인철, 위의 글, 145쪽)에 가깝다. 이러한 참여성격을 본 연구는 '종교의 기능적 참여'로 이해하였다.

71) 문교부 산하 생활개선과는 각각 "의례, 도의, 의복, 음식, 주택" 등 5분과위원회를 두었으며 각 위원의 명단은 ①儀禮分委(25명): 朴容義, 金法麟, 權重哲, 鄭寅普, 黃愛德, 高義東, 朴鍾和, 李丙燾, 朴恩惠 외 16명, ②道義分委: 金仁善, 孫貞圭, 朴承浩, 玄仙允, 金在俊, 安在鴻 외 9명, ③衣服分委: 金鍾順, 金蘭公, 任淑宰, 金粉玉, 金浩德 외 5명, ④飮食分委: 崔以順, 李圭學, 趙折洪, 方倍榮, 具億 외 5명, ⑤住宅分委: 金世演, 李均相, 張和順, 金舜河 외 7명 등이다(『동아일보』1949년 1월 18일;『경향신문』1949년 3월 15일 등 참조). 김재준이 제1공화국 문교부 산하 '생활개선과위원'의 참여 내용이 기록된 자료는 이 기사 외 달리 없는 것으로 보인다.

에 의해 속간된 『새사람』 동인으로 합류하여 '기독교적 갱생윤리'를 강조하는 '새사람운동'의 전개 등은 '비정치적 사회참여'의 특징을 보여준다.[73]

## 3. 해방 후 김재준의 기독학생운동과 교회운동

### 1) 김재준의 '에큐메니컬 신학'의 도입과 기독학생 지도이념[74]

해방 후 김재준의 사회참여는 기독학생운동, 교회운동, 신학교육운동 등의 비정치적 사회운동의 특징을 보였다. 이 세 운동은 다음의 몇 가지 공통점이 있다. 첫째, 한국교회 미래 세대를 위한 젊은 세대의 육성이라는 점, 둘째, 세계교회 신학(ecumenical theology)을 신학이념으로 수용한 점, 셋째, 기성 제도 교회에 대한 비판적 이해를 바탕으로 새로운 기독교적 세계관·기독교적 참여 의식을 고취시킨 점 등을 들 수 있다. 김재준은 월남 기독청년들의 자생적 모임인 선린형제단, 경동교회를 주축으로 여기에 서울대 기독학생회,[75] 1946년

• • • • • •

72) 흥국형제단의 성격과 조직, 활동에 대한 자세한 내용은 주태익, 『이 목숨 다바쳐: 한국의 그룬트비히 허심 유재기』, 선환도서출판사, 1977; 김권정, 「해방 후 유재기의 국가건설운동과 농촌운동」, 『한국민족운동사연구』 71; 김병희, 「劉載奇의 예수촌思想과 農村運動」, 계명대학교 대학원 박사논문, 2008 참조. 김재준이 흥국형제단에 합류한 것은 일제 말기 대구에서 활동을 같이했던 유재기와 송창근의 관계가 중요했던 것으로 보인다.

73) '새사람同人'으로 발표된 '새사람운동의 공약은 다음과 같다. ○새사람운동의 公約 (一) 自己를 反省하여 誠心으로 祈禱하자. (二) 熱誠으로 꾸준이 聖經을 공부하자. (三) 學班에서 職場에서 傳道에 힘쓰자. ○實行三則 (가) 聖經말씀과 「새사람」과 그밖에 信仰文書를 信仰을 잃은이나 不信者에게 勸하고 傳하자. (나) 以上 세 가지 公約을 每日힘쓰되 매일 記錄하며 地方 冬至의 會合에 報告할일 (다) 學園과 職場을 따라 새사람 運動의 同志로 祈禱와 聖經研究와 讀書의 會合을 가질 것. ○地方支部의 組織 새사람운동을 贊同하여 公約을 實行하는 이로 支部를 조직함(「새사람운동의 선언과 공약」, 『새사람』 2권 9호, 1947.10, 2쪽).

74) 본 절에서는 김재준의 기독학생, 교회운동의 내용을 기술하였으며 신학교육운동은 다음 장(3-2)에서 상세히 다룰 것이다.

75) 서울대기독학생회는 자생적으로 형성된 '그리스도인의 모임'이 발전하여 조직되었다. 1947년에 구체화된 서울대기독학생회의 주요 멤버는 안병무, 장하구, 한철하, 곽상수, 오기영, 이영환, 홍창의, 문희석, 김철현, 노명식 등이었다. 이 모임의 명칭을 '기독학생회'라 명명한 최초 제안자는

에 재건된 YMCA의 종교부 프로그램 등을 통해 시대와 역사, 국가와 교회, 정
치와 종교 관계 등 국가건설에 필요한 기독교적 세계관 및 기독교적 역사의식
의 확산에 주력했다. 서울대기독학생회의 경우 안병무를[76] 초대 회장으로 경
건회 · 신앙강연회 등을 개최하였는데 주 강사로는 함석헌, 신사훈, 손정균 등
과 종교계의 김재준, 박형룡 등이었다.[77]

재건 YMCA에서 김재준은 유영모, 함석헌, 현동완 등과 종교부 프로그램에
참가하여 종교집회 또는 강연회 등을 인도하였다.[78] 해방 후 재건 YMCA의
종교부 프로그램은 '복음운동의 대중화'를 목표로 일요 신앙집회와 유영모의
성서 연구, 함석헌의 복음강연 등이 고정되었다. 해방 직후 혼란한 시대상과
무원칙적인 교회재건 방향, 기성 교회의 신학적 갈등은 기독학생들을 실망시

• • • • • •

장하구라고 한다(장하구, 『마전에서 역삼까지』, 종로서적, 1978, 106쪽). 서울대 기독학생회 멤버
들은 신암교회와 승동교회에 주로 집중된 교회소속의 기독청년들이었는데, 신암교회에 이영환,
홍창의, 한철하, 장하구, 승동교회가 곽상수, 김철현, 김동명, 오기형 등이었다. 이외 문희석, 이
종록, 백종무 등도 어울렸다. 주로 기도회와 성서읽기 등에 집중했던 서울대기독학생회의 성격은
좌익운동에 대응한 기독교청년운동으로 '좌익봉쇄에 크게 힘이 될'것으로 보아 우익청년운동의
성격을 띠었다(장하구, 앞의 책, 106쪽).

76) 안병무(安炳茂, 1922~1996)는 평남 안주군 운송리 출생으로 용정 은진중학교에서 김재준을 만나
사제의 연을 맺는다. 1938년 일본 다이쇼대학 예과에 진학하여 키에르 케고르 · 니이체 · 도스토
예프스키 · 프로이트 등에 몰두했으며 1942년 와세다 대학 서양철학과에 입학했으나 학병 문제로
간도에 거주하다 해방 후 월남하여 1947년 서울대 사회학과에 진학하였다. 새로운 형태의 평신도
교회인 '일신교회'를 설립하였으며 한국전쟁 중인 1951년에 잡지 『야성』을 출간하고 평신도 공동
체운동을 전개하여 '향린교회'로 발전시켰다. 이 시기에 유영모 · 함석헌 등과 교류하면서 기독교
외의 보편적 사고를 얻는다. 1956년 독일 하이델베르크대학에 유학하여 '역사적 예수' 논구에 전
념한 뒤 1965년 귀국하여 중앙신학교 교장에 취임하였다. 1969년 7월 신학전문지 『현존』을 창간
하고 1970년 한국신학대학 교수에 취임하여 그리스도인의 사회참여를 고취시켰으며 1973년 6월
독일교회의 재정 후원을 얻어 한국신학연구소를 설립하였다. 계간 『신학사상』을 창간하여 서구
신학을 소개하는 한편 한국신학 형성의 기틀을 마련하였다. 유신체제 후 민주회복운동에 적극 참
여하고 '실존주의적 신학'의 바탕을 '민중신학'으로 옮겨 신학운동을 전개하였다(기독교대백과사
전편찬위원회 편, 『기독교대백과사전』 Vol.12, 기독교본사, 1980, 1209쪽 참조).

77) 향린교회, 『향린40년』, 향린교회, 1993, 43쪽. 안병무는 해방 직후 자신의 진로 문제를 김재준과
논의한 적이 있는데 이때 김재준의 권고를 따라 서울대 사회학과를 선택하였다는 회고를 남겼다.
안병무, 「현대를 그대로 호흡하는 사상가」, 『장공이야기』, 한신대출판부, 2001, 344쪽.

78) 김재준은 서울 YMCA가 1948년 6월 현동완의 총무 취임 후 체제 정비에서 종교부 위원에 임명되어
강연활동을 전개했다. 김재준 외에 이 시기 종교부 임원으로는 고문에 이용설(장로교), 위원장에
김우현(장로교), 종교부 위원에는 김치선 · 엄영빈 · 권담 · 이여식 · 박현명 · 유경찬 · 이환신 · 조경
우 · 유지욱 · 지동식 · 유영모 · 함석헌 · 홍종숙 등이었다(전택부, 『한국YMCA운동사』, 362, 366쪽).

킨 요인이 되고 있었다. 그 결과 교회를 떠나거나 함석헌, 유영모 등의 '무교
회주의적' 신앙관에 매료되는 경우가 많았다. 반면에 김재준은 교회주의적 복
음운동을 주창하였다는 점에서 이들과 차이를 보였다. 김재준은 함석헌의 무
교회주의에 반감을 갖진 않았으나 자신이 '敎會를 통해 회심하여 교회를 중요
하게 여기는' 교회주의 입장에 서 있으면서[79] 한국교회 전통적·반지성적 교
회중심주의에는 비판적임으로써 새로운 교회 공동체를 지향하는 교회운동을
추구했다.

이 시기 김재준의 기독학생운동 지도이념은 현대(물질)문명의 이해, '기독교
적 역사관·문명사관', 그리고 에큐메니컬 신학사상 등을 내용으로 하였다. 현
대 물질문명의 위기를 강조한 슈펭글러,[80] 기독교 문명사관·역사관의 아놀드
토인비,[81] 알버트 슈바이처, P. 소로킨,[82] 트루 블러드(T. Blood), N 베르자예
프 등[83] 동시대 서구의 기독교 역사이론·사회사상을 소개하면서 좌익의 사회
주의 이론에 대응할 기독교적 세계관·역사관·사회관 형성에 주력했다.

> 우리는 現代文明의 末期에 處하야 뒤떨어졌으나마 各樣運動을 展開하고
> 있다…우리는 새터전에 첫 礎石을 놓기 前에 僞善 現代文明 自體를 根本的
> 으로 解剖하며 批判해야 할 것이며, 人間文化의 가장 根本的인 道德의 問

· · · · · ·

79) 김재준, 위의 글, 37쪽.
80) 오재식의 증언에 따르면 1940년대 말 기독학생회인 '성화회' 강연에서 김재준이 슈펭글러의 '서구
의 몰락'을 강연하는 것을 듣고 경동교회와 인연을 맺기 시작했다고 한다(오재식, 『나에게 꽃으
로 다가오는 현장: ' 오재식 회고록』, 대한기독교서회, 2012, 65~67쪽).
81) 김재준은 토인비와 소로킨의 역사·사회이론을 들여와 국내 소개할 만큼 이 시기 그의 역사학에
깊이 천착하였다. 안병무, 위의 글 참조; 「長空 金在俊의 人間과 行動」, 『신동아』 Vol.330,
1987.3, 497쪽; 노명식, 「감명 받은 한권의 책」, 『토인비와 함석헌』, 책과함께, 2011, 143쪽; 정대
위, 『아놀드. J. 토인비: 基督敎와 歷史』, 기독교서회, 1950, 8~10쪽 참조.
82) 소로킨(P.A.Sorokin)은 러시아 출신에 미국으로 망명한 기독교 사회학자이다. 김재준은 1949년
성남교회에서 新人會 주최로 열린 'P.A.Sorokin學說紹介會'에서 국내에서는 최초로 소로킨의 사
회이론을 소개하였는데 그때 강의 내용이 현재 남아 있다.
83) 김재준은 미국의 기독사회학자인 트루블러드(D. E.True Blood)의 『現代人의 危機』를 1946년(朝
鮮基督敎書會)에 번역, 소개하였다.

題, 宗敎의 問題, 그것과 現代科學文明과의 關聯等을 正當하게 理解하고 調
整해야 할 것이다. 우리는 露國과 米國의 膨脹해 오다가 마주친 逆流에 싸
여있다.[84]

김재준은 1 · 2차 대전을 전후한 현대 서구문명을 '몰락' 또는 '위기'로 진단
한 동시대 서구 사상을 흡수함으로써 19세기 물질문명의 한계를 인식하고 대
응으로 기독교의 종말론적 역사인식, 역사 도전에 대한 '반응'으로서 인간의 정
신적, 도덕적 책임, 기독교적 윤리의식을 강조하는 사상적 이해를 보였다.[85]
이러한 사상적 특징은 그가 보수주의적인 한국신학의 틀을 넘어 인류 역사의
문명사적 이해를 기독교적 사유 속에서 독해하려는 시도들로 볼 수 있다. 다
음의 글에서도 김재준의 이러한 현실이해가 잘 드러난다.

資本主義, 共産主義, 國家至上主義 云云은 현대문명 자체의 畸形的 産兒로서
그것을 가지고 너무 신경을 날카롭게 하는 것보다 그 생산모체인 현대문명화를
철저히 진단해야 한다는 것이었다. 그리하여 파묻혔던 spengler가 人氣 俳優로
登場하고 Africa 原始林속의 豫言者 Albert Schweitzer의 文明哲學, 露西亞의 亡命
哲學者Nicholas Berdyaev 등이 다 이런 방향을 가리키고 있다. 이런 意味에서 人
類歷史를 根本的으로 再檢討 再評價하는데 成功한 사람으로 Arnold J. Toynbee
를 들 수가 있을 것이며 社會學面에서 異彩를 發하고 있는 사람으로서 Sorokin
等일 것이오, 神學界에 있어서는 Reinhold Neibuhr, Paul Tillich 等일 것이다.[86]

위 글에서도 김재준은 현대문명의 위기를 진단하고 기독교적 역사인식에
의한 '인간 주동성'을 강조하는 역사철학, 또는 신학적 이해에 천착하고 있음을

• • • • • •

84) 김재준 역 · 트루 블러드(D. E. True Blood), 『現代人의 危機』, 1946년, 조선기독교서회, 1쪽(역자
서문).
85) 정대위, 위의 책; 강원용, 『새時代의 建設者』, 朝鮮基督敎書會, 1949 등 참조.
86) 김재준, 「思想의 歸一」(『임마누엘』 제8호 게재, 1947), 『長空 金在俊著作全集』 1, 한국신학대학
출판부, 1971, 305쪽.

알 수 있다.[87] 다음으로 김재준은 에큐메니컬 신학사상의 국내 수용과 세계교
회운동에의 참여를 강조하였다. 김재준은 1949년 11월에 개최된 '제1회 장로교
청년전국대회'에서 '大戰前後 神學思潮의 變遷'의 강연을 통해 1 · 2차 대전 전
후 세계 신학운동의 동향과 세계교회협의회(WCC)과의 관계, 신학적으로는 '신
정통주의'로 불리는 현대신학사조 등을 소개하였다. 해방 후 한국장로교 안에
서 신정통주의 신학이 대중적으로 소개된 것은 이 강연이 첫 사례가 된다.[88]

신정통주의 신학(新正統主義神學, Neo-Orthodoxy Theology)이란 19세기 자
유주의 신학에 대한 반동으로 칼 바르트(K. Barth)에 의해 시작된 신학사상으
로 '변증법적 신학', '위기 신학'으로도 불리운다.[89] 1차 대전 이후 독일, 스위스
의 젊은 신학자들을 중심으로 18~19세기의 합리적 이성주의, 모더니즘, 19세
기 낙관주의적 세계관과 인간관을 부정하고 1차 대전 이후 현대문명의 모순과
인간성의 위기 등 인간의 실존성을 신과의 관계에서 새롭게 규정하면서 등장
한 신학운동을 말한다. 스위스 신학자 칼 바르트와 에밀 브루너, 미국의 라인
홀드 니이버, 폴 틸리히 등이 이 그룹에 속하며 시기적으로는 1차 대전 이후부

* * * * * *

[87] 안병무는 이 시기 김재준이 '신학은 결국 도그마에 부딪치거나 그것에 거점을 두는 것'이라고 하
여 신학적 사유의 제한성과 역사철학에의 심취를 회고한 바 있다. 안병무, 「현대를 그대로 호흡
하는 사상가」, 『장공이야기』, 한신대출판부, 2001, 343쪽.

[88] 김재준, 「대전전후 신학사조의 변천」, 『장공전집』 1, 1992, 373쪽. 한국교회 안에 '신정통주의 신
학'이 처음 소개된 것은 1930년대로 거슬러 올라간다. 1932년 감신대에서 발행하던 『신학세계』
17권 5호에서 정경옥 교수가 「위기신학의 요령」의 논문을 발표하여 그때까지 한국에서의 '바르트
소개'를 다룬 뒤 1936년 9월에 「위기신학사상의 연구」를 발표하여 소개의 폭을 넓혔다. 이후 박
윤선 박사에 의해 '비평적'으로 바르트 신학이 다뤄졌으며(「칼 빨트의 계시관에 대한 비평」, 『신
학지남』 1937.7; 「빨트의 성서관에 대한 비평」, 『신학지남』 1937.9) 최태용도 「칼 빨트의 의인(義
認)과 성화를 읽고」, 『영과진리』(1938.1), 「복음과 율법: 칼 빨트」 등이 소개되었다. 송창근이 평
양신학교에서 바르트신학을 강연하기도 했다. 그러나 일제 시기 바르트 소개의 수준은 그의 초기
단계로 1932년에 출간된 『교회교의학』이 본격적으로 소개되기 시작한 것은 해방 이후 미국과 일
본 등에서 유학한 신진 신학자들에 의해서이다. 연세대 신과대학, 감신대, 한국신학대학 등에서
강의하기 시작하면서 바르트신학이 포괄적으로 소개되었는데, 지동식, 전경연, 윤성범, 박봉랑,
서남동 등의 중심이었다. 이와 반대로 보수신학의 박형룡, 박윤선, 박아론, 신복윤 등은 바르트신
학 등의 신정통주의 신학을 경계하는 입장에 있었다(기독교대백과사전편찬위원회, 『기독교대백
과사전』 Vol.10, 기독교문사, 1981, 436~437쪽).

[89] 독일 '자유주의 신학'에 대해서는 2절 2항목의 '신신학 논쟁'에서 다룰 것이다.

터 1950년대까지 형성된 개신교 신학의 흐름을 '신정통주의 신학'으로 부를 수
있다.[90] 여기서 '신(新)정통(正統)'의 의미는 바르트가『로마서 주석』을 통해
16세기 종교개혁이 내건 '오직 성서로만(Sola Scriptura)'을 성서 고유의 '복음'
중심으로 재해석한 데서 출발한다.[91] 또한 이 신학의 특징은 인간 역사 자체
가 '하나님의 무대'라고 하여 역사의 의미를 현실 중심적으로 재해석 했다. 따
라서 교회가 인간 사회의 정치, 교육, 경제, 예술 등 각 부문과 직접 관계될 수
있으며 또 되어야 하는 의무가 있다고 파악하였다.[92]

　　그 결과 이 신정통주의 신학은 양차 대전 사이에 세계교회연합운동(Ecumenical
Church Movement)의 태동과 기원에 막대한 영향을 미쳤을 뿐 아니라 2차 대
전 당시 나치즘에 대항했던 독일 고백교회의 신학적 배경이 되기도 했다. 1948
년에 창설된 세계교회협의회(WCC)에 칼 바르트와 에밀 브루너, 라인홀드 니
버 등이 모두 주도적으로 참여한 사실에서도 확인된다.[93] 교회와 인간 역사와
의 관계를 재설정하는 새로운 신학운동의 유입은 한국교회의 내세지향, 영혼
구원, 교파 중심의 보수주의 신앙관과 대조적으로 사회와 역사, 정치와 종교
등에 눈을 뜨게 하는 신학적 전환을 요구하였다.[94]

. . . . . .

90) 이들 외에도 장신대 이형기 교수는 R. 불트만을 '신정통주의 신학'의 계보에 포함시켰다. 1차 대
전 이후 1950년대까지를 신정통주의 신학의 시기로 분류한 것은(이형기, 「신정통주의 신학」의 기
원과 역사」,『기독교사상사』Ⅲ, 대한기독교서회, 2002, 175쪽, 177쪽 참조) 1960년대 이후 '세속
화신학'에 의해 새로운 신학적 패러다임이 전개되기 때문으로 볼 수 있다(이형기, 위의 글, 177쪽
주 3) 참조).

91) 이형기, 위의 책, 181쪽.

92) 김재준, 위의 글, 382~384쪽.

93) 1948년 8월 22일~9월 4일까지 '하나님의 경륜과 인간의 무질서'를 주제로 네덜란드 암스테르담에
서 개최된 제1차 세계교회협의회(WCC)에서 칼 바르트는 신학적 배경을 다루는 제2분과(하나님
의 경륜(계획)에 대한 교회의 증언)에 참가하여 '일치와 교회 갱신'의 문제를 다루었고, 라인홀드
니이버는 이 대회에서 '사회적 · 국가적 차원에 있어서의 기독교적 증언'을 강연하였다. H. 크루
거, 「세계교회협의회(WCC)의 사업과 활동들」, 한국복음주의선교학회 편역위원,『에큐메닉스(선
교와 교회일치)』, 성광문화사, 1988, 198쪽; 라인홀드 니이버 · 지명관 역,『基督敎現實主義와 政
治問題』, 현대사상사, 1973, 109쪽 참조.

94) 한국교회에도 조선예수교연합공의회 등 연합운동의 전통이 있어왔지만 선교사들에 의해 주도된
교파연합 사업으로 신학적으로는 2차 대전 이후 세계교회신학과는 거리가 있는 보수신학에 의한
것이었다.

이제 우리는 크리스챤이면 무조건하고 반기자! 세계 어느 나라 어느 민족 어느 계급임을 莫論하고 크리스챤이면 한 형제요 한 하늘나라 백성이요 한 主님 한 聖神아래 있는 한 肢體임을 다시 기억하고 반기며 사귀며 걱정하고 도웁자! 그리하여 그리스도의 주권 아래에서 數千年來 가장 힘차게 활동하게 하자! 國家至上主義도 階級至上主義도 크리스챤에게는 容許할 수 없는 우상이다. 속량 받은 天國백성으로서의 성도의 교제는 世界的일뿐 아니라 宇宙的이며 영원한 것이다.[95]

김재준은 기독교 복음을 전 세계적 · 우주적 범위로 확장시킴으로써 어느 한 민족 또는 계급, 국가 중심의 사고에서 벗어나야 할 것으로 이해하였다. 따라서 한국교회가 '전 세계 전 우주 전 靈界의 一體된 機構의 一突出部分'으로 자각하여 세계교회운동에 참여할 것을 주장하였다. 따라서 역사적 전환기에 김재준의 이러한 사상은 기독학생과 젊은 신학자들을 중심으로 현실 중심적 복음운동으로 확산되는 계기가 되었다.[96]

• • • • • •

95) 김재준, 「한국교회 무엇을 할 것인가?」(1946.10), 『落穗以後』, 1954, 종로서관, 56쪽.

96) 새로운 신학사상의 영향을 받은 초교파 신학자 그룹인 '복음동지회'를 주목할 필요가 있다. 1948월 12일 종로 6가 기독교대한복음교회에서 창립총회를 개최한 '복음동지회'는 창립 당시 장하구, 홍태현, 김철손, 이시억, 문익환, 문동환, 지동식, 이영헌, 김덕준, 김관석, 장준하, 유관우 등이 회원이었다. 이 조직의 결성은 1940년대 초 일본신학교 유학생 출신들로 당시 유행하던 칼 바르트의 신학사상을 공유하면서 해방 후 조선신학교를 매개로 결성되었다. 초기에는 '동지적 친교'를 우선으로 복음의 새로운 이해와 확산에 뜻을 모으고, 교회의 갱신과 민족적 단합을 위한 기도회 모임으로 출발하였다. '애치슨선언'이 나온 1949년 1월경부터 한반도에 위기가 닥쳐올 것을 예감하고 공산화를 대비하여 지하 비밀 결사체인 「임마누엘단」을 조직, 죽음을 각오하기도 한다. 이들은 김재준의 방계(傍系)인맥으로 매우 중요했는데, 1950년대 중반 한국교회 각 교단 신학자들이 모임의 주축을 이루면서 본격적인 활동을 전개하였다. 연세대의 박대선, 감신대의 윤성범, 김철손, 김용옥, 연세대 신학대학의 김정준, 김찬국, 백리언, 문상희, 유동식, 한국신학대학의 이장식, 전경연, 이여진, 장로회신학대학의 박창환, 이영헌, 루터교의 지원용, 중앙신학대학의 안병무, 홍태현, 대전 감신대의 이호운, 이화여대 교목인 이병섭, YMCA의 전택부, 기독교서회의 조선출, 『思想界』의 장준하, 종로서적의 장하구, 대광학교의 장윤철 등이 1950년대 '복음동지회'의 회원이었다. 이들은 1960년대 초까지 명맥을 유지하면서 한국교회 에큐메니컬 신학을 확산하는 데 실질적인 역할을 담당한다(문동환, 『떠돌이 목자의 노래』, 삼인, 2009, 176쪽; 김관석, 『이 땅에 평화를: 운산 김관석목사 고희기념문집』, 김관석목사고희기념문집출판위원회, 1991, 230~231쪽; 『기독교대백과사전: '복음동지회'편』, 991쪽).

## 2) 선린형제단 · 신인회 · 경동교회와 교회운동

선린형제단은 해방 직후 강원용, 조향록, 신영희, 이상철, 남병헌 등 1930년
대 용정의 은진중학교를 경유하여 해방 직후 월남한 뒤 김재준을 중심으로 재
결합한 기독청년의 신앙결사체이다.[97] 해방공간에서 선린형제단은 신인회(新
人會), 경동교회 등으로 조직이 확대되어 기독학생운동과 교회운동으로 발전
해 갔다. 1917년 함남 이원(利原) 출신의 강원용은 1945년 9월 중순 월남하여
은진중학교 동창이자 김재준의 맏사위 신영희(申榮熙)와 합류함으로써 김재준
과도 자연스러운 재회가 이뤄진다.[98]

함남 풍산 출신의 신영희는 만주 하얼빈 의대 출신으로 1945년 5월 김재준
의 맏딸 김정자와 결혼한 뒤 1945년 9월 9일에 입경하여 도농 처가에서 기거
한 뒤 9월 말 효자동 궁정동회(宮井洞會)로 쓰던 건물을 얻어 김재준과 함께
이주하였다.[99] 조향록은 1920년 함남 북청군 거산면 출신으로 해방 전 캐나다
선교회가 운영하는 함흥성경학교를 거쳐 1940년 4월 조선신학원 최초 학생으
로 입학하여 1942년 12월 제1회로 졸업하였다. 그는 해방 전 풍산읍교회 전도
사로 시무하다 해방 후 9월 상경한 뒤 김재준 그룹에 합류하였다.[100]

해방 직후 어수선한 분위기 속에 김재준을 중심으로 모여든 월남 기독청년
들은 이북에 연고가 남아 있거나 일제 말 학병출병으로 중단되었던 학업의 복
귀, 월남 후 숙식과 생활의 터전을 직접 마련해야 하는 등의 해결과제들을 안

• • • • • •

97) 강원용은 함남 이원군 남송면 출신, 조향록은 함북 북청, 신영희는 함남 풍산군 출신이다.
98) 이 당시 신영희는 김재준의 맏딸인 김정자와 결혼하여 경기도 도농(陶農) 소재 이춘우의 집에서
    김재준과 함께 기거하는 중에 강원용 일가와 함께 지내고 있었다(강원용, 『역사의 언덕에서』 1,
    191쪽; 신영희, 『稿木들의 영광: 신영희장로 회고록』, 전광산업사, 1980, 139쪽).
99) 강원용은 월남 후 신영희가 살던 효자동에 거처를 정했다고 했는데, 신영희의 글에 의하면 강원
    용이 월남한 9월 중순에 자신은 陶農 처가에 있었으며 강원용이 김재준을 찾아왔던 것으로 기
    술하였다(신영희, 위의 책, 139~140쪽). 효자동은 이들이 서울 이주 후 거처를 착오한 것으로
    보인다.
100) 한국기독교장로회 신사동교회, 『신사동교회 100년사』, 신사동교회, 2002, 114쪽.

고 있었다.[101] 김재준과 결합한 활동파 강원용은 1930년대 은진중학교 종교부 활동의 연장으로 월남기독청년 조직의 필요성을 역설하였고, 여기에 김재준의 흥사단 및 동지회 같은 '기독교단체' 구상이 결합되어 선린형제단의 탄생을 보게 된다.[102] 선린형제단 탄생의 배경에서 김재준이 흥사단 또는 동지회와 같은 기독청년단체를 구체적인 모델로 구상했다는 것은 그가 지향한 청년운동의 방향이 매우 현실적이었음을 알 수 있게 한다.

조향록·강원용의 증언에 따라 선린형제단 창립 시기는 1945년 10월 중순이며 단장에는 강원용, 창립 회원으로는 다음과 같다.[103]

강원용, 남병헌, 강형용, 권경철, 김명주, 김선희, 김영규, 김종수, 김정숙, 김청자, 노명식, 박기순, 박억섭, 신영희, 신양섭, 유희원, 이상철, 이재석, 정금숙, 조향록, 차봉덕, 탁연택 등[104]

창립 구성에서 이들은 대개 월남인 기독청년들이며 1, 2차에 걸쳐 회원 확충이 이루어졌고 기독교 배경을 가진 청년학생, 사회운동가, 문인 등 다양한 인적구성을 보였다는 점에서 조직의 확대를 기대하였던 것으로 보인다. 아래의 선린형제단 창단 이념은 김재준이 '기독교 이념'의 실천을 목적으로 작성한 것으로 해방 직후 작성한 「한 크리스찬이 본 건국이념」과 함께 이 시기 김재준의 '기독교적 이상'의 실천 방향을 확인할 수 있다.[105]

• • • • • •

101) 강원용, 위의 책, 156쪽.
102) 신영희, 위의 책, 140쪽; 강원용, 『역사의 언덕에서』 1, 한길사, 2003, 196쪽.
103) 조향록, 『八十自述: 내 한몸 바칠 제단을 찾아서』, 선교문화사, 2009, 124쪽; 강원용, 위의 책, 196쪽.
104) 강원용, 위의 책, 196쪽. 한편 뒤에 멤버가 추가되었는데, 1차로는 강원용의 동생 강이룡, 김기윤, 김기주, 김두식, 문성실, 양준철, 이두운, 이우정, 전태련, 주태익, 최죽송 홍만길, 홍성영 등이었고, 2차추가 멤버는 고태성, 김동성, 박영매, 유재신, 이상선, 장민건, 정용섭, 홍성걸 등이었다.
105) 이때 선린형제단 강령과 함께 해방 직후 김재준이 집필해 놓은 「건국이념」도 강원용에게 건네졌다. 신영희에 의하면 이 선린형제단 이념이 문서화되기까지 얼마간의 시간이 소요되었으며 학생 박희욱(朴熙旭)에 의해 프린트 되어 세상에 나오게 되었다.

〈目的〉

하나님의 榮光과 우리 國民(民族−강원용 글)의 진정한 幸福을 위하여 生活의 온갖 部門(방면−강원용)에 그리스도의 心情이 구현되게 하기를 目的으로 함.

〈綱領〉

1. 우리는 自然과 歷史에 共히 하나님의 絕對主權을 믿는 까닭에 우선 그리스 도의 福音을 전파(傳布)하여 心靈의 重生을 齎來함으로써 새(새로운 조국) 建設의 基礎를 세움.
2. 우리나라의 民主主義的 建設에 가장 緊要(緊重)한 것은 民度의 向上에 있으 므로 우리는 教育과 啓蒙運動을 急速度로 展開시킨다.
3. 大衆의 경제생활 安定, 文化의 向上과 建設을 위하여 基督教(기독애)를 動 機로 한 온갖 社會事業을 營爲함.
4. 衣 · 食 · 住, 기타 實生活 各넷 부문에서 과학적인 改良과 建設을 위하여 부 단히 研究, 指導, 實踐하기를 期함.
5. 이 모든 것은 始終如一 自發的 봉사에 의하여 그 實現을 期다할 것이요, 暴 力 기타 여하한 手段으로든지 양심의 자유를 抑壓하는 것을 절대 容許하지 않음.

〈生活規範〉

1. 우리는 信者의 一員으로서 主의 몸된 教會에 忠誠함.
2. 우리는 純潔 · 服從 · 無私로 단체 행동을 공고히 함.
3. **우리는 事業을 위하여 所有의 최대한을 主의 祭壇에 奉獻함.**[106]

선린형제단의 강령은 김재준이 평소 구상해 온 '기독교적 이상'이 구현된 것 으로 기독교적 '절대주권' 아래 개인구원을 통한 기독교적 갱생의 복음운동을 강조한 특징을 보인다. 선린형제단은 교회가 아닌 '전도관' 형태로 출발하여

......

106) 신영희, 위의 책, 140~141쪽; 강원용, 위의 책, 198쪽. 본 연구에서는 신영희의 글을 본문에 인용 하였는데 강원용 회고와 비교하여 서로 다른 어휘는 괄호로 병기하였다.

제도화된 기성교회를 비판하고 '그리스도의 福音 전파'를 행동강령으로 삼아 복음운동을 지향했음을 알 수 있다. 강령과 생활규범을 갖춘 선린형제단은 기독교 전도사업, 농촌, 의료, 교육·계몽사업 분야의 활동계획을 수립하는 등 미래지향적 특성을 보였으나 현실적인 활동은 월남 기독학생, 청년들을 위한 기숙사를 운영하는 일에 집중되었다.

여기에 선린형제단의 물적·인적 토대가 중요했는데, 강원용의 증언에 의하면 선린형제단 물적 토대는 두 종류가 있었다. 첫째, 청운동에 있던 삼정물산(三井物産)의 사원용 기숙사 건물을 당시 서울시장인 윌슨 소령의 허락으로 불하받아 '신우료(信友寮)' 간판을 내걸고 월남학생들의 기숙사·학사관으로 이용되었다.107) 신우료를 거쳐 간 학생들로는 남병헌·노명식·탁연택·이태성 등이 있었고 강원용·조향록·이태현(李台現) 등이 기숙사 관리를 맡았다.108) 강원용과 노명식은 통의동 여관에서 처음 만난 뒤 청운동 독신묘에서 남병헌, 탁연택 등 학병 출신 기독청년들과 결합하였다. 이때 강원용의 부탁으로 노명식은 조향록과 함께 '선린형제단 전도관'의 건물 관리를 맡았는데 여기에 월남 기독학생들이 모여들기 시작하여 이들을 중심으로 전도관 형식의 교회가 출범하게 되었다.109)

선린형제단의 물적 토대는 김재준과 조선신학교 측이 미군정을 통해 '천리교재단'을 접수하는 과정에서 일부가 제공된 것으로 보인다. 천리교재단 중 옛 동사헌정(東四軒町) 교회당 터 건물이 '선린형제단 전도관' 간판으로 바뀌어 활동 근거지가 되었으며 이외에도 1945년 11월경 선린형제단 고문이자 군정청 보건후생과장 이용설의 도움으로 제기동 소재 포도밭 4천 평의 권리를 농사업 용도로 따냈다.110)

• • • • • •

107) 강원용, 위의 책, 200쪽. 신우료 운영은 이후 회현동 '아사히료(旭寮)'라는 일본인 기숙사 건물로 옮겨가게 된다(강원용, 위의 책, 202쪽).
108) 강원용, 『빈들에서: 나의 삶, 한국현대사의 소용돌이』, 열린문화, 1993, 161쪽.
109) 경동교회, 『경동교회30년사』, 현대교양사, 1976, 40쪽.

이처럼 김재준의 신학교육운동 및 교회운동에 무엇보다 중요한 조건이 물적 기반을 확보하는 일이었는데, 조선신학교의 경우 적산 처리 과정에서 미군정을 통해 일본의 '천리교재단'을 접수하여 물적 토대를 마련하였다. 미군정에서 일본계 종교재산에 대한 '상응(相應)한 조선의 기관으로 이속(移屬)' 방침이 문서로 확인된 것은 1946년 2월경이다.[111] 그러나 조선신학교는 미군정에 적산규정이 수립되기 이전에 이사장 김종대 목사가 서울역 부근의 '천리교재단'의 접수를 제의한 결과 서울 시내 동자동 본부와 영락정 서울 지부 외 10여 곳의 지교회 및 포교소, 부속재산 등 40여 곳이 조선신학원에 이관되었다.[112] 조선신학원 측의 천리교재산 접수 과정은 1945년 9월부터 11월 사이에 진행되었고 11월 하순경에 거의 완료된 것으로 보인다.[113] 그러나 조선신학원 측이 실제 시설을 접수하여 사용하기까지 상당한 시간과 진통이 동반되었으며 이 과정에서 천리교재단 측과 조선신학교 간에 마찰이 생기기도 하였으나 서울시가 일본인송환캠프로 일본으로의 귀환을 명령하여 갈등이 봉합되기도 했다.[114] 선린형제단이 미군정을 활용하여 얻어낸 물적 자원들은 1946년 이후 농장 운영과 교육·사회사업 등 다양한 사회운동을 전개하는 데 경제적 기반으로 이용되었다.[115] 이외에도 선린형제단의 인적 배경으로 미군정 보건후생

●●●●●●

110) 강인철, 『종속과 자율: 대한민국의 형성과 종교정치』, 한신대학교출판부, 2013, 164쪽; 강원용, 위의 책, 145쪽; 경동교회, 위의 책, 37쪽 등 참조할 것.
111) 강인철, 위의 책, 147쪽.
112) 해방 직후 일본 천리교재단 재산은 한국 천리교에 이관된 상태였고, 군정청과 문교사회부장의 인허를 받아 '서울원예(園藝)학교'로 변경된 상태였다. 그러나 조선신학원 측은 일본 신도(神道) 원한으로 접수를 진행키로 하고 미국 유학 경험이 있는 송창근·김재준·최윤관·한경직 등이 미군정과 접촉하였다. 그러나 적산 접수 관련 법규가 마련되지 않은 상태에서 미군정에서 상공부를 거쳐 문교사회부로, 다시 서울시청으로 이관된다. 서울시 역시 법적 처리절차 미제정으로 미국인 시장 윌슨 대령에 의해 임대차 계약 형식으로 인도(引導)하기로 결정하고 조선신학원 측이 천리교재단을 접수하게 된다. 이때 미군정청 한국인 시장은 이범승(李範昇)이었다(경동교회, 『경동교회30년사』, 위의 책, 38쪽; 송우혜, 『벽도 밀면 문이 된다: 송창근 평전』, 생각나눔, 2008, 371쪽).
113) 강인철, 위의 책, 154쪽.
114) 당시 천리교 측은 조선신학원에 앙갚음의 '불바다유언비어'를 퍼뜨리는 등 재산 접수 과정의 '난폭함'에 상당한 불만을 품었던 것으로 보인다. 실제로 이해 늦은 가을 조선신학원 대강당에 화재가 발생하여 강당과 연결된 송창근 학장 사택이 전소되기도 하였다(김재준, 『凡庸記』, 188쪽).

부장인 이용설 박사와 한경직·송창근·김재준이 선린형제단의 고문으로 위촉되었다.[116]

해방공간에서 김재준을 지도력으로 조직된 선린형제단은 강원용의 행동력이 더해지면서 기독학생운동의 신인회와 지식인 중심의 경동교회로 발전했다. 신인회(新人會)는 김재준의 지도하에 강원용이 기독학생들을 조직해 가는 과정에서 핵심 멤버(Key Member)를 중심으로 1946년에 결성한 조직이다.[117] 신인회 모임은 경동교회에서 이루어졌으며 고등학생 신인회와 대학생 신인회 두 그룹으로 나뉘어 조직을 확대해 나갔다. 1세대 대학생 신인회 멤버로는 남병헌·김현자·김영정·이희호 등이었으며 고등학생 회원으로는 박정수, 이범준 등이다.[118]

신인회 구호인 '역사를 그리스도에게'는[119] 해방 후 김재준이 전개한 기독학생운동의 현실주의적 지도 방향과 동일한 맥락에서 이해된다. 즉 국가건설 과정에서 기독교적 역사의식에 의한 새로운 국가 이상의 실현을 도모하였다고 볼 수 있다. 신인회의 이 구호는 보수 기독학생회 구호인 '학원을 그리스도화하자!'와는 대조되면서 1948년 제1회 '대한기독학생회전국연합회(Korean Student Christian Federation)'가 결성될 당시 보수성향의 기독학생회 그룹이 이탈하는 배경이 되기도 했다.[120] 1948년 4월 25일 서울 YMCA 강당에서 개최된 제1회

· · · · · ·

115) 선린형제단은 1946년부터 수색에 농장을 경영하여 농촌활동을 전개하였는데 일본에서 농과대학을 나온 김기주(金基柱)와 이주운(李柱雲)이 주도하였다. 이들은 겨울 농한기를 이용한 농민복음학교 운영과 사회사업으로는 강원용의 동생이자 서울대 의대의 강형용이 경기도 지역 교회를 중심으로 의료봉사활동 등을 전개하였다(강원용, 『빈들에서: 나의 삶, 한국현대사의 소용돌이』, 열린문화, 1993, 216쪽).

116) 강원용, 『역사의 언덕에서』 1, 199쪽.

117) 강원용, 『빈들에서: 나의 삶, 한국현대사의 소용돌이』, 열린문화, 1993, 218쪽.

118) 강원용, 위와 같음.

119) 한국기독학생회총연맹 50주년 기념사업회, 『한국기독학생총연맹50년사』, 다락원, 1998, 60쪽.

120) 1948년 제1회 KSCF 창립 당시 보수 성향의 기독학생그룹(대표적으로 서울대기독학생회)의 이탈 원인에 대해 YMCA 간사였던 김천배는 보수성과 사회적 비전의 결핍을 들었다. 실제 창립총회에서 YMCA 구자옥 총무가 파이프 담배를 피우는 것을 본 서울대 기독학생들이 '세속화된 기독학생운동은 반대한다'고 하여 퇴장했다는 설도 있다(한국기독학생회총연맹 50주년 기념사업회, 위의 책, 64~65쪽).

'대한기독학생전국연합회(KSCF)'에는 전국 각 지역 16개 전문대·4년제 대학, 48 개 고등학교 합계 64개교 기독학생 대표 128명과 기독교 연합기관, YMCA의 지도자를 포함한 총 150여 명이 참석하여 회장에 은진중학교 출신의 남병헌(연세대·선린형제단·신인회), 초대 총무에 신성국(조선신학교)이 선출되었다.[121]

다음으로 김재준의 유일한 목회 경험지인 경동교회는 '전도관' 형태로 출발한 선린형제단이 1945년 12월 '성 야고보교회'로 개칭되고 이후 경동교회로 발전해 간 경우이다. '야고보' 교회의 뜻은 신약성서 중 '그 열매를 보고 나무를 안다'는 예수의 가르침을 따라 '생활신앙'을 강조하여 붙인 이름이다.[122] '성 야고보 전도교회'는 1947년부터 장로교 총회 안에서 김재준의 상황에 따라 변화를 겪게 된다. 먼저 경기노회로부터 교회명의 변경과 장로회헌법에 따라 기존의 '委員制'에서 당회·제직회로의 조직 변경을 요구받았다.[123] 이것은 해방 직후 제도교회 밖에 있었던 '성 야고보 전도교회'가 제도 안으로 편입됨을 의미했다. 결과적으로 교회 혁신을 목표로 제도교회와 다른 성격의 '전도교회'로 시작한 '성 야고보 전도교회'는 상회(上會)인 경기노회의 지도에 따를 것을 결의하여 교회 명칭 변경 및 위원회 직제가 폐지되었다. 교회법에 따라 1948년에 김석목과 김영규를 정식 장로로 장립했으며 이미 1946년부터 장로 역할을 담당하고 있던 강원용과 김능근은 그대로 유지되었다.[124] 1948년 중반 당회가 정식으로 조직되어 노회 가입 절차에 따라 경기노회에 가입되었으며 교회 이

· · · · · ·

121) 한국기독학생회총연맹 50주년 기념사업회, 위의 책, 64쪽; 강인철, 『한국의 개신교와 반공주의』, 중심, 2007, 443쪽 참조. KSCF는 이후 'Y-계열'의 학생운동과 함께 개신교 학생운동의 양대 세력을 형성하게 된다.

122) '성 야고보교회'는 송창근이 지은 이름이었는데(『경동교회30년사』, 40~41쪽) 김재준은 '야고보서(2:14~17, 5:1~6)의 말씀을 강조하여 처음부터 자신이 '생활신앙'을 주장해 온 것에서 붙여진 이름이라 했다(김재준, 『凡庸記』 2, 칠성인쇄소, 1982, 150쪽).

123) 위원회제도란 당회, 제직회 등 교회 행정조직 대신 장로, 집사와 같은 직제를 '위원'으로 일괄하여 수평직제를 표방한 것이다(민경배, 『경동교회30년사』, 경동교회, 61~62쪽).

124) 『경동교회30년사』에 의하면 강원용과 김능근은 이미 1946년부터 장로역할을 해 오고 있었으며, 김영규의 경우 1948년 3월 21일로, 김석목은 같은 해 5월 9일에 피선되었다는 기록이 남아 있다(경동교회30년사편집회, 『경동교회30년사』, 현대교양사, 1976, 63쪽).

름도 지명을 따르는 관례대로 서울의 동쪽을 뜻하는 '경동교회'로 바뀌었고
1949년부터 제직회가 조직되어 정식 장로제도 교회로 출발하게 된다.[125]

경동교회는 해방 직후 새로운 교회운동으로 몇 가지 특징이 있었다. 첫째,
월남 기독청년의 모임으로 시작하여 젊은 지식인, 기독학생 중심의 학생교회
로 성장해 간 경우이다.[126] 둘째, '선린형제단'을 모체로 '성 야고보 전도관'에
서 출발하였듯이 '전도'와 복음 활동을 목적으로 한 공동체적 특징을 보였
다.[127] 셋째, 해방 직후 김재준은 신학교 운영에 주력했기 때문에 경동교회는
강단설교에 비중을 두었다. 김재준은 1946년 봄부터 1957년까지 경동교회 강
단을 맡아 기독청년 · 학생, 기독지식인을 대상으로 시대와 역사, 국가와 교회,
정치와 종교 관계 등 기독교적 사회의식, 역사의식을 고무시켜 갔다.[128]

경동교회를 통한 김재준의 강단설교는 두 가지 특징을 보였는데, 하나는 인
간지성을 활용한 신학과 신앙의 지적활동을 강조한 점이다. 이것은 선교사들
의 주입식 신학교육의 결과 한국교회 전반에 걸친 '반지성적 풍토'에 대한 반
응으로 이해할 수 있다.

> 경동교회는… 지식과 지혜를 통하여 선교하려 했으며 복음에 통하는 것은 무
> 지가 아니라 가장 높은 지식과 지혜라는 것을 증언함으로써 지식을 사로잡아 주
> 께 복종케 하려 한 것이다. …우리가 막연하게 또 하나의 교회를 세운다는 것은
> 그리 유효한 봉사라고 느끼지 않았던 것이다. 우리는 지식인과 학생 측을 중심으
> 로 교회를 세우고 강단을 마련하려 하였다.[129]

125) 김재준, 위의 책, 151~152쪽.
126) 전택부에 의하면 해방 직후 두 개의 색다른 학생교회가 있었는데, 하나는 이화여대 안에 있었던
'협성교회'이며 다른 하나가 경동교회이다. 전자는 학생주체로 장석영 · 이환신 · 이덕성 목사 등
이 초빙되어 번갈아 예배를 드렸으며 경동교회는 김재준, 강원용이 주도하였다(전택부, 『한국에
큐메니컬운동사』, 한국기독교교회협의회, 1979, 213쪽).
127) 경동교회30년사편집회, 위의 책, 61~63쪽 참조.
128) 경동교회의 창립 예배 참석자는 강원용 · 조향록(당시 전도사로 첫 설교 담당) · 권경철 · 남병
헌 · 노명식 · 신양섭 · 박덕혜 · 신영희 · 이일선 · 차봉덕 · 탁연택 등으로 선린형제단 창단 멤버
가 대부분임을 알 수 있다(경동교회30년사편집회, 위의 책, 31쪽).

또 다른 특징은 '현실 신앙'의 강조이다. 이것은 김재준의 신학운동에서 일관된 주제의식의 하나로 한국교회 전통주의적 타계주의와 다른 특징이다. 즉 김재준은 해방이 가져온 '자유' 공간에서 기독인들의 '현실 참여적' 신앙을 강조함으로써 내세 중심의 타계적 신앙을 극복하고자 하였다. 김재준의 이러한 강단설교 특징은 그의 교회갱신운동에서 일관된 주제이기도 했다.

129) 김재준, '경동교회의 성격'(경동교회 창립 15주년 기념설교), 『경동교회30년사』, 현대교양사, 1976, 45쪽.

# 제2절
·
# 1947년~1953년 한국장로교의 분열과 기독교장로회의 성립

## 1. 해방 직후 한국교회 재건과 신학교 문제

1945년 8월 15일 해방이 되자 한국교회는 남과 북에서 각각 서로 다른 재건 운동을 전개하였다. 해방 후 한국교회의 재건은 남한보다 북한에서 더 빠르게 진행되었는데 최초의 재건방향은 8월 22일 전후로 평양감옥에서 출옥한 채정민·이기선·한상동·손양원 등 약 20여 명의 '출옥성도'를 중심으로 9월 20일에 제시되었다.[1]

이후 평북노회 주체로 1945년 11월 14일부터 7일간 평북 선천군 월곡동 월곡교회에서 약 200여 명의 목사, 성도들이 모여 교역자 퇴수회가 열려 교회 재건 지도기관으로 '5도연합노회'가 조직되었다.[2] 교회 재건 원칙에는 두 흐름이

· · · · · ·

[1] 1945년 9월 20일에 '출옥성도'를 중심으로 한국교회 재건기본원칙이 발표되었는데, ①교회지도자들은 모두 神社에 參拜하였으니 勸懲의 길을 取하여 痛悔淨化한 후 敎役에 나갈 것 ②권징은 자책 혹은 자숙의 방법으로 하되 목사는 최소한 2개월간 휴직하고 통회자복할 것 ③목사와 장로의 휴직 중에는 집사나 혹은 평신도가 예배를 인도할 것 ④교회재건의 기본원칙을 전반 각 노회 급 지교회에 전달하여 일제히 이것을 실행케 할 것 ⑤**교역자양성을 위한 신학교를 복구재건 할 것** 등으로 '신사참배'에 대한 권징 문제가 가장 중요한 재건 조건으로 제시되었다(김양선, 『韓國基督敎解放十年史』, 대한예수교장로회, 1956, 45쪽).

[2] 이 합의에 따라 12월 초 평양 장대현교회에서 5도연합노회가 개최되어 교회재건원칙을 다음과 같이 결정하였다. ①북한 五道연합노회는 남북통일의 완성될 때까지 총회를 대행할 수 있는

있었는데, 첫째 신사참배 문제 해결을 최우선 재건 원칙으로 공적 권징과 회개를 강조한 '출옥성도' 중심의 소수파 흐름과 둘째, 권징 및 자숙을 개인 회개로 환원하고 교회 조직 재건을 우선으로 내세운 다수파 의견이 충돌했다. 후자의 경우 대부분 신사참배 가결을 결정했던 제27회 총회 구성원이었고 교권 세력들이었다.[3]

더욱이 남한교회는 1941년에 조직된 일본기독교조선교단 인사들이 해방 후에도 교회 지도층을 유지함으로써 출옥성도 기반의 북한 교회보다 정통성에서 취약했다. 그 결과 남한 교회 재건은 죄책 고백보다 일제 말 조직된 '조선기독교교단'의 유지 존속 문제, 교파환원 문제가 더 우선시되었다. 1946년 6월 11일~13일 서울 승동교회에서 '남부총회'가 개최되어 총회장에 배은희, 부회장에 함태영을 선출하여 장로교의 '新總會'를 조직하였다. 이 남부총회는 1942년 31회 총회를 끝으로 정지된 장로교 총회를 계승한 제32회 총회로 명칭을 개칭하고 다음을 결의하였다.

1. 憲法은 남북이 통일될 때까지 개정하지 않고 그대로 사용한다.
2. 제27회 총회가 犯過한 신사참배결의는 이를 取消한다.
3. 朝鮮神學校를 남부총회 直營神學校로 한다.
4. 여자 장로직의 설정 문제는 남북통일 총회 시까지 보류한다.[4]

위에서 알 수 있듯이 남부총회는 신사참배 처리 원칙을 결의하지 않아 민족교회 재건에 명백한 한계를 드러냈다. 해방 직후 남과 북 교회 재건 원칙에

......

暫定的 협의기관으로 한다. ②총회의 헌법은 개정이전의 헌법을 사용하되 남북통일 총회가 열릴 때까지 그대로 둔다. ③전교회는 신사참의 罪過를 痛悔하고 교직자는 2개월간 謹愼할 것. ④神學校는 연합노회 直營으로 한다.
3) 이 교역자 퇴수회를 주도한 평북노회는 앞서 보았듯이 신사참배 가결을 주도했던 노회들이었으며, 퇴수가 열린 선천 월곡교회는 신사참배를 가결했던 제27회 총회의 총회장 홍택기 목사가 시무하고 있던 교회이다.
4) 김양선, 위의 책, 52쪽.

서 신학교의 복구 재건과 직영 문제가 공통으로 제시되고 있음이 확인된다. 해방 후 국가건설에서 정치이념이 중요했듯이, 한국교회 재건에서 신학 전통의 유지 및 교역자 양성기관으로서의 신학 노선 등이 신학교 재건에서 중요한 현안들이었다. 한국장로교의 경우 1940년대 초까지 선교사 절대권이 유지된 평양신학교를 직영 운영함으로써 '근본주의적 보수신학'의 유지가 가능했다. 그러나 해방 후 신학전통 유지와 신학교 운영에서 변수들이 생겨났는데,[5] 첫째, 신학적으로 한국장로교는 1930년대 이후 소수의 진보적 자유주의 흐름과 다수의 보수주의(근본주의)그룹으로 나뉘어져 있었다. 둘째, 해방 후 미소양군의 주둔과 남북의 분단은 한국교회 안의 신학적 · 지역적 갈등을 가속화시키는 조건이 되고 있었다. 예를 들어 1946년 남부총회가 '조선적 · 자유주의적 경향'의 조선신학교를 총회 직영 신학교로 인가 결의함으로써 서북 중심의 기존 교권주의에 도전하는 형세가 되었으며, 그 결과 폐쇄된 평양신학교의 재건과 보수주의 신학교육으로의 복귀가 시급해졌다. 셋째, 일제 말기 본국으로 송환된 선교사들의 부재와 해방 후 이들의 복귀가 신학교 재건에 미칠 영향이다. 미군정 행정 · 고문 자격의 선교사 복귀는 한국장로교가 과거로 회귀할 가능성이 높아졌음을 의미했다. 특히 북한지역 선교 복귀가 불가능해지면서 남한으로 한정된 선교사들의 복귀는 한국교회의 재정적 종속성을 심화시키는 원인이 되었다.[6]

해방 후 신학교 재건운동은 서울의 조선신학교 외에 다른 두 흐름이 존재했다. 첫째는 '출옥성도' 중심의 신학교 재건운동이다. 한상동을 중심으로 전개된 이 운동은 신사참배 문제의 '철저 처리'와 교회 쇄신을 주장하는 한편, 서울에서 결의된 조선신학교에 대해서는 '현실 타협적 · 자유주의 신학'으로 비타협적 노선을 견지했다.[7] 그 결과 한상동 · 주남선 · 손양원 등과 봉천 동북신학교의

• • • • • •

5) 여기서 평양신학교는 1937년 폐쇄조치 되기 전 선교사들에 의한 '평양신학교'를 말한다.

6) 강인철, 「한국교회 형성과 개신교 선교사들, 1884~1960」, 『한국학보』 Vol. 20 No. 2, 1994, 216~219쪽 참조.

박윤선 박사, 한부선(韓富善, Bruce F. Hunt, 1903~1992) 선교사 등이 합류하여 1946년 9월 20일 부산·경남지역 중심의 고려신학교를 개교하고 평양신학교의 계승을 목표로 내세웠다.[8] 이 목표를 위해 고려신학교는 보수주의 신학자 박형룡의 교장 취임을 결의하여 만주 봉천에 있던 박형룡의 귀국을 종용하게 된다. 그 결과 1947년 9월 20일 봉천을 떠난 박형룡은 23일에 귀국하여 서울을 거쳐 1947년 10월 14일 부산중앙교회에서 고려신학교 교장에 취임하였다.[9] 그러나 고려신학교 그룹은 신사참배 문제 해결을 통한 교회의 '자정(自淨)'과 쇄신을 최우선 조건으로 삼았기 때문에 한국교회 다수로부터 스스로 배제되는 결과를 초래하여 경남지역을 근거로 한 소수파로 분류되었다.

다른 하나는 한국교회 다수파로 기존의 교권 세력과 재입국 선교사들, 여기에 이북 출신의 월남기독교인들이 결합한 '평양신학교' 유지 그룹이다. 1930년대 이후 박형룡과 평양신학교가 '자유주의 척결'에 앞장섰듯이, 해방 직후에도 박형룡은 봉천신학교로부터 귀국 후 서울 중심의 '자유주의화 경향'을 경계하여 고려신학교 교장에 취임한 지 6개월 뒤인 1948년 5월 상경하여 남산에 새로운 '장로회신학교'를 세우게 된다.[10] 박형룡에 의해 세워진 장로회신학교는 조선신학교와 총회 직영을 놓고 경쟁구도를 형성했으며, 월남 기독교인들의

------

7) 8월 17일 평양감옥에서 출옥한 한상동과 16명의 동료들은 수감 중에 일제의 패망을 예견하면서 교회쇄신 방안을 구상하였는데 첫째 조항이 '새로운 신학교를 설립하여 진리를 위해 생명을 바칠 수 있는 참된 교역자를 양성할 것'이었다(이상규, 『한상동과 그의 시대』, SFC, 2006, 25~26쪽).
8) 이상규, 위의 책, 29~30쪽. 고려신학교 측은 당초 만주에 있던 박형룡 박사를 교장으로 세울 계획이었으나 박형룡의 귀국이 지연됨에 따라 박윤선 교수를 임시교장으로 세워 개교하였다. 이것은 1946년 6월 남한만의 총회인 '남부대회'가 조선신학교를 '총회직영' 신학교로 인가한 것을 견제하기 위한 방책에서 나온 것으로 볼 수 있다.
9) 박형룡은 귀국 직후 서울에서 일주일 간 머문 뒤 부산에서 교장에 취임하였다. 서울 체류 기간에 그는 전(前) 평양신학교 이사들과 보수주의 신학교의 재건을 필요로 하는 교역자들로부터 구 평양신학교의 재건을 제안 받았다(이상규, 위의 책, 116~117쪽; 장동민, 『박형룡의 신학연구』, 한국기독교역사연구소, 1998, 346쪽 참조). 박형룡의 부산행에는 고려신학교가 전국적인 신학교가 될 것, 총회로부터 인가를 받을 것을 조건으로 한 것이었다.
10) 고려신학교 전(前) 교장 허순길은 박형룡의 고려신학교 이탈 이유를 세 가지로 보았는데, 총회 직영의 전국 교단신학교가 되어야 할 것, 전국적인 신학교가 되기 위해서는 서울에 위치해야 할 것, 모든 선교회의 지지와 보조를 받아야 할 것 등이다(장동민, 위의 책, 347~348쪽).

충원과 선교사들의 재입국으로 남한교회 보수 밀도가 높아지면서 조선신학교
신학 노선을 배격하는 수순을 밟게 된다. 결과적으로 보수주의 계열의 고려신
학교와 박형룡의 장로회신학교(후에 총신으로 변화)가 조선신학교의 신학자유
운동을 배격하고 '구 평양신학교'를 계승한 신학교재건운동을 전개하였다. 이
과정에서 평양신학교의 신학 전통을 상징하는 박형룡은 고려신학교의 교회쇄
신보다 교권주의와 결합할 가능성이 높았다. 따라서 해방 직후 신학교 재건
문제는 한국장로교의 갈등과 분열을 촉발시키는 원인이 되었다.


## 2. 조선신학교의 신학교육과 51인 진정서 사건

### 1) 조선신학교의 신학적 개방성과 신신학(新神學) 논쟁

해방이 되자 조선신학원은 평양신학교와 일본신학교 등 타 신학교 출신자
들이 전학해 오거나, 감리교 · 성결교 등 타 교파 출신자들이 모여 초교파적인
학원 분위기가 조성되면서 1945년 9월 현재 신입생의 수가 200여 명에 달했다.
김재준과 조선신학원 측은 1945년 9월 이후 본격적인 체제정비에 나서 밖으로
는 새로운 교사(校舍)확보로 신학교의 외연을 확대하고, 안으로는 이사진의 새
편성, 교수진 보강 등 '신학대학' 승격을 위한 정초작업에 착수하였다.

1945년 9월 이사회 결정에 따라 보강된 교수진으로 신약학 · 목회신학 교수
에 송창근, 영어 · 실천신학 교수에 최윤관 목사,[11] 교회사 전임강사로 공덕귀
등이[12] 초빙되었다. 경북 김천에서 목회 중이던 송창근의 합류로 미군정과의

. . . . . .

11) 최윤관 교수는 평양 숭실전문학교를 졸업하고 프린스턴 신학대학을 거쳐 하트포드 대학에서 신
　　학석사학위를 받고 귀국, 세브란스 의학전문학교에서 교목으로 다년간 근무, 조선신학교로 초빙
　　될 당시에는 공덕교회 담임으로 있었다.
12) 공덕귀는 일본 요코하마의 교리츠(共立) 여신학교를 졸업, 김천교회에서 송창근 목사 밑에서 전
　　도사로 목회하던 중 해방과 함께 상경하여 조선신학교와 인연을 맺게 되었다.

접촉이 용이해진 조선신학원 측은 서울 시장 윌슨을 통해 서울역 부근 천리교 본부를 포함한 약 40여 개소 천리교 재산을 접수한 경위는 앞서 살핀 대로이다. 무엇보다 이 일에 흥사단과 수양동우회에서 활동했던 이용설과 송창근의 돈독한 관계가 중요한 배경이 되었다.[13] 적산 교섭을 위한 서류 작성은 김재준이 맡았고 최윤관 목사가 영문으로 번역한 것을 타이핑하여 미군정청 이용설 박사를 통해 당국에 제출하였다.[14] 그 결과 천리교 본부가 있던 동자동에는 조선신학원과 성 바울전도교회, 가장 큰 천리교회가 있었던 저동에는 베다니교회, 두 번째로 큰 천리교회 건물에는 성 야고보 전도관이 세워졌다.[15]

이들은 미국 유학을 경험한 기독교인들로 '신학교 재건' 명분과 미군정 한인 관료의 도움으로 적산 불하에 유리한 위치에 놓여 있었다. 특히 일제 시기 교회와 사회관계에서 인맥이 넓었던 송창근이 조선신학원 원장에 취임한 1946년 3월 이후 본격적인 체재정비에 나서게 된 것은 우연으로 보기 어렵다. 송창근

• • • • • •

[13] 미군정기 한국인 관료의 '흥사단' 관계는 장규식의 「미군정하 흥사단 계열 지식인의 냉전 인식과 국가건설 구상」 참조.

[14] 미군정이 적산불하 관련 법률을 만들기 전에 조선신학원은 김종대 목사의 권유로 적산 건물을 물색하였는데, 일본인들의 불교재산도 있었으나 한국 불교를 고려하여 천리교(天理敎) 측 재산을 물색하였다(한국기독교장로회성남교회교회사편찬위원회, 『서울성남교회50년사』, 서울성남교회, 1998, 24쪽).

[15] 본래 천리교 경성대교회가 있던 곳에 세워진 성 바울 전도교회는 남자 전도자 양성 신학교를 위해 세워진 교회로 송창근이 맡게 된다. 베다니교회는 본래 천리교 경궁(京宮)지부 경성대교회가 있던 곳으로 한경직이 맡아 여자신학교를 운영하였는데 후에 영락교회가 되었다(晩雨 宋昌根선생기념사업회 편, 『晩雨 송창근』, 만우송창근기념사업회, 1978, 287쪽; 한국기독교장로회교회사편찬위원회, 『서울성남교회50년사』, 서울성남교회, 1998, 23쪽 등). 김재준의 제자로 조선신학교 초대 서무과장인 이춘우에 의하면 미군정 '적산관리청'으로부터 접수해 놓은 신학교 재산으로 송창근 · 김재준 · 한경직이 맡았던 각각의 교회 외에도 용산 삼각지 천리교자리의 갈릴리교회(권태희 목사), 북창동 천리교 자리의 성 요한 교회(정대위 담당), 동자동 학교 구내 교실로 사용한 건물 두 채, 기숙사 용도의 1층과 2층짜리 건물이 각각 한 채, 강당 건물, 천리교 관장이 쓰던 건물, 김관식, 정대위, 김재준의 사택이 각각 한 채씩 있었으며 서무과장인 이춘우의 사택, 이외에도 이태준 목사와 월남 학생(김모)이 쓰던 건물, 송창근의 제자(강만수 군)에게 빌려준 교사, 조양중학교가 쓰던 건물, 전성천 목사 동생인 전상칠 씨가 쓰던 건물 등 매우 많은 재산 목록이 있었다. 이춘우는 조선신학교의 많은 재산들을 관리할 수 있는 재정이 부족하여 사실상 관리가 불가능했으며 특히 '소유권' 문제로 갈등이 생기면서 점차 흩어지게 되었다고 하였다(이춘우, 『율원록』, 한울, 1999, 64~66쪽).

외에도 김관식 · 김영주 등 혁신교단 지도자들을 중심으로 1946년 남부총회에 조선신학원의 '총회직영 인가(認可)'의 청원을, 미 군정청 문교부에는 정규대학 인가 신청과 4년제 대학 승격을 위한 준비 작업에 착수하였다.

학교 재단 기금은 송창근과 인연이 있었던 거제도 옥포의 거부 진정율(陳正律)이 소유 임야 45만 평을 희사하여 재단 형성의 기틀을 마련하였다.[16] 교수진도 1946년 봄 학기부터 대폭 보강하여 아오야마학원 출신의 이영희 선생을 채용하여 공덕귀와 함께 여자부를 담당하였다. 캐나다 선교사로 윌리암 스콧(William Scott) 목사와 정대위, 조선출, 김정준 등[17] 평양 산정현교회 출신 3인이 신학을 전공한 뒤 조선신학교 전임강사들로 채용되었다.[18] 이와 같이 해방 직후 조선신학원은 재단 형성과 신학교육 수준 향상을 위해 체제를 정비하여 1946년 6월 12일부터 4일간의 제32회 남부총회에서 '총회 직영 신학교'로 인가 받았으며 1947년 7월에는 미군정청 오천석 문교부장관으로부터 "조선신학교"로 대학 인가(認可)를 받았다.[19]

조선신학교의 신학교육은 초교파적 학생 구성, 비평적 성서 연구방법론, 2차 대전 전후 구미에서 확산된 '신정통주의 신학'의 한국 유입의 특색을 갖추

· · · · · ·

[16] 송창근과 진정율의 인연은 일제 말 송창근이 부산에서 성빈학사를 운영할 당시 거제도의 거부 진정율과 관계를 맺게 되면서 시작되었다.

[17] 정대위는 일본 도지샤대학 신학부 졸업 뒤 김천에서 송창근의 후임으로 목회하던 중 해방을 맞아 조선신학교 교수로 임명된다. 조선출은 아오야마학원 신학부를 졸업하고 경북지방에서 목회하다 조선신학교 신약학 교수로 임명되었다. 김정준은 아오야마학원 신학부에서 구약학을 전공한 뒤 귀국하여 경주에서 목회하던 중 결핵으로 마산요양소에서 치료 후 구약학 교수로 채용되었다. 이외에도 교수진의 보강은 계속되었는데 1949년에는 일본신학교와 조선신학교를 각각 거쳐 간 김관석과 박봉랑이 전임강사로 채용되었고 1950년 4월에는 조선신학교 학부 제1회 졸업생인 이장식이 전임강사로 임명되었다(한신대학50년사편찬위원회, 『한신대학50년사』, 한신대학, 1991, 34~35쪽).

[18] 이 외에도 신학교는 전문 강사진으로 나운영(음악), 박창해(국어), 엄요섭(심리학), 유재기(협동조합), 유기천(법학), 지동식(신약), 고병려(희랍어), 김태묵(교리사), 이규용(종교교육), 채희순(동양사), 김익호(영어), 최거덕(비교종교학), 백영화(한문학), 장하구(철학, 독일어) 등을 채용하여 전문성을 높였다.

[19] 김양선, 앞의 책, 52쪽. 한편 조선신학교가 한국신학대학으로 명칭이 바뀐 것은 전쟁 중인 1951년 3월의 일이다(한신대학50년사편찬위원회, 위의 책, 39쪽).

었다. 해방 후 조선신학교가 취한 신학교육의 개방성은 한국장로교의 근본주
의 보수진영으로부터 정통(正統)과 다른 '신신학'으로 공격의 빌미가 되었다.
김재준과 송창근은 1930년대 이후 한국장로교 안에서 '자유주의 신학의 代辯
者'로, 또는 '옛날 平壤神學校와의 接近을 試하였으나 餘地없이 失敗된 人物'로
인식되고 있었다.20) 이것은 한국장로교가 근본주의적 보수신학을 유지하는 한
김재준의 개방주의적 신학 노선이 수용될 여지가 희박함을 의미했다.

본 연구에서는 한국장로교가 김재준과 조선신학교의 신학 노선을 '자유주의
신학'으로 분류하여 배제와 공격의 대상으로 삼은 원인과 배경을 두 갈래로 나
누어 설명하고자 한다. 첫째, 김재준의 신학 노선을 자유주의로 통칭하게 된
배경에는 19세기 독일의 '자유주의 신학'과 20세기 신정통주의 신학의 한국적
수용 및 변용 과정에서 빚어진 인식상의 착종 현상이며, 다른 하나는 성경해석
학의 발달에 따른 '비평적 성경관'의 수용이 한국장로교의 배타적 교리주의와
마찰을 일으킨 경우이다. 먼저 후자는 2장에서 살폈듯이 이미 1930년대부터
한국장로교 안에서 있어 온 성경관을 둘러싼 갈등이 해방 후 신학교 재건에서
재점화 된 경우이다. 김재준의 성서 비평관은 장로교 제1교리인 '문자무오설·
축자영감설'과 다른 '반(反)교리'이자 '성서 파괴'로, 더 나아가 '반(反)진리'로
공격의 근거가 된 것이다.21)

다음으로 보다 근본적인 원인으로 김재준의 신학 노선과 '자유주의 신학'과
의 관계이다. 먼저 '자유주의' 신학의 개념정리가 필요하다. 신학사에서 자유주
의 신학(Liberalism)은 19세기 독일신학의 중요한 흐름으로 신앙, 은총, 그리
스도, 성서 중심의 종교개혁 전통에 의문을 제기하면서 나타난 운동이다.22)

●●●●●●
20) 김양선, 앞의 책, 197쪽.
21) 장동민, 「1930~1950년대 한국장로교회에서의 소위 '자유주의' 해석의 문제: 송창근·김재준의 신
    학을 중심으로」, 『한국기독교와 역사』 Vol.6, 1997; 정지호, 「초기 한국교회의 "자유주의"와 "성
    서" 이해: 박형룡과 김재준을 중심으로」, 호남신학대 대학원 석사학위논문, 2011; 이익수, 「자유
    주의 신학의 한국교회에 도입된 과정에 관한 연구」, 칼빈대학교 신학대학원 목회학석사논문,
    2009; 최병천, 「1930~50년대 장로교 신학논쟁: 김재준, 박형룡의 성서관을 중심으로」, 장로회신학
    대학교 대학원 석사논문 2004 등 참조.

자유주의 신학의 일반적 특징은 성서의 합리적 해석, 역사적 예수의 강조, 천국의 내재성 강조, 구원관의 새로운 해석에서 인간 이성 활동에 의한 사회적 구원의 도모, 자연신학의 강조 등을 들 수 있다.[23] 그러나 2장에서 살폈듯이 김재준은 아오야마학원을 경유하면서 '자유주의 신학'에 대한 도전의 의미로 칼 바르트의 '신정통주의' 신학을 체득한 뒤 해방 이후 이 신학을 본격적으로 수용함으로써 세계교회 에큐메니컬운동과의 교류를 확대시켜 나갔다.

따라서 김재준의 신학 노선은 엄밀히 구분해서 19세기 자유주의 신학이 아닌 20세기 신정통주의 신학계보에 속하면서 성서 해석상 '비평 방법'을 사용했던 신학자로 분류될 수 있다. 그러나 한국장로교의 근본주의적 보수진영은 19세기 '자유주의 신학'과 20세기 신정통주의 신학을 독일신학의 범주 안에서 '현대주의', '모더니즘' 등으로 해석함으로써 차별화하지 못한 측면이 컸다. 이것을 인식상의 '착종현상'으로 본다면, 이 배경에는 19세기 한국에 전래된 근본주의 신학이 미국에서 태동한 역사적 상황과 밀접한 관련이 있다.

19세기 독일에서 발달한 자유주의 신학이 구미 신학으로 확산되자 미국에

• • • • • •

22) 김홍기, 「자유주의 신학운동」, 『기독교사상사』 Ⅲ, 대한기독교서회, 2002, 9~10쪽. 자유주의 신학은 18세기 철학 사상에 영향을 받은 바가 큰데, 영국의 이신론(deism)—이성에 의해 종교를 재해석하고 성서의 특수 계시를 부인하며 종교의 보편성을 주장—과 18세기 프랑스의 자연주의의 영향—자연계시의 중요성을 강조하여 제도, 교리의 종교를 부인하며 자연종교(하나님의 善에 복종하는 종교)—, 18세기 독일 합리주의의 영향—성서의 합리적 해석, 즉 신화와 초자연적 기적을 부인하고 이성을 선하게만 봄으로써 원죄성을 부인하고 역사적 예수만을 인정— 등을 들 수 있다.

23) 김홍기, 위의 책, 10~11쪽. 자유주의 신학은 전통적인 교의, 신조로부터의 자유, 역사적 문헌과 자료에 대한 연구의 자유를 주장하면서 기독교에 대해 새로운 조명과 해석을 시도하였는데, 첫째, 기독교는 '절대적이고 고유한 종교가 아니라 여러 종교들 중 하나'라고 보았다. 트뢸치(Ernst Troeltsch)를 비롯한 종교사학파에서 강하게 나타나는 주장이다. 둘째, 성서 기사의 과학적·객관적 연구이다. 그 결과 복음서의 기사는 비초자연화(desupernaturalization)되었다. 셋째, 성서 교리 연구 방법에서 당대 철학과 과학의 방법을 이용한다. 그 결과 계시보다 이성과 경험을 중시하였다. 넷째, 기독교 신앙의 본질을 규명하려는 시도이다. 다섯째, 기독교 고유성을 '역사적 사건'이 아닌, 가르침에서 찾으려고 하였다. 특히 예수의 도덕적 가르침이 강조된다. 여섯째, 인간의 죄성을 지식이나 통찰력의 결핍, 둔감한 영적 감각에서 찾는다. 따라서 그리스도가 대속적 구세주라기보다 도덕적 교사, 전형으로 보는 경향이 있다. 대표적인 자유주의 신학자들로는 독일의 슐라이에르마허, 리츨, 하르낙과 칸트, 헤겔 등의 철학자들도 광의의 자유주의자들로 분류된다(정용석, 「보수와 진보의 갈등」, 『기독교사상사』 Ⅲ, 대한기독교서회, 2002, 130~131쪽).

서는 이를 배격하고 청교도 신앙의 유지를 위해 '5개조의 교리'를 근간으로 한 근본주의 신학이 태동하였다. 그 결과 19세기말 조선에 들어 온 미국 선교사들의 신학적 배경도 이와 동일한 근본주의 신학이었으며 한국교회의 신학 전통으로 자리 잡게 되었다.[24] 1930년대 이후 한국장로교회가 일본·미국 등에서 유학한 신학자들의 새로운 신학 노선을 극도로 경계하였던 이유도 이 논리로 설명될 수 있다. 문제의 '비평적 성경관'은 19세기 이후 비약적으로 발달한 성서 해석학의 범주라는 점에서 '축자영감'의 교리를 신조로 한 근본주의 입장에서 볼 때 배타적 경계 대상이 되었다.

김재준과 조선신학교의 신학 노선을 둘러싼 이른바 신신학 논쟁은 '정통성의 시비(是非)'로 촉발되었다. 발단은 조선신학교가 1946년 남부총회에서 '총회직영' 인가를 받은 후 국내 각 선교부에 '理事와 敎授 파견'을 요청하는 수순을 밟게 되자 선교부의 회신과 반응에서 시작되었다. 자유주의 조선신학교와 보수주의적 선교부 간의 협력 관계 성립 여부가 관건이었는데, 북장로교선교부는 '아직 正式으로 關係할 시기가 아님'으로 회답을 보류하였으나 남장로교선교부는 세 가지 조건으로 회답하였다. 첫째, "敎育方針에 있어서 純正統的인 聖經解釋과 神學을 가르칠 것". 둘째, "이것을 實現하기 爲하여 必要하다면 現 敎授陣을 총 退陣 시킬 것", 셋째, "貴校가 前記 二個條件을 受諾한다면 本宣敎會는 試驗的으로 敎授 一人과 理事를 派送하는 同時에 若干의 經常費를 擔當하겠다"고 하여 조선신학교의 성경관을 본격적으로 문제 제기하였다.[25] 이에 대해 조선신학교는 "정통적인 성경해석이나, 정통적인 신학을 무시한 일이 전연 없으니 그 점에 대하여는 杞憂를 가질 必要가 없으며, 동시에 그 문제 때문에 敎授의 총退陣이 강요될 필요가 없다"고 하여[26] 남장로교선교부의 제안을

24) 근본주의 신학은 '성경의 무오(無誤)성, 그리스도의 동정녀탄생, 대속(代贖)의 죽음, 육체적 부활, 기적' 등 5가지 근본교리로 구성되어 있다. 감리교 신학자인 홍현설도 한국교회 '보수주의' 신학이 다른 기독교 사상의 한국 유입을 가로막게 했다는 의견을 피력한 바 있다(강근환, 「한국교회 신학의 흐름과 전망」, 『한국기독교신학논총』 Vol.22, 한국기독교학회, 2001, 147쪽). 뒷 문장 생략.
25) 김양선, 위의 책, 198쪽.

거부하였다.

김재준과도 밀접했던 한경직의 인식은 이 시기 보수 신학자들의 '신신학(新神學)' 이해 정도를 알 수 있게 한다. 1947년 4월에 발표한 글에서 한경직은 미국의 청교도 신앙을 '기독교 중심의 신앙생활'로 전제하고, 이것에서 벗어나 '좌우 곁 길'로 나가는 사조로 첫째가 'Modernism(현대주의)'라고 한 뒤 '과학적 분위기에 쌓인 현대인에게 기독교를 이해시킬 수 있는 장점이 있다하나 기실(其實) 사상적으로 세상과 타협한 신학'으로 정의하였다. 또 이 사조는 '자연주의와 진화론의 영향을 받아 합리주의 인본주의가 그 골자(骨子)로써 근본적으로 불신(不信)의 태도에서 나오는 사상'이라 주장하였다.[27]

특히 한경직은 19세기 독일 튜빙엔 대학 중심의 자유주의 신학을 '신신학'의 출발로 보고 '이 사상은 우리 믿는 사람의 신앙적 태도를 회의(懷疑)케 하여 신앙을 무력하게 하는 것'이라 하였다. 특히 한경직은 신신학의 성경관을 '불신하는 태도로 불경건한 마음으로 성경을 연구한다'고 하여 성서 비평학을 비기독교적 불신앙으로 이해했다.[28] 더 나아가 그는 신신학을 '하나님의 일과 세상 것과 타협하는 속세주의(俗世主義)'로, '오락과 향락을 마음껏 누리고 또 예수도 믿어 구원도 얻으려 하는 넓은 길'이라 하여 청교도 신앙과 대비시켰다.[29] 한경직은 송창근, 김재준과 프린스턴 이후 밀접한 교유 관계에 있었으나 신학적으로는 다른 노선 위에 있었음을 알 수 있게 한다.

●●●●●●

26) 김양선, 위와 같음.

27) 한경직, 「淸敎徒의 信仰」(1947.4.20.) 『建國과 基督敎』, 서울보린원, 1949, 58쪽. 한경직은 "이 사상의 유래가 고대 교회 이후 시대에 따라 조금씩 달라졌을 뿐, 2세기의 노스틱 주의, 4세기의 아리우스주의, 그 후 펠라기우스 주의, 종교개혁 이후에는 '예수는 인간' 즉 위대한 인간이라는 '소시니안주의', 19세기에 독일 튜빙엔 대학을 중심으로 현대주의 사상 등이 신신학으로 우리 교회에 나타나게 된 것"이라 보았다.

28) 한경직, 위의 글, 58~59쪽.

29) 한경직, 위의 글, 61쪽. 한경직은 이 글에서 '대한교회'가 만난 양대 강적, 즉 세속주의와 '유물주의'를 청교도 신앙의 대동단결로 '십자군(十字軍)'을 조직해서 정복해야 될 대상으로 보았다.

신학상의 갈등이 아주 없었다고는 할 수 없지요. 그런데 가만 보니까 송창근 목사와 김재준 목사는 본래 일본의 靑山신학교 출신이거든. 그건 감리교 신학교 고 본래 리버럴 합니다. 리버럴한데 나는 그런 경험은 없거든. 난 그걸 배운 적도 없고 그저 프린스턴 가서 정통신학으로 우리 장로교신학 배운 것뿐이니까 사상 은 좀 달라요.[30]

위에서 한경직은 김재준과 자신의 신학을 감리교 계통의 자유주의와 장로 교 정통신학으로 대비하여 갈등의 여지를 암시하고 있다. 해방공간에서 김재 준과 조선신학교의 신학 노선을 둘러싼 '신신학' 논쟁은 1차 대전 이후 발흥한 독일의 '신정통주의 신학'을 19세기 자유주의 신학의 연장으로 인식함으로써 장로교 정통신학과 다른 신학으로 유포된 원인이 컸다.[31] 여기서 해방 직후 보수신학계는 20세기 신정통주의를 '현대주의', '자유주의', '신프로테스탄트주 의', '신신학' 등으로 지칭하고 보수신학(정통)과 다른 범주로 인식하였음을 알 수 있다. 박형룡의 다음 글에서 이러한 사실이 명료히 드러난다.[32]

이 신흥신학(신정통주의)은 정통주의와는 원거리에 있고 자유주의와는 심히 밀접하여 있다. 이 신학은 자유신학을 비평하는 동시에 정통신학을 비평하되 매 우 가혹하게 한다. 아니 이 신학이 정통신학을 투입하는 비평의 풀무불은 자유신 학을 투입하는 그것보다 칠 배나 더 뜨겁게 한다. 그러므로 이 신학을 '신정통'이 라 칭하기보다는 차라리 '신 자유신학' 혹은 '신 현대신학'이라고 불러야 정당할 것이다.[33]

••••••
30) 이만열, 「한경직 목사의 한국교회사에서의 위치」, 『한경직목사기념사업회 세미나』, 2002.1, 24쪽 참조.
31) 장동민, 『박형룡의 신학연구』, 한국기독교역사연구소, 1998, 373쪽. 장동민은 박형룡이 김재준의 신학을 '신정통주의 신학'과 일치한다는 점을 인정하였다고 보았다. 그러나 박형룡의 인식에서 '신정통주의 이해가 자유주의와 정통주의와의 중용이 아니라 '구자유주의'의 연장으로 주장하였 다'고 하여 박형룡의 자유주의 이해에 한계가 있음을 알 수 있다. 추정하기로 박형룡의 이러한 인식의 한계에는 칼 바르트의 초기 신학이 19세기 자유주의로부터 시작되었다는 점, 그리고 그 (바르트)가 '비평적 성경관'을 취했기 때문으로 보인다.
32) 박형룡, 「한국교회에 있어서의 자유주의」, 『신학지남』 31, 1964.9, 152쪽.

위에서 박형룡은 신정통주의를 '신 자유신학', '신 현대신학' 등으로 칭하고 자유주의 신학과의 친화성을 강조함으로써 자유주의로부터 차별적으로 생겨난 20세기 새로운 신학사조의 한국적 수용에 부정적 영향을 미쳤다고 볼 수 있다.[34] 다음의 글에서도 박형룡의 자유주의 이해가 더욱 명확히 드러난다.

　자유주의는 독일 신학에 계몽이후발전(Post-Enlightment development)이었으니 계몽의 격렬한 이성론에와 신조치중의 정통주의에 대한 항의로 일어난 것이며 적극적인 방면에서는 기독교 신학을 소위 신학문(New learning)의 다량 요소들과 조화시키려는 시도였다. 이것은 1806년에 슐라이어마허의 저서로 말미암아 개시되고 1918년 칼·빨트의 로마서주석으로 인하여 실세(失勢)하였다고 알려진다… 엄격한 정통신학의 관점에서 판단하면 신정통자체가 오히려 자유의요, 이전의 자유주의로부터 얼마큼 우경(右傾)한 무엇뿐이다. 고로 19세기의 자유주의는 20세기에서 다소 실세하였더라도 의연히 생존하여 활동을 계속하고 있는 것이 사실이다.[35]

위에서도 박형룡은 19세기 독일의 '자유주의 신학' 범주 안에 20세기의 '신정통주의'가 포함되어 있으며, '정통'의 표현을 빌었으나 실상은 19세기 자유주의의 연장으로 이해하고 있음을 알 수 있다. 대표적인 보수신학자 하비 콘(Harvie M. Conn, 한국명 간하배)은 1930년대 한국장로교의 분위기를 "일본 자유주의와 바르트주의 사상은 일본 신학교에서 교육받은 한국인들을 통해 한국장로교에 깊숙이 침투했다"라고 하여 자유주의와 바르트주의 간에 경계를 두지 않음

● ● ● ● ● ●

33) 박형룡, 「정통과 신정통」, 『신학정론』 제2권 1·2호, 1950, 14쪽. 이상규에 의하면 박형룡은 1935년에 출판한 『기독교 근대 신학 난제 선평』에서도 '위기 신학'에서 바르트 신학을 비판적으로 기술하였다. 이것은 미국 웨스트민스터신학교의 '코넬리우스 반틸(Van Til) 교수의 '신현대주의' 용어를 사용하여 비판한 것이라고 한다(장동민, 위의 책, 373쪽). 한편 김재준은 박형룡의 이 '정통과 신정통'에 대한 소감을 『十字軍』(1950.5)에 발표하였는데 여기서 정통주의를 '반현대주의', '반계몽주의', '교리주의적', '스콜라주의적' '율법주의적'으로 재비판하였다.

34) 박형룡의 이러한 인식은 그가 신학활동을 하는 동안 지속되었다.

35) 박형룡, 위의 글, 154쪽.

으로써 박형룡과 동일한 인식을 보였다.[36)

김재준의 신학과 조선신학교의 신학 노선을 둘러싼 '정통'과 '신정통', '자유
주의'와 '신신학' 논쟁이 확산된 배경에는 해방 후 세계교회 지도급 인사의 방
한(訪韓)도 한 몫을 담당했다. 1949년 10월과 11월에 걸쳐 프린스턴신학교 총
장인 존 맥카이(J. McKay) 박사와 에밀 브루너(E. Brunner)가 내한한 바 있다.
맥카이의 경우 미국 북장로회 외국선교회 회장이면서 세계교회협의회(WCC)
회장으로, 서울에서의 강연을 통해 '신학의 부흥은 성서의 재발견으로부터 일
어났다. 이것은 제1차 세계대전의 결과와 함께 시작된 것으로서 칼 발트에 의
하여 재래(齋來)되었다'고 하여[37) '말씀 중심의' 신정통주의 신학을 보완하였
다. 바르트의 동료였던 브루너의 방문과 강연은 세계교회 신학사조의 변화에
한국교회가 '근본주의'를 고수함으로써 역행(逆行)하고 있는 현실을 반영함으
로써 이 시기 장로교 보수진영으로부터 비판의 대상이 되었다.[38)

정리하면 해방 후 한국장로교의 근본주의적 보수신학계는 김재준과 조선신
학교의 신학 노선을 신정통주의로 인식하면서도 19세기 자유주의 신학과 동일
한 범주로 이해 또는 오도(誤導)함으로써 '신신학(新神學)', 또는 '이(異)신학'
논리로 광범위하게 유포시켰다는 사실이다. 그 결과 한국장로교 내에서 김재
준의 신학 노선은 1930년대와 동일한 패턴으로 철저한 '배제' 대상이 되었다.

• • • • • •

36) 1920년대부터 일본의 신학사상은 칼 바르트가 20세기의 유일한 신학자로 여겨질 만큼 일본 기독
교에 지대한 영향을 미쳤다. 간하배(Harvie M. Conn)는 일본 신학자 야수오 푸루야(Yasuo Furuya)
의 글을 인용하여 다음과 같이 지적했다. "바르트는 오랫동안, 30년 이상 동안 일본 교회의 신학계
에서 일종의 황제로 군림하여 왔다. 예를 들면 바르트가 금세기의 가장 뛰어난 신학자 가운데 한
사람으로 생각되는 미국의 상황과는 달리 일본에서 바르트는 유일한 신학자로 존중되어 왔다."(하
비 콘(간하배), 「한국 장로교 신학에 관한 연구」 II, 『神學指南』 12월호, 1966, 17~18쪽).

37) 김양선, 앞의 책, 203~204쪽. 김양선은 맥카이의 연설을 '조선신학교 측에서 애써 자유주의 신학
의 대변자로 만든 것'으로 해석했다. 맥카이는 서울 방문에서 조선신학교와 남산(장로회) 신학교
양측에서 모두 강연하면서 당시 세계 신학사상의 흐름을 신정통주의 신학을 중심으로 소개하였
다(이장식, 『창파에 배 띄우고』, 한들출판사, 2001, 95쪽). 이 시기 박형룡은 바르트 신학을 '이단
시'하였음으로 보수교계는 그의 한국 방문을 계기로 '자유주의 신학'에 대한 경계를 더욱 강화했
다고 볼 수 있다.

38) 김양선, 위의 책, 214쪽.

## 2) 김재준과 '51인 진정서 사건', 장로교 2차 분열의 시작

해방 직후 조선신학교가 초교파 구성과 신학적 개방성을 유지하였음은 앞서 살핀 대로이다. 조선신학교에서 김재준은 구약개론과 조직신학, 기독교윤리학을 가르쳤고 내용적으로는 '그리스도의 인격', 크리스천의 사회적 책임, '새 세계를 향한 넓은 마음과 우주 대(大) 심정'을 강조했다.[39] '새 술은 새 부대에!'를 자주 인용했던 김재준은 구약학에서 비평적 방법으로 해석하였고, '창세기 문서설'도 소개하여 방법론에 제한을 두지 않았다.[40] 김재준의 이러한 개방적 신학방법은 '축자영감'·'문자무오'의 교리신학을 배워온 평양신학교 출신 학생들로부터 불만이 제기되어 장로교 '총회' 차원으로 점차 확대되는 수순을 밟게 된다. 문제의 발단은 김재준의 비평적 성서 방법에 불만을 제기한 평양신학교 출신 51인이 연서로 신학교 학생회에 '김재준 교수 배척결의문'을 제출하였는데, 이것이 학생회에서 부결되면서 1947년 4월 18일 대구에서 열린 제33회 장로교 총회에 김재준이 근본주의 신학의 중심 교리들을 부정하는 신학교육을 실시한다는 내용의 '51인 진정서'와 '현재 조선신학교에서 교수하는 자유주의 신학사상'이라는 관련 자료가 제출되었다.

51인이 제출한 관련 자료에는 조선신학교의 신학교육 중 '전통적인 모세오경의 모세 저작권 부인', '제1이사야와 제2이사야의 구분', '성경 조성의 외부적 영향', '바벨탑과 노아홍수의 역사성 부인', '성경의 무오(無誤)성 부인' 등이 포함되었다.[41] 진정서는 성경의 '문헌비평'에 해당하는 김재준의 신학교육 내용

● ● ● ● ● ●

39) 이영민,『은총의 숲 길을 걸으며』, 신지성사, 2003, 30~31쪽. 이영민은 1946년 조선신학교에 입학하여 1950년에 졸업한 김재준의 제자로 훗날 기장이 사회운동을 전면화하던 시기(1964~1976)에 세 번에 걸쳐 기장 총무로 연임된 '기장인'이다. 해방 직후 김재준의 신학교육을 이영민은 '잔잔하게 흐르는 샘물처럼 막힘이 없는 명 강의'로, '깊고 해박한 지식, 그리고 머리가 숙여지는 신앙적 모습, 진솔과 성실과 정직과 신념을 향한 용기'로 회상, 묘사했다.

40) 김재준,『凡庸記』2, 33쪽. 이때 송창근은 목회학, 한경직은 교회사, 헬라어와 신약은 정대위 목사가 담당하고 있었다(김형수,『문익환 평전』, 실천문학, 2004, 167쪽; 문동환,『자서전: 떠돌이 목자의 노래』, 삼인, 2003, 261~262쪽 참조).

을 그의 '신앙관' 자체로 연결하였다. 특히 진정서 마지막 '四항: 歎願에서 학
생들은 '①대국적 見地에서 速히 소소한 地方觀念을 떠나 中央에 完全한 長老
敎 正統神學校를 세워 주실 것'과 '②正統主義 神學者들로써 敎授陣營을 强化,
長老敎正統에 立脚한 神學敎育의 完遂를 圖謀해 주실 것' 등을 제시하여 이 진
정서 제출이 궁극적으로는 근본주의 신학에로의 복귀를 의도하였음을 알 수
있다.42)

'51인 진정서 사건'에 대한 대응은 조선신학교 차원과 장로회총회 차원으로
서로 다르게 전개된다. 조선신학교 내에서는 먼저 학생회가 나서서 진정서를
제출한 고발 학생들을 문제 삼았는데, 학생 문동환은 세 가지 측면에서 학생들
을 비판했다. 첫째, 김재준 목사는 성서를 왜곡한 것이 아니라 역사 비평학의
여러 학설을 소개했던 것으로 문맥을 무시하고 그가 그렇게 주장한 것처럼 말
한 점, 둘째 수업내용에 대한 의문은 교수에게 직접 질문하여 설명을 들어야
마땅한데 확인절차 없이 문제를 일으킨 점, 셋째, 학생회에서 충분한 의견을
수렴 · 행동해야 하는 절차 없이 심각한 행동을 저지른 점 등을 지적하였다.43)
이 시기 학생회 소속의 문익환 · 동환 형제는 한경직을 찾아가 총회 내 문제
해결에 도움을 구하는 등 적극적으로 대응하였다.44)

· · · · · ·

41) 정규오, 『신학적 입장에서 본 한국 장로교교회사』 1, 한국복음문서협회, 1991, 44~46쪽.
42) 김양선, 위의 책, 216~223쪽 참조. 이외에도 엄격한 자격과 신앙기준으로 학생을 선발하던 평양신
    학교와 달리 자유로운 분위기의 신앙훈련을 문제시하였다.
43) 문동환, 위의 책, 169~171쪽. 문동환의 비판에 해당 학생들이 자신들의 소신대로 변호하자 이번에
    는 문익환이 나서서 재비판하였는데, 그때 어떤 학생 하나가 '화해'라는 글자를 혈서로 써서 기독
    교정신이 화해인데 신학생들끼리 갈등을 해서 되겠냐고 호소하자, 학생회는 혈서에 충격을 받아
    논란은 묻혀버리게 된다(김형수, 『문익환 평전』, 264~265쪽).
44) 문익환과 동환 형제는 월남 직후인 1946년 가을학기부터 조선신학교에 편입해서 김재준이 처한
    신학교 문제에 적극적으로 대응하고 있었다. 문익환 형제의 도움 부탁을 받은 한경직은 '염려하
    지 말라. 내가 해결할 테니…'라고 하여 돌려보낸다. 그러나 재차 찾아 간 문(文) 형제에게 한경
    직은 '자네들도 나중에 목회를 해 봐. 장로들의 말을 듣지 않을 수가 없네'라고 하여 영락교회 당
    회의 보수성을 드러냈다. 문동환은 이 일을 계기로 김재준과 한경직의 관계가 '소원해졌다'고 회
    고하였다(문익환, 앞의 책, 261~262쪽; 문동환, 『떠돌이 목자의 노래: 자서전』, 167, 171~172쪽).
    이만열은 이 시기에 한경직 개인으로서는 김재준을 변호할 여지가 있었으나, 갈등이 구조적 파당
    성을 띠고 전개되는 상황인 점과 월남인 정서를 외면할 수 없는 지역주의의 역학 관계 등으로

진정서 사건은 1947년 4월 18일~22일까지 대구제일교회당에서 개최된 제33회 장로회총회로 이관되어, 8인의 조사위원이 선정되어 사건 경위를 조사·보고받게 된다. 8인 조사위원에는 이자익(전북, 총회장), 계일승(조선신학교 이사), 이창규, 문승아, 녹스(Robert Knox, 노라복), 로즈(노해리, H. A. Rhodes), 김원희, 함태영 등이 선정되었다.[45] 상황이 총회차원에서 '조사위원회'가 선정되는 수준으로 전개되자 조선신학교 이사회는 대책 마련에 나섰는데 송창근과 김재준의 입장에 미묘한 차이가 나타났다.

조선신학교 교장인 송창근은 총회와 신학교가 갈등 상황으로 전개되지 않도록 타협을 원했고 김재준은 학문과 신앙 양심을 지키는 원칙을 고수했다. 그 결과 조선신학교 이사회는 김재준 교수에게 '진술서'를 제출토록 한 뒤 총회 심사위원들이 참고하게 하였다. 김재준의 「진술서」는 ①성경관 ②교리문제 ③신관 등으로 구성되었다. 특히 첫째 항목인 성경관에서 '신구약성서는 신언(神言)이니 신앙과 본분에 대하여 정확무오한 법칙이다(신조 1) 이것은 나의 신앙이다'라고 밝혀 '51인 진정서'가 제기한 김재준 성경관의 '성서 오류설'을 정면으로 반박하였다.[46] 아래는 김재준이 제출한 '진술서'의 내용

'곤란'한 상황이었음을 지적하였다. 결국 이 사건 이후 한경직은 '신신학'과의 '몌별(袂別)'이 가능해진 것으로, 김재준과는 인간적인 우정과 신학적 입장의 분화가 가능하게 되었으며, 한경직은 자신이 추구하는 한국교회 정통 노선의 색깔을 더 분명히 할 수 있게 된 계기로 설명하였다(이만열, 「한경직 목사의 한구교회사에서의 위치」, 『한경직목사기념사업회 세미나』, 2002.1, 22~25쪽).
45) 조사위원회의 명단이 7~8인으로 확실치 않다. 장로회회의록에는 이창규, 게일승, 문승아, 노나복, 노해리, 김원희, 이자익 등 7인 조사위원이 선정되어 있는데(『제33회장로회총회회의록』, 1947, 10쪽) 김양선의 책에는 함태영이 추가됐고, 이창규, 김원희의 이름은 보이지 않으며(김양선 앞의 책, 225쪽), 문재린의 회고에는 조선신학교 이사로 구성된 조사위원회에 함태영과 자신을 포함한 8인이 선정되었다고 기술하였다(문영금·문영미 엮음, 『기린갑이와 고만녜의 꿈』, 삼인, 2006, 222~223쪽). 장로교총회와 조선신학교가 공동으로 조사위원회를 구성한 것으로 볼 때 '함태영'은 포함된 것으로 볼 수 있다. 조사위원의 노라복(녹스, Knox, Robert)은 미국 남장로회 소속 선교사로 1906년 조선에 입국, 목포선교부에서 선교활동을 시작, 전남지방 선교활동에 주력하다 신사참배로 본국 송환 후 해방 후인 1948년에 재입국하였다. 노해리(魯解理, Rhodes, Harry Andrew, 1875~1965)는 미 북장로교 소속 선교사로 1908년 8월 내한했다. 평북 강계지방 선교사로 임명되었고, 1918년 연희전문학교 교수로 선임되어 1933년까지 교수로 재직했다. 1922년 조선예수교서회 편집위원으로, 해방 후 기독교서회 평생회원으로 문서운동을 지도했고 교회사가로서 미 북장로교 한국 선교사(宣敎史) 저술을 남겼다.

을 정리한 것이다(첨부 자료 1 참조).

〈표 3-1〉 김재준의 「진술서」 내용 요약(1947년)[47]

| 성경관 |
| --- |
| 신구약 성경은 하나님의 말씀이니 신앙과 본분에 대하여 정확 무오한 유일한 법칙이니라(신조 1) 이것은 나의 신앙이다.<br>(1) 신구약 성경의 권위를 인정하지 않는다는 신언은 성경의 하나님 말씀으로서의 권위를 부인한다는 뜻일텐데 이것은 오해 혹은 무고(誣告)일 것이다. 구약 39권은 동일한 저자도 아니오 동시대의 저서도 아닌데 「누가」 「어디서」 「언제」 「어떻게」 기록하였으며 이것이 언제, 어떻게 경전으로 되었느냐 하는 것은 성경학자들의 간단없는 과학적, 역사적 탐구와 고증으로 말미암아 전통적인 소론이 변경된 것도 있는 것이다. 그러나 이것은 성경 연구의 한 방법이니만치 지식의 부문에 속한 것이요 신앙 문제와는 별개의 것이며 성경이 신언(神言)이 되는 점에는 하등 영향이 없는 것이다.<br>(2) 성경에 오류가 있다고 가르쳤다는 점: 성경은 연대표를 가르치거나 과학적 사실을 가르치려거나 인종학을 가르치는 것이 그 목적이 아니라 이런 것은 사람이 각기 그 분야에서 연구하여 얻을 수 있는 '학문'의 영역이다.···그러면 나는 성경이 정확무오한 유일한 법측이란 것을 믿지 않느냐 하면 결코 그렇지 않다. 나는 성경의 정확무오함을 확신한다. 그러나 그것은 "신앙과 본분에 대하여"라는 영역 안에서 성립되는 것이다. ···성경이 우리에게 영생의 도를 가르치지 못하고 우리에게 영생을 실현시키시는 그리스도를 증거하지 못한다면 우리는 그 성경이 틀렸다고 할 것이다. 그러나 우리는 성경에서 이것을 만족히 얻고 있는 이상 성경은 '신앙과 본분에 대하여' 정확무오한 유일한 법칙임을 화단히 선언한다. |
| 교리 문제 |
| (1)『새사람』지에 정통을 공격했다는 것은『새사람』11월호를 정독하시면 그것이 참 정통을 공격한 것인지 소위 정통의 가면을 쓰고 교회를 난(亂)하는 실제적 이단자를 배격한 것인지를 아실 것이다.<br>(2) 신약학 성경은 교리교재로 씌어진 것이 아니오 하나님의 역사적 계시의 기록이란 것은 누구나 다 아는 사실이다 자기 교리를 변증하기 위하여 성경의 역사적 사실을 곡해 할가 두렵다는 것을 지적한 것이다 참 정통은 그리스도의 심정을 옳게 파악한 자라야만 할 것이다 문자적 정통에 집거하여 '정통'을 '전통'으로 알고 바리새인적인 교만과 완명으로 교권을 끼고 중세기의 종교 재판관 노릇을 재연하려는 자들을 나는 배격하는 것이다.(3) 사도신경의 한 구절 장로교 신조 하나를 다 나의 양심에 비추어 무의(無疑) 신봉하는 것은 하나님이 증거하실 것이다. ···그러나 "예정신앙"의 감격 없이 "예정론을 논리의 유희로 취급하는 자는 경계해야 한다"고 말한 일이 있다 이 말을 이해 못한 몇 학생이 오전한 것으로 보인다 |
| 신관 |
| 나는 구약 종교를 진화론적으로 취급한 적이 없다 그러나 나는 점진적 계시(Progressive Revelation)를 믿는다 하나님은 영원불변 하시나 사람이 받을 수 있는 정도를 따라 점진적으로 계시하였다 이것은 성경 자체가 입증하는 바이며 바울도 율법시대를 소학으로 비유하였다 하나님이 알파요 하나님이 오메가시다 |

46) 김재준의 「진술서」, 김양선, 위의 책, 222~225쪽;『대한기독교장로회 총회제ⅩⅩ회회의록: 부 호헌사』, 대한기독교장로회총회, 1959, 109~112쪽;『한신대50년사』, 63~64쪽 참조.
47)『대한기독교장로회 총회제ⅩⅩ회회의록: 부 호헌사』, 위의 책, 109~113쪽; 한국신학대학50년사편찬위원회, 위의 책, 62~64쪽 참조.

김재준의 위 진술서에 나타난 '성경관, 교리 문제, 신관'의 내용은 아래에서
살펴보겠지만 미 장로교회 직영신학교인 맥코믹 신학교의 조직신학 교수 조셉
하루투니안((Joseph Haroutunian)의 변론에 의해 당시 미국 장로교 신학교의
교수 내용과 다르지 않을 뿐 아니라 '이단적' 요소가 없는 것으로 학술적 평가
를 받게 된다. 그러나 1947년 현재 한국장로교 근본주의 보수신학에서 김재준
의 비평적 성경관은 수용되지 못함으로써 문제는 총회기구를 통해 심사 대상
으로 공론화되기 시작했다. 조선신학교 이사회에 제출한 김재준의 진술서를
토대로 총회 조사위원회는 1947년 5월 12일~15일까지 피어선 성경학교 내
(前)총회사무소에서 김재준, 송창근 등과 면담 형식의 심사가 진행되었다.[48]

〈총회 조사위원회와 김재준의 심사면담 기록〉[49]

問　김 교수 진술서에 의하면 성경에 誤謬가 있다고 하셨는데요?

答　있는 것을 없다고 하겠습니까?

問　어떤 부분에 誤謬가 있습니까?

答　創世記 1장에 '땅이 空虛하여 흑암이 깊음에 있고 神은 水面에 運行하
　　시다'고하는 말이나 '땅이 基礎를 두어 요동치 않는다'는 말은 非科學
　　的이 아닙니까?

問　그러하시다면 구약의 창조설뿐이겠습니까. 新約의 예수의 탄생이나,
　　그의 죽으심이나, 부활이나, 승천, 이 모든 것도 非科學的이 아닙니까.

答　그는 사람을 救贖하시기 爲한 하나님의 特別攝理이니 믿습니다.

· · · · · ·

48) 당시 두 사람의 입장 차이를 잘 드러내주는 내용이 문재린의 회고에 나와 있다. 송창근은 4복음
서(마태·마가·누가·요한복음) 중 마가복음이 제일 먼저 쓰였다고 한 교수 내용이 문제가 되었
는데, 성경을 문자 그대로 믿었던 당시 장로교는 복음서의 순서대로 마태복음이 제일 먼저 기록
된 것으로 믿었다. 조사위원회에서 이 문제가 다시 거론되자 송창근은 '마태복음'이 제일 먼저 쓰
였다고 하여 말썽을 피하고자 했으나 김재준은 자신의 '진술서'를 보완해 줄 논문을 복사해서 조
사위원들에게 나누어 준 뒤 성서 내용이 '역사적 사실' 자체가 아니라는 자신의 교수 내용을 정죄
할 경우 '갈릴레오의 지동설'을 문제 삼은 중세 기독교와 같은 잘못을 저지르는 것이라고 논증했다
(문영금·문영미 엮음, 위의 책, 222쪽).

49) 『대한기독교장로회총회제四四회회의록: 부 호헌사』, 위의 책, 106~107쪽, 김양선, 한신대50년사,
65쪽 참조.

問   어느 것을 믿고 어느 것은 못 믿으시다니 그 무슨 말씀? 장로교회는
     성경을 정확무오하다고 믿는데요, 물론 성경이 歷史書類나 神學書類
     가 아니니 言及하지 않는 點은 있을지언정 記錄한 말씀 중에 오류가
     있겠습니까. 김 교수께서 그렇게 말씀하시면 어폐가 있지 않습니까?
     세상 사람이 성경을 평함은 모르거니와 아마도 김 교수 자신의 본의
     가 아닌 표현이 잘못된 것이 아닙니까? 기록된 성경말씀에 무슨 오류
     가 있습니까?

答   있는 것을 없다고 하겠습니까? 이러한 세 학설이 있는데
     (1) 성경이 정확무오하다고 그대로 믿는 사람이 있고
     (2) 성경이 오류가 있다고 믿는 사람이 있고
     (3) 성경에 다소 오류가 있으나 그 속에 속하는 이치가 있으니 믿는
     사람이 있는데 나는 셋째에 속하는 사람이외다. 나는 그렇게 믿고 학
     자의 양심으로 그대로 가르칩니다.

위의 면담에서도 김재준은 비평적 성경관을 시인하여 학문 입장을 밝힌 동
시에 신앙의 본분으로서 성서의 '무오(無誤)함'을 밝혀 자신의 신앙관을 고수
했다. 조사위원회는 위의 질의 내용과 김재준의 진술서를 토대로 3개 사항의
결정을 내렸는데, 첫째, 그의 교수 내용의 '可/否'를 무기명으로 투표한 결과
부 5, 가 2, 기권 1로 가결되었고, 둘째, 김재준의 성경관에 대해 '본 회로서 김
교수의 聖經無誤의 교리를 査認한다'는 심사보고와 김재준의 진술서 2부를 첨
부하여 신학교 이사회에 제출하였다. 셋째, 학생 문제에 대해서는 조선신학교
이사회에서 이창규, 김상권, 김종대 3인과 교수단에게 일임하여 선처할 것과
전교(轉校)한 학생의 경우 노회가 재 시취 천거할 것 등을 결정함으로써 총회
차원에서 조선신학교 문제는 일단락되었다. 총회 조사위원회의 결정에 따라
조선신학교 이사회는 김재준을 직접 문답한 후 ①일반 교계의 오해를 해소하
기 위해 자신의 성서관에 대한 성명서를 발표토록 하고, ②문제의 해당 학생
들에 대해서는 회개 자복한 후 등교할 수 있도록 처리하였다. 이 결정에 따라

김재준은 다음과 같은 「성명서」를 발표했다.

「성명서」50)

1. 신구약 성경은 하나님의 말씀으로서 신앙과 본분에 대하여 정확무오한 유일의 법칙임을 믿는 데 변함이 없음
2. 신구약 성경에 계시된 영생의 말씀은 곧 구속의 결론인데 이는 하나님의 독생자 예수 그리스도를 증거 하는 데에 그 목적이 있는 것이며 이 계시로서의 신구약 성경은 절대 무오함을 믿음
3. 본인의 강의를 들은 일부 학생들로 말미암아 교회에 물의를 초래한 데 대하여 교수로서 삼가 진사의 뜻을 표함

상(上)을 명성함

김재준

　김재준의 성명서는 조선신학교 전체 이사회가 검토하여 '이의 없음'에 따라 수용하기로 결정한 후 각 노회로 발송하는 한편 조선신학교 이사회 측은 조사위원회의 심의 후에 추가 증빙자료로 미국 북장로회 직영 신학교인 맥코믹신학교 조직신학 교수 조셉 하루투니안(Joseph Haroutunian) 앞으로 교장 송창근의 이름으로 김재준의 '진술서' 영역(英譯)본을 발송하여 다음 두 가지 사항의 회답을 요청하였다.51)

• • • • • •

50) 『대한기독교장로회총회제四四회회의록: 부 호헌사』, 위의 책, 108쪽.

51) 김재준이 발표한 '성명서'의 처리 과정은 뒤에 나오는 「편지에 대신하여」의 내용 가운데 확인된다 (『대한기독교장로회총회제四四회회의록: 부 호헌사』, 위의 책, 146쪽). 한편 맥코믹 신학교는 미국 북장로회가 경영하는 3대 신학교(맥코믹, 프린스턴, 샌프란시스 신학교) 중 하나로 1830년에 미국 하노버에서 시작하여 1840년 인디애나 주 뉴알베니, 1859년에 시카고로 옮긴 뒤에 북장로회 총회 직영신학교가 되었다. 한국교회와도 직접 인연이 깊은 신학교로서 1888년부터 1902년까지 맥코믹신학교 출신 선교사들 14명이 한국에 입국했는데 사무엘 마펫(Samuel A. Moffett), 윌리암 베어드(William M. Baird, Sr.), 그레함 리(Graham Lee), 윌리암 스왈른(William L. Swallen), 제임스 아담스(James E. Adams), 시실 로스(Cyril Ross), 찰스 번하이젤(Charles F. Bernheisel), 윌리암 바렡(William M. Barrett), 알렉스 피터스(Alex. Alb. Pieters), 칼 컨(Carl E. Kearn), 찰스 알렌 클락(Charles Allen Clark) 등이다. 즉 맥코믹 출신 선교사들은 한국교회 초기 지형에서 보수주의 신학과 신학교육 기독교학교교육 등에서 기초를 쌓은 본류라고 볼 수 있을 것이다. 따라서 조선

첫째, 이 성명을 하는 김 교수가 장로교 신학교 교수 될 자격이 있는가?

둘째, 김 교수가 또한 장로교 목사가 될 수 있는가?

그러나 맥코믹으로부터 회신이 도착한 것은 매우 늦은 1949년 12월 19일로 편지에는 한국장로교회 상황과 김재준의 신학 노선에 대해 다음과 같은 입장이 밝혀져 있다. 현재 한국장로교회가 겪고 있는 신학논쟁은 미국 교회가 이미 경험했던 것과 같은 종류의 논쟁이며[52] 김재준의 진술서 내용에 대해 하루투니안은 첫째, "현 미국 장로교회의 신앙에 조금도 배타됨이 없음"이 발견되었으며, 둘째, 김재준의 사상은 "우리 헌법(장로교 헌법 – 논자)에 기술된 대로의 교회의 신앙이며 우리 교회의 목사직을 결속할 만한 어떤 개인의 해석은 아니"며, 셋째, 김재준을 "반대하는 사람들의 주장하는 것과 같은 외양적인 통일성은 프로테스탄트 교회에서 불가능한 일"이라고 하여 교리신조에 의한 신앙의 통일을 반박하였다.[53]

성경관에 있어서 하루투니안은 '기독교인의 성경 사용에 있어서 성서무오설(verbal inerrancy)이 본질(esentional to)이라고 하는 것은 기독교 신앙의 본질(nature)에 대한 심각한 무지를 보여주는 것'이라고 전제한 뒤 칼빈을 근거하여

● ● ● ● ● ●

신학교 이사회는 한국교회와 밀접한 관계를 맺었던 장로교 전통의 맥코믹신학교에 김재준의 신학 노선에 대한 객관적 평가를 의뢰함으로써 이 시기 조선신학교의 신학적 내용의 오류 여부를 판단하는 근거로 제시한 것으로 볼 수 있다.

52) 이것은 1920년대 중반 프린스턴에서 있었던 신학갈등을 말하는데 여기서 하르투니안은 한국교회가 동일한 신학논쟁을 겪는 것에 '비통함'을 표한 뒤 미국 장로교회가 '불행히도 이러한 문제는 자신들의 기독교 신앙에 대한 해석을 주장함으로써 연합의 기회를 해치고 있는 것은 답답한 일(but unfortunately it seems there have always been those in the church who joepradize the bond of unity with theire insistence upon their own interpretations of the Christian faith)'이라고 하여 '메이첸의 근본주의 신학'을 지칭하였다. 『대한기독교장로회 총회제四四회회의록: 부 호헌사』, 위의 책, 125~127쪽 참조.

53) 『대한기독교장로회 총회제四四회회의록: 부 호헌사』, 126쪽. 편지 마지막에서 하루투니안은 문제가 되고 있는 성경관에 대해, "신앙고백서에 있는 성령론은 축자영감설을 제지하거나 또는 그것을 주장하고 있지는 않다"고 전제한 뒤(the articles on the Bible in the Confession were not formulated either to maintain or oppose verbal inerrancy), "이 신조(제1조 성경론)는 성경이 신앙과 행위의 권위로 삼기 위해 제정된 것"(to establish the Bible's as the authority on the faith and practice)이라 하여 신조 자체가 신앙고백의 근거가 아님을 밝혔다. 위의 글, 127쪽.

"우리의 신앙은 하나님의 권위 위에 서 있는 것이지 성서무오설에 있는 것이 아님"을 주장하였다.[54] 김재준의 '예정신앙'에 대한 논평에서도 "바울과 칼빈 양자(兩者)에게 예정은 다만 선택과 속죄에 있는 하나님의 은총과의 관계에서만 유용하게 논의될 수 있는 구속론적 교리"로서 "김 교수는 이 입장을 이해한 사람이며 그에게 있어서 역사와 학식에 바른 이해가 있다고 본다"고 하여 김재준의 예정신앙을 지지하였다.[55]

하루투니안의 회신이 도착한 시기는 1949년 12월로 이 편지가 증빙자료로 총회에 제출되었는지 여부를 확인해 주는 자료는 없다. 다만 여기서 확인할 수 있는 사항은 2차 대전 이후 미국 북장로교 직영 신학교의 교수 내용에 비췄을 때 김재준의 진술서 내용이 신학적으로 이단시 될 근거가 없다는 사실이다. 이것은 앞서 한국을 방문한 프린스턴신학교 교장 존 맥카이나 에밀 브루너가 국내에서 행한 연설, 강연 등과도 크게 다르지 않은 내용으로 2차 대전 이후 구미 신학계의 전반적 흐름으로 이해할 수 있다. 즉 맥코믹 신학교의 늦은 회신은 2차 대전 이후 미국장로교의 자유주의적이고 연합적 사고로 일신된 특징의 반영일 수 있으나[56] 해방 후 한국장로교의 신학적 주류에서 이 서신은 김재준의 입장을 옹호하는 데 효력을 기대하기 어려웠을 것으로 보인다.

앞서 '51 진정서 사건'과 때를 맞춰 한국 보수신학계에 하나의 지각변동이 형성되고 있었다. 부산에서 개교한 고려신학교가 만주 봉천의 박형룡 박사를

· · · · · ·

[54] 이 부분에서 한국 보수주의가 김재준의 '칼빈주의'를 의문시 또는 부정하는 것은 전적으로 '비역사적인 것'으로 12세기 정통주의자들의 칼빈주의와 장로교 '신조'의 칼빈주의를 동일시함으로써 '역사적 변천에 대한 무지'를 보여주는 인식의 오류임을 지적했다.

[55] 하루투니안은 근본주의 신학의 예정론을 오히려 의문시 한 뒤 '이 교리(근본주의적 입장의 예정 교리)는 하나님이 모든 악을 미리 결정했다는 것으로 김교수의 반대론자들은 이해하고 있는 것'이라 해석하였다(위의 글, 128쪽). 또한 김재준이 한국장로교회에서 처한 상황에 대해 '신학교 교수직과 목사직의 파면'에 직면한 사실에 대해 "김 교수가 가진 바와 같은 기독교 신앙의 분명한 이해와 장로교회의 정신을 참으로 바로 파악한 사람이 기독교 성직에서 축출을 당한다는 것은 복음에 대한 충성을 표한다기보다 오히려 하나의 범죄를 감행하는 것이라 할 것"으로 논평하였다. 위의 글, 127쪽.

[56] 2차 대전 이후 미국 신학계의 변화 흐름은 강인철(1996), 108~118쪽 참조.

교장으로 추대하여 귀국길에 오르게 되면서 김재준과 조선신학교 문제가 다른 국면으로 전개되기 시작한 것이다. 1930년대 이후 한국장로교 내에서 자유주의 도전들에 신학적 해석권을 가졌던 박형룡은 조선신학교의 '51인 진정서'와 김재준의 진술서를 분석한 뒤 "김재준 교수의 진술서에 나타난 성경관은 파괴적 고등비판의 성서관이요 교리 문제에 대한 변명은 신신학의 옹호자로 자현(自現)함이 명백하다'는 내용의 '비판문'을 발표하여[57] 평양신학교의 복원을 바라던 다수 보수 진영에 결정적인 영향을 미쳤다고 볼 수 있다.

## 3. 한국전쟁기 장로교회의 분열과 기독교장로회의 탄생

### 1) 34~36회 장로교 총회와 두 개의 장로회 신학교

해방 후 남과 북의 분단화 과정은 한국교회의 정치 지향을 결정하는 중요 변수가 되었다. 북한의 사회주의 정권 수립 과정에서 기독교인들은 친미·반공주의 성향의 미국식 자유민주주의에 기초한 남한의 미군정을 선호했다. 해방 직후 북한의 교회 재건기구인 이북5도연합노회는 '북한교회해방감사사절단'의 이름으로 이인식 목사(증경총회장), 김양선 목사(평동노회장)를 파견하여 연합군 사령관에게 감사의 뜻을 표하는 등[58] 미군정과 접촉을 유지했고 정치

• • • • • •

57) 『대한기독교장로회제四四회총회회의록: 부 호헌사』, 앞의 책, 114~115쪽; 정규오, 앞의 책, 54쪽. 근거로 박형룡은 첫째, 현대 비평학을 따라 김재준 교수가 모세오경의 모세저작권을 부인하여 성경의 권위를 파괴하였고, 둘째, 성경의 무오(無誤)를 믿는다고 주장하지만 성경무오사상과 그가 수용하는 고등비평은 서로 양립할 수 없다는 점을 지적했다. 한편 박형룡의 귀국을 돕기 위해 고려신학교의 송상석 목사가 파견될 때 이미 '51인 진정서'를 소지하고 가서 박형룡에게 건넸고 그의 '귀국을 종용'하였던 것으로 알려져 있다(장동민, 앞의 책, 345쪽).

58) 북한교회재건 조직인 5도연합회 임원은 회장에 김진수(선천교회), 부회장에 김화식(장대현교회), 서기김길수(평양신암교회), 부서기 이기혁(용암포제일교회) 목사 등이며 위원에는 김철훈(동평양교회), 이유택(신현교회), 한의원(평양기양교회, 평서노회장), 한덕교(안주노회장) 등이다. 이들은 평양신학교를 재건하여 이사장에 김화식 목사, 교장에 김인준 목사를 세웠다(함북노회100년사편찬위원회, 『함북노회100년사(1912~2012)』, 쿰란출판사, 2014, 122~124쪽).

인으로는 이승만을 지지했다.[59] 출신 성분에서 중농, 부농, 지주 혹은 자본가
계층이 많았던 서북지역 기독교인들은 북한의 토지개혁과 생산수단 국유화 등
사회주의 혁명 과정에서 청산 대상으로 분류되어 북한 정권과의 갈등이 불가
피했다. 따라서 이들의 선택은 남한으로 월남하여 신앙 자유를 확보하거나 잔
류하여 사회주의 정권에 저항 또는 수용되는 길이 있었다.[60]

개신교 신자 중 월남 인구의 정확한 규모는 현재 파악하기 어려운데 강인철
은 해방 당시 개신교 신자 수 추정치인 201,383명 중 24.6%인 49,540명을 개신
교 월남자의 '최소치'로 제시한 바 있다.[61] 또한 일반인 월남자 규모로는 해방
직후부터 1945년 말까지 월 평균 10만 명 이상이 월남했으며 1946년 1월~6월
사이 매월 1만 명을 상회했는데 1946년 3월 북한에서 토지개혁이 단행된 조건
을 감안할 때 월남인 수의 급격한 증가를 확인할 수 있다.[62] 북한 출신의 월남
인 개신교인들은 월남 후 서울 등 대도시 중심으로 '피난교회', '피난민 교회',
'실향민 교회' 등의 월남인 교회를 세워 남한 교회로 편입되어 갔고, 1947년 8
월 15일에는 평안도 · 황해도 출신 장로교 목사 20여 명이 영락교회에서 '이북
신도대표회'를 발족시켜 월남인 교회의 조직화 작업이 더욱 폭발적으로 전개
된다.[63]

● ● ● ● ● ●

59) 대표적 인물이 황은균 목사였다. 그는 "(임박한 장래에) 소련군을 몰아내고 미군이 올 것을 굳게
　믿으며 낙망 중에서도 희망을 갖고 신앙의 자유를 위해 꿋꿋이 싸울 태세를 갖추었다"라고 하여,
　이 시기 이북5도연합노회의 '친미적(親美)'성향을 알 수 있다(대한예수교장로회평양노회, 위의 책,
　241쪽).

60) 대한예수교장로회평양노회, 『떠나온 평양 다가온 평화통일: 대한예수교장로회평양노회100회사』,
　한국장로교출판사, 2012, 246~247, 325쪽.

61) 해방 당시 북한의 개신교 신자 수는 201,383명으로 이 가운데 장로교 신자는 169,274명, 감리교
　신자는 20,265명, 기타 교파신자는 17,463명 등이다. 최소 개신교 월남인 49,540명 중 장로교인은
　169,274명 중 41,463명, 감리교 월남자 수는 20,265명 중 4,985명, 기타 교파 17,463명 중 4,296명
　으로 추정되며 이 수치도 해당 교파 월남자의 최소치에 해당한다. 월남인 개신교 신자의 정확한
　통계가 파악이 어려운 이유는 각 교파 중앙기관들이 월남한 종교인에 대한 조사를 실시한 바가
　전혀 없기 때문이다(강인철, 「월남 개신교, 천주교의 뿌리, 해방 후 북한에서의 혁명과 기독교」,
　『역사비평』 제17호, 1992, 108~109쪽; 강인철, 앞의 책, 2007, 414~417쪽 참조).

62) 북한에서 토지개혁이 단행된 1946년 3월에는 34,670명, 4월에 50,450명, 5월 25,818명이 월남했다.
　(강인철, 위의 책, 2007, 411쪽).

월남인의 수가 증가하자 1947년 4월 18일 대구 제일교회에서 개최된 제33회 총회는 "38이북 목사로 노회에 이명(移名)코저 할 때는 노회가 신임하는 38이북 출신 목사의 증명으로 받기"로 결의하여[64] 월남 교역자들과 교회들이 남한 지역 노회에 편입되었다. 영락교회가 같은 해 11월 경기노회에 가입한 것에서 알 수 있듯이 월남인 개척 교회의 경우 대개 서울과 인천지방에 위치하여 경기노회로 편입될 가능성이 높았다.[65] 다시 말하면 서북 출신의 월남 교역자들의 서울 운집은 조선신학교의 근거지인 경기노회에서 점차 수적 다수를 확보함으로써 기존의 '서울파'와 대립하는 세력을 형성하게 된다.[66]

'51인 진정서 사건' 이후 서울에서는 장로회신학교를 세우려는 움직임이 이정로·이인식·이재성 등의 원로목사를 중심으로 전개되고 있었다.[67] 여론을 총회차원에서 환기시키기 위해 이들은 1948년 3월 15일 대전제일교회에서 신학교 문제를 위한 전국적인 대회의를 소집하였는데 여기에 다수의 교역자들과 선교사들이 개인자격으로 참가하여 '신학문제대책위원회'를 구성하고, '김재준 교수의 진술서에 대한 비판, 조선신학교 이사(理事)의 재선정과 현교수진의 총퇴진' 등을 내용으로 한 '조선신학교 개혁안'을 마련하여 총회에 제출할 것을 결정하였다.[68]

1948년 4월 20일~23일 서울 새문안교회당에서 개최된 제34회 장로회 총회에 위 '개혁안'이 제출되었으나 투표에서 부결되자, 총회 측 이사들이 '개혁안 관철'을 계속 주장함으로써 새로운 절충안이 제출되었는데 첫째, 김재준 교수를 연구차 1년 '양행(洋行)토록 할 것', 둘째 조선신학교의 새로운 교수진에 '위

63) 월남인 교회들의 남한 정착과 재조직화 과정의 구체적 사례와 이북신도협의회의 활동 등은 강인철(2007), 위의 책 10장 참조.

64) 『예수교장로회제三十三會총회회의록』, 7쪽.

65) 강인철(2007), 위의 책, 447쪽.

66) 강인철, 위와 같음.

67) 김양선, 『韓國基督敎解放十年史』, 대한예수교장로회, 1956, 228쪽.

68) 동 위원회가 '조선신학교 개혁안'을 마련한 것은 총회에서 개혁안이 성공되지 않을 경우 '장로회신학교'의 재건이 '불가피한 사실'이 될 수 있을 것이란 계산이 있었기 때문이다(김양선, 위와 같음).

인사 · 옥호열 · 권임함 · 서고도 · 박형룡 · 김진홍 · 심문태 · 명신홍' 등을 청빙
할 것, 이것을 위해 교섭위원으로 함태영 · 송창근 · 계일승 · 김광수 4인을 추
천하는 내용이었다.[69] 절충안에는 새로운 교수진으로 북장로교 · 남장로교 ·
호주 · 캐나다 각 선교부 1인씩을 배정하여 균형을 맞추었으나 한인 교수들은
모두 보수신학자들로 구성되어 조선신학교가 수용하기 어려운 조건이었다.[70]
교섭위원에 송창근이 포함된 것에서도 알 수 있듯이 이 시기 송창근은 김재준
의 신학방법이 틀린 것은 아니었으나 총회와의 갈등 해소를 원했고 학교 대표
로 대립을 진정시킬 역할을 맡았던 것으로 보인다. 반면에 조선신학교 내에서
는 학생들의 거센 반발과 저항에 부딪쳤는데, 학생들은 '새 술은 새 부대에 담
아야 한다'는 논리를 전개하거나,[71] 김재준을 둘러싼 '빌라도 법정'의 재연으로
인식하는 등 학생들의 잇단 항의가 전개되었다.[72]

총회 내에 타협안이 제출된 배경에는 해방 후 재입국한 선교사들의 총회 재
진출과 영향력의 회복이 중요한 변수로 작용했다. 북한지역 선교가 불가능한
상황에서 남한 교회로 편입된 각 선교부의 선교활동 재개와 재정 지원, 그리
고 선교사들의 보수적 · 교파주의적 성향은 남한 교계의 보수 밀도를 높이는
변수들로 작용하였다.[73] 1947년 4월 남장로교선교부가 공식적으로 재조직되
어 1948년 현재 선교사 수는 29명이며, 1948년 1월 북장로교선교부가 재조직

• • • • • •

69) 선교사의 분배는 위인사(衛仁士, Winn, Samuel Dwight): 남장로교, 옥호열(玉鎬烈, Herold Voelkel):
북장로교, 권임함(F. W. Cunningham): 호주, 서고도(William Scott): 캐나다 등 각 선교부 1인씩을
배정하여 균형을 맞추었다(「조선예수교장로회총회제三十四회회의록」, 『대한예수교장로회총회회
의록』, 1968, 대한예수교장로회총회, 24쪽; 김양선, 위의 책, 229쪽).

70) 한편 1948년 현재 조선신학교의 이사회는 김광수, 송희용, 이근택, 함태영, 김영주, 이자익, 김상
권, 계일승, 양화석, 김춘배, 심문태, 박서현, 김종대, 이원영, 구연직 등 총 15인으로 구성되었다.
(위 회의록, 21쪽).

71) 이장식, 앞의 책, 92쪽.

72) 이춘우, 『율원록』, 한울, 1999, 70쪽.

73) 1944년 9월 미국에서 북장로교 선교본부 주최로 열린 '한국문제간담회'에서는 가능한 한 많은 기
존한국선교사들이 다시 파견되어야 한다는 원칙을 정했다(강인철, 앞의 책, 1996, 114쪽; 「한국교
회 형성과 개신교 선교사들, 1884~1960」, 『韓國學報』 Vol.20 No.2, 1994, 217쪽 참조).

되어 6월 제1차 연례회의가 소집되었을 때 35명의 선교사가 참석하는 등 1947
년 중순 이후 이미 상당수 선교사들의 재입국이 완료된 상태였다.[74] 따라서
이들은 한국교회에 기존의 영향력을 회복해 갔고 특히 신학교 문제에 있어서
선교사들의 신학 노선과 재정적 지원은 가장 중요한 변수로 떠오르게 된다.[75]
그 첫 반영이 제34회 장로회 총회에 선교사들이 제출한 '在 朝鮮 長老會 宣敎
師 名簿'이며 앞서 김재준의 '진술서'에 대한 박형룡의 '비판문'도 이 총회에 제
출되었다.[76] 제34회 총회가 선교사를 각부 협조위원으로 선임하기로 결정함에
따라 1949년부터 각 노회 및 각 부서에 선교사들이 선임되었고, 총회 직영 신
학교 문제에도 선교사들의 의견서가 제출되는 등 한국교회에 적극 개입하게
된다.[77]

자신의 신학 노선인 진술서가 비판되고 조선신학교의 운명이 선교사들에
의해 결정될 상태에 처해지자 34회 총회를 지켜 본 김재준은 '「편지를 대신하
여」'란 장문의 글을 발표하여 신학교 문제의 경위와 자신의 신앙 입장을 토로
하였다. 글은 크게 ①신학교육에 헌신한 동기 ②'정통장로교파의 암약'에 대하
여 ③조선신학교학생사건의 진상 ④특별위원회와 이사회와 나 ⑤처벌학생 복
교경위 ⑥항간에 돌아다니는 유언비어에 대한 몇 가지 대답 ⑦진퇴 문제에 대
한 태도표명 등으로 구성되었다. 김재준의 장문 「편지를 대신하여」는 이 시기
자신의 신앙양심을 변론한 최후 진술서에 해당하는 글로 신학 변증과 정서적

• • • • • •

74) 강인철, 위의 책, 114쪽.
75) 강인철, 위의 책, 116쪽; 안종철,『미국 선교사와 한미관계 1931~1948』, 한국기독교역사연구소,
    270~273쪽; 윤정란,『한국전쟁과 기독교』, 한울, 2015, 88~93쪽 참조.
76) 총회에 제출된 '在 朝鮮 長老會 宣敎師 名簿'는 다음과 같다. 서울: 플레춰, 고언, 겐소 부부, 전마
    태, 원한경 부부, 대구: 안두화, 감부열, 라이온, 로두의 다인드, 밸맨, 청주: 남현리, 허일, 밀터
    부인, 원요한, 안동: 권찬영, 옥호열, 안두소, 조운선, 곽두인, 서울(캐나다): 서고도 부부, 베레사
    부부, 뮤레이, 쌴돌다니얼스, 빠인, 전주: 인톤, 푸례취어드, 위인사, 위부인, 크레인, 군산: 김아각,
    타요한, 구례인양, 반부인, 광주: 로나복, 타마자, 도부인, 구부인, 유부인, 목포: 조하파, 조마구렛,
    맹에다부인, 순천: 구례인부부, 보이열 부부, 밀러부인, 부산: 라레인, 권임한, 위대사, 전은혜, 이
    혜순 등(한국명 표기)(『조선예수교장로회총회제34회회의록』, 16쪽).
77) 윤정란, 위의 책, 92~93쪽.

소회 등이 충실하게 포함된 매우 의미 있는 글이다(첨부 자료 2 참조). 여기서
는 7항의 내용을 중심으로 내용을 살펴보고자 한다.[78]

　우선 김재준은 조선신학교를 둘러싼 총회 내 문제의 중심인 자신의 '진퇴여
부'에 다음과 같이 입장을 밝혔다. 첫째, '51인 진정서 사건' 이후 조선신학교
이사회가 김재준의 퇴진을 결정하지 않은 것은 김재준의 신학적 입장이 장로
교신학교 교수 내용에 '절대 불가'로 입증되지 않았기 때문으로 그는 이해했다.
둘째, 김재준은 '학적판단'의 문제는 행정 문제가 아닌 '진리 판단'의 여부로 교
권 또는 정권에 의해 판단될 수 없음을 주장했다. 셋째, 판단의 근거로 김재준
은 기독교란 본질적으로 하나의 국가, 또는 한 교파의 것이 아니라 '전 세계적,
하나의 거대한 유기체'이므로 자신에 대한 정죄 여부는 한국교회와 관련 있는
미국 북장로교 각 신학교 및 총회교육국, 캐나다, 호주, 영국, 스코틀랜드 등
각국 장로교 또는 연합교회 신학교와 교육국 등에 보내어 판단을 얻은 후 결
정할 것을 주장하였다.[79]「편지에 대신하여」마지막에서 김재준은 신앙양심
에 대한 자신의 변론을 아래와 진술하였다.

　　신학이란 것은 신앙양심과 직접 관련된 것이니만치 다시 그리스도와 나 자신
　과의 사이에 보이지 않는 성신의 간증과 묵계가 있는 것이어서 이에 함부로 손대
　는 것은 지성소를 범하는 두려움이 있음을 알아야 합니다.[80]

　즉 이 시기 김재준은 총회에서 전개된 일련의 사건들이 자신의 '신앙양심'에
대한 침해로 받아들이고 있음을 알 수 있다. 한편 보수파에 의해 조선신학교

• • • • • •

78)『대한기독교장로회제四四회총회회의록: 부 호헌사』, 앞의 책, 136~150쪽 참조.
79)『대한기독교장로회제四四회총회회의록: 부 호헌사』, '편지에 대신하여', 148~149쪽 참조. 한편 앞
　서 조선신학교 이사회가 맥코믹신학교 앞으로 김재준의 '진술서 영역본'을 보낸 시기는 1947년
　5월이며 이에 대한 회신이 도착한 것은 1949년 12월로, 그 사이에 있었던 '34회 총회'와 '편지를
　대신하여'에서 이러한 입장을 재확인 한 것으로 볼 때 김재준은 자신의 신학적 '정죄'의 부당성을
　세계교회에 호소하려는 입장을 견지하고 있었던 것으로 보인다.
80)『대한기독교장로회제四四회총회회의록: 부 호헌사』, 위의 글, 149쪽.

개혁안과 절충안이 수용되지 않은 상태에서 장로회신학교 재건파들은 1948년 5월 20일 서울 창동교회에 모여 장로회 신학교 개교를 결정한 뒤 이정로 목사를 이사장으로 이사회를 조직하고 박형룡 박사를 임시교장으로 추대하였다.[81] 그 결과 북장로교와 남장로교 선교사들의 지지를 받아 1948년 6월 9일 남산 조선 신궁 건물에서 '장로회신학교'가 정식으로 개교하고 부산 고려신학교를 떠나 상경한 박형룡 박사가 교장으로 취임하였다.[82] 김양선은 장로회신학교의 개교가 구 평양신학교의 '재생(再生)'을 의미하였으므로 보수주의신학의 '고수운동'이 본격화되었으며, 이것으로써 자유주의 신학의 기반이 '근본적으로 동요'하게 되었다고 평가했다.[83]

1949년 4월 19일~23일간 서울 새문안교회에서 진행된 제35회 장로회 총회에서는 재한 선교사들이 총대로 참석하여 회원권 행사가 가능해졌고, 앞서 박형룡의 장로회신학교의 승인과 '총회직영'을 청원하는 건의가 본격적으로 추진되었다. 장로회신학교에 대한 3가지 청원 건이 헌의부에 제출되었는데 첫째가 군산노회장 이상귀, 순천노회장 김순배, 전남노회장 김재석, 경동노회장 강인구, 충북노회장 김영노에 의해 제출된 장로회신학교의 총회직영 청원 건이며 둘째, 장로회 신학교 승인 청원 건으로 경안노회장 이원영, 경남노회장 이약신이 제출하였다. 셋째, 경북노회장 최재화 목사가 제출한 '조선, 장로양신학교'의 합동안과 합동부결 시 장로회신학교의 직영 인허 후 대구에 설치할 것을 내용으로 한 청원권 등이 제출되었다.[84]

또한 총회는 장로회신학교의 이사를 현행 이사로 '인정'하기로 가결함으로

• • • • • •

81) 김양선, 위의 책, 245쪽; 총신대학교100년사편찬위원회, 앞의 책, 529쪽.
82) 총신대학교100년사편찬위원회, 위의 책, 479쪽. 『총신 100년사』에는 "박 박사는 신학교가 총회 인준을 받아 총회적인 신학교로 성장, 발전하기 위해서는 한국의 수도 서울로 이전해야 한다고 주장했다"고 하여 박형룡의 이 시기 서울 복귀 의지를 확인할 수 있다. 100년사편찬위원회 편, 『總神大學校百年史』, 총신대학교, 2003, 471쪽.
83) 김양선, 위의 책, 245쪽.
84) 『조선예수교장로회총회제 三十五회회의록』, 34, 58, 87~89쪽 참조.

써 총회가 장로회신학교를 인준하고, 세 건의 청원 건을 표결한 결과 장로회
신학교의 총회 직영이 결의되었다.[85] 총회 결의로 결과적으로 두 개의 직영
신학교를 경영하게 된 셈인데, 총회는 이 문제 해결을 위해 장로회신학교를
지지하는 이사들과 후원자 중심으로 양 신학교의 합동안을 제시하였다. 남궁
혁 · 이대영 · 배은희 · 이창규 등 원로 목사들과 안두화(Anderson, 북장로교),
인돈(Limton, 남장로교) 등으로 구성된 합동위원회는 1949년 6월 28일 '합동을
위한 7원칙'을 만들어 양측 이사회에 제출하였다. 합동위원회가 만든 합동 7원
칙은 다음과 같다.

「신학교 합동 위원회 합동안 7원칙」

1) 신학교육은 순복음주의를 기준으로 하고 대한예수교장로회 신조를 준수
   할 것
2) 양 신학교 직원은 총퇴진 할 것
3) 이사회는 총회에서 승인한 양교(兩校) 이사로 조직하고 투표권은 출석의 4
   분의 3의 가결로 할 것
4) 교장과 교수는 이사회에서 선정하되 교장은 한인 원로목사 중에서, 교수의
   중요한 과목은 선교사로 하되 남북 장로파에서 각 2인씩 호주 장로파와 카
   나다 선교회에서 각 1인씩 선정하고 그 밖의 과목은 한인목사 중에서 적재
   한 이들로 충당할 것
5) 학교명과 교칙은 이사회에서 결정할 것
6) 학생은 교칙에 의하여 재편성할 것
7) 두 학교의 재정 및 집기(什器)는 무조건으로 합동할 것

'합동 7원칙'은 총회가 승인한 새로운 이사회조직을 통해 학교의 운영과 교

● ● ● ● ● ●

[85] 이때 인정된 장로회신학교 이사진으로는 이정노 · 권연호 · 이인식 · 박형용 · 이태준 · 이원영 · 김
   광수 · 정일영 · 강인구 · 남기종 · 송희용 · 김현정 · 이자익 · 고성모 · 정기환 · 서성일 · 김상권 · 강
   문호 · 이약신 · 노현진 등이다. 위 『회의록』, 58쪽.

육방침을 전면 재조직할 것을 제시하여 조선신학교 측에 불리한 입장이었다. 더욱이 조선신학교로서는 '조선인'에 의한 신학교육의 실시를 중요한 건학정신 으로 내세웠던 것과도 배치되는 것이었다.[86] '7원칙'에 대한 두 신학교 이사회 의 회답은 다음과 같다.

1. 장로회신학교 이사회

> 1) 모세 5경 저자 문제에 관한 총회의 결의에 의하여 5경의 모세 저작을 부 인하는 사람은 교수로 채용하지 말 것
> 2) 자유주의 신학자 김재준은 당연히 교수진에서 제외할 것
> 3) 회의의 결정은 2/3의 가결로 할 것

2. 조선신학교 이사회

> 1) 두 학교 합동을 위한 기도니만큼 두 학교 현직원을 무조건 합동할 것
> 2) 신교수 채용에 관하여는 선교사나 한인이나를 막론하고 적재를 이사회 에서 선정 채용할 것
> 3) 회의의 결정은 출석 반수 이상으로 할 것

위에서 알 수 있듯이 오히려 조선신학교 측은 기존 교수진의 유지를 전제로 하되 신 교수 채용에 대한 이사회 선정을 허용함으로써 '합동원칙'에 대해 비 교적 수용적 입장을 보였다. 그러나 장로회신학교 측은 1), 2)항에서 알 수 있 듯이 '교수 김재준'과 '비평적 성경관'을 거부 조건으로 제시함으로써 사실상 양측의 동의가 이루어지기 어려운 방안이었다. 교회사가 김양선의 다음의 해

● ● ● ● ● ●

86) 앞서 보았듯이 조선신학교가 1946년 6월 남부대회에서 '총회직영' 인가를 받은 후 각 선교부에 협조 요청했을 시 북장로선교부는 '아직 正式으로 關係할 시기가 아님'으로 회답을 보류하였고, 남장로교선교부의 경우 세 가지 조건을 전제로 협조할 것을 제시하였는데 첫째, 敎育方針에 있어 서 純正統的인 聖經解釋과 神學을 가르칠 것. 둘째, 이것을 實現하기 爲하여 必要하다면 現 敎 授陣를 총 退陣 시킬 것, 셋째, 貴校가 前記 二個條件을 受諾한다면 本 宣敎會는 試驗的으로 敎 授 一人과 理事를 派送하는 同時에 若干의 經常費를 擔當하겠읍니다'는 내용이었는데(김양선, 앞 의 책, 198쪽) 이 조건들은 조선신학교의 신학정신을 포기토록 하는 것과 같은 조건이었다.

석은 '합동원칙'에 대한 보수진영의 의도를 잘 드러내준다.

> 양 신학교의 합동 안을 도출하여 보수신학에의 굴종을 요구함으로써 그에 성공하면 보수주의 단일 신학교의 완성을 보게 될 것이요, 실패하면 교권의 발동으로써 자유주의 신학의 배제에 성공할 수 있다는 기묘한 생각을 가진 한없이 지혜로운 존재였다.[87]

합동 안에 일치를 보지 못한 채 양측의 주장과 변호, 선전이 최고조에 달한 가운데 1950년 4월 20일 대구 제일교회에서 개최된 제36회 총회는 회원자격(총대권) 문제로 양측 공방으로 시작하여 경찰이 개입하는 폭력사태가 전개되었다. 회원권 문제란 당시 '선교협의회'에 가입하지 않은 남장로교 선교사의 회원자격을 인정할 수 없다는 조선신학교 측 주장과 조선신학교를 옹호하는 경남 3노회가 포함된 경남 5노회의 총대자격을 인정하지 않는 장로회신학교 측 주장이 맞섰던 것이다.[88]

경찰이 개입한 상황에서 총회는 총회임원, 각노회장, 증경총회장, 선교사 대표로 구성된 '특별위원회'를 조직한 뒤, 동 위원회의 논의로 5개 항목의 사태수습책을 내놓아 1950년 9월까지 정회를 선언하여 해산되었다.[89] 그러나 수습책에 따라 구성되기로 한 신학교 문제 '특별위원회'는 6월 25일 한국전쟁의 발발로 총회 결의대로 실행하지 못한 채 1951년 5월 25일 피난지 부산중앙교회

- - - - - -

87) 김양선, 위의 책, 246쪽.
88) 김양선, 위의 책, 249쪽.
89) 5개항 수습책은 다음과 같다. ①총회는 9월 1일까지 停止함 ②경남지구노회의 분규해결을 위하여 특별위원 7명을 파송함(이대영, 이인식, 박용의, 조승제, 김광명, 권세열), ③신학교 문제는 각 노회 대표 2명씩과 선교사대표 4명, 총회 임원과 합동위원(言權만 있음)으로 구성된 특별위원회가 來 7월 중 청주에 모여 대책을 강구케 함. 단 이 회의에서 성안을 얻으면 그것을 곧 각 노회에 수의하여 반수 이상의 찬성으로 결정짓기로 함. ④신조 제1조를 위배하여 성경유오설(원본)을 주장, 선전, 옹호하는 자는 권징조례 제6장 제43, 3조에 의하여 시정 치리하도록 각 노회에 지시할 것. ⑤총회에 제출된 개인의 고소장은 반환하고 남장로회 선교회는 중앙협의회에 가입하도록 권유하는 동시에 헌법에 의하여 회원권을 허락키로 함(김양선, 위의 책, 249~250쪽).

에서 36회 총회 속회가 열리기 직전에서야 '조급히 소집'되어, '양신학교의 직영 취소'와 새로운 총회직영신학교의 대구 설립 안을 결정하였다. 특별위원회가 올린 이 두 제안은 조선신학교 측의 강한 반대에도 불구하고 '노회에 急議할 시간적 여유가 없'는 이유로 총회에 직접 제출하는 절차상 오류를 범하였다.[90] 특별위원회 안은 속회 총회에서 53 대 36으로 가결되어 총회 결의에 따라 장로회신학교는 1951년 7월 4회 졸업생을 배출한 것을 끝으로 폐쇄되고 1951년 9월 18일 피난지 대구에서 세워진 총회신학교로 통합되었다.[91]

### 2) 한국전쟁과 37회~38회 장로교 총회, 그리고 분열

1950년 6월 25일의 한국전쟁은 한국교회 전반에 걸쳐 구조적 변화를 일으키는 요인이 되었다.[92] 전쟁 직후부터 한국교회는 반공전선의 최후 보루로 자임하면서 승공의 논리를 내세웠고, 멸공 구국운동을 적극 전개하였다. 한국교회는 전쟁 발발 직후인 7월 한경직 목사 등 월남인 교회지도자들을 중심으로 대전 제일장로교회(김만제 목사 시무)에서 대한기독교구국회를 결성하여 선무·구호 사업 외 기독교의용대를 모집하였다.[93] 또한 이승만 정부의 휴전 반대, 북진통일 주장에도 적극 옹호, 지지, 동참하여 대규모 구국운동을 전개하는 등

90) 김양선, 위의 책, 251쪽.
91) 대한예수교장로회평양노회, 『떠나온 평양 다가온 평화통일: 평양노회100년사』, 위의 책, 276쪽. 한편 대구에서 신설된 '총회신학교'의 교수진은 교장 감부열(경북노회) 선교사, 교수에 박형룡, 한경직, 권세열(Francis Kinsler), 계일승, 명신홍, 김치선 등이었다. 미 북장로회 선교부의 권세열(킨슬러)은 이북신도대표회의 협동총무이면서 한경직의 프린스턴대 동창이기도 했다(강인철, 『한국의 개신교와 반공주의』, 중심, 2007, 449쪽).
92) 전쟁 후 한국교회 안에는 기복신앙의 확산, 북한 교회의 말살, 반공이데올로기 강화, 교단 분열, 신흥종파의 형성 의 변화들이 형성되었다. 한국전쟁이 한국사회 및 종교지형에 미친 영향에 대해서는 김흥수, 『한국전쟁과 기복신앙 확산 연구』, 한국기독교역사연구소, 1999; 노치준, 「한국전쟁이 한국종교에 미친 영향: 한국개신교회를 중심으로」, 『한국전쟁과 한국사회변동』, 풀빛, 1992 등 참조.
93) 기독교구국회의 결성 및 성격·활동 등은 기독교의용대 출신 김병섭 대장(한국전쟁 직전 예장 청년회전국연합회 회장)의 녹취 내용에서 확인할 수 있다(김흥수, 「6·25전쟁 초기 기독교의용대의 창설과정: 김병섭의 증언」, 『신학과 현장』 제26집, 목원대 신학연구소, 2016, 215~240쪽 참조).

한국전쟁 전 과정을 통해 한국교회는 이승만 정부와 일치되었으며 그 결과 휴전 후 반공체제에서 정교 관계는 더욱 긴밀히 유착되었다.[94]

반면에 김재준에게 한국전쟁은 한국교회 일반의 경험 안에 있으면서도 다수 기독교인들의 경험과 다른 일면의 특징이 있다. 이 다름의 경험을 『경동교회사』의 저자 민경배 교수는 "이 민족상쟁의 쓰라린 경험에 대한 자성적(自省的) 피력이나 예언자적 참회 형식의 공통한 의식 형성을 위한 신앙의 결단을 촉구한 글들이 현상적으로는 결여되어 있었다. 그것이 특히 눈에 띈다"라고 지적한 바 있다.[95] 즉 김재준에게 한국전쟁은 민족전쟁의 외연 속에 장로교 총회 안에서 전개된 자신의 신학 노선을 둘러싼 일종의 종교전쟁을 통과함으로써 '중의(重意)적 전쟁'을 경험해야 했다. 구체적으로는 전쟁 중 생존 위협의 극단적 심리, 적아(敵我) 간의 적대감, 월남인들의 '극우 행동주의'의 공격성과 유사한 패턴으로 전개된 자유주의 신학에 대한 이념공격 등 복합적인 '극단의 공격'에 노출되어 있었다. 한국전쟁 중 장로교 총회 안에서 전개된 일종의 '종교 전쟁'을 월남 기독교인들의 남한 교회 편입 과정에서 전개된 사건으로 이해할 때 김재준의 전쟁 경험은 월남개신교인들의 '행동주의적 반공주의',[96] 또는 집단적 승공·멸공의식과는 동일 범주로 볼 수 없는 것이 오히려 자연스러운 이해라 할 수 있다. 한국전쟁기 속간된 김재준의 『十字軍』은 그의 이러한 전쟁경험과 신학논증의 표출구가 된다.[97] 특히 '정통(正統)', 이단(異端)에 대한

----

94) 개신교 월남인의 월남과정과 규모, 남한교회 편입과정 등은 강인철(2007), 위의 책, 9장~10장 참조.

95) 경동교회30년사편찬위원회, 『경동교회30년사』, 경동교회, 1976, 84쪽.

96) 월남한 개신교인들의 반공 태도는 많은 경우 직접적인 행동으로 표출되고 종종 폭력까지 동반하였다는 점에서 '행동주의적 반공주의'로 표현할 수 있다. 더욱이 이들의 반공주의가 종교이데올로기에 의해 뒷받침되었다는 점에서 "성스러운 반공주의"이기도 했다(강인철, 위의 책, 514쪽).

97) 1937년 용정에서 창간되었던 김재준의 『十字軍』은 1938년 2월에 폐간된 후 1950년 1월에 속간됐다. 한국전쟁의 발발로 4, 5호의 원고가 빛을 보지 못한 채 일시 정간되었다가 2년이 지난 1952년 1월 피난지인 부산에서 재 속간된 후 1957년까지 월간지 형태로 발행되었다. '祖國'의 '그리스도化'를 위한 十字軍(Crusaders For Christian Korean)'을 표방한 『十字軍』에서 김재준은 '신앙양심의 자유'를 위한 '行動의 開始'와 '進軍'을 선포함으로써 이 시기 자신의 신학적 변증에 집중되어 있음을 알 수 있다. 『十字軍』의 주요 집필진은 김재준 외에 정대위, 신영희, 김정준, 장하구 등 제자그룹과 서남동, 김석목, 전경연 등 전문성을 더했다. 또한 지면의 중요 부분을 당대 세계신학의

신학적 논박, 교회사에서 있어온 종교재판의 사례 분석, '재건(再建)', '건설(建設)', '건설적 전투(戰鬪)', '전선(前線)' 등 전쟁 경험에서만 도출되는 용어들이 신학 변증을 위한 제시어들로 사용된 것만 보더라도 한국전쟁기 김재준의 내면은 한국교회 일반의 정서와 다른 이해의 각도가 필요함을 역설한다.[98]

전쟁기 김재준의 동선을 간략히 살펴보자. 전쟁 발발 직후 김재준은 이장식, 정대위 등 조선신학교의 젊은 강사들과 서울에 머물면서 신학교와 경동교회 강단을 지키고 있었다.[99] 1950년 7월 말 조선신학교 건물이 '역산'으로 몰수되고 소개 명령이 내려지자[100] 김재준은 7월 말 경기도 양주 도농 소재 이춘우의 집으로 피난하여 체류하다 9·28수복으로 서울로 복귀하였다. 이어 1951년 1·4후퇴로 부산으로 피난하여 1951년 3월부터 부산시 남부민동에 위치한 한남교회 권남선 목사의 개인 소유지를 빌려 조선신학교를 재건하였다. 이 시기 조선신학교의 교수진은 최윤관·정대위(학장직)·김정준·서남동·전경연·이장식·김관석·안희국·강원용·지동식·한철하·서창제·최거덕·김종대 등이었다.[101]

• • • • • •
주요 이슈들과 주류신학자들의 소식들을 '해외 통신'으로 전하는 정보력이 돋보였다. 캐나다 유학 중이던 이우정이 유럽으로 건너가 스위스 바젤대학의 칼 바르트와의 만남을 소개한 것은 대표적인 경우이다. 또한 『十字軍』은 독자회를 모집하여 신앙과 생활의 훈련을 도모한 '運動誌'로서의 특성을 보였다. 창간호에서 김재준은 이 '독자회'의 조직을 매우 구체적으로 밝혔는데, 예수가 제자들을 파견할 때 취했던 방법을 사용하여 3人이 1세포로 하여 네 세포, 즉 12인을 한 단위로 조직, 기도와 교회봉사, 전도와 사회봉사 등 기타 선한 사업을 조직적으로 실천·전개해 나가는 '신앙운동'을 제시하였다. 은진중학교의 '종교부' 활동을 연상시키는 이 운동은 해방공간의 '새사람운동'과 '형제단운동'을 거쳐 1950년대 '십자군'을 통한 크리스천 생활운동으로 이어지면서 운동의 연속성을 보여준다고 하겠다. 『十字軍』동인들로 구성된 대표적인 조직으로 피난지 제주도에서 조직된 '신앙생활동지회(약칭 신생그룹)'과 전북 군산의 '신우회(信友會)', '십자군 동지회' 등이 확인된다(김재준, 「宣言: 續刊辭 에 代하여」, 『十字軍』, 1952.1, 1쪽; 「편집을 마치고」, 『十字軍』, 1952.1, 교계춘추사, 32쪽; 신영희, 「우리는 이렇게 산다」, 『十字軍』속간 5호, 28~31쪽 등 참조).
98) 한국전쟁기와 서울 복귀 직후 작성한 글들을 모아 출간한 책이 『啓示와 證言』(새사람사, 1956)이다. 이 책에 수록된 「건설적 전투」「재건의 제1보」「재건의 제2보」「재건의 제3보」「교회의 전선」「동지전선」「전통의 복음적 이해」「이단재판의 성서적 근거」「양심의 성서적 위치」 등은 한국전쟁기 김재준의 신학변증과 관련된 글들이다.
99) 이장식, 『창파에 배 띄우고』, 한들출판사, 2001, 103~105쪽 참조.
100) 도농으로 옮겨갈 때 식구는 김재준 부부와 딸 김선자, 혜원, 은용, 경용, 관용 등 일곱 식구였다.

• 부산 피난 시절 천막학교(1952년. 맨 아랫줄 가운데가 김재준)

  피난지 부산에서 조선신학교는 프린스턴 선배이자 문교부장관인 백낙준과
조선신학원 초대 강사를 지낸 비서실장 박창해를 통해 교명(校名)을 '한국신학
대학'으로 변경하였고 당시 심계원장이던 함태영 목사가 1952년 4월 26일에 한
국신학대학 학장에 취임하였다.[102] 1952년 7월 4일 이승만의 발췌개헌안 통과

• • • • • •

[101] 한남교회 권남선 목사는 아오야마 신학부 출신이다. 김정준 교수는 8월에 캐나다 토론도 임마누
엘 대학으로 유학을 떠났으며, 서남동 목사는 일본 도지사 대학 신학부 졸업 후 대구에서 목회하
던 중 조선신학교로 부임했다. 전경연 박사는 프린스턴신학교에서 석사학위를 취득하고 보스톤
대학 신학부에서 신약학 전공 박사학위 취득 후 부임하였다. 아오야마 신학부를 졸업한 안희국
은 이북에서 월남하여 강사가 되었다(한국신학대학50년사편찬위원회, 『한국신학대학50년사』, 한
신대학, 1991, 79~80쪽).

[102] 김재준, 『凡庸記』 2, 칠성인쇄소, 1982, 100쪽; 조선출, 『은발의 뒤안길』, 경건과신학연구소,
2004, 107쪽. 한편 이승만과 함태영의 관계, 그리고 함태영과 조선신학교의 관계는 정치적 관계
속에 설명될 수 있는 부분이다. 함태영은 이승만이 1945년 10월 독립촉성중앙협의회를 조직할
때 '독립촉성기독교중앙협의회'를 발족하여 협의회 회장이 되었다. 이 조직은 12월 천주교 불교
유교 천도교 대종교 등 다른 종교단체와 연합하여 조선독립촉성종교단체연합대회를 구성하여
반탁운동을 전개했다. 이승만은 귀국 직후 윤치호, 신흥우와 함께 함태영을 일부러 찾아 만날 만
큼 유용한 정치적 조력자로 여겼다. 함태영은 1945년 9월 한민당 창당 발기인 명단에도 이름을

로 직선제 선거가 가능해지자 8월 5일에 치러진 제2대 정부통령 선거에서 정
치적 기반이 없던 함태영은 이승만의 적극 비호 아래 이범석·이윤영·이갑
성·조병옥 등 다른 부통령 후보들을 누르고 298만여 표를 얻어 부통령에 당
선되는 이변이 발생했다.[103] 전통적인 기호파 인물인 함태영은 1934년 '적극신
앙단' 사건으로 장로회 총회 및 경성노회와 반목하여 노회분립까지 갔던 경험
이 있으며 1930년대 말 서북권과 대립했던 '총회분립'운동에도 가담했을 만큼
서북지방의 교권주의에 도전의식이 강했던 인물이다.[104] 1939년 조선신학교
개원 당시 원년 멤버로 참여했던 함태영의 한국신학대학 학장직 취임과 부통
령 당선은 이 시기 한국신학대학 측의 적극성이 반영된 것으로 짐작할 수 있
다. 좁게는 월남인이 급증한 경기노회 안에서 반서북파·기호파에 힘을 실어

· · · · · ·

올렸으며, 12월에 조직된 신탁통치반대국민총동원위원회의 상임위원 21명 중에도 포함되었다. 1946년 2월 비상국무회의 최고 정무위원 28명 중에도 기독교대표로 포함됐다. 제1공화국 수립 후 함태영은 1949년 11월에 심계원장에 임명된다. 이 당시 심계원은 감찰기능 없는, 국가의 수입과 지출의 결산 및 감사를 임무로 하는 기관으로 대통령 직속 헌법기관이었다(류대영, 「함태영, 해방정국에서 기독교조직을 재건하다」, 『한국사시민강좌』 43, 2008, 380~384쪽; 서중석, 『한국현대민족운동연구』, 역사비평사, 1991, 342쪽 참조).

103) 이승만은 자신에게 '절대적으로 복종'할 함태영을 부통령 후보로 지목하여 자신의 의중을 '장택상 국무총리'에게 시사하였고 장택상 국무총리는 김태선 내무부장관과 함께 함태영의 당선을 위해 경찰력을 동원한 선거운동을 펼쳤다(서중석, 『조봉암과 1955년대』(상), 역사비평사, 1995, 62쪽). 이 선거의 9명의 후보가 난립한 부통령 선거에서 6명이 기독교인이었으며 함태영은 장로교 목사이며 이윤영은 감리교 목사였다. 함태영은 이승만의 '부통령 의중'으로 출마하였고 이윤영은 제헌의원 개회식에서 '대표기도'를 했던 감리교 목사였다. 김재준은 『凡庸記』에 이 선거의 장면을 기술하였는데 거제소에 있던 파출소 문 앞에 붙은 간판이 아침에는 '대통령 이승만, 부통령 이범석'에서 하루아침에 '대통령 이승만, 부통령 함태영'으로 바뀌어 있었다. 당시 사람들은 "투표가 무슨 투표에요, 파출소에서 다 해 주는데!"라고 하여 당시 선거 분위기를 잘 말해준다(김재준, 『凡庸記』 2, 위의 책, 106~107쪽 참조). 선거 결과 2,944,907표를 얻은 함태영이 당선되고 이갑성은 500,972표, 이윤영은 458,483표를 얻었다. 한편 부산 피난지에서 치러진 이 선거에서 한국신학대학은 '학장 함태영'의 당선을 위해 조선출 목사의 책임하에 '선거운동'을 전개하였다(조선출, 『은발의 뒤안길』, 경건과신학연구소, 2004, 97쪽).

104) 함태영은 1934년 신흥우의 적극신앙단에 박용희, 권영식, 전필순, 최석주 등과 가입하였는데 장로교에서는 경성노회가 제일 먼저 적극신앙단을 문제 삼아 이단으로 규정하였다(경성노회 제4회 정기회, 『경기노회100년사(1907~2007)』, 한국기독교장로회 경기노회, 2007, 158~161쪽). 한편 1935년 함태영은 앞의 적극신앙단 가입자들과 장로 김교영, 심원용, 김용수, 이선창, 이상문, 이원시 등 11인과 경성노회를 탈퇴하여 경중노회를 결성한 바 있는데 이때에도 함태영은 박용희, 권영식과 함께 주동 인물이었다. 경중노회는 1937년 경성노회로 복귀된다(박용권, 「1930~1940년대 조선예수교장로회 내의 지역 갈등에 관한 연구」, 앞의 글, 89~91쪽 참조).

주는 효과가 있었으며[105] 넓게는 한국교회 안에서 한국신학대학의 위상을 대내외적으로 높임으로써 교단의 기틀 형성에 중요한 기반이 될 수 있었다.[106]

다시 장로회 총회 상황으로 돌아가면, 1951년 1·4후퇴 이후 월남인 수가 급증함에 따라 장로회 총회는 월남인의 교회 전입 문제와 월남노회 문제를 본격적으로 다루기 시작하였다. 이북노회들의 경우 '피난노회'를 구성하여 노회를 유지하면서 '옵저버' 형태로 총회에 참석하기 시작하여 1952년의 총회가 이북노회를 정식 총대로 수용할 수 있는 장치로 '비상사태' 조치를 마련하자 남한교회로 완전히 편입되었다.[107] 1952년 제37회 총회를 앞두고 2월 27일에 열린 마지막 총회 임원회는 총회일자를 4월 29일 대구 서문교회당으로 정하고 다음의 주요 안건을 결의하게 된다. 1. 비상사태 선언하기로 제의함 2. 내총회(內總會)에 이북총대를 초청할 것과 세부 사항으로 '①인원은 각 노회 대표 목사 1인으로 하되 해노회원들이 선정함, ②권리는 발언권, 각부 회원이 될 수 있음 ③선거 및 피선거권과 결의권은 총회 정식 결정에 일임함, ④초청장은 총회 서기가 즉시 발부할 것' 등을 결정함으로써 월남교회의 노회 구성 건과 총회 총대자격을 위한 조건을 마련하였다.[108] 임원회 결의사항 중 제1항인 '(來총회에서) 비상사태 선언하기로 제의함'은 정치 현안을 결의할 37회 총회의 성격을 사전에 이미 규정하고 있음을 알 수 있다.

· · · · · ·

105) 이 시기 한국신학대학 이사회는 한국신학대학의 총회직영 유지를 위한 대책 마련으로 고심하였는데 그 수단으로 '김재준 교수의 면직', '함태영 학장', 경기 출신 박용희(목사)의 '부학장' 등이 서울 출신 이사진들의 시나리오였다(김재준, 『凡庸記』1, 위의 책, 114~116쪽).

106) 김재준, 『凡庸記』2, 위의 책, 108쪽. 김재준은 이승만이 함태영을 부통령에 당선시킨 이유를 독립협회 사건에 대한 '은공을 갚는다는 의도로' 해석하였다.

107) 예를 들어 함북노회의 경우 피난 온 목사들을 중심으로 1950년 10월 17일에 제44회 함북노회를 신당동 함북교회에서 모였으나 회원부족으로 노회성수가 불가하자 피난노회를 선언하고 자동 폐회된다. 이듬해인 1951년 4월 19일 같은 장소에서 제45회 노회 유지를 결의하고 노회장을 선출한 뒤 총회에 옵저버로 참석하였으며, 1952년 37회 총회에서 정식 회원으로 참가하였다(함북노회100년사편찬위원회, 위의 책, 124~125쪽).

108) 강인철, 앞의 책, 2007, 450~451쪽; 대한예수장로회평양노회, 위의 책, 346~347쪽; 김요나, 『동평양노회사』, 대한예수교장로교장로회동평양노회 역사편찬위원회, 2003, 283~284쪽; 윤정란, 『한국전쟁과 기독교』, 한울, 2015, 111~112쪽 참조.

임원회의 결의가 1952년 3월 3일자 『기독공보』 1면을 통해 "非常事態 宣言·以北 總代 招請 等"의 제목으로 발표되자 이북노회들은 총회 총대 파견을 위한 노회 조직을 서둘렀다. 평양노회는 총회를 앞둔 1952년 4월 4일 부산 평양교회에서 평양노회가 이틀 동안 열렸으며 4월 15일에는 대전 중앙교회에서 평서노회 소속 교회들이 노회모임을 개최하여 총회를 대비하였다.[109] 같은 맥락에서 1952년 4월 17일에 이북신도대표회 제3차 정기총회 및 이북기독교신도 전국대회가 "소망 중에 즐거워하며 환난에 참으라"를 주제로 부산중앙교회에서 열려 한경직 목사의 설교로 국난극복기도회가 개최되는 등 37회 총회 직전에 월남 이북노회들의 모임들이 연이어 개최되었다.[110]

한편 4월 14일자 『기독공보』에는 「비상사태 선언과 이북총대 초청에 대한 비판」의 사설이 실렸는데, 『신앙생활』 발행인이자 『기독공보』 편집고문인 월남 출신의 김인서가 쓴 이 사설의 요지는 '비상사태 조치'에 대한 비판이다.[111] 그러나 비판의 진의는 다른 곳에 있었는데, 김인서는 "해방 후 38선으로 인해 이남 (교인 수) 16만을 대표하는 총대가 모여 남부 총회를 연 그것이 바로 비상사태가 선언된 것인데 다시 비상사태를 선언할 필요가 없다"고 하여 총회 결정을 비판했다. 다음으로 초법적 초청 문제이다. 김인서는 남북 양쪽 인사 가운데 이북총대 초청이 "위법"이라고 보는 견해에 대해 "현 총회도 비상사태하에 초법적으로 개최한 것이므로 이북총대 초청도 초법이지 위법은 아니"라는 법 이론을 펴서 '비상사태' 조치를 반박했다. 셋째, 초당적 초청의 주장이다.

109) 피난 온 이북 교회 신도들의 보호 및 후원은 미국 선교사들이 맡았는데 북장로교선교부의 경우 아담스, 킹슬러, 캠벨, 허일, 언더우드 목사 등이 미군의 협조를 받아 피난민들을 이송시켰고, 울산, 부산 등 정착지에서는 본국 교회에서 보내온 구호물자와 지원금을 받아 나누어 주는 등의 일을 주도했다(김요나, 『동평양노회사』, 대한예수교장로회동평양노회 역사편찬위원회, 2003, 281쪽). 강원용은 선교사들의 이러한 활동이 월남인의 노회구성과 총회의 회원권을 발휘하여 조선신학교를 무력화 할 수 있었다고 증언했다(강원용, 『빈들에서: 나의 삶, 한국현대사의 소용돌이』, 열린문화, 1993, 355쪽).
110) 대한예수교장로회평양노회, 위의 책, 286~288쪽.
111) 김요나, 위의 책, 285쪽; 대한예수교장로회평북노회, 『감사로 돌아보고 기대로 바라본다: 평북노회 100년사』, 대한예수교장로회 평북노회, 2014, 347쪽.

당시 총회 안에는 자유파와 보수파 갈등이 많아 총회 표결에서 보수파가 오히려 자유파에 밀리는 추세이므로 보수파가 많은 이북 표를 얻겠다는 계산으로 초청한다면 '당리당략에 이용하는 것'이므로 '순수하게 초당적으로 초청하라'는 내용의 요지를 밝혀 이 시기 보수파(반 조신파)의 총회 의도를 확인해 주었다. 결과적으로 그 자신이 월남 기독교인인 김인서는[112] 총회의 '비상사태 선언'을 비판하였다기보다 반대 여론을 상쇄시키기 위한 역 논리를 전개함으로써 '비상총회'에 정당성을 부여했다.

1952년 4월 29일~5월 2일까지 대구 서문교회에서 모인 제37회 총회는 이북노회의 총대를 초청하기로 사전에 결의한 '비상조치법'에 따라 이북노회들이 노회 성수를 구성하여 참석했으며 회원권의 내용 결의에 따라 의결 과정 참여여부를 기다리는 수순을 밟게 된다. 총회 정치부 결의에서 "권연호 씨 외 6인의 긴급 청원한 이북노회 총대를 언권회원으로 받자"는 청원에 이어[113] '38이북노회 회원 문제에 대한 재론'으로 "①이북노회총대는 제三十一회 총회 총대수에 준하여 받기로 가결하다. ②이북노회 행정조치에 대하여는 정치부에 맡겨 보고케 하기로 가결하다" 등이 결정되어 이북노회가 정식 총대로 수용되었다.[114]

그 결과 한국전쟁 중에 남하한 이북10노회(평양, 평북, 안주, 평동, 용천, 황

112) 김인서(金麟瑞)는 1894년 함남 정평 출생으로 1914년 서울 경신학교 졸업, 1919년 3·1운동에 참가, 군자금 모집 혐의로 체포, 4년간 투옥 경험이 있다. 출옥 후 평양신학교 입학하여 『신학지남』 편집, 1931년 26회로 졸업하였다. 이후 기독교문서 사업에 몰두, 신앙잡지 『신앙생활』을 창간하여 129권까지 발행. 정통주의 입장에서 신신학, 무교회주의 등을 비판하였다. 길선주 목사의 뒤를 이어 부흥운동 전개, 해방 후 공산정권을 피해 1948년 월남, 1954년에 부산에서 목사 안수 받은 뒤 북성교회 담임을 역임했다. 『기독교대백과사전』 3, 기독교대백과사전출판위원회, 기독교문사, 1980, 273쪽.
113) 「대한예수교장로회제三十七회회의록」, 『대한예수교장로회총회회록』, 대한예수교장로회, 1968, 163쪽.
114) 위 회의록, 165쪽. 한편 장로교회 총회 헌법에 '총대파견' 조항은 '노회 산하 15개 당회에 목사 1명 장로1명의 총대를 파송'하도록 되어 있어서 행정지역이 없는 노회의 총대 파송은 불가능했다. 따라서 이북지역의 경우 지역이 없는 것이 아니라 '잃어버린(失地) 노회'로 총회에 총대를 파송할 수 있도록 총회가 고려한 '비상조치법'을 선포한 것이다. 총회의 의도는 이북노회를 총대로 받아들임으로써 '남북통일총회'의 면모를 갖추려 했다고 볼 수 있다(대한예수교장로회평양노회, 위의 책, 286쪽).

해, 황동, 평서, 함남, 함북 노회) 소속 총대 전원이 모두 받아들여져 총회 산하 전국 25개 노회 중 약 40%의 교권을 행사하게 된다.[115] 위 결의에 따라 제37 회 총회에 초청된 이북 14노회 중 10노회 총대 수와 각 노회별 참가자 명단은 다음과 같다(불참 노회: 삼산, 의산, 산서, 함중).

〈표 3-2〉 제37회 총회 이북(以北) 10개 노회 총대명단[116]

| | 노회명 | 총대 명단 | | 노회명 | 총대 명단 |
|---|---|---|---|---|---|
| 1 | 평양노회 | 목사: 김윤찬, 계창주, 명의혁, 장광현, 김세진, 신태준<br>장로: 장화윤, 최병용, 이용성, 김취성, 우경천<br>-총 11명 | 6 | 황해노회 | 목사: 박성겸, 전재선, 오순형, 김정득, 장응곤<br>장로: 장봉욱, 최광량, 전제영, 황헌의, 박명진, 이용철, 배구서, 한승우<br>-총 13명 |
| 2 | 평북노회 | 목사: 노의선, 김관규, 이성호, 이무호<br>장로: 이창내, 최석순, 이원옥, 방지현<br>-총 8명 | 7 | 황동노회 | 목사: 장순천, 장성칠<br>장로: 김명석, 김봉아, 임재친<br>-총 5명 |
| 3 | 안주노회 | 목사: 박선택, 이봉걸, 함기홍, 김시묵, 임정목, 정인영, 임옥, 양세록<br>장로: 이관순, 한가진, 현윤섭, 최수복, 박경화, 한진식<br>-총 14명 | 8 | 평서노회 | 목사: 이순경, 이내수, 고택규<br>장로: 김명선, 박명주<br>-총 5명 |
| 4 | 평동노회 | 목사: 최명순, 이병선<br>장로: 김구준, 이병용, 강병무<br>-총 5명 | 9 | 함남노회 | 목사: 이권찬, 전택후, 김기현, 서금찬<br>장로: 한영생, 조병업, 최명조, 김용식<br>-총 8명 |
| 5 | 용천노회 | 목사: 김도영, 박석순, 김봉관<br>장로: 김구준, 이병주, 홍국진<br>-총 6명 | 10 | 함북노회 | 목사: 이춘식, 유지형<br>장로: 채희윤, 박등용<br>-총 4명 |

● ● ● ● ● ●

115) 『예수교장로회제三十七會총회회의록』, 165쪽; 강인철, 「남한사회와 월남 기독교인: 극우 반공체제하의 교회활동과 반공투쟁」, 『역사비평』 제21호, 역사비평사, 1993, 81~82쪽. 제31회 평양총회 당시 이북에는 15노회가 있었는데 이 가운데 10개 노회가 남하하였다. '비상사태'란 북한지역 노회가 '무지역(無地域)'이라는 점을 고려해서 38선이 열릴 때까지 '비상조치법'을 선택하여 이북노회의 총대를 받아들인 것이다.

116) 『예수교장로회제三十七會총회회의록』, 167~168쪽.

〈표 3-3〉 제37회 총회 참가 이북노회 총대 수 비교[117]

| | 노회 | 31회 총대 | 37회 총대 | | 노회 | 31회 총대 | 37회 총대 |
|---|---|---|---|---|---|---|---|
| 1 | 평양 | 12 | 11 | 6 | 평북 | 6 | 8 |
| 2 | 평서 | 6 | 5 | 7 | 평동 | 4 | 5 |
| 3 | 안주 | 8 | 14 | 8 | 용천 | 4 | 6 |
| 4 | 황해 | 16 | 13 | 9 | 함남 | 6 | 8 |
| 5 | 황동 | 6 | 5 | 10 | 함북 | 2 | 4 |

※ 합: 79명

제37회 총회가 '비상사태선언요항'으로 선포한 '이북노회 대표의 건'의 내용
은 다음과 같다.[118]

「이북노회 대표의 건」

1) 38선 이북에 있는 이북노회가 월남한 것으로 상대로 한다.
2) 월남노회라는 것은 1950년 9월 28일 이후에 월남한 것을 말함(단 노회 성수
가 된 것으로 기준함).
3) 월남노회의 총대수는 제31회 총회 총대수로 한다(목사 1인, 장로 1인을 파
송함을 득함에 준하여 받음).
4) 38선 이남의 교회에 취임한 자나 이남노회에 가입한 자는 이북노회를 대표
할 자격이 無함.
5) 이북노회 총대는 무임목사가 노회에 참석하여 가질 수 있는 동등자격을 가
짐.[119]

김재준은 37회 총회가 '이북노회'를 전면적으로 수용한 것을 다음과 같이 이

• • • • • •
117) 대한예수교장로회평양노회, 『떠나온 평양 다가온 평화통일: 대한예수교장로회평양노회100회사』,
한국장로교출판사, 2012, 288, 291쪽; 대한예수교장로회평북노회, 위의 책, 351쪽; 김요나, 위의
책, 287쪽 참조. 한편 앞의 『평양노회100회사』에는 파견 총대 수(평양, 안주, 평동, 황해, 황동,
평서)가 약간씩 다르다.
118) 위 회의록, 177쪽. '비상사태선언요항'에는 '총회기능 강화'를 내용으로 한 '목사자격시취의 건'도
포함되어 있다.
119) 『예수교장로회제三十七會총회회록』, 177쪽.

해했다. 즉 이북노회는 "지역적인 조직교회를 가지지 못한" 무 지역 노회로, "국토를 잃은 정부와 같아서 행정권을 가질 처지는 못 되는 것"으로 보았다. 회원으로 수용될 경우 수용 범위는 '연락과 친목'을 위한 것이 되어야 하며 '행정적 결재권'은 부여할 수 없다는 입장이었다.[120]

한편 앞서 제36회 속회 총회가 '조선신학교, 장로회신학교'의 총회직영을 취소한 데 이어 대구총회는 '조선신학교 문제' 결의안으로 ①조선신학교 졸업생은 장로교 목사로 안수 받을 수 없음 ②김재준 교수의 목사직 제명처분과 그의 노회(경기노회)에 명하여 이 제명처분 통고를 지시할 것 ③윌리엄 스코트(Willam Scott) 목사를 심사하여 해당노회로 심사케 할 것 ④각 노회로 명하여 조선신학교와 위 두 교수의 가르치는 사상을 찬성 · 지지 · 선전하는 자는 해당노회에서 심사하여 처벌할 것 등을 결의하였다.[121]

그러나 대구총회의 이 결의는 장로교 헌법 규정에 배치되는 위법적 조치로, 헌법상 목사의 '면직 · 처분권'은 해당 목사의 '소속 노회 권한'인 점, 선교사의 임직 · 파면권 역시 '파송 선교본부의 권한'인 점에서 이 '대구총회'의 결의는 불법적이었다. 따라서 총회 결의의 불법성을 항의, 지적하는 성명과 성토가 일어났는데 37회 총회 총대로 참석했던 황희섭(전북노회장), 정규태(충남노회장), 김병두(목포노회장), 나재하(경기노회, 장로총대) 외 31명이 연명(連名)으로 제37회 총회의 불법성에 대항하는 호헌대회를 1952년 5월 2일 대구에서 개최하여 다음의 내용을 성명서로 발표하였다.

一九五二년 四月二十九日부터 대구에서 모인 대한예수교 장로회 제三七회 총회는 우리 장로회 헌법과 기독신자의 양심에 위반되는 불법적 불신앙적 결의를

• • • • • •

120) 김재준, 「장로교 총회에 寄함」, 『十字軍』 Vol.12, 1953.4, 5쪽. 이북노회의 수용 범위와 한계에 대한 이견(異見)들은 비단 김재준의 시각만은 아니었으며 1954년 이후 예장총회는 이 문제로 갈등하게 된다.
121) 장로회 총회 제37회 회의록, 이 결의는 장로교 총회가 조선신학교와 김재준을 제명처리하기 위한 최후 결의로 볼 수 있다.

계속한 불법된 모임이 되었으므로 우리는 우리 장로회 헌법을 수호하며 우리 신조에 권위를 주며 우리 신앙 양심에 자유를 지키어 빛나는 대한 예수교 장로회 역사를 계승하기 위하여 국내 국외 교회에 우리의 태도를 성명하는 바이다.[122]

이 '호헌대회'는 36 · 37회 총회의 불법결의를 4가지로 지적했는데, ①36회 (1951.5. 부산)총회에서의 신학교 문제 결의 ②37회(1952.4. 대구) 총회가 신학교 이사회의 보고를 접수한 것 ③37회 총회 정치부 보고 중 김재준, 서고도 및 그들을 지지 옹호하는 자의 처단 안을 결의한 것, ④37회 총회가 '한국신학대학 졸업생에 대해 교역자로서의 자격을 일체 주지 않는다'는 결정을 내린 것 등이다. 1952년 6월 3일 '호헌위원회'가 조직되고 6월 14일 경기 · 전북 · 군산 · 충남 · 경남 · 경북 · 경서노회 등 조선신학교를 지지하는 회원 약 30명이 부산에 모여 '장로회 호헌 전국위원총회'를 결성하여 장로교회의 분열은 가속화되었다. 37회 총회석상에서 당시 군산노회 총대인 장하원 목사(호헌파)가 1951년 개교한 총회신학교 교장인 감부열 선교사(Edwin Campbell, 북장로교)와 나눈 담화 내용을 언권을 얻어 발표하였는데 이 내용이 매우 흥미롭다.

문    지금 이 자리에 선교사 감부열 목사님이 참석하셨는데 나는 지금 하나님 앞과 여러 총회원 앞과 수백 명 방청인들 앞에서 공언합니다. 감부열 목사님이 나의 말을 잘 들으시고 착오나 위증이 있으면 즉석에서 설명하여 그 잘못된 점을 지적하여 주시오… 김재준 교수 처단 문제로 총회가 극히 위험상태에 놓여 있는데 나는 한국인 한국교회 목사요. 당신은 선교사 목사이니 피차 목사의 교회를 위하는 신앙양심에서 우리가 하나님 앞에서 솔직히 말해 봅시다. 과연 김재준 교수가 용납할 수 없는 이단교리를 가르치는 분이며 또는 이단자 입니까?

답    네 우리가 이야기 해 봅시다. 지금 말씀하신 김재준 교수 문제에 대하여 그 가르치는 것은 그렇게 가르칠 수 있고 **또는 그렇게 가르치는 것**

• • • • • •

122) 김정준, 『「기독교장로회」 해설』, 대한기독교장로회종교교육부, 1956, 18~19쪽.

이 이단이 아닙니다. 미국 북장로교회신학교들에서도 그 같이 가르치
는 이가 있습니다. 김재준 교수는 이단이 아닙니다.

문　그러면 미국에는 총회 직영신학교는 한곳뿐입니까?

답　아니오. 여러 곳 있습니다. 한국장로교회도 조선신학도 다 같이 인증
　　될 수 있지요.

문　그러면 선교사로서의 감 목사님은 어찌하여 총회가 이 문제로 소란해
　　져서 분열 직전의 위험 상태에 있는 것을 보시면서 아무 말씀도 않으
　　십니까? 아직도 한국교회는 여러 선교사님들의 말씀을 중요하게 생각
　　하고 있는 사정인데.

답　그것은 한국교회 총회가 금년 四〇주년 되었으니 능히 자기들의 일을
　　알아서 결정할 터이지요. 내 생각에는 다수 결정을 따라 하는 것이 민
　　주주의 원칙에서 합당한 일로 생각합니다.[123]

위 내용은 김재준의 신학 교수 내용에 문제가 없으며 '이단'이 아니라는 사
실을 당시 선교사가 직접 확인해 준 자료로 총회가 '김재준 문제'를 다수결의
방식으로 처리할 것임을 밝혀주는 내용이다. 1953년 4월 25일 대구 서문교회
에서 열린 제38회 총회는 조선신학교와 김재준 문제 관련 경기노회 전필순 목
사의 헌의, 김세열 목사 외 80명의 '대한예수교장로회 총회대책위원회'의 긴급
건의서가 제출되었는데, 먼저 경기노회의 경우 37회 총회 결정 이후 제59회 경
기노회의 결의사항을 전필순 목사의 헌의보고로 '36회 총회 결의 중 신학교 설
립 안을 각 노회에 수의 하지 않은 것, 총회직영 신학교인 한국신학대학 졸업
자를 교역자로 쓸 자격을 주지 않기로 결의한 것, 동(同) 노회원 김재준 씨의

• • • • • •
123)『大韓基督敎長老會제 四四회총회회의록: 부 호헌사』, 대한기독교장로회총회, '감부열선교사 담
　화를 옮김', 134~135쪽. 이 담화의 마무리는 장하원 목사의 질문 "예수의 십자가 사건도 민주주
　의 원칙대로 다수결에 의해 재판 결정이 되었으니 그것도 잘 된 다수 결의요 진리에 속하는 것
　인가" "오늘 한국교회의 분열과 소란의 책임은 선교사들이 책임을 져야 할 것이다"라는 질문에
　감부열선교사가 얼굴을 붉히고 대답치 못한 채 끝이 난다. 한편 이 기록은 당시『기독신문』제
　35호 2쪽에도 보고된 것으로 '호헌사'에 기재되어 있으나(위 자료, 135쪽 참조) 본 연구에서는 이
　자료는 찾지 못했다.

본인 증언을 듣지 않고 노회에 명하여 심사처리케 한 것 등은 불법' 등의 내용이다.124)

김세열 목사 외 80명의 긴급건의서 내용은 ①대구에 신설된 총회신학교와 한국신학대학에 총회로서 동등한 자격을 부여할 것 ②제37회 총회에서 신학교 문제와 기타 이에 관한 일체의 불법결의를 금번 총회에서 전부 취소할 것 등의 내용이었으나 총회 '정치부 결의'에 의해 이미 결정된 사항을 재확인하고 총회 결의를 반대하는 노회원(反총회 측)을 적극 배제하는 방향으로 전개되었다.125)

제38회 총회에 참석한 총대 수는 목사 89명 장로 89명 선교사 10명 등 총 188명으로 이 가운데 이북총대는 황해 16, 용천 4, 평서 6, 황남 2, 평북 2, 평동 4, 황동 4, 함남 7, 안주 8, 평양 16, 함북 2명 등 총 71명이다.126) 결과적으로 총회는 제36회·37회 총회결의의 정당성을 재확인함으로써 김재준의 '목사직 파면'을 선포하고 한국신학대학의 총회직영 취소와 한국신학대학 졸업생 교역자의 자격 박탈도 재확인하였다. 동시에 총회 이후 비상사태가 발생할 것에 대비하여 수습처리를 위한 비상대책위원회까지 구성하였다.127)

• • • • • •

124) 「대한예수교장로회 제38회 총회회의록」, 『대한예수교장로회총회회록』, 대한예수교장로회총회, 1968, 200쪽.
125) 38총회 정치부는 경기노회의 헌의 중 '김재준 관련 사항'에 대해 "김재준 목사를 제三七총회에서 본인을 심사치도 않고 처단한 것과 그를 옹호지지 선전하는 자를 심사처리키로 한 것은 명백불법이라 하였음에 대하여는 제三七총회에서 김재준 씨의 처단의견은 차를 경기노회에 명하여 실시하라 하였으며 만일 해노외가 실행치 않을 때에는 총회에서 처리 한다고 결의가 있었음에도 불구하고 하회(下會)로서 상회(上會)의 결정을 불복하고 오히려 차를 불법이라고 지적하였음은 불법한 태도이오니 총회로서는 작년결의대로 당석에서 즉결하심이 가한줄 아오며"라고 하여 총회가 표결에 부칠 것임을 확인하였다. 위 회의록, 236쪽.
126) 「대한예수교장로회제38회총회회의록」, 위의 책, 183~186쪽 참조. 참석 총대 선교사 명단: 경기노회: 감의도(Edward Otto DeCamp, 북장로교), 권세열(Dr.Francis Kinseler, 북장로교), 충북노회: 원요한(북장로교), 전남노회: 김아열(Bruoe A. Cumming, 남장로교), 목포노회: 나빈선(남장로교), 경남노회: 안다손((G. Anderson), 顔多孫, 호주장로교), 경북노회: 안두화(애덤스, Edward Adams 북장로교), 어나복, 전남노회: 베례사, 순천노회: 보이열(E. T. Boyer, 남장로교) 등이다.
127) 총회 이후 비상사태 수습 처리를 위한 대책위원은 김재석·명신홍·한경직·안광국·최재화·김현정·김윤찬·전필순·양화석 등이다. 「대한예수교장로회 제38회 총회회의록」, 위 회의록, 237쪽.

최종 표결에서 한국신학대학 지지파와 장로회 측 지지파의 투표 정황을 보면, 전체 총대회원 188명 중 이북노회와 선교사 총대를 장로회 측 지지파로 분류하여 81명을 제외하면 기존 회원 총대 수는 107명이다. 아래에서 확인되겠지만 6월 10일에 한국신학대학 측이 소집한 '호헌' 총회에 응한 총대 수가 53명(목사 26, 장로 27)인 것으로 볼 때 표결에서 이북노회의 회원권 행사가 절대적인 변수가 되었음을 알 수 있다.

총회 결의 후 경기노회는 제60회 정기회를 1953년 5월 12~14일에 인천제일교회에서 소집하여 총회 결의에서 경기노회의 3가지 헌의사항이 즉석에서 부결된 것에 항의조치로 '1, 2, 3항에 대한 불법을 시정할 때까지 총대 파송을 보유'하자는 강원용 목사의 동의와 김영철 장로의 재청에 대해 거수하여 가 56, 부 51표로 가결된다.[128]

총회 결의 후 한국신학대학을 지지하는 총대들이 총 퇴장하여 '법통 38회 총회'의 소집을 결의하고 김세열·이상귀·장하원 목사 외 80여 명이 모여 총회대책위원회가 4월 29일 대구 기독청년회관에서 향후 대책을 모색함으로써 호헌운동의 기반을 확대해 갔다. 5월 25일 대전에서 열린 후속모임에서 김세열·박재석·이상귀·정희수·장하원·이명석·황희섭·정규태 등이 제38회(호헌)총회를 1953년 6월 10일에 소집할 것을 결의하였다.[129]

'소집통지'에 호응한 약 110여 명이 안양 교회에 모여 1박 후 연합군의 통제하에 상경하여, 1953년 6월 10일 동자동 한국신학대학 강당에서 '대한예수교장로회 제38회 호헌총회'를 개최하였다. 이날 참석한 회원(총대)은 목사 26인, 장로 27인 등 합계 53명이며, 참가 회원노회는 전북·군산·김제·경북·경서·충남·목포·충북·제주노회 등이고 이외에 청년회, 여전도회 호헌동지 등

128) 『경기노회100년사(1907~2007)』, 한국기독교장로회 경기노회, 2007, 183~184쪽.
129) 이날 결의사항으로는 ①각 노회 총대는 6월 9일 오후 5시까지 경부선 안양역전 장로교회당으로 회집하여 서울에는 단체로 입경함 ②각 총대의 여비, 숙박비는 당 소집위원회가 전액 부담함 ③공천부는 5월 9일 오후 7시에 안양 교회당에서 회집함 등이었으며 '38회 호헌총회 소집위원회' 대표자 명단은 김세열·정희수·이명석·박재석·이상귀·정규태 등이다.

모두 110여 명이 참가하였다.[130]

호헌총회는 앞서 36·37회 총회의 불법결의를 취소하기로 결정하고, 총회장의 권위로 **김재준의 복직, 한국신학대학 총회인허 재확인, 각 노회 및 여전도회 재조직 등**을 일사천리로 결의하였다. 또한 박재석, 장하원 2인을 선언서 기초위원으로 선정하여 기초하게 한 뒤, 장하원 목사의 '선언서' 보고, 김세열 회장의 선포로 '38회 호헌총회'는 마무리 되었다.[131] 선언서의 내용의 요지는 다음과 같다(첨부 자료 3 참조).

「선언서」 요지[132]

이제 우리는 우리의 소신과 지도이념을 중외에 천명한다.

(一) 우리는 온갖 형태의 바리새주의를 배격하고 오직 살아계신 그리스도를 믿음으로서 구원 얻는 「복음의 자유」를 확보한다.

(二) 우리는 건전한 교리를 세움과 동시에 신앙양심의 자유를 확보한다.

• • • • • •

130) '38회 호헌총회'에서 선출된 임원 명단과 총대회원 명부는 다음과 같다. 임원: 회장: 김세열 목사(전북). 부회장: 박재석 목사(경북). 서기: 이상귀 목사. 부서기: 정용철 목사(경기). 회계: 황희섭 목사(전북노회장). 부회계: 박성현 장로. 총대회원명단: 경북노회: 목사: 박재석, 이덕성, 변종도, 강만승. 장로: 박세원, 박성현, 김홍필, 조영규, 김윤학. 충북노회: 목사: 김영주, 정인모. 장로: 박노성 송수헌. 충남노회: 목사: 정규태, 권영진. 장로: 신동옥, 노승익. 경서노회: 목사: 이수천, 이명석, 정용철. 장로: 김정주, 조주용, 이연득. 군산노회: 목사: 이상귀, 이성춘, 장하원. 장로: 양해근, 이복만, 김영천. 김제노회: 목사: 정회수, 오기준. 장로: 한상용, 조철웅. 전북노회: 목사: 김세열, 황희섭, 서정태, 고영로, 김용안. 장로: 장갑진, 이갑철, 최극재, 김인화, 김삼수. 목포노회: 목사: 윤판웅, 함찬근, 김병두, 이남규. 장로: 주용진, 정송진, 이관길, 홍순호. 제주노회: 목사: 조남수 등(『대한예수교장로회제三八회회의록』, 2~3쪽).
131) 『대한예수교장로회제三八회회의록』, 12~13쪽.
132) 선언서는 총 세 단락이 내용으로 구성되어 있다. 첫째, '38총회까지 총회 역사의 개관' 서술, 둘째, '38총회의 성격'을 규명, 셋째, '호헌총회(즉 기장총회)의 성격과 포부' 등을 밝히고 있다. 특히 선언서는 38총회의 성격에 대해 ①「총회」는 3년 내(1951~1953) 그 헌법과 통용 규칙을 유린함으로 스스로 존립의 법적 근거를 상실하였으며, ②「총회」는 개혁교회 본래의 대 헌장인 신앙양심의 자유를 억압 유린함으로 그 신앙적인 존재 이유를 상실하였다, ③「총회」는 한 당파의 편협한 고집에 의해 교회 '총의(總意)'의 반영을 거부함으로써 그 도의적인 존재 근거를 상실하였다, ④「총회」는 이 모든 이유로 생겨난 각 노회와 '지교회'의 혼란과 이산(離散)을 목도하면서도 이를 수습할 아무 성의도, 능력도 나타내지 못하고 있는 사실로 보아 행정 능력까지 상실하였음을 자인하지 않을 수 없게 되었다고 하여 '호헌총회' 정당성의 근거로 삼았다(김재준, 「총회와 그후」, 『十字軍』 Vol.13, 1953.7, 2~4쪽의 '선언서' 참조).

(三) 우리는 노예적인 의존사상을 배격하고 자립자조(自助)의 정신을 함양
한다.
(四) 그러나 우리는 편협한 고립주의를 경계하고 전 세계 성도들과 협력병진
하려는 「세계교회」 정신에 철저 하려한다.[133]

기독교장로회의 근거 문서가 된 이 선언서의 작성자는 박재석, 장하원 2인
이 기초위원 이름으로 명기되어 있으나 실제 초안 작성자는 김재준이다.[134]
총대 회원 대열에 합류하지 않고 홀로 상경한 김재준은 김세열 목사로부터 '성
명서 초안을 쓰라'는 전달을 받은 뒤 '명동 어느 다방 2층에서' 성명서 초안을
작성했던 회고를 남겼다.[135]
김재준이 초안하여 작성된 이 「38호헌선언문」에는 조선신학교의 건학정신,
한국교회 분열의 원인, 한국 신학의 나아갈 방향 등이 잘 표현되어 있다. 「선
언서」은 교회 분열 원인으로 미국 장로교의 소수 그룹인 '전투적 근본주의 분
파'가 한국교회로 이식되어 다수를 점함으로써 교회 분열이 조장되었음을 강
조하였다.[136] 또한 선언서는 '호헌총회 결성' 의의를 '신앙양심의 자유', '복음
의 자유'로 규정하고 노예적 의존 사상의 배격, 에큐메니컬 세계교회 정신을
목표로 '형해(形骸)'만 남은 총회를 반정(反正)하기 위한 '갱신'을 선언했다.[137]
예장총회는 '一言'의 성명을 발표하여 기장의 '호헌총회'를 부인하고 '대한민
국 안에 대한예수교장로회는 하나 밖에 없다'는 내용을 발표하였다.[138] 앞서

• • • • • •

133) 김재준, 위의 글, 4쪽.
134) 38회 호헌총회 개최 전에 김재준은 총대회원 대열에 합류하지 않고 혼자 상경하여 시민출입금지
구역에서 얼마간의 문답을 거친 뒤 입성이 허락되었다. 전쟁을 통과한 동자동 캠퍼스를 돌아보
면서 김재준은 '채 죽지 못한 병신 늙은이 같이 살아 있었다'는 감회를 남겼다(김재준, 『凡庸記』
2, 칠성인쇄소, 1982, 135쪽).
135) 김재준, 위와 같음.
136) 김재준, 「총회와 그 후」, 앞의 글, 1쪽, 선언서 2쪽.
137) 「法統三八宣言書」, 『대한기독교장로회제四四회의록』, 附護憲史, 1960, 191~194쪽.
138) 「장로회총회 성명서」(1953.7.1.), 『大韓예수教長老會百年史』, 1984, 534쪽.

38총회 전에 '총회 총대파견 보류'를 결정한 바 있는 경기노회는 기장의 호헌 총회 이후인 1953년 11월 17~19일 제61회 경기노회 정기회를 열어 '총대파송을 보류한다는 가결의 번안(이기혁 목사) 의안'에 따라 장영호 목사의 동의, 이태선 장로의 재청으로 거수하여 124명 회원 중 86명으로 가결되고, '총대 파송' 동의 재청이 있은 후 96명으로 가결된다.[139] 이 회의로 경기노회는 김재준 목사 제명 처분에 대한 상급기관으로서 어떠한 법적 조처도 확인하지 않은 상태에서 예장 회원권을 유지하는 것으로 마무리하였다. 이 정기회의 임원은 회장에 전필순, 부회장에 한경직이었다.

기독교장로회는 '38회 호헌총회' 1년 후인 1954년 6월 10일 열린 총회에서 회기(回期)를 제39회로 정하고 교단 명칭을 '대한기독교장로회'로 확정하였다. 이로써 신학교 문제를 쟁점으로 1947년 이후 한국장로교 내에서 전개된 갈등은 새로운 교단의 탄생으로 귀결되었다.

### 3) 분열에 대한 해석과 관점의 다양성

넓게는 1947~1953년에 걸쳐 한국사회의 역사적 분단화 과정과 맞물려 전개된 장로교회의 신학적 분열과 기장의 수립은 당시부터 현재까지 입장에 따라 다양한 해석과 관점이 유지되고 있다. 당시 교계 언론인 『기독시보』 35호는 사설을 통해 38회 총회와 기장의 수립을 다수당에 의한 '소수파 척결'로 해석하였다. 사설에서 "이번 대구에서 열렸던 장로교 총회에서 다수당인 보수파는 완전히 조신파를 패배시키고 개가를 올렸다. 그러나 이 승리는 기어코 세속적인 승리가 되고 말았다. 이겨 놓고 보니 남은 것은 눈물이었으며 후회뿐이다. 결국 이긴 결과로 자기 스스로를 약화시키는 역효과를 거두었을 뿐이다"라고 하여 분열이 결과적으로는 장로교의 '약화'를 초래했다는

• • • • • •

139) 『경기노회100년사(1907~2007)』, 한국기독교장로회 경기노회, 2007, 184~185쪽.

부정적 해석을 내렸다.[140]

대표적 월남노회 중 하나인 황해노회가 1970년대 기술한 교회사에는 "잔
인무도한 공산 적도들에게 지역마자('저'의 오기 – 논자) 빼앗긴 채 1·4후
퇴 당시에 빈 손으로 월남하였다. 그 후 노회를 계속하며 총회의 품안에
안기어 총회와 함께 힘을 모아 1952년에는 자유신학 계열인 한신파를 제
거했고 1960년에는 WCC 에큐메니칼 운동자와 대결하여 그들을 제거하였
다"라고 하여[141] 1952년 '비상조치'와 '이북노회' 충원이 기장 형성에 결정
적 요인이 되었음을 알 수 있게 하였다. 또한 자유신학에 대한 보수교단의
적대적 관점은 1970년대 이후에도 유지되고 있음을 알 수 있다. 예장(통
합) 역사서술은 "조선신학교의 신학적 성격은 결코 본교(장로회신학교)의
그것과 합치될 수 없는 것이었고 보수 전통을 강조하는 본교에서 그 당시
신정통주의적 신학사상을 수용한다는 것은 받아들이기 힘든 일이었다"라
고 하여 기장의 '신정통주의 신학사상'과 보수주의 신학 갈등의 결과로 이
해하였다.[142]

김재준의 입장에서 분열 과정과 '기장'의 수립은 어떤 의미를 갖는가. 김재
준의 해석과 관점은 두 가지 방향으로 전개되었는데, 하나는 '분열 과정'에서의
'총회' 인식에서 나타나며, 다른 하나는 결과에 대한 의미 해석이다. 김재준은
38회 총회 직전에 「장로교 총회에 奇함」을 발표하여 총회로서의 '지도이념'과
'원칙'을 세울 것을 주장하였다.[143]

총회의 지도원칙으로는 첫째, 신조의 견지(堅持)와 양심의 자유를 동시에
살릴 수 있는 방향을 취할 것을 주문했다. 여기서 김재준은 사도신경과 장로

• • • • • •

140) 김정준, 『기독교장로회 해설』, 대한기독교장로회종교교육부, 1956, 17쪽.
141) 황해노회100회사편찬위원회, 『황해노회 100회사(1911.12.8.~1971.4.16.)』, 은성문화사, 1971 '서
문' 참조. 이 책의 편저자는 37회 총회에 황해노회 총대로 초청되었던 박성겸 목사이다.
142) 장로회신학교100년사편찬위원회, 『장로회신학교백년사』, 장로회신학대학교, 2002, 329쪽.
143) 김재준, 「장로교 총회에 奇함」, 『十字軍』 Vol.12, 1953.4, 1~5쪽 참조. 이 글은 1953년 3월 20일
에 쓴 글이다.

교 신조를 시인, 또는 고백하는 사람에게 신학적 설명이나 성경해석을 교권으로 통일하려는 '비민주적 고집'을 총회가 버려야 함을 주장했다.[144] 둘째, 총회와 노회는 사무 처리, 상호 친목과 그리스도교적 덕행의 독려(督勵), 복음의 선전에 주력하는 것이 본분이며, 셋째로 신학의 연찬(研鑽)은 학문적 부문에 속한 것이므로 신학전문가들의 연구와 논평에 맡김으로써 '학문을 교권에 예속시키려는 전체주의적인 폐단을 일소'할 것을 요구했다. 마지막으로 신학교 문제에 있어서 총회는 '어느 하나'를 희생시키는 방책을 포기하고 양측을 동일하게 인정할 것으로 제시하였다.[145]

제38총회 직전에 발표한 이 글은 김재준이 자신의 입장을 변론하기 위해서라기보다는 최종 심의·의결기구인 총회의 객관적 위치와 기능을 재확인함으로써 학문적 자유를 확보하려 한 것으로 볼 수 있다. 그러나 38회 총회 직후 김재준의 총회 인식은 달라지는데 1951~1953년의 총회를 "도당에게 포로된 상태", "헌법, 규칙, 신앙양심, 예수의 심정을 긴급조치의 이름 아래" 자파에 유리한 정략으로 수행함으로써 교회의 이탈, 분열, 소란을 가져 오게 한 원인으로 강하게 비판했다.[146] 또한 김재준은 기독교장로회의 성립 의미를 '분지(分枝)', 즉 '나무가 자라기 위해 줄거리에서 새로 나간 가지'로, '분지' 중에서도 '결과지(結果枝)'에 비유하여 설명하였다.

　…밋밋하게 자라는 가지는 열매를 맺지 못한다. 그것이 열매를 맺게 하기 위해서 '과수원농부'는 끝을 베어내고 못 견디게 가새질 한다. 고란을 겪게 한다. 기

• • • • • •

144) 김재준은 총회가 신조의 유지, 견지(堅持)와 신앙 양심의 자유를 함께 살릴 수 있는 방향을 취해야 한다고 주장했다. 즉 신조를 지키기 위해 양심의 자유를 억압하거나 양심의 자유를 위해 공통의 신앙고백인 신조를 경시할 수는 없다고 하여 양자의 균형을 총회가 조율할 수 있어야 한다고 보았다(김재준, 위의 글, 1쪽).

145) 김재준, 위의 글, 2쪽.

146) 김재준, 위의 글, 1~7, 17쪽 참조. 이 글에는 기장의 '38호헌 총회'에서 발표된 '선언서' 전문이 수록되어 있는데, 이 「선언서」에도 총회를 "헌법도 신앙양심도 유린되고 오직 '다수당'의 기정방침만이 횡포를 극하게 된 것"으로 비판함으로써 김재준과 동일한 인식을 보이고 있다.

장은 '결과'지이다. 소망 없는 '수난'이 아니다. 예수를 따르는 '십자가'다. 십자가
는 부활의 서곡이다. 부활한 생명에는 숱한 열매가 맺혀질 것이다.[147]

위에서 김재준은 분열을 '분립(分立)'으로, 유기체로서의 교회의 '생장'과 '발
전'의 의미로 이해함으로써 부정적 의미를 일소하였다. 이러한 해석은 이후 김
재준이 신생교단 기장의 역사운동과 신학운동에서 새로운 출발로 방향을 제시
하고 있음을 의미했다. 본 연구는 1950년대 김재준의 신학 노선을 둘러싼 장
로교 총회의 처리 과정, 그 결과 기독교장로회의 수립을 세 가지 점에서 논하
고자 한다. 첫째, 문제의 발단이 된 성경관 논쟁은 한국장로교 근본주의 신학
의 교리 신조에 의해 성서 비평학을 '반(反) 교리', '반(反) 진리'로 규정한 신학
적 배타성을 드러낸 경우이다. 이러한 신학적 배타성은 2차 대전 이후 세계 신
학의 한국적 수용 과정에서 세계교회신학을 '신신학'으로 배척함으로써 세계교
회와의 관계 단절은 물론 에큐메니컬 신학을 반공주의 논리로 배격하는 이념
적 배타주의를 낳았으며 그 결과 한국장로교의 보수 신학은 유지되었으나 신
학의 학문적 발달은 차단된 결과를 낳았다.[148]

둘째, 1947~1953년 사이 역사적 '분단화' 과정과 맞물려 전개된 한국장로교
의 분열은 한국사회의 이념논쟁과 매우 유사한 전개 과정을 거쳤다. 새로운
신학사상을 '신신학(新神學)'으로 이단(異端)시 함으로써 한국교회 안에 '신정
통주의' 또는 '에큐메니컬 신학', '고등비평' 등의 학문적 논의는 경계되거나 '금
기'시 되었다. 뿐만 아니라 김재준에 대해서도 'K교수', '이단', '신신학자' 등의
유언비어가 유포되어 한국교회 안에 '금기 인물'로 오랫동안 인식되었다. 여기
에 1950년대 이승만에 의해 시작되어 한국교회에 퍼진 'WCC와 용공' 논리도

• • • • • •

147) 김재준, 『凡庸記』 2, 앞의 책, 136쪽.
148) 이것이 1960년대까지 NAE진영의 '반 WCC 노선'으로 표출되어 '에큐메니컬 신학'과 WCC를 '용공
주의'로 배척하는 태도로 일관된다. 이후 1960년대 말 이후에 가서야 복음주의진영에 '사회참여'
가 수용되기 시작하면서 복음주의적 사회운동으로 태도 변화를 보이기 시작하나 신학적 입장의
'보수주의'는 유지된다.

이승만의 반공체제를 도와 한국전쟁기 이른바 '조신파'는 '용공파'로 분류되는 분위기를 형성했다.[149] 신학을 둘러싼 이념논쟁은 1950년대 중반 이후 신신학의 '용공시비'로 확대됨으로써 한국교회 반공주의와 결합된 신학적 보수화로 이어지는 결과를 낳았다.

마지막으로 기장의 수립 과정이 김재준 개인에게 미친 영향이다. 앞서 '총회' 인식에서도 알 수 있듯이 김재준은 장로교총회 안에서 전개된 불법적 치리 과정을 통해 학문의 자유, 양심의 자유 등 헌법이 보장하는 인간 기본권의 억압을 경험하였으며, 다수의 총회 권력이 행사하는 '강압조치'로 신앙양심의 훼손을 경험하였다. 더욱이 최고 권력기관의 '긴급조치' '비상조치' 등 비정상적·초법적 수단에 의한 제재와 탄압의 경험은 이후 김재준이 '인간 존엄' '양심의 자유' 등 인간 기본권의 보호와 자유를 추구하는 신학적 저항운동의 형태로 발전·승화되는 계기가 된다.

149) 『대한기독교장로회제四四회총회회의록: 부 호헌사』, 대한기독교장로회총회, 1959, 147쪽; 김재준, 앞의 「장로교 총회에 寄함」(『十字軍』 Vol.12, 1953.4), 「敎界時評」(『十字軍』 Vol.15, 1953.12) 등 참조. 김재준을 둘러싼 유언비어의 내용에는 '그리스도의 처녀탄생', '기적', 부활, 재림 등을 믿지 않는다'거나 '김재준은 신신학자다', '칼빈 신학을 부인하는 자' 등이 대표적이다(김재준, 『凡庸記』 2, 1982, 107쪽).

# 제3절

◆

# 1950년대 기독교장로회 수립 후 김재준의 에큐메니컬 교회운동

## 1. 기독교장로회의 정립과 김재준의 신학운동

### 1) 기독교장로회의 역사적 의의와 김재준의 신학적 해석

1953년 호헌선언문을 통해 출범한 기장은 에큐메니컬운동을 지향하는 '세계교회운동(Ecumenical movement)'을 교단 신학의 방향으로 제시하였다.[1] 이에 따라 김재준은 한국신학대학을 통해 세계 신학의 한국적 수용을 전개하는 한편 신생교단 기장(基長)을 통해서는 장로교 전통 속에서 새로운 '복음운동'의

• • • • • •

[1] 1953년 장로교회 분리로 경기노회를 제외한 지방 차원에서는 이른바 '신구분쟁'이란 이름의 '기독교장로회'와 '예수교장로회'로 나뉜 교회분쟁이 계속되었다. 이 문제 해결을 위해 기장 총회는 '총회대책위원회'를 구성(위원장 박용희, 서기 이상귀)하여 예수교장로회 측과 협의안 마련을 위해 접촉하였다. 특히 문제가 된 것은 '한 교회 내에서 양측 교인 간에 예배당 소유권 문제로 분쟁하는 사건'의 해결 대책안 마련으로 '기초안' 수준에서 접촉이 마무리 됐던 것으로 보인다. 기초가 된 '협정안'은 '①교인이 일치되는 교회는 그 교인들의 소원대로 소속 한다. ②교인이 분열된 교회는 그 분쟁 발생 당시의 교회 재적교인 수에 의하여 다수칙(측-논자)이 예배당을 소유하고 소수 칙은 이를 양보 한다 ③교회당을 소유하는 다수칙은 그 분립되는 소수칙에 예배당 주선을 위하여 적극 협조 한다 ④예배당 문제가 해결될 때까지 쌍방 협의 후 이부제로 회집할 수 있다 ⑤현재 교회법 예외법으로 소송 중에 있는 교회는 그것을 취소하고 이상 원칙에 의하여 교회 내에서 이를 해결 한다 ⑥교회 내에서 피차 해결키 불능할 때에는 양 총회 수습위원이 이를 대행한다' 등이다(『대한기독교장로회 제40회 총회회의록』(1955년 5.20~), 63쪽 참조; 「代言」, 『基督世界』 2호, 1956.4, 13쪽 등 참조).

신학적 근거를 체계화해 갔다.[2] 새로운 총회 수립 후 김재준은 기장 성립의
역사적 의의와 관련된 글들을 집중 발표하였는데, 「韓國敎會의 滯症」(『基督
世界』 창간호, 1956.3), 「總會를 앞두고」(『基督世界』, 1956.4), 「大韓基督敎長
老會의 歷史的 意義」(『十字軍』 Vol.25, 1956.6), 「韓國神學大學의 歷史的 位置」
(『神學硏究』 제3집, 1957.7), 「세계교회와 우리의 과제」(『대한기독교장로회회
보』 제1권 3호, 1957.7) 등이 그것이다. 김재준은 한국교회사에서 기독교장로
회의 성립을 나무의 성장운동, '생명운동'에 비유함으로써 '갈등' 또는 '분열'로
서의 부정적 의미를 일소했다.

"신앙이란 것은 자라나는 것이다. 그것은 생명이기 때문에 자라나지 않고는
견디지 못하는 것이다. …그 중심적인 것에 정체되어 있을 것이 아니라 점점 가
지가 벗고 더 깊이 드러 가며 더 높히 올라가는 성장이 향상 있어야 한다. …상
수리 나무가 년륜(年輪)이 많아질수록 그 내적 생명이 더욱 풍성하게 점점 자라
감은 그 원 둥치만 자라가는 것이 아니라 큰 가지가 작은 가지 또 더 작은 가지를
새끼쳐서 그 전체가 하늘을 덮을 만치로 자라가고 있다."[3]
"우리는 韓國장노교회 七十年의 過去에서 다시 자라는 生命으로 움튼 것이다.
그런 의미에서 우리는 '낡은 것'이기도 하다. 우리는 過去와 現在와 연속되어있는
生命의 躍進原理를 그대로 體現하고 있는데 不過하다. 우리 總會는 固定이나 停
滯를 不許한다. …"[4]

여기서 김재준은 기장의 신학운동을 한국교회 70년 역사의 '체증(滯症)현상'
의 결과로 설명하였다.

• • • • • •
[2] 이상귀(총회종교 교육부장), 「회보를 발간하면서」, 『대학기독교장로회회보』 제1권 1호(창간
호), 1957.7, 1쪽.
[3] 김재준, 「韓國敎會의 滯症」, 『基督世界』 창간호, 1956.3, 대한기독교장로회종교교육부, 11쪽.
[4] 김재준, 「總會를 앞두고」, 『基督世界』, 1956.4, 7쪽.

"자라가는 모습이 없고, 자라나갈 의식이나 의욕이 없는 한국교회는 분명히 침체된 상태이다. 이것이 한국교회의 체증이다. 이 체증은 너무 심하여 전신의 기력과 활동력을 감소시키고 그 목을 죽음으로 모라 갈만치 치명적인 체증이 되어 있다.…七十년의 설교 역사를 가진 한국교회는 맨 처음의 모습 그대로를 가지고 있으며 또 그것으로 만족하고 있다."[5]

김재준은 한국장로교회의 신학적 고정성, 불변성을 비판하였는데 '체증현상'으로 과학적 인식론의 배제,[6] '소극적 도덕력(力)',[7] 신비주의 경험의 강조 등을 들었다.[8] 그 결과 한국교회 전통적 '신비주의' 신앙의 폐단들을 시정해야 할 것으로 본 기장은 1957년 제42회 총회에서 정치부 건의에 따라 다음의 내용을 일체 금할 것을 결의하였다. "①경건해야 할 예배를 박수와 난무로 문란케 하는 일 ②치병을 구실 삼고 안찰을 기적의 수단으로 자행하며 이적을 미신화하여 허위 선전하는 일 ③성신운동을 표방하여 나약한 교인을 유인 혹은 협박하여 미혹하는 일 ④성신의 역사를 인격적 감화와 윤리적 신생 대신에 저급한 관능적 감각으로 대치하며 충동하여 이를 강요하는 일 ⑤방언과 입신을 호칭하며 비성서적 추태를 부리는 일 ⑥비복음적이며 본 장로회 교리와 신조에서 이탈하고 허무한 조언을 유포하여 교회와 가정과 사회를 혼란케 하거나

· · · · · ·

5) 김재준, 위와 같음.

6) 천문, 수학, 물리, 생리학 등 과학 지식과 학문의 발달이 창조세계 이해를 풍부히 하는 것을 강조함으로써 성경관에서 과학적 인식론을 배제하는 장로교회 교리주의를 비판했다(김재준, 「韓國敎會의 滯症」, 『基督世界』 창간호, 1956.3, 대한기독교장로회종교교육부, 11쪽).

7) '소극적 도덕력'이란 기독교인들이 '주어진 환경과 기회, 능력에서 넉넉히 할 수 있는 선(善)과 의(義)에도 해 볼 려는 생각조차 하지 않는, "성신이 해야만 할 수 있다"'는 신앙형태를 의미했다(김재준, 「韓國敎會의 滯症」, 『基督世界』 창간호, 1956.3, 12쪽).

8) 김재준은 신령한 생활을 신비경험, 방언, 입신 등으로 여기는 것을 '기형적 현상'으로 비판하고, '성령의 은혜'는 인간 의식, 생활, 실존 속에 주어지는 '산 은혜'임을 강조하였다(김재준, 위의 글, 12, 16쪽). 한국교회 부흥회 중심의 '영적 신비주의 경향'에 대해서는 김재준의 뒤를 이은 한신대 학장 김정준도 지적하였는데, 진정한 영혼의 부흥회는 '그리스도의 십자가를 통해 죄의 쇠사슬을 끊고, 그리스도에게만 매이는 속박의 사람이 부흥하는 사람'이라고 하여 '그리스도 중심'의 영적 부흥을 주장했다(김정준, 「부흥회의 성격」, 『基督世界』 창간호, 1956.3, 대한기독교장로회종교교육부, 17쪽).

또는 여사한 인사를 부흥 강사로 청하는 일" 등이다.⁹⁾

김재준은 신학교육에서도 한국장로교회의 신학적 정체성을 강하게 비판했다. 한국신학대학 학보『神學硏究』창간호에서 그는 '한국교회 50年 동안 基督敎思想에 있어서 批判은 허락되지 않고, '注入'과 '追從'만이 있었을 뿐'이라 하여 전통신학에 의한 한국교회 신학교육의 정체를 강하게 비판했다.¹⁰⁾ 1956년 기장 41회 총회를 앞둔 시점에 쓰인「大韓基督敎長老會의 歷史的 意義」(이하 '意義')와¹¹⁾ 1년 뒤인 1957년 4월 19일, 한국신학대학 제17회 창립기념식의 기념사로 쓴「韓國神學大學의 歷史的 位置」(이하 '位置') 서두에서 김재준은 한국교회 50년의 과거가 '진정한 의미에서 歷史가 있었는가?'라는 동일한 문제의식을 던지고 있다.

즉 김재준의 한국교회사 인식은 "記錄의 羅列"로서의 역사는 있으나, "진정한 運動으로서의 역사는 아니"며, 이것은 단적으로 말해서 "미국, 기타 諸宣敎國敎會의 宣敎史의 일부를 구성할 뿐, 韓國基督敎史로서는 얼이 없었다"고 하여 미국선교사들에 의해 주도된 신학내용이 민족교회로서의 '한국교회사'를 구성할 수 없다는 인식을 보였다.¹²⁾ 또한 김재준은 장로교 70년 보수주의 신학에 대해 '排他的, 自慢自高, 注入的, 閉塞的, 統制的, 抑壓的'인 것으로 설명하였다. 이와 대조적으로 '현재 모든 복음적 개혁교파들은 세계교회로 뭉쳤'으며 따라서 '우리 교회도 세계교회의 一員으로 충성할 것'과 '세계교회의 신학적 주류에 병진함으로써 교회신학의 正統, 또는 주류에 同參하는 것'이라고 하여 세계교회협의회의 '일치 · 연합운동(에큐메니컬운동)'에 동참할 것을 주장하였다.¹³⁾

· · · · · ·

9)『大韓基督敎長老會第四十二會總會會議錄』, 123쪽.

10) 김재준,「學에 충실하라」,『神學硏究』제1집, 한국신학대학신학연구소, 1955.8, 4쪽; 김재준,「韓國神學大學의 歷史的 位置」,『神學硏究』제3집, 한국신학대학신학연구소, 1957.7, 4쪽.

11) 이 글이 발표된『십자군』말미에 '總會를 위하여'란 부제가 '1956.5.25'의 날짜와 함께 표기되어 있다.

12) 意義 1쪽; 位置 4쪽 참조.

13) 여기서 김재준은 틸리히를 인용하여, '정통주의라는 他律에의 反動으로 자유주의라는 自律로 옮겼다가 지금은 綜合된 神律로 지향하고 나아간다'고 설명한다(意義, 7쪽 참조).

둘째, 역사 이해와 신학적 진취성과의 관계이다. 김재준은 기독교가 인간역사
라는 '가루' 속에 하나님 나라라는 '누룩'을 넣어 이 가루를 변화시키는 '운동'에
비유함으로써 현실 중심의 역사관을 제시하였다.[14]

이 경우 기존 한국장로교회는 '예수 믿고 천당가시오!'의 전도 표어를 일관
함으로써 인간 역사에서 '해탈' 또는 '도피'하는 비역사 또는 초역사적 태도를
일관해 온 것으로 비판했다. 이러한 현실 도피적 신앙은 시작과 끝만을 연결
함으로써 '중간토막'인 신앙적 · 윤리적 · 인격적 결단이 요구되는 삶으로의 신
앙은 외면하는 특징을 보인다. 김재준에게서 기독교적 역사이해란 "歷史안에
서 실생활에서 逢着하는 사건들과 문제들"에 있어서 그리스도교적 책임과 용
기로 '그것을 料理해 가는 산 記錄'이다.

> 우리는 이제 이 '韓國'을 우리의 素材로 받았다. 우리는 韓國歷史안에 그리스
> 도의 贖良歷史, 贖良意志에 충성하라는 것이다. 그러므로 우리는 이 주어진 韓國
> 의 정치, 경제, 교육, 문화의 각 부문에 있어서 그리스도의 정신이 그 造型理念이
> 되며 '魂'이 되게 하려는 데 책임적으로 奉仕해야 할 것이다.[15]

위에서 김재준은 한국의 역사 현실에 책임적, 주체적으로 참여함으로써 기
독교적 '속량역사'를 이뤄가야 할 것을 주장하였다. 다음으로 기장수립 후 김
재준의 교회론을 보면, 교회는 사회학적 조직체가 아닌 '그리스도와의 一致'로
서의 '인격적 친교' 관계로 설명된다. 과거 한국 역사 속 교회 존재는 일제 말
의 '일본제국주의와의 一致', 해방 직후에는 '미국선교사 제위의 물질적, 정신
적 加勢에 多方面의 蠻勇이 왕성'한 전체주의 국가와의 일치로 보았다.

> 인격도 양심도 도의도 집권을 위한 鬪爭武器로 밖에 여겨지지 않았었다. 그리

· · · · · ·

14) 意義, 7쪽; 位置, 7쪽 참조.
15) 意義, 8쪽; 位置, 8쪽 참조.

하여 교회는 그리스도의 몸으로서의, 사람과 사람 간의 사랑의 화해처라기보다
도, 무시무시한 종교제국, 종교재판소로 化하였다. 여기서 집권자인 정통주의자
들에 대하여 忠告한 사람들은 다 無慈悲하게 排除되었다.16)

위에서 김재준은 해방 후 한국교회를 "종교재판소", "종교제국" 등 교회
본질에서 벗어난 기관으로 강하게 비판하였다. 그 결과 기장의 성립 의의
를 김재준은 ①'교회의 좀 더 本質的인 데로 돌아가기' 위해 기독교장로회
로 발전된 것으로, ②바울이 '할례당의 율법화에 대해 복음의 자유를 수호'
한 것으로, ③루터와 그의 동료들이 '로마 가톨릭의 교권적 제국주의에 대
해 복음의 자유를 회복'한 것 등 교회사 속에 존재해 온 생명운동에 비유하
였다.17)

### 2) 기장 초기 교단 정립과 김재준의 역할

1953년 6월 총회로부터 분리되어 1954년 대한기독교장로회의 이름으로 출
발한 기독교장로회는 출발 당시 12개 노회로 구성되어 물적 기반에서는 매우
취약한 조건이었다.18) 12개 노회 중에도 4개 노회(경기, 목포, 충북, 전북)를
제외한 8개 노회는 1952년 이후 새롭게 조직된 노회들로19) 분열 과정에서 분
출된 '분리'의 성격규명, 장로회 신경(信經), 헌법, 정치 해석 등 신학적으로 해
소해야 할 과제들이 주어졌다. 따라서 전쟁 후 김재준의 재건운동은 기독교장

● ● ● ● ● ●

16) 김재준, 意義, 10쪽; 位置, 9쪽 참조.
17) 여기서 새로운 교회운동의 의미를 김재준은 '자유 한국에 자유교회의 수립운동'으로 표현했다(김
    재준, 위의 글).
18) 1956년 현재 노회 수 12, 목사 수 291명, 장로수 591명, 전도사 208명, 교인총수 156,522명, 신학교
    2, 학생 수 420명 등이다(김정준, 『「기독교장로회」해설』, 대한기독교장로회종교교육부, 1956, 38쪽).
19) 김정준, 위의 책, 5쪽.

로회가 교단으로서 '형성되어 가는 과정'과 일치되어 전개되었다. 그 가운데서 기장 성립의 신학적 석명(釋明) 과정은 그에게 주어진 중요한 과제였다.

한편 한국신학대학은 1953년 8월 서울 동자동 캠퍼스로 복귀한 후 재건작업에 착수하여 1954년 3월 문교부로부터 대학원 과정 설치인가를 얻어냈고, 동시에 새 교사(校舍) 건설을 위해 함태영(학장)·박용희·김종대·김영철·조선출 등으로 '새 교지물색위원'을 구성, 당시 성업사 소유 수유리 임야를 매입하는 데 성공하였다.[20] 토지 매입에 필요한 자금은 1954년 캐나다 연합교회 외지선교부의 지원금과 함태영이 금호동 시유지 약 3만 평을 대부받은 금액 등이 충당되었다.[21] 그 결과 1956년 수유리 화계사 근처 약 11만 평의 땅을 새 교사지로 확보했고, 캠퍼스 건축사업에 착수한 지 만 2년 후인 1958년 완공하여 이해 3월 새 캠퍼스에서 첫 수업이 이뤄졌다.

한국신학대학 내에 총회 사무처를 둔 기장(基長)은 1954년 제39회 총회에서 교단명을 '대한기독교장로회(the Presbyterian Church in Korea)'로 변경하고 수습위원(수습위원장 김세열 목사)과 대책위원의 두 기구를 두어 현안 문제들에 대응해 갔다.[22] 총회는 김재준에게 총회분립의 전말을 각 선교부에 알리는 일을 맡기는 한편[23] 총회 총무에 조향록 목사를 선정하고, 대책위원 5인을 선정하여 기장 수립 과정에서 발생한 국내외 제반 문제 대처 업무를 맡기는 등 신

20) 한신대학50년사편찬위원회, 『한신대학50년사』, 한신대학, 1991, 105쪽. 한편 수유리 새 교지를 한신 50년사는 6,938,680환에 구입하였다고 하였는데, 김재준은 평당 78전씩 불하받았다고 하였다. 이 땅은 정신여고가 먼저 매입교섭을 진행하고 있었는데 정신여교 이사장이던 함태영이 한국신학대학의 손을 들어 줌으로써 매입자가 바뀐 것으로 함태영의 역할이 컸다고 볼 수 있다(김재준, 위의 책, 157~158쪽).
21) 김재준, 위의 책, 157쪽.
22) 『대한기독교장로회총회 제三九회 회의록』, 29~30쪽. 총회에서 수습위원장 김세열 목사의 보고는 1.본 총회 사무소를 한국신학대학 내에 두고 상무를 진행 2.조향록 목사를 본 총회 총무로 선정 시무케 하였사오며 3.본 총회에 관한 기사 일절을 각 신문에 기재 보도케 4.본 총회의 전말을 김재준 목사로 하여금 각 선교부에 알리게 5.국내 교회의 각 연합기관에 가입하고저 노력하였사오나 형편상 부득이 하였사오며, 6.본 위원들이 각 노회에 순회하여 난관에 봉착한 여러 교회와 신도들을 위로 격려하였나이다 등이다.
23) 『대한기독교장로회총회 제三九회 회의록』, 29쪽.

생교단으로서의 정립 과정을 전개하였다.[24] 1955년 제40회 총회는 '총회대책위원회'로 지역 개 교회에서 발생하는 분쟁(속칭 신구분쟁)에 대한 대책을 마련하였다.[25]

기장 40회 총회는 국내 연합기관 사업을 위해 한국기독교연합회(NCC)와 기독교세계봉사회(CWS) 가입을 청원하였는데 ①한국기독교연합회의 경우 "예장" 측의 극렬 반대로 가입이 보류되었으며 ②세계기독교봉사회의 경우 '한기련(NCC)' 가입단체가 아닌 이유로 가입이 보류됨으로써 신생교단 기장의 국내 연합사업운동은 실현되지 못하였다.[26] 대외협력 관계에 있어서는 제40회 총회를 기점으로 외지 캐나다 선교부와 공식적인 제휴 관계를 맺음으로써 기존 "예수교장로회"와의 선교협력 관계가 종료되고 캐나다 연합교회 선교부와 대한기독교장로회 간에 새로운 대외협력선교 관계를 공식화하였다.[27] 캐나다 연합교회는 1954년 5월 20일 다음의 서한을 '예장 측' 총무 안광국 목사와 기장총무 길진경 목사 앞으로 각각 보내어 새로운 '재한 선교협력 관계'를 수립했다.

· · · · · ·

24) 위 회의록, 30쪽. 5인의 대책위원은 박용희·이상귀·김세열·이남규·길진경 등으로 '38호헌총회'의 핵심 인물들이다. 한편 1954년 현재 '기장'의 교회 총수는 546개이며 교인 총수는 95,220명이다. 위 회의록, 41쪽.

25) 총회 대책위원회는 '한 교회 내에 양측 교인 간 예배당 소유권 문제'로 분쟁할 경우 해결을 위한 방안을 예장총회 간부와 협의하여 해결대책안을 '기초'하였으나 이후 큰 진척은 보지 못했던 것으로 보인다. 예장 측과 협의된 '대책안 기초' 내용은 ①교인이 일치되는 교회는 그 교인들의 소원대로 소속한다 ②교인이 분렬된 교회는 그 분쟁 발생 당시의 교회 재적교인 수에 의하여 다수측이 예배당을 소유하고 소수측은 이를 양보한다 ③교회당을 소유하는 다수측은 그 분립되는 소수측에 예배당 주선을 위하여 적극 협조한다 ④예배당 문제가 해결될 때까지 쌍방 협의 후 이부제로 회집할 수 있다 ⑤현제 교회법 예외법으로 소송중에 있는 교회는 그것을 취소하고 이상 원칙에 의하여 교회내에서 이를 해결한다 ⑥교회내에서 피차 해결키 불능할 때에는 양 총회 수습위원이 이를 대행한다 등이다(『대한기독교장로회제 四十회총회회의록』 63쪽). 한편 이 회의록 보고에 의하면 경기노회 소속 안양교회, 충남노회 소속 강경교회, 제주노회 소속 서부, 모슬포, 중문교회, 경북노회 소속 풍기 영주교회, 경서노회 소속 선산 구미 김천 평화동 원동 교회 등이 분쟁으로 인한 '수난중 교회'로 기록되어 있다. 앞 회의록, 60쪽.

26) 『대한기독교장로회40회총회회의록』, 64쪽.

27) 위 회의록, 66~68쪽 참조. 캐나다 선교부와의 새로운 대외협력 관계의 출발은 기독교장로회 총회가 '재한 캐나다선교사 파견증서'를 접수하는 것으로 시작되었다. 1955년 현재 파견된 캐나다 선교부 소속 선교사는 윌리엄 스콧 선교사(W. Scott)를 시작으로 총 21명이다.

一. 카나다 연합교회의 실행위원회는 한국장로교회가 기독교 교리해석 문제
    로 말미암아 분렬됨에 대하여 심심한 유감의 뜻을 표함.

二. 우리의 선교사들이 이번 교회의 분렬에 대한 책임은 없으나 장노교회와
    협동해온 연고로 한국장노교회에 발생된 분리의 화중에 휩쓸려 들어가게
    된 사실을 시찰위원회들의 보고를 받고 인정한 후 가나다 연합교회는 외
    지선교부와 여선교회로 하여금 한국에서 다년간 지속해온 사업을 「대한
    기독교장로회」와 그리고 그밖에 다른 연합사업기관과 연합단체와 협동
    하여 계속하게 하도록 결의함.

三. 우리의 선교사들이 협동해 오던 대한예수교장노회총회에 대하여는 우의
    적인 경의의 인사를 보내며 우리가 그들을 위하여 기도하고 있음을 분명
    히 알리는 동시에 한국에 있어서의 교회의 연합은 화목의 정신으로 다시
    회복될 것을 바라마지 아니함을 표명함.[28]

1955년 제40회 총회 직후 총회장 박용희는 '총회가 새 이름으로 발족하게 된
전말과 금후 밟아나가야 할 지향을 중외에 발표하라'는 지시를 길진경, 김재준,
김정준에게 내렸다.[29] 이 지시에 따라 김정준이 1956년에 팸플릿 『「기독교장
로회」 해설』을 작성, '기장'형성의 전말을 정리하는 작업을 시도하였다. 뿐만
아니라 한국신학대학의 학보 『神學硏究』의 창간(1955), 대학기독교장로회 종교
교육부의 『기독세계』(1956.3) 창간,[30] 기장(基長) 기관지인 『대학기독교장로회

● ● ● ● ● ●
28) 김정준, 『「기독교장로회」 해설』, 대한기독교장로회종교교육부, 1956, 39~40쪽.
29) 김정준, 위의 책, 2쪽. 이 팸플릿은 1955년 총회장 박용희의 지시에 따라 작성된 것인데 직접 계기
    는 1956년 3월 캐나다 연합교회 총회장 '또레박사'의 내방을 계기로 '기장 총회'의 입장을 객관화시
    킬 필요에 따라 작성되었다. 팸플릿의 내용은 1953년 '총회분립'의 경위, '기독교장로회의 주장',
    '기독교 장로회 교세', '부록' 등으로 구성되었다.
30) 1956년에 '창간'된 『기독세계』는 총회분립 후의 혼란상을 정리하고 총회 소속 각 노회, 교회들의
    소속감을 재확인하면서 총회의 질서 확립을 위해 1955년 총회에서 종교교육부가 '회보' 발간 문
    제를 건의하면서 1956년에 총회 기관지 성격으로 출발하였다. 창간사(56.3)에서 총회장 박용희는
    "1953년 6월 10일 우리교회는 새로운 총회를 조직하여 새로운 신앙운동을 목적삼고 눈부신 활동
    을 하여 왔다"라고 하여 '38회 호헌총회' 결성의 의미를 재확인하고 "「에큐메니칼운동」이라는 세
    계교회 요청에 호응하여 전 세계 기독교의 일원으로서 활동하게 된 것은 자랑이라 하지 않을 수
    없다"라고 하여 새로운 신학운동의 방향을 재확인하는 한편, 현 단계 '총회'가 '아직 초창기가
    되어 각 기관 각부회에서 총회와 연관성을 가지지 못하여 각 부 사업에 다소 유감이 있음'을

회보』(이하 '회보') 창간(1957.7) 등을 통해 기장형성의 역사적 의미를 "福音의 자유, 信仰良心의 자유", "각자 良心대로 하나님을 예배하고 섬길 수 있는 교회 기관"으로 재조명하고[31] 교단의 신학적 방향을 제시하는 '문서운동'을 본격화 해갔다.[32] 이 과정에서 김재준은 기장의 신학적 정체성(theological identity)을 세우고, 교단 기반을 체계화하는 작업에 주력했다.

1956년 제41회 기장 총회는 교단 정립 과정에서 전환기적 의미를 부여할 수 있다. 이때를 기점으로 기상 총회는 '우리로서 할 말을 할 수 있는 시점'으로, '되어 진 역사적 현실'을 이념적으로 해석하려는 시도가 가능해진 시기로 인식 하였으며[33] 대내외적으로는 기장이 약진의 발판을 마련하는 총회가 되었다. 그 수순으로 총회장에 한국신학대학 학장 함태영 목사가 선출됨으로써 대외적 으로 기장의 위신을 높이는 계기를 마련했다.[34] 총회 기간 중 총대 전원이 정 부통령과 대법원장을 예방하였고 총회장 함태영은 캐나다와 미국 교회를 방문 하여 대내외적으로 신생교단 기장의 위상을 높이는 일에 주력했다.[35]

1957년 5월 20일에 개최된 42회 총회에서 '총회 사무처 처무규정'을 결정하 고 이 결정에 따라 총회 총무 임명을 단행하여 기장 총회가 '전체로서의 질서 와 통일'의 틀을 갖추게 된다.[36] 1957년 10월 『대한기독교장로회회보』에서 김

• • • • • •

인정, 기관지 「기독세계」를 통해 '지금까지의 결함을 보충하고 연락협의, 상호부조, 일치단결, 각 자 책임완수하는 공기(公器)가 될 것'을 기대했다(박용희, 「총회장의 말씀」, 『基督世界』 창간호, 1956.3, 대한기독교장로회 종교교육부, 2쪽). 한편 총회 기관지로서 「기독세계」의 창간은 총회종 교교육부 주관하에 이뤄진 것이지만 창간호 '편집후기'기사 내용을 보면 기관지 발간의 주관자가 김재준임을 알 수 있다.

31) 김재준, 「總會를 앞두고」, 『基督世界』 창간호, 1956.3, 대한기독교장로회종교교육부, 7쪽.

32) 위 회의록, 93쪽. 기장 『회보』 발행 책임자로는 함태영(발행인), 강흥수(편집인), 김재준, 길진경 (이상 편집위원) 등이다.

33) 「편집후기」, 『基督世界』, 1956.3, 창간호, 대한기독교장로회종교교육부, 29쪽: 「代言」, 『基督世 界』, 1956.4, 2호, 대한기독교장로회종교교육부, 3쪽 등 참조.

34) 앞선 40회 총회 기간 중 기장 총회는 경기노회 주최로 함태영 부통령이 동석한 '비원 환영회'를 개최한 바 있다. 『대한기독교장로회제40회총회회의록』, 69쪽.

35) 『대한기독교장로회제41회총회회의록』, 94쪽. 이승만 내각에서 함태영의 실질적인 입지와는 별개 로 신생교단 기장으로서는 '정부통령 함태영'이 상징적이면서 권력 실세로 부각시킬 수 있는 인 물이었다.

재준은 당면 과제로 '①자가 정돈, ②중점적 건설계획의 수립, ③대외 관계의 정비' 등을 제시하였다.[36) 여기서 자가 정돈이란 '각지 교회의 상세 실정 조사' 및 통계 파악, 교역자 명부 조사, 기장 소속 교회, 교인들의 각종 문화기관 실태 조사 등을 의미했다.

특히 대외 관계 정비에서 김재준은 에큐메니컬 정신에 따라 국내 연합기관에 적극 가담하여 '세계교회의 정신에 따라 협력 봉사할 것', 이것을 위해 '신학적 계몽에 적극 힘쓸 것' 등을 주문했다.[38) 1958년 4월 『대한기독교장로회회보』 권두언에서 김재준은 1957년을 기장의 '정돈기'로 의미부여하고 자가 정돈의 결과를 토대로 총회가 '과학적 계획' 수립함으로써 '중앙과 지방의 협력'을 강력히 추진시키는 운동을 전개할 것을 주문하였다.[39) 그 결과 1958년 제43회 총회에서 '총회기구연구위원회'의 설치가 결정되어, 연구위원으로 이남규 · 강흥수 · 길진경 · 이해영 · 김재준 · 김정준 · 강원용과 협동위원에 서정태(총무), 어윈 선교사가 위촉되었다.[40) 발족된 '총회기구개혁위원회'는 1958년 10월 22일

・・・・・・

36) 총회 사무처 규정은 총 5조로, '총회 총무'의 자격과 인선방법, 임무 등을 규정하였다. 총회 총무 인선은 '총회 임원회와 각 노회장의 추천으로 총회 인준을 거쳐 임명'할 수 있으며 임기는 4년이다. 이 규정에 따라 총무를 인선한 결과 1957년 6월 20일, 서울에서 개최된 총회 임원회 및 노회장 회의에서 전주 중앙교회 서정태 목사가 기장의 선출 총무에 임명되었다(『대한기독교장로회제42회총회회의록』 118~119쪽; 『대한기독교장로회회보』 창간호, 1957.7, 4쪽). 총회 사무처 규정이 제정되기 이전 기장 총무는 조향록과 길진경이 역임했다.

37) 김재준, 「권두언: 세계교회와 우리의 과제」, 『대한기독교장로회회보』 제1권 3호, 1957.10, 1쪽.

38) 김재준, 위와 같음. 기장은 1957년 현재 대외 연합기관 관계로 한국기독교연합회(NCC), 기독교세계봉사회(CWS), 기독교교육협회(KCCE) 등에 가입을 신청한 바 있으나 예장 측의 반대로 성사되지 못했고, 다만 1957년 11월 15일 'NCC 음영위원회' 제6회 총회에서 기장의 가입 신청이 가결되어 기독교방송국 등을 통한 시청각 연합 전도 사업이 가능해졌다(『대한기독교장로회회보』 제1권 5호, 1957.12, 9쪽).

39) 김재준, 「권두언」, 『대한기독교장로회회보』 2권 4호, 1958.4, 1쪽. 권두언에서 김재준은 보수주의의 폐단이 교권주의와 고집, 정체증이라면, '자유에 따르는 폐단은 산만, 무책임한 냉소, 책임회피 등을 지적하고 이것을 경계하여 총회 각 부서가 '최선의 충성을 행동으로 입증해야 할 것'을 주문하였다.

40) '총회기구연구위원회'는 기장 신진 목사들인 신성국, 이상철, 이영민 3인이 설치를 제안하여, 43회 총회(1958.5)가 이를 결의, 연구위원을 위촉하였다. 3인의 제안서에는 '총회기구연구위원회'의 주요 과제로 장로회 기구 문제 연구, 총회사업 재검토, 기구통합 문제 및 실행위원회 설치 필요성 검토, 對선교부 관계 검토 문제 등을 제시하였다. 또한 각 분과위원회의 실질적인 조직 문제, 위원회의 위상 및 헌법적 지위 등을 다룰 것을 제안하였다(『대한기독교장로회회보』, 1958.4, 7~9쪽; 「대한기독교장로회제43회 총회촬요」, 『대한기독교장로회회보』 2권 6호, 1958.6, 8쪽 참조).

동 위원회 회합을 갖은 뒤, '총회 기구편성에 관한 건', '헌법(주로 정치) 개정에 관한 문제' 등을 토의 결과[41] 1958년 11월 28일 서울 동부교회당에서 모임을 갖고 '개혁위원회' 총괄 임원 선정 및 각 분과연구위원을 구성하였다. 이날 선정된 기장 총회 각 분과 연구위원 및 임원 명단은 다음과 같다.

〈표 3-4〉 총회기구개혁위원회 임원 및 각 분과 연구위원 명단[42]

| 1. 총회기구 개혁위원회 | 2. 분과연구위원 | | | |
|---|---|---|---|---|
| | 신조 연구위원 | 정치 및 권징조례 연구위원 | 예배모범 연구위원 | 총회기구 연구위원 |
| 위원장 강흥수 | 위원장 김재준 | 위원장 이남규 | 위원장 길진경 | 위원장 강원용 |
| 서기 강원용 | 서기 전경연 | 정치부 서기 조향록 | 서기 문익환 | 서기 신성국 |
| 위원 이남규, 김재준, 길진경, 이해영, 조선출(김정준 대리) | 위원 길진경, 서남동, 박봉랑 | 권징조례부 서기 장하원 | 위원 강원용, 이장식 | 위원 서정태, 이해영, 이영민, 이상철 |
| 협동위원 서정태, 어-윈 | | 위원 강흥수, 이해영, 조선출 | | |
| | | 정치부 위원 박용희, 김세열, 우동철 | | |
| | | 권징조례부 위원 조승제 전형연 | | |

위에서 보듯이 기장은 안으로는 교단 중추기구인 '총회'를 정비해가는 한 편 밖으로는 국내·외 연합기관에 가입을 신청함으로써 에큐메니컬운동의 전개를 기대하였다.

• • • • • •
41) 「기구개혁위원회 소집」, 『대한기독교장로회회보』 2권 11호, 1958.11, 12쪽.
42) 『대한기독교장로회회보』, 2권 12호, 1958.12, 10쪽.

## 2. 1950년대 기장의 일치·연합운동과 한국교회의 WCC 이해

### 1) 기장의 한국기독교연합회(NCC) 가입 문제와 한국장로교회

교단출범에서 에큐메니컬 신학 노선을 추구했던 기독교장로회는 출범 직후부터 국내 연합기관의 가입운동에 적극성을 보였다. 국내외 연합기관 가입이 승인될 경우 기장은 내외적·교단적인 공식인정을 받는 것이며 국내 연합운동에 실질적으로 참가 자격을 얻게 되어 교단으로서의 위상과 직결되는 실질적인 문제였다.[43]

그러나 아래에서 살펴보겠지만 기장의 한국기독교연합회(이하 'NCC') 가입은 예장의 보이콧(boycott)으로 오랜 시간 진입이 불가능했는데, 여기에는 '두개'의 장로교회 문제 외에도 한국교회 NCC의 신학적 보수성과 에큐메니컬 신학에 대한 '이념 논쟁' 등 1950년대 중반 한국장로교 내부의 다양한 현상들이 복합적으로 작용한 결과로 볼 수 있다. 여기서 NCC의 가입이 곧 '에큐메니컬 운동'과 '에큐메니컬 신학'의 실현이라고 볼 수는 없으며 특히 해방 후 재건된 한국기독교연합회는 일제강점기 예수교연합공의회의 재건의 의미였기 때문에[44] 신학적으로 2차 대전 이후 세계교회신학의 개방성, 교회일치성, 사회참여적 특징들과는 직접 거리가 있었다. 그럼에도 한국교회 각 교파의 대표들로 구성된 연합기관으로 NCC를 통한 연합운동의 전개는 필연적인 부분이었다.

• • • • • •

43) 여기서 고려할 점은 기장으로 분립되기 전 예장 안에서 동일한 회원권을 가졌으나 '신생교단'으로 스스로 위상을 정립해 가는 과정에서 기장은 새로운 가입절차를 밟아야 하는 현실적 조건을 수용한 점이다.

44) 해방 후 한국기독교연합회는 '교회통합론'과 '교파환원론'의 절충인 동시에 일제 때의 '예수교연합공의회'의 재건으로 볼 수 있다. 1946년 9월 3일 장로회·감리회·성결교회·구세군과 각선교사회 및 국내기관연합사업체들이 모여 조직되었는데 초대회장에 김관식(장로회)이었으며 주된 사업은 교회기관지인 『기독공보』의 발행, 찬송가 합동 출간, 미국교회협의회와 제휴하여 기독교세계봉사회(CWS) 한국위원회를 설치하여 구제 사업을 전개하는 일 등이었다(『그리스도교대사전』, 대한기독교서회, 1972, 1096쪽; 전택부, 『한국에큐메니칼운동사』, 1979, 한국기독교교회협의회, 20쪽).

1950년대 연합기관으로는 한국기독교연합회(NCC), 기독교교육협회(KCCE),[45] 기독교세계봉사회(CWS)가 있었고 국제기구로는 세계교회협의회(WCC), 세계장로교연맹(WPA), 동남아시아기독교협의회(EACC) 등이 있었다.[46]

기장은 38총회(호헌총회) 이후 1954년 6월 제39회 총회까지 1년 동안 국내 연합기관 가입을 위해 최초의 시도들을 했었던 것으로 보인다.[47] 이후 1954년 10월 28일 제8회 한국기독교연합회(NCC) 총회 실행위원회 보고 중 '新加入 請願, 加入團體에 關한 報告'에 의하면, '大韓基督敎長老會, 예수敎會, 中國人敎會' 3단체가 가입을 청원했는데 中國人敎會만 가입되고 '其餘 2단체는 保留하기로' 하여 기장의 NCC 가입이 거부된 사실을 알 수 있다.[48] 이 사실은 1955년 5월 20일 개최된 기장 40회 총회 중 총회대책위원회(위원장 박용희, 서기 이상귀)의 보고에서도 한국기독교연합회(NCC)와 기독교세계봉사회(CWS)에 가입 신청이 "예장 측"의 반대에 부딪혀 거부된 내용이 기록된 것에서도 확인된다.[49]

• • • • • •

[45] 기독교교육협회(KCCE)는 1911년에 조직된 '주일학교 위원회'가 1922년 11월 '조선주일학교연합회'로 발전하였다. 당시 회원 교단은 '조선예수교장로회, 기독교조선감리회, 북장로교선교회, 남장로교선교회, 카나다장로회선교회, 호주장로회선교회, 미감리교선교회, 남감리교선교회, 조선주일학교위원회, 조선야소교서회 등이다. 10개 단체 중 6개 단체가 외국인선교사 단체로 초기 3대까지 총무, 회계가 모두 선교사로 선출되었다. 이후 1925년에 정인과, 한석원 목사가 협동총무가 되면서 한국인 지도자들이 실무에 참여케 된다. 1938년 일제에 의해 강제 해산되었다가 1947년 1월 17일에 새문안교회에서 재건총회를 열어 재조직(장로회 15명, 감리회 10명, 성결교회 5명, 북장로회선교회 1명, 남장로회선교회 1명, 카나다선교회 1명, 호주선교회 1명, 감리교선교회 2명)되고, 세계기독교교육협회의 협력으로 '세계통일공과'를 집필, 출판하게 된다. 1948년의 제2회 총회 때에 세계기독교교육협의회(WCCE)와 보조를 맞추기 위해 '대한기독교교육협의회(KCCE)'로 개칭했다. 이후 교회교육 외에 기독교학교의 교육교재 출판으로 활동을 넓힌다(문동환, 「한국의 교회교육사」, 『韓國基督敎敎育史』, 대한기독교교육협회, 1973, 49~54쪽 참조; 최효섭, 「대한기독교교육협회 약사」, 『韓國基督敎敎育史』, 대한기독교교육협회, 1973, 254쪽 참조). 한편 기장은 1954년 총회보고에서 주일공과를 '전과같이 기독교교육협회 공동 편찬하기로'(『大韓基督敎長老會第三九會議錄』, 28쪽)한 것을 볼 때 분립 후에도 '주일공과'의 공동사용이 가능했던 것으로 보인다. 기장 KCCE 정식 가입은 1959년에 이뤄진다.

[46] 이외에도 대한성서공회, 대한기독교서회, YMCA, YWCA, 기독교방송(CBS) 등의 연합기구가 있다.

[47] 『大韓基督敎長老會第三九會議錄』, 29쪽. 여기서 '노력'이란 1954년 10월에 열린 NCC 8회 총회에 가입신청을 청원한 것을 말한다.

[48] 전택부, 「한국기독교연합회제8회총회회의록」, 위의 책, 347~348쪽.

1955년 2월 25일에 개최된 NCC 제9회 총회는 기장의 가입건과 관련한 두 가지 사항이 결의되었다. 첫째는 유호준 NCC총무가 '前總會 保留案件 提議'한 내용으로 '전년도 총회 시 보류된 대한기독교장로회, 대한예수교회 新가입건' 에 대해 논의한 결과 기장의 경우 '審査委員을 各敎派에서 2인씩(該當 敎派는 發言權만 부여), 宣敎師團 2명씩으로 구성하여 審査結果를 보고'토록 결정하였다.[50] 또한 동 총회에 보고된 사전 실행위원회 결의안 보고에 의하면[51] "본회 (NCC)의 기성회원 교파에서 分立한 新敎派가 本會에 가입을 請願할 時 入會를 許諾하는 規定으로 下記 諸項을 決議"하였다. 실행위원회가 '입회 허락'의 전제 로 제시한 조건은 "㉮명칭: 同一한 명칭을 사용하지 말 것. ㉯교회 수: 100교회 이상이 되어야 할 것, ㉰가입 조건: 兩 교파 간에 제반 문제가 원만히 해결되 면 적당한 시기에 가입할 수 있음" 등이다.[52]

NCC헌장 중 신규 회원 가입 절차는 1953년에 결정된 'NCC 세칙조항'에 의 하면, '국내 신교 각 교파, 국내 신교 각 선교부, 국내 신교 기독교전국연합 사 업단체'(헌장 제2조 조직항) 에 해당하는 단체 중에 NCC 가입을 원할 경우 "원 서를 실행부에 제출, 성수된 실행부는 검토 후 총회에 회부하여 총회에서 2/3 이상의 동의로 가입이 허락"되었다.[53] 앞서 실행위원회의 3가지 조건이 제시

• • • • • •

49) 『大韓基督敎長老會第四十會會議錄』, 64쪽. 실행위원회 보고에는 "①'한기련'에 있어서는 예수교장 로회회칙의 태도가 만일 우리 총회가 한기련에 가입되면 탈퇴하겠다고 고집하고 있음으로 타교 파의 대표들은 친선도모를 위하여 우리의 가입을 당분간 보류하였으니 금년에 다시 재론될 것으 로 아오며, ②세계기독교봉사회건에 있어서는 한기련에 가입단체가 아니라는 이유로 역시 보류 되었아오니 금년에도 이 가입 문제를 강력 추진하여 주시기 바라오며"라고 하여 '예장'의 반대에 부딪쳤음을 알 수 있다.

50) 전택부, 「한국기독교연합회제9회총회회의록」, 위의 책, 355~356쪽. 기장과 함께 가입을 청원한 '대한예수교회'의 경우 '실행위원회서 再審하여 제출키로 하여 '기장'보다 가입조건이 느슨했다.

51) 이 실행위원회는 1955년 10월 19일 CLS회의실에서 개최되었는데, 결의 안건은 '前총회 보류안건 에 대한 심의'였다(전택부, 위와 같음, 354쪽).

52) 전택부, 위의 책, 354쪽. 여기서 실행위원회의 조건은 기장이 '장로회' 명칭을 유지한 것을 예장이 문제 제기 하였음을 알 수 있으며, '兩'교파의 제반 문제'란 구체적으로 드러나지 않았으나 분립 후양 교파 간에 발생한 분쟁들의 해결을 의미하는 것으로 보인다.

53) 전택부, 위의 책, 289쪽. 제9회 총회의 실행위원회는 각 교파별로 장로회 6인, 감리회 5인, 성결교 3인, 구세군 2인, 선교단체 5인, 소(小)단체 3인 등이었다.

됨에 따라 기장의 신규가입 문제가 제9회 NCC총회에 회부되자 이 문제를 둘
러싼 총회 내에 의견이 분분하였다. 정회와 속회를 거쳐 '보류 안건인 分立된
새 敎派의 新 加入規定 問題 議決時까지' 장시간 재논의 한 결과 다음과 같이
수정, 가결되었다.

> 본회의 기존회원 교파에서 분립된 새 교파가 본회에 가입을 청원할 시 세칙
> 제1조에 준하여 적용할 규정
> 　가. 명칭: 同一한 名稱을 사용하지 말 것.
> 　나. 교회 수: 100교회 이상이 되어야 할 것.
> 　다. 가입 조건: 分立되어 성립된 敎派는 分立 後(看板을 걸고 총회를 한 후)
> 　　　4년 경과 후 自動的으로 가입키로 하되 제반 문제가 원만히 해결되면 기
> 　　　간 내라도 심사위원회의 조사를 거쳐 적당한 시기에 가입할 수 있음.[54]

위의 수정 사항은 '기장'의 신규가입을 둘러싸고 '예장' 내에 반대 측과 찬성
측 간의 절충안으로 볼 수 있는데, 특히 '다' 조항에서 '4년'의 기간 제한은 기
장 분립 시점을 고려할 때 기장의 가입을 사실상 '보이콧'하기 위한 조항으로
이해할 수 있다. 단 '제반 문제의 원만한 해결'의 유보 조항을 둠으로써 향후
변수에 따라 달라질 수 있음을 암시하였다. 이 결의에 따라 각 교파, 선교단
대표 2인씩으로 '심사위원회'를 선정하였는데, 장로교: 전필순, 안광국, 감리교:
김광우, 송정율, 성결교: 천순봉(심사위원장), 박명원, 구세군: 안길화, 양풍원,
선교단: 아담(Adams, Nellie Dick, 한국명 안의와), 싸-워 등이었다.[55]

심사위원회가 '기장의 신가입' 문제를 조사한 결과가 1956년 제10회 NCC총
회에 보고되었는데, "10월 2일 오전 10시에 교파 신가입 심사위원회를 소집하
고 기독교장로회 가입 건은 如下히 決議하다.「基督敎長老會란 무엇인가?」라

· · · · · ·
54) 전택부, 「한국기독교연합회제9회총회회의록」, 위의 책, 355쪽.
55) 전택부, 「한국기독교연합회제9회총회회의록」, 위의 책, 358쪽.

는 冊子에 의하면 1956('3'의 오기로 보임－논자)年 6월 12일에 발족하였음으
로 제9회 총회시 결정된 年限에 未及이고 諸問題도 未解決로 因하여 保留함"
이라 하여, 기장의 NCC 가입은 성사되지 못했다.[56]

　NCC 내에서 기장의 신규가입이 수차에 걸쳐 보류된 데에는 몇 가지 배경이
작용하였다. 첫째, 1950년대 중반 한국장로교회와 WCC와의 관계를 이해할 필
요가 있다. 한국교회에서 1950년대는 WCC 신학 노선을 둘러싼 찬반논쟁으로
교단, 교파가 분열되는 시기이다. 해방 후 한국교회가 WCC와 관계를 맺기 시
작한 제1차 WCC총회 이후 한국교회 내에는 WCC의 신학을 '신신학, 용공'으로
몰아붙이면서 국제기독교연합회(ICCC)의 노선을 따라 '반 WCC', '반 에큐메니
컬', '반공주의' 등이 주류를 형성했다. 특히 이승만에 의해 'WCC 친공, 용공단
체'논란이 더욱 확대되었는데 예장의 경우 WCC 노선을 둘러싼 갈등, 한국교회
의 '반공주의'가 결합되어 1959년에 통합/합동으로 분열되었다.

　기독교장로회가 에큐메니컬운동의 전개를 위해 국내 NCC 가입을 청원한
1954년 이후 시기는 예장이 WCC의 신학 노선을 둘러싼 '에큐메니컬 그룹'과
'반에큐메니컬 그룹'으로 나뉘어 갈등하던 때와 일치한다. 따라서 에큐메니컬
운동을 교단신학으로 내건 기장의 NCC 가입은 기존 NCC 내의 세력 관계 속에
'반에큐메니컬 진영'에서 거부할 수 있는 상황이었다고 볼 수 있다.

　둘째, 교단 분립에 따른 예장과의 갈등 상황이 그대로 반영된 결과이다. 실
행위원회의 전제 조건에서 보듯이 '명칭'과 '회수 변경' 문제를 이유로 예장이
기장을 보이콧한 것은 기장을 예장과 동일한 뿌리로 인정하지 않기 위해서이
다. 또한 기장의 '장로회' 명칭 사용은 NCC에 같은 뿌리를 둔 두 개의 '장로회'
가 동시 회원이 될 수 없는 논리가 성립된 것이다. 1957년 10월 22일 승동교회
에서 개최된 제11회 NCC총회는 기독교장로회 가입을 위해 '研究折衝委員 9名
을 選出 委囑하되 각 교파 2인과 회장이 1인을 '자벽'키로 결의한 결과 다음과

56) 전택부, 「한국기독교연합회제10회총회회의록」, 위의 책, 365쪽.

같이 연구절충위원이 선정되었다.

| | |
|---|---|
| 구세군 | 권경찬, 안길화 |
| 성결교 | 이정백, 김영용 |
| 감리교 | 송정률, 문창모 |
| 장로교 | 안광국, 김재석 |
| 회장자벽 | 로 스 여사(선교사) |

위 연구절충위원(소위원회)의 보고에 따라 "기독교장로회 가입 문제는 今年에 가입하는 것을 승인하고 회원권은 12회시부터 발효한다. 단 韓基聯으로서는 오는 1년간에 기독교장로회 측이 총회 회수를 시정하도록 권유할 것을 조건으로 한다"라 하여 1년 후 회원권 발효를 조건으로 기장의 NCC 가입이 비로소 승인되었다.[57] 이 결정에 대해 예장 대표 전필순 목사는 '정회'를 요청, 토의 후에 '소위원회 보고'를 채택하는 조건으로 "大韓基督敎長老會가 우리 聯合會의 勸誘를 受諾할 줄로 믿고 小委員會의 보고를 採擇하되 만일 勸誘가 受諾되지 않을 시는 總會回數가 같은 단체를 타 敎派로 認定할 수 없음으로 其後 事態에 대하여는 責任을 질 수 없는 것입니다"라고[58] 하여 기장총회의 회수 문제가 양 교파 간 핵심 쟁점이 되었다.

한편 기장총회는 1957년 5월 42회 총회에서 '연합기관(한기련, 세계봉사회, 교육협회, 기독교서회, 연세대 이사, 이화여대 이사 등)에 파견할 위원'의 선정 조건을 '임원과 노회장에 일임'할 원칙을 세워 기관가입에 대처하였다.[59] 문제는 기장 측이 NCC총회 결의에 따른 총회 회수 변경 여부인데, 1959년 2월 10일

• • • • • •

57) 전택부, 「한국기독교연합회제11회총회회의록」, 위의 책, 368쪽. 동 회의록에는 '연구절충위원'의 검토사항을 보고한 주체가 '小委員會'로 되어 있는데 본 연구는 두 조직을 동일한 것으로 이해했다.
58) 위와 같음.
59) 『大韓基督敎長老會第四十二會總會會議錄』, 124쪽. 이 결의에 따라 NCC위원으로 구연직(청주제일교회) 목사가 선정되었다.

에 개최된 제12회 NCC총회는 기장이 NCC총회에 처음으로 대표를 파견하여 예장 측과 기장 대표단 간에 '총회 회수' 문제로 치열한 논쟁이 전개되었다.[60]

갈등을 진정시키기 위해 총회는 감리교, 성결교, 구세군 측 대표들—위원에는 감리교 측: 박창현, 김광우, 송정율 / 성결교 측: 박영은, 한명우 / 구세군 측: 안길화, 양풍원 등—로 '절충위원회'를 구성한 뒤, "기독교장로회 대표단이 (기장) 총회에서 총회 회수를 변경하도록 전력을 다할 것을 본 N.C.C에서 공약키로 기하다"로 결의하였다. 예장 측 김재석 대표와 기장 측 강원용의 대표발언이 있은 후,[61] '절충안'을 표결(감리교 송정율의 동의)에 부친 결과 34대 3으로 가결되었다.

이 결정으로 예장 측 총대 중 NAE 측이 거부의사를 표명하여 퇴장한 가운데 '기장 총회(5월) 후까지 정회하자는 개의'가 가결(16 : 19)되어 12회 총회는 1959년 5월 23일 개최예정인 기장 총회 이후로 정회되었다.[62] 한편 NCC 총회록에는 기록되지 않았으나 위의 절충안에는 ②항으로 예장 측에 해당하는 조

・・・・・・

[60] 예장 측은 '기장 회수'를 문제 삼아, '회수 개정 여부를 알 수 없으니 분명한 답변을 요청'하였고, 이에 대해 NCC 유호준 총무가 '기독교장로회 총회 서정태 총무로부터 기장총회에서 "완전한 작정은 못되나 합의를 보았다"는 언명이 있었다'고 보고하자 예장과 기장 측 대표들 간에 '신랄한 논쟁'이 전개되었다. 예장 측은 '회수 문제가 해결되지 않을 경우 회의 진행을 할 수 없다'는 입장을 고수하였고 다른 교단 대표 총대들은 "NCC가 (총회 회수 변경)을 '권고'하자는 것이었지 '갈아야 한다'는 절대조건이 아닌 이상 그것은 무리한 요구"로 예장을 설득했다. 예장은 '우리는 총회 결의가 있으니 기장이 회수를 갈지 않으면 이 자리에 앉아 있을 수 없다'는 입장을 고수하였고 기장 측 총대 대표인 이남규 목사가 '회원의 의사를 존중하여 심심 고려하겠다'고 해명하였다. 여기서 한 가지 쟁점은 '예수교'를 '기독교'로 변경한 것으로도 '교회분쟁'에서 '타 교파'로 인정됨으로써 기장이 '불리한 입장'이 되는 상황에서, '회수변경'문제도 '재판에 이용'될 것이 우려되는 상황에서 '예장이 법적으로 효력 있는 공약(公約)이 선행 되어야 할 것'을 제기한 점이다(반병섭, 「NCC, KCCE 總會를 참관하고」, 『대한기독교장로회회보』, 1959.3, 8쪽). 12회 총회에 파견된 기장 측 NCC 대표는 이남규, 조선출, 김세열, 권영진, 우동철, 강흥수, 서정태, 장하원, 박영기, 정규태, 강원용, 길진경 박재석 등으로 1953년 '호헌총회'를 구성했던 원년 멤버들임을 알 수 있다(『대한기독교장로회회보』 제2권 6호, 1958.6, 8쪽).

[61] 예장의 김재석은 '기장이 회수를 변경하지 않을 시는 본회로서 필요한 조치를 취한다는 회장의 연명이 없는 이상 본 대표 등은 이를 시인할 수 없으매 만일 본 교단의 요청이 존중됨이 없이 결정을 내릴 경우 본 대표단은 본회에서 토장하여 본 총회의 지시를 받을 때까지 회원권을 보류할 것'이라 발언하였고, 기장의 강원용은 '우리는 노력해 볼 뿐 더할 수가 없다'고 응수하였다(전택부, 「한국기독교연합회제12회총회회의록」, 위의 책, 374~375쪽.

[62] 예장 측 NAE의 퇴장의 의미는 이 시기 예장 내 WCC와 NAE의 갈등 상황을 알 수 있게 한다.

건도 포함되어 있었는데 내용은 '예장대표들은 기장총회 회수변경을 재산권 소송에 악의용하지 않겠다고 공약할 것'이었다.[63] 즉, ①항은 기장 측에 해당하는 내용이며 ②항은 예장 측의 공약 조건이었으나, 예장의 'NAE' 대표들의 수용 거부와 퇴장으로 '절충안'은 자연 무효가 되었다.[64]

1959년 5월 22일~27일 개최된 44회 기장총회는 NCC 총대 이남규 목사의 보고를 받은 후 "NCC가 권유한 우리 총회 회수 변경 요청의 건은 우리가 회수를 변경하는 경우 대한예수교장로회 총회가 그것을 재산권 쟁탈에나 기타 교계 혼란을 일으키는 일에 이용하지 않는다는 보장이 될 수 있는 공약이 있을 경우 총회회수를 변경함이 가한지의 여부를 의논하여 각 노회에 수의하기로 가결하다"라고[65] 하여 '회수 변경' 문제가 기장총회만의 의결사항이 아니라 예장 측과 합의조건이 전제되어야 하는 쟁점임을 재확인하였다.

1959년 10월 22일 속회된 12회 NCC총회는 앞서 2월 퇴장했던 예장 대표 NAE 측 총대가 '참석보류'를 통지하여 불참한 가운데 에큐메니칼 측 총대만 참석하여 속회가 열렸다. 기장 측 대표로는 이남규 · 김세열 · 권영진 · 우동철 · 이해영 · 서정태 · 장하원 · 신성국 · 강원용 · 정규태 · 박영기 · 조향록(길진경 목사 대) 목사 장로 등 12명이었다.[66] 속회에서 유호준 총무는 "기독교장로회 총회가 예수교장로회의 회수변경을 소송에 이용하지 않는 한 변경할 것을 지

• • • • • •

63) 「한국기독교연합회 제12회 총회 총대제위께 고함」, 『대한기독교장로회회보』 제3권 5호, 1959.5, 9쪽. 전택부의 위의 자료집에는 2가지 절충안 내용에서 1항인 '기장 측' 조건만 기록되어 있다.

64) 12회 총회에서 양측의 공방은 치열했는데, 기장의 입장은 회수 변경 문제가 '총회장이나 총대들이 [갈겠다(회수변경)]고 해서 그대로 총회에 통과되느냐?'하는 점, '예수교를 기독교장로회로 개칭하는 것만으로도 교회 재산을 재판하는 법정에서 기장은 타교파로 몰리는 상황'에서 회수변경이 재판에 이용되지 않겠다는 예장 측 (법적 효력이 발생할) 공약 없이 회수변경은 어렵다는 논리를 전개했다(반병섭, 「NCC, KCCE 總會를 참관하고」, 『대한기독교장로회회보』, 1959.3, 8쪽). 이 글에서 반병섭은 '기장을 이단(異端)으로 내몰던 이유가 에큐메니칼운동을 지지한다고 해서가 아닌가? 그런데도 이때까지 에큐메니칼을 반대하는 예장은 에큐메니칼운동체인 NCC에 가담하여 일을 했고 그것을 지지하는 기장은 NCC 문밖에 있었다'고 하여 예장의 에큐메니칼운동에 대한 이중 태도를 비판했다.

65) 『대한기독교장로회총회제四四회회의록』, 40쪽.

66) 『대한기독교장로회회보』 3권 11호, 1959.11, 5쪽.

난 회에 건의하도록 결정하였고 예수교장로회총회는 산하 각 교회로 하여금 금후 교회재산분쟁 건을 세상 법정에 소송하지 말도록 지시하였으므로 자율적으로 해결하였다"고 보고함으로써[67] 예장의 NAE파가 빠진 NCC총회는 기장의 회원권 발동에 제약을 두지 않게 되었다. 그리고 동 속회 임원선거에서 기장 대표 이남규 목사가 부회장에 당선됨으로써 기장은 한국기독교연합회 활동을 본격적으로 시작하게 되었다.

## 2) 1950년대 한국장로교회의 WCC 이해와 논란의 특징

2차 대전 이후 현대 에큐메니컬운동은 1948년 암스테르담에서 '세계교회협의회(World Christian Council)'가 창설됨으로써 본격적으로 전개되었다. 한국교회는 제1차 세계교회협의회 총회에 한국대표로 김관식(장로교회 대표), 엄요섭(기독청년) 등이 참석하여 세계교회협의회 창립 멤버로 공식 등록함으로써 관계를 맺기 시작했다.[68] 현대 에큐메니컬운동 기구인 세계교회협의회는 '신앙과 직제(Faith and Order)', '생활과 사업(Life and Work)'을 두 축으로 전 세계 초교파적교회들의 연합 기구이다. 에큐메니즘(ecumenism)이란 그리스어 '오이쿠메네'(oikoumene, 집)에서 유래한 말로 사람들이 거주하는 땅(land)을 뜻한다.[69] 즉 '한집안에서 산다'는 뜻으로, 세계에 흩어져 있는 교회들의 다양

• • • • • •

67) 전택부, 「제12회 韓國基督敎聯合會 總會會議錄」, 위의 책, 377쪽.
68) 『그리스도교대사전』, 대한기독교서회, 1972, 1096쪽. 본 글에서는 해방 이후 한국교회와 세계교회와의 관계에 한정하여 '에큐메니컬운동'을 서술하기로 한다. 한편 1차 WCC대회에 감리교(복흥파)의 강태희, 장로교의 '송창근'도 포함되어 있다는 주장이 있으나 WCC 공식초청자 명단에는 이름이 나와 있지 않다(민관홍, 「세계교회협의회와 한국교회의 관계 역사」, 『한국기독교와역사』 No.40, 한국기독교역사연구소, 2014, 23~26쪽 참조).
69) '오이쿠메네'의 어근은 '오이케오'(oikeo: 거주한다)이며, 명사형이 '오이코스(oikos: 집, 거처, 가족) 이다(이형기, 『에큐메니칼운동사: 세계교회협의회(WCC)가 창립될 때까지』, 대한기독교서회, 1994, 257쪽). 에큐메니컬운동의 지도자였던 비서트 후프트에 의하면 에큐메니컬의 현대적 의미로 '교회의 세계적인 선교, 둘 또는 그 이상의 교회 간의 관계와 일치, 기독교 일치의식'을 나타낸다. 즉 에큐메니칼의 기본적 의미는 인간이 살고 있는 전 세계를 선교 · 일치하는 방향을 의미한다(주재용, 「WCC의 歷史와 理念」, 『基督敎思想』 통권 295호 No.1, 1983, 61쪽).

성 속에 '보편성, 통일성'을 추구하는 운동이라 볼 수 있다.[70]

1948년에 조직된 세계교회협의회(WCC)의 출발 당시 문제의식은 1·2차 대전을 경험한 인류 공통의 문제, 즉 전쟁의 참상 앞에서 인간의 위기를 실존적으로 자각함으로써 역사와 '신' 앞에서 인간의 책임성을 강조하는 교회들의 연합운동기구로서의 의미가 컸다. 해방 후 한국교회와 세계교회운동의 접촉 과정에는 김재준과 조선신학교의 신학적 개방성이 중요한 계기가 되었다. 앞서 보았듯이 해방 후 김재준의 신학운동은 세계교회신학과 에큐메니컬운동의 한국적 수용을 본격적으로 주장하여 전통적 보수주의 한국교회 안에 '신신학(新神學) 논쟁'을 일으켰다. 보수교계의 '신신학(新神學) 논쟁'의 배경에는 미국의 분열주의적 근본주의자인 칼 메킨타이어(Carl McIntire, 1906~2002) 주도하에 1948년에 창립된 국제기독교연합회(International Council of Christian Church, 'ICCC')가[71] 세계교회협의회를 '현대신학(신신학), 친공파(親共派), 평화주의자, 親가톨릭파' 등으로 공격함으로써 이념논쟁을 일으킨 것과 깊은 관련이 있다.[72] 이 가운데 '현대신학(신신학)', '친공(親共)논란'은 한국전쟁 중에 한국교회 안에 확산되어 한국교회가 에큐메니컬운동과 관계를 맺는 데 이념적으로 부정적인 영향을 미쳤다. 특히 한국전쟁기는 이승만이 반공주의 이념을 정치적 기반으로 구축하는 과정에서 개신교 세력을 정치적으로 활용하면서 한국사회 전반에 걸쳐 반공이데올로기가 극대화되는 시기였다.[73]

논란은 두 차원으로 전개되었는데, 하나는 WCC의 '초교회(Super-Church)'

70) 이우정, 「1970년대 에큐메니칼운동의 의미」, 『이땅에 평화를: 운산 김관석 목사 고희기념문집』, 운산김관석목사고희기념문집출판위원회, 1991, 9~10쪽.
71) 국제기독교연합회(ICCC)는 메킨타이어를 비롯한 29개국의 약 150명의 근본주의자들이 세계교회협의회의 창립총회보다 조금 앞선 1948년 8월 11일부터 19일까지 암스테르담의 영국개혁교회에서 모임을 갖고 창립시켰다. 27쪽.
72) 김재준, 「美國敎界의 分裂主義敎職者들」, 『十字軍』 속간 13호, 1953.7, 13~16쪽 참조; 「좌담: 한국교회와 WCC」, 『基督敎思想』 제27권 1호(295호), 1983, 44쪽; 「심포지엄: WCC 50년과 한국에큐메니컬운동」, 『神學思想』 제103집 겨울호, 1998, 8쪽 참조.
73) 한국전쟁기 한국교회의 반공주의의 형성 과정과 내용에 대해서는 강인철, 「한국 개신교 반공주의의 형성과 재생산」, 『역사비평』 제70호, 역사비평사, 2005.2, 46~52쪽 참조.

논쟁이며 다른 하나는 WCC의 '용공(容共)성' 논란이다. WCC의 '초교회' 논쟁
은 세계교회협의회가 모든 교회들을 통합한 뒤, 그 위에 군림하는 초교회
(Super-Church)의 의도를 가지고 있다는 비난이다.[74] WCC의 용공성 논란은 2
차 대전 이후 생겨난 헝가리, 체코, 중공 등 공산진영의 교회들이 WCC에 가입
하자 ICCC로부터 용공단체 혐의를 받게 된다. 즉 기독교진영이 공산세계 교회
들과 연합체를 조직함으로써 기독교 세계와 공산진영 간의 '공존'의 문제가
WCC 안에 대두하면서 냉전적 반공논리에 의해 공격된 것이다.[75]

한국전쟁 중이던 1951년에 WCC의 '용공(容共) 논란'은 이승만 정부에 의해
한국교회 안에 수용되어 이념논쟁으로 확산되었다. 발단은 ICCC가 WCC를 용
공단체로 흑색 선전한 내용이 이승만의 비서를 통해 보고되면서 반공주의에 열
을 올리던 이승만이 WCC를 용공단체로 인식하면서 시작되었다. 미국장로교해
외선교회(The Board of Foreign Missions of the United Presbyterian Church in
the USA)의 협동총무인 존 커벤트리 스미스가 WCC 국제문제위원회의 오토 프
레데릭 놀데(O. P. Nolde)에게 보낸 전문에, "메킨타이어 그룹(McIntire group)
에 의해 때때로 그(이승만)의 귀에 제공되어졌습니다. 대통령의 어떤 비서들이
교회지도자들까지도 얻을 수 있는 이러한 정보를 사용했습니다… 만약 메킨타
이어 일단이 이번에 승리한다면, 그들은 다른 일들로도 옮겨갈 것입니다"라고
하여 ICCC 그룹과 이승만이 연결되어 있음을 알 수 있게 하였다.[76]

ICCC와 매킨타이어는 "20세기 종교개혁을 한국에서 일으킬" 목적으로 한국

• • • • • •

[74] 세계교회협의회는 창립 헌장에서 "우리 주 예수 그리스도를 하나님이며 구원자로 인정하는 교회
들의 공동체"로 선언하였고 1950년 토론토 중앙위원회에서도 "초교회가 아니며 결코 그러한 하나
의 교회가 되지 않을 것"이라 선포하였음에도 ICCC의 비난은 WCC의 정체성을 왜곡시키는 결과
를 낳았다(민관홍, 앞의 글, 27~28쪽).

[75] 한국전쟁 발발 직후 세계교회협의회(WCC)는 북한의 남침을 비난하는 성명들을 발표하였는데 이
에 대해 동유럽 공산권 교회들은 WCC 성명에 반박하여 WCC 내에 갈등 기류가 형성된다(김홍
수, 「세계교회협의회(WCC)의 한국전쟁 성명과 공산권 교회들」, 『한국근현대사연구』 제24집, 한
국근현대사학회, 2003 참조). 이것은 WCC의 용공성 논란의 근거가 희박함을 보여준다.

[76] 민관홍, 위의 글, 28쪽.

장로교회에 이론적 무기 외에도 20만 달러의 자금도 지원하였다.[77] 이른바 '팸플릿 사건'으로 1951년 임시 수도 부산에서 이승만은 근본주의 성향의 송상석 목사, 국회의원이자 목사인 이규갑, 기독교인 국회의원 황성수 등을 불러 WCC의 용공정책이 실린 미국 보수교단의 '팸플릿' 내용을 검토하여 한국교회 안에서 WCC와 관련한 '친공, 용공성 여부'의 검토를 지시하였다.[78] 이것은 한국교회의 반공주의 정서를 자극하기에 충분한 내용으로 이 사건 이후 한국교회와 한국사회 안에 WCC의 '용공', '친공'의 이미지가 확산되었다고 볼 수 있다.[79] 고려신학교의 근본주의 성향이 ICCC와 더욱 밀착되어 있었는데, 대표적인 신학자 박윤선은 1950년에 발표한 『대한(大韓)예수교장로회(長老會)는 어디로 가야하나?』(고신대 학우회출판부, 1950)에서 장로교의 WCC 가입이 '장로교 교리 위반'으로 보았다. 박윤선은 근거로 첫째, 세계교회협의회는 정통주의가 아닌 '위기 신학'이며,[80] 둘째, '신신학자', '사회복음주의자'들이 주동되었고, 셋째, WCC의 진로가 "세계적으로 교회실권을 잡기 위한 노력, 후에 세계교회의 장악 의도"라 하여 ICCC의 인식 그대로를 반영하였다.[81]

● ● ● ● ● ●

77) 유호준, 『역사와 교회: 유호준 목사 회고록』, 대한기독교서회, 1993, 292쪽.
78) 송상석은 영어로 된 이 팸플릿을 번역하여 국회와 정계, 한국교회 등에 배포하였는데, 팸플릿의 내용은 WCC가 중공의 승인을 고려, 아프리카 남미 등 공산 게릴라 활동을 지원하는 친공산주의 정치 활동을 전개한다는 내용, 그리고 WCC와 관계를 맺고 있는 KNNC를 비판하였다(박정신, 「한국기독교회와 세계교회협의회 그 정치적 악연의 역사」, 『韓國敎會史學會誌』 제28집, 한국교회사학회, 2011, 237쪽). 송상석 목사는 1947년 박형룡의 귀국을 돕기 위해 사선을 넘었던 고신파 목사이다. 황성수는 국회의원이면서 『기독공보』의 책임을 맡고 있었고 훗날 국회 부의장을 역임하였다. 그는 1953년 부산 금정산에서 열린 기독학생총연맹(KSCF) 총회에서 막대한 자금을 동원하여 보수 측 후보의 당선 공작을 벌이기도 하였다(강원용, 『역사의 언덕에서』 2, 한길사, 2003, 158~159쪽).
79) 박정신, 위와 같음.
80) "위기 신학"이란 칼 바르트, 에밀 브루너 등의 '신정통주의' 신학의 다른 이름이다.
81) 박윤선은 WCC에 희랍정교회의 참가를 이유로 WCC가 교리적으로 '마리아 경배한 것으로 보았다(이상규, 『한상동과 그의 시대』 SFC, 2006, 379~380쪽, 381쪽). 한편 박윤선과 한상동을 비롯한 고려파 지도자 4인(이약손, 박손혁)은 미국에서 열리는 ICCC 제2차 국제대회에 초청받아 1954년 7월 29일 도미하여 8월 3일부터 18일까지 보름동안 필라델피아에서 열린 ICCC에 참석 후, 맥킨타이어가 이끄는 성경장로교회(Bible Presbyterian Church), 정통장로교회(Orthodox Prssbyterian Church), 그리고 개혁교회(Christian Reformed Church)를 방문, 연설한 후 9월에 박윤선과 한상동은 맥킨타이어의 훼이스신학교(Faith Theological Seminary)에서 명예신학박사(Doctor of Divinity)학위 수여 후 10월 중순 귀국하였다(서영일, 『박윤선의 개혁신학연구』, 한국기독교역사연구소, 2000, 269쪽; 민관홍, 위의 글, 29쪽 참조).

1954년 에반스톤에서 열린 제2차 WCC총회에 장로교 대표로 김현정, 명신홍 2인과 유호준이 기독교연합회(NCC) 대표로 참가했을 때 이승만이 WCC를 용공단체로 여겨 여권을 불허하였으나 두 가지 특별지시를 조건으로 허가를 내 준 사실에서도 이 시기 이승만의 '반 WCC 인식'을 짐작케 한다.[82] 이승만의 특별지시는 WCC의 용공성 논란을 직접 확인하여 보고할 것과 평화 공존 문제에 한국 측 반대 입장을 표명하도록 하는 것이었다.[83]

귀국보고에서 총회 정치부 서기이자 에큐메니컬 지지파였던 김현정 목사는 'WCC는 각 교파의 신조통일을 의미함이 아니오, 각자의 신조를 존중하면서 연합사업을 함으로써 각 교파와의 친선과 상호협조를 도모한다'는 내용의 보고를 하였다. 이 시기 예장 안에는 WCC를 둘러싼 찬반 구도가 갈등 상황으로 전개되고 있었는데 1956년의 예장총회는 '에큐메니컬연구위원회'를 두어 WCC 사상을 검토, 조사케 하는 수단을 취하게 된다.[84]

• • • • • •

[82] 이 시기에 장로교 내부는 이미 WCC 노선을 둘러싼 갈등이 전개되고 있었기 때문에 WCC운동에 긍정적인 시각을 갖고 있었던 김현정과 보수신학의 WCC운동에 신학적 문제가 있다고 본 명신홍 박사를 파견하였다. 2차 WCC대회에 미국 유니온신학에서 유학 중이던 기장(基長)의 강원용과 캐나다 유학을 마치고 귀국 도중이던 김정준이 개인 자격으로 참석하였다(강원용 『역사의 언덕에서』 2, 한길사, 2003, 213~216쪽 참조). WCC 청년국 위원이던 강원용은 세계교회협의회 실행위원회(The Executive Communittee of the WCC)에 의해 조언자로 지명되어 있었으나 1953년 기장분리 후, 1954년 2월 예장 측에서 강원용 대신 명신홍으로 대체해 달라는 요청서를 WCC에 보내 강원용의 참석이 취소되었다(민관홍, 위의 글, 30쪽 참조).

[83] 유호준, 위의 책, 268~269쪽. 유호준의 글에는 비슷한 시기에 열린 WCC 2차 대회보다 1주일 앞서 열린 1954년 8월의 기독교국제문제위원회(CCIA) 제6차 총회 내용 가운데 '공존(coexistance)' 문제가 쟁점이 된 경위가 기술되어 있다. '공산주의 국가와 민주주의 국가가 평화적으로 공존한다'는 내용에 한국 측이, 공산주의와 대치한 휴전 상태에서 '평화적 공존'은 불가능한 점을 강력히 제기하였다. '공존'이 '평화적 공존'이슈는 WCC 2차 총회에서 최종적으로 '공존(coexistence)'가 '나누어진 세계에서 평화적으로 함께 사는(Living together in the divided world)'의 수정안이 통과되었다. 총회 후 유호준은 이 사실을 이승만에게 보고하였다(유호준, 위의 책, 270쪽).

[84] 8인의 연구위원은 한경직, 전필순, 유호준, 안광국, 박형룡, 박병훈, 황은균, 정규오 등으로 앞의 4인은 에큐메니칼운동 지지자들(지도자 한경직)이며, 뒤의 4인은 WCC의 반대자들이다. 구성분포가 말해주듯 장로교 총회 안에 이 운동을 지지하는 파와 반대파가 첨예하게 대립하였다(정규오, '신학적 입장에서 본 한국장로교회사', 129쪽). 연구위원회 연구 내용은 첫째, 에큐메니칼운동을 지지하는 이들은 단일교회 목표를 하는 이들과 교회의 친선과 연합만을 목표로 하는 이들 둘로 대별된다는 것, 둘째, 친선과 협조만을 위한 에큐메니칼운동은 앞으로도 계속 참석하기로 하지만 단일교회를 지향하는 운동에 대해서는 반대한다는 것, 셋째, 각 교회에 에큐메니칼운동에

이후 1957년 제42회 예장총회가 '에큐메니칼운동 노선'을 천명하자 WCC 찬성파와 반대파의 대립이 가속화되면서 1959년 대전총회가 육탄전을 전개하여 승동교회에 회집한 '합동파'가 1959년 9월 합동총회를 개최, "WCC를 영구 탈퇴하는 동시에 WCC와 연관 있는 에큐메니칼운동을 절대 반대하며 미국 NCC가 용공적인 평화운동과 중공 승인운동에 관련성이 있는 단체를 반대한다"는 결의문을 채택하였다.[85]

1960년 2월 연동교회에서 회집된 '통합 측 총회'는 장로교회의 재일치(在一致)를 위한 방안으로 "한국교회는 세계교회협의회(WCC)에 대한 심각한 이견 차이 때문에 교회의 평화를 위해 이를 탈퇴"할 것, "논쟁의 대상이 되는 문제에 대하여 아무 성과 없고 쓸데없는 쟁론을 중지하고 성경공부와 전국적인 복음운동을 조장할 것을 각 교회에 호소한다"는 등 8개항의 타협안을 제시하여 분열을 막아보고자 하였으나 총회는 분열되고 만다.[86]

한편 1953년 기독교장로회의 성립은 적극적인 측면에서 2차 대전 이후 에큐메니컬 신학운동을 한국장로교회에 소개·확대시킴으로써 사회참여 신학의 요람이 되었다. 그러나 다른 한편으로 "우리의 수난은 서로 이해와 아량으로 협력하려는 에큐메니칼 정신을 권고한 데서 생긴 비극"이라 회고할 만큼 한국장로교회의 보수전통 안에서 소수파 신학운동을 전개하면서 이단시되고 '용공적'으로 매도당하는 경우가 많았다.[87]

. . . . . .

대한 바른 교육을 위해 필요한 팸플릿 제작할 것과 에큐메니컬 연구위원회에 인돈, 마삼락, 명신홍, 김형모 네 사람을 추가로 에큐메니칼 연구위원회 위촉해 줄 것. 이 보고는 어느 한쪽 입장을 반영하기보다 이 운동을 지지하는 자들과 반대자들 사이 타협안이라 볼 수 있다. 단순한 친선과 협조라는 면에서는 WCC를 지지하지만 교회 단일화에 대해서는 반대한다는 것. 추가 임명 요청한 4인 중 명신홍, 인돈선교사는 반대, 마삼락, 김형모는 찬성파이다.

85) 대한예수교장로회, 『총회창립50년사』, 1962, 85쪽. 합동파 측의 '반에큐메니컬성명'에 대해 미국 NAE가 '한국 NAE 측의 하는 일은 상상도 못할 일'로 비난하고 한국 NAE와 단절을 천명한 데서도 극명하게 보여주고 있다.

86) 대한예수교장로회한국교회백주년준비위사료분과위원회, 『대한예수교장로회백년사』, 대한예수교장로회총회교육부, 1984, 559쪽.

87) 이우정, 앞의 글, 10쪽. 에큐메니컬운동과 관련해서 기장이 받은 비난은 '기장' 내 공통적으로 인식된 부분이다. "이런 고정되고 침체한 한국교회에 하나의 들창을 만들어 새 공기 소통시키려는

오늘의 世界敎會運動(Ecumenical Church Movement)'은 결코 비그리스도교적
이 아니다. 그것은 선교전선에 있어서 가장 위대한 발견이다. 全世界 各敎派를 망
라한 全体로서의 聖徒의 交際아래 全体로서의 교회가 공동전선을 펴서 巨大한 世
俗主義와 공산주의의 波濤를 막음과 동시에 그 물결이 지나간 후의 다음 世代를
건설할 具体案을 遂行하려는 것은 진실로 偉大한 所望이라 아니할 수 없다. 그러
므로 우리는 우리 支敎會의 一員임과 동시에 世界的인 "全体로서의 敎會"의 한 肢
体임을 깊이 인식하고 그 大望과 矜持로 敎會生活을 營爲하여야 할 것이다.[88]

해방 직후부터 에큐메니컬운동을 주장했던 김재준과 기장은 일찍부터 신신
학 논쟁과 '이단시비'를 치른 결과 1950년대 후반 에큐메니컬 노선을 둘러싼
장로교회 안의 논쟁에서 제외되었고 비교적 자유로운 공간을 먼저 확보하고
있었다. 강원용이 1959년 예장 분열을 '한국교회 전체로 볼 때 하나의 발전'이
라 볼 수 있었던 여유도 최대교파인 예장이 나누어짐으로써 에큐메니컬운동의
확산을 기대할 수 있을 것으로 보았기 때문이다.[89]

김재준은 1959년 상황과 한국교회 분쟁이 장로교에 국한된 문제로, 원인에
대해서는 '정통주의자들의 입장과 자유주의자들의 입장 사이에 의견 불일치'와
'다수의 독선적인 태도'에 있는 것으로 보았으며 보다 근본적으로는 '선교사들
이 세계교회적 입장에서 처음부터 지도'하지 않았기 때문으로 해석하였다.[90]

. . . . . .

의도에서 세계를 말하고 세계교회를 말하고 현대신학을 말해 왔던 것이다. 당시에는 고정주
의자들에게 오해와 정죄를 받았으나 아마 지금 즘은 좀 새 바람의 시원함을 인정하려는 분위
기가 그런대로 조정되어가는 것이 아닌가 생각된다"(김재준, 「합력 · 약동하는 교단」, 『대한
기독교장로회회보』 제128호, 1972.9, 2쪽), "우리 기장을 예장이 이단(異端)이라 해서 내몰던
이유가 에큐메니칼운동을 지지한다고 해서 아닙니까?"(반병섭, 「NCC, KCCE총회를 참관하고」,
『대한기독교장로회회보』 3권 3호, 1959.3, 9쪽).

88) 김재준, 「全体로서의 理解에 살자」, 『十字軍』 속간 5호, 1952.1, 3쪽. 이 글은 1951년 7월 15일에
거행된 '한국신학대학 제10회 졸업예배'에서 행한 설교 내용으로 『十字軍』에는 1952년에 수록됐다.
89) 「좌담회: 1959년의 敎界를 말한다」, 『基督敎思想』 Vol.3 No.11, 대한기독교서회, 1959, 35쪽. 이
좌담회 참석자는 홍현설(사회, 감신대 학장), 김재준(한신대 학장), 김광우(감리교 자교교회 목
사), 강원용(경동교회 목사), 계병호(영락교회 장로), 김석목(서울대 교수) 등이다.
90) 위 좌담회 기사, 38쪽.

공산주의와 대결하는 데 있어서 그 취할 태도와 그 이해와 대결 방법이 획일
적으로 동일할 수는 없다. 그리스도인치고 공산주의에 영합할 사람이 어디 있을
것인가? 자유진영에서 自己 義를 過信하는 것이 스스로의 눈을 어둡게 하여 공산
주의자에게 유리한 결과를 가져온다는 것을 잘 알고 있는 세계교회에서는 공산
주의의 惡을 지적함과 동시에 자본주의의 惡도 지적하여 적극적인 개선과 건설
에서 자유를 유지하면서 공산주의자들의 꿈을 능가하는 실질적인 승리를 가져오
게 하려는 것이다. 세계교회를 「용공」으로 몰려는 사람들의 사고방식대로 한다
면 UN은 가장 미워할 「용공」단체로 규탄을 받아야 할 것이다.[91]

위에서 김재준은 한국교회 보수진영의 WCC 용공성 논란에 대해 세계교회
가 실질적인 승리를 얻는 것이 자유·공산 양 진영 모두에서 '악(惡)'을 개선하
여 '건설적 자유를 유지하는 길'로 주장함으로써 한국교회의 일방적 반공주의
태도를 간접적으로 비판하였다. 한편 기장은 1959년 2월까지 국내 연합기관으
로 NCC, AIV(음영위원회), CWS(기독교세계봉사회), KCCE(대한기독교교육협회)
등에 가입이 완료되었다.[92]

1959년 7월 '세계장로회연맹' 가입, 1959년 10월에는 '동남아시아기독교협의
회'(EACC), 1960년 8월 세계교회협의회(WCC)에 가입함으로써 국내외 대표적
연합기관에 가입을 완료하였고 1961년 2월 기독교교육협의회(KCCE) 14회 총
회에서 대구 수석교회 오태환 박사가 회장에,[93] 이어 3월에 열린 NCC 실행위
원회에서 길진경 목사가 총무에 당선되었으며[94] 같은 해 4월 기독교세계봉사
회(CWS) 17회 총회에서 서정태 목사가 회장에 당선되었다.[95] 1961년 인도 뉴
델리에서 개최예정인 WCC 제3차 총회에 기장 대표로 강원용 목사를 파견하는

• • • • • •

91) 김재준, 「에큐메니칼 運動과 韓國敎會」, 『基督敎思想』 Vol.5 No.10, 대한기독교서회, 1961, 71쪽.
92) 「기독교연합기관총회소집」, 『대한기독교장로회회보』 3권 2호, 1959.2, 11쪽.
93) 「오태환 박사 KCCE회장으로」, 『회보』 5권 3호, 1961.3, 11쪽.
94) 「N.C.C총무 길진경 목사 취임」, 『대한기독교장로회회보』 5권 4호, 1961.4, 6쪽.
95) 「기독교세계보사회한국지부회장, 서정태 목사 당선」, 『회보』 5권 5호, 1961.5, 6쪽.

등 기장의 에큐메니컬운동은 내외적으로 약진하였으며 1961년 5월에 개최된 제46회 총회에서는 교파명을 '한국기독교장로회'로 변경하였다.[96]

한편 김재준은 1958년 9월 1일 카나다 연합교회 초청을 받아 기장총회 대표로 캐나다로 출국하여 약 9개월을 체류한 뒤 귀국 후 1959년 9월 22일에 함태영 한국신학대학 학장의 뒤를 이어 학장에 취임하였다.[97] 1960년 4·19를 수유리에서 맞은 김재준은 1961년 5월 16일의 쿠데타로 등장한 박정희의 1961년 9월 1일 '교육에 관한 임시특례법'에 따라 '대학 총·학장 만 60세 정년제'에 의

• 회갑 기념식에서 축사하는 한경직 목사

해 1961년 9월로 학장직에서 물러나게 된다.[98] 같은 해 11월 1~4일까지 '회갑기념 신학강연회 및 축하예배'를 진행하였고 11월 10일에는 한신대 학장 이·취임식을 거행하여 김재준의 신학교육자로서의 공직생활은 정년을 맞았다.[99] 한편 4·19~5·16의 격변기를

● ● ● ● ● ●

96) 『회보』(총회촬요편), 1961.7, 5~6쪽.

97) 캐나다에 체류 중에 김재준은 브리티쉬 콜럼비아 대학에서 명예신학박사 학위를 수여받았으며, 캐나다 연합교회로부터 한국신학대학 본관 건축비 십만 달러, 사택과 기숙사 건축비 추가보조금 2만 4천 달러, 여선교부에서 3만 달러(작정액), 1959년도 경상비 보조금 2만 달러, 기본금 보조금 1만 달러 등 신학교육 관련 선교비 원조를 증액받았다(「가나다연합교회 귀한보고」, 『대한기독교장로회회보』 3권 6호, 1959.6, 5쪽). 1960년 9월 22일에 한국신학대학 강당에서 치러진 김재준의 '한국신학대학장 취임식'에서 김재준은 '신학과 교회와 역사'의 제목으로 취임강연을 하였다. 『대한기독교장로회회보』 3권 10호, 1959.10, 11쪽.

98) 5·16 이후 1961년 9월 1일 '교육에 관한 임시특례법'(법률 제708호)이 제정 공포되었으며 동 법 제15조에서 교원의 정년이 만 60세로 제한되었다.

99) 『대한기독교장로회회보』(성탄편), 1961.12, 7, 9쪽 참조. 11월 1~3일까지 경동교회에서 개최된 '회갑 기념 신학강연회'에서는 '신학자로 본 루터의 실존적 모습(지원용 박사)', '쉘리 박사의 교육원리와 한국교회(문동환 박사)', '칼·빨트의 성서해석학(박봉랑 박사)' 등이 발표되었다. 한편 11월 10일에 거행된 한신대 학장 이취임식에서는 김재준을 이어 김정준 박사가 새로운 학장에 취임했으며, 정년으로 물러난 김재준, 최윤관, 노안리(장로) 3인을 한신대 명예교수로 추대했다.

지나면서 김재준의 내면에는 '난데없는 폭풍우가 모든 꿈을 날려버리고 말지
않을까' 하는 극한 의식이 자리 잡고 있었는데, 이 경우 자신의 거취를 '침착하
여 영원한 질서와의 대화에 안착(安着)하는 것'이거나 '더욱 용감하여 보이는
질서에 행동의 불길을 던지게 되는 상황에 놓일 것'이라 하여 5·16 이후의 '급
변적 삶'을 예견하는 듯했다.[100]

## 3. 전쟁 후 김재준의 사상 변화와 기독교적 실존주의 역사 이해

### 1) 전쟁 후 김재준의 민주주의·공산주의 이해

1950년대 한국사회의 사상적 특징은 반공주의, 자유민주주의, 친미주의 등
이 지배이데올로기로 기능하면서 극우반공체제를 공고화시켰다고 볼 수 있
다.[101] 1950년대 이승만과 밀착됐던 한국교회 안에 이 세 요소는 매우 높은 결
속력을 보이면서 유기적으로 결합되어 이승만의 지배체제를 돕는 기능을 담당
했다. '친미·반공주의적 자유민주주의'로 통칭할 수 있는 1950년대 사상적 특
징은 월남 기독교인, 그 가운데서 서북계 기독지식인들을 중심으로 한『사상
계』의 대표성에서 잘 드러난다.[102] 반면에 자유로운 신학 노선을 배경으로
한 함경도 출신의 개신교 신학자 김재준은 한국전쟁 이후 해방공간에서의
사유 흐름에서 변화된 측면을 보였다. 특히 세계적 냉전과 한국전쟁의 영향
은 김재준의 '기독교적 보편주의' 전제 속에서 민주주의·공산주의 이해에

100) 김재준, 「앞으로 十年間의 나의 計劃」, 『基督敎思想』 Vol.5 No.1, 대한기독교서회, 1961, 35쪽.
101) 1950년대의 사상적 특징에서 지배 이념과 대항 이념에 대해서는 손호철, 「1950년대 한국사회의
이데올로기: 한국전쟁 이후 시기를 중심으로」, 『한국정치연구』 5, 한국정치연구소, 1996 참조.
102) 1950년대 지식인의 이념 특징에 대해서는 김상태, 「1950년대~1960년대 초반 평안도 출신『사상
계』지식인층의 사상」, 『한국사상과문화』 Vol.45, 한국사상문화학회, 2008; 황병주, 「1950년대
엘리트 지식인의 민주주의 인식: 조병옥과 유진오를 중심으로」, 『史學硏究』 No.89, 한국사학회,
2008; 김동환, 「김재준의 정치사상」, 『神學 思想』 Vol.164, 한국신학연구소, 2014 등 참조.

변화를 유인하였다고 볼 수 있다.

해방공간에서 김재준은 '기독교적 보편주의'에 입각한 건국론을 전개하였다. 이 경우 김재준의 입론은 '기독교적 절대 주권' 아래 초시대적·보편적 기관으로 존재해 온 교회의 역사성, 또는 '역사적 교회' 이해를 바탕으로 하였으며 현실의 정체(政體) 또는 이념(ism)과의 관계 측면에 주목하여 교회의 '탈 이념적' 특징을 강조하였다.[103] 그러나 한국전쟁의 경험 이후 김재준의 사상 변화에서 두드러진 특징은 동서 진영 간 대결의 냉전적 사유를 체득한 것을 들 수 있다. 반면에 민주주의 이해에서는 '정의(正義)'에 입각한 인간 존엄과 자유의 강조로 확장되는 특징을 보였다.

김재준에게 이러한 변화는 한국전쟁의 중의적 경험을 통과하면서 얻은 결과로 볼 수 있다. 3년간의 한국전쟁은 김재준의 공산주의 인식을 반공주의로 변화시키는 계기가 되었다. 동시에 이 시기 한국장로교 안에서 전개된 일종의 '종교전쟁'에서 총회 다수결에 의해 개인의 신앙·양심의 자유가 침해된 '사건'의 경험이 더해지면서 김재준의 민주주의 이해는 '정의'에 의해 유지되는 '질서'의 문제로, 또는 정의에 의해 보장되는 '자유'의 문제로 확장되는 계기가 된다.[104] 여기서 정의와 자유, 질서가 인간 존엄성 유지에 필수적인 개념들인 한 김재준의 '기독교적 보편주의'와 민주주의 관계는 이전시기의 '탈 이념적' 거리두기와 비교할 때 상호 연결된 개념으로 접근되고 있음을 알 수 있다.

먼저 공산주의 인식의 변화를 살펴보면, 해방공간에서 김재준은 사회주의·공산주의 이론을 하나의 역사과학 또는 사회체제이론으로 인식하여 수용적 태도를 보였다. 그러나 한국전쟁 이후 변화된 인식을 보면 다음과 같다.

• • • • • •

103) 앞의 2절 2항 '기독교적 건국론' 참조.
104) 에밀 부르너·전택부 역, 『正義와 社會秩序』, 평민사, 1976, '自由 그리고 權力'과 '社會秩序' 참조.

日本, 印度, 英國등에서 아직도 共産主義에 대하여 '어떨궁'하고 어느 정도 同情的으로 平價하는 사람들이 많다. 그러니 그들은 아직도 겪어보지 못했기 때문에 '感傷的'인 작난을 즐기는 것이다. '恐怖'와 '淑淸'과 全然 '自由가 拒否된' 그들 밑에서 自由人으로 어찌어찌 살기를 바라는 것은 妄想이다. 우리가 만일 '人間'이라는 意識이 있다면 무엇을 云謂하기 前에 벌서 '窒息'해 버리지 않을 수 없는 고장이 그들의 '率下'인 까닭이다.105)

위에서 김재준이 경험한 공산주의는 '자유가 거부되는' 체제로서의 경험이며 이 경우 '반공주의적 체제론자'로 변화하였음을 알 수 있다. 특히 종교와의 관계에서 공산주의는 '종교를 근본적으로 박멸하는 것을 목표'로 하여 '신앙의 자유'가 없다고 단언했는데106) 이러한 인식은 해방공간에서 교회와 공산주의의 공존가능성에서도 이탈되었음을 알 수 있다.

특히 김재준은 공산주의의 종교성에 대해, '공산주의 자체를 의식적으로 종교화'한 것이라 하여, '러시아가 세계를 구원할 민족이라는 半神秘的 메시아의식을 가지고 있다. 그것이 공산주의와 결탁하여 露國 공산주의자가 전세계를 구원할 운명을 가지고 있다…즉 세계 공산화에 대한 신념, 그 割役은 종교적 신념으로 化했다'고 하여107) 전쟁 후 달라진 냉전의식을 보여주고 있다. 또한 '가장 過激한 戰鬪的 世俗主義인 共産主義는 그 自體를 宗敎化하고 그 領導者를 神化하여 그 信奉을 강요한다'라고 하여 공산주의 종교성의 허구를 비판했다.108)

특히 인간 자유 문제와 관련해서 매우 민감한데, "그들에게 있어서는 黨政府가 各個人의 物質的 精神的生活全部를 統禦支配한다. 여기서는 個人人格의 自由는 전혀 무시, 蹂躙되고 남은 것은 政府의 '奴隷'나 좋게 말했자 [道具]가 되

• • • • • •

105) 김재준, 「共産主義論」, 『思想界』, 1953.8, 155쪽.
106) 김재준, 위의 글, 153쪽.
107) 김재준, 위의 글, 154~155쪽.
108) 김재준, 「그리스도敎와 世俗主義」, 『思想』 1952.11, 제3호, 28~29쪽.

는 人間들을 發見할 것 뿐이다"라고 하여 공산주의에 인간자유가 없음을 단언했다.[109]

> 맑스주의는 자신들이 역사철학, 역사과학까지도 독차지하고 있다고 믿는다. 그러나 그것은 하나의 '묵시적 환상'에 불과하다. 개인경제의 특권을 온전히 박탈하면 利己的 소유욕 없는 인간성으로 변혁된다고 생각하는 것은 낭만적 환상이다.[110]

위에서 김재준은 공산주의 이론체계의 과학성 자체를 부정하여 '건국론'에서 보여준 수용 가능성으로부터 절연된 인식을 보여준다. 반면에 전쟁 후 김재준의 민주주의 이해를 살펴보자. 먼저 한국전쟁 이후 김재준의 현실 인식은 '공산주의 러시아가 위성국가들과 함께 제3차 대전의 결과를 기다리고 있는 상태'로, 이것을 '현대적인 위기'로 인식하고 '민주주의가 이러한 전체주의와의 경쟁에서 승리할 수 있을 것인가'라고 하여[111] 민주주의 편에선 냉전의식을 보여주었다. 전쟁 후 김재준은 민주주의 원칙으로 '자유, 평등, 정의'의 개념을 강조하였는데, 김재준에게 자유는 '인간속성의 어느 하나가 아니'라 '자유는 인간존재 자체'이다. "인간의 주체성이 있기 위해 먼저 있어야 하는 것이 곧 자유이다"라고 하여 인간존재 성립요건에서 자유를 가장 중요한 요소로 보았다.[112] 민주주의와 자유의 이해를 보면, 민주주의 사회에서의 자유는 "最大限의 개인적 자유와 最小限의 사회적 制裁"를 목표로 한다. 민주사회에서 개인은 사회적

● ● ● ● ● ●
109) 김재준, 「共産主義論」, 151쪽.
110) 김재준, 「基督敎와 政治: 라인홀드·니버의 경우」, 『사상계』, 1962.11, 113호, 18쪽.
111) 김재준, 「민주주의론」, 『사상계』, 1953.5, 28쪽.
112) 김재준은 「實存은 자유의 줄에 매달려 있다」「自由는 곧 人間實存이다」「인간은 곧 그의 자유다」 등 실존주의 철학의 인간조건 명제로 인간과 자유의 관계를 설명하였다. 그는 데카르트의 명제인 '내가 생각한다. 그러므로 내가 있다'의 순서가 아니라 '내가 있다. 그러므로 내가 생각한다'가 바른 순서로 여기서 '내'의 전제가 '主體性'에 있음을 강조하였다. 여기서 그의 인간 존재, 존엄성의 근거는 자유와 주체성으로 구성된다(김재준, 위의 글, 31쪽).

자유를 얻기 위해 의무의 대가를 지불해야 한다. 경제 관계에서도 자본주의경제는 민주사회의 자유에 의해 보호 육성되는 것이 원칙이나 사회전반의 "共通福利를 破壞하거나 전체적인 경제질서를 擾亂하는 경우" 그 자유는 사회적인 제약을 받아야 하며 기획경제, 통제경제가 필요하다고 보았다.113)

평등은 브루너의 '창조의 질서에 있어서 인간의 평등'이며 '사회생활의 구체적 실태에 있어서 수학적 균등은 있을 수 없다'라고 하여 실생활에서는 정의의 수립이 요구된다고 보았다.114) 정의에 의한 자유의 충족은 기독교적 보편주의가 민주주의의 제한성을 보완할 것으로 이해한 것에서도 확인된다. 여기서 민주주의의 제한성(한계)이란 단적으로 '다수결의 원칙'을 말한다. 민주주의의 다수결 원칙에 대해 김재준은 매우 부정적인 입장이었는데, 그럼에도 민주주의가 다수결을 따르는 것은 "다수의 의견을 종합할 경우 '비교적' 완전에 가까울 것"이기 때문으로 보았다.

> 이 多數決은 그 決議者들의 敎養과 道德訓練 如何에 딸아 그 內容의 가치가 左右된다. 分別力이 不足한 大衆이 어떤 野慾的인 指導者에게 盲從하여 多數로 作定하였다면 그 多數決은 '惡'을 가져오는 것이다. 그러므로 民主主義社會의 健全한 發達을 期하려면 높은 道德的 標準에 의한 良心의 訓練과 精確한 知識에 의한 良智의 訓練이 끊임없이 一般化하여야 하는 것이다.115)

위에서 김재준은 불완전한 인간의 교양 정도와 도덕 수준, '양심의 훈련', '양지(良智)'의 훈련 여부가 관건인 '다수결의 제약'을 제도적 민주주의가 갖는 한계로 지적함으로써 오히려 다수 결정에 의해 '惡'의 결과도 초래될 수 있다고 보았다. 다른 곳에서 김재준은 민주주의를 '인간성 위에서 원숭이를 놀리는 풍

• • • • • •
113) 김재준, 위의 글, 32쪽.
114) 김재준, 위의 글, 30쪽(브루너, '정의와 사회질서' 인용).
115) 김재준, 위의 글, 32~33쪽.

각쟁이'에 비유하였는데, '원숭이의 특징은 群居本能이기 때문에 그들은 숱한 원숭이 떼가 지저귀는 가운데 있어야 제격이라고 생각하기 때문이다. 이런 것을 群衆心理라고 한다. 군중심리를 심술궂게 이용하면 魔術, 催眠術이 생겨난다'라고 하여 다수에 의한 민주주의의 맹목성을 우회적으로 비판했다.[116] 따라서 김재준은 기독교와 민주주의 관계가 상호 보완적이어야 함을 주장했다. 김재준의 민주주의 이해는 니이버의 '정의를 위한 인간의 가능성이 민주주의를 가능케 하며 불의로 향하는 인간의 경향이 민주주의를 필요로 한다'를 통해도 표현된다.[117] 미국식 자유민주주의에 대해 김재준은 기독교와 세속주의의 합작이 '미국식 민주주의'로 보고 '다수'의 우상화 위험을 경계함으로써 미국식 '자유민주주의'에 제한을 두었다.[118] 이것은 김재준이 미국식 민주주의를 곧 기독교의 보편 가치로 인식하지 않았음을 보여준다.

더 나아가 기독교와 민주주의 관계에서 '기독교를 민주주의에 일치시킬 수는 없는 것이며, 민주주의 없이 기독교가 없다고 말할 것도 아니다. 그러나 기독교적 겸손의 밑받침 없이 민주주의의 관용성(tolerance)이 어떻게 유지될 수 있으며…'라고 하여 기독교와 민주주의가 최적의 관계는 아니나 기독교 정신에 의해 보완된 민주주의체제의 현실 정합성에 무게를 두었다.

이상에서 한국전쟁 이후 김재준의 민주주의·공산주의 이해의 변화된 측면을 살펴보았다. 김재준은 전쟁 경험을 통해 진영 간 냉전적 사유를 체득하였으나 기독교와 민주주의를 일치시키지 않는 특징을 보임으로써 그의 반공주의 이해가 곧 민주주의 체제의 옹호는 아님을 알 수 있다. 민주주의 이해에서 김재준은 '인간 자유'의 무조건 충족이 아닌 '정의와 평등'의 균형을 강조함으로

• • • • • •
116) 김재준, 「人生縱橫」, 『思想界』 38호, 1956.9, 16~17쪽.
117) 김재준, 「基督敎와 政治: 라인홀드·니버의 경우」, 앞의 글, 18쪽.
118) 김재준, 위와 같음. 김재준은 '공산주의'를 현대의 '세속주의'를 조직화·종교화한 것으로 이해하였는데(김재준, 「그리스도敎와 世俗主義」, 『思想』, 1952.11, 제3호, 29쪽) 여기서 미국식 민주주의(자유민주주의) 역시 기독교에 '세속주의'가 결합한 것으로 이해함으로써 이 시기 김재준의 '정치사상' 이해가 종교이념에 매우 충실하고 있음을 알 수 있다.

써 기독교 정신에 의해 보완된 민주주의를 지향했다. 여기서 김재준의 민주주의 이해는 기독교적 인간관에 의해 제약된 측면이 강하다. 즉 '다수결 원칙'의 한계와 미국식 민주주의에서 다수의 우상화를 경계한 것에서도 알 수 있듯이 김재준의 정치사상 이해에는 '인간의 불완전성'에 대한 근본적 물음이 상수로 전제된다.[119] 따라서 1950년대 한국사회 지배 이념과 비교할 때 김재준에게서 '친미주의' 또는 미국식 자유민주주의는 일치될 수 없는 요소가 된다.

## 2) 김재준의 기독교적 실존주의 역사이해와 '역사참여' 문제

한국전쟁 이후 한국 지성계는 실존주의 사상의 영향 아래 인간 실존의 의미를 탐구하는 사상적 흐름이 전개되었다.[120] 1950년대 김재준의 신학적 특징은 이러한 실존주의 사상에 영향을 받으면서 『思想』·『思想界』와 1957년에 창간된 『基督敎思想』을 통해 '기독교적 실존주의' 또는 '기독교적 현실주의' 역사이해를 전개하였다. 해방 이후 김재준이 전개해 온 신정통주의의 현실참여 신학이 더욱 확장·심화되어 간 것이 1950년대 '기독교적 실존주의'의 이론지형으로 이해할 수 있다. 또한 1950년대 김재준의 '에큐메니컬 참여 신학'의 전개는 1960년대 개신교 진보진영이 사회참여로 확장되기 이전 단계에 해당하는 시기로 이승만 정부에서 이들이 보여준 정치적 보수성이 혼합된 과도기적 특징을 반영한다고 볼 수 있다.

김재준과 잡지 『思想』·『思想界』와의 인연은 해방 후 귀국한 임시정부의 장준하가 조선신학교를 매개로 김재준과 사제의 연을 맺으면서 시작되었다.

• • • • • •

[119] 김재준은 '인간의 위신(dignity)과 인간의 비참이 같은 뿌리에서 나온 것'으로 전제하여 민주주의와 공산주의를 막론하고 현실의 정체(政體)는 '인간을 과학적 실험의 대상으로만 다루는' 것이라고 보았다(김재준, 위와 같음).

[120] 특히 문학계와 철학계의 '실존주의' 경향이 많았는데, 나종석, 「1950년대 한국철학계에서의 실존주의: 박종홍과 조가경을 중심으로」, 『사회와 철학』 No.20, 사회와철학연구회, 2010; 배경렬, 「50년대 실존주의론」, 『한국문학이론과 비평』 No.20, 한국문학이론과비평학회, 2003; 정영진, 「1950년대 지식인의 자유주의 담론 연구」, 『사회와 철학』 No.29, 사회와철학연구회, 2015 등 참조.

잡지『思想』은 이승만 정부가 1951년 3월 27일 대통령령 제465호에 따라 신설
된 '국민사상지도원'에 기획과장으로 참여한 장준하가 당시 문교부장관 백낙준
의 지원하에 1952년 9월에 창간한 국민 계도성 잡지였다.[121] 김재준은 『思想』
창간호에 합류하여 4호까지 2편의 글을 발표했으며[122] 이후 장준하 개인의
『思想界』창간 편집위원으로 활동을 넓히면서 다수의 글을 발표했다.

『基督敎思想』은 한국교회 연합기관인 대한기독교서회를 매개로 초교파 개
신교 지식인, 신학자, 교수들에 의해 1957년 8월 창간되었다.[123] 『基督敎思想』
의 창간 배경은 이 시기 에큐메니컬 기독 지식인들의 현실 인식을 반영한다는
점에서 주목해 볼만하다. 창간호의 권두언은 현실을 '混沌'과 '無秩序'로 전제
하고 이것을 '思想의 不安定과 貧困'에서 비롯된 것으로 이해했다.[124] 또한 편
집위원장인 감리교의 홍현설은 "默認은 '是認과 다르다. 한국의 基督敎信徒가
이제는 **그들의 當面한 문제들을 反省과 分析**을 할 줄 아는 **長成한 信仰의 段
階**에 이르렀다고 생각되는데 우리 교계의 論壇은 너무 寂寞한 느낌'이라 하여
『基督敎思想』의 창간이 정체, 침묵으로 일관된 한국교회를 비판적 시각에서
자성(自省)하려는 운동, 더 나아가 한국교회의 변화와 성장에 신학적 동력을
제공하기 위한 기독 지식인들의 공통된 인식이 반영된 것으로 볼 수 있다.[125]
이 세 잡지를 매개로 김재준은 '신앙과 역사'의 문제, '역사참여와 실존'의 문제,

• • • • • •

[121] 『思想』은 총 4호로 단명하였으나 장준하가 창간 정신을 살려 『사상계』로 연결하면서 1950년대 지식생산의 중요한 매체로 자리 잡았다.
[122] 『思想』에 실린 김재준의 글은 「宗敎와 哲學」(창간호, 1952.9)와 「그리스도敎와 世俗主義」(제3호, 1952.11)이다.
[123] 『基督敎思想』 편집위원회는 김천배(기독교서회)를 주간으로 홍현설(감리교신학대 교장), 김하태(연대 신과대 학장), 전경연(한신대 대학원장), 강신명(예장, 새문안교회 목사), 박창환, 전영택(대한기독교서회 편집총무) 등 한국교회 보수교단을 제외한 초교파 지식인으로 구성되어, '에큐메니컬' 지향의 성격을 알 수 있다.
[124] 홍현설, 「권두언」, 『基督敎思想』, 1957.8, 창간호, 7쪽.
[125] 창간호 집필진은 홍현설·김재준·김하태·윤성범(신학박사, 연세대대학원 조직신학), 박대선(신학 박사, 감신대 구약학 교수), 지동식(복음교회 목사), 김정준(한신학대 구약학 교수), 전경연(한신대 대학원장), 현영학(이화여대 종교철학 교수), 전영택(대한기독교서회 편집총무) 등으로 이들은 『基督敎思想』 창간 정신을 공유하고 있었다.

'기독교적 현실참여'의 초기 이론 지형을 형성해 갔다.[126]

신정통주의 신학은 '神' 앞에 인간실존 문제를 신학적으로 제기함으로써 실존신학으로도 불린다. 기독교적 '실존주의 역사인식'이란 기독교 신앙과 인간실존 문제를 역사의 시공간을 매개로 '관계화'를 시도한 신학 경향이다.[127] 신 앞에서 인간 존재의 '역사화'로도 의미 부여할 수 있다. 즉 김재준은 역사를 "인간이 이 시·공간 안에서 어떤 더 높은 秩序를 따라 인격적인 '決斷'을 하고 그것을 공동 사회적인 의식하에서 創建해 나가는 行動에서 지어질 수 있는 것" 으로 정의하였다.[128] 여기서 역사 주체와 행위가 분명해지는데, 인간의 의지적 결단에 의해 '공동 사회적 의식'이라는 목적하에 행동하는 것이 역사이다. 여기에 자연법칙인 진화론 또는 '성장'은 역사 개념에 포함될 수 없으며, 어디까지나 목적과 결단에 의한 의지의 표현이 곧 역사이다.[129]

김재준은 "사회가 자동적으로 진화한다거나 역사가 어떤 내재력에 의해 변증법적으로 진전한다거나 하는 등 역사를 자연법적 면에서 보고 인간결단의 인격적인 면에서 보지 못하는 경향은 결국 역사자체를 부인하는 결과에 빠지고 말 것이다"라고 하여[130] 19세기 진화론적 해석과 이성주의에 의한 변증법적 역사이해를 모두 지양(止揚)하고 있음을 알 수 있다. 자연이란 인간결단의 '鬪爭場'이 될 수는 있지만 '그 存在의 장소'는 아니다. 여기서 인간의 존재 의

· · · · · ·

126) 앞의 『思想』에 실린 두 글을 포함하여 「人間生活과 宗敎」, 『思想界』(1953.4), 「知性과 宗敎」, 『思想界』(1956.5), 「自由와 宗敎」, 『思想界』(1957.2), 「歷史안에 臨한 그리스도: 그리스도敎에서의 歷史理解」, 『사상계』(1959.10)(이상 『思想界』), 「歷史參與의 문제와 우리의 實存」, 『基督敎思想』 Vol.2 No.3(1958), 「한국교회의 신학운동: 그 회고와 전망」, 『基督敎思想』 Vol.4 No.1(1960), 「新正統主義의 歷史的考察」, 『基督敎思想』 Vol.4 No.6(1960) 등이 있다. 이 시기 김재준은 라인홀드 니이버, 파울 틸리히, 에밀 브루너 등의 글을 주재료로 '기독교적 역사 이해'를 전개했다.

127) 라인홀드 니이버·편집부 역, 『신앙과 역사(Faith and History)』, 종로서적, 1983 참조. 이 책은 니버가 1945~1947년 사이 강의한 내용을 1949년에 유니온 신학교에서 출판한 것이다.

128) 김재준, 「종교와 철학: 그 취할 태도에 대하여」, 『思想』 창간호, 1952.9, 27쪽.

129) 역사의 '진보적 낙관주의'와 '진화론적 역사관'에 대해서는 라인홀드 니이버, 위의 책, 1장·5장 참조.

130) 김재준, 위의 글, 28쪽.

의도 자연성이 아닌, '인격적 결단'에 의해 규정되는 것이기 때문에 인격적 결
단의 장소가 곧 역사인 것이다. 따라서 인간은 역사를 통해 실존을 자각할 수
있게 된다.

김재준의 이러한 실존적 역사이해는 1950년대 후반으로 갈수록 더욱 확
대되는데, "역사라는 것은 시간 안에서, 자유 하는 인간이 어떤 理想을 실현
함으로써 生의 공허를 메꾸려는 활동의 결과이기 때문에 자유 하는 인간을
빼놓고는 歷史를 말할 수는 없다"라고 하여[131] 역사의 주체인 인간의 역사
활동이 결국 인간의 '자기 조성' 활동과 동일한 의미를 갖게 된다. 김재준의
기독교적 · 실존적 역사의식은 인간의 실존성과 필연적인 함수 관계로 성립
된다.

> 그는 역사에 의하여 造成되고 있다는 것을 부인할 수 없게 될 것이다. 어느 누
> 구를 막론하고 온전히 자기 스스로가 자기의 시작이 될 수 있는 것이 아니며, 자
> 기 스스로가 시간 안에서 자기를 완성할 수 있는 것도 아닌 한, 그는 歷史안에
> 존재하면서 역사로 말미암아 조성됨과 동시에 歷史를 또한 造成해 가는 피치 못
> 할 歷史的인 운명에 놓여 있다는 것을 부인할 수 없을 것이다.[132]

위에서 '스스로 존재하는 기독교적 절대자' 이외에 '스스로 존재할 수 없는'
인간은 역사를 통해서만 자기 조성을 이룰 수 있는 역사적 운명을 갖는다. '어
떤 絶對者의 앞에 自己를 對立시킨 때에만 가능하다'라고 하여 필연적으로 종
교와의 관계가 대두한다.[133] 김재준은 종교의 비역사성 · 초월성을 배제하면서
인간 실존의 전제로서 종교를 말한다.[134]

131) 김재준, 「歷史안에 臨한 그리스도: 그리스도교에서의 역사이해」, 『思想界』 75호, 1959.10 38쪽.
132) 김재준, 위의 글, 39쪽.
133) 김재준, 「종교와 철학: 그 취할 태도에 대하여」 28쪽.
134) 김재준, 위의 글, 28~30쪽 참조.

참된 宗敎란 것은 人間이 초자연적인 존재자와의 관계를 깨달아 그에 대하여
의존감과 책임을 느끼며 거기서 生의 意義를 발견하며 生의 完成을 추구하는 全
人格的인 生活이다.[135]

즉 김재준은 인간과 '초자연적인 절대자'와의 대면(confrontation)을 종교의
전제로 명시하였다. 기독교는 '초자연적인 존재자, 즉 창조주 유일신'이 '역사
적 존재로서의 그리스도 안에 自己를 啓示'하고 이 '그리스도를 통하여 人間救
拯의 事業을 성취하신 사건'과 '이를 成就한 그리스도 自身에 對하여 人間이
신앙적으로 全人格的 應答을 하는 것'을 말한다.[136] 따라서 인간에 의해 조성
된 것이 역사라고 할 때 필연적으로 기독교는 역사와 만나게 된다. 다음에서
김재준의 기독교적 역사이해와 기독교자의 실존이 필연적으로 역사참여로 나
타나고 있음을 알 수 있다.

一. 歷史는 하나님이 人間을 부르는 場所이다. 인간은 歷史안에서 이 부름에
　　對答해야 한다.
二. 人間은 時·空 관계에서 해야 할 하나님의 命令이 무엇인가 물어야 한다.
三. 歷史안에 들어와 말씀하는 하나님의 소리는 律法과 預言者의 완성인 성
　　육신한 그리스도 自身이며 그의 人格과 生涯와 事業이다. 이 역사 안에서
　　한꺼번에 이루어진 그리스도의 贖良에서 우리는 歷史를 主管하시는 目標
　　를 발견하고, 이 역사를 이끌고 다름질 하는 것.
四. 인간이 새 역사건설의 役軍이 된다는 것은 자연인으로서의 생활에서 가
　　능한 것이 아니라, 贖罪로 新生한 人間만이 參加할 수 있는 것.
五. 따라서 크리스챤은 이 歷史를 贖良社會안에 이끌어 하나님, 人間, 자연의
　　大調和를 恢復하는 일꾼으로 勇敢해야 할 것.[137]

• • • • • •

135) 김재준, 「人間生活과 宗敎」, 『思想界』, 1호, 1953.4, 20쪽.
136) 김재준, 위의 같음.
137) 김재준, 「종교와 철학: 그 취할 태도에 대하여」, 『思想』 창간호, 1952.9, 35쪽.

인간 실존 문제를 역사 현실로 적용할 때, 한국교회의 역사참여는 어떻게 이해되는가. 기독교의 이원론적 요소, 즉 "하나님과 사람, 來世와 現世, 율법과 은혜, 하나님의 것과 가이사의 것 등 크리스챤의 삶은 이 두 극 사이에서 긴장을 느끼"게 되어 있는데 한국에 소개된 정통주의 신학의 '반문화적, 극히 타계적'인 특징은 현실 생활을 '영생, 속칭 천당 갈 준비 과정' 또는 '지옥에의 유예 기간'으로 간주하는 경향이 지배적이었다.[138] 여기에 日帝의 전횡으로 '한국인으로서 역사적 활동을 할 수 있는 기회가 거의 막혔'으며 그 결과 울분하여 해외로 나가거나 내세 복락을 기대하여 '반문화적, 타계적' 종교생활이 제격이었다고 보았다. "이런 경향은 타계에의 동경을 더욱 자극시켜서 "천당의 家具와 지옥의 溫度까지도 미리 알아보려는 호기심을 가지게 하였다. 이런 末路가 神祕와 奇蹟을 미끼로 夢幻을 팔아먹는 역사에서의 遊離와 도피를 가져왔으며 이런 것을 基督敎的 '神聖'이라고 誤認하게 하였다"라고 하여[139] 그는 일제 시기 한국교회 타계주의적 경향이 역사와 유리되게 한 직접적인 원인으로 비판하였다. 해방 후 크리스천의 역사의식을 논하면서 김재준은 '이상한 병'에 걸려 있다고 비판하였다.

자유진영 諸友邦이 基督敎國家인 것과 대통령 · 부통령 이하 고위 지도자들 중에 신자가 무던히 많다는 것으로 해서 교회가 이 시대를 자기의 벼개로 삼고 安眠하는 睡眠病이다. 불신자나 그 어느 누구가 그 安眠을 방해하면 노발대발하여 호통을 한다. 미국은 세계에서 제일가는 부자다. 한국은 아마 그 반대 면에서 제일일지 모른다. 그런데 우리가 미국에서 배워 온 것은 부잣집 자식의 호화판이다. …그와 마찬가지로 우리 한국의 신자들은 아직 우리 한국역사에 공헌한 바도 미약하며 한국의 역사를 救贖史에 맞추어 가려는 점에서도 아직 초보에 불과한 데다가 기독교윤리를 역사에 조성해 가는 데는 거의 着念도 못하고 있으면서, 벌써 우리 시대가 다 된 것 같이 安眠을 일삼고 있는 것이다.[140]

• • • • • •

138) 김재준, 「歷史參與의 문제와 우리의 實存」, 『基督敎思想』 Vol.2 No.3, 1958, 17쪽.
139) 김재준, 위의 글, 17~18쪽.
140) 김재준, 위의 글, 22쪽.

위에서 김재준은 1950년대 한국교회를 '시대를 벼개 삼아 안면하는 수면병'으로 진단하고 역사에의 기여가 없는 것을 비판하였다. 한국교회 비역사적 태도의 원인으로는 '기독교 국가'인 미국을 우방 삼아 '잘 살아 보자'는 태도와 정부통령 등 고위지도자들의 다수가 기독교인인 점에서 찾았다. 그 결과 기독교적 윤리·속량 의지와는 무관하게 '우리 시대가 다 된 것 같은 안일'에 빠져 있다고 비판했다. 이러한 한국교회 비판은 앞서 『基督敎思想』창간호에서 홍현설의 지적과 유사한 문제의식의 표현으로 볼 수 있다. 김재준의 1950년대 말 역사참여의식은 '基督敎的 贖良倫理'가 '罪惡史 가운데 누룩같이' 피어올라 한국 역사에 새로운 인간실존의(속량) 역사를 이뤄가야 할 것으로 주장했다.

마지막으로 1950년대 이승만 정부와 김재준의 관계이다. 1950년대 김재준의 정치적 태도는 어떠했는가. 위에서 김재준은 1950년대 한국교회의 안일함, 권력과의 밀착 관계를 비판하였으나 정치 관계에 있어서 이승만·자유당 정부에 대한 비판적 이해는 보이지 않는다. 알려진 대로 1950년대 지식 사회에서 이승만에 대한 비판은 『사상계』를 통해 시작되었는데, 자유주의·반공주의 기조의 장준하와 그의 『사상계』가 이승만과 자유당을 비판하기 시작한 것은 1957년부터이다.[141] 『사상계』 1957년 6월호 권두언에서 장준하는 「우리는 특권계급의 밥이 아니다」를 써서, 자유당 정권 특권계급의 방약무인한 행패를 규탄하고 「민주주의 재인식」(1957.11, 권두언)에서는 민주주의 실천에는 '용(勇)'이 있어야 할 것을 강조하였으며, 신국가보안법을 통과시켜 야기된 2·4파동에 대한 대응으로 발표한 1959년 2월호 권두언의 「무엇을 말하랴: 민권을 짓밟는 횡포를 보고」는 제목만 있는 백지 권두언으로 자유당에 정면 도전하였다.[142] 함석헌의 「생각하는 백성이라야 산다: 6·25 싸움이 주는 역사적 교훈」(1958.8)

......

141) 서중석, 「분단체제 타파에 몸던진 장준하」, 『역사비평』 제38호, 역사비평사, 1997.8, 65쪽.
142) 서중석, 위의 글; 강만길, 「장준하와 민주·민족운동」, 『민족혼·민주혼·자유혼』, 나남출판, 1995, 500쪽 참조.

이 극우반공체제를 향해 던진 비판은 같은 달 장준하의 권두언 「거족적 반성이 촉구된다」와 함께 이승만 정부의 말로를 앞당기는 지적 풍화작용을 일으켰다.[143]

반면에 1950년대를 통틀어 한국교회와 김재준에게서 이승만 정권에 대한 비판은 찾아볼 수 없다. 그렇다면 1950년대를 거쳐 신학적 진보운동을 전개하면서도 현실정치에 대한 비판적 인식을 보이지 못한 이유는 어디에 있는가. 1950년대 한국교회의 정치 관계가 가장 중요한 변수일 것이며 구체적으로는 정교유착 안에서 해석될 수 있다.

앞서 조선신학원의 기틀을 확립하는 과정에서 김재준·송창근·한경직이 미군정과 접촉하여 천리교재단을 접수한 뒤 신학교의 물적 토대를 구축한 점, 해방 직후 교회 재건 과정에서 남부총회의 핵심 세력인 함태영, 박용희, 김종대 등이 모두 조선신학원의 이사진들로 이승만을 지지하는 정치 우파로 활동함으로써 정치적 배경을 무시할 수 없었을 것이며, 더욱이 조선신학원→조선신학교→한국신학대학으로 신학교 위상이 상승할 수 있었던 배경도 미군정과 제1공화국에 참여한 오천석, 백낙준, 박창해 등 개신교 행정 관료들과의 친화력을 이용할 수 있었던 점, 무엇보다 기장 수립 후 대내외적 물적 기반 확보에 부통령 함태영을 조선신학교의 이사장, 기장 총회장에 내세웠던 점이나 군선교를 위한 군목제도에 기장도 적극 참여하고 있었던 사실 등은[144] 한국개신교의 정교유착 안에 기장 역시 포함되어 있음을 말해준다.

특히 김재준은 이승만이 '기독교인'이며 '반공주의'라는 기독교적 공통의 이

• • • • • •

143) 서중석은 장준하의 의식 변화에 함석헌의 역할이 컸던 것으로 분석하였다. 함석헌은 「생각하는 백성이라야 산다」를 쓴 후 국가보안법 위반으로 20일간 구속되었고, 장준하도 조사를 받았다. 1960년 4·19 당시 『조선일보』 발행 부수는 8만 부 선이었는데 『사상계』는 9만 7천 부까지 발행되었다(서중석, 위의 글, 67쪽).

144) 기장은 총회 내에 군목위원회를 두어 군목들을 관리하였고 10월 셋째 주일을 군목주일로 하여 헌금을 거두었으며, 1958년 한국신학대학 졸업생 53명 중 20명이 군목으로 입대하였을 만큼 기장의 군목제도 참여는 다른 교단과 다르지 않았다. 『대한기독교장로회회보』, 1958.2, 3호, 11쪽.

해관계를 부정하지 않았던 것을 볼 때[145] 1950년대 김재준의 국가, 정부인식
은 부정 또는 비판의 대상이 되기 어려운 요소가 있었다. 달리 표현하면 김재
준의 신학적 진보성이 곧 현실정치에 대한 비판적 참여로 이어지지 않았음을
알 수 있다. 이것은 1950년대 김재준의 실존적 현실주의가 종교적 이론 지형
안에서 전개된 한계적 특징을 보여 준다.

• • • • • •

145) 김재준의 특징 중 하나는 현실의 정치인에 대한 지지 또는 비판 등 자신의 입장을 밝히지 않았
다는 점인데 이러한 그의 태도는 좀 더 이해가 필요하다. 다만 이승만에 대해 이승만이 감리교
인이고 반공주의자라는 것 때문에 한국기독교가 이승만에 '극히 미온적인 태도를 보였다'고 하여
한국교회 일반의 태도를 언급했으나(김재준, 『凡庸記』 2, 241쪽) 여기에는 김재준 자신의 동일한
인식이 반영된 것으로 필자는 이해하였다.

# 제4절

·

# 소 결

　제3장은 해방 이후부터 1950년대 말 김재준의 사회참여의 내용과 특징을 살펴보았다. 역사참여 신학, 예언자론, 정교분리의 세 요건에 따라 이 시기 김재준의 사회참여를 정리해 보면, 첫째, 해방 이후 1950년대 말까지 김재준은 신학교육·교회 영역안에 머물러 있으면서 '비정치적 참여', '간접적·기능적' 참여의 특징을 보였다. 여기서 간접적·기능적이란 '종교적' 의미로도 대체될 수 있는데, 구체적으로는 신학교육운동, 기독학생운동, 도의(道義)·사상운동 등의 참여활동을 말한다. 일제 말 이후 교육자적 소명의식을 터득한 김재준은 기독교 교육을 통한 개인의 변화와 갱생윤리를 강조함으로써 기독교적 인물에 의한 사회변화·갱생을 주장했다. 1950년대 전개된 김재준의 '기독교적 실존주의 역사이해'는 인간의 실존성과 역사참여 관계를 규명한 진보적 '에큐메니컬 신학사상'의 의미로 1960년대 개신교 사회참여의 '이론적 배경'이 된다.

　둘째, 이 시기 김재준의 정교분리 이해와 참여 관계이다. 해방 직후 다양한 통로로 발표한 기독교적 건국론에서 김재준은 종교의 정치참여를 '금지 또는 제한'하는 종교적 규범으로서의 정교분리 이해를 보였다. 따라서 이 시기 김재준의 사회참여는 정치 영역을 배제한 '종교 영역'으로 제한되며 이 경우 참여의 내용도 종교의 '도덕적·정신적 기능'으로 한정된다. 해방공간에서 기독교인들의 정치참여에 비판적 이해를 보이면서 도덕적 인물론의 제공을 통한 '건국에의 기여'를 강조한 특징도 이러한 배경에서 설명될 수 있다.

셋째, 해방 이후~1950년대까지 김재준의 사회참여에서 예언자론의 기능이다. 1930년대에 처음 등장한 이 개념은 해방 이후 건국론에서 '정계의 예언자', '복음의 使者' 등으로 재등장하면서 기독교인의 현실참여를 종교적 역할로 제한하는 특징을 보였다. 김재준 자신의 예언자적 정체성은 이 시기 한국장로교회 보수신학의 특징들—내세주의, 타계주의, 기복주의, '정통주의' 등—을 강하게 비판하면서 새로운 신학운동을 전개하는 일련의 과정에서 '비판적' 기능을 확대해 간다. 그러나 이 시기 비판의 대상과 내용은 한국장로교의 기성교회와 보수신학에 제한됨으로써 종교 영역 안에 머무는 특징을 보였다. 이러한 한계는 1950년대 김재준의 국가 또는 정부 이해와도 연결된다. 이승만의 '반공주의'와 '기독교인'의 정체성은 김재준을 포함한 한국교회 전체가 공통의 이해관계를 보임으로써 이승만 정부의 부정, 부패, 독재권력에 대한 예언자적 비판은 전개되지 못했다. 따라서 1950년대 김재준의 '기독교적 · 실존적 역사참여' 의식은 종교지형 안의 제한적 수준으로 이해할 수 있다.

제4장

1960~1970년대
김재준의 한국교회갱신운동과 역사참여

# 제1절

•

## 4 · 19∼5 · 16 시기 한국교회와 김재준의 현실참여

### 1. 4 · 19 시기 김재준의 현실이해와 한국교회 자성(自省)운동

#### 1) 이승만 정부와 한국교회[1] 그리고 4 · 19

1960년 4월혁명은 직접적으로는 3 · 15부정선거에 항의하는 절차적 민주주의의 요구에서 비롯된 것이지만, 이를 통해 정치 공간이 열리자 그동안 이승만의 반공독재로 인해 억제되었던 각종 시대적 요구들이 분출되었다.[2] 이승만의 독재권력 안에서 한국교회와 국가의 관계는 '늪과 같이' 깊었고 가히 개신교 독주체제라 불릴 만큼 밀접했다.[3] 따라서 4 · 19를 통한 이승만의 몰락은 자유당 정부에서 한국교회가 누렸던 지위의 몰락을 의미했으며 사회로부터는 비판의 대상이 되었다. 집단적으로 한국교회는 이승만 정부의 권위주의 반공체제 수립에 절대적인 지지기반이었으며 이승만의 권력 독점이 유지되도록 민주주의 가치를 희생하는 것에도 협조 또는 방조했다. '기독교 국가'로서 국가를 운

• • • • • •

1) 여기서 한국교회는 한국 개신교를 지칭한다.
2) 정해구, 「한국 반공주의 부침의 역사」, 『20세기 한국을 돌아보며』, 한울, 2001, 37쪽.
3) 김용복, 「해방 후 교회와 국가」, 『국가권력과 기독교』, 민중사, 1982, 203쪽; 강인철, 「해방 후 한국 개신교의 정치참여: 역사와 평가」, 『한국교수불자연합학회지』 Vol.15 No.2, 2009, 199쪽.

영하고자 했던 이승만은 1948년 5월 31일 제1대 국회 개회에서 감리교 이윤영 목사의 기도로 시작하였으며, 8월 15일 '정부수립' 취임 석상에서 기도로 선서하였으며 이후 정부 차원에서 기독교에 유리한 시책들로 특혜를 베풀었다.[4] 국가권력과 정부요직에 개신교인들이 적극적으로 참여했고[5] 선거 때마다 한국교회는 이승만과 자유당을 지지 선전하였다. 1960년 3·15정부통령 선거에 앞서 한국교회는 8개항의 '기독교회의 지도 노선'을 밝혀 이승만·이기붕의 당선을 독려했고[6] 3·15선거 직후에는 '(이승만·이기붕의) 정부통령 당선이 확정되었다고 하니 위선 안도감'을 표명하여 부정선거를 규탄하는 시대와 역행하였다. 4월 22일 한국기독교연합회가 이승만에게 보내는 건의문은 대통령의 "健康을 송축"하는 것으로 시작하여 3·15마산사태 원인을 "日復日 尖銳化해가는 政黨싸움의 결과"라 했고,[7] 1956년에 이은 1960년 선거에서 민주당 대통령 후보의 급서 사건을 "이박사와 겨루는 것은 곧 하나님과 겨루는 결과"라 할 만큼 한국 개신교는 이승만·자유당과 일체감을 보여주었다.[8] 그 결과 4·19 직

● ● ● ● ● ●

4) 강인철, 「박정희 정권과 개신교 교회」, 『종교문화연구』 제9호, 2009, 105쪽. 성탄절의 법정 공휴일지정, 각종 국가의례의 기독교식 의례, 군대와 교도소에서 선교할 자격을 교회에 부여 등은 대표적인 특혜 사례다.

5) 이승만 정부 시기 국회의원 중 개신교 신자 분포는 1대 44/208(21.2%), 2대 54/210(25.7%), 3대 38/208(18.7%), 4대 47/239(19.7%) 등으로 의원 총수의 1/4~1/5에 해당했고, 대다수 여권에 속했다. 소속 정당·단체별 신자의원 숫자 등 자세한 사항은 강인철, 『한국 기독교와 국가·시민사회: 1945~1960』, 한국기독교역사연구소, 1996, 177쪽; 위의 글, 2009, 177쪽 참조.

6) 한국교회 8개항 지도 노선은 "첫째, 교회는 교회 안에 여야의 선거조직이 생기는 것을 원치 않는다. 둘째, 그러나 교인 개개인은 국가와 교회의 운명을 좌우할 정부통령선거에 무관심할 수 없다. 셋째, 그러므로 지도자들은 교인들에게 선거에 있어서 기독교적인 원리로써 지도 계몽해야 한다. 넷째, 정의와 진리와 자유를 사랑하고 민족백년대계를 위하여 공헌할 수 있는 인물을 표준으로 해야 한다. 다섯째, 기독교 정신을 정치에 반영시킬 수 있는 인물이라야 한다. 여섯째, 현재의 사생활이 기독교 윤리에서 이탈됨이 없이 중인의 사표가 될 수 있는 인물이라야 한다. 동시에 과거의 생활이 일제의 쇠사슬로부터 조국의 독립과 민족의 자유를 구하기 위한 의로운 싸움에서 숭고한 희생과 순국적 고초를 겪은 인물이라야 한다. 일곱째, 교회는 반공정신이 철저한 인물을 택해야한다. 여덟째, 신교교인은 그 본연의 신조로 가톨릭인은 지지할 수 없다." 등이다(「全國敎會 百五十萬信徒께 드리는 말씀」, 『기독공보』 1960년 2월 29일). 각주 6)부터 아래 각주 10)까지는 고지수의 「4·19이후 한국교회 갱신문제와 '참여'이해: 장공 김재준의 정교분리 이해를 중심으로」, 『史林』 제57호, 2016, 298~299쪽을 인용하였다.

7) 「李大統領 閣下께 드리는 建議文」, 『기독공보』 1960년 5월 2일.

후 한국교회는 사회적 불신과 지탄의 대상이 되었고 교회 안팎으로부터 정화·혁신의 요구가 분출했다.[9] 즉 1950년대를 통틀어 한국장로교는 세 번에 걸쳐 교단 분열을 겪을 만큼 신학적 갈등은 치열하였으나 정치 지향에서는 '개신교 정부'의 유지·존속에 공통된 이해관계를 나눔으로써 신학적 분화가 곧 개신교의 정치적 지향과 일치하지 않았음을 알 수 있다.[10] 본 연구는 한국교회 정치적 태도가 미분화에서 분화로 나아가는 과도기를 1960년대 중반으로 보는 선행 연구를 수용하면서[11] 김재준의 경우 4·19 이후 시기를 주목하고자 한다. 즉 김재준은 4·19 이후 참여행동에 제한적 요소를 동반하면서도 교회의 사회참여 의식 및 책임성의 강조, 국가 관계에서 정교분리 재해석 등 교회의 '사회화'에 요구되는 다양한 의식 활동을 통해 1960년대 중반 '정치적 분화'로 나아가는 변화의 계기들을 형성했다. 즉 김재준에게 4·19는 권력밀착형 한국교회 안에서 자성(自省)·갱신운동의 풍화작용이 일어나는 과도기에 해당한다. 여기에는 국가 의식의 상대화 정도, 참여 신학의 제공과 수용정도, 무엇보다 '역사적 사건'으로서의 4·19와 5·16에 대한 이해 등이 풍화작용에 미친 중요 변수들이 된다.

## 2) 김재준의 4·19 이해와 정교분리 재해석, 참여 관계

이승만의 독재권력을 무너뜨린 '4·19혁명'은 그동안 학교 "안"에 머물었던 김재준의 시선을 "밖"으로 향하게 하는 일대 전환의 계기가 된다.[12] 함태영의

• • • • • •

8) 「正副統領選擧後感」, 『기독공보』, 1960년 3월 21일.
9) 『크리스챤』은 4·19 직후 교회 분열과 교권의 부패상에 의분을 느낀 김대보·김병옥·고응진·백춘학·황광은 등이 "교회 평화와 사회적·도덕적 윤리 확립"을 위해 『기독시보』와 병합, 확대 창간된 에큐메니컬 지향 신문이다. '보도중립, 교회혁신, 교회통일'을 3대 사시로 내걸었다(「發展을 自祝하면서」, 『크리스챤』, 1961.5.29).
10) 1950년대 한국교회 신학적 분화에도 불구하고 정치적 태도에 있어서 미분화 경향에 대해선 강인철, 「박정희 정권과 개신교 교회」, 『종교문화연구』 제9호, 2007, 89~90쪽 참조.
11) 강인철, 위의 글, 2009, 89~90쪽.

뒤를 이어 한국신학대학 제6대 학장에 취임하기 직전까지 신학교육운동에 전념했던 김재준이 4·19에서 받은 충격은 '눈물의 참회'로 표현되었다. 김상근의 회고에 의하면 4·19 이후 정상화 된 첫 예배에서 김재준은 눈물을 흘리며 "우리 기성인들을 용서해 달라. 너희들 젊은이들이 나라를 위하여 피를 흘리는 동안 우리는 아무것도 하지 않았다. 앞으로 너희가 길거리에 나서지 않게 하마. 너희가 나서기 전에 우리가 나서겠다. 너희는 이제 공부해 달라"는 내용의 설교를 하였다. 김재준의 눈물에는 '피의 제단'에 목숨을 내어 놓은 학생들의 행동에 앞서 무기력했던 기성세대의 반성이 포함되어 있었다.[13]

김재준은 4·19를 폭력적, 전복적 혁명이 아닌 학생들의 '義擧'로, 윤리적 순수성의 발호이자 비폭력 합법적 의사표시로, '3·1운동 때와 같은 정신적·윤리적 선언' 등으로 이해했다.[14] 김재준이 4·19를 혁명이 아닌 의거로 이해한 이유는 혁명의 경우 수단과 방법에 있어서 의도된 폭력성·잔인성·극단성이 있는 반면에 의거는 폭력성을 의도하지 않기 때문으로 그는 이해했다. 또한 혁명은 현재를 '전복(顛覆)'하여 정권탈취를 목적으로 하지만 의거는 미래의 청사진 없이 '不義를 묵과할 수 없는' 동기와 '義를 위한 현재적 웨침'을 목적으로 하기 때문으로 보았다.[15]

그럼에도 4·19의 결과는 혁명 이상의 정치적 변화를 초래하였는데, 이 결과도 '정신적, 윤리적 승리', '國民精神의 昻揚, 國民生活의 재건을 위한 倫理的, 民主的 '魂'의 폭발'로 이해했다. 김재준의 이러한 4·19 인식은 '국민생활 재

· · · · · ·

12) 4·19 시기 김재준은 교내에서 발생한 사건으로 인해 적극적으로 대응하지 못하고 있었다. 일명 '전기(電氣) 애자 횡령사건'으로 김재준이 1959년 캐나다방문에서 얻은 선교비 3만 달러를 서무담당 조선출 목사가 횡령당한 사건으로 부학장인 김재준도 도의적 책임을 피하지 못하는 상황에 있었다(조선출, 『은발의 뒤안길』, 경건과신학연구소, 2004, 120~121쪽; 김재준, 『凡庸記』 2, 칠성인쇄소, 1982, 198~199쪽 참조).

13) 김상근, 「인격으로 인격을 배웠다」, 『장공이야기』, 한신대출판부, 2001, 260~261쪽.

14) 김재준, 「四·一九以後의 韓國敎會」, 『基督敎思想』 Vol.5 No.4, 1961, 34~35쪽.

15) 김재준, 위의 글, 35쪽. 김재준은 4·19에서도 '방화, 폭력항쟁'이 있었으나 이것은 학생들의 본래 '의도'도, 그들의 '主動'에서 생긴 일이 아니라고 보았다.

건, 국민정신의 갱신, 사회생활 전체로서의 에토스(Ethos)의 조성 등'을 전환기
'建國의 기초'로 이해함으로써 이후 국민생활운동, 윤리운동, 인간혁명운동의
강조로 연결되었다.16)

　다음으로 4 · 19 시기 교회의 국가 관계 이해의 변화이다. 김재준은 4 · 19
이후 한국교회의 국가 관계를 비판하고 새로운 정교 관계 선(線)을 세울 것을
주장했다.17) 김재준은 이승만 정부에서 '제일 높은 감투자리가 名目만으로라
도 기독교인에게 주어졌다는 것 때문에 分離主義的 근거위에 계속되어야 할
긴장이 풀렸'고 이로 인해 교회의 '자가 부패가 적지 않았던 것'이라 하여 한국
교회의 정교 관계를 비판적으로 접근했다.18) 즉 4 · 19 직후 김재준은 한국교
회 정교유착의 청산 과제들을 문제의식으로 범주화하기 시작했다고 볼 수 있
다. 구체적으로는 새로운 정교 관계 이해와 정교분리, 기독교인의 사회참여 윤
리의식 등이다.

　먼저 국가관에 있어서 김재준은 성경 로마서 13장, 베드로전서 2장을 근거
로19) 기존의 전통 신학이 국가의 성격을 '인간 생활 전반에 권선징악의 역할'
을 하는 기관이자 '하나님이 그(국가) 안에서 그것(국가)를 통해 섭리'하는 것
으로, 따라서 국민은 국가권위에 복종하도록 가르쳐 온 것을 상기시키고, "현

- - - - - -

16) 김재준, 위의 글, 36쪽.
17) 김재준, 「四 · 一九以後의 韓國敎會」, 『基督敎思想』 Vol.5 No.4, 1961.
18) 김재준은 한국교회의 반성할 내용으로 해방 후 첫 '과업에서부터 민주건설에서 실패'한 것을 들었
　는데, 이유는 "일제로부터 교회가 교회답지 못했고 따라서 기독교 자체의 본 모습이 아니었다"라
　고 하였다(김재준, 「韓國敎會의 民主參與와 使命」, 『基督敎思想』, 1960.6, 32쪽). 다른 곳에서도
　8 · 15 이후 교회 자체가 급변하는 사상의 와중에 스스로를 정돈하지 못한 것과 '분쟁과 윤리적
　혼미'의 양상으로 '對사회적 책임에 무기력'했음을 지적했다(김재준, 위의 글, 36쪽 참조). 김재준
　의 이러한 인식이 친일파청산과 신사참배 문제 등 한국교회 과거청산 의제들에 대한 철저한 반
　성으로 보기에 모호한 측면이 있다.
19) 로마서 13장 1~2절은 "각 사람은 위에 있는 권세들에게 굴복하라 권세는 하나님께로 나지 않음이
　없나니 모든 권세는 다 하나님의 정하신 바라. 그러므로 권세를 거스리는 자는 하나님의 명을
　거스림이니 거스리는 자들은 심판을 자취하리라"이며, 베드로전서 2장 13~14절은 "인간에 세운
　모든 제도를 주를 위하여 순복 하되 혹은 위에 있는 왕이나 혹은 악행 하는 자를 징벌하고 선행
　하는 자를 포장하기 위하여 그의 보낸 방백에게 하라"라고 하여 국가, 제도, 권력 등에 굴복할
　것으로 해석되었다.

대 민주사회에 있어서 복종(服從)의 의미는 '**책임적 참여 또는 동참**'의 의미"로 대체되고 있다고 하여 전통주의적 해석의 '무조건 복종'에서 상대화된 국가관을 제시했다.[20]

또한 정교분리를 주장할 때 근거로 내세우는 '카이사의 것은 카이사에게, 하나님의 것은 하나님에게 돌리라'(마 22 : 21)는 성경 구절을 재해석하여, 국가와 '하나님'의 이분법적 분리 영역이 아닌, '하나님' 아래에 있는 국가의 제한성, 즉 기독교적 절대주권 아래에 있는 국가영역을 강조한 말씀으로 이해하였다. 따라서 국가로서의 영역과 오직 '하나님에게만' 속한 영역 구분을 강조하고 영역 간 침범이 있을 경우 교회의 태도는 국가가 아닌 절대주권, 즉 '하나님'을 택하는 것이 '옳은 것'이라 하여 상대화된 국가 인식을 보였다. 이것은 국가에 대한 근본적 부정이 아니라 국가의 권위를 인정하면서도 '聖域'을 절대주권자에게 돌리는 '비상한 행동'이 되는 것이다.[21]

이 원리에 의해 김재준은 정교분리선(線)을 새롭게 제시하였는데, 첫째, "국가가 全體主義的으로 자기를 神化하는 때 이 線은 사실상 塗抹되는 것이므로 信者는 이것을 묵과할 수 없"으며, 둘째, "국가가 종교의 내용에 간섭하는 교리를 규정, 가르칠 때 그것은 侵犯이 되므로 이에 항거"해야 한다.[22] 셋째, "교회는 국가 집권자에게 자신을 일치시키지 못하며, 집권자를 교회의 '便益'에 이용해선 안 된다. 이것은 결국 교회가 국가 노릇을 하려는 것"이라 보았다. 넷째, "국가 집권자가 교회인일 경우 교회는 국가 관계에 있어 一般市民 以上의 權益을 상정해서는 안 된다"고 보았다. 다섯째, 교회의 국가관은 "인간의 범죄성으로 인한 일시적 필요성의 소극적 태도"를 벗어나 "인간 공동사회의 적극적인 복지건설을 위해 국가의 항구적 존재성을 견지하고 국가가 시도하는 모든 사

- - - - - -

20) 김재준, 위의 글, 37쪽.
21) 김재준, 위의 글, 38쪽.
22) 이 사례로 이승만 정권에서 '비구승'과 대처승 논란에서 이승만이 '비구승' 편에 선 것을 김재준은 종교침해사례로 들었다(김재준, 위와 같음).

업에 솔선 협력해야할 것"으로 제시했다.[23]

새롭게 규정된 정교분리선에 따라 김재준은 이승만 정부에서 한국교회 자화상을 '국가를 절대화한 점', '독재경향에 대해 교회가 경고를 발언하지 못한 것', '교회가 執權者와 一致意識에 自慰所를 設定한 것', '교회가 對사회 건설사업에 활발하지 못했던 점' 등의 오류를 범한 것으로 보고 비판되어야 할 것으로 주장했다.[24]

김재준은 기독교 정당조직을 통한 교회의 정치활동을 '有實無益한 愚見'이라 단정했다. 이유는 첫째, 기독교인으로서 '공식적이고 동일한 政見'을 항상 가질 수 없으며, 둘째, 교회와 정당을 일치시킴으로써 '교회에 汚名'을 남기게 될 것, 셋째, '政敵에 의해 교회까지 敵視'하게 될 것, 넷째, 기독교정당은 '자신의 政略에 거짓된 神的 裁可를 선포함으로써 하나님을 모독하는 일을 감행'하게 될 것이라 하여 기독교 정당 활동에 비판적 이해를 보였다.[25]

결과적으로 김재준은 교회와 국가의 정상적인 접선점(接線點)으로 '非政治的 사회, 문화, 도덕, 교육' 등을 제시함으로써 종교의 간접 공헌을 주장했다. 그리고 이 간접공헌의 핵심은 기독교적 윤리의식의 조성에 있는 것으로 보았다.[26] 그 결과 4·19 이후 종교 영역에서 가장 활발히 전개되어야 할 운동은 국민생활재건운동으로, '非政治的 諸般 사회적 建設事業'에 교회가 책임적으로 동참해야 할 것을 주장하였다. 김재준은 정교분리 관점에서 종교의 비정치적 사회참여, '기독교 윤리의식의 사회화' 등을 제시함으로써 해방공간의 건국론에서 크게 달라지지 않았음을 알 수 있다. 다만 기독교 정당결성을 통한 정치

• • • • • •

23) 김재준, 위의 글, 37~38쪽. 김재준은 이러한 '정교분리선(線)'이 지켜지는 것이 '이웃을 위한 기독교 윤리의 실천 과정'이자 동시에 '국가를 통해, 국가 안에서, 인간의 현세 생활을 섭리하시는 하나님의 의도에 순응하는 것'이라 부연했다.
24) 김재준, 위의 글, 38쪽.
25) 김재준, 위의 글, 38~39쪽.
26) 김재준은 기독교 윤리의식이 '일반사회 윤리적 기풍을 조성하는 데까지 확장'되어야 한다고 보았다. 도덕적 감수성, 가치체계의 붕괴를 막는 것, 각개인격 존중, 가정 정화, 약자 구호하는 일, 범죄자 선도하는 일 등이 기독교인의 사회생활에서 실천해야 할 윤리원칙들이다. 39쪽.

활동을 반대하였는데 이것은 이승만 정권과의 유착 관계에 대한 반성적 이해
가 반영된 것으로 볼 수 있다.

### 3) 4·19 이후 개신교 지식인의 반성적 논쟁과 기장의 교회갱신운동

4·19 직후 한국교회는 사회로부터 '政治運動에 敎會가 앞장섰다', '高麗는
佛敎로 亡했고, 李朝는 儒敎로 亡했고, 또 大韓民國은 基督敎로시 亡한다' 등
의 비난에 직면해야 했다.[27] 그러나 4·19 직후인 4월 23일 한국기독교연합회
(NCC) 성명은 '정부의 개혁을 촉구하고 국민의 기본권 보장, 부패척결, 법치주
의 확립' 등을 요구하는 내용이었다.[28] 3·15선거에서 이승만에게 기독교가
'여당인가 야당인가'로 혼란을 주어서는 안 된다는 이유로[29] NCC 총무인 유호
준이 자유당 선거대책중앙실행위원으로 참가하였던 사실에 비춰볼 때 '정부개
혁'을 촉구한 이 성명은 이 시기 NCC의 친정부적 역사인식을 보여준다.

NCC의 태도와 달리 교단으로서는 기장(基長)과 에큐메니컬 성향의 지식인
들은 4·19 시기 교회가 직면한 비난들에 민감한 반응을 보이면서 대처해 나
갔다. 특히 4·19 다음 날인 20일 기장 소속 서울시내 목사들을 중심으로 초동
교회(조향록 목사 시무)에 '시민구호대책위원회 본부'를 설치하고 여전도회연
합회와 협력하여 부상자 구호활동에 나서는 한편, 4월 25일 「이대통령께 드리
는 공개서간」을 채택하여 '대한기독교장로회 서울특별시 목사일동 대표 최문
환 목사' 명의로 경무대에 전달하도록 조선일보사에 위탁한 사실이 있다. 서한
의 내용은 ①4·19혁명의 직접 원인이 3·15부정선거에 있다는 것 ②부정선거

• • • • • •

27) 「좌담회: 韓國政變과 敎會의 反省」, 『基督敎思想』, 1960.6, 53~55쪽.
28) 『기독공보』, 1960년 5월 2일.
29) 유호준, 『역사와 교회: 유호준 목 사회고록』, 대한기독교서회, 1993, 308쪽. 1960년 3·15 정부통
령 선거를 앞두고 '자유당 정부통령선거 중앙지도위원'을 맡아 달라는 부탁을 받은 유호준은 NCC
내부에서 이 문제를 회의한 후 '거절하면 NCC가 대외적으로 일을 처리하는 데 어려움을 겪게 될
지 모른다'는 이유에서 수락을 결의하였다.

의 시정을 호도(糊塗)하면 제2, 제3의 4·19유혈이 일어날 것임을 우려 ③이대
통령이 자유당에서 이탈하는 것으로 해결할 수 없다는 것 ④이대통령이 즉시
하퇴하실 것 등 정치적 발언을 포함하였다.[30] 이 시기 기장『대한기독교장로
회회보』는 한국교회의 정교유착에 대한 반성을 촉구하는 목소리가 높았다.
『회보』는 종교가 "정치의 옹호를 받을 때 종교 본래의 사명이 상실되고 부패"
할 수밖에 없으며 부패한 종교의 지지를 받고 있는 정치는 그 이상(以上)으로
부패해진다"고 비판하였다.

> 李承晚대통령이 信者라는 데서 基督敎人의 기대도 컸지마는 그의 影向이 기독
> 교의 교세(敎勢)를 발전시키는 데 있어서 해롭지 않았던 것도 사실이다. 더욱이
> 나 近者에 이르러서는 新敎도인 이기붕 씨가 副統領까지 차지하게 되어야만 新
> 敎가 해롭지 않다고 眞心으로 말한 사람도 많이 있었다.[31]

여기서 기장의 한국교회 비판은 해방 이후 교회와 국가와의 밀착 관계로 확
장되었다. 특히 '민주우방의 중요국들이 기독교로 인해 부흥 발전되었고, 대표
격인 미국이 직간접적으로 우리나라를 돕고'있기 때문에 기독교는 '순풍에 돛
단 격'이었고, 이 순풍 속에 한국교회가 부패해지기 시작한 것으로 보았다. 그
결과 교회분쟁과 분열, 교인쟁탈전과 교회재산 분할을 둘러싼 재판, 신학교의
무분별한 난립, 구호물자의 착복, '교권장악 위한 모략과 지방색' 등 해방 후
한국교회 자화상을 '맛을 잃은 소금'으로 비판하고 자성(自省)했다.[32] 김재준

------

30) '대한기독교장로회 서울특별시 목사일동 대표 최문환 목사' 명의로 전달된 이 서한이 경무대까지
　　전달되었을 가능성은 희박했다. 이 시기 침묵했던 한국교회에서 4·19의 원인과 이승만의 하퇴
　　를 요구하는 목소리를 내었다는 점에 의미를 둘 수 있다(「4·19혁명과 교계의 움직임」,『대한기
　　독교장로회회보』제4권 5호, 1960.5, 3쪽.
31) 반병섭, 「四·一九 革命과 基督敎의 反省」,『대한기독교장로회회보』제4권 6·7호, 1960.7, 10쪽.
32) 반병섭은 이 시기 한국교회를 '썩은 덩어리 속에서 썩은 정치를 시정하기 위하여 충고하는 말이
　　나 행동하는 것을 기대할 수는 없는 것'으로, 기독교가 개화운동 독립운동으로 민족 앞에 '쌓아올
　　린 탑'이 바야흐로 무너지고 있는 시기로, '4·19혁명은 오히려 기독교가 당하는 자리에 도사리고
　　앉은 격' 등으로 한국교회를 묘사했다(반병섭, 위의 글, 10쪽).

은 이승만이 감리교인이고 반공주의인 이유로 한국교회가 이승만에 '극히 미온적인 태도'를 보인 것으로 분석하고 이것은 '마치 콘스탄틴 대제나 나타난 것같이 기대를 걸고 있었다'고 하여 이승만 태도를 비판했다.[33]

다음으로 개신교 지식인들의 4·19 인식과 한국교회 비판의 내용을 살펴보면 이들은 대체로 초교파 신학자, 교수, 목회자, 기독언론인 등으로 지식인 특유의 토론회 또는 좌담회 형식으로 4·19의 역사성과 한국교회의 '자성(自省)', 갱신 내용 등을 논쟁적으로 정리해 갔다. 『基督敎思想』이 이러한 내용을 지상(紙上)에서 다뤘는데, 1960년 5월 6일 새문안교회에서 '韓國政變과 敎會의 反省'을 주제로 열린 좌담회가 대표적이다. 참석자로는 최문환·강신명·이창로·문익환·신애균·전호윤·윤성범·김춘배·김관석·손명걸·조요한·박상증·조향록·장하구·김하태·문상희·김재준·김웅식·안희국·반병섭 등 예장(통합)·기장·감리교 3개 교단과 대학(연세대·한신대·서울신대·감신대·숭실대), 그리고 연합기구인 NCC와 대한기독교서회, 교회(신암·선린·초동·향린·동원) 대표 등 보수교단(예장합동, 고신 등)을 제외한 초교파 구성을 보였다.[34]

좌담회는 크게 ①혁명의 의의 ②혁명과 교회의 책임 ③사회가 교회를 어떻게 보느냐? ④혁명과 교회의 각성 등을 주제로 토론하고 의견을 정리하였다. 정리된 내용은 "①4·19학생데모는 순수한 인간의 기본권을 위한 正義의 行動이다. ②이정권의 책임과 이박사의 책임은 분리할 수 없다. 이 박사는 그의 失政에 대해 정치적 책임과 도의적 책임을 함께 져야 한다. ③교회와 정치는 嚴

● ● ● ● ● ●

33) 김재준, 『凡庸記』 2, 241쪽.
34) 좌담회 참석자 명단과 소속은 다음과 같다. 최문환(선린교회 목사), 강신명(NCC 총무), 이창로(대광중고등학교 교장), 문익환(한국신학대 교수), 신애균(기독교장로회여전도회 회장), 전호윤(신암교회 장로), 윤성범(감리교 신학대학 교수), 김춘배(대한기독교서회 총무), 김관석(기독교서회 편집부), 손명걸(감리교총리원 교육국), 조요한(숭실대학 교수), 박상증(서울신학대학 강사), 조향록(초동교회 목사), 장하구(향린교회 장로), 김하태(연세대학교 대학원장), 문상희(연세대학 신과대학 조교수), 김재준(한국신학대 학장), 김웅식(장로), 안희국(한국신학대학 교수), 반병섭(동원교회 목사) 등(「좌담회: 韓國政變과 敎會의 反省」, 『基督敎思想』, 1960.6, 48쪽).

格히 口分되어야한다. 「自由로운 社會內에 자유로운 교회」의 원칙이 서야 한다. ④御用宗敎家는 敎會에서 물러가야 한다. 敎會는 腐敗分子를 더 둘 수 없다 ⑤社會는 敎會에 다시 發言權을 주려하지 않을 것이다 ⑥敎會는 革新되어야 한다. 革新이 없는 限 교회의 진정한 發展은 期待할 수 없다" 등이다.[35]

토론회에서 김재준은 해방 직후 한국교회와 정치와의 인연이 1945년 11월 '임정환영대회'의 '기독교적 정치'와 결합된 것에서 시작된 것으로 제기했다.

> 解放後 外地에서 金九先生이나 金奎植博士가 歸國하여 貞洞敎會에서 記念禮拜를 볼 때에 '우리는 基督敎人이니 基督敎的으로 政治하겠다'고 約束하자 이로부터 敎人들은 저들 政治家들을 「自己집안」이란 그릇된 생각과 기분 때문에 事理를 밝히지 못하고 바른말도 못하게 되었습니다. 李博士도 敎會를 政治的 道具로 利用했던 것은 否定못할 事實입니다. 敎會가 바른말을 못했고, 또 李博士와 對決 못했다는 것은 實로 後悔막심한 일입니다. 敎會가 너무 政治에 가까이하면 참 敎會 노릇을 바로 못하게 되는 것입니다.[36]

이 글에서 김재준은 해방 직후 기독교정치인들에 대한 한국교회 지도자들의 기대가 정교유착의 길을 걷게 한 것으로 봄으로써 과거청산의식에서 의미 있는 접근을 보여주었다. 토론회에서 교회와 정치의 분리원칙을 재확인한 김재준은 교회의 존재성을 '종말론적, 십자가의 길'로 전제하여 달라진 교회론을 제시하였다.[37] 그는 '교회가 국가로 되어 십자가의 길을 버릴 때, 地上的 安逸과 榮華를 즐길 때 교회는 權威와 自主權을 잃는다'고 하여 정교일치 또는 교회의 친(親)권력화는 교회 본질에서 벗어난 것으로 규정하였다.

특히 김재준은 4 · 19의 자유혁명정신이 "道義的 精神革命으로 발전, 더 나아가 人間革命으로 發展飛躍'하는 것을 혁명의 완성으로 보고 이 정신혁명을

• • • • • •

35) 위 좌담회 기사, 57쪽.
36) 위와 같음.
37) 위 좌담회 기사, 52~53쪽.

위해 '道義敎育을 강화한 敎會의 倫理化'를 당면 과제로 제시하였다.[38] 이것은
해방 직후부터 김재준이 제기한 종교 영역에 한정된 논리의 연장이면서 '인간
혁명', '새 인간성의 조성' 등 정신혁명이 확장되는 특징을 보이고 있다.[39]

김재준의 교회혁신의 주장과 내용은 1960년 6월 9~10일에 진행된 '(기장) 경
기노회 소속 교역자 퇴수회'와 기독교장로회의 '교역자 훈련 프로그램', 『대한기
독교장로회회보』 등을 통해 재확인됨으로써 한국교회 변화의 메시지로 수용되
었다. 기장 교역자 퇴수회는 김재준의 주도하에 4·19 이후 기장 교역자들의
자기비판과 목회 생활 재검토를 목적으로 남녀 교역자 40여 명이 모여 5회에
걸친 회합으로 이루어졌다. 이 모임에서 참석자들은 '교회의 실패는 곧 교역자
의 실패'이며, '교회의 무원칙, 무기력했던 책임도 교역자의 몫'으로 반성하고
'눈물의 참회', 새 시대의 재출발을 다짐하는 등 교회 혁신을 위한 의식전환의
필요성을 제기하였다.[40] 퇴수회에서 김재준은 "4·19, 26혁명과 교회의 반성"
을 주제로 강연하였으며, 세부 내용으로 "교회의 사회참여(김재준), 교직자의
자기반성과 그 구체적 방법(김재준), 교회의 부패와 그 책임(이호빈 목사), 능
력의 상실은 어디서!(이호빈)" 등이 발표되었다.[41] 이어 대회는 교회가 반성할
점, 향후 대책 등을 구체적으로 토론하였는데 주요 내용은 다음과 같다.

· · · · · ·

38) 김재준은 '윤리성 없는 종교는 무력할 뿐만 아니라 무가치한 것'이라 하여 한국교회 기독교윤리운
동의 필요성을 강하게 주장했다(위의 글과 동일). 한편 이 좌담회에 이어 1960년 6월 6일 대한기
독교서회 회의실에서 '敎會革新의 課題'를 주제로 또 다른 토론회가 열렸는데, 참석자는 姜元龍
(경동교회 목사, 기독교사상편집위원), 김득황(주택영단 이사), 이성화(연세대학교 문과대 교수),
김사익(이대 관재과), 김재복(기독교방송국 총무), 장경희(이대 학생), 김재온(서울문리대 학생),
김병옥(한국은행 계리부장), 홍현설(기독교사상 편집위원 감신대 학장) 등이었다. 「좌담회: 敎會
革新의 課題」, 『基督敎思想』, 1960.7, 36~49쪽 참조.
39) 특히 「특집, 새 時代의 人間像」, 『基督敎思想』 제4권 7호(1960.7) 참조.
40) 「경기노회 교역자 퇴수회」, 『대한기독교장로회회보』 제4권 6·7호, 1960.7, 14쪽. 회보의 기사에
는 퇴수회 참석자 명단이 구체적으로 나와 있지 않은데, 1960년 현재 기장 총회 참석 경기노회
총대(18명) 중 목사는 최문환(선린교회), 정용철(신암교회), 조향록(초동교회), 강원용(경동교회),
인광식(경복교회), 신성국(총회 사무처), 우동철(동소문교회), 정구봉(양수리교회), 강흥수(동부교
회) 등이다.
41) '퇴수회', 위의 글 참조.

〈표 4-1〉 (기장) 경기노회 소속 교역자 퇴수회 내용[42]

| 교회의 반성할 점 | | 맹서할 점(지양할 내용) |
|---|---|---|
| 교회가 교회답지 못한 점<br>- 그릇된 메시야 사상<br>- 정통신학의 사상동결<br>- 부흥회 등으로 유도된 신비주의의 팽창 | 결과물<br>- 교회 세력의 붕괴를 두려워함<br>- 정권에 대한 이상한 중립적 태도<br>- 소수의 출세주의자가 기독교를 이용<br>- 사회적 책임과 하나님 말씀을 전하는 데 불명확한 태도 | ①교역자가 자기 사명에 불충실했던 점<br>②교역자가 말씀에 충실하는 대신 교인들에게 아부<br>③교회주의와 딸라숭배가 방임<br>④교직자 간의 동지적 결합의 결핍<br>⑤은혜의 상실과 교파분쟁<br>⑥교회당의 난립(직업장소화)<br>⑦무자격 교역자의 다량배출 등 교회의 맹서할 점 |

1960년 6월 17일부터 개최된 제45회 기장 총회는 "2. 기독교 명의의 정치적 이용 방지의 건(전남노회), 3. 3·15부정 선거 시정의 건(전남노회), 8. 교역자 신분에 관한 헌의로서 ①현직 목사로사 정계나 관계에 나가서 공직을 가질 때는 제명할 것 ②현직 목사 장로로서 三·一五 부정 선거에 관여한 자는 적의 응징할 것 등을 결의하였다.[43] 또한 기장 총회 기관지『대한기독교장로회회보』는 1960년 10월(제4권 10호)부터 '국내 동향에 대한 발언'란을 신설하여 교회의 사회적 발언을 시작했다고 볼 수 있다.[44]

4·19 직후 기독교장로회는 4·19 관련 설문을 조사한 바 있는데,[45] 교회 반

42) 위와 같음.
43) 『대한기독교장로회제四五회총회록』, 23~24쪽.
44) 신설된 '국내동향에 대한 발언'외에도 '국내교계의 초점'과 '세계교회운동'을 적극 소개하는 등 전반적으로『회보』의 분위기가 사회적으로 변화한다. 신설된「국내동향에 대한 발언」은 「尹 大統領에 바라는 것」, 「한일 국교 재개에 제하여」(『대한기독교장로회회보』제4권 10호, 4~5쪽)를 시작으로, 「학원의 조속한 정상화를 바란다」, 「혁명입법과 보복관련」(『대한기독교장로회회보』제4권 11호, 4쪽), 「대일외교의 취약성을 이대로 방임을 할 수 없다」, 「최근 국내 정국에 임할 크리스챤의 태도」(『대한기독교장로회회보』제5권 1~2호, 4~5쪽) 등으로 이어졌다.
45) 설문 내용은 "①4·19사태를 어떻게 보는가 ②민주대한을 바로잡기 위한 방안은 무엇인가 ③4·19혁명에 대해서 기독교 취할 금후의 태도는 ④4·19의거의 핵심체가 학생들이었던 만큼 기독청년이 가질 결의는 ⑤이 시기에 있어서 기독교 자체가 반성할 점은 없는가 있다면 무엇인가" 등이다. 「4·19혁명은 민주대한의 새출발」, 『대한기독교장로회회보』제4권 5호, 1960.5, 2~4쪽.

성 내용으로 "교파투쟁에 열중하여 민족적 정신운동에 등한했던 점(문재린, 서울 중부교회)", "그리스도교회의 사회적 책임을 다하지 못한 점(박창균, 서울 도화정교회)", "정의에 입각한 종교인이 되어야(채무식, 신암교회 장로)", "이(李)정권에 지나친 묵종과 아첨한 점, 부정·불법을 알면서 묵과하여 온 것, 자유당 정권에 적극 협력자를 교계 일선에서 총퇴진 할 것(강원하, 춘천 교동교회)", "무반성, 독선적 신앙, 죄의 도가니에 들어 앉아 있었던 점(박한진, 효동교회)", "권력에 편승, 다수의 행패, 분파의 조장(최성묵, KCYF 총무)" 등을 제기했다.

　김재준과 기장, 기독지식인들을 중심으로 교회의 사회참여를 주제로 한 논쟁은 5·16쿠데타 직전까지도 열려 4·19 이후 한국교회 사회참여의 방향을 모색하였다. 1961년 4월 7일 오후 YWCA회의실에서 기청동지회 주최로 "敎會의 社會參與는 可能한가"를 주제로 좌담회가 열렸는데 김재준·윤성범·현영학·김정준·한영선·문상희·유동식·박상증·김하태(사회)·조향록(주최측) 등이 참석하여 교회의 사회참여 가능 여부·사회참여의 범위와 내용·정교분리 이해 등이 포괄적으로 토의되었다. 좌담회에서 김재준은 크리스천과 교회를 분리하여 참여의 적극성, 제한, 내용 등을 제시하였는데 특히 '부패 국가'의 경우 교회의 참여는 '말씀의 권위를 가진 예언자적 발언'으로 주장하여 교회의 비판적 기능을 강조하였다.[46]

　이상에서 김재준과 기독교장로회를 중심으로 4·19 시기 한국교회의 반성과 혁신의 내용을 살펴보았는데 크게 세 가지 면에서 특징과 한계를 보였다. 첫째 김재준은 이승만 정부와 한국교회의 정교유착을 비판하고 반성을 이끌어냈지만 반성의 주체 문제에 있어서 한국교회의 '집단성'안에 자신을 포함시키는 한계를 보였다. 특히 한국교회의 정교유착은 비판하였지만 이승만의 독재 권력 자체와 부정부패에 대한 비판은 제기하지 못했는데 이것은 4·19를 정신혁명으로 이해함으로써 민주체제 및 민권 회복 등 4·19혁명의 역사적 의미를 종교지형 안에 국한하여 해석한 데서 원인을 찾을 수 있다.

둘째, 4 · 19 시기 김재준은 신학적 인식과 태도에서 의미 있는 변화를 보였다. 하나는 4 · 19를 계기로 새롭게 제시한 정교분리선(線)을 통해 국가 인식에서 중요한 변화를 보였다. 국가는 더 이상 '인간 생활 전반의 권선징악의 역할'을 하는 절대복종의 대상이 아니며 따라서 복종의 의미도 '책임적 참여'로 대체되었다. 김재준은 '가이사와 하나님의 것'의 분리가 이분법적 분리영역이 아닌, '하나님' 아래에 있는 국가의 제한성을 강조한 것으로 해석함으로써 국가인식을 상대화시켰다.

셋째, 교회 혁신의 방향으로 김재준은 한국교회 정교유착의 원인을 '기독교윤리'의 부재로부터 찾음으로써 결과적으로 정신혁명, 인간혁명, 또는 '도의교육을 통한 기독교윤리의 확대'를 주장하였다. 그 결과 '기독교적 인간혁명', '새 인간성의 형성' 등 종교이념에 충실한 교회 혁신 방향을 제시함으로써 4 · 19가 요구하는 한국교회 과거청산 의제를 종교 영역 안에서 해석한 특징을 보였다.[47] 이러한 김재준의 제한된 인식은 5 · 16쿠데타 이후의 현실 인식에서도 제약과 한계로 등장하는 원인이 된다. 이와 같은 종교지형의 제약은 정치운동을 배제한 제한적 참여의식의 결과로 이해할 수 있다.

## 2. 5 · 16 시기 김재준의 인간혁명론과 국민운동참여

### 1) 김재준의 5 · 16 쿠데타 이해와 '인간혁명' 주장

1961년 5월 16일 박정희 소장이 이끄는 일단의 군인들에 의해 '군사 쿠데타'가 발발했다. 쿠데타가 일어나자 정부 책임자인 장면 총리는 수도원으로 도피

---

47) 강인철, 「해방이후 4 · 19까지의 한국교회와 과거 청산 문제: 의제 설정을 위한 시론」, 『한국기독교와 역사』(24), 한국기독교역사연구소, 2006, 91~93쪽 참조.

하였고 그와 사이가 좋지 않았던 대통령 윤보선은 '올 것이 왔다'고 하여 사실상 쿠데타를 묵인했다.[48] 4·19 이후 민주당정부에 실망한 국민들과 많은 지식인들은 군사쿠데타가 발생하자 '올 것'이 왔다는 인식하에 쿠데타에 우호적이거나 묵인하는 태도를 보였다.[49] 쿠데타 직후 장준하는 『사상계』 권두언에서 '누란의 위기에서 민족적 활로를 타개하기 위하여 최후 수단으로 일어난 것'(1961.6)으로, '새로운 민족적 활로를 개척할 계기'로 긍정하고,[50] 제3세계 군사혁명을 다룬 특집을 내보냈고, 5월 23일 서울대 학생회는 쿠데타를 지지하는 성명을 발표했다.[51]

한국기독교연합회(NCC)는 1961년 5월 29일 성명을 통해 "5·16군사혁명은 조국을 공산 침략에서 구출하고 부정과 부패로 기울어져가는 조국을 재건하기 위한 부득이한 처사"로 지지 표명하였다. 한경직, 김활란은 정일형, 최두선 등과 함께 1961년 6월 21일 도미(渡美)하여 '혁명 정부의 국제적 지지'를 얻어내기 위한 활동을 전개하였다.[52] 『基督敎思想』은 5·16을 '한국교회를 향한 하나님의 각성의 기회'로 이해했다. 또한 '혁명 후 모든 문제가 정돈되어 가는 국내 상황'에 맞춰 '교회도 얽히고설킨 문제를 점차적으로 해결해 나갈 은혜의 기회'로 받아들였다.[53]

● ● ● ● ● ●

48) 서중석, 『사진과 그림으로 보는 한국현대사』, 웅진지식하우스, 211쪽; 『한국현대사 60년』, 역사비평사, 2007, 90쪽.

49) 미군방첩대(CIC) 요원들이 시민들의 반응을 조사하였는데, 40%의 시민들이 쿠데타에 호의적이었고, 20%가 호의적이거나 시기상조로, 40%는 쿠데타를 반대했다(홍석률, 「1960년대 지성계의 동향」, 『1960년대 사회변화 연구: 1963~1970』, 백산서당, 1999, 197쪽).

50) 장준하, 「권두언」, 『思想界』, 1961.6.

51) 1961년 10월 서울지역 대학생 990명을 대상으로 한 여론조사는 5·16과 4·19의 관련성에 대해 '관련 있다(55.8%), 관련 없다(42.6%), 무응답(1.6%)로 반응했는데, 쿠데타정부를 지지하는 학생의 67%가 관련 있다는 응답을 보였다.

52) 이만열, 「한국현대사와 과거 청산의 문제」, 『한국기독교와 민족통일운동』, 한국기독교역사연구소, 2001, 287쪽.

53) 「권두언: 革命과 敎會의 覺醒」, 『基督敎思想』 제5권 6호, 1961.6, 9쪽. 1961년 『基督敎思想』 편집위원은 김하태(위원장, 이화여대 교수), 홍현설(감신대 학장), 문익환(한신대 교수), 현영학(이화여대 교수), 윤성범(감신대 교수), 강원용(경동교회), 박상증(서울대 강사), 장하구(향린교회 담임) 등이다(『基督敎思想』 제5권 6호, 1961.6, 8쪽).

김재준의 5·16 인식은 어떠했는가. 김재준의 반응은 쿠데타 발발 7개월 후에 나왔는데, 글에서 그는 '나라와 민족을 累卵의 위기의 위기에서 구출해 낸 일'로 긍정하고, 특히 피 흘림 없이 성공한 쿠데타를 '군사혁명정부의 자랑'이자 '전 민족의 자랑'으로 평가했다.[54] 1962년 4월에 발표된 다음의 글을 보자.

> 1961년 5월 16일 새벽, 천만 뜻밖에 배신한 부패정권에 '심판'이 '도적같이' 임했다. 軍革命은 물샐 틈 없이 삽시간에 정권을 잡아버렸다. 이것은 명실 공히 '혁명'이었다. … 정부는 국회를 해산하고 헌법을 보류하고 계엄령하에서 모든 비상조치권을 장악하였다. 항구한 집권을 위함이 아니라 '응급수술'을 위한 부득이한 조처라고 했다. 집권 10개월간 그 신속 과감한 행동력은 아마도 한국유사 이래 처음 보는 '정부다운 정부'일 것이라고 생각한다.[55]

특히 이 글에서 김재준은 군사정부의 혁명공약이 4·19의 '슬로건들과 서로 통하는 대답'으로 보고 4·19의 주도 세력인 "학생의 미완성적 위치 때문에 新正權을 소신대로 장악 驅使하지 못한 결함을 군 혁명에서 맡"은 것이라 하여 4·19의 연속선에서 5·16을 이해했다.[56] 다시 김재준은 "학생의거와 군 혁명과는 한 가지 일을 반반씩 맡아 한 것이라 하겠다. 4·19의 의롭고 높은 정신성이 피로 심어져 5·16에서 몸을 이루어 싹튼 것이다. 그러므로 어느 하나가 다른 하나를 남 보듯 할 것이 아니다"라고 하여 4·19와 5·16의 연속성을 강조하였다. 여기서 '피와 몸'의 비유는 함석헌이 『사상계』 7월호에 쓴 「5·16을 어떻게 볼까」에서 '학생이 잎이라면 군인은 꽃이다'의 표현과 유사한 논리적 비유이다.[57] 그러나 함석헌이 5·16을 "빨리 져야 하는 꽃", "빨리 사명을 다하

· · · · · ·

54) 김재준, 「거룩한 두려움」, 『思想界』 통권 102호, 1961.12, 450쪽.
55) 김재준, 「4·19의 回顧와 展望」, 『基督敎思想』 Vol.6 No.4, 1962, 21쪽.
56) 김재준, 위의 글, 22쪽. 여기서 김재준은 '학생의거'와 '군 혁명'은 한 가지 일을 '반반씩 맡아한 것'이라 하였다.
57) 함석헌, 「5·16을 어떻게 볼 것인가」, 『사상계』, 1961.7, 42쪽.

고 잊혀져야 할 것"으로 비유한 것과 김재준의 '피와 몸' 비유는 다른 어조임에 유의해야 한다. 함석헌은 글에서 4월혁명과 5·16쿠데타를 비교하여 부정적으로 인식하였다.

> 그때(4·19)는 믿은 것이 정의의 법칙, 너와 나 사이에 다 같이 있는 양심의 권위, 도리였지만, 이번은 믿은 것이 탄알과 화약이다. 그만큼 낮다. 그때는 민중이 감격했지만, 이번은 민중의 감격이 없고 무표정이다. 묵인이다. 그때는 대낮에 대놓고 행진을 했지만, 이번은 밤중에 몰래 갑자기 됐다. 그만큼 정신적으로도 낮다… 혁명은 민중의 것이다. 민중만이 혁명을 할 수 있다. 군인은 혁명을 못한다.[58]

7월호 권두언을 쓴 장준하 역시 「긴급을 요하는 혁명과업의 완수와 민주정치에로의 복귀」에서 '공산당의 전체주의적 세력을 분쇄할 수 있는 최대의 사상적 무기는 민주주의적 자유의 선용에 있음을 지적'하여 군사정부의 민정 복귀를 강조하였다.[59] 김재준의 5·16쿠데타에 대한 긍정인식은 다음의 글에서도 확인할 수 있다.

> 민주당 정부가 정부로서의 가장 본질적인 구실인 질서유지에까지 무능 무위하여 강력범이 백주에 횡행하고 활보, 관민 아울러 부패일로여서 무정부적 혼란이 눈앞에 박두한 순간, 애국군인의 일부 인사가 혁명에 성공, 국가를 累卵의 위기에서 건진 것을 국민은 놀라움과 환희의 소망으로 환영하였다. 그 후 짧은 시간

• • • • • •

58) 함석헌, 위의 글. 서중석에 의하면 이 글은 장준하의 부탁으로 쓴 글이다. 장준하의 7월호 비판이 나간 후 그는 중앙정보부장실에 출두하여 김종필을 만나야 했고, 2주 후 '부정축재처리위원회'의 출두 명령서를 받는다. 장면정권 때 김영선 재무부장관이 『사상계』의 빚을 갚으라고 변통해 준 것에 대한 '트집'을 잡은 것이다. 1961년 말까지 사상계의 논조는 온건하거나 비판적 지지의 인상을 주었다(서중석, 「분단체제 타파에 몸던진 장준하」, 『역사비평』 제38호, 역사비평사, 1997, 71쪽).

59) 장준하의 태도 변화는 1961년 7월 장도영의 체포와 반공법, 인신구속특례법을 공포하여 혁신계와 청년학생의 대거 체포, 중앙정보부 설치 에 이어 극우반공체제의 재정비를 강화했던 것과 관계된다(서중석, 위의 글, 70쪽).

안에 눈부신 실천력을 보여준 것이 사실이다. 이만하면 군사혁명으로 서는 성공
일로를 걸었다고 말할 수 있을 것이다.[60]


위의 글은 김재준이 군사정부의 민정 이양 약속 기한인 1963년 8월 이전까
지 민정을 대비하여 국민운동을 전개할 것을 주장한 글인데 여기서도 쿠데타
긍정은 계속되었다. 이러한 인식은 장준하가 초기 긍정에서 이후 혁명의 단계
를 '최단 시일 내 급속히 통과해야 할 것'을 주문한 것이나, 군사정권의 한계를
지적하여 국민 참여를 적극 권한 것,[61] 함석헌이 '빨리 져야 할 꽃' 등으로
5·16을 제한하였던 것과 비교될 수 있는 내용이다. 김재준에게서 보이는 '쿠
데타 긍정'에는 배경 이해가 무엇보다 중요한데, 4·19~5·16 시기 김재준은
국가재건의 최우선 과제를 인간혁명으로 이해하였기 때문이다.[62] 특히 군사정
부의 혁명공약 제3항인 '모든 부패와 구악을 일소하고 퇴폐한 국민도의와 민족
정기를 바로잡기 위해 청신한 기풍을 진작 시킨다'는 조항은 4·19 이후 김재
준이 일관되게 주장해 온 인간혁명·국민운동 등의 연장에서 수렴할 수 있는
내용이었다.[63]

더욱이 5·16 이후 국가재건최고회의와 혁명공약 사업에 지식인들의 참여
수준은 매우 다양했다.[64] 군정 기간 동안 국가재건·인간개조·체질개선·주

•  •  •  •  •  •

[60] 김재준, 「성격혁명」, 『하늘과 땅의 邂逅』, 동양출판사, 1962, 207쪽. 이 글은 쓰인 시기와 출처가
다소 불명확한 부분이 있다. 현재 이 글은 『전집』 7(장공전집출판기념사업회, 1992, 14~16쪽)과
단행본 『하늘과 땅의 邂逅』(1962, 207~210쪽)에 수록되어 있다. 앞의 『전집』 7(그리스도인의 정
치적 결단)은 1963~1966년 사이에 쓰인 글들을 시간 순으로 수록했고, 단행본 『하늘과 땅의 邂
逅』가 출판된 시기는 1962년 9월 말(25일 인쇄, 30일 발행)이다. 따라서 전집의 시기는 오류이며
단행본을 기준으로 할 때 글이 쓰인 시기는 최소 1962년 9월 이전으로 보아야 한다. 상한 시기는
박정희 의장의 방미(1961.11.12.~23) 성과를 '성공적'으로 표현한 것으로 볼 때 최소 1961년 12
월~1962년 8월 말 사이에 쓰인 것으로 추정할 수 있다.
[61] 장준하, 「권두언: 긴급을 요하는 혁명과업의 완수와 민주정치에로의 복귀」, 『思想界』 96호, 1961.7,
34쪽.
[62] 김재준, 위의 글, 22쪽.
[63] 이것은 장준하가 '오랜 기간에 걸쳐 이룩해야 할 경제건설', '오랜 훈련을 필요로 하는 인간혁명'과
제보다 '손 앞의 과제'에 충실할 것을 주문함으로써 '민주주의 복귀'를 가장 시급하고 중요한 과제
로 제시한 것과도 다른 김재준의 '종교적 현실 인식'의 측면으로 볼 수 있다.

체주의·민족주의·경제자립 등 다양한 구호들이 논쟁적으로 제기되면서 다양한 지식인층을 포섭, 배제했기 때문이다. 이 가운데 5·16의 민족개조·인간개조 구호는 종교지형이 포괄할 수 있는 논리구조를 지녔다.[65] 김재준과 한국교회는 종교 영역 안에서 제한성을 유지하면서 참여 논리를 전개했다. 함석헌은 『재건회의보』에 「民族改造論」을 실어 '세계국가', '평화주의', '종교와 과학의 만남' 등 달라지는 현실 세계에 조응할 민족성의 개조를 논하였다.[66] 함석헌의 민족성 개조는 민족을 이루는 개인의 자기발견, 그리고 자아개조의 방법으로 이뤄질 것인데, 이것은 조직적·유기적 집단운동에 의해서만 가능한 것으로 보았다.[67]

4·19~5·16 시기를 국민혁명기로 이해한 김재준도 인간본성의 혁명·개조를 통한 국민운동의 전개를 주장하였다. 김재준의 인간개조는 크게 세 차원의 논리구조를 갖추었다. 첫째, 종교이념의 논리로서 진정한 인간의 자기이해는 '절대자'의 물음에 응답함으로써 비로소 가능해진다. 따라서 인간혁명·개조의 전제는 '절대자·神'과의 인격적 대면이 필연적으로 요구된다. 김재준의 이 논리는 5·16 시기 혁명공약의 '정치적·지배 이념적 접근'과는 다른, '인간 본성적 변화'를 요구한다는 점에서 항구적·불변적 요소이며, 따라서 종교적·주관적 인식의 범주였다. 이것을 김재준은 "인간성이란 길을 뜯어 고치고 공장을 세우고 땜을 만드는 것 같이 자라나는 일이 아니다. 4~5천 년 지낸 오늘에도 여전히 숙제로 남아 있는 것이 인간성 개조의 문제인 것"이라 하여[68] 국가이

••••••

[64] 5·16 시기 지식인들의 현실 이해와 참여 내용은 임대식, 「1960년대 초반 지식인들의 현실인식」, 『역사비평』 제65호, 역사비평사, 2003을 참조할 것.

[65] 최근에 1960년대 '인간개조' 논리가 1920년대의 문화주의적인 사회개조, 민족성 개조론에 그 뿌리를 두면서, 그 이후 반(反)서구의 동양주의적 논리가 개입되어 형성된 것으로 본 연구가 있다(김성보, 「1960년대 남북한 정부의 '인간개조' 경쟁」, 『역사와 실학』 Vol.53, 역사실학회, 2014). 글에서 김성보는 1960년대 '인간개조'를 박정희가 추구하였던 산업화에서 국민동원 지배이데올로기와 연관시켰다(김성보, 위의 글, 156쪽).

[66] 함석헌, 「人間改造論」, 『최고회의보』 창간호, 국가재건최고회의, 1961, 136~142쪽.

[67] 함석헌, 위의 글, 139~140쪽 참조.

[68] 김재준, 「4·19의 回顧와 展望」, 『基督敎思想』 Vol.6 No.4, 1962, 22쪽.

넘의 동원으로 단기간에 이룰 수 있는 것이 아님을 강조하였다. 둘째, 현실적
요구에 의한 '국민성 형성'의 문제이다. 김재준은 5 · 16 시기 국민혁명을 주장
했는데 다음의 글에 잘 드러나 있다.

국민혁명이란 전 국민이 지금의 군사혁명정부에 일제히 박수갈채하면 그만이
라는 식의 천박한 성질의 것이 아니다. 이것은 국민 하나하나가 지금의 軍政동안
에 스스로의 정신적 성격적 태세를 純化整備하여 다음에 올 民政에서 또 다시 추
태를 연출하는 일이 없도록 自我革命을 이룩하여야 한다는 것을 의미한다.[69]

여기서 김재준이 말하는 국민성의 변화란 무엇인가.

그 첫째는 사대사상이다. 이것을 뒤집어 말한다면 이른바 「노예근성」이다. 오
랫동안 被壓迫 情況 속에 살아온 인간들은 특별한 종교적 긍지라도 갖고 있지 못
한 限 스스로의 無力과 低劣을 자인하고 들어간다. …그런데 이런 노예근성적인
성격을 개조하기 위한 기본 조건은 극히 비상한 사태이외에는 지령에 의하여 움
직이도록 하는 정책을 피하고 자발적 행동을 鼓吹하는 그것이다. 좀 갑갑할 지라
도 국민운동은 「官製」여서는 안된다는 이유가 여기 있는 것이다.[70]

국민으로서의 우리는 모든 노예근성적인 윤리적, 성격적 결함을 肅正하고 진
실 솔직 강의한 태세로 軍政에서 원하는 인간성격의 혁명에 이바지하며 따라서
장차 올 民政에 內外 함께 신뢰감을 가질 수 있도록 국민자체로서의 성격혁명에
착착 성과를 거둘 수 있어야 할 것이다.[71]

위에서 5 · 16 시기 김재준의 인식이 인간혁명의 긴급성에 있음을 다시 확인

69) 김재준, 「성격혁명」, 앞의 책, 210쪽.
70) 김재준, 위의 글, 209쪽.
71) 김재준, 위의 글, 210쪽.

할 수 있다. 세 번째 차원으로 교회의 역할 문제가 제기된다. 김재준은 인간혁명의 과제가 기독교의 '靈的 새 창조' 사업에서만 기대할 수 있다는 점을 강조하였다.[72] 김재준은 혁명의 완성을 '제도 개혁, 舊習의 철폐에 있는 것이 아니라 혁명을 수행하는 사람들, 이에 협조하는 사람들의 마음 바탕이 혁신되는 것'으로 보았다. 즉 기독교적 인간이해가 '한 개인이 하나님의 구속의 사랑 앞에서 새로운 결단으로써 자기를 혁신'하는 것이라면 군사정부의 「人間改造論」도 자기 혁신·자기혁명으로부터 유추하여 이해할 수 있는 것이다. 여기서 '인간 개조'의 바탕은 기독교적 윤리의식을 통해서만 가능하다는 것이 이 시기 김재준과 한국교회의 관점이었다.[73]

이 시기 김재준의 인간개조(혁명)론은 민족구원 또는 '민족개조(혁명)'의 논리로 상승하지 않는다는 점에서 1920년대 개조 이해와 차이가 있다. 이러한 차이는 김재준의 기독교적 세계관이 단일 민족 또는 민족주의 대신 '보편주의'·'세계주의'를 추구하는 특성에서 찾을 수 있다. 김재준에게 민족성 또는 민족의 강조는 전통주의와 연결되어 사상적 폐쇄·유교주의·복고주의 등 전근대적 인식의 범주로 이해되는 측면이 강하다.[74]

4·19 시기 교회 반성을 이끌었던 『基督敎思想』은 5·16 이후 '마음부터 革命하여 民族正氣 바로 잡자', '마음의 혁명 없이 祖國의 앞날 없다' 등의 혁명구

• • • • • •

72) 김재준, 위와 같음. 한편 4·19 이후 기독교장로회 역시 '자발적 국민운동의 전개'를 강조하였는데, '절량농가구호운동'과 같은 국민운동을 전개함으로써 역사적 경험적으로 일제 시기 '국민총동원운동'이나 자유당 시대 '국민반공운동' '반공청년단' 등 관제운동과 다른 국민의 자발적 운동으로 전개 되어야 할 것을 주장했다("참된 국민운동이 일어나야 한다"(『대한기독교장로회회보』 5권 5호, 1961.5, 4쪽). 한편 4·19 이후 한국교회는 '기독교절량농가구호위원회'를 통해 구호사업을 적극 전개하고, 이 '절량농가 구호운동'을 교회의 대사회적 관심·참여운동으로 이해했다(『대한기독교장로회회보』 5권 5호, 1961.4, 1쪽, 8쪽) 등.

73) 「권두언: 「人間改造」論에 대하여」, 『基督敎思想』 Vol.5 No.7, 1961, 7쪽. '기독교적 新生의 生活'을 '인간개조'와 동일시하는 것은 대단히 위험한 일이라고 하여 기독교적 '거듭남'과 '인간개조'가 동일 범주가 아님을 전제하였다. 이 시기 기독교회는 '마음부터 革命하여 民族 正氣 바로잡자'라는 구호를 외쳤다(『基督敎思想』 Vol.5 No.8, 1961, 145쪽).

74) 김재준, 「우리는 무엇을 생각하는가?」, 『전집』 9, 243쪽. 김재준의 이러한 이해는 1970년대까지 이어지는 일관성을 보인다.

호들로 장식되었으며 "교회는 소위 '인간혁명'의 과업에 매진하여야 할 줄 안
다. 즉 교회는 교회 본연의 자세로 그 사명을 다함으로써만 이번의 혁명공약
완수에 이바지할 수 있을 것"이라고 하여[75] 인간혁명을 통한 기독교적 사회개
신운동을 교회의 참여론으로 제시하였다.

### 2) 5·16 시기 재건국민운동과 김재준의 참여

김재준은 5·16쿠데타 직후 국가재건최고회의가 관변단체로 조직한 재건국
민운동에 일시적으로 참여하여 국민운동을 전개하였다.[76] 국가재건최고회의
가 주도한 재건국민운동의 성격에 대해서는 예산을 전적으로 국가에 의존함으
로써 군사정부의 국가재건 이념을 일반 민간에 전파·계몽하는 관변단체로 보
는 경우와[77] 4·19 이후의 신생활운동, 새생활운동 등 '아래로부터의 자발적
운동'의 성격이 결합된 국민운동으로 보는 시각이 있다.[78]

선행연구들은 5·16 시기 김재준의 '재건국민운동' 참여에 두 가지 상반된
이해를 보였다. 첫째, 김재준의 사회참여를 긍정 평가하는 교회사연구들은 김
재준의 재건국민운동 참여 사실을 소략히 언급하거나, '주변의 강요에 의해
마지못한' 참여로 해석한다.[79] 반면에 비판적 평가로는 5·16 직후 쿠데타 세

• • • • • •

75) 현영학, 「五·一六革命과 韓國敎會의 課題」, 『基督敎思想』 Vol.5 No.7호, 1961, 67쪽.
76) '재건국민운동본부'는 1961년 6월 11일 「재건국민운동에 관한 법률」이 제정, 초대 본부장에 고려
대 총장 유진오가 임명되었다. 이후 1961년 9월 본부장이 농촌계몽운동가인 유달영으로 교체되
면서 본격적인 활동에 돌입하였다. 전국적으로 재건청년회 45,119개, 재건부녀회가 33,927개 조
직되고, 1962년 5월 초에 이르면 전국적으로 360여 만 명에 달하는 회원을 확보했다. 재건국민운
동본부는 청년회, 부녀회 간부들을 교육시키는 향토교육원 142개를 설치했고 일반국민을 대상으
로 하는 일일 순회교육을 실시했다. 이러한 교육과정에서 많은 지식인들이 참여 또는 동원되었다
(홍석률, 「1960년대 지성계의 동향」, 『1960년대 사회변화 연구; 1963~70』 백산서당, 1999, 200쪽).
77) 홍석률, 위의 글, 199쪽.
78) 재건국민운동의 성격, 조직, 변화 과정 등은 허은의 「'5·16군정기' 재건국민운동의 성격」(『역사
문제연구』 제11호, 11쪽)을 보라.
79) 『평전』의 저자인 김경재는 사실 자체를 언급하지 않았으며, 또 다른 평전(『근본주의와 독재에 맞
선 예언자적 양심: 김재준』)의 저자인 천사무엘이 후자의 경우이다(천사무엘, 『근본주의와 독재
에 맞선 예언자적 양심: 김재준』, 살림, 2003, 181쪽).

력과 기독교진영의 '반공/승공' 대전제가 일치됨으로써 김재준, 함석헌, 장준
하, 유달영, 유영모, 이희호 등 기독교 지식인의 참여논리가 성립된 것으로 보
았다.[80]

　전자의 평가는 김재준의 5·16 인식에 대한 역사적 평가 자체를 어렵게 만
드는 것으로 재평가의 여지가 있다. 후자의 평가는 한국교회의 틀 안에서 개
신교지식인들의 '반공주의' 행동양식을 분석적으로 비판한 점에서 의미가 있
다.[81] 그러나 본 연구는 김재준의 '재건국민운동' 참여를 개신교 반공적 관점
에서 보는 것에 무리가 있다고 본다. 앞서 보았듯이 김재준의 반공주의는 한
국교회 일반적 '반공주의'와 다른 양상으로 전개되었다. 해방공간에서 김재준
은 사회개혁적 공산주의론과 기독교 윤리와의 친화성을 강조하였고 한국전쟁
을 거치면서 진영 간 냉전적 사유에서 공산주의 체제로 접근하였으나 교회가
어떤 체제와도 결합 가능하다는 열린 사고를 유지함으로써 한국교회의 전투
적·적대적 반공주의와는 색채를 달리하는 측면이 있었다. 따라서 재건국민운
동 참여는 반공주의 관점보다 민주당 정부에 비판적이었던 다수 지식인의 참
여란 점에서 역사 전환기에 국민운동의 필요성을 역설했던 지식인의 현실참여
인식을 보여준 경우로 이해하고자 한다.[82]

　『凡庸記』는 김재준의 재건국민운동 참여가 조선일보의 홍종인 사장의 적극
적인 권유에 의한 것으로 설명했으나 다른 글에서는 유달영의 적극 권유에 의
한 것으로 되어 있다.[83] 김재준의 국민운동 활동 시기는 1961년 9월 유달영이

80) 장규식, 「군사정권기 한국교회와 국가권력」, 『한국기독교와 역사』, 한국기독교역사연구소, 2006.3,
　　24, 105쪽.
81) 특히 장규식은 함석헌·장준하·김재준 등이 국민운동 참여 후 군사정권의 '국가지상주의'에 비
　　판적 이해를 보임으로써 반독재민주화운동으로 선회하는 행동양식의 변화를 지적하여 5·16 시
　　기 참여인사들을 입체화했다(장규식, 위의 글, 105쪽 각주 5 참조).
82) 제2공화국에 대한 김재준의 부정 인식에 대해서는 고지수, 「4·19 이후 한국교회 갱신문제와 "참
　　여" 이해: 장공 김재준의 정교분리 이해를 중심으로」, 『史林』 Vol.57, 수선사학회, 3·1절 참조.
83) 김재준, 『凡庸記』 2, 1982, 282쪽; 『凡庸記』는 김재준이 '국민운동'가 홍종인의 '적극적인 권유'로
　　나오는데(『凡庸記』 2, 282쪽), 허은의 글은 유달영이 '세 번이나 방문하여 본부 중앙위원회 참여
　　승낙을 받아냈다'고 나와 있다(허은, 위의 글 24쪽 참조). 김재준은 재1차 중앙위원회 회의에서

제2대 본부장으로 취임할 당시 시작되었으며 운동의 성격이 '하향식 관제 주도'에서 '민간주도운동'으로 전환을 시도하는 시기에 중앙위원으로 활동하였다.[84] 민간주도와 자발적 국민운동을 강조했던 김재준은 '재건국민운동이 온전히 군대화'되는 것을 보면서 자리에서 물러난 것으로 보아 운동 본부 참여 기간은 길지 않았던 것으로 보인다.[85]

그렇다면 김재준의 재건국민운동 참여는 어떤 배경에서 나온 결정인지 이 시기 그의 참여인식 관련 속에 살펴볼 필요가 있다. 제2공화국의 출범에서 김재준은 '부패와 부정을 일소하고 국민적 갱신을 촉구', '새 나라 새 백성의 자각'을 중요한 과제로 인식했으며 기독교인도 시대적 사명에 적극 참여해야 한다는 논리를 전개했다.[86] 여기서 김재준은 두 가지 점에서 교회의 현실참여를 주장한다. 첫째는 '기독교 정치인'의 정치활동을 전제로, 교회가 이를 뒷받침

● ● ● ● ● ●

부위원장에 선출되었다(허은, 위의 글, 24쪽). 한편 제2대 본부장인 유달영은 취임 후 관제기구 성격을 탈피하고 '민간운동'으로 전환하기 위해 1961년 말~이듬해 4월까지 '조직개편'을 진행하였다. 이 시기에 일제 말기 말단통제기구와 유사했던 재건국민반이 해체되고, 각 마을 재건 청년회와 재건부녀회가 만들어진다. 이 시기 운동 본부의 성격변화와 의미는 허은, 위의 글, 31~32쪽 참조.

[84] 중앙위원회 '문화생활분과위원'이었던 김재준의 구체적 활동 내용은 알려진 바가 없으나 『凡庸記』에 의하면, 중앙위원회가 2인 1조로 각 지역별 면담 · 순회조사를 거친 뒤 보고를 작성, 중앙위원회 내 '보고회'를 거쳐 최고회의 의장에게 직접 '민의(民意)'를 상향식으로 전달하는 방식이었다. 김재준은 이러한 중앙위원회의 상향전달된 '민의'에 최고의장은 '무응답'했다고 기술하였다(김재준, 『凡庸記』 2, 1982, 283쪽).

[85] 재건국민운동이 시작되자마자 '국민표준의례준칙' 마련을 위한 시안 위촉, 초안 작성에 여론수집에 이르는 과정이 일사천리로 진행되었는데 김재준도 '작성위원'에 위촉되어 '기독교적 각도에서 간결화한 초안'을 제시하였으나 결과적으로는 유교전통 의례로 채택되어 1961년 9월 19일에 제정 · 공포되었다(김재준, 『凡庸記』 2, 284쪽). 이때 표준의례시안작성에 위촉된 사람은 김재준 외에도 이희승 · 이관구 · 이은상 · 김동화 · 김규영 등이다(허은, 위의 글, 41쪽(원출처, 「재건국민운동일주년 주요업적」, 『재건통신』 제6호, 1962.6, 30쪽)).

[86] 이러한 사회참여 인식은 5 · 16 이후 "기장"에서도 동일하게 나타난다. 1961년 9월 「대한기독교장로회회보」(대회보고편) '권두언'에서 '한국교회'를 향해 '자성'을 촉구하면서 기장은 "교회의 생명은 세상을 향해서 살고 세상을 위해서 죽을 때만이 나타난다. 그것은 세상을 위해서 죽고 부활하신 그리스도의 생명이기 때문이다. 자기보존을 목적으로 하는 종교는 세상을 초월하든지 세상과 싸우든지 필경 그리스도를 못 박은 편에 선다"라고 하여 교회의 존재이유를 '사회적 관계와 책임' 속에서 강조하였다. 「권두언: 달리다굼 — 한국교회의 사는 길」, 『대한기독교장로회회보』, 1961.9(대회보고편), 1쪽. 기장의 『회보』는 1961년 5월(5권 5호)호 출판 후에 5 · 16의 영향으로 7월(총회보고편), 9월(대회보고편)호로 편성되어 나왔다.

해 주는 역할을 담당해야 하며 둘째는, 교회 자체의 일로 '정의의 기반'을 위한
국민운동에의 참여를 주장했다. 이것은 평소 김재준이 자발적 국민운동의 필
요성을 적극적으로 피력한 부분이다. 따라서 김재준의 '재건국민운동' 참여의
첫째 동기는 제2공화국 이후를 국민운동의 시기로 인식한 점, 둘째는 운동의
성격상 자발적 민간주도의 '국민운동'이 되어야 한다는 공감대와 유달영 등의
권유를 수용했을 것으로 보인다.[87] 김재준이 강조한 국민운동의 구체적 내용
은 다음의 글에서 확인된다.

> 둘째로는 강력하고 광범위한 계몽운동이다. 계몽은 다만 지식의 전달에 그칠
> 것이 아니라 민주국가로서 가져야할 協同倫理를 강조하고 그것을 실천으로 훈련
> 하는 데 치중할 것이다. 가령 부락단위의 공동작업에 의한 植林, 道路改築, 汚物
> 處理, 美化作業, 協同組合 등을 위시하여 더 적극적인 국토건설사업에 애국적
> 실천을 체험함으로 말미암아 非自己中心的인 奉仕的인 성격을 조성하는 기독교
> 운의 실시를 밝히기도 하였다.

이 글은 재건국민운동본부가 전개한 활동과 일치하는 내용으로 김재준의
계몽주의적 참여 인식이 잘 드러난 부분이다. 그렇다면 김재준이 국민운동을
통해 실질적으로 이루고자 한 '혁명'의 내용은 무엇인가. 재건국민운동이 '정
신·사상운동', '생활개선운동', '향토개발운동' 등 다양한 범주를 포괄했다면
김재준은 종교지형 안에서 인간혁명을 통한 '국민(민족)성의 변화'를 4·19의
민주 과제보다 우선한 것으로 이해했다. 더 구체적으로는 강력하고 광범위한
국민 계몽운동으로 '군정부에 협조하는 건설사업'도 민주국민 성격 조성에 '이

· · · · · ·

87) '재건국민운동'에는 김재준 외에도 유달영·장준하·함석헌·고황경·김기석·김명선·김성식·
배민수·유영모·이희호·정석해 등 많은 기독교인들이 중앙위원에 참여하였다. 운동의 조직과
중앙위원 명단 등은 허은 위의 글과 혁명청사편찬위원회, 『민주한국혁명청사』, 1962, 131~132쪽
참조.
88) 김재준, 「성격혁명」, 앞의 책, 209쪽.

바지 하는 일'로 이해하는 인식을 보였다.[89] 5·16 초기 김재준의 이러한 인식
은 그가 일관되게 주장해 온 종교의 기능적 역할 및 참여 이해가 군정 주도의
국민운동과 일시 결합된 것으로 장준하, 함석헌이 군사정부에 비판적 경계를
늦추지 않았던 것과 비교되는 부분이다.[90]

쿠데타에 대한 김재준의 제한된 인식은 1962년 1월 장도영 반혁명사건에서
도 확인된다. 김재준은 장도영에게 내려진 사형언도를 '무혈혁명' 정신의 위배
로, '인간존중정신'의 위배로,[91] "형벌은 필요하나 그것은 生을 부정하는 형벌
이 아니라 生을 긍정하는 형벌이어야'라고 하여 종교적 관용에서 사형언도를
이해하였다.[92] 김재준의 쿠데타 인식의 전환은 박정희의 민정 이양 번복을 거
쳐 1963년 3월 16일 '군정 4년 연장' 발표 이후부터 본격적으로 전개된다. 구체
적으로는 1963년 4월『思想界』에 발표한 기도문에서 "이제 우리나라는 주님이
허락하신 자유 민주의 나라를 회복되느냐, 전제와 억압의 나라로 전락하느냐
의 갈림길에서 몸부림치나이다"라고 하여 박정희의 군정연장을 비판하는 저항
적 태도를 표출하였다.

> 우리는 다시 또 공법을 사욕의 방편으로, 자유를 방종으로, 질서를 억압의 구

- - - - - -

89) 5·16 시기 함석헌은 재건최고회의로부터 '개조론' 원고 청탁을 받아「民族改造論」을 썼다(함석
    헌,「民族改造論」,『최고회의보』, 국가재건최고회의, 1961, 136쪽).
90) 국민운동의 필요성은 이 시기 기장(基長)에서도 동일하게 나타난 이해였다. 5·16이 일어나기 직
    전 기장『회보』는 '민족이 건전한 민주건국을 지향하여야 할 가장 긴급하고 절실한 일은 자유롭
    고 자발적인 국민운동의 출현'에 있다고 주장했다(「권두언: 새생활운동의 출발점」,『대한기독교
    장로회회보』, 1961.3, 제5권 3호, 1쪽;「국내동향에 대한 발언: 참된 국민운동이 일어나야 한다」,
    『대한기독교장로회회보』, 1961.5, 제5권 5호, 4쪽).
91) 김재준, 위의 글, 453쪽.
92) 김재준,「거룩한 두려움」, 사상계, 1961.12, 통권 102호, 452쪽. 이 사건에 대해 김재준을 포함한
    목사 120여 명이 연서로 "'피 없는 혁명'을 이루게 해 달라"는 내용의 탄원서를 박정희 최고회의
    장, 혁명감찰부장 등에게 제출하였다. 탄원서에는 '혁명정부가 舊惡과 不正을 심판함에 있어 사
    형이란 極刑만은 면하게 하여 그 命만은 求하게 할 수 있도록', '법을 범한 자들로 하여금 회개할
    기회를 가지게 해 달라'는 내용이 담겨 있었다. 이것은 쿠데타를 지지하고 있던 한국교회가 '무혈
    혁명의 훼손'을 방지하기 위해 취한 행동으로 군사정부를 지원하는 차원의 참여로 보아야 한다
    (「장도영 중장의 사형선고」,『국민보』제三千五百八十四호, 1962.1.17).

실로 사용하는 불의를 범하고 있었나이다. 이제 우리나라는 주님이 허락하신 자유 민주의 나라를 회복되느냐, 전제와 억압의 나라로 전락하느냐의 갈림길에서 몸부림치나이다. 이제 주님이 이미 보여주신 좋으신 뜻대로 이 나라를 다시 세워 주시옵소서. 위정자들로 하여금 하나님 앞에 겸손할 줄 알게 하옵소서. 하나님과 삼천만 국민 앞, 세계 만방을 향하여 스스로 맹약한 엄숙한 말이 두 마음을 품은 거짓된 입술의 조작이 되지 않도록 이 나라 위정자의 마음자세를 붙들어 주옵소서.[93]

이어 기도문은 '3·15부정선거'의 의미를 "신성한 국민의 주권을 집권연장의 수단으로 모독한 불의에 대한 심판"으로 전제하고 '또 다시 그런 모독과 불의가 재연되지 않도록', '권력집중과 권력에의 쟁탈의욕이 악순환을 계속하는 일이 없도록 섭리하여 주시옵소서'라고 하여 박정희의 군정연장을 권력지향의 정치 문제로 접근하는 인식의 변화를 보였다.[94] 여기에 전환의 포인트가 있는데 앞서 4·19 이후 김재준이 새롭게 제시한 정교분리선에 의하면 '聖域(하나님)' 안에 있는 국가의 제한성을 강조하고 영역 간 침범이 있을 경우 교회의 역할은 성역에의 복종으로 제시하였다. 특히 "국가가 全體主義的으로 자기를 神化하는 때 이 線은 사실상 塗抹되는 것이므로 信者는 이것을 묵과할 수 없다"라고 한 데서 알 수 있듯이[95] 박정희의 '권력에의 의지' 확인은 김재준의 국가 인식에서 변화의 계기가 된다.

5·16 시기 김재준의 국민운동 전개와 주장이 종교 영역에 속한 제한적 측면이 있다면 민정 이양 번복과 군인 세력의 정치권력화 현상은 높은 차원의 참여, 즉 '聖域에의 복종'이 요구되는 기독자로서의 현실참여 문제가 필연적으로 제기된다. 군정연장 국면에서 김재준의 국가 인식 상대화는 기독자로서의 새로운 참여의식, 즉 '비판적 참여'의 길을 모색하게 되는 계기가 되었다.[96] 여

· · · · · ·

93) 김재준, 「紙上祈禱文: 주여! 갈림길에서 몸부림치고 있나이다」(『思想界』, 1963.4), 『전집』 7, 23쪽.
94) 김재준, 위와 같음.
95) 김재준, 「四·一九以後의 韓國敎會」, 『基督敎思想』 Vol.5 No.4, 1961, 38쪽.

기에는 5 · 16 이후 김재준의 달라진 신변과도 밀접한 관련이 있다. 김재준은
1961년 9월 1일 '교육에 관한 임시 특례법'에 따라 대학 총 · 학장 만 60세 정년
제시행으로 한국신학대학 학장에서 물러난 이후[97] '언론인 김재준'으로 새로
운 사회참여의 길을 모색하게 된다. 계기는『대한일보』논설위원으로 참여하
면서 시작된다.『대한일보』는 함북 명천 출신의 김연준이 1960년 10월 도산위
기의『평화신문』을 인수하여 1961년 2월에 제호를『大韓日報』로 고쳐 창간하
였다.[98]『대한일보』는 창간 당시 도의사설을 주 2회 이상 게재할 목적을 가진
사회계도성 언론지를 표방했다.[99] 김재준은 1963년 1월부터『대한일보』논설
위원으로 참여하여 이후 만 10년 동안 유지하였다. 김재준 외에도 엄요섭, 강
영수 주필, 주요한, 김은우, 한갑수 등이 대한일보 논설위원으로 참여하였
다.[100] 언론계와의 또 다른 인연으로 김재준은 1961년 9월에 정식으로 구성된
한국신문윤리위원회에 종교계 대표위원에 선정되어 박정희 시대 언론계와 본
격적인 관계를 맺기 시작하였다.[101] 고재욱, 홍종인, 오종식 등 신문계 원로들

• • • • • •

96) 쿠데타 세력에 대한 '제한적 인식'의 변화는 국가 인식의 상대화 과정으로 이후 김재준의 사회참
여 행동양식에서 중요한 변화의 계기가 된다. 근대 이후 종교 영역이 국가를 이해하는 방식의
특징과 변화에 대해서는 강인철의 「종교가 '국가'를 상상하는 법: 정교분리, 과거청산, 시민종
교」(『종교문화연구』제21호, 한신인문학연구소, 2013.12, 83~116쪽) 참조.
97) 1961년 법률 제708호로 제정 · 공포된 '교육에 관한 임시 특례법' 제15조는 교원의 정년을 만 60
세로 제한하였다.
98) 김연준(金連俊)은 1914년 함경북도 명천군 출신으로 1939년 연희전문학교문과를 졸업한 뒤 동아
(東亞)공과학원을 설립, 1948년 한양공대 학장을 역임했다. 해방 직후 김재준과 인연을 맺은 두
사람은 기독교, 교육계에 몸담은 공통점으로 오랫동안 교류를 나눈다. 김연준은 4 · 19 이후 혼란
기에 영화제작, 수도극장 등 운영하던「평화신문」의 홍찬이 도산 위기에 처하자 1960년 9월 현제
명의 주선으로 인수를 제의받아, 사장에 취임하였다. 성악을 전공하여 음악활동도 전개하는 등 교
육 · 예술 · 경제 · 체육 · 언론 등 다양한 분야에서 활동하였다(김연준,『사랑의 實踐』, 청문각,
1992, 271쪽;『기독교대백과사전』Vol.2, 기독교대백과출판위원회, 기독교문사, 1980, 217쪽 참조).
99) '도의사설'의 의도와 목적은 사장인 김연준이 직접 발의한 것이다(김연준, 위의 책, 293쪽).
100) 김연준, 위의 책, 274쪽.
101)『凡庸記』에는 '신문윤리위원회'와 '신문의 날'과의 인연이 기술되어 있으나 이 부분은 기억의 착
오인 것으로 보인다. 특히 '신문의 날'(김재준의 기억에 의하면 제2회에 해당하나 제2회 신문의
날은 1958년으로 기억의 오류로 보인다) 연설에서 박정희와 첫 대면한 것으로 기술됐으나 최소
박정희와 만날 수 있는 '신문의 날'은 1962년 4월 7일 이후라야 한다.

과의 만남, 동아일보 천관우와의 인연도 이때부터 시작된다.[102] 즉 이전까지 '학교 안'에 머물러 있던 김재준은 5 · 16 이후 '학교 밖' 언론계와 사회적 교류가 확장되면서 종교적 · 비정치적 영역으로 제한되었던 참여의 시야가 정치적 · 비판적 기능을 확보하는 출구를 획득하게 된다.

· · · · · ·

[102] 김재준, 『凡庸記』 2, 칠성인쇄소, 1982, 276~279쪽.

# 제2절

◆

# 1960년대 중반 김재준의 교회갱신운동과 사회참여


## 1. 1960년대 중반 한국교회와 김재준의 한일협정비준반대운동 참여

### 1) 1960년대 중반 한일국교정상화와 김재준의 예언자론

1963년 여름까지 민정 이양을 약속했던 박정희 군사정부는 연속적인 '민정 이양 번복'의 해프닝 속에 헌법개정(1962.12.17), 민주공화당 창당(1963.2.26), 대통령 선거(1963.10.15), 국회의원 선거(1963.11.26)를 거쳐 1963년 12월 17일 대통령에 취임함으로써 제3공화국이 출범되었다. 근대화론 · 경제성장주의 · 민족적 민주주의 등의 국가 통치이념 속에 박정희 시대는 신설된 중앙정보부에 의한 정보정치와 군복을 벗은 군인들이 당정 요직을 차지하여 군사문화가 정치문화를 지배한 시대로 특징되었다.[1] 경제적으로는 제2공화국에서 기획된 경제계획안을 토대로 1962년부터 제1차 경제개발계획을 추진하여 성장위주의 개발논리를 전개하였으며 대외적으로는 미국의 제3세계 후진 지역의 경제를 발전시킴으로써 대소 · 대중국 반공전선을 구축하는 지역통합전략을 구사하였다.[2]

· · · · · ·

[1] 서중석, 『사진과 그림으로 보는 한국현대사』, 웅진지식하우스, 2005, 220~224쪽;『한국현대사 60년』, 역사비평사, 2007, 97~102쪽 참조.

미국의 새로운 동북아 전략에서 한국은 한·미·일 안보체제를 강화하고 난 관에 봉착한 베트남전쟁을 수행하는 데 중요했기 때문에 미국은 박정희의 쿠데타 이후 군사정부를 승인·지지했고 한일관계정상화의 타결을 종용했다. 일본의 메이지유신과 군국주의를 국가의 이상적 모델로 삼았던 박정희는 정권의 정통성과 도덕성의 취약을 만회하기 위해서라도 한일관계정상화를 통한 경제성장이 최우선 과제가 되었다.[3] 정부의 경제개발계획과 산업화의 결과에 따른 도시화, 물량주의의 영향으로 1960년대 중반 한국교회는 대규모의 복음전도운동을 전개하여 양적 성장의 토대를 마련했다.[4] 그 결과 1965년 한 해 동안 한국교회는 '범 개신교적', '초교파적' 성격의 '동원운동'을 두 차례 전개하였는데 1965년의 '민족복음화운동'과 '한일협정비준반대운동'이 그것이다.

1965년의 '민족복음화운동'은 한국 개신교 선교 80주년을 기념하여 1964년에 감리교의 김활란이 제안하여 시작되었다. 1964년 10월 16일 교계 지도자 75명으로 구성된 '전국복음화운동위원회'가 조직되면서 시작된 이 운동은 개신교의 17개 교단 외에 천주교도 참여한 대규모 초교파 교회연합운동의 성격을 띠었다.[5] 민족복음화운동의 성격에 대해서는 '전교회가 보여준 일치성을 강조

••••••
2) 허버트 P. 빅스, 「지역통합전략: 미국의 아시아정책에서의 한국과 일본」, 『1960년대』, 김성환 등 저, 거름, 1984 참조.

3) 박정희는 국가의 이상적 모델로 하나는 정치권력이 소수의 손에 집중되어 그들에 의해 부국강병이 이뤄지는 메이지 유신으로, 다른 하나는 만주침략 이후 표면화된 일본군국주의로 삼았다. 후자인 일본 군국주의 모델은 '반정치 반공 고능률 충성, 통제 위주'의 '황국군인정신'으로 집약된다(서중석, 「박정권의 대일자세와 파행적 한일관계」, 『역사비평』 제30호, 1995, 49쪽).

4) 1965년에 시작된 '민족복음화운동'은 1970년대 이후 전국적인 '대중 전도대회'로 이어져 한국교회의 양적성장을 이끌어냈다. 1960년대 이후 한국교회 성장의 배경 및 경과 등 자세한 내용은 한국기독교역사학회 편, 『한국기독교의 역사 Ⅲ: 해방 이후 20세기 말까지』, 한국기독교역사연구소, 2009, 115~135쪽.

5) 전택부, 위의 책, 330쪽. 한경직의 부흥운동은 한국전쟁 기간에 한국을 찾은 부흥사 피어스 박사의 통역으로 활동하면서부터 시작된다고 볼 수 있다(김병희, 『한경직 목사』, 규장문화사, 1983, 81쪽). 1960년대 복음화운동은 한경직이 1966년에 빌리 그레함의 독일 베를린 전도대회(1966)에 참석하여 전도전략을 배우면서 한국에 적용한 것이 계기가 되었는데, 그 내용은 '물고기 잡는 3가지 원칙으로 첫째는 물고기가 많은 곳을 가야하고 둘째는 장비가 좋아야 하고, 셋째는 어부를 잘 훈련시켜야 한다'는 원칙이었다. 베를린에서 돌아온 뒤 한경직은 이 내용을 '민족복음화'에 적용하여 '군대, 학교, 산업공장'을 대상으로 전도운동을 전개하였다(김병희, 위의 책, 79쪽).

하는 적극적인 해석과[6] 복음전파의 목적이 '사회정의 구현'으로 확대해야 한다
는 극소수의 주장도 제기되고 있던 것에서 알 수 있듯이[7] 1960년대 중반을 기
점으로 한국교회 내에 '참여 문제'는 다양한 층위를 포함하였다.

　단적으로 빌리 그레이엄의 '부흥집회'에 대한 김재준의 인식에서 이러한 특
징이 잘 드러난다. 그는 빌리 그레이엄의 집회 방법이 '개인적 범죄 규탄보다
사회악 규탄의 내용이 강한 점', 그 화법(話法)도 '감정도발 위한 과잉표현이나
효과만 노리는 허황한 인례(引例) 등이 발견되지 않는 점' 등을 들어 예언자적
입장에서의 시사 비판으로 이해했다.[8] 개인 구원을 목적으로 한 전도집회에서
'사회악의 규탄'을 찾는 이러한 제한적 인식은 다음의 3절에서 살펴볼 1970년
대 빌리 그레이엄 인식의 변화와 확연히 대조를 이룬다는 점에서 흥미롭다.

　다른 한편 1964년 기장 내에서 '혁신'과 '재출발'의 목소리를 내고 있었던 김
재준은 이 시기에 교회와 국가, 민족문제에 대한 기독자로서의 '양심적 증언'을
주장하는 "예언자론"을 전개함으로써 역사현실과 '참여'의 관계를 재규정하였
다. 1964년 8월호『장로회보』권두언에서 김재준은 「변천하는 세계와 교회의
사명」을 실어 짧지만 단호한 어조의 "예언자론"을 전개했다. 1964년 8월 15일
'광복'을 기념하여 작성된 이 글은 1965년의 한국교회 '비준반대운동'보다 앞서

• • • • • •

[6] 『기독공보』1965년 11월 27일. 1965년의 '복음화운동'을 분열과 갈등의 한국교회가 하나로 결집
하여 전도운동을 통한 교회 본연의 '선교적 사명'을 일깨운 '일치', '연합운동'으로 해석하기도 했
다(박신오, 「國土統一에 대한 나의 비전」, 『基督敎思想』, 1965.1, 68~69쪽). 즉 "전도에 있어서의
公同性(Catholicity)을 실현할 수 있는 획기적인 단계"의 의미로 평가하기도 했다(홍현설, 「傳道에
있어서의 一致」, 『基督敎思想』, 1965.5, 5쪽). 한편 보수교단은 처음에 이 운동에 가톨릭이 동조
하고, NCC가 주동이 된 것에 에큐메니컬운동으로 의심하였으나, 후에 신학 논쟁과 관계없는 '복
음화운동'에 동조하여 동참하였다(김인수, 『한국기독교회사』, 한국장로교출판사, 1991, 372쪽).

[7] 지명관, 「그리스도인과 社會正義」, 『基督敎思想』, 1965.2, 5쪽. 글에서 지명관은 "복음화운동이
특권을 잃은 층에 대한 복음 전파를 중요 과제로 이해하면서 사회정의구현을 위한 거센 프로테
스트를 媒介로 할 것"을 주문했다.

[8] 김재준, 「한국교회 혁신을 위한 제언」, 『전집』 7, 361쪽. 부흥집회방법에서도 김재준은 기존의
개교회 주최, 주최교회 재정부담 방식을 지양하고 초교파적으로 유지자(有志者)중심의 조직체인
부흥협회 주최로 열린 점, '헌금'을 강요하지 않은 점, 헌금 있을 경우 부흥협회 수입으로 하여
부흥사의 '재정적 유혹'의 기회를 제거한 점 등이 기존의 부흥운동에서 파생되는 많은 폐단을 개
선한 것으로 지적했다.

'예언자적 사명'을 촉구하고 있었다는 점에서 의미 있다.9)

　　"파숫군이여! 밤이 어떻게 되었느냐?(이사야21:11)"고 세상은 예언자에게 묻는
　다. 예언자는 이에 대답할 의무가 있다. 그러므로 예언자는 이 歷史의 밤이 어떻
　게 되고 있는 것을 알아야 한다. 그리고 그 歷史에 대한 하나님의 뜻이 무엇임을
　전달해야 한다.10)

　이 글에 나타난 1960년대 김재준의 "예언자론"의 특징은 첫째, '때(Kairos)
를 아는 것'에서 시작한다. "때를 안다"는 것은 역사의 의미와 역사를 향해
'하나님의 하시는 일이 무엇임을 아는 것'이다. 둘째, 예언자는 '근원적인 것'
과 '시대적인 것'을 분별해야 한다.11) 셋째, 1960년대의 예언자는 현대사회,
특히 전후(戰後)의 후진사회와 국가가 겪는 급격한 변천과 혁명을 이해해야
한다. 교회는 이러한 변혁의 과정에 방관자, 도피자가 되어서는 안 되며 '그
속에 들어가 변혁을 일으키고 역사의 가시덤불이 하늘의 불꽃으로 불붙어
꺼지지 않게 해야' 한다고 하여 예언자의 적극적인 사회참여, 역사참여를 주
장하였다. 넷째, 예언자는 '성령의 감화, 살아계신 그리스도에 대한 믿음, 사
랑의 일치로 끝까지 봉사해야 한다'고 하여 기독교 정신에 의한 예언자론을
전개했다.12)

　1965년 한국교회 비준반대운동에서 김재준은 기독교인의 역사적 책임을
'빛·소금·누룩'의 역할로 강조했다.13) 여기서 빛의 역할이란 '옳고 그름'을
명백히 성명하는 것이며, 소금의 역할은 '온갖 부정부패를 묵과하지 않고 제거

● ● ● ● ● ●
9) 한편 기장은 만 2년 7개월 동안『회보』발행이 중단되었다가 1964년 7월호로 재발간되어 이 글은
　선언적 의미가 더해졌다.
10) 김재준, 「변천하는 세계와 교회의 사명」,『한국기독교장로회회보』제47호, 1964.8, 1쪽.
11) 시대적으로 조성된 문화와 근원적인 구원의 복음을 혼동하거나 본말이 전도하는 교회는 '혼란'을
　초래할 것임을 강조하였다.
12) 김재준, 위와 같음.
13) 김재준, 「韓日條約 및 協定과 基督敎人의 姿勢」,『한국기독교장로회회보』제57호, 1965.8, 3쪽.

에 힘쓰는 것'이다. 누룩의 역할은 '온갖 사회생활에서 선행과 봉사의 일꾼이
되는 것'을 의미했다. 따라서 1960년대 중반 김재준의 예언자론과 '빛·소금·
누룩'의 역할론은 역사 자체에 대한 '기독교적 책임'·참여·봉사를 내용으로
한 교회 갱신과 일치하며 현실적으로는 한국사회 역사(정치) 현실에 기독자의
직접 참여를 촉구하는 언어라 볼 수 있다.

예언자론의 전개와 김재준의 예언자적 '증언'은 함께 시도되었는데, 먼저 해
방 이후 정치 상황을 그는 "8·15 이후 우리 역사는 민주주의의 알파와 오메가
인 선거와 평화적 정권교체를 유린해 왔으며 사회적 윤리가 무너지고 불신과
기만이 연탄가스처럼 대기를 오염"시켰다고 하여 민주정치 실패의 역사와 부
조리한 사회적 현실을 비판했다. 한국교회 현실에 대해서는 "교권쟁탈, 명분
없는 분열, 온갖 '악의 꽃'이 거룩한 영역을 메꾸고 있다"고 전제하였다. 그리
고 1965년 일본의 세력 진출은 6·25에 이은 "하나님의 또 하나의 징계"로 이
해했다. 이러한 현실비판적 인식하에 김재준은 일본에 호응하는 박정희 정부
에 경고하고, 한국교회를 향해서는 "교파사이에 담을 높이고, 무지하고 무감
각, 스스로 교만하여 형제끼리 저주하고, 선한 봉사에 등한하며, 나라 역사에
무관심하고 도피하여, 스스로 초연을 자랑하는 게으른 종"으로 신랄하게 비판
했다.[14] 1930년대 처음 등장한 김재준의 예언자론이 당시 교회 영역에 대한
'비판의 소리'에 머물러 있었다면 1964~1965년 사이 전개된 김재준의 예언자론
은 교회를 넘어 국가·정부 그리고 역사현실 자체에 대한 비판으로 구체화되
어 가는 특징을 보여준다.

## 2) 한국교회의 한일협정비준반대운동과 김재준의 비판적 현실 인식

1965년에 전개된 개신교의 한일회담 반대운동은 보수 교단을 포함해 '범

● ● ● ● ● ●
14) 김재준, 위와 같음.

개신교적'으로 전개된 운동으로 이 가운데 김재준의 '적극적인' 비준반대운
동 참여는 이후 본격적인 정치적 참여로 전환되는 계기적 특징들을 보여
준다.

한국교회의 한일회담 반대운동은 1965년 2월 10일 '한일기본조약의 가조인'
된 이후 1965년 4월 17일 NCC가 '한일국교정상화에 대한 우리의 견해'를 발표
함으로써 시작되었다.[15] 6월 22일 도쿄에서 한일협정이 정식 조인되자 6월 말
김재준, 한경직, 이태준 등 교파를 초월한 목사 6, 7명이 영락교회에 모여 한국
교회가 '반대운동'을 전개할 것에 의견을 모았다.

• 1965년 한일국정상화반대운동에서 김재준과 한경직

• • • • • •

15) 이 성명서는 일본과의 국교정상화에 원칙적으로 동의하면서도 가조인된 기본조약의 내용이 첫째,
정부는 주권자인 국민의 소리를 찬/반 간에 경청할 것, 둘째, 어민들의 생활선인 평화선을 수호
할 것, 셋째, 일본어선의 한국수역침범을 규제할 것, 넷째 미국은 아시아지역에서 일본을 앞세워
대공(對共)투쟁방침을 재고려할 것, 다섯째, 한일회담에 대한 차이를 거국 외교입장에서 재종하
고 여야간 극한 투쟁을 삼갈 것 등을 제시하였다. 이 성명은 찬반전체를 총괄하는 중립적 성격의
것으로 볼 수 있다(김용복, 위의 글, 208쪽).

개신교 비준반대운동에서 이 최초의 모임은 개신교 소장 목사·신학자들의 적극 주도하에 이뤄진 것인데 박형규에 의하면 1965년 초동교회 부목사로 재직할 당시 홍동근(영락교회 부목사), 지명관(덕성여대) 등과 한일회담 반대 개신교 지도자 "성명"을 준비하는 중에 '대대적인 서명운동을 벌일 것을 계획'하였다.[16] 이때 박형규가 제일 처음으로 찾아가 의논한 사람이 김재준이다. 김재준은 소장 목사들의 계획에 찬성하여 자신이 이 일에 앞장설 것과 백낙준, 한경직 등 교계 지도자들의 설득을 자신이 맡을 것을 약속하였다.[17]

약속대로 김재준을 통해 교계 대표지도자들이 규합되고 범위가 점차 확대되어 7월 1일 신학적·세대적·교파적 차이를 불문하고 반대운동 결의가 모아졌다. 이날 모임에서 박정희 대통령, 국회의장, 일본정부, 일본국회, 일본 교회, 미국대통령, 국제연합본부 등에 보낼 공개서한 기초위원회가 구성되었고 김재준·한경직·강신명·이태준·함석헌 등 교회지도자 215명의 명의로 '한일협정비준반대성명서'를 발표함으로써 1964년의 침묵을 깨고 적극적인 참여의사를 표현하였다.

한국교회의 '비준반대' 성명서는 김재준의 책임하에 박형규, 홍동근, 지명관 등 소장파 목사들을 중심으로 작성된 것으로[18] '화해의 정신에 의한 국교 재건' 방향, 과거사에 대한 사과, 그리고 현재 한일협정 내용이 '국내 자가 정비 없이 국제 자본에 문호를 개방함으로써 항구적 신식민지화의 길'임을 명시하

● ● ● ● ● ●

16) 박형규, 「장공과의 만남과 억지 제자의 변」, 『장공이야기』, 한신대출판부, 2001, 333쪽. 처음에 영락교회에 모인 교역자들은 김재준, 한경직, 이태준 등 6, 7명이었으나 차츰 수가 증가해 나중에는 수백 명의 목사, 전도사, 문인, 재향군인, 장교 등 각계각층으로 확대되었다(김재준, 『凡庸記』 2, 1982, 294쪽).
17) 이 일을 계기로 박형규는 교회의 '사회참여 문제'에 관해 김재준의 뜻을 받드는 데 주저하지 않게 되었다고 한다(박형규, 위의 글 참조).
18) 김재준은 『凡庸記』에서 성명서 포함 공개서한들을 기초할 위원회가 지명되어 '김재준 책임하에 모든 문서가 작성'되었다고 기술했다(김재준, 위의 책, 294쪽; 박형규, 위의 글 참조).

였다. 성명서는 다음의 주장으로 마무리 되었다.

> 우리 그리스도인은 온갖 형태의 독재와 모든 불의, 부정, 부패에 항거한다. 우
> 리는 경제, 문화, 도덕, 정치 등 온갖 부문에서 불순 저열한 외세에의 예속 또는
> 추종을 배격한다. 그리고 성령의 인도와 기도와 봉사로 조국의 역사 건설에 공헌
> 하기를 기약한다.[19]

위에서 성명서는 '독재, 불의, 부정, 부패'에 대한 기독자의 항거를 전면에
내세움으로써 비준반대운동이 '독재권력'에 대한 '저항'의 의미가 포함되어
있음을 알 수 있다. 성명서 발표 이후 한국교회는 서울지역 목사, 교역자들
의 주최로 7월 5~6일에 걸쳐 영락교회에서 '비준반대 구국 기도회'를 개최하
였는데, 이 기도회에서 한경직 목사는 '국가를 위한 기도회를 갖는 것은 현재
의 나라의 형편과 사회의 현실을 하나님의 뜻에 따라 진단하며 역사건설의
엄숙한 책임을 지고 있는 종교인으로서 중차대한 사명감에서 일어선 것"이라
고 말했다.[20]

이어 11일에는 약 6천 500명이 모여 비준반대운동을 전개하고 대통령 박정
희, 국회의장 이효상, 국회의원에 보내는 공개서한 채택하였다.[21] 그리고 7월
12일에는 비준반대운동을 전국적으로 전개하기 위한 회합이 영락교회에서 열
려, '33인의 확대위원'을 선출하였으며 26일에는 '나라를 위한 기독교 교직자회'
를 결성하여 기독교운동의 조직을 강화했다.[22]

• • • • • •

[19] 『思想界』, 1965.7, 156~157쪽.

[20] 『동아일보』 1965년 7월 2일; 『경향신문』 1965년 7월 2일 등 이후에도 계속되는 개신교 목사들의
구국기도회는 보수 개신교 세력까지 민주화운동에 참여한 매우 드문 사례였다(민주화운동기념사
업회 편, 『한국민주화운동사』 1, 돌베개, 2008, 456쪽).

[21] 『기독공보』 1965년 7월 17일.

[22] 『크리스챤신문』 1965년 7월 29일.

〈표 4-2〉한일협정비준반대기독교목사교역자연서(連書) 명단23)

| 기독교목사교역자연서(連書) | | | | | | | | | | |
|---|---|---|---|---|---|---|---|---|---|---|
| 한경직 | 김재준 | 이태준 | 김세진 | 이해영 | 강신명 | 강원용 | 명신익 | 박창번 | 권연호 | 김윤수 |
| 김창근 | 문이호 | 한명우 | 지원용 | 최혁주 | 정용철 | 백이언 | 전경연 | 위두찬 | 노홍섭 | 최영환 |
| 박형순 | 박형규 | 이태양 | 김종섭 | 석윤경 | 박창환 | 조문경 | 이기덕 | 문용오 | 이주식 | 박명원 |
| 이기홍 | 정보경 | 현순호 | 조규향 | 한장형 | 김도명 | 박치순 | 임택진 | 임인식 | 노기원 | 유운필 |
| 최복상 | 윤반태 | 황용만 | 전학석 | 김용수 | 전재성 | 박승은 | 이춘섭 | 방부신 | 이운집 | 조동진 |
| 조광원 | 임헌창 | 이종무 | 전군명 | 홍동근 | 김원규 | 조서걸 | 이현규 | 강동수 | 이영헌 | 김성칠 |
| 한철수 | 김무봉 | 김용진 | 김광석 | 이봉걸 | 계창주 | 이선영 | 이승하 | 이건영 | 서병호 | 함석헌 |
| 윤응오 | 백한걸 | 허 환 | 유상봉 | 정인영 | 김세훈 | 이배형 | 지관순 | 오신주 | 지종호 | 김석순 |
| 고우섭 | 박정식 | 장균자 | 김의화 | 김성억 | 김 구 | 오은철 | 전풍운 | 이영희 | 이창섭 | 홍성은 |
| 최기석 | 김재호 | 김선환 | 이응룡 | 최기섭 | 김동우 | 김흥준 | 안세민 | 이응선 | 홍국진 | 강장암 |
| 김성주 | 박윤영 | 오병수 | 강도순 | 오요한 | 김덕순 | 김영수 | 한승직 | 김순권 | 김길성 | 유봉렬 |
| 김흥택 | 정운상 | 황종식 | 변동일 | 박선택 | 길영찬 | 황봉찬 | 이신육 | 김수진 | 이태용 | 김성준 |
| 한영선 | 성갑식 | 박상증 | 김관호 | 노총섭 | 원석기 | 이형석 | 이대근 | 이치복 | 이응화 | 조영택 |
| 김원희 | 이권찬 | 문 재 | 한기춘 | 김승호 | 박봉옥 | 최기석 | 최중해 | 최근무 | 김현구 | 강주원 |
| 정영수 | 윤복현 | 안종복 | 문준식 | 송두규 | 이회열 | 강용서 | 문상희 | 오창근 | 박창균 | 강원하 |
| 김윤옥 | (도착순) | | | | | | | | | |

그러나 이 시기 일부에서는 한국교회 '비준반대운동'과 교회의 정치참여에 적극 반대하는 성명 발표도 있었다. 8월 12일에 전직 군목 10명이 공동명의로 '비준 찬반의 민족적 혼선에서 기독교는 본연의 자세를 지키자', 김동협 목사 등 43명은 '한일회담 비준에 대한 우리 교역자들의 견해'를 발표, 교회의 비준 반대운동을 격렬히 비난했다.24) 반대성명들은 "한일국교정상화는 그 대원칙에 서 전 국민의 원하는 바이고, 우방 국민들의 기대하는 바이다", "기독교인은 정 치참여를 하기 전에 바른 사회참여를 해야 한다" 등을 주장하여 교회의 현실참 여를 반대하였다. 또 이들은 '가이사의 것은 가이사에게'를 근거로 "우리가 뽑 아 세운 국가 통치자들에게 국가사업을 맡기고 우리 종교인은 우리의 사명인 복음 사업의 증인이 되는 것이 민족을 위하는 길"이라는 논리를 내세웠다.

• • • • • •

23) 6·3동지회, 『6·3학생운동사』, 역사비평사, 2001, 498~501쪽; 『동아일보』 1965년 7월 2일; 『경향 신문』 1965년 7월 2일 등 참조.
24) 김용복, 위의 글, 210쪽.

8월 11일 비준안이 국회 특위에서 심야 날치기로 통과되고 14일에는 야당이 불참한 가운데 국회 본회의에서 일방적으로 통과되자 한국교회는 '교직자회'를 중심으로 12일 새문안 교회에서 긴급 구국기도회를 개최하고 13일~14일에는 철야기도회로, 15일에는 '해방구국연합예배'를 전국 각지에서 동시 다발로 개최하여 정부의 비준안 통과를 맹렬히 비난했다. 13일의 기도회에서 발표된 교직자회의 비준 무효 성명의 내용은 다음과 같다.

> 이 나라 정치 현실에는 이 이상 민주주의는 존재하지 않으며 헌정 질서는 존재하지 않는다. 우리는 이 흉악한 민주주의 교살 행위를 묵과할 수 없으며 앞으로 집권당 자체가 스스로 파기한 헌정 질서를 국민만이 준수하라고 강요할 수 없음을 선언한다.[25]

위의 성명서는 앞의 '비준반대 성명서'에 비해 더 진전된 형태로 정부의 비준안 변칙통과를 반민주적 행태로 비판했다. 기도회 후 15일에 참석자들은 '비준국회통과 무효'의 휘장과 '한일조약을 폐기하여 우리 조국 수호하자'의 플래카드를 앞세우고 국회의사당까지 가두시위를 벌였다. 그러나 전 국민적 반대운동에도 불구하고 비준안이 국회를 통과하여 기정사실화됨으로써 이후 한국교회의 비준반대운동은 급격한 소강상태로 접어들게 된다.

1965년 한국교회가 초교파적으로 참여한 '한일협정비준반대운동'의 평가를 통해 이 시기 한국교회 현실참여의 이해와 수준을 파악할 수 있다. 비준반대운동에 적극적으로 참여한 기장 소속의 소장목사들, 그리고 예장의 한경직, 마지막으로 김재준의 순으로 현실참여에 대한 인식의 편차와 이해 수준을 살펴보고자 한다. 먼저 기장은 제2공화국에서부터 「회보: 국내동향 발언」을 통해 '한일회담' 재개 문제에 사회 발언을 시도해 왔다. 따라서 1965년 한일협정

25) 김용복, 위의 글, 211쪽.

비준반대운동에서 기장의 역할은 처음부터 남달랐다.[26] 기장 소속 목사·장
로·신학자들은 6월 22일의 '한일조인'에 대해 설문조사를 실시하여 발표한 바
있다. 질의 내용은 '첫째, 한일협정 정식 조인을 어떻게 보는가? 둘째, 이 정국
의 안정을 위해 우리 크리스천이 취할 바른 자세는?'이다.

〈표 4-3〉 한일(韓日)조인에 대한 기장의 견해[27]

| 이름 | 소속 | 내용 |
|---|---|---|
| 김능근 | 서울 경동교회 장로<br>/숭실대 교수 | ①호혜평등의 원칙으로 舊怨을 씻고 조속한 국교 정상화에 반대하<br>지 않음/前罪의 뉘우침과 우월감의 청산에 달려 있음.<br>②그리스도인은 과거 일본의 죄과를 용서해야/평등 자주의 자세로 일<br>본이 다시 범죄하지 않도록 힘써야/與野, 政界, 財界 學界 등 자<br>주·번영 목표로 국민운동 전개해 나아갈 방향 마련할 것. |
| 박형규 | 서울 초동교회 목사 | ①화해의 정신이 결여된 분위기, 국민복리상 애매한 조건으로 이<br>루어졌음은 매우 유감.<br>②교회는 화해의 복음으로 권력자에게는 횡포, 독선의 유혹에 빠<br>지지 않도록 경고해야/불만을 품은 국민에게는 의사를 질서 있<br>게 표현할 수 있는 길을 열어 주어야/교회가 현실 문제를 자유롭<br>게 토론할 수 있는 대화의 장이 되어야.<br>→ 대화를 통해 국민 주체의식의 함양과 일본의 정신적·경제적<br>침략 위험이 감소될 것. |
| 은명기 | 전북 전주<br>남문외교회 목사 | ①기독자의 양심으로 국교정상화는 당연한 일/한일회담에서 우리<br>측의 저열한 자세와 국민여론 무시한 졸속태도비판/국교정상화<br>후 경제적 정치적 침략적 근성은 도외시 할 수 없음/우리 민족의<br>자각으로 주체성을 확립해야.<br>②기독자가 그리스도 중심으로 자체 혁신과 단결로 민족혼의 재<br>건, 선두에서 예언자활동을 해야/지도층이 먼저 정치 양심, 경제<br>양심을 건설해야. |

••••••

26) 「국내동향에 대한 발언: 한일 국교재개에 제하여」, 『한국기독교장로회회보』 4권 10호, 1960.10,
4쪽; 「국내동향에 대한 발언: 대일외교의 취약성을 이대로 방임을 할 수 없다」, 『한국기독교장로
회회보』 5권 1·2호, 1961.2 등. 제2공화국의 한일국교 재개 문제에 대해 기장은 '국교정상화를
전제'로 ①민족의 주체적 자의식(自意識)의 확립에서, 일방적 침입 등으로 빚어질 결과를 예측할
때 우려감을 표명하고 회담에 임하는 양측 정부대표의 태도에 대해서 ②국교재개가 인류대도의
자각심과 국제 정의의 재확인 없는, 시장 행상인의 상담마냥 싱겁게 결행되는 점 ③우리 측 교섭
자가 한일국교비정상화의 모든 책임을 이승만 정권에만 책임 전가하는 자학적 외교 등 ④무제한
한 개방이 가져올 우려 등을 지적했다(이상, 「국내동향에 대한 발언: 한일 국교재개에 제하여」,
『한국기독교장로회회보』, 1960.10, 4권 10호, 4쪽).
27) 「說問: 韓·日調印에 대한 나의 見解」, 『한국기독교장로회회보』, 1965.7, 제56호, 8-9쪽.

| 이름 | 소속 | 내용 |
|---|---|---|
| 이장식 | 한국신학대학 교수 | ①한일회담의 해결은 경제사정·국제 정세에 비출 때 불가피한 것/식민시대 단식투쟁 같은 자학행위 버리고 야당은 차기 집권의 건전한 길을 모색해야. ②현 정세하에서 교회의 근본적 문제를 찾아야/한일회담의 성패에 상관없이 국민의 정신적 바탕이 중요/교회의 사회참여는 정신적 공헌을 위한 것/정치 문제가 아니라 교회 본연의 사명에 투철해야. |
| 인광식 | 서울 경복교회 목사 | ①국민 전체의 염원이 반영되지 못한 채 불리한 조건에서 채결되어 유감/정부는 역사의 심판을 기다려야 할 것. ②기독교인의 정신적 임무가 더욱 무거워졌음/기독교인은 정의에 입각, 일본을 예리하게 관찰, 판단할 수 있어야/국민들에게 신념·소망을 주는 올바른 자세, 주체성을 가지도록. |
| 장하구 | 서울 향린교회 장로/종로서적센터 대표 | ①자주국가로서의 전진 위해 마땅히 치러야 할 일/이해득실 면에서는 섭섭한 느낌이 많음. ②애국적 양심과 정치적 견해에 따라 처신 행동할 것/독단과 독선에 빠지지 않도록 삼가야. |
| 정용철 | 서울 노회장/신암교회 목사 | ①일본이 사죄의 진의가 보이지 않은 태도와 불리한 조건에서 조인되어 유감. ②크리스천은 무조건 지지, 반대도 안 됨. 자기 위치에서 '시시비비'주의로 건설적인 의사 표시와 충고로 공동 목표·협조 정신을 갖도록 노력해야. |

위에서 알 수 있듯이 기장의 '한일조인' 입장은 '찬성, 불가피, 유감' 등으로 다양했으며, '크리스천의 태도'에 대해서는 교회의 정신적 역할 강조, 기독자의 자기 혁신·단결로 민족혼의 재건, 현실 문제 참여·대화의 장으로서의 기능, 권력자의 독선·횡포에 대한 경고, 국민통합·공동 목표에 기여 등 스펙트럼이 다양했다. 이러한 다양성은 1960년대 중반 한국교회 안에 '현실참여'를 둘러싼 인식의 편차를 여과 없이 보여주는 부분이다.

한경직의 적극적인 한일협정비준반대운동 참여는 항일애국신념의 연장에서 나온 참여로 이해할 수 있다.[28] 한경직은 애국에 기초한 반공주의자로 해방공간의 반공·반탁운동, 한국전쟁기 구국운동에 앞장섰으며 한일비준반대운동에서도 항일애국 신념에 따른 '대일감정의 노골적인 폭발'의 구국설교로 웅변하

●●●●●●
28) 김병희, 『韓景職목사』, 규장문화사, 1982, 87쪽.

였다.[29] 이만열은 한경직의 이 구국설교가 '일제강점시대 오산학교의 남강선
생과 고당 선생으로부터 받은 바 항일교훈과 숭실학교 등에서 항일운동을 하
면서부터 쌓은 모든 역량을 합친 설교'로 평가한 바 있다. 그러나 한경직의 참
여에는 '안보와 국가 유지'를 최우선으로 하여 한계 요소가 있었고 이 운동 이
후 친정부적 태도와 전군신자화운동, 민족복음화운동으로 나아가는 특징을 보
였다.[30] 이와 관련해서 이만열은 한국교회 비준반대운동의 급격한 쇠락이 핵
심참여인물인 한경직, 강원용, 조동진 등이 빠져나간 것과 관계있을 것으로 추
정하면서 여기에도 한경직의 사회참여에 일정한 한계가 있었을 것으로 보았
다.[31] 더욱이 성명서 작성에 직접 참여한 홍동근 목사는 이 사건 이후 영락교
회를 사임한 사실로 볼 때 박 정권에 의한 회유 또는 압력이 교회에 작용했던
것으로 볼 수 있다.[32]

　　마지막으로 김재준의 인식을 살펴보자. 김재준은 1964년에 '때의 징조'를 아는
"예언자론"을 발표한 후 한국교회 한일협정비준반대운동에 주도적으로 참여했을
뿐 아니라 박형규의 증언과 『凡庸記』의 진술을 토대로 할 때 반대성명서초안 작
성에도 직접 관계하고 있었다. 김재준의 '비준반대운동' 참여는 한일관계 역사의
식을 바탕으로 '한일국교정상화'의 현재적 의미를 부여하는 비판적 참여의 특징
을 보였다. 먼저 김재준은 오랜 한일 관계 역사를 '침략'의 역사로 규정했다.[33]

. . . . . .

29) 김재준, 『凡庸記』, 풀빛, 1983, 343쪽; 이만열, 「한경직 목사의 한국교회사에서의 위치」, 『한경직
　　목사기념사업회 세미나』, 한경직목사기념사업회, 2002.1, 34쪽.
30) 한경직의 '반공주의적 애국주의'는 한일협정반대운동에서 영락교회가 참여한 것을 제외하면 이후
　　'민족복음화', '전군신자화'운동 등으로 전개된다. 한경직의 '복음화운동'의 내용은 이혜정, 「한경
　　직과 복음화 운동」, 『한경직목사기념사업회 세미나』 No.4, 한경직목사기념사업회, 2011 참조.
31) 이만열, 위와 같음. 한경직의 사회참여 원칙에는 사회질서 유지와 국가안위 문제, 즉 반공주의적
　　관점이 제일 중요했다. "언제나 공산당이 좋아하고 공산당이 박수치고 공산당이 38선을 넘볼 기
　　회를 주는 모든 물리적인 투쟁을 나는 찬성하지 않는다… 정권이 국가의 안보를 정치적으로 이
　　용하는 것은 못마땅하지만, 그렇다고 혼란을 조성하는데 한 몫 낄 마음은 없었다. 이는 오로지
　　나는 대한민국 국민이요 예수 믿는 목사로서 공산주의자들을 제일의 적으로 보기 때문이었다."
　　이만열, 앞의 글, 35쪽.
32) 박형규, 『나의 믿음은 길 위에 있다』, 창비, 2010, 132쪽.
33) 김재준, 「特輯·一九六五년의 平価」, 『思想界』 통권 154호, 1965.12, 29쪽.

따라서 한일국교정상화가 이루어지기 위한 전제로 정치적으로는 일본의 과거 침략에 대한 사과와 재침(再侵)방지 확인, 경제적으로는 국제자본 및 일본의 경제적 예속화의 우려 불식 등을 제시하였다.[34] 그러나 한일회담 전개 과정을 지켜 본 김재준은 "기왕의 침략행위를 정당화"한 것으로 평가하고 한일 양국 관계가 경제적 신식민지로 전락할 것을 우려하여 실패한 회담으로 총평했다.[35]

1965년 한일비준반대운동에 참여하면서 김재준의 변화된 현실 이해가 중요하다. 김재준은 1965년의 역사기록이 권력분산보다 권력집중 강화, 명령·복종 체제의 강화 등 자유민주주의에 역행하는 전체주의 방향으로 전개된 것으로 평가했다.[36]

> "…「分水嶺」에서 갈라진 흐름은 좀처럼 같은 方向에서 合流하기 어렵다는 사실을 명심해야 할 것이다. 집중권력은 어느 정도 신속한 성과를 기대할 수 있을 것 같으나 그와 동시에 집중부패를 가져온다는 사실은 거의 공식화한 얘기다. 지금 대한민국의 산업은 그 양에 있어서 어느 정도 확장되었다 할지라도 그 확대가 반드시 發展과 일치됨이 아니라는 것은 다 아는 사실이다. 온갖 음성적인 매수정책에서 생기는 人間格의 붕괴 압력에서 오는 인간성 위축, 부자유에서 오는 인간 심리의 왜곡 등등은 민족 자체의 정기를 좀먹고 있다.[37]

위에서 김재준은 박정희 정권의 경제성장논리가 곧 '발전'은 아니며, 오히려 권력집중이 가져온 권력부패, 전체주의화가 자유민주주의 기본 가치를 희생하는 것으로 비판했다. 즉 1965년 한일협정비준반대운동에서 국민 총화를 폭력 방법으로 억압하고 국교정상화를 관철시킨 박정희 정권의 태도를 전체주의와

• • • • • •

34) 김재준, 위의 글, 29~30쪽.
35) 김재준은 정부가 국회 여당만의 단독처리로 비준을 성사시킨 것을 '을사보호조약'의 교훈으로 정부를 비판하였다.
36) 김재준, 「特輯·一九六五년의 平價」, 『사상계』, 1965.12, 통154호, 34쪽.
37) 김재준, 위의 글, 34쪽.

권력집중의 강화로 이해하고 이것이 '집중부패'로 이어질 것을 예견하였다. 이러한 현실 인식은 김재준이 국가권력에 의한 억압을 사회구조적 문제로 접근하고 있음을 알 수 있게 한다.

　해방 후 한국교회가 '정치에 막바로 깊숙이 파고든' 한일협정비준반대운동은38) 민족감정에 기대어 다수 개신교의 참여를 이끌어 냈지만 '구국기도회' 등 종교적 반일 감정과 과거사 문제로 귀속된 측면이 강했고 한편에서는 교회의 현실참여를 반대하는 목소리도 존재했다. 기장의 설문조사에서도 알 수 있듯이 교회 본연의 정신적·도덕적 역할의 입장과 '적극적 참여와 발언'을 주장하는 이견(異見)이 존재했고 찬성, 반대, 중간 노선의 성명서들이 난무했다는 증언에서 볼 때39) 다수 교회 참여 논리가 곧 '초교파적 일치'를 이룬 것은 아니었다.

　이 시기 '예언자적 참여론'을 전개한 김재준의 현실 인식은 국제 관계·국내 정치 인식에서 특징을 보였다. 국제 관계로는 미국의 동북아시아 질서 개편에 따른 일본의 경제재무장과 한국의 대일경제 예속성을 직시함으로써 신식민주의 침략을 비판하였으며, 국내 정치로는 경제제일 성장주의로 자유민주주의를 희생한 '전체주의화' 경향에 경고하였다. 김재준의 비판적 정부 이해는 5·16과 민정 이양 번복 이후 국가 인식의 변화 흐름을 반영하는 것으로 볼 수 있다. 더욱이 이전까지 종교지형 안에서 '인간(성) 혁명'을 강조해 왔던 참여의식이 정치·경제 등 사회 구조적 문제로 비판적으로 확장되고 있음을 알 수 있다.

　앞서 홍동근 목사의 경우에서 보듯이 박정희 정권의 회유와 협박에도 불구하고 한일협정비준반대운동에 적극 참여했던 김재준과 소수의 기장소속 목사들은 이후 지속적인 모임을 통해 사회참여의 길을 모색했고 이 운동을 계기로 이들에 대해 '정치목사', '정치교수' 등의 수식어가 붙는 종교 현상이 뒤따르게 된다.40)

・・・・・・

38) 「受難과 鬪爭·韓國敎會의 抗日史」, 『동아일보』, 1965년 7월 6일.
39) 「좌담회: 1965년의 敎界를 돌아보며」, 『基督敎思想』, 1965.12, 77쪽.
40) 김재준, 『凡庸記』, 풀빛, 1983, 343쪽.

### 3) 정부의 '사회단체등록법안'과 한국교회 대응: 차이와 특징들

박정희 정권의 종교정책은 유인(동의)보다 강제(억압)의 비중이 높은 '배제적 헤게모니 전략'의 성격이 강했는데, 사회단체등록법은 국가가 종교단체를 억압할 수 있는 대표적인 억압전략 가운데 하나이다.[41] 군사정부는 쿠데타 직후인 1961년 6월 '사회단체 등록에 관한 법률'을 제정하여 종교단체를 등록 대상 사회단체로 포함시킨 바 있다. 등록 절차를 기존 신고제에서 심사를 거친 허가제로 바꾼 것인데 개신교계의 저항에 부딪히자 1963년 12월 3일 법 개정으로 사회단체 범주에서 종교단체가 빠지는 방식으로 국가와 개신교 간에 타협을 이룬 경험이 있다.[42]

1965년 한국교회가 한일비준반대운동을 전개하여 사회·정치 세력으로 부상하기 시작하자 정부는 민감하게 반응했다. 정부는 1965년 6월 초 종교단체 규제를 강화하는 내용의 '사회단체 등록에 관한 법률 개정안' 마련을 위해 '종교심의회'를 구성하고 11월 5일 종교단체 규제 강화를 내용으로 한 「社會團體 登錄에 관한 法律 중 改正法律案」을 국회에 제출하였다.[43]

정부는 "…설립 목적에 위배되는 부정, 부당한 활동을 함으로써 사회 질서를 문란하게 하는 사태가 있어 이를 제재하도록 하여 건전한 사회 단체의 활

• • • • • •

41) 강인철은 군사정권기 구사된 헤게모니 전략의 사례들을 분석하여 4개 영역(경제 전략, 법적·정치적 전략, 교육·문화 전략·억압 전략)으로 나누었는데, 이 가운데 한국교회와 직접 관계된 것으로는 사회단체등록법 외에 종교법인법 제정 시도, 저항적 종교인들에 대한 연금, 체포, 투옥, 산업선교회, 가톨릭농민회, 세계교회협의회(WCC) 등에 대한 용공시비와 공격, 무인가 신학교 정비, 신학교 강제통합 등의 억압 전략들이 있다. 강인철, 『저항과 투항: 군사정권들과 종교』, 한신대학교출판부, 2013, 38~41쪽.

42) 강인철, 위의 책, 96~97쪽; 김용복, 「해방 후 교회와 국가」, 한국기독교사회문제연구원 편 『국가권력과 기독교』, 민중사, 212쪽. 이 법의 통제적 성격에 대한 자세한 내용은 강인철 앞의 책, 99~101쪽 참조.

43) 이 개정안은 ①종교단체를 대상으로 ②정기보고 이외에 등록청은 장부, 서류 기타 자료의 제출을 요구하거나 조사를 할 수 있게 함, ③등록사항이 변경될 때에 변경등록을 하지 아니하고 활동하거나 그 단체의 설립목적에 위배되는 활동을 하는 사회단체와 등록일로부터 1년 이내에 활동을 하지 아니하는 사회단체의 등록을 취소할 수 있게 함, ④벌칙을 강화하여 대표자에 대해 6개월 이하의 징역이나 50만 원 이하의 벌금을 과할 수 있게 함 등을 주요 내용으로 했다.

동을 보호 육성하고자 하는 것임"이라고 밝혀[44] 이 법률 제정의 본의가 '사회 질서 문란에 대한 제재'임을 알 수 있게 한다. 이러한 본의는 12월 6일 '사회단체등록법안 개정안'에 대한 좌담회 중 문교부 당국자의 의도에서도 확인된다. "…몇 개 종교 단체에서는 한일 회담이 진행되는 때에 사회에 적지 않은 물의를 야기시켜 양식 있는 사람들에 지탄을 받는 등 사태가 발생하게 되었는데 이 행동이 형법상 규제를 받지 않으므로… 미연에 방지할 수 없어 이를 방지하려는 의도하에서 '개정안'을 내게 되었다…"라고 하여[45] 개정안의 정부 의도가 한국교회의 현실참여에 대한 제재조치임을 확인시켰다.

강인철은 정부가 고안한 사회단체등록법안이 한일회담 비준반대운동으로 표출된 개신교지도자들의 정치적 행동을 "미연에 방지하려는 의도"를 지닌 것으로, 결과적으로 박정희 정권에 대한 개신교지도자들의 불신을 심화시키고 진보 개신교 세력의 성장과 분화를 촉진했을 것을 보았다.[46] 본 연구는 이 논지를 수용하면서 국가의 종교 영역 억압에 대한 한국교회의 반응에 주목하였다. 표면적으로는 한국교회 전체가 정부의 종교 간섭에 적극 '반대'의 저항을 표출함으로써 교회 공동의 단기적·직접적 이익을 추구했다는 점에서 이익집단의 특징을 보였다.[47] 그러나 표면적 반응 이면에서 보수·참여진영 안에 '정교분리' 및 국가 인식에서 중요한 차이가 드러나면서 개신교의 정치적 분화가 촉진되었다고 볼 수 있다. 개정안에 대한 개신교 내부의 입장들을 사례적으로 확인해 보고자 한다.

● ● ● ● ● ●

44) 김용복, 위의 글, 212쪽.
45) 『기독공보』 1965년 12월 18일.
46) 강인철, 위의 글, 91쪽.
47) 강인철은 '제도적 이익을 정의, 이해하는 방식, 그리고 표방하는 가치·목적이 갖는 호소력의 범위, 특정 종교의 정치활동의 결과 과실(果實)의 수혜 범위' 등을 기준으로 종교집단의 종교정치를 '파당정치(사익정치)'와 '공동선정치(공익정치)'로 구분하였는데(강인철, 『한국의 종교, 정치, 국가 1945~2012』, 한신대학교출판부, 2013, 224~225쪽), 정부의 사회단체등록법에 대한 한국교회의 일치된 대응은 단기적·직접적인 교회 공동의 이익을 추구했다는 점에서 '파당정치(사익정치)'의 특징을 보여준다.

개정안이 나오자 한국교회는 종교와 신앙의 자유를 침해하는 종교탄압으로 규정하고 적극적인 반대운동에 나섰는데 교회 전체적으로는 기독교연합회가 11월 18일 반대성명을 내고 ①정부가 종교단체의 활동을 일일이 간섭하려는 의도가 분명하며, ②신앙의 자유라는 기본권을 침해, ③종교단체의 자율적 성장을 저해하는 악법이라 지적하며 즉시 철회를 주장하였다.[48] 이어 12월 2일 기장과 예장 등 14개 교단 총회장의 연명으로 건의서를 발표하고 개정안이 종교 자유를 침해하는 위헌적 법률이라 비판하였다.

기독교연합회(NCC) 총무이자 기장의 길진경은 정교분리를 강조하면서 '만일 종교단체가 사회단체 법안 속에 내포된다면 종교의 정치 활동을 허용하는 것이 되'기 때문에 오히려 정치활동을 막을 수 없다는 역 논리를 폄으로써 국가의 법안 제정 의도가 교회의 '정치활동 금지'에 있음을 정확히 파악하였다. 그는 "종교의 역할은 개인이나 사회 淨化를 위한 自律的 活動體로서 存立되어야 하는 것"이라 하여 종교의 비정치성, 종교의 자율성을 강조했다.[49] 또한 종교에 대한 법제정이 필요하다면 '사회단체'가 아닌 '종교법령' 제정의 필요성을 제기하고 이 경우도 국가의 종교 간섭은 배제할 것을 주문하였다.[50]

예장 총무 유호준은 "종교가 정치에 관여해서도 안 되고 정치가 종교를 간섭해서도 백해무익"이라 하여 철저한 정교분리를 강조했다.[51] 특히 "종교단체들이 스스로 각성하고 단속하여 '혼란기'에 우리 사회에 종교인의 사명을 완수하여 사회악의 防止와 사회질서 확립을 위하여서도 정부와 긴밀한 제휴하에 공헌할 수 있어야 할 것"이라 하여 정부와 종교의 긴밀한 협조를 강조하였다.

● ● ● ● ● ●

48) 김용복, 위의 책, 213쪽.

49) 時評, 「「社會團體 登錄에 관한 法律 중 改正法律案」에 대하여」(NCCK총무 길진경), 『基督敎思想』, 1966.2, 6쪽.

50) 국가의 '종교법령'제정과 관련해서 길진경은 '국시에 위반하는 종교는 지역사회 안에 존재할 수 없'다는 것과 법안이 '종교의 육성, 보호의 정신에 입각해야 할 것'이라 하여 국가에 의한 종교의 제약과 통제, 성장과 보호 조건을 전제함으로써 사실상 '정교분리'의 기준과 관점에서 모호함을 드러냈다.

51) 시평, 「「社會團體 登錄에 관한 法律 중 改正法律案」에 대하여」(예장총무 유호준), 위의 글, 7~8쪽.

유호준이 말한 혼란기란 1964~5년의 전국적인 반대운동을 말하는 것으로 그는 "정부는 좀 더 종교 단체를 선용할 줄 알아야 할 것"과 "건전한 종교 단체는 영구 與黨의 역할을 할 수도 있고 또 그와 반대로 영구 野黨의 입장에 설 수" 있다고 하여 종교와 정부 간 친화성을 강조하는 입장을 견지했다.[52] 대체로 보수교단과 NCC는 정교분리의 원론적 입장에서 종교의 '비정치성, 중립성, 자율성'을 강조하면서도 국가에 의한 종교 보호, 육성, 종교단체의 선용을 유도함으로써 국가와의 갈등 관계를 원하지 않는 태도를 보였다.

다음으로 개정안에 적극반대 입장의 논리를 살펴보면, 박형규는『사상계』에 "新敎의 自由는 어디로"를 발표하여 '종교의 자유는 헌법이 보장한 기본적 자유권'이란 전제하에, 법안이 '종교의 현실참여를 위협으로 간주한 정부가 법에 의한 제재를 가하기 위해 조급히 서둘러 만들어 낸 것'이라 하여 정부의 법안 제정의 의도 자체를 비판했다.[53] 그는 "韓日協定을 반대하는 학생들이 거리에서 校內로 밀려들어 갔을 때 정부는 군인의 학원 난입을 감행함으로써 학원의 자유가 신성불가침이 아님을 본보기로 보여 주었"듯이, 종교계 지도자들이 반대성명 등 적극적인 현실참여에 나서자 정부가 '자유의 溫床'으로 종교를 주목하게 된 것으로 보았다.[54] 또한 근대 국가에서 종교자유 조항은 '인간의 존엄성을 보장하는 근본적인 자유권'으로 국가조차도 이에 대해 최고의 권위자가 될 수 없다고 하여 사회단체등록법 제정을 인간 존엄성과 결부된 문제로 인식하고 있음을 보였다.[55]

『基督敎思想』은 1966년 3월에 "民主國家와 宗敎自由"를 기획하여 종교 자유의 문제를 집중적으로 다루었는데 논설(권두언)「自由에 사는 宗敎」를 시작으로, 고범서의「獨裁政權下의 宗敎自由」, 장병길의「後進國에서의 宗敎役割」,

• • • • • •
52) 유호준, 위의 글, 9쪽.
53) 박형규,「新敎의 自由는 어디로」,『思想界』통권 155호, 1966.1, 88~89쪽.
54) 박형규, 위의 글, 88쪽.
55) 박형규, 위의 글, 89쪽.

김재준의 「韓國史에 나타난 新敎自由에의 鬪爭」이 발표되었다. 권두언은 '종교적 박해는 곧 정치적 박해'로, 종교의 자유권은 시민적 자유와 직결된, 모든 자유의 '바로메타'로 주장하였다.[56] 더 나아가 고범서는 역사적으로 독재정권에서 소수교회에 대한 억압, 탄압과 감시, 저항운동의 예를 들어 독재정치와 완전한 종교자유는 양립할 수 없음을 주장했다.[57]

김재준은 「韓國史에 나타난 新敎自由에의 鬪爭」에서 기독교사에서 '신교자유의 역사'를 고찰하였다.[58] 글에서 김재준은 "신교자유란 종교 자체의 내용에 정부가 관여하거나 신자의 신앙 양심을 억압하는 일이 없어야 함"을 의미한다.[59] 나아가 "각 종교 신자가 각자의 신앙을 전파, 증언하는 자유와 그들이 신앙적으로 영위하는 對 社會的 各樣 事業의 자유'까지 포함한 것이라 하여 종교자유의 포괄적 의미를 주장했다.

김재준은 기독교 2천 년 역사를 "진정한 자유를 위한 투쟁의 기록", "역사의 온갖 逆風에 항쟁해 온 기록"으로 보았다.[60] 그는 근대의 시민적 자유도 역사적으로 종교(신교)자유 투쟁의 기록이며 기독교 2천 년 이후 뿌려진 '피의 대가'로 얻어진 것이라 보았다. 결론에서 그는 '신교자유 투쟁'의 연장에서 한국교회의 '自由하는 봉사자'로서의 책임을 강조하고, 나라에 공헌하지만 이른바 '護國宗敎는 될 수 없다'고 하여 국가에 대한 무조건적 복종을 거부하였다. 김재준의 기독교 이해에서 핵심 개념이 '자유'인 한 억압과 속박으로부터의 저항은 기독교인의 필연적 의무로 그는 이해했다.

· · · · · ·

56) 「논설: 自由에 사는 宗敎」, 『基督敎思想』, 1966.3, 5쪽.
57) 고범서는 히틀러 치하에서 독재권력에 저항했던 고백교회와 소련과 중공의 공산독재하에서의 교회를 예로 들었다. 「獨裁政權下의 宗敎自由」, 『基督敎思想』, 1966.3, 24~28쪽 참조.
58) 김재준, 「韓國史에 나타난 新敎自由에의 鬪爭」, 『基督敎思想』, 1966.3, 42~49쪽.
59) 김재준, 위의 글, 47쪽.
60) 3백년간 로마제국하에서 그리스도인의 '자유'를 위한 죽음, 중세 가톨릭의 절대 교권 미에서 신앙양심의 자유를 위한 수백만 신교도의 죽음, 영국 자유민주 체제를 이끌어 낸 크롬웰 이래 수세기에 걸친 신앙 자유의 투쟁, 미국 청교도들의 신앙 자유를 위한 목숨 건 항해 등이 예이다(김재준, 위의 글, 48~49쪽).

이상에서 정부의 사회단체등록법 개정 국면에서 한국개신교의 대응을 중심
으로 변화의 흐름을 살펴보았다. 몇 가지 의미 있는 전환의 포인트가 보이는
데, 국가의 종교통제 정책에 전교회적 '반대'로 일치된 반응을 보였던 한국교회
는 그러나 내부적으로 국가 인식, 그리고 정교분리, 교회 이익의 추구에서 미
묘한 차이를 드러내고 있었다. 이 시기 한국교회는 '법적규범'의 정교분리를
주장하여 국가의 종교 간섭과 개입을 반대하였으나,[61] 보수교단의 경우 국가
와의 갈등, 마찰을 피해야한다는 입장에서 교회의 중립성, 자율성의 보장을 요
구했고, 교회의 사회(정치)참여는 '불가'라는 종교적 규범의 정교분리도 혼재해
있었다. 더 나아가 교회의 친정부적 태도와 역할(여당기능)을 제안하는 등 이
익(파당)정치 추구에서 나타나는 특징들, 즉 '탈(脫)이념적', 정치적 일관성의
부재, 정치적 기회주의 색채 등이 발견된다.[62]

반면에 개신교 참여진영과 김재준은 근대 시민 자유의 기원이 종교자유 투
쟁에서 비롯된 것으로 상기시키고, 독재 또는 반종교적 국가권력 앞에서는 죽
음의 저항이 가능할 수 있다고 보아 보수교단과 선명한 대비를 이루었다. 김
재준과 개신교 참여진영의 '종교자유 투쟁' 관점은 세 가지가 혼합된 경우인데
국가의 종교 영역 개입의 부당성에 저항하는 '법적 규범'으로서의 정교분리를,
교회의 제도이익 추구라는 점에서는 '이익/파당정치'의 형식을 띠면서도 내용
에서는 '종교자유'라는 보편적인 이념 추구에서 호소력과 설득력을 갖는다는
점에서 '공동선 정치'의 의미가 포함된다.[63] 이러한 보수-참여진영 간의 차이
는 이후 정치참여 쟁점에서 더 분명한 분리로 나타난다고 볼 수 있다.

• • • • • •

61) 법적규범으로서의 '정교분리'란 "국가는 국민의 세속적 생활에만 관여하고 신앙적 생활은 국민의
   자율에 맡겨 개입하지 않는다는 원칙"을 말한다. "국가의 종교적 중립성 내지 비(非)종교성"을 의
   미하는 것으로 구체적으로는 국교(國敎)의 부인, 국가에 의한 종교 활동의 금지, 국가에 의한 특
   정 종교 우대 또는 차별의 금지 등으로 현실에 구현된다(강인철, 「정교분리 이후의 종교와 정
   치」, 『민주사회와 정책연구』 Vol.26, 2014, 148쪽(원출처: 양건, 「국가와 종교에 관한 법적 고찰」,
   한국기독교사회문제연구원 편, 『국가권력과 기독교』, 민중사, 1982)).
62) 강인철, 『한국의 종교, 정치, 국가: 1945~2012』, 한신대출판부, 2013, 225쪽 참조.
63) 강인철, 위와 같음.

## 2. 1960년대 한국교회 참여 신학의 변화와 김재준의 교회갱신운동

### 1) 1960년대 '세속화' 논쟁과 사회참여 관계

1962년부터 본격적으로 추진된 박정희 정권의 경제개발계획은 한국사회를 크게 변화시켰다. 1·2차 경제개발계획이 추진된 1962~1969년 사이 전체 산업구조 중 농어업 부문은 점차 감소한 반면 도시 중심의 공장, 신흥 공업지대, 고속도로 등 급격한 고도경제성장의 길을 걸었다. 근대화론의 영향으로 한국사회의 도시화는 유례없는 속도로 전개되어 1960년~1970년의 10년 동안 도시화율은 28.3%에서 43.1%의 급성장을 보였다.[64] 그러나 산업화, 경제성장, 도시화의 이면에는 농촌의 피폐와 이농, 도시빈민의 증가, 계층 간 양극화 현상, 그리고 누적된 해외의존도는 부실한 경제, 산업구조 악순환으로 이어졌다. 1969년을 고비로 성장가도를 달려온 한국경제는 상대적 침체기에 접어들면서 사회적으로는 그동안 누적된 사회·경제적 모순들이 노출되기 시작했다.[65] 근대화·산업화·도시화는 한국교회의 부흥과 성장의 조건을 제공하는 한편 4·19 이후 한국교회 체질 변화를 요구하고 나섰던 에큐메니컬 사회참여 진영에서는 교회 갱신운동의 흐름이 전개되었다.

세계교회운동에서는 1952년 벨링엔 세계선교대회에서 처음 등장한 '하나님의 선교(Missio Dei) 개념, 제1차 WCC총회 및 1954년 2차 WCC총회에서의 '책임사회',[66] 1961년 뉴델리에서 개최된 제3차 WCC총회에서 제기된 '급속하게

......

64) 강명구, 「1960년대 도시발달의 유형과 특징」, 『1960년대 사회변화연구: 1963~1970』, 백산서당, 1999, 65쪽.

65) 한국기독교사회문제연구원, 『1970년대 민주화운동과 기독교』, 민중사, 1983, 9쪽.

66) 1차 WCC대회에서 처음 제기된 '책임(있는)사회'란 "정의와 공공질서에 대한 책임을 인정하는 사람들의 자유가 되는 사회요, 정치적 권위, 혹은 경제력을 쥐고 있는 사람들이 그것의 사용에 대해 하나님과 그 사용에 의해 복지가 영향을 받는 사람들 앞에서 책임을 지는 사회"를 말한다. WCC 2차 대회에서 더욱 확장된 책임사회 개념은 특히 정치제도에 있어서 인권보호와 개인의 종교적·도덕적·정치적 신념 표현의 자유 보장, 국민들이 폭력에 의지하지 않고 정부를 바꿀 수

전개된 기술·사회적 혁명과 기독교의 책임' 개념,[67] 1966년 7월 제네바에서
열린 WCC의 '교회와 사회(Church and Society)대회' 및 1968년 7월 스웨덴 웁살
라의 WCC 제4차 총회의 '혁명적 인식의 전환' 등 세계교회 선교신학의 변화는
산업화·근대화와 인간 삶의 구체적 문제로 시야를 넓히는 계기들이 되었다.

즉 1960년대 이전까지 세계선교신학의 흐름은 1·2차 대전 후 인류의 위기와
실존 문제에 집중했다면 1960년대 이후 선교신학은 기술 과학 발전이 가져온 변
화들에 직면하여 새로운 신학적 사고와 해석에 집중했다. 그 결과 다양한 신학
적 논의들이 한국교회에 유입되었는데 세속화신학, 정치신학, 혁명의 신학, 사신
(死神)신학, 하나님의 선교(Missio Dei) 신학 등이 그것이다.[68] 이 가운데 1960년
대 중반 이후 한국교회 사회참여에서 가장 큰 영향을 준 것은 '세속화신학'이다.
1965년 이후 한국교회와 에큐메니컬 진영은 산업사회 속에서 교회의 책임적 참
여를 강조하는 세속화신학이 대두하면서 신학적 찬반 논쟁이 불거졌다.

에큐메니컬 선교신학에서 "세속"의 의미는 1955년 기포드 강연에서 신학자
불트만에 의해 언급된 것이 시초 격이며[69] 1959년 제네바 보세이에서 '세속의
의미'(The Meaning of the Secular)에 대한 연구협의회 보고서에서 프린스턴 윤
리학 교수인 찰스 웨스트(Dr. Charles West)가 "세속화란 종교로부터 인간의

• • • • • •
있는 수단의 제공, 국가와는 독립적으로 자신들의 기초와 원칙들을 갖고 있는 사회 내 결사 형태
존중' 등 교회의 책임을 강조하였다. 1961년 3차 뉴델리 대회는 기독교인의 시민적 사명을 강조
하고 교회와 국가 관계에서 정치·경제·사회 등 각 방면에서 교회의 독립적·책임적 사명 등의
강조로 이어졌다. 세계교회협의회 편·이형기 역,『세계교회협의회 역대 총회종합보고서』, 한국
장로교출판사, 1993, 54, 118~122쪽, 206~209쪽 참조.
[67] 최초의 제기는 세계교회협의회 '교회와 사회' 위원회가 '사회적 급변지역에 대한 기독교의 공통된
책임'에 대한 4년간의 연구계획을 협의하였는데 이 결과물이 1959년 8월 데살로니카에서 개최한
국제 에큐메니칼연구회에 제출된 보고서이다. 이 협의회의 목적은 '기독교인의 입장에서 아세아,
아프리카, 라틴아메리카 諸國의 급변한 사회변동을 검토하여 교회와 크리스천이 이에 대한 과제
를 연구하기 위한 것'이다(세계기독교연합회 편·강문규 역,『基督者의 社會參與: 社會的 急變地
域에 對한 基督敎對策』, 대한YMCA연맹출판부, 1960, 1~9쪽 참조).
[68] 박봉랑,『신학의 해방』, 대한기독교출판사, 1991, 33~34쪽.
[69] 1955년 기포드 강연에서 신학자 불트만은 역사에 대한 기독교적 이해가 중세기에는 잠복적(潛伏
的)이었던 것이 文藝復興 때부터 세속화되었다고 언급하였다(이종성,「基督敎 世俗化와 福音의
主體性」,『基督敎思想』, 1966.3, 10쪽).

사고와 생이 해방되는 것이며 마침내는 형이상학적 지배로부터 벗어나는 것"
이라 하여 의미를 더했다.[70]

서구에서 세속화의 확장은 로빈슨(J. A. T. Robinson)의 "신에게 솔직히(Honest
to God, 1963)", 하비콕스(Harvey Cox)의 "세속 도시(The Secular City, 1965)"가
발표되면서이다. 이 세속화론의 사상적 기원은 2차 대전의 참여 신학자이자 저항
적 지식인인 디트리히 본회퍼에서 시작되었다. 본회퍼는 『옥중서신』, 『윤리학』
을 통해 '값비싼 은총'과 '십자가 제자직'을 그리스도인의 삶으로 갈파하였는데,
그의 사후 에큐메니컬 진영에서 종교의 '비종교화'로 정립되었다.[71]

본회퍼의 비종교화는 세계를 '성스러운 종교 영역'과 세상적 · 세속적 · 비종
교적 영역 간의 대립을 반대한다. 그리스도와 세계가 서로 대립 · 대항의 영역
으로 계속되는 한 기독교인은 현실의 전체를 포기하고 어느 하나를 선택할 수
밖에 없게 된다. 본회퍼는 신앙을 '종교 영역으로 도피하는 것이 아니라 세상
속에서 신의 위임으로 임무와 직책을 충실히 수행하는 생활'이라 보았다. 따라
서 그의 신앙은 종교의 '비종교화', 즉 '세속화'로 이해된다.[72]

• • • • • •

[70] 보세이(Bossey)란 1946년 제네바 근교 지역으로 '보세이 에큐메니칼 훈련원(Bossey Ecumenical Institute of)'을 말한다. 비서트 후프트와 WCC 창립 준비위원회의 발의로 설립된 이 연구소는 "행동과 성찰"(action-reflection)의 방법을 통해 "행동하는 신학(doing theology)"을 훈련할 목적으로 평신도 지도자, 청년들을 대상으로 교육하는 에큐메니컬 훈련 센터이다. 에큐메니칼선교훈련원, 『에큐메니칼 운동과 신학사전』 I, 한국기독교교회협의회, 2002, 549쪽.

[71] 본회퍼의 신학은 기독교의 '비종교화'로 분류되는 현대 '참여 신학'의 핵심주제들을 포함하고 있다. 1944년 4월 30일에 본회퍼는 "우리가 기독교라고 부르는 것은 언제나 종교의 한 패턴이었다"고 하였는데, "1900년에 걸친 우리 기독교의 선교와 신학은 인간의 '종교의 테두리'에 근거를 두고 있다. 그러나 만일 앞으로 이 先驗的 '테두리'가 존재하지도 않으며 단순히 역사적이며 잠정적인 (인간의) 자기표현의 한 형식에 지나지 않는다는 사실이 밝혀지는 날이 온다면, 다시 말해서 만일 우리가 철저하게 종교가 없는 단계에 도달한다면─나는 이미 우리가 이 단계에 도달했다고 생각한다.─ 이것은 기독교를 위해 무엇을 의미하는 것일까? 이것은 이때까지 우리 기독교의 構造 전체를 지탱하던 중요한 요소가 없어졌다는 것을 의미한다'라고 하여 '종교의 패턴'을 기독교와 '복음'으로 구분하였다(J. A. 로빈슨 · 현영학 역, 『神에게 率直이』, 대한기독교서회, 1968, 153쪽). 따라서 그의 비종교화는 '기독교패턴'을 버리고 '복음'을 취하는 방향이다. 본회퍼의 『옥중서신』은 1967년 대한기독교서회에서 번역 출판하여 한국교회에 소개되었다. D. 본회퍼 · 고범서 역, 『獄中書簡』, 대한기독교서회, 1967 참조.

[72] 그리스도에 속하면서 동시에 세상 속에서 사는 것이 참된 신앙으로 이것을 본회퍼는 '현실의 전체에 대한 인간의 전 인격, 전 생활을 가지고 하는 전체적 대답'으로 말한다. 본회퍼 · 고범서 역, 위의 책, 288~289쪽.

세속화의 방향은 형이상학적 인식론의 자연주의로의 전환을 시도한다.[73] 본
회퍼의 비종교론에 매혹되었던 로빈슨은 "만일 전통적 正統사상과 같은 방식으
로만 우리의 신앙을 변호한다면 아마 극히 적은 수의 종교적 사람들을 제외한
대부분의 사람들을 놓치게 될 것"이라 하여 전통 신학의 범주들—神, 초자연적
인 것, 종교자체에 관한 것—을 먼저 녹여야 할 것을 제기했다.[74] 로빈슨은 "현
대 세계에 그리스도의 오심은 세속사건일 수밖에 없다"고 말한 네덜란드 신학자
한스 호켄다이크(Hans Hoekendijk)에게 동의하면서 전통적 기성교회 기반인 초
자연주의, 신화적 종교적 요소가 제거되고 세속화된 기독교를 기대했다.[75]

국내에서 '세속화' 논의는 기독학생운동 내에서 잠재적으로 진행되어 온 것
이 1965년 2월 『基督教思想』에서 특집 기사로 다루면서 신학계로 확장되었
다.[76] 이후 1968년까지 『基督教思想』은 다양한 측면에서 세속화론을 확산시
켰다.[77] 1966년 1월 6일~7일 온양에서 개최된 제4회 기독자교수협의회는 80여
명의 신학자들이 모여 '世俗化의 과정과 기독교'를 주제로 서구 기독교에서 문
제가 된 세속화 논의를 전개했다.[78] 이 대회는 '기독교자교수협의회'의 창립대
회이기도 했는데, 주제 강연은 서남동(연세대, 조직신학)과 김용옥 교수(성서

73) 손명걸, 「世俗化 과정에서의 새로운 기독교」, 『基督教思想』, 1965.12, 72쪽.
74) J. A. 로빈슨·현영학 역, 위의 책, 26~39, 59~60, 62쪽 등 참조.
75) 손명걸, 위의 글, 73쪽.
76) 이종성, 위의 글, 11쪽.
77) 『基督教思想』에서 세속화론 논쟁 과정은 강문규의 「세속주의와 세속화」(1965.2)를 시작으로 「세
속화 과정에서의 새로운 기독교」(손명걸, 1965.12), 「복음화냐 세속화냐」(허혁, 1965.12), 「세속화
의 과정과 그리스도교」(서남동, 1966.2), 「기독교 세속화와 복음의 주체성」(이종성, 1966.3), 「세
속화신학의 방향」(Larry Shiner, 1966.4), 「새로운 세대와 세속화」(서광선, 1966.5), 「세속화론비
판」(도양술, 1966.10), 「세속화는 기독교를 교회에서 세상으로 옮기는 것인가」(김의환, 1967.12),
「1967년 신앙고백 연구에 대한 반론: 복음의 세속화의 타당성」(윤성범, 1967.12), 「복음의 세속화
와 특수전도」(최우길, 1967.12), 「말씀의 신학과 세속화론」(윤성범, 1968.2), 「종교의 세속화와 자
율성」(이규호, 1968.12) 등이 있다.
78) 「시평, 世俗化의 方向摸索: 제4회 기독자교수협의회에 참석하고」, 『基督教思想』, 1966.2, 13~14
쪽. 기독자교수협의회는 1957년 11월 제1회로 모여 협의회를 구성(홍현설, 김용옥, 김하태, 태정
학, 신동욱, 김기석, 현영학 등 이상 교수, 김현자 등)하였는데 이후 지속적인 학술모임이 이어져
1966년 1월에 정식으로 창립총회를 갖게 된다(『한국기독자교수협의회 30년 자료집』, 한국기독자
교수협의회, 1998, 69쪽). 이 대회 참가자 명단은 자료집 146쪽 참조.

연구, 감신대, 신약)가 맡았으며, 분과토의 발제는 ①기독교와 타 학문의 공존
과 대화(유동식, 감신대) ②거룩한 세속성과 크리스찬 교수의 이미지(고범서,
숭실대, 철학), ③현대사회와 교회혁신(지명관, 서울대) 등으로 이뤄졌다.[79] 창
립총회에서 회장에 선출된 서남동은 주제 강연에서 세속화(secularization)와
세속주의(secularism)을 구별하고 세속화를 일컬어 '반복할 수 없는 역사 과정'
으로, '종교적 지배, 보호, 형이상학적 사고 등의 폐쇄된 세계관으로부터 해방
을 얻은 역사 과정'으로, '근본적으로 자유해방의 과정이며 나아가 인간이 인간
되는 인간화의 과정이며 그 源動은 성서적인 신앙이 이방세계에 부딪칠 때 일
어나는 당연한 결과'로 해석하였다.[80]

이어 1월 17일~20일까지 온양에서는 NCC와 동남아시아기독교협의회 주
최로 '韓國基督敎指導者協議會'가 개최되어 교회 및 기관 지도자 약 50명이
참가한 가운데 "人間社會 안에 있는 基督敎 共同體"(the Christian Community
within the Human Community)를 주제로 토의를 진행하였다.[81] 이 대회는 교
회와 사회의 관계, 기독교인의 정치참여, '새로운 형태의 증거와 봉사' 등 교회
가 사회와 맺는 선교방식과 내용을 포괄적으로 다루었다. 강원용·김재준·이
종성이 주제 강연을 맡았으며 김재준은 '교회와 세계'를 제목으로 강연하였
다.[82] 기독자교수협의회가 신학계에서 진행된 새로운 '세속화론'에 집중되었다
면 기독교지도자협의회는 교회의 세속 관계에 다층위적 접근 방식을 모색한
시도로 볼 수 있다.

• • • • • •

79) 한국기독교자교수협의회, 위 자료집, 130~143쪽 참조.
80) 서남동, 「세속화의 과정과 그리스도교」, 『한국기독자교수협의회 3년 자료집』, 1998, 131쪽.
81) 「한국기독교 지도자 협의회」, 『한국기독교장로회회보』, 1966.1, 8쪽.
82) 한국기독교지도자협의회(66.1.17~20)의 주제 강연은 강원용(인간 사회 안에 있는 기독교사회)·
김재준(교회와 세계)·이종성(교회의 혁신)이며, '기독교와 타 종교' 패널 토의는 김재준·윤성
범·유동식, '에큐메니칼운동' 패널 토의는 김정준·김동수·김주병·박상증 등이 맡았다. 각 분
과별 주제토의는 ①基督敎人의 政治參與(지명관) ②基督敎人의 經濟 및 外援(장동식) ③(박봉배)
ⓐ새로운 形態의 증거 ⓑ새로운 형태의 奉仕 ④(이종성) ⓐ아시아 敎會의 革新 ⓑ아시아 敎會의
宣敎政策 등이다. 개폐회 설교는 이환신, 한경직이 각각 맡았고 성서 연구는 안병무가 담당했다
(『基督敎思想』, 1966.3, 7~8쪽).

기독교지도자협의회의 주제강연에서 김재준은 '교회다운 교회'란 어떤 것이
며 '세계'와 '세속'의 본질은 무엇인가? 그리고 교회는 '이 세계와 세속에 어떻
게 책임질 것인가'를 질문하여 세속화신학의 의미를 찾아갔다.[83] 먼저 이 시기
그의 교회론 속에 투영된 세속화의 의미를 찾아보면 다음과 같다.

> 조직체로서의 교회가 **역사 안에서 그리스도의 몸**이라는 것을 우리는 가볍게
> 생각할 필요가 없다. 그러나 그리스도가 세상을 속량하기 위해 그 몸을 제물로
> 바치신 것 같이 교회도 지금 여기서 세상을 위해 봉사자로 일선에 나서는 것을
> 당연한 의무로 생각해야 한다는 것을 잊어서는 안 될 것이다. 교회는 그 자체 안
> 에 목적 있는 것이 아니라, 세상을 속량사회로 만들기 위한 '기관'으로서 존재하
> 는 데에 그 본래의 의미가 있는 것이다. 교회가 왕성하다는 것이 자랑이 아니라
> 그 왕성한 교회가 역사에 얼마만한 공헌을 하느냐가 문제인 것이다. 이런 방향에
> 서 **우리는 모든 것을 재평가해야** 한다.[84]

위에서 김재준은 '역사 안에서의 교회'와 '지금 여기'라는 현실을 강조하고,
'세상을 위한', 세상을 속량사회로 만들기 위한 '봉사자'로서의 교회 역할을
강조하였다.[85] 이 경우 선교의 방향은 세상을 향해 '흩어지는 교회'가 되어야
한다.

　어느 한 구석에서 우물 안 개구리와 같이 자가류(自家流)를 절대화할 시대는

• • • • • •

[83]　김재준, 「동형화와 이질화: 교회와 세계」, 『전집』 7, 장공김재준목사기념사업회, 1992, 194쪽.
[84]　김재준, 「한국교회 혁신을 위한 제언」, 『전집』 7, 장공김재준목사기념사업회, 1992, 362쪽.
[85]　김재준의 이러한 교회론은 1960년대 후반까지 더욱 확장된다. 여기서 '역사'와 '지금 여기'라는 현
실주의의 강조, '세상을 위한 봉사자'로서의 역할 강조가 곧 교회를 세속기관으로 이해한 것은 아
니다. 김재준은 교회가 '이 세상', '역사 안'에 있으며 '역사를 위하여' 있으나 '역사에서 난 것은
아님'을 분명히 하였다. 즉 교회와 세상의 관계 역시 구별되어 있되 절연한 것이 아닌, 봉사하나
세상에 혼동되지 않는 것이 교회이다. 교회는 세상의 종, 주인, 적(敵)도 아니며 '그리스도의 종으
로 세상을 섬기는 것'이며 '역사의 주인 되시는 그리스도의 뜻을 세상에 선포하고 그 구현을 위해
분투하는 것'을 교회의 일로 이해함으로써 그리스도 중심의 교회론을 강조하였다(김재준, 「교회
봉사의 뜻」(1969.6), 『전집』 8권, 장공김재준목사기념사업회, 1992. 409쪽).

지나갔으며 그리할 수도 없게 되어 있다. 「스스로 섰다」고 자부하는 신학자는 세계교회 앞에 발표하여 전세계 신학자들의 비판과 협조를 구해야 한다. 초대 사도들도 복음을 그리샤·로마, 전세계에 공개하여 세계적인 무대에서 승패를 겨룬 것처럼 기독교는 언제나 전 세계를 무대로 삼고, 어느 한 구석에서 수군거리는 것을 경멸했다.[86]

김재준은 교회의 사회화가 곧 '교회의 세속화'로 이해했다. 즉 "전에는 교회는 거룩하고 세상은 俗되다는 전제하에 세상을 가까이 하면 교회가 속되어 질까 먼지를 털며 경계"했지만 현재는 "교회와 세상이 다 한 하나님의 사랑의 경륜 안에 포섭되어 있음을 강조"하고 "교회가 세속에 들어가 세속 속의 거룩을 인식해야 한다"고 하였다. 교회와 세속의 "일체감"을 말하는 것으로 종전까지 성속 이원론적 분리가 '일원화'로 통합되고 있음을 알 수 있다.[87] 본회퍼의 '비종교화'를 연상케 하는 일원화는 '하나님과 인간', '교회와 세상', '정신과 물질', '거룩과 속된 것', '고난과 안전' 등이 '흑과 백'의 논리가 아닌, '실질적으로 분리시킬 수 없는 두 극이 서로 얽히고 依存하고 有機體化한 하나'이다. 즉 과거의 '대립의식'이 '일체의식'으로 방향을 옮겨가게 되는 것이다.[88]

일체화의 방향에서 1960년대 중반 한국교회는 '일체·대립의식'의 과도기적 이중생활 속에서 '탄생고'를 겪는 과정으로 보았다. 과거에는 교회가 '그리스도

· · · · · ·

86) 김재준, 「한국교회 혁신을 위한 제언」(『새생명』, 66), 위의 책, 358쪽.

87) 김재준, 「한국 기독교인의 인간상: 그 과거, 현재, 미래」, 『전집』 8권, 장공김재준목사기념사업회, 1992. 224쪽. 이 글은 1968년 3월에 있은 '감리교 선교 83주년 기념 강연'으로 발표되었다.

88) 김재준, 위의 글, 223~224쪽. 여기서 김재준은 실존철학자인 키엘케고르의 '하나님-인간'의 분리, 절대초월성 강조와 그의 영향을 받은 바르트의 그리스도론, 즉 '중보자' '하나님-사람' 그리스도 이해에서 "인간이 되어 인간 역사 속에 들어오신 이가 그리스도라면 우리 인간은 그 '인간인 그리스도'를 따르면 된다"고 하여 그리스도의 '초월성'을 강조하는 것을 '대립의식'으로 보았다(위의 글, 225쪽). 그러나 다른 한편으로 일체의식의 강조가 '하나님과 사람, 정신과 물질, 교회와 사회, 거룩과 세속, 천당과 지옥 등 두 차원의 대결을 말소시키는 것'은 아니라고 하여 '하나님 앞에 대죄한 인간', '거룩 앞에 외경을 느끼는 세속' 등 기독교 신앙의 절대 성립 요건은 대전제로 언제나 유효하며, '둘은 언제나 대결 한다'고 하여 "두 차원의 것이 '대화'와 '친교'와 '봉사'로서 '하나'가 되어야 한다고 하여 다시 교회의 사명을 강조하였다(김재준, 위의 글, 226쪽).

의 몸'이기 때문에 '그리스도는 교회 안에 좌정하시고 세상은 악마의 지배하에
있는 將亡城이었으나 현재는 '교회가 그리스도의 몸이기 때문에 오히려 교회
도 그리스도와 함께 세상의 최전선인 각 부문 속에 들어가 봉사'해야 한다. 따
라서 대립의식이 일체의식으로 전환되는 '일원화'의 방향은 세속화의 진행과
동일한 방향이 된다.

　다시 그의 교회론은 한국교회 전통주의가 지향해 온 '타계주의' '교회주의'의
비판으로 이어진다. 전통주의적 생사관인 '예수 믿고 천당 가시오'의 표어는
현실사회에 대한 무관심과 현실에서의 도피를 권하는 것이다. 또한 타계주의
신앙은 교회가 사회 속에서 빛과 소금, 누룩 역할과는 거리가 먼 신학이었다.
'현실주의가 거의 전부를 점하고 있는 오늘의 사회에서 이런 비현실적인 신학
이 그리스도 모습을 옳게 전달할 수 있는가?'라고 의문을 던진다.

　　내세를 믿고 영원한 생명을 믿는다 할지라도 그것은 그리스도께서 하나님 아
　들로 세상에 오셔서 세상을 위해 죽기까지 섬기신 그 방향을 따라 세상 안에서
　소금이 되고 누룩, 빛이 되어 주어진 전 생애를 드려 봉사한다는 엄숙한 의무를
　전제로 하는 말이다.[89]

　이 의미에서 평신도운동이나 사회참여, 나아가 '세속화'가 강조되는 것이다.
김재준은 한국교회의 '교회주의'에 대해, "모두 가난한 장사꾼이 자기의 구멍가
게를 지키듯, 자기 교회에 농성(籠城)해서 이웃에 대한 관심은 거의 없다시피
되어 있는 것", "그렇다면 우리는 후방에서 예수님 없는 교회당만을 지키고 있
는 것"이라 하여[90] 한국교회의 교회주의를 비판했다. 김재준에게 '세속화'의
방향이란 곧 '그리스도의 방향'이다. 예수는 "몸으로 직접 세속 속에 들어가 세

----

89) 김재준, 「한국교회 혁신을 위한 제언」, 앞의 책, 362쪽.
90) 김재준, 「1966년을 맞이하며: 크리스마스 메시지」, 『전집』 7, 장공김재준목사기념사업회, 1992,
　　380쪽.

속 사람들과 접촉하였으며 적은 무리인 제자들을 데리고 길거리 언덕, 호숫가, 들판 어디서든지 모여드는 대중을 앞에 놓고 가르치셨"는데[91] 이것이 세상으로 나아가는 길이다. 이러한 그의 세속화 이해는 종교의 비종교화, '역사화'로 발전된다. 즉 종교가 '거룩'으로 승화하여 신화가 될 때 '돌 비석 속에 엉키고 사당 안에 좌정되는 것'은 시대를 역행하는 방향이다. "이미 있던 신화(神話)도 그 베일을 벗겨, 그것을 세속화(世俗化)하여 그 어느 때, 그 어느 분의 의로운 삶과 죽음이 지금, 인간들의 현실에 물결쳐 역사 안에서 같은 줄거리의 사건들이 연달아 일어나도록 하는, 역사화(歷史化)의 방향이 곧 현대의 방향"이라 하여 종교의 비종교화에 '역사화'의 의미를 더했다.[92]

1960년대 중반 한국교회 에큐메니컬 참여 신학의 변화와 세속화론의 전개는 김재준의 사회참여에서 정교분리적 이원론의 구분이 일원화로 전환되는 계기로 중요한 의미를 갖는다. 즉 이전까지 성속(成俗) 이원의 구분이 교회의 사회적 역할과 참여의 내용을 제한해 왔다면 세속화론은 교회의 '사회화'를 촉진함으로써 사회참여의 내용과 폭이 더욱 넓어질 것을 의미했다.

## 2) 1960년대 중반 기장(基長)의 갱신운동과 김재준의 교회갱신론

기독교장로회는 교단 출범 10년째가 되는 1964년을 기점으로 '자기비판'과 '재혁신'을 통해 교단 재정비운동과 갱신운동을 전개했다.[93] 이것을 위해 1964년에 교단차원에서 몇 가지 의미 있는 변화를 보였다. 첫째, 9월 총회와 연계된 '총회 특별집회'를 개최하여 교단 지도자들의 영적인 각성과 나아갈 방향,

· · · · · ·

91) 김재준, 위의 글, 376쪽.
92) 김재준, 「고통이란 것: 신화(神話)에서 현실에」, 『전집』 8, 349~350쪽. 여기서 종교의 '비종교화'는 본회퍼에 의해 주창된 기독교의 '세속화'의 의미이다. 앞서 논쟁에서 보았듯이 한국지성계에 '본회퍼'의 비종교화는 그의 「옥중서신」에서 처음 전개된 신학으로 기독교의 신화성, 초월성 등을 현존성, 역사성으로 내려오게 하는 의식 활동이다. 한국교회 진보진영의 '사회참여신학'에서 현실주의를 더욱 확대하는 데 기여했다.
93) 「권두언: 自己批判과 再革新을 위하여」, 『한국기독교장로회회보』 제46호, 1964.7, 1쪽.

세계 안에서 교회의 사명을 새롭게 각성하는 계기를 마련했다.[94] 둘째, 에큐 메니컬 신학운동의 재확인이다. 안으로는 한국교회의 '고립주의'를 벗어나 세 계교회운동에 적극 참여할 것에서 출발한 기독교장로회의 정신을 재확인함으 로써 1960년대 중반 교회갱신 요구와 변화의 혁신을 강조하였다.[95] 셋째, 1961년 10월 이후 발행이 중단된 총회『회보』의 재발행이다. 만 2년 10개월만 인 1964년 7월(제46호)로 속간된『회보』는 세계교회의 일원으로서 기장의 역 할과 방향, 교육하는 기관지로서의 역할을 재확인하였다는 점에서 중요했 다.[96] 속간호인 제46호에는 기장 1세대 지도자들인 길진경 · 김세열 · 김재준 · 김정준 · 이남규 · 정규태 등 6인의 '기장의 장래를 위한 一言'을 실었다.[97] 속 간호에서 김재준은 전체로서의 기독교 역사와 '한국교회사 안'에서의 기장의 역할과 사명을 강조하였다.

> 지금 세계교회가 통일과 연합을 위하여 온갖 노력을 기울이고 있는 이때에 하 나의 교파로 존재한다는 것은 그만치 스스로의 존재 이유가 뚜렷해야 할 것이다. …우리에게 맡겨진 특수한 사명이 무언인가에 대하여 똑똑한 판단과 확신을 갖 고 있지 못하다면, 스스로의 존재 이유가 애매하게 되며 따라서 소재가 불분명하 여 자기로서의 열등감과 남의 수모를 면치 못할 것이다.[98]

· · · · · ·

94) 「총회 임원회 소식」,『한국기독교장로회회보』제46호, 1964.7, 9쪽; 「총회장의 말씀」,『한국기독 교장로회회보』제47호, 1964.8, 3쪽 등.
95) 「권두언: 自己批判과 再革新을 위하여」,『한국기독교장로회회보』제46호, 1964.7, 1쪽.
96) 1961년 10월 'WCC편'을 끝으로『회보』가 발행 중단된 이유는 '재정 문제' 때문이다(「총회장 인사: 전국교회에 드리는 말씀」,『한국기독교장로회회보』제46호, 1964.7, 2쪽). 1965년 현재『회보』편 집위원을 7인에서 9인으로 확대, 매년 1/3인씩 교체할 것으로, 1966년부터 월 2회 출판할 것으로, 이해영, 이여진, 장하구(1968년까지), 김재준, 서남동, 정용철(1967년까지), 김정준, 박굉재, 문동 환(1966년까지). 당연직 편집위원: 교육부장, 함명도(선교사)(「제50회총회촬요」,『한국기독교장로 회회보』제59호, 1965.11, 7쪽).
97) 김재준, 「기장의 장래를 위한 一言」,『한국기독교장로회회보』제46호, 1964.7, 2~5쪽 참조. 이외 에도 속간호에는 총회장 장하원 목사, 부회장 이해영 목사, 총무서리인 이영민 목사, 이여진(한국 신학대학 학장) 등 기장의 실질적인 책임자들의 글들이 실려 있다. 이들의 글은 각각이 모두 분 석의 대상이나 대체적으로 에큐메니컬 정신의 강조, 신앙과 학문의 자유정신의 강조, 한국교회 갱신과 개혁, 한국장로교회의 통합, '세계교회운동의 적극 참여' 등의 내용이 주를 이룬다.

여기서 김재준은 기장의 '자기로서의 소재'를 역사와의 관계 속에 재규정했다.

> 우리는 자기의 역사를 다시 음미할 밖에 없다. 우리는 1953년 6월 10일에 우리의 역사적 정황과 우리가 한국교회에서 맡아해야 할 사명과 그 소신을 중외에 성명하고 하나의 새 출발을 감행했다. 그 선언의 중대성과 그 새 역사 조성에의 의미를 망각하고 목전의 정황타개에만 급급한다면 우리는 극히 박약한 정신성과 무기력한 행동성 밖에 기대할 수 없을 것이다. 만 10년을 지냈으니 다시 출발당시의 근원에 돌아가 진지한 자기비판과 함께 스스로의 기본자세부터 정비하는 것이 장래를 위한 근본책일 것이다.[99]

위에서 김재준은 기장 갱신운동의 방향을 교단 출범 정신에서 강조함으로써 자기비판의 기본자세를 재확인하였다. 그 결과 기장은 1964년 제49회 총회를 앞둔 9월 22일~25일까지 3일간의 "변천하는 세계와 교회의 사명"이라는 대주제 아래 특별집회를 마련하고 갱신운동의 방향을 모색해 갔다. 특별집회 주제인 "변천하는 세계와 교회의 사명"은 1964년 7월 재발행 『회보』 권두언인 김재준의 글과 동일한 제목으로, 이 시기를 '교회 혁신'의 출발로 삼은 김재준의 문제의식이 기장 내에 실질적으로 반영되고 있음을 보여 준다.

특별집회는 기장 성립 후 최대 규모로 진행되었는데 준비위원에 동원된 명단만 해도 기장의 전·현직 지도자, 총회 임원 등이 대부분 거명되었다.[100] 대회 총 참가 대상은 ①총회 총대 전원, ②총회 각 부원 및 위원, 이사진, ③기타 초청인사로 구성됐다.[101] 집회 소주제별 내용과 강연자 명단은 다음과 같다.

· · · · · ·

98) 김재준, 「기장의 장래를 위한 一言」, 『한국기독교장로회회보』 제46호(1964.7), 3쪽.

99) 김재준, 위의 글, 2쪽.

100) 준비위원: 고문-함태영, 김세열, 김재준, 구연직, 강흥수, 이남규, 길진경, 조승제, 정규태, 대회장: 장하원, 부회장: 이해영, 조향록, 이여진, 서정태, 김정준, 오인수, 회계: 홍삼봉, 구위경, 기타 6개 부서(총무/재정/환경/봉사/안내/음악부 각 3인씩) 등이다(「총회 준비: 특별집회」, 『한국기독교장로회회보』 제46호, 1964.7, 9쪽).

〈표 4-4〉 1964년 특별집회(9월 23일~25일) 강연자 및 강연 주제[102]

| 날짜 | 이름 | 주제 |
|---|---|---|
| 9.23 | 길진경 | 세계교회운동 |
| | D. B. 존슨[103] | 선교의 사명과 협력 문제 |
| | 이장식 | 역사로 본 장로교 |
| 9.24 | 강원용 | 사회와 교회 |
| | 전경연 | 유사 종교의 문제 |
| 9.25 | 김재준 | 기장의 위치와 사명 |
| | 오태환 | 교회와 선교사 간의 대화 |
| | 이준묵 | 교회와 신학교 간의 대화 |
| | 권영진 | 상회와 지교회 간의 대화 |

이 대회를 통해 총회는 첫째, 총회로서의 새로운 힘을 얻는 것, 둘째, '변천하는 세계 안에서 교회의 사명에 대한 새로운 지식'을 얻는 것, 마지막으로 그리스도인으로서의 '아름다운 친교'를 이루는 것 등을 목표로 삼았다.[104] 김재준은 마지막 날에 '基長의 位置와 使命'의 강연에서 "우리가 적어도 10년에 한 번씩은 자기비판을 신랄하게 해야 다소 과오를 면함과 동시에 좀 더 건전한 전진을 기대할 수 있을 것"이라고 하여 특별집회를 '자기비판'과 '전진'의 의미로 제시하였다.[105] 또한 김재준은 1953년 기장 출발의 명제가 "교회로 교회되게 하라(Let the church be the church)"였음을 상기시키고 '교회됨'의 의미를 교회 갱신(Church Renewal)의 의미로 재해석하였다.

우리가 새 출발을 했으니 만치 우리의 교회는 참으로 갱신된 교회로 되어야

● ● ● ● ● ●

101) 기타 초청 인사에는 총회 총대 아닌 각 노회 회계 및 서기, 여전도회연합대회 대표, 선교사 등이 었다(위의 글).

102) 「총회 준비」, 위의 글; 「총회 준비: 특별집회안내」, 『한국기독교장로회회보』 제47호, 1964.8, 3쪽; 『강연집: 變遷하는 世界와 敎會의 使命』, 한국기독교장로회총회, 1965, 2~3쪽 참조.

103) D. B. 존슨 박사는 캐나다 연합교회가 파송하여 특별집회 주제 강사로 내한하여 주제 강연 외에 3일 동안 '지금은 열한 시', '同化라는 罪惡', '적개심에 사로잡힌 敎會' 등의 제목으로 설교했다. (한국기독교장로회총회, 위의 책(강연집), 92~110쪽 참조).

104) 이영민(총회 총무서기), 「총회 준비: 특별집회안내」, 『회보』 제47호, 1964.8, 2쪽.

105) 한국기독교장로회총회, 위의 책(강연집), 69쪽.

한다. Church Renewal이란 현대의 가장 많이 말하는 과제다. 그런데 갱신되는 교회라는 것은 개혁교회의 특색이다. 개혁교회란 뜻은 한 번 개혁하고서는 그 자리에 고정하는 교회란 말, 즉 「개혁한 교회」란 말이라기보다 「개혁하는 교회」란 말이다. 계속하여 개혁하며, 계속하여 살아 자라는 교회를 말한다.[106]

특별집회에 이어 1965년 9월에 치러진 기장 제50회 총회(9.24~29)는 두 가지 의미 있는 결정을 내렸는데 첫째, 김재준을 총회장으로 선출하여 기장의 교회갱신을 위한 전 방위적 재검토 작업의 지도력으로 세운 것이며, 둘째, '총회규칙개정과 헌법 개정 및 중앙위원회에 대한 연구위원회 설치', 각종사업 연구를 총괄적으로 연구할 종합연구위원회 설치를 결의함으로써 검토 작업에 착수하게 된다.[107]

먼저 1965년 김재준의 총회장 선출의 역사적 의미이다. 기장이 교단 재혁신의 기원을 1953년 교단출범 정신으로 소급하여 재확인한 사실은 기장의 신학적 출발과 토대에서 김재준의 위상을 알 수 있게 하는 부분이다. 더욱이 이 시기 교회와 신학교 일선에서 물러난 상태에서 그의 '총회장' 선출은 교단의 갱신과 '재혁신'을 위한 통합된 '지도력'이 요구되었음을 의미했다. 따라서 총회장에 선출된 김재준은 1966년 9월까지 임기 1년의 '희년 총회장'으로서 기장의 갱신운동을 주도하고 기장의 '사회화'를 이끌게 된다.[108]

다음으로 김재준의 교회갱신론은 자기비판에서 출발하여 역사에의 책임과 사명을 강조하는 내용으로 이루어졌다. 1960년대의 현실을 '역사적 위기', '폭풍지대' 등으로 인식한 김재준은 먼저 기장의 교회 반성 내용을 다음과 같이

• • • • • •

106) 김재준, 「基長의 位置와 使命」, 한국기독교장로회총회, 위의 책, 75쪽.
107) 1965년 제50회 총회 결의로 설치된 종합연구위원은 김세열 · 이남규 · 김재준 · 박재석 · 배성근 · 안봉걸 · 나영수 · 배정복 · 이해영 · 배창민 등이다(「한국기독교장로회 제50회 총회 촬요」, 『한국기독교장로회회보』, 1965.11, 제59호, 5쪽). 한편 50회 총회를 기념으로 기장은 김세열 · 김재준 · 서고도(W. 스코트) 목사 등 3인에게 공로상을 수여했다. 「제50회총회촬요」, 『한국기독교장로회회보』제59호, 1965.11, 11쪽.
108) 1965년 현재 김재준의 공식 직함은 기장 총회 고시위원장, 한국 신학 대학 이사였다.

제기하였다.

> 그동안 '다이나믹'하게 인간 문제에 대결하지 못한 것을 반성한다. "기장이 다른
> 게 뭐냐?"하는 말이 나돌게 됐다는 그 자체가 우리의 활력 결여를 입증하는 것이
> 아니었는가? '말씀'이 인간이 되어 인간의 문제들을 짊어지고 고난과 능욕을 받으
> 면서 골고다에 몸으로 제사 드린 그 '인간'을 위한 '삶과 죽음'이 그리스도 모습, 그
> 것이 곧 그리스도교였다면 우리가 이 급격하게 변천하는 사회에서 밀리고 깔리고
> 하여 곤고 속에 연멸해 가는 동포들에게 우리 자신들을 어느 정도라도 일치시키지
> 않고서 '그리스도의 사람'이라고 자처할 수 있을까. 自愧 않을 수 없는 것이다.[109]

위에서 김재준은 교회가 인간 중심의 문제에 '자기 일치'를 보지 못한 현실
을 반성하면서 교회의 진로로 '그리스도 고난'에 참여하는 결단과 행동을 강조
하고 구체적으로는 '신앙 고백하는 교회'로 나아갈 방향을 제시하였다.[110]

> 우리는 이런 시기일수록 우리의 '신앙고백'을 명백히 하여 '우리는 이렇게 믿는
> 다!'는 것을 용감하게 고백함으로써 스스로를 밝혀야 할 것이다. 우리 교회 안에
> 밖으로부터의 권력이 간섭해 올 때, 우리가 어느 선에서 어떻게 대결하느냐의 문
> 제는 이미 우리의 당면 과제로 접근하고 있다. 우리의 길은 평온만이 아닐 것이
> 다. 신앙으로 대결할 각오가 서 있어야 한다.[111]

김재준은 신앙고백의 교회에 가해지는 세속권력으로부터의 억압과 대결의
현실화를 예견하였다.[112] 또한 한국교회 혁신의 과제로 '신학적 전통주의, 교

• • • • • •

109) 김재준, 「총회장 취임사: 제50회 총회를 마치고」, 『한국기독교장로회회보』 제59호, 1965.11, 3쪽.
110) 50회 총회를 기념으로 기장은 『기독교장로회 50년 약사』를 출간하여 기장의 자기 정체성을 재확
    인하였다. 발간 의의에서 총회장 이해영은 "급격히 변천하는 세계에 대처하는 교회의 사명"으로
    '장로교회이면서 온 세계교회가 하나의 교회로 형성되는 제이(제2) 종교개혁이 이 한국 땅에서
    성취되게 하는 사명'이라고 제시하였다(한국기독교장로회, 『韓國基督敎長老會五十年略史』, 1965.
    서문 참조).
111) 김재준, 위와 같음.

회주의, 타계주의'를 극복하고 새로운 신학운동의 제기를 주장하였다.[113] 여기서 한국교회 신학의 재형성은 '세계교회적 신학'(Ecumenical Theology)의 방향이며 교회의 '사회화'를 의미했다.

세계교회운동과 관련해서 1966년 WCC '교회와사회대회'는 김재준의 의식전환에 중요한 영향을 미쳤다. 크리스천의 사회적 책임과 참여에서 전환기적 특징을 보인 이 대회의 의미를 자세히 살펴볼 필요가 있다.

기장 총회장으로 김재준은 1966년 7월 12일~26일까지 스위스 제네바에서 열린 WCC '교회와사회대회'에 교단 대표로 참석하게 된다. 이 대회는 세계 에큐메니컬운동사에서 '혁명의 신학'의 대두, 동서 갈등에서 '남북문제'로 옮겨간 국제대회란 점에서 의미 있는 대회로 기록되었다.[114] 대표적인 세속화론자 하비 콕스는 1966년의 이 대회가 1963년 이후 혁명에 대한 크리스천의 참여 논의를 강화·심화시킨 대회로 의미를 부여했다.[115]

● ● ● ● ● ●

112) 취임일성에서 김재준은 향후 신학의 방향을 '인간화'와 '수난하는 교회'로 제시하고 교회의 '역사참여'를 강조하였다. 신학적 '인간화'는 1970년 '전태일 사건'을 계기로 한국교회 에큐메니컬 진영에서 본격적으로 강조하기 시작한 신학운동으로 김재준은 이보다 앞선 시기에 이 논리를 예시하였다. 「김재준 총회장, 일본교단 방문 후 WCC 교회와 사회 세계대회 참석」, 『한국기독교장로회회보』 68호, 1966.8, 9쪽.

113) 김재준, 「革新과 統合의 出發點」, 『基督敎思想』, 1964.5, 32~34쪽 참조. 김재준은 한국교회 통합의 전제는 "자기류의 신학을 절대화하지 말고 各異한 神學體系들 위에 살아계신 그리스도신앙에서의 共通된 형제의식을 강화하는 것'을 제기했다.

114) 1937년 옥스퍼드에서 열린 「교회, 공동체, 국가(Church, Community, State)」주제로 열린 「생활과 실천(Life and Work)」세계대회 이후 순서로서도 세 번째 대회였다 (유석성, 「에큐메니칼 운동의 신학과 사회윤리의 주제」, 『神學思想』 제103집, 한국신학연구소, 1998, 73~74쪽). 김재준 외에도 백낙준, 장홍식, 김준영 등이 참석했고, 대회 주최 측 초청자로 강원용, 한배호 등이 참석했다. 김재준은 『基督敎思想』을 통해 이 대회의 특징과 성격, 시대적 의미 등을 비교적 상세히 다루었다(「김재준 총회장, 일본교단 방문 후 WCC 교회와 사회 세계대회 참석」, 『한국기독교장로회회보』 68호, 1966.8, 9쪽). 경제 부문 대표로 참석한 장호식은 극동정유 사장으로 감리교인이다. 그의 대회 참관기가 『기독교세계』(감리교 월간지) 1966년 8월 25일(「기독교적 경제이념의 재인식과 교회와 사회 세계대회 다녀와서」, 484호)에 실려 있다.

115) 하비 콕스·마경일 역, 『神의 革命과 人間의 責任(God's Revolution and man's Responsibility)』, 전망사, 1974, 12쪽. 콕스의 이 저서는 1965년에 미국에서 출판되었는데 국내에는 1969년의 '영국판 서문'을 포함한 완역본이 1974년에 출판되었다. 1966년 '교회와 사회'에 대한 콕스의 평가는 '영국판 서문'에 실려 있는 내용이다.

"우리 시대의 기술과 사회혁명에 대한 기독교적 응답(The Christian Response to the Technical and Social Revolution of Our Time)"을 주제로 열린 이 대회는 사회, 정치, 경제 문제에 관한 세 번째 큰 규모의 세계대회였으며 전 세계 80여 개국에서 164개 교파 교회의 대표 420여 명이 참석하였는데 과거와 달리 참석자 대다수가 평신도들로 구성되었으며 아시아, 아프리카, 라틴아메리카 등 제3세계 구성이 절반을 차지하였다.[116]

대회는 빠르게 변화하는 과학기술 시대에 교회의 경제적 정의, 정치적 책임, 인종 문제 등에 관한 새로운 개념들을 생산해 냈다. 대회의 기조연설은 독일 개신교 신학자인 벤드란트(H. D. Wendland), 미국의 숄(R. Shaull), 러시아정교회의 보로보이(V. Borovoy) 등이 맡았는데[117] 각각에 대한 김재준의 평가는 이 시기 그의 참여의식 정도를 가늠해 볼 수 있게 한다. 독일 뮌스터 대 신학교수인 벤트란트는 "완전한 현존질서가 있을 수 없는 한 현존질서는 언제나 비판을 받아야" 하며 교회는 다이나미즘과 모빌리티(mobility)를 가지고 사회 진전에 적극 참여할 것을 주문했다. 혁명에 있어서도 교회는 "적극적이면서 비판적"이 될 것을 주장했는데 김재준은 이 논리를 '비교적 온건'한 내용으로 평가했다.[118]

프린스턴신학교 교수인 숄은 더 적극적인 혁명을 강조하여 "교회가 정치활동 집단을 발전시키는데 최근의 게릴라 전법에서 배우는 바가 있어야 할 것"이며, "성급한 폭력주의는 삼가야 하나 비폭력주의는 사실상 있을 수 없다"고 하여 혁명의 신학(Revolutionary theology)을 주창했다.

레닌그라드 신학 교수이자 대주교인 보로보이는 "진짜 혁명 속에서 살아간다는 것은 다스한 난로 옆, 안락의자에 앉아서 사회혁명의 시대에 있어서 신학의 도전과 정당성을 고요히 연구하는 것과는 다른 것"이라고 일침을 가했다.

• • • • • •

116) 김재준, 위의 글, 37쪽; 유석성, 위의 글, 74쪽.
117) 김재준, 위의 글, 39쪽.
118) 김재준, 위와 같음.

대회는 교회와 혁명의 관계를 "크리스천은 혁명에 크리스천적인 참여를 해야"
하며, 현존 질서가 "하나님의 정의와 사랑에 역행"할 경우 이를 비판하고 "그리
스도의 종말적 승리를 믿는 소망에서 이 세상의 악의 세력에 저항해야 한다"고
결론지었다.[119]

　사회경제적 분야에서 대회는 동서 이념분쟁에서 '가진 자'와 '못 가진 자',
즉 남북 문제, 분배 문제로의 변화를 강조했다. 이 주제에서 대회는 반미적
분위기가 형성되어 제3세계, 특히 아프리카 대표들이 "자유라 하나 실질적으
로 신식민지" 현실을 강하게 제기하고 미국을 '가진 나라의 대표'로 집중 비판
하였다.[120]

　국가와 교회 관계에 대해 대회는 "크리스천은 국가를 종교적 의미에서 존중하
며(로마서 13 : 1) 그것이 악할지라도 이를 책임적으로 개선 지지할 의무가 있다.
그러나 그와 동시에 크리스천은 국가를 우상화하지 않는다(사도행전 5 : 29). 국
가는 하나님의 심판 아래 있음을 밝히고 이를 비판"해야 할 것으로 결의했다.[121]

　하비 콕스가 지적했듯이 제3세계의 다양한 평신도들이 모인 대회 성격상 혁
명에 대한 관점의 전환을 요구하는 목소리가 높았다.[122] 특히 사회부정에 있
어서 대회는 크리스천의 '비합법적, 폭력적 수단'에 의한 사회참여를 열어 놓음
으로써 1960년대 말 세계적 운동들에서 나타난 기독교적·혁명적 참여운동의
계기적 흐름에서 이해될 수 있다.[123] 따라서 교회의 사회화를 일관되게 주장

- - - - - -

119) 김재준, 위의 글, 40쪽.
120) 김재준, 위의 글, 42쪽.
121) 비판의 대상이면서 동시에 지지해야 할 국가라는 의미에서 '점진적인 내적 개선이냐 급진적 외
적 혁명이냐'의 문제가 대두된다. 이 문제는 "시대와 지역에 따라 상황이 다르므로 각기 자기 나
라의 실정에서 합리적으로 판단"해야 할 것으로 정리되었다(김재준, 앞의 글, 43쪽).
122) 하비 콕스, 위의 책, 12쪽.
123) 콕스는 1966년의 인식 전환을 가져 온 직접 계기가 1966년 2월에 사망한 콜럼비아 게릴라 운동
의 기수이자 해방신학자인 '카밀로 토레스(Camilo Torres)'신부의 죽음이 혁명 참여라는 새로운
국면으로 전개된 것으로 보았으며 이후 토레스를 계승한 크리스천 혁명 운동가들의 등장에 그는
주목하였다. 하비 콕스, 위의 글, 13쪽.

해 온 김재준에게 이 대회는 사회참여의 수준과 내용에서 적극적인 변화의 논
리를 확대해 가는 계기가 된다.[124]

다음으로 1960년대 중반 김재준의 주도하에 기장은 교단 차원의 전방위적
연구·검토 작업을 통해 '고백공동체'로서의 자기 정체성을 확립해 갔는데 헌
법수정·신앙고백서·교육지침서·사회선언지침·평신도교본 등이 대대적으
로 발표된다.[125] 먼저 '대사회선언' 사업으로 1965년 50회 총회는 사회부 결의
에 따라 51회 총회 때부터 본격적인 대사회선언 사업을 위해 그와 관련된 제
문제를 예비 조사토록 할 것을 결정하였다.[126] 그 결과 후속작업으로 1968년
제53회 총회에서 사회선언위원회의 설치를 결의하고 '책임사회 구현을 위한
교회윤리의 당면 과제'를 내용으로 한 보완 과정을 거쳐 1971년 제56회 총회에
서 만장일치로 '사회선언지침'이 채택되어 발표되었다.[127] '①한국기독교장로
회의 시대사적 위치, ②사회선언의 필요성, ③사회선언의 신학적 근거, ④사회
선언의 영역과 문제' 등 총 4개 주제로 구성된 기장의 '사회선언지침'은 예언자
적 소명과 에큐메니컬 정신, '하나님의 선교' 등 한국교회의 사회적 책임을 구
체화시킨 문서로 평가될 수 있다.

1967년 제52회 총회 결의에 의해 구성된 신조개정위원회는 김재준이 직접
위원장을 맡았고, 위원에 김정준·서남동·전경연·이장식·조향록·박봉랑
등 한국신학대학 교수진들로 구성되어 1968년 총회에 「신조에 관한 연구논문」
을 발표했다.[128] 이어 1970년 총회에 한국기독교장로회 제1신앙고백서 방향이

· · · · · ·

124) 김재준의 글 가운데 '교회의 사회화'를 '세속'과의 관계에서 다룬 초기 글은 1952년에 등장한다.
    글에서 김재준은 교회의 사회적 책임을 강조하면서 "이 주장이 교회의 世俗化에 拍車를 加하는
    것이라고 非難하는 者가 있다면 그는 그리스도敎를 生活해 보려는 眞摯한 努力을 回避하는 者임
    에 틀림 없는 것'이라 하고, 공산주의자 못지않은 교회의 사회적 책임을 강조했다(김재준, 「敎會
    와 社會」, 『十字軍』 속간 Vol.8, 1952.4, 20쪽).
125) 「제50회총회촬요」, 『한국기독교장로회회보』 제59호, 1965.11, 8쪽.
126) 「제50회총회촬요」, 위와 같음.
127) 「제52회 총회촬요」, 『한국기독교장로회회보』 제80호, 1968.11, 7쪽; 「한국기독교장로회의 사회선
    언지침」, 『한국기독교장로회회보』 제120호, 1971.10, 7쪽; 『한국기독교장로회: 연혁·정책·선언
    서』, 한국기독교장로회총회, 1978, 72~78쪽 참조.

정리된 「신앙고백서 개요」를 제출하였고[129] 1971년에는 이 '개요'에 제시된 구
성에 따라 「신앙고백서 안」이 제출되었다.[130] 총회는 제출된 신앙고백서 안을
1년간의 검토·연구 기간과 각 노회 동의 절차를 거쳐 수렴 의견들을 종합하
여 신조연구위원회가 최종안을 작성, 1972년 제57회 총회에 제출되었다. 이 제
출된 최종안은 만장일치로 채택되어 기독교장로회의 '신앙고백선언'으로 공포
되었다. 이 신앙선언의 성격은 첫째, '한국기독교장로회'의 신앙고백서이며, 둘
째, '장로교의 전통'을 이어받은 한국기독교장로회의 신앙고백이란 점, 셋째,
'오늘날 한국' 기독교장로회의 신앙고백서라는 점이다. 여기서 '오늘'·한국·
장로교라는 시대와 장소, 내용의 강조는 신앙고백이 '현실의 경험'에서 주어지
는 것임을 강조하기 위한 것이다.[131]

　다음으로 기장 교회갱신에서 중요하게 다뤄질 것은 교회교육 분야이다. 기
독교장로회는 1967년 제52회 총회에서 시대 변천에 따라 새로운 교회교육의
필요성이 제기됨에 따라 1968년 제53회 총회에서 교회교육연구위원회를 구성
하였는데 위원으로 총회 교육부장, 총회서기, 교육부 총무 외에 김재준·문동
환·정용철 등을 선정하였다.[132] 총회 교육부는 교회교육정책 수립을 위해 연
구위원회와 3차례의 협의회를 진행한 뒤 1969년 제54회 총회에서 '교회교육정
책 안'을 제출하였다. 제출된 교육정책 안에 따라 1970년 8월 『한국기독교장로

128) 연구 논문에 발표된 주요 내용은 '신앙고백의 본질(박봉랑)', '웨스트민스터 신조의 역사적 고
　찰'(이장식), '웨스트민스터 신앙고백에 나타난 신학'(박봉랑), '한국선교의 정황과 신앙고백의 제
　정'(전경연) 등이다. 이어 1969년 총회에는 '현대 저명 해설들'의 소책자를 총회에 제출하여, 최근
　제정된 세계교회들의 신조들 중 기장과 가장 가깝고 모범적인 것을 연구한 내용을 해설, '본보기'
　로 제출하였다(박봉랑, 『신학의 해방』, 대한기독교출판사, 1991, 333쪽).
129) 이 '개요'의 내용은 ①취지, ②서론, ③하나님신앙, ④창조와 세계, ⑤인간과 죄, ⑥그리스도와
　속량, ⑦성령과 삶, ⑧교회와 선교, ⑨역사와 종말 등으로 구성되었다(박봉랑, 위의 책, 334쪽).
130) 이때 제출된 '신앙고백서 안'은 위 '개요' 중 3~5번의 내용을 전경연 박사가, '⑧교회와 선교'를
　김재준이, 나머지인 ⑥, ⑦, ⑨ 항목을 박봉랑 박사가 맡아 초안을 작성하였다.
131) 「제57회 총회(1972.9~) 촬요」, 『한국기독교장로회회보』 제131호, 1972.10, 7쪽; 박봉랑, 『신학의
　해방』, 대한기독교출판사, 1991, 331~334쪽 참조.
132) 「제52회 총회촬요」, 『한국기독교장로회회보』 제80호, 1967.11, 6쪽; 「제53회총회촬요」, 『한국기
　독교장로회회보』 제90호, 1968.11, 6쪽 참조.

회 교회교육 지침서』가 출판되어, '하나님의 선교'신학에 기초를 둔 교육 방향을 제시하였다.[133] 또한 교회교육 지침서에 따라 기장은 '주간 성인교재'인 『오늘도 일하시는 하나님』(1~2권)을 발간하여 교단 산하 평신도 성인 교육교재로 활용하였다.[134] 기장의 평신도운동은 교육운동 중에 가장 주력한 분야였다. 1960년대를 거치면서 기장은 크리스챤아카데미, '베다니학원', 기장여신도회, 남신도회, '새벽의 집' 등 다양한 기구를 통해 평신도신학을 전개하여 평신도의 사회의식, 참여의식을 높였다.[135]

이상에서 기독교장로회는 1964년을 기점으로 1970년 초까지 교회 갱신의 방향을 설정하여 신조, 사회선언, 교육정책, 평신도운동 등 전 방면에서 교단적 정체성을 확립하고 교단의 사회화 방향에서 교회 혁신의 과제를 실행해 갔다. 이러한 내용의 교회 갱신 주장과 시도의 결과 김재준은 기장의 정체적 특징을 '전진하는 교회'로 제시하였다.[136]

김재준이 제시한 '전진하는 교회'는 첫째, 과거의 고정적인 세력에 대한 '항거자(抗拒者)'로서 존재한다. 김재준은 역사적으로 교회의 존재도 기존 질서에 대한 항거에서 성장했음을 강조하고 이 항거의 근거와 표준을 개혁교회의 전

• • • • • •

133) 「우리교단의 교회교육 정책 안」, 『한국기독교장로회회보』, 1969.9, 8~9쪽; 『한국기독교장로회: 연혁·정책·선언서-』, 한국기독교장로회총회, 81~87쪽 참조. 기장 교회교육의 방향은 '가. 세상을 섬기는 교회, 나. 교회의 내적 충실, 우리 교단의 교회교육 갱신의 과제'들로 구성되어 있다.

134) 기장의 주간성인교재 『오늘도 일하시는 하나님』은 김재준·전경연·이우정·박봉랑 등 4인이 집필하였으며 '오늘도 일하시는 하나님, 그리스도의 의미, 이웃을 위한 삶, 사랑의 극치, 승리의 주'의 총 5단원으로 구성되었다. 교재의 목적은 '인간과 더불어 역사 안에서 일하고 계신 창조주의 창조대업'에 대한 바른 이해와 '창조사업에의 참여 책임 깨닫게 하는 것'에 있다. 교재는 수요저녁 집회, 금요저녁예배, 남·여 신도회, 청년회, 주교교사회의, 가정에서의 성서 연구, 교사훈련 등 다목적으로 사용되었다. 김재준은 총론과 1단원의 집필을 맡아 '창조적이며 건설적으로 역사에 적극 참여할 것'과 '모든 선한 일에 열심 하는 「착하고 신실한」 인간 기록을 남겨야 할 것을 강조하였다(한국기독교장로회총회교육부, 『오늘도 일하시는 하나님』, 한국기독교장로회총회, 1970, 6~10쪽 참조).

135) 1960년대 초 '평신도신학'이 국내 유입된 이후 기장의 평신도운동은 1961년 '기장여신도회'의 조직과 1964년 베다니학원, 1968년 기장 '남신도회'를 조직하여 평신도의 사회화를 위한 각종 프로그램, 신학교육운동을 전개하였다.

136) 김재준, 「강연: 전진하는 교회」 『한국기독교장로회회보』 제120호, 9쪽.

통에서 찾았다. 즉 종교개혁에서 루터가 제시한 '95개 조문'은 스스로의 신앙 고백임과 동시에 로마 가톨릭에 대한 항거문이며 여기서 개혁교회의 '항거정 신'이 시작된 것으로 그는 보았다.[137]

'전진하는 교회'의 두 번째 특징은 역사 안에서 일어나는 일대일의 평면적 대립으로서의 항거가 아닌, '나는 너희에게 이렇게 말하지 않을 수 없다'는 "신 앙고백으로서의 항거"이다. 저항하는 교회는 안정선에 머물러 있을 수 없다는 것이 그의 주장이다. 긴장과 불안, 갱신을 향해 내다보며 '달려가는 것'이 개혁 교회의 전진성이다. 따라서 개혁교회는 교리적, 행정적 또는 생활 상태 등에서 보수주의일 수 없는 이유가 여기에 있다. 마지막으로 전진하는 교회의 특징은 '종말론적 목표'를 지향한다.[138] 교회의 전진은 평면적 앞을 향한 방향이 아닌, 위를 향하면서 앞으로 나아가 결국은 '하나님 나라의 완성'이라는 종말점에서 개인, 교회, 역사는 완전해지는 것이다.

여기에 김재준의 변화론에서 인간갱신과 사회갱신의 복합성이 도출된다. 즉 기존에 김재준의 변화론은 인간 개인에서 시작하여 사회로 넓혀가는 것이 자연 순서이나, 변화된 시각은 교회와 사회, 개인이 서로 '얽혀 동시에 존재' 한다. 따라서 개혁의 방향과 순서도 '동시에' 진행되는 것이다. 과거에는 개인 갱신 후 교회, 사회개혁의 순서로 진행되었으나 1960년대 중반 '세속화론'의 영향은 이원론적 세계관이 일원화됨으로써 개인과 사회의 구원이 동시에 진

......

137) 김재준은 '더 높은 차원의 것을 얻'기 위해 '과거'(이미 있는 것)에 대한 항거에서 시작한 성경의 역사를 해석했다. '출애굽기': 노예에 대한 자유의 항거. '예언자들의 소리': 불의와 불법에 대한 하나님의 말씀으로서의 항거. '그리스도의 생애': 당시 종교 세력이던 제사장, 바리새인, 서기관 등에 정면으로 항거, 십자가에 오름. '바울': 로마제국에 복음으로 항쟁, 로마감옥에서 최후를 고 함 등을 들 수 있다. 또한 초대 교회 300년 역사는 적수공방으로 로마에 항거한 대결의 기록이 며, 그 결과 서기 313년의 콘스탄틴대제 이후 지하의 교회는 지상으로 끌어올려져 '국교'의 지위 를 얻어 권력구조 속에 참여케 만들었다. 이후 교회의 체질 변하여 카이사에게 길들여진 교회, 귀족화한 지배계급의 교회로 존속하였는데 이것은 그리스도 본래의 모습, 초대교회의 모습이 아 니다. 이것은 개혁되어야 할 것으로 루터, 칼빈, 쯔빙글리 등이 꾸준히 개혁교회를 만들어 온 것 으로 설명했다(김재준, 위의 글, 9쪽).

138) 김재준, 위의 글, 10쪽.

행된다.[139] 그런 의미에서 기장의 '대사회선언'은 개인과 사회의 통합적 개혁을 지향하였다.

• • • • • •
[139] 김재준, 위와 같음.

# 제3절

•

## 유신 전후 김재준의 저항적 정치참여

### 1. '6·8부정선거'·3선개헌반대운동과 김재준의 정치참여

1967년의 두 차례 선거(5·3의 대선, 6·8총선)로 재집권에 성공한 박정희와 공화당정부는 1969년의 3선개헌과 1971년의 선거로 장기집권과 권력독재로 들어선다. 선거와 국민투표의 민주 질서를 불법, 인권유린, 강압, 폭력 등의 수단을 동원해 짓밟으면서 이를 규탄하는 국민적 저항에는 억압적으로 대응했다. 한일협정반대투쟁에서 한국교회의 예언자적 사명을 선포함으로써 현실참여를 보였던 김재준은 1967년 '6·8부정선거' 국면에서 1969년의 '3선개헌반대투쟁' 시기, 이어 1971년의 두 차례 선거 기간의 '민주수호국민협의회' 활동에 이르기까지 재야 민주 세력으로 본격적인 '정치참여'의 길을 걷는다. 김재준의 정치참여는 ①개인적으로는 '저항적 고백' 또는 '예언자적 증언'의 참여 신학적 성격을 가지면서 ②재야 세력이 결집한 조직 활동이라는 점에서 반정부 정치운동이며 ③이념적으로는 선거와 투표를 통한 민주체제 유지 및 민권의 옹호라는 점에서 자유민주주의 체제 수호의 특징을 보인다. 이와 같은 김재준의 정치참여는 한국교회 안에 보수교계와 진보진영 간에 정교분리 문제, '참여 논쟁'을 일으켰다.[1] 본 절에서는 1967년의 6·8부정선거 국면부터 1969년의 3선

개헌반대투쟁으로 이어지는 김재준의 정치참여를 그의 '저항적 신앙고백'의 특
징에서 살펴보고자 한다.

### 1) 6 · 8부정선거 국면과 김재준의 '저항적 신앙고백'

제1차 경제개발 5개년계획(1962~1966)에서 연평균 7.9%의 높은 경제성장
율을 보인 결과 박정희 정권은 베트남 파병을 통한 외화수입과 한일국교 정상
화를 통한 청구권 자금, 대규모 차관의 본격적 도입으로 제2차 5개년 계획
(1967~1971)을 추진하여 연평균 9.7%의 높은 경제성장을 이루었다.[2] 그리고
박정희 정권은 이 계획이 시작된 1967년에 있은 5 · 3대통령 선거와 6 · 8국회
의원 선거 등 양대 선거를 통해 영구 집권을 위한 3선개헌의 길을 열었다.[3]
1967년 5월 3일의 대선에서 신민당의 윤보선 후보를 누르고 재선에 성공한
박정희는 6월 8일 시행된 제7대 국회의원 선거에서 3선개헌을 위한 안정 의석
을 확보하기 위해 처음부터 '부정선거'로 공략되었다. 전국적으로 공개투표, 대
리투표, 빈대표, 올빼미표 등의 신조어를 남기면서 치러진 부정선거 결과 공화
당은 지역구 131석 중 102석, 전국구를 합쳐 129석을 차지하여 총 175석 중 개
헌선인 2/3선을 넘는 안정 의석을 확보하였다.[4] 재선에 성공한 박정희는 공개
적으로 공화당 후보를 지원하기 위해 직접 지방유세에 나서는 등 국가행정력

• • • • • •
1) 그러나 김재준의 '정치참여'란 정치행위 주체로서의 참여가 아닌 독재권력, 부조리, 부정, 부패 등
   체제 모순을 '不義로 이해하는 신학적 논리를 바탕으로 한 저항적 참여이다. 따라서 김재준의 '저
   항적 참여'에 대한 보수진영의 비판논리는 엄밀한 의미에서 체제부조리의 '저항'을 부정하는 비판
   이므로 이것은 현실정치, 권력에 대한 암묵적 동의, 순응을 의미하는 것이다.
2) 서중석,『사진과 그림으로 보는 한국현대사』, 지식하우스, 2005, 265~266쪽. 제1차 경제개발계획
   부터 차관이 본격적으로 도입되었는데, 1962~1966년 동안 공공 차관은 3억 2,900만 달러, 상업
   차관은 3억 3,000만 달러가 도입되었다.
3) 서중석,「3선개헌반대, 민청학련투쟁, 반유신투쟁」,『역사비평』제1호, 역사비평사, 1988, 68쪽.
4) 김삼웅 편,『민족 · 민주 · 민중선언』, 일월서각, 1984, 58쪽. 선거에서 신민당은 지역구 28석, 전국
   구 17석으로 총 45석을 차지한다. 이 선거에서 서울은 공화당이 1석밖에 차지하지 못한 데 비해
   신민당은 '베트남전에 청년을 팔아먹었다'고 주장하다 구속된 장준하의 옥중 당선과 정부와 여당
   이 총력으로 국회 진입을 막으려 했던 김대중이 목포에서 당선된다.

이 총동원된 관권 타락 선거 양상을 보였다.

그 결과 대학가를 중심으로 부정선거 규탄 시위가 전개되어 야당, 사회 각계로 확산되었다. 종교계에서는 한국기독학생회(KSCM)이 6월 15일 공개서한을 발표하여, "6·8선거의 불의가 작용하여 우리의 사회는 또 다시 혼란과 무실서와 파멸의 위기에 직면하게 되었다. 4·19정신은 살아야 하지만 4·19사태는 되풀이되어서는 안 될 것이다"라고 성명하였다.[5] 1966년 기구개편에서 '교회와사회위원회'를 신설한 한국기독교연합회(NCC)는 6월 21일 긴급실행위를 통해 특별성명을 발표하여 "이번 사태는 단순한 정치 문제가 아니요 국민주권에 대한 시원적인 침해"라 주장하였다.[6] 부정선거 국면에서 한국교회는 이전과 달리 '비판적 성명'으로 목소리를 냈지만 구체적 행동에 의한 '저항의 표현'은 자제함으로써 기독교적 '정치참여'의 행동방식은 시기상조로 보였다. 6월 21일 NCC의 시국수습대책위원회 결성 결의에 따라 27일에 다시 모인 NCC회의에서는 ①기독교가 필요 이상으로 정치참여를 해서는 안 된다, ②교회 전체의 입장을 수렴하는 듯이 할 수 없다는 등의 반론이 제기되어 무산되었다. 이 시기 NCC의 실행위원회는 예장 5인, 감리교 5인, 구세군 5인, 기장 5인, 성공회 5인, 복음교회 5인, 절제회 1인, YWCA 1인으로 구성되었는데 이 가운데 기장, 성공회 정도가 정치참여에 찬성했을 것으로 보인다.[7]

1967년의 두 차례 선거가 부정선거로 치러지자 김재준은 현실정치에 대한

• • • • • •

5) 『크리스챤신문』, 1967년 6월 24일. 한국기독학생회는 1966년 10월 박형규 목사가 총무로 취임하면서 1967년 선거를 대비한 4월 24일~25일 양일간 '한국 민주주의의 성장과 기독자 현존'을 주제로 창립 20주년 기념강연회를 전국 5대도시에서 동시에 개최하여 공명선거 캠페인을 전개하였다. 강연회 강사로는 장리욱·현영학(서울), 강원용·지명관(대전), 서남동·노정현(대구·부산) 등이다.

6) 이날 긴급 실행위는 시국 수습 방안을 검토하여 '시국수습대책위원'을 선정하고 공화당 및 정부요인에 교회의 입장을 전달할 것을 결의하기도 하였다(한국기독교사회문제연구원, 『1970년대 민주화운동과 기독교』, 민중사, 1983, 56쪽). 성명은 "모든 기독자에게는 기독자의 양심 위에 서서 이 위기에 대한 책임의식을 가지고 기도와 신앙적 결단으로써 이 땅에 있어서의 의로운 민주적 장래를 지키자고 호소한다"고 밝혔다(김삼웅 편, 위의 책, 59쪽).

7) 전택부, 「제20회 한국기독교연합회 총회회의록」, 『한국에큐메니컬운동사』, 한국기독교교회협의회, 418쪽.

기독교적 이해를 논리적으로 피력하는 '예언자적 소리'로 참여했다. 『사상계』
에 발표된 「不義에 대한 鬪爭도 信仰이다」, 『基督敎思想』의 「기독교인의 정치
참여」 등이 대표적인 글이다.8) 『사상계』에 발표된 「不義에 대한 鬪爭도 信仰
이다」는 김재준의 '비판적 정치참여'의 신호격이자 한국교회를 향한 '저항적
정치참여'를 논증한 글로서 의미가 있다. 먼저 김재준은 자신의 비판적 논리의
근거를 '기독교적, 종교적 참여'에 있음을 강조하여 '정치 · 정당적 이해관계'가
없음을 전제하였다.

> 필자는 기독교회 교직자의 한 사람으로서, 종교인으로 말한다. 우리는 與野 어
> 느 편에도 정당적 의식을 가지고 편드는 일을 하지 않는다. 정권이 어느 누구에
> 게 넘어가든지 그것 자체에 대해 담담하다. 그런데 不義가 있을 경우에 어느 편,
> 어느 누구의 所行이든 간에 우리는 이를 默過하지 못한다. 그것은 이 땅에 '義'를
> 세우는 것이 우리 **信仰의 본질**에 속하는 일이기 때문이다. …기독교는 거룩한 데
> 서 세속에로, 영원에서 시간의 세계로, 신적인 데서 인간적인 데로 내려오고 들
> 어가는 방향인 것이다. 기독교의 무대는 역사 그것이다9)

위에서 김재준은 기독자의 사명을 '義'를 세우는 것으로, 기독교를 '세속'의
방향으로, 기독교의 무대를 '역사 그 자체'로 제시하여, 현실 문제에 적극 참여
할 신앙적 정당성을 제기하였다. 여기서 '義'란 무엇을 의미하는가. 김재준은
'義(헬라어 '디카이오수네')'의 개념을 "개인으로도 바르게 살고 사회적으로도
공의가 전체에 배어든 공동사회가 되고 하나님 앞에서도 떳떳하게 설 수 있는
경지를 의미"하는 것이라 말한다.10) 의를 구하는 태도로 '중간율'은 없으며 "이

8) 김재준, 「基督敎人의 政治參與」, 『基督敎思想』, 1967.5; 김재준, 「不義에 대한 鬪爭도 信仰이다」, 『思想界』, 1967.7.
9) 김재준, 「不義에 대한 鬪爭도 信仰이다」, 위의 글, 17쪽.
10) 김재준, 「팔복에의 상념 (4): 의에 주리고 목마른 자는 복이 있나니」, 『전집』 9, 장공김재준목사기념사업회, 1992, 16쪽.

것과 저것이 아니라 이것이냐? 저것이냐?를 우리 앞에 내던져 비장한 결단을
촉구하는 태도"가 있을 뿐이라 보았다.

"義를 求하는 것"은 신앙인의 본직이며, "不義"와 싸우는 것이 신앙의 투쟁이
다. 성경에는 불의를 규탄하고 정의를 선포한 예언자들이 다수 등장한다. 그들
의 규탄 대상은 임금, 권력자, 어용종교가, 일반 서민 가릴 것 없이 '불의'가 있
을 때 가차 없이 규탄되었다.[11] 이른바 김재준의 '정의론'으로 부를 수 있는 이
논리에 의하면 6·8부정선거는 민주국가의 기초인 선거를 '부정으로 농락'하여
'민주체제의 근본을 파괴'한 것으로 '용납할 수 없는 不義'로 정의하고, 기독자
로서 "우리는 자유와 정의를 세우느냐? 민주체제를 포기하고 전 국민이 노예
로 되느냐? 하는 兩者擇一의 기로"에서 선택만이 남아 있다고 보았다.

특히 선거부정의 일차적 책임이 있는 집권당이 '不正을 하지 않았다는 것'은
'指鹿爲馬의 어거지, 가증한 것'이라 하여 선거 후 여당의 태도를 비판하였다.
6·8부정선거를 '不義'로 정의한 김재준은 '역사의 문제 그대로가 신앙의 문제'
로, 따라서 정치 현실을 '비판'하는 예언자 목소리를 통해 신앙의 본질을 회복
할 것을 촉구함으로써 이 시기 그의 참여이해가 '정의론'에 의한 정치참여로
변화하였음을 알 수 있다.

김재준의 정치 현실을 비판하는 목소리와 함께 1969년 3월 2일 3·1운동 50
주년 기념대회에서 NCC는 성명을 통해 "사회의 부조리 개혁을 위한 기독자의
책임을 다할 것"을 선언하였다. 이 선언문은 "우리는 민주주의를 지향하면서도
인간의 존엄성은 유린되고 정치적 정의의 실현은 요원하며…근대화가 표방되
고 있으나 소수 특권층만이 비대해지고 있으며 낭비와 사치 풍조가 조장되는
반면에 일반대중은 빈곤을 벗어나지 못하고 있다"고 하여 사회의 구조적 모순

······
[11] 김재준은 公義에 가장 용감했던 구약시대 예언자들로 이사야, 아모스, 호세야, 예레미야, 미가,
에스겔 등을 예로 들었다. 또한 그는 예수의 '칼을 쓰는 자는 칼로 망한다'(마 26:52)는 구절을
인용하여 '칼', 또는 '권력' 등 어떤 직접행동에 호소하는 운동에는 가담하지 말아야 할 것으로 보
았다.

까지 지적하였다. 이어 기독자로서 "우리는 하나님 앞에 기독자의 책임을 다하지 못했다. …이웃의 가난과 국가적 과제를 외면한 우리의 예배는 정의의 하나님 앞에 도리어 거짓된 제사가 될 뿐"이라고 하여 역사 앞의 기독자 책임의식을 강조하였다.[12]

이 성명은 그동안 NCC가 견지해 온 '미온적, 타협적 성명'에서 벗어나 교회의 비사회적 태도를 비판하고 사회의 구조적 모순에 기독자적 책임을 밝혀 매우 의미 있는 선언이다. 이 선언이 나오게 된 배경은 1968년 기장의 김관석 총무의 취임과 같은 해 NCC 실행위원회에 '대한기독교교육협회, 한국기독학생회(박형규), 대한기독교청년회연맹' 등 에큐메니컬 연합기구들이 참여하게 됨에 따라 NCC 내에 형성되기 시작한 새로운 변화로 이해할 수 있다.[13]

## 2) 김재준의 3선개헌반대운동과 한국교회 '정치참여' 논쟁

1968년 1·21 청와대 습격 사건, 1·23 푸에블로호 사건, 울진·삼척지구 대규모 무장간첩 침투 사건(10·30) 등의 연속으로 박정희 정부는 안보 위기를 이용하여 국내 통제력을 강화하고, 3선개헌을 위한 장기 집권의 길로 접어들었다.[14] 1969년 1월 10일 박정희는 기자회견을 통해 "임기 중 개헌을 할 의사는 없으나 꼭 필요하다면 연말이나 내년 초에 해도 늦지 않을 것"이라 하여 개

----

12) 이 성명은 "기독자는 잘못된 사회 구조와 불의한 정치와 부패한 풍조가 하나님의 뜻에 대한 반역임을 확인하고 이에 항거하며 개혁하는 데 나선다. 참된 인간 공동체를 실현하기 위하여 우리는 모든 선한 세력과 힘을 합친다"로 끝을 맺음으로써 한국사회 구조적 모순들에 한국교회가 정면으로 대응할 것을 결의하였다(한국기독교사회문제연구원, 『1970년대 민주화운동과 기독교』, 민중사, 1983, 58쪽).

13) 김찬국의 증언에 의하면 1969년 3월 2일 NCC 주최로 열린 '3·1운동' 기념 대회는 김찬국이 창천교회의 50주년 기념예배에서 '민주, 민족, 독립, 자유' 등의 3·1운동 기념예배를 드리자는 건의에 의해 그 다음해부터 NCC 주최로 예배를 드리게 된 것이라고 한다(「대담: 1970년대 한국교회 사회운동의 배경과 신앙」, 『이 땅에 평화를: 운산 김관석 목사 고희기념문집』, 고희기념문집 출판위원회, 1991, 319쪽).

14) 홍석률, 「유신체제의 형성」, 『유신과 반유신』, 민주화운동기념사업회, 2005, 54쪽.

헌 의도를 드러냈고[15] 이후 이후락 비서실장, 김형욱 중앙정보부장, 공화당의
윤치영·백남억·김성곤·김진만·길재호 등 5인에 의해 개헌 추진이 본격화
되었다. 미국의 적극적인 지지에 힘입어 박정희는 1969년 8월 20~25일 방미
뒤 보름만인 9월 14일 공화당만의 단독국회를 열어 3선개헌안을 국회 별관에
서 변칙 처리하였다.

　1969년 6월 12일 서울 법대 5백여 명의 '헌정수호성토대회'를 기점으로 시작
된 3선개헌반대운동은 학생들에 의해 주도된 운동이다.[16] 야당인 신민당은 2
월 7일에 저지투쟁 대열을 정비, '黨運을 걸고 3選改憲을 沮止하겠다'고 결의하
고 '개헌저지기획위원회'를 설치하였다. 1969년 2월 3일 정치활동정화법에서
풀려난 김상돈·김영선·이철승·윤길중·조중서 등이 '3선개헌반대범국민발
기준비위원회'를 구성하고 3월 31일 이들과 신민당이 연합하여 3선개헌반대운
동을 전개하기로 합의하였다.[17] 당내 내분을 겪던 신민당은 전당대회(5월 21
일) 이후 개헌반대투쟁을 본격적으로 전개하였다.[18]

　1969년 6월 5일 YMCA 소강당에서 신민당, 통일사회당, 대중당, 자유당, 민
주당 등의 정치인들과 종교계 학계, 법조계, 문화계 인사, 4·19와 6·3청년단
체 등 각계 대표 36명의 발기인이 모여 '3선개헌반대범국민결성준비위원회'를
결성하였는데, 이날 위원장에 김재준 목사를 선출하고, 총무, 선전, 조직 등 3

15) 정일형, 위의 책, 268쪽. 박정희의 이 기자회견을 정일형은 '개헌은 하되 스케줄은 늦추어질 것'으
　로 이해했다.
16) 2학기 개강을 앞둔 8월 하순 연세대 학생회가 실시한 여론조사는 3선개헌 반대에 98%, 반대 방법
　으로 시위 찬성이 90% 정도 나왔을 정도로 대학가의 반대 열기는 높았다(서중석, 「3선개헌반대,
　민청학련투쟁, 반유신투쟁」, 앞의 책, 72쪽). 유인태에 의하면 이 설문조사는 2학기 개강을 앞두
　고 권력이 '침묵하는 다수'를 검증하기 위해 연세대 학생회를 시켜 등록하는 학생들을 상대로 조
　사케 한 것인데, 결과는 권력의 기대와 정 반대로 나와 충격이 되었고 학생운동 세력에게는 '고무
　적'이었다고 했다(유인태, 「각서를 강요받고」, 『행동하는 신학, 실천하는 신앙인』, 박형규목사고
　희기념문집출판위원회 편, ㈜사회평론, 1995, 63쪽).
17) 김삼웅 편, 『민족·민주·민중선언』, 일월서각, 1984, 74쪽; 정일형, 위의 책, 268~269쪽.
18) 5월 21일 신민당의 전당대회에 앞서 유진산 등의 주류와 정일형 등 비주류간 갈등과 내분이 있었
　는데 자리 안배를 통해 위기를 봉합, 전당대회를 치를 수 있었다. 대회에서 유진오 당수는 '개헌
　저지'를 신민당의 최대 과제로 천명했다(『한국민주화운동사』 1, 민주화운동기념사업회, 521쪽).

개 분과를 두어 조직을 갖추었다.

이어 7월 17일 제헌절을 맞아 329명의 발기인 중 약 260명이 참가한 가운데 정식으로 '3선개헌반대범국민투쟁위원회(이하 '범투위')' 발기인대회가 열려 위원장 겸 운영회의 의장에 김재준 목사를 선출하고 규약에 따라 7월 중 부산 및 각 시·도지부 설치를 완료하기로 하였다.[19] 산하에 사무국과 기획·선전·청년·인권·부녀·원내 위원회를, 서울, 부산과 각 시도에 지방 조직을 두었다.[20] 아래는 '범투위'의 발기인 중 임원급 명단이다.

위 원 장　김재준
고　　문　유진오, 윤보선, 함석헌, 장택상, 박순천, 이희승, 임창영, 정화암, 이재학, 김상돈
지도위원　유진산, 김재호, 정일형, 이봉학, 신순언, 김순태, 박기출, 김홍일, 정해영, 권오돈, 오영진, 이태구
운영위원　이재영, 조한백, 김의택, 양일동, 고흥문, 김영삼, 김재광, 김원만, 정헌주, 장준하, 김대중, 이병린, 김준섭, 윤길중, 조중서, 이철승, 황병호, 최용근, 김철, 이성렬, 이기택, 박정훈, 이만희, 계훈제, 이동화, 이상노, 김영선[21]

발기인대회에서는 「역사 앞에 선언한다」의 선언문을 발표하여 "자유민주체제의 확립과 신장을 위한 승공", "자유민주 체제에서의 통일"을 내걸고 박정희의 "장기집권을 위한 3선개헌의 종장은 무한전술에 의한 무한독재"로 비판했다.[22] '범투위'의 활동은 성명전을 전개하는 한편 전국적인 개헌반대 시국강연

19) 6월에서 7월 사이에 이미 학원가를 중심으로 격렬한 3선개헌반대투쟁이 전개된 후에 비로소 신민당과 재야의 '범투위'가 본격적으로 전개되었다. 발기인으로 신민당 소속의원 전원과 발기준비위원 25명, 원로 17명 등과 그 외 신민당의 원외 위원장 등 정치인, 각계 인사로 이뤄졌다.
20) 민주화운동기념사업회 연구소 엮음, 『한국민주화운동사』 1, 2008, 531쪽.
21) 한국기독교교회협의회인권위원회, 『1970年代 民主化運動: 기독교인권운동을 중심으로』 I, 1986, 76쪽.
22) 김삼웅 편, 위의 책, 80쪽.

회를 개최하여 반대 여론을 조성하는 일에 주력하였다. '범투위'의 성격은 박정희 정권의 민주질서 유린에 반발하여 민주주의 질서의 유지를 위해 조직된 반정부조직이란 점에서, 그리고 야당과 해금정치인, 종교인, 지식인 등 각계각층을 총망라한 연합체인 점에서 재야운동을 형성한 기점으로 볼 수 있다.[23] 그러나 구성의 다양성은 조직적 운동 전개를 사실상 어렵게 하였으며 하부조직을 신민당 지방조직이 담당함으로써 사실상 정치적 편중성을 벗어나지 못하는 한계도 있었다.

9월 14일 개헌안이 날치기로 통과되자 김재준 등 범투위 실행부는 국민투표에 대한 대책 논의에서 투표 자체의 '보이콧'과 '국민투표 절차 보이콧'을 두고 격론이 오갔는데, 김상돈은 국민투표의 '전적인 보이콧'을 주장했다. 그러나 시골에서는 투표 거부가 불가능할 것으로 판단하여 '투표 속 부표'의 기회라도 국민에게 허용하는 것이 옳다는 쪽으로 의견이 모아졌다. 이 시기 범투위는 국민투표가 '공정선거'로 치러질 기대감이 없다고 인식했다.[24] 10월 17일의 국민투표에서 77.1%의 투표율과 65.1%의 찬성으로 '3선개헌안'이 확정됨으로써 1969년 한해 전국을 휩쓸면서 헌정체제를 유린한 '3선개헌' 국면은 박정희의 승리로 일단락되었다. 투쟁 목표가 사라진 이상 '범투위'를 더 이상 유지할 명분이 사라짐에 따라 해산을 결의, 자연 해체되었다.[25]

김재준의 3선개헌반대운동 참여는 개신교계 민주화운동의 출발로서 평가되어 왔다.[26] 김재준에게도 '3선개헌반대범국민투쟁위원회' 참여는 반독재민주화운동의 출발점으로, 이후 '한국 민주화운동'이 본업같이 된 계기적 사건으로

• • • • • •

23) 김대영, 「반유신 재야운동」, 『유신과 반유신』, 민주화운동기념사업회, 2005, 399쪽.
24) 천관우, 위의 글, 519쪽; 김재준, 『凡庸記』 3, 321쪽 등 참조.
25) 김정남, 「되새기는 잊혀진 거목」, 『巨人 천관우』, 일조각, 2011, 516~517쪽. 한편 '범투위' 해체식에서 김재준은 자신의 향후 계획을 '교회의 사회화와 국민의 민주화에 기여할 것'으로 밝혔다(김재준, 『凡庸記』 3, 칠성인쇄소, 1982, 322쪽).
26) 서중석, 「천주교정의구현전국사제단의 출범 배경과 활동」, 『사림』 제27호, 2007, 230~231쪽; 강인철, 「종교계의 민주화운동」, 민주화운동기념사업회연구소 편 『한국민주화운동사』 2, 돌베개, 2008, 360쪽 등 참조.

자평했다.[27] 김재준의 '범투위' 참여와 위원장 수락은 현실 정치와 직접 관계를 맺은 사건적 의미로 배경 설명이 필요하다. 앞서 6·8부정선거 국면에서 '불의'에 대한 투쟁을 신앙의 본직으로 선언했던 김재준은 공화당의 3선개헌 공작이 진행되기 시작하자 적극적인 반대운동의 필요성을 주장하였다.[28] 그의 신념에서 박정희의 '3선개헌'은 '독재 선언'의 다른 이름이며, 히틀러의 유대인 학살 앞에 전 국민이 무(無)존재로 무력했던 역사적 경험과 같이 독재란 "인간 생활의 전부를 외부적으로 구속하고 지배하는 권력"으로 이해했다.[29]

더 나아가 김재준은 자유민주체제가 독재체제로 바뀔 경우 정신적·신앙적 자유, 시민 자유가 모두 '억압과 노예'로 될 것이 명백하기 때문에, 정치적 독재에 항거하는 것이 그대로 '신앙 자유를 위한 운동'이며, 경제적 빈곤, 사회 불의와 싸우는 것이 그대로 '정신적·도덕적 자유'를 위한 투쟁으로 보았다.[30] 따라서 그의 '범투위' 참여는 신앙 자유·시민 자유를 위한 기독교적 정치참여로서의 의미가 있다.[31]

보다 직접적인 계기로 김재준의 '범투위' 참여는 '비정치적 요소'가 고려된, 재야진영의 적극적인 추천에 의해 성사되었다. 앞서 보았듯이 '범국민투쟁위원회'는 야당인 신민당과 해금정치인, 재야인사, 각계각층 인사 등 인적구성이 매우 복잡했고 내분과 갈등의 요소로 혼합되어 있었다. 김재준의 회고에 의하면 "그야말로 상식으로 볼 때 결코 어울릴 수 없는" 조직이었고 이념적으로도 "사회주의자, 무정부주의자, 반혁명 투사로 장기 징역을 치른 자들, 권력욕에

· · · · · ·

27) 김재준, 『凡庸記』 3, 위의 책, 86~87쪽.
28) 이 부분에 대해서는 박형규의 증언이 여러 곳에 남아 있다. 「대담: 1970년대 한국교회 사회운동의 배경과 신앙」, 『이 땅에 평화를: 운산 김관석 목사 고희기념문집』, 고희기념문집 출판위원회, 1991, 319쪽.
29) 김재준, 「난세를 걷는 사람들」(1969.11), 『전집』 8, 장공김재준목사기념사업회, 1992, 428쪽.
30) 김재준, 「自由를 위하여」(『基督敎思想』, 1969.1) 『전집』 8, 장공김재준목사기념사업회, 1992, 424쪽. 김재준은 '크리스천의 자유'란 실생활의 모든 조건을 다 포괄하는 것이며 역사적 상황에서 '유리' 또는 '초연'한 경지에서 결실을 기대하는 것은 '망상'으로 보았다.
31) 김재준, 『凡庸記』 3, 위의 책, 86~87쪽.

눈이 불타는 정객들"로 구성된 혼합 조직이었다.[32] 이런 가운데 김재준의 '범투위 위원장'직 수락은 김상돈의 적극 권유와 장준하·송원영·윤길중·이철승 등 재야정치인의 추천으로 성사되었는데, 김재준은 자신의 '추천'이 갈등을 비껴갈 수 있는 '비정치적 요소'로 이해했다.[33]

반면에 김재준에게는 '범투위 위원장'직 수락에 앞서 몇 가지 조건이 있었는데, 첫째 정당 또는 정치인이 아닌 '국민'이라는 베이스(base)에서 합한다는 것, 둘째, '별에 별(별의별)' 이간책이 들어올 것이므로 '우리끼리는 절대 신임하고 들어오는 소리를 일체 입 밖에도 내지 말 것', 셋째, 모든 변론은 '3선개헌반대'라는 공통 목적에만 집중할 것 등이다.[34] 김재준의 이 세 조건이 수용됨으로써 그가 평소 선호하는 '범국민'의 기반위에 '위원장'직을 수락하였던 것으로 보인다.[35] 이후 '범투위'가 해산될 때까지 "그들은 나를 나무 위에 올려놓고 흔들어 떨어뜨리는 일을 하지 않았고 해산식 할 때까지 일체가 되어 주었다"고 회고하였으나 다른 한편으로 '나는 거기서 빠져나오려고 몹시 애썼읍니만 그렇게 되지 않았읍니다'라고 술회한 것을 볼 때 '범투위 위원장'으로서 그가 겪은 고충을 짐작할 수 있다.[36]

• • • • • •

32) 김재준,「김재준 목사가 문익환 목사에게 보내는 안부서신'(1974년 8월 27일)」,『민주화운동기념사업회 open archives』(http://archives.kdemo.or.kr/View?pRegNo=00829983).

33) 『凡庸記』는 판본에 따라 김재준의 '범국민투위' 참가 배경이 두 종류로 나와 있다. ①하나는 캐나다에서 1982년에 출판된 『凡庸記』로, 장준하와 송원영이 수유리 집으로 직접 찾아와 3선개헌반대운동에 나설 것을 요청한 내용이다. 이때의 상황을 김재준은 정치에 '숫처녀' 같은 자신이 'Propose'를 받은 것으로 묘사하고 이후 본격적인 "교제"가 시작된 것'이라 설명했다(『凡庸記』 3, 87쪽). ②둘째는 국내 출간 『凡庸記』(풀빛, 1983)로 여기에는 '하루는 김상돈이 자기 농장용 빈 트럭을 끌고 와서… "두말 말고 어서 타라"…'고 반강제로 태워 '범국민위투쟁위원회준비위원회'에 참석하게 된 경위가 기술되어 있다. 이때 의장 선거에서 장준하, 윤길중, 이철승, 송원영 등의 공천위원이 김재준을 추천한 것으로 되어 있다. '두세 번 거절'하자 '민족의 지상명령이니 두말 말고 복종하시오!'라는 김상돈의 외침이 있었고 이에 김재준은 '정 그렇다면 한 달 준비 기간만이라는 조건 아래서 승낙합니다'라고 대답했다(김재준, 『凡庸記』 풀빛, 1983, 348~349쪽).

34) 김재준, 위의 편지, 5쪽.

35) 김재준, 위의 편지 참조;「나는 三選改憲을 이렇게 본다」,『전집』 8(『基督敎思想』, 1969.7) 415~416쪽. 한편 김재준이 '3선개헌반대범국민투위위원장'으로 활동하자 정부가 이것을 문제 삼아 그가 논설위원으로 활동하던 『대한일보』에 수차례 압력을 가한 사실이 있다(김재준, 『凡庸記』, 풀빛, 1983, 352쪽).

1960년대 말 최대 정치 쟁점인 '3선개헌'에 김재준을 비롯하여 박형규, 함석 헌 등이 국민적 투쟁조직에 적극 참여함으로써 한국교회 진보−보수진영 간에 교회의 '사회참여'를 둘러싼 논쟁을 불러 일으켰다. 한국교회 보수진영으로부 터 김재준의 현실참여는 일찍부터 '정치목사'로 비판과 공격이 있었지만[37] 3선 개헌 국면에서 보수−진보 기독교 간의 대립은 개인을 넘어 교회의 사회적 발 언과 '참여'논쟁, 정교분리를 둘러싼 신학논쟁으로 확산되었다.

논쟁의 계기는 3선개헌에 침묵으로 일관하던 한국교회 안에『基督敎思想』 (1969.7)이 '개헌론'을 특집으로 다루면서부터 시작되었다.[38] 『基督敎思想』이 개헌론 특집을 다룬 직접 계기는 1969년 여름 김재준이『基督敎思想』주간이 던 박형규 목사를 찾아가 "이런 때『基督敎思想』이 3선개헌 문제를 다루지 않 으면 어떻게 하나? 예수께서도 '예'할 때는 '예'하고 '아니오'할 때는 '아니오'하 라고 하지 않으셨나?"라고 한 것에서 시작되었다.[39] 이 계기로『基督敎思想』 은 특집호에서 3선개헌 추진의 저의를 부각시키고 기독교인이 취해야 할 자 세를 점검함으로써 '3선개헌'을 다룬 최초의 기독교언론이 된다.[40] 이후 김재 준은 8월 15일 '전국의 신앙인동지'들을 향한 성명서를 발표하여 기독교인의 결단과 참여를 촉구함으로써 불의한 국가권력에 대항하는 교회의 예언자적

· · · · · ·

36) 김재준, 위의 편지, 4쪽 참조.
37) 김재준의 '불의에 대한 투쟁도 신앙이다'는 자신의 '참여 신앙'을 공격하는 보수 교계를 향한 신앙
   적 항변으로서의 의미가 크다.
38) 이 개헌론 특집은 김재준이 '3선개헌 반대'를 위해『基督敎思想』편집주간인 박형규를 찾아가 독
   려하면서 이뤄진 것이다.
39) 이때 김재준은 박형규에게 "내가 신학교에서 잘못 가르쳤어. 내 제자라고 떠벌리고 다니는 사람
   들 가운데는 쓸 만한 사람이 하나도 없어! 3선개헌 같은 나라의 중대 문제를 보고만 있어 되겠느
   냐고 말했는데도 말을 듣는 사람이 하나도 없단 말이야"라고 하며 탄식했다고 한다(박형규『나의
   믿음은 길 위에 있다』, 창비, 2010, 156~158쪽; 「대담: 1970년대 한국교회 사회운동의 배경과 신
   앙」,『이 땅에 평화를: 운산 김관석 목사 고희기념문집』, 고희기념문집 출판위원회, 1991, 319쪽
   등 참조).
40) 특집호는 「민주헌법의 기본원리」(마상조), 「법질서의 성서적 이해」(안병무), 「한국헌법의 변개와
   그 의미」(박길준), 「나는 삼선개헌을 이렇게 본다」(김재준) 등으로 구성됐다.『基督敎思想』,
   1969.7 참조.

위치를 촉구했다.

신앙인 개인은 물론 교회 전체도 **의를 위한 목숨을 건 결단**에서만 참다운 생
명을 얻을 수 있다고 생각합니다. …우리는 복음 위에 서서 불의를 바르게 찾아
내어 규탄하고 의를 찾아 세우는 역군이 되어야 한다는 사명을 다시 깨달아야 하
겠습니다. 그러므로 우리의 교회는 오늘 그 어느 때보다도 **예언자적인 직능**을 다
하여야 할 시기에 도달한 것이라고 생각합니다. 그리스도의 종으로서의 멍에를
지고 민중의 운동을 조직하고 실천하여야 하리라고 생각합니다.[41]

성명에서 김재준은 교회와 기독자의 사명이 '불의의 규탄'과 '의(義)'를 세우
는 것'임을 호소하고 교회의 '예언자적 기능'을 강조했다. 특히 성명에서 김재
준은 반공을 이용한 안보논리에 다음과 같이 주장하였다.

그들은 박정권의 연장만이 공산침략을 막는다고 말했습니다. 그러나 나는 그
들이 무너뜨리는 사회기강을 바라보면서 선량한 국민을 탄압하고 착취하고 고의
로 보일만치 민족적인 단결을 파괴하면서 불의한 권력과 부만 누리려는 현 **정권
이야말로 진정한 의미의 반공을 외면하고 있다고 생각합니다. 반공의식이란 공산
주의를 두려워한다는 소극적인 것이 아닙니다. 공산주의에 우리의 자유 우리의
영토를 촌토(寸土)라도 침범시킬 수 없다는 굳은 결의에서 단합된 자세와 행위를
가지고 있어야** 하는 것입니다.[42]

위에서 박정희 정권이 안보논리가 민주질서를 유린하는 수단으로 악용되는
것과 이에 편승된 3선개헌 지지 논리를 비판하였다. 김재준의 이 호소문은 한
국교회 진보−보수진영 간에 교회의 '정치참여'를 둘러싼 논쟁을 촉발시켰다.
9월 4일 김윤찬 · 김준곤 · 김장환 · 조용기 · 박형룡 등 보수 기독교 인사 242명

• • • • • •
41) 김삼웅 편, 『민족 · 민주 · 민중선언』, 일월서각, 1984, 89쪽.
42) 김삼웅 편, 위의 책, 90쪽.

은 '개헌 문제와 양심자유선언을 위한 기독교성직자 일동' 명의로, '개헌 문제와 양심자유 선언'을 발표하고 김재준 목사의 호소문을 "순진하고 선량한 뭇 성도들의 양심에 혼란"을 일으키는 선동적인 행위로, 김재준의 '범투위위원장' 활동도 성직(聖職)의 권위를 도용한 일이라 비판하였다.[43]

"그리스도의 이름으로 개헌반대를 강매(強賣)한다면 우리들의 복음은 격하되고 개헌반대는 성의(聖衣)를 입고 그 선전원들은 순교자가 되는 희극도 벌어질 것이다"라고 하여 진보진영의 정치참여를 맹공격했다. 또한 '기독교인은 성경의 가르침을 따라 날마다 그 나라의 수반인 대통령과 그 영도자를 위해 기도해야 하며 기도함이 없는 비판은 비생산적이며 비기독교적'이라 비판했다.

보수교계의 반 사회참여 의식은 예장통합 측 한경직 목사에게서도 동일하게 나타난다. 그는 "우리 목사들은 예언할 사명과 선지자의 사명이 있으니 정부가 잘못하면 강단에서도 치고 때리고 나쁘다고 해야 한다"하는데 "나는 그렇게 생각할 수 없단 말이요. 왜 그러느냐, 공산당이 없으면 나도 그러갔는데, 자이 사람들이 있어서 자꾸 기회만 노리니만큼… 정치의 안정을 깨치고 사회의 불안을 일으키는 수단은 절대로 쓰지 아니해야 된다고 봐요. 그러니 떠든다든가 데모한다거나 하는 것은 나는 절대 반대입니다"라고 하여 반공주의적 안보 논리의 전형을 보여주었다.[44] 그러나 김재준은 보수교단의 정교분리를 근거로 한 '정치 불참여' 논리에 다음과 같이 대응했다.

정치란 하나의 생활체, 크리스챤으로서 자기가 느끼는 바를 양심적으로 증언하는 일이 곧 정치참여라 하겠다. 크리스챤이 정말 크리스챤으로서의 삶을 가져

• • • • • •

43) 『조선일보』 1969.9.4.
44) 김병희, 『韓景職목사』, 규장문화사, 1982, 88쪽. 같은 글에서 한경직은 "일제강점기에는 일본 정부에 저항하는 것이 애국운동이었으나, 지금은 세대가 바뀌었다. 지금은 우리 정부가 있어, 대통령이랑 정부에서 일하는 사람들이 다 우리 민족이야요. 옳든지, 어떻든지 내가 사는 이 대한민국을 잘 받들어서 정부나 정치가 잘 돼야 사회가 안정되고, 사회가 안정되어야 경제가 발전하고, …문화가 발전되는 동시에 교회가 발전됩니다"라고 하여 정부, 정치의 안정을 국가, 사회, 교회의 발전으로 이해하는 전형적인 안정 성장논리를 전개했다.

야겠다고 생각할 때 이런 일은 불가피한 것으로 믿는다. 정신적인 면을 강조하더
라도 세속적 삶을 도외시할 수는 없는 것이다.[45]

위에서 김재준은 정치와 삶이 분리될 수 없음을 강조하여 기독교의 이원론
적 세계관이 통합되고 있음을 알 수 있다. 한편 3월에 3·1절 기념대회를 개
최하여 사회참여적 회개와 촉구를 표명했던 한국기독교연합회(NCC)는 9월 8
일에 성명을 발표하여 "우리는 국론의 분열과 약화를 초래하는 3선개헌 발의
에 대해서 깊은 우려와 심한 유감의 뜻을 표하는 바"라고 하여 다소 온화된
'유감'을 표명하였다. NCC 총무 김관석의 증언에 따르면 이 성명서가 작성되
던 당시 중앙정보부가 NCC에 반대성명을 내지 말라는 압력을 행사하여 실행
위원회 내에 '찬반양론' 논쟁이 전개되었는데 결과적으로 '힘없는 것'으로 수정
이 되었다.[46]

기독교장로회는 1969년 9월 1일 『회보』 권두언을 통해 '健全한 민주주의국
가로 이 나라를 세워야 할 使命'이 교회에 있음을 강조하였다.[47] 기장은 '自由,
平等, 博愛, 人權 등의 민주주의 기본 이념은 기독교정신인 人格의 尊嚴에 土
臺를 두고 있다'고 하여 기독교적 인간 존엄과 '민주체제'의 기본 이념이 다르
지 않음을 역설했다.[48] 또한 기장은 "국가가 危機의 역사에 처하여 있는 때일

· · · · · ·

45) 김재준, 「나는 삼선개헌을 이렇게 본다」(『基督教思想』, 1969.1), 『전집』 8, 장공김재준목사기념사
업회, 1992, 413쪽.

46) 「대담: 1970년대 한국교회 사회운동의 배경과 신앙」, 『이 땅에 평화를: 운산 김관석 목사 고희기
념문집』, 고희기념문집 출판위원회, 1991, 320쪽; 한국기독교사회문제연구원, 『1970년대 민주화
운동과 기독교』, 민중사, 60쪽 등 참조. NCC는 1968년에 40대 김관석 목사가 NCC 총무에 취임에
서부터 NCC에 변화를 원하는 기류와 기존의 보수적 저항 간의 긴장 관계가 있었다. NCC가 진보
적 사회참여로 본격적인 활동을 전개한 시기는 1970년대로 들어서면서 가능했으며 60년대 말까
지 NCC의 성격은 '교단 간의 이해에 따라 오가는 교회 정치 수준에 머물러' 있었다(위의 대담 기
사, 316쪽).

47) 「권두언: 教會와 國家」, 『한국기독교장로회회보』 제99호, 1969.9, 1쪽(이 권두언은 이해영 목사가
쓴 것이다).

48) 위의 권두언 참조. 글에서 이해영 목사는 "국가의 강력한 中心意志는 執權者의 의지가 아니고 法
이다. …그러므로 立法府나 執權者는 人民과 꼭 같이 法아래 審判을 받는 者이다. 國家의 勸力이
國民의 尊嚴한 人權과 自由를 抑壓하고 유린할 때 그것은 神의 의지를 反逆하는 結果가 된다.

수록 교회는 憂國의 精神으로 愛國의 길을 걸어야 한다…우리 총회는 조국의
역사 속에서 예언자적 사명을 다하기 위하여 십자가를 지고 前進할 것이다"라
고 하여 사회참여의 길을 밝혔다. 이 시기 기독교 정치인, 교계, 사회 인사들의
모임인 염광회(鹽光會)는 1969년 8월 12일에 "오늘에 이르기까지 수년 동안 사
회악에 도전했고 제거하는 데 헌신 투쟁했으며 지금도 그 사명의식을 절감하
고 있다. 그러기에 이 시점에 하나님의 뜻을 펼치는 바이다. 개헌발의를 즉시
중지하고 징계학생을 즉각 구제하라"는 내용의 성명서를 발표하고 회장에 정
일형, 고문에 함석헌 · 김재준 · 김상돈 · 윤보선, 실행위원에 박형규 · 문옥태 ·
문장식 · 민승 등으로 조직을 확대하고 개헌반대운동을 전개했다.[49]

3선개헌반대운동은 '개헌 반대'에 집중된 단일 운동이었기 때문에 언론인 ·
지식인의 각성을 호소하고 정보정치를 규탄하는 정도의 양상으로 전개되었
다.[50] 그러나 4 · 19 이후 한국교회의 반성을 촉구한 김재준과 한국교회 사회
참여진영은 한일회담 반대운동과 6 · 8부정선거, 그리고 3선개헌반대운동 등
정치 현실에 직접 참여함으로써 기독자의 사회정치참여가 확대되는 결과로 이
어졌다. 그리고 이러한 정치참여의 기회가 박정희의 정치적 억압, 권력 집중
화, 경제개발 및 산업화에 따른 사회 구조적 모순들로 문제의식을 심화시킴으
로써 한국교회 내 참여운동이 조직화되어 가는 발전의 계기가 되었다. 반면에
정교분리를 내세운 한국교회 보수진영은 김재준 등의 저항적 정치참여를 반대
하기 위해 개헌찬성의 역 논리를 전개함으로써 이 '3선개헌운동'을 기점으로 개

• • • • • •

이때 敎會는 豫言者의 입장에서 과감히 受難을 自取하여 진리에 殉해야 한다"라고 하여 1970년
대 기독교 인권운동과 연결된 문제의식을 밝혔다. 이해영 목사는 1975년 NCCK인권위원회 초대
인권위원장이 된다.

49) 문장식,『한국 민주화와 인권운동』, 쿰란출판사, 2001, 139쪽. 이 글에서 문장식은 김재준이 '3선
범투위' 위원장 수락 이후 염광회원들이 수유리 자택을 찾아가 염광회 운동에 참여해 줄 것을 권
유했다고 나와 있으나(앞의 책, 140쪽), 김재준의 글에 '염광회'가 언급된 내용이 없는 것으로 볼
때 비중 있는 활동 공간은 아니었던 것으로 보인다.

50) 서중석은 3선개헌반대투쟁에서 이념성이 빈약했던 이유가 박정희 식 근대화에 대한 일반대중의
묵종, 그리고 당시 진행된 대규모 반공캠페인 및 잇달아 터진 좌익사건과 무관하지 않을 것으로
보았다(서중석, 앞의 글, 73쪽).

신교가 저항적 참여 세력과 친정부적 · 보수적 참여 세력으로 구분되는 계기가
되었다.


## 2. 1970년대 김재준의 '민주수호' 투쟁과 자유민주주의 이해

### 1) 1970년대 초 김재준의 『제3일』 신앙과 '참여' 의미

한일회담과 월남파병으로 권력기반을 구축한 박정희 정권은 국민의 거센
저항에도 불구하고 1969년 3선개헌을 강행하였다. 권력의 정당성을 얻지 못한
박정희는 경제 성장을 최우선 과제로 내걸고 '자유'와 '인권'은 잘 사는 나라가
될 때까지 유보되어도 좋다는 논리를 앞세워 모든 가치를 경제 성장에 종속시
켰다.[51] 근로노동의 희생을 담보로 한 성장제일주의는 빈부의 격차와 인간소
외를 낳아 1970년 11월 13일 청계시장 피복노동자의 '우리는 기계가 아니다'라
는 절규와 함께 '전태일 분신사건'을 초래하였다. 1970년 2월의 닉슨 대통령이
발표한 외교백서는 '아시아인에 의한 아시아' 구호 속에 후속조처인 주한미군
철수를 통보하자 박정희는 불안한 안보심리를 이용해 체제단속에 나섰다.
1971년은 양대 선거가 치러진 해였으며, '자유민주 체제'를 억압, 희생하면서
박정희 정권이 주장해온 경제성장, 반공, 안보논리들의 모순들이 폭발적으로
드러난 시기였다.[52] 1970년에 쓴 김재준의 다음의 글은 박정희 식 통치논리에

● ● ● ● ● ●

[51] 해외자본 및 차관, 원조로 유지되어 온 박정희 정권의 경제성장 논리는 물가인상, 부실기업양산,
도농간 격차 심화, 이농인구 증가 등의 허약성을 드러내고 경기는 성장둔화를 초래하였다. 기독교
교회협의회인권위원회, 『1970년대 민주화운동: 기독교인권운동을 중심으로』, KNCC, 1986, 57쪽.

[52] 1971년 한 해 동안 자유 · 민권 유린의 폭발로 일어난 사건들은 4월 15일 동아일보 기자들의 '언론
자유수호선언'과 함께 번져간 언론자유운동, 7월 28일 사법권 독립과 외부압력 배제를 결의하면
서 일어난 '사법파동', 8월 10일 광주대단지 사건, 8월 18일에 일어난 서울대 교수들의 대학자주
화선언, 8월 23일 '실미도사건', 9월 15일 '체불임금의 요구'로 일어난 한진상사 'KAL빌딩방화사건'
등을 들 수 있다. 이상의 내용은 기독교교회협의회인권위원회, 위의 책, 57~58쪽 참조.

대한 저항적 지식인의 현실 인식을 보여준다.

> 자유·민주체제의 확립! 우리는 부지불식간에 '다만 반공만 한다면 민주주의
> 적이고 아니고 간에 크게 관심 없다'는 정신적 퇴색과 '경제제일주의'로 기울어져
> 서 조속한 경제건설로 빈곤을 퇴치한다면 민주주의적이고 아니고 큰 문제가 아
> 니라는 방향을 걸어갔다. 그래서 언론자유가, 학원의 자유분위기가 가스기류에
> 중독된 듯싶고, 부정·부패를 고발하는 사람은 찾아보기조차 어려우며 거의가 함
> 구무언하니 상처는 가속적으로 썩어간다. 썩은 것을 썩었다고도 못하는 처지에
> 있으니 그 몸이 어떻게 될 것은 불언가상이다.[53]

3선개헌반대 범투위 해체 후 '교회의 사회화', 국민의 민주화운동에 투신할
것을 내비쳤던 김재준은 1970년의 현실에서 잡지 창간을 시작으로 '민주계몽'
운동에 나서게 된다. 이미 1962년부터『대한일보』논설위원으로 언론인의 길
을 걸어 온 김재준에게 '글쓰기'는 사회참여의 일관된 방편이었다. 민주주의를
하나의 생활철학으로 이해한 김재준은 6·8부정선거와 3선개헌운동을 경유하
면서 국민의 낮은 민주의식을 계몽해야 할 필요성을 절감하였다. 그 결과
1970년 8월 박형규·현영학·서광선·이문영·홍동근·윤반웅 등 김재준의
후배 동지들이 모여 '민주교육'을 중점적으로 다룰 잡지의 창간을 모의하고 김
재준을 설득하게 된다. 김재준의 잡지 창간 결정에는 이보다 앞서 함석헌이
동향(서북계)인들과 뜻을 모아『씨알의 소리』를 창간한 것에 자극 받은 측면
도 있다.

> 내게도 신념은 있었다. 이 격동하는 한국역사의 시점에서 작고 고요한 하느님
> 의 소리가 주어진다. 출판비가 문제겠느냐 하는 믿음의 밑천은 내게 있었고 내
> 동지들에게도 있었다는 말이다.[54]

● ● ● ● ● ●

53) 김재준,「국민·국회·안보: '닉슨독트린」,『전집』9, 278쪽.

　『제3일』의 창간 목적은 '민주생활' 연구와 해설을 통해 국민의 민주역량을 함양시키는 것이었다.[55] 이 시기는 박정희의 언론 탄압으로 '언론 부재' 상황이 계속되자 학원가를 중심으로 지하신문과 잡지 출판이 성행하여 학생운동 전개에 적극 활용하고 있었다.[56] 김재준과 함석헌의 잡지 창간과 언론활동은 억압적 권력구조와 부조리한 현실에서 민주주의 이념과 가치의 대중화를 위한 저항운동 방편으로 이해할 수 있다.

　잡지 제호(題號)는 김재준이 제안한 『제3일』로 결정하였고, 박형규와 김재준이 문공부에 등록 신청을 내자 '성경 연구와 전도(傳道)를 위한 교회잡지' 용도로 허가가 내려져 1970년 9월 『제3일』의 창간호가 나왔다.[57] 『제3일』의 주요 집필자는 김재준 외에 서광선·현영학·전경연·이문영·김용준·문익환·지명관·백재봉·박형규·노명식·이현주·서남동·이태형·박형석·김용복·소흥렬·신인현·이병린 등이다.[58] 다음의 창간사에서 『제3일』의

● ● ● ● ● ●

54) 이 창간 배경은 김재준의 『凡庸記』에 나온 내용 그대로이다. 여기서 함석헌의 동향 후배들은 장준하와 계훈제를 말한다(김재준, 『凡庸記』, 7쪽). 『씨알의 소리』 창간 의도에도 '민주주의 발전과 씨알의 깨우침에 이바지'할 목적인 것으로 보아 민주주의 교육과 계몽의 관점은 함석헌, 김재준에게 동일한 이해로 나타난다.

55) 김재준, 「민주주의는 피할 수 없다」, 『제3일』 창간호, 1970.9, 34쪽.

56) 당시 대학가에는 '지하신문'들이 쏟아져 나왔는데, 서울법대의 『자유의 종』(1970.10.3, 첫 호), 서울문리대의 『의단』(議壇, 1971.9), 서울 상대의 『활화산』(1971.9), 이화여대의 『새얼』(1971), 연세대의 『내나라』, 고려대의 『산지성』(1971.9), 교회청년협의회의 『광야의 소리』(1971.3.27, 창간), 서울문리대의 『전야』(1971.9), 등이다. 이 지하신문은 주간, 또는 월간, 필요에 따라 수시로 간행되었으나 1971년 10월 15일 위수령으로 서울법대의 『자유의 종』을 제외한 대부분이 자취를 감추었다(한국기독교사회문제연구원, 『1970년대 민주화운동과 기독교』, 민중사, 1983, 101~102쪽).

57) 창간호는 총 800부를 찍었는데 2호부터 2000부, 1974년 3월 정간될 때 4천 부 돌파. 잡지발행에 필요한 자금지원을 위해 '제3일 간행 후원회'가 조직된다. 『제3일』의 국내 발행은 김재준이 캐나다로 이주한 1974년 3월 '발행인 겸 편집인, 주간이 한국에 거주하지 않은 이유로' 등록 취소를 당하면서 정간되었다(김재준, 『凡庸記』 3, 칠성인쇄소, 1982, 86쪽).

58) 주요 필자들의 글 게재 수와 특징은 이동순의 「'제3일'지에 나타난 김재준의 역사참여의 신학에 관한 연구」(한신대학교 석사학위 논문, 1986) 참조. 현영학의 증언에 의하면 '전태일 분신사건' 이후 김재준의 『제3일』을 중심으로 신학자, 목사, 대학교수들이 모여 토론과 신학적 글을 발표하는 정기적인 독서모임이 진행되었는데, 김재준의 캐나다 이주 후 『제3일』 폐간으로 해체되었고, 1970년대 중반부터 '민중'을 연구주제로 한 모임이 재개되었다고 하였다(현영학, 「민중의 고난과 민중신학」, 『이 땅에 평화를: 운산 김관석 목사 고희기념문집』, 김관석목사고희기념문집출판위원회, 1991, 40쪽).

의미를 보자.

"오늘도 내일도 나는 내 길을 간다!" 이것이 예수의 삶이었다. 사람들은 자기
들이 가는 길대로 가지 않는다고 그를 잡았다. 그래서 첫날에 그를 십자가에 못
박아 죽였다. 다음 날에는 무덤 속에 가두고 인봉했다. 그러나 인간들이 자기 악
의 한계점에서 "됐다!"하고 개가를 부를 때 하나님은 "아니다!"하고 무덤을 헤친
다. 예수에게는 이『제3일』이 있었다. 그의 생명은 다시 살아 무덤을 헤치고 영
원히 灼熱한다.『제3일』 그것은 오늘의 역사에서 의인이 가진 특권—역사의 희
망은 이『제3일』에서 동튼다. 이 날이 없이 기독교는 없다. 이 날이 없이 새 역사
도 없다.[59]

『제3일』이 표방한 '부활', '희망'의 메시지는 필연적으로 예수의 '십자가 죽
음', '고난'의 통과를 의미했다. 1970년대 초 예수의 '제자'로 부름 받은 한국교
회는 필연적으로 고난을 거쳐 희망으로서 '부활'의 정치적 경험을 통과하게 될
것이다.[60] 1970년대 초 김재준의『제3일』은 ①한국교회의 '무사안일'을 비판하
고 ②값비싼 대가를 치르는 '그리스도 제자직'의 강조로 이어졌다.

지금 우리 교회는 이상한 '딜레마'에 걸려 있다. 안일과 무사주의로 박해나 고
난 없는, 영광만의 기독교가 당연한 것일 줄 여기면서 입으로는 그리스도의 十字
架를 찬양한다는 그것이다. 十字架는 두 가지가 아니다. 그것은 고난과 죽음의
현실인 것뿐이다. 「너희는 각기 자기 십자가를 지고 나를 따르라」한 것은 고난과
죽음을 각오하고 따르라는 말이다. …그러므로 十字架의 각오 없이 크리스천일

● ● ● ● ● ●
59) 김재준, 「제3일」,『제3일』창간호, 1970.9, 2쪽.
60)『제3일』창간호에서 김재준이 강조한 '부활', '희망'의 의미는 독일의 바르트주의자 위르겐 몰트만
의『희망의 신학』의 영향 속에 해석될 수 있다. 신학의 중심을 부활신앙과 연결했던 몰트만은
'사회의 혁명적 변화(Revolutionary Change) 시기'와 '십자가에서 죽으신 그리스도의 부활'을 정치
문제와 연결하였다. 몰트만은 부활을 정치적인 Protest(반항)의 '표징'으로 해석함으로써 부활의
형이상학적 이해나 '개인주의적, 내적 경험'의 의미를 거부하고 인간의 최후 정치적 운명, 자유와
정의, 평화의 정치체제를 지향했다(위르겐 몰트만 · 전경연 · 박봉랑 역,『希望의 神學』, 대한기독
교서회, 1973; 김용복, 「몰트만의 政治神學」,『제3일』창간호, 1970.9, 20~21쪽 등 참조).

수가 없다. 그러나 교회는 고난을 통과하면서 自己를 세워가며 前進하는 것이라
하겠다. …그의 人間愛는 十字架위에서 몸으로 폭발했다.[61]

　　지금에 있어서도 예수는 「제자」를 부르신다. 제자 된 사람에게는 十字架가 따
른다. 그러나 그것은 그것 自體가 영예다. 그것은 十字架에서 부활로 나타난 예
수의 能力에 동참하는 길이기 때문이다.[62]


　　여기서 김재준의 '십자가 수난', '고통'은 1970년대 초 시대상황에 대한 김재
준의 기독교적 현실 이해이며『제3일』의 표현은 역사적 '희망', '부활'의 상징으
로 한국교회의 현실참여를 이끌어내기 위한 김재준의 신학이념이다.[63] 즉 '3
선개헌반대운동'에서 1970년대 초로 이어지는 과정을 통해 김재준의 참여 신
학은 다가올 시대 앞에 현존교회의 역사적 사명을 '십자가로의 부르심'으로 정
의하여 1970년대 이후 한국교회 저항적 참여운동의 신학적 기반을 형성하고
있음을 알 수 있다.[64]


● ● ● ● ● ●
61) 김재준, 「첫 크리스머스 事件들」,『제3일』제4호, 1970.12, 8쪽.
62) 김재준, 「弟子職」,『제3일』창간호, 1970.9, 26~32쪽. 여기서 김재준의 '제자도'가 본회퍼의『제자
　　도의 대가(『The Cost of Discipleship』)를 따르고 있음은 분명하다. 김재준은 '값비싼 은혜의 밭에
　　감추어진 보물, 그것을 얻기 위해 전 재산을 팔아야 하는 보물, 모든 것을 버리고 따라야 하는
　　은혜, 돼지에게 던져줄 수 없는 진주'(『The Cost of Discipleship』35~37쪽)라 하여 본회퍼를 직접
　　인용하면서, '모든 것을 버리고' 따르는 사람, 제 십자가를 지고 예수를 따르는 사람에게만 주어
　　지는 값비싼 대가를 역설한다(김재준, 같은 글, 27쪽).
63) 김재준의 '십자가'와 '고난', '부활'의 상징은 이미 1950년대『十字軍』에서부터 도출된 신학적 특징
　　들이다. 이 시기 자신의 신학 노선으로 인해 한국장로교회로부터 '종교재판'을 받던 고통의 순간
　　을 이러한 신학적 이미지로 형상화했다(김재준, 「苦痛의 意義: 성경을 읽어가며」,『十字軍』, 1952.2,
　　8~19쪽 참조).
64) 김재준의『제3일』신앙과 몰트만의 '희망의 신학'과의 연관성은 1975년 몰트만의 방한으로 직접
　　확인된다. '민중의 투쟁 속에 있는 희망의 제목으로 강연한 몰트만은 당시 고난 중에 있던 그리
　　스도인들에게 희망을 주었다. 강연에서 몰트만은 신학과 신학자의 삶의 연관성을 강조했고 예수
　　의 민중과의 식탁공동체를 부각하여 민중을 자신의 역사의 주체로 해석함으로써 민중신학 · 민중
　　교회운동에 자극이 되었다(채수일, 「1970년대 진보교회 사회참여의 신학적 기반」,『한국기독교
　　와 역사』Vol.18, 한국기독교역사연구소, 2003, 14~15쪽).

## 2) 1971년 선거와 김재준의 민주수호국민협의회 활동

1971년의 양대 선거는 부익부·빈익빈 현상, 농촌과 이농민 대다수가 도시 빈민으로 절망적인 상황에서 치러져 변화를 요구하는 변수들이 등장했다.[65] 야당인 신민당은 1969년 11월 42세의 원내 총무인 김영삼이 대선 출마를 선언하여 '40대기수론'을 등장시켰다. 같은 40대인 김대중(44세)과 이철승(47세)이 가세하여 1970년 9월 29일 대통령 후보 지명대회에서 김대중을 대통령 후보로 선출하였다. 김대중은 빈부격차 해결, 재벌 편중 경제의 시정, 주변 4개국에 의한 한반도 안보 보장, 남북 교류, 향토예비군 폐지 등을 공약으로 내세워 박정희의 안보위기론에 정면 대응하는 파격적인 전략을 구사했다.[66] 4월 27일에 치러진 대통령 선거는 정책 대결보다 공명선거가 관건이 되었다.

1971년 4월과 5월의 양 선거를 앞두고 민주·재야진영은 범국민 연합운동 기구인 '민주수호국민협의회(이하 '민수협')'를 조직하여 공명선거 캠페인 및 선거참관운동을 전개했다. 민수협 결성은 1971년 3월 20일 김재준·양호민·천관우 등이 선거를 앞두고 대성빌딩 회의실에 모여 민주질서의 회복과 항구적 민주 세력의 규합 방안을 모색하면서 시작되었다.[67] 이들을 중심으로 1971년 4월 8일 서울 YMCA 회관에서 25인이 참석하여 준비 모임을 갖고 '민주수호국민협의회'의 결성을 결의하였다. 김재준·이병린·천관우·양호민·정하은·남정현·김지하·이호철·최인훈·조향록·박형규·윤현·김정례 등 학계, 언론, 법조계, 종교계, 문인 등 각계 인사들이 참여한 이 모임에서는 정치적 '불편부당'의 원칙으로 조직의 성격, 운영 방안, 운영위원 인

65) 서중석, 『한국현대사 60년』, 역사비평사, 2011, 119쪽.
66) 서중석, 『사진과 그림으로 보는 한국현대사』, 웅진지식하우스, 2007, 235~237쪽; 기독교교회협의회, 『1970년대 민주화운동 I : 기독교인권운동을 중심으로』, 기독교교회협의회인권위원회, 1987, 121쪽.
67) 민주수호국민협의회, 『資料集』, 1971(12월 27일), 8쪽(결성 경위). 이후 3월 30일 이병린·천관우·김재준 외 7인이 YMCA회의실에 모여 정식으로 민주수호국민협의회를 발족시킬 것을 결의하고 선언문 작성과 승낙서 수리 및 연락 책임을 이병린, 천관우에게 일임하였다.

선 등을 완료하였다.[68]

이날 천관우가 초안하고 이병린과 김재준이 검토를 거쳐 참석자들의 공동 서명으로 발표된 민주수호선언(제1호)은 "눈앞에 닥쳐온 4월 및 5월 선거가 우리나라 민주주의 사활에 걸려 있는 중대한 분수령으로 판단하고 이 선거가 민주적이며 공명정대한 것으로 일관되도록 양심적인 모든 국민이 적극적으로 발언하고 참관하는 것이야말로 조국의 엄숙한 명령이라고 믿어 이에 民主守護의 범 국민운동을 發議하는 바이다"라고 밝혔다.[69] 민수협의 집회소로는 광화문 적선동에 있던 이병린 변호사의 사무실이 이용되었다.[70]

10일 뒤인 4월 19일 오전 10시에 대성빌딩에서 정식 발족한 민주수호국민협의회는 대표위원에 김재준·이병린·천관우를 선출하고 운영위원으로 김재준·이병린·천관우·신순언·조향록·한철하·법정·이호철·김정례·계훈제 등을 선출했고 고문에 이인·황신덕·남상철·이범승·정석해 등을 추대하였다.[71] 선언에서도 명시되었듯이 '민수협' 결성 목적은 '특정 정당, 특정 정치인의 엄격 배제', '민주수호'로 하여 정당 정치적 이해관계를 일소하고 국민운동의 성격을 표방했다.

결성대회에서 법정에 의해 발표된 4개항의 결의 내용은 ①우리는 민주적 기본질서가 파괴된 오늘의 현실을 직시하고 그 회복을 위하여 국민의 총궐기를 촉구한다. ②우리는 이번 양대 선거가 민주헌정사의 분수령임을 자각, 반민주적 부정 불법을 감행하는 자는 역사의 범죄자로 인정하고 이를 민족의 이름으로 규탄한다 ③우리는 국민 각자가 이번 선거에서 권력의 탄압과 金力 기타 모든 유혹을 일축하고 신성한 주권을 엄숙히 행사할 것을 호소한다 ④우리는

......
68) 이호철, 「재야단체의 효시, 민수협의 기동」, 『巨人 천관우』, 일조각, 499쪽.
69) 민주수호국민협의회, 『資料集』, 1971(12월 27일), 5쪽.
70) 김재준, 『凡庸記』 3, 앞의 책, 18쪽.
71) 위 자료집, 9쪽. 고문 임명은 4월 22일에 있은 제2차 운영회의에서 이뤄진 것이다(위 자료집 12쪽). 한편 대표위원으로 후에 지학순 주교와 함석헌이 추가되었다.

학생들의 평화적 시위를 잔학하게 탄압하는 정부 당국의 처사에 공분을 느끼며 이에 엄중 항의한다 등이다.[72] 공명선거를 목표로 민수협이 결성되자 청년·학생 조직도 결합하여 1971년 4월 14일 '민수수호전국청년학생연맹'(위원장 심재권)이 결성되었다.[73] 이어 기독학생들도 4월 20일에 KSCF, 서울지구교회청년협의회, 전국신학생연합회 등 3개 단체가 합동하여 '민주수호기독청년협의회'를 결성하고 370명의 선거참관인을 조직하였다. 선거 전날인 4월 26일 선거 참관인 희망자에 한해 발부된 신임장 발부 현황은 다음과 같다.

가. 민주수호기독청년협의회: 1,140명

나. 민주수호전국청년학생총연맹: 1,155명

다. 민주수호청년협의회: 312명

라. 교역자(기독교): 125명

마. 在京종합대학 및 단과대학: 714명

바. 고려대학교: 381명

사. 작가단: 12명

아. 단체: 서울 1,200 / 지방(공주사대, 충남대, 동아대, 부산대, 전북대, 전남대)
1,100명 등 = 합계 6,139명[74]

4월 27일 치러진 선거 결과는 총유권자 중 투표율 79.8%로 박정희와 김대중이 각각 643만 2,828표 대 539만 5,900표로 영남에서 몰표를 얻은 박정희가 94만 표를 더 얻어 승리로 끝이 났다.[75] 선거 후 박정희는 '공명정대, 질서 정연

• • • • • •

72) 민수협, 위 자료집, 9~10쪽.

73) 이 연맹에는 서울문리대, 법대 상대 사대 공대, 동국대 연세대, 고려대, 서강대, 성대, 경북대, 전남대 등 전국 12개 대학이 가입하여 1,250명의 학생선거참관인단을 구성하였다(기독교교회협의회, 『1970년대 민주화운동 I : 기독교인권운동을 중심으로』, 기독교교회협의회인권위원회, 1987, 123쪽; 한국기독교사회문제연구원, 『1970년대 민주화운동과 기독교』, 민중사, 1983, 103쪽).

74) 민수협, 위 자료집, 14쪽.

75) 이 선거에서 김대중은 서울에서 6대 4로 앞섰으나 박정희가 영남에서 김대중보다 158만 표를 더 얻어 민심의 흐름을 읽게 해 줬다(서중석, 위의 책, 237쪽).

한 선거'의 담화를 발표했으나 대리투표·현금 거래·무더기 투표·투표용지 분실 사건·개표 시 투표용지 부족·지구투표관리위원장 사인(私印) 없는 투표용지 등 부정선거로 치러졌다. 이에 민수협은 4월 30일 성명을 발표하고 '4·27선거는 행정조직과 금력에 의한 원천적 부정선거'로 규정했다. 뒤이어 선거 참관했던 청년, 학생, 문인, 기독학생 등도 '조용한 쿠데타', '부정선거' 등으로 규정, 성명을 발표하였다.[76] 이어 5월에 치러진 국회의원 선거는 도시를 중심으로 민주화의 열망을 알 수 있게 하는 결과를 낳았다. 신민당은 총 204석 중 89석을 얻었으며 전국 32개 도시에서 총 47석을 얻어, 서울에서 1석을 얻은 여당의 17석에 비해 압도적으로 앞섰다.[77]

민수협의 대표위원으로 민주·공명선거를 위한 강연회, 시국연설 등을 전개한 김재준은 1971년의 선거 의미를 "기독교는 모든 것이 하나님의 것이며 전역사가 하나님의 주재하에 있다는 것을 믿는 것이며 모두가 하나님 관계에서 규정된다는 것", "따라서 어느 것 하나 신학에서 제외될 수 없다"고 하여 기독교적 입장에서 선거 의미를 해석하였다.[78] 또한 김재준은 기독교적 근거에서 자유민주주의 체제를 설명하였는데 첫째, 자유민주주의 체제는 인간의 자유와 평등, 존엄성을 근거로 한 '자유 하는 성인 주체'가 국정에 참여한다. 둘째, 현대 기술학적 혁명의 물결에서 인간의 기계화, 물상화, 부분품화 경향 등 비인간화 경향에 기독교가 응전하기 위해서는 자유민주 체제밖에 없기 때문으로 보았다.[79] 따라서 1971년의 선거 국면을 "자유민주주의의 새로운 시험장"으로

• • • • • •

76) 기독교교회협의회, 위 자료집, 127쪽.

77) 이호철의 증언에 의하면 선거 패배 후 곧 치러진 국회의원 선거에 야당의 참가 여부 놓고 야당권 내 의견이 분분했다. '민수협' 주관으로 당시 야당 원로들과의 담화모임이 프레스센터 뒤 호텔(현)에서 열려 윤보선을 비롯해서 홍익표, 양일동 등 다수가 참석하여 논쟁하였는데 채문식과 천관우가 서로 언성 높였다고 한다. 채문식은 정치판을 송두리째 깰 수 없는 것이니 국회의원 선거에 참여해야 한다는 입장이었으며 천관우는 '제대로 생긴 야당이라면 이따위 선거 놀음에서 아예 발을 빼야 한다'는 입장이었다(이호철, 위의 글, 500~501쪽).

78) 김재준, 「71선거의 신학적 의미」(「基督敎思想」, 1971.4), 『전집』 9, 410쪽.

79) 김재준, 위의 글, 419쪽.

전제한 김재준은 민주주의 체제의 저변을 '공명선거'로, 그 정상인 마감 처리는 '평화적 정권교체'로 이해함으로써[80) 민수협의 이론적 근거를 제시하고 기독교적 현실참여의 논리를 전개했다.

> 그러나 정상인 평화적 정권교체는 있어본 적이 없다. 쫓겨나거나 뺏긴 운명을 겪는 것이 전통 같이 되어 버렸다. 그러니까 우리나라에서의 민주주의는 밑바닥도 꼭대기도 없는 그야말로 '밑도 끝도 없는' 허황한 낭설같이 되고 만 셈이다. 그러므로 민주주의란 탈바가지 속에서 권위주의의 바이러스가 번식하고 그 원위 밑에서 부정부패가 무성하다. 그래서 부정에 의한 특권층이 생기고 그 특권이 또 다시 부정부패를 엄호한다. 무서운 악순환이다. 그래도 아직까지는 민주주의란 구조만은 남아 있다.[81)

선거를 앞두고 김재준은 부정선거에 대한 예언자적 경고 또한 서슴지 않았는데, "하나님이 두려운 줄 모르고 부정 선거를 감행한다면 자유에의 기회가 종말을 고할는지 누가 알겠는가? 하나님을 무시하고 자기를 신화하여 오만한 자리에 앉은 자로서 망하지 아니한 자가 어디 있었던가. 로마의 시이저, 독일의 히틀러, 일제 등이 우리의 증인 아닌가"라고 하여 역사적 심판을 경고하였다.

1971년 12월에 『基督敎思想』은 김재준과 함석헌의 대담 「양심의 소리는 막지 못 한다」를 실었는데, 글에서 두 사람의 현실 인식, 특히 '한국교회에 대한 비판적 이해'가 매우 유사함을 알 수 있다.[82) 대담에서 함석헌과 김재준은 공통으로 국민들의 심각한 '정치 불신'을 지적하였는데, 함석헌은 '권력구조 내부

· · · · · ·

80) 김재준, 위의 글. 이 글에서 김재준은 대한민국 선거사에서 공명선거의 예로 '1948년 UN 감시 하 총선거'와 1960년 '7·29선거'를 들었다. 그 외 선거들은 '부정의 꼬리표가 너저분하게 붙은 선거로, 혁명은 부정투성인 선거를 그대로 인정하려는 국회·행정부에 대한 저항, '민주주의 합법성(legitimacy)'을 되찾기 위한 민주 국민의 절규'로 보았다.
81) 김재준, 위의 글, 416쪽.
82) 김재준·함석헌, 「양심의 소리는 막지 못한다」, 『基督敎思想』, 대한기독교서회, 1971.12, 38쪽.

의 약점'을 국민에 대한 억압원인으로, 김재준은 '민심을 얻지 못한 마키아벨리
즘'이 '힘의 정치논리'로 국민을 강제한 것에서 원인을 찾았다.[83]

선거결과를 놓고 김재준은 부정선거에도 불구하고 5·25총선이 "50 대 50에
가까운 비율"로 야당이 지지를 얻은 것을 두고 '민주주의의 가능성'을 확인한
선거로 평가했다. 함석헌도 '민도가 낮아 민주주의를 할 수 없다'는 것은 말이
안 되며, 오히려 민도가 낮으면 낮을수록 더욱 민주주의가 필요한 것임을 역설
했다.

특히 한국교회에 대해 김재준과 함석헌은 유사한 논리로 강하게 비판했다.
함석헌은 선거 국면에서 한국교회 보수진영의 정교분리 태도를 '용납할 수 없
는 것'이라 비판하였다.[84] 함석헌은 1970년대 한국교회를 '안이하게 기본질서'
만 따르는 '중산층의 교회'로 비판하고, 교회의 변혁을 주문했다.[85]

김재준 역시 교회가 무력해진 이유를 '중산계급의 교회'가 된 것에서 찾았
다. 중산계급 교회의 특징은 '기성질서를 유지하려는 反모험파', '기성세력에
추종, 협조', '안정주의' 등으로 교회의 예언자적 소리가 둔화될 수밖에 없는 것
으로 보았다.[86] 김재준에 의하면 한국교회는 근본적인 방향 전환이 필요한데,
"예수의 방향", 즉 "높은 곳에서 낮고 천한 곳, 버림받은 자들의 인간 문제"로,
"그의 생애와 교훈이 중심되어야 할 것"으로 주장했다. 김재준은 한국 개신교
의 특징을 미국 프로테스탄티즘이 그대로 이식된 후 "조금도 수정 없이 한국
풍토에 이질적인 예배당을 세우게 된 것"으로 보고 이것을 한국교회의 '콘스탄
틴 시대'로 비유하여 벗어날 것을 주장했다.[87] 정통주의 신앙에 대한 근본적인

• • • • • •
[83] 김재준·함석헌, 위의 글, 35쪽.
[84] 김재준·함석헌, 위의 글, 40쪽.
[85] 김재준·함석헌, 위의 글, 39쪽.
[86] 김재준·함석헌, 위의 글, 40쪽.
[87] 황제의 권력이 교회 안에 들어와 국교가 되고 결국 권력구조가 되어 이른바 콘스탄틴 시대로 접
어들면서 교회는 '섬기는 자리에서 섬김을 받는 자리로 옮겨 앉게 된 것'이다. 김재준·함석헌,
위의 글, 42쪽.

개혁의 주장이란 점에서 이 시기 함석헌과 김재준의 한국교회 비판은 동일한
인식 위에 있었다고 볼 수 있다.[88]

한편 기독교장로회는 민수협 회원 87명 중 김재준을 포함하여 박봉랑·박
형규·안병무·은명기·이해동·이해영·정하은·조향록 등이 참여하여 개신
교의 '민주수호' 선거운동에 직접 참여하였다. 기장은 "교회는 단순히 종교적
인 경험만을 가지는 것은 아니다"라고 하여 선거의 정치적·경제적·군사적
문제 등 삶의 전체와 관련된 "'X경험'으로서의 선거"로 이해하였다.[89] 수도교
회 목사 김상근은 양대 선거에 교회가 직접 개입·참여한 것을 "역사를 개혁
하시는 하나님의 섭리의 결과"로 평가하고 한국교회가 나아갈 방향으로 '새로
운 신학의 수립', '교회구조의 개혁', '적극적인 세속적 삶의 구현' 등을 제시하
였다.[90]

### 3) 김재준의 저항적 자유민주주의와 남북 관계 이해

1970년대 박정희의 억압적 통치구조는 체제로서 '자유민주주의'를 위협했을
뿐만 아니라 헌법이 보장하는 국민의 기본권인 신체·신앙·양심·표현의 자
유를 폭력으로 제압하는 반 민권·인권적 제재 수단을 상용화했다. '국가비상
사태', '국가보위', '총력체제' 등의 용어들이 말해주듯이, 박정희의 억압적 통치

------

88) 김재준은 "정통주의 신앙이 아직 그대로 한국교회를 지배하여 세상이야 꿈같은 것 어떻게 되든
나만 성경보고 기도하다가 죽어 천당 가면 된다는 식의 사고방식이 꽉 들어차 있지만 나는 이게
그리 오래 가지 못한다고 믿어요"라고 하여 한국교회 보수성을 비판했고 이에 함석헌은 "모든 것
은 체감의 법칙이 적용될 것인데 기독교도 마찬가지이다. 지금쯤 근본적인 개혁이 있어야 하지
않겠는가. 오늘의 기독교는 교리 중심적이 되어 도무지 신자들 개인의 삶의 체험이 문제 안 되는
것"이라고 하여 두 사람의 한국교회 보수성에 대한 비판이 동일함을 알 수 있다. 김재준·함석헌,
위의 글 42쪽.
89) 김관석, 「권두언: 選擧와 敎會」, 『한국기독교장로회회보』 116호, 1971.5, 2쪽.
90) 김상근, 「選擧가 준 敎訓」, 『한국기독교장로회회보』 117호, 1971.6, 7쪽. 김상근은 새로운 신학의
내용으로 '콘스탄틴 황제시대의 교회가 누린 물질적 자본주의적 신학'을 뒤로 하고 오늘의 신학
은 '정치적인 신학', 그리고 피안적 신학이 아닌 '세속적 신학', "예수 그리스도에 대한 새로운 이
해와 이에 근거한 신학"으로 변화할 것을 주문하였다.

구조를 정당화하는 데 내세웠던 핵심 논리는 안보논리였다.[91] 따라서 이 시기 김재준의 자유민주주의 이해 바탕에는 박정희 식 억압적 통치구조 심화에 비례한 '저항적 자유민주 체제' 옹호의 의미가 담겨 있다. 따라서 김재준의 자유민주주의 이해는 박정희의 독재권력 과정을 따라 점차 확대되었다고 볼 수 있다.

먼저 역사 전개에 따라 김재준의 (자유)민주주의 이해의 변화 과정을 살펴보자. 앞서 3장에서 보았듯이 해방 직후 '기독교적 건국론'에서 김재준은 기독교적 통치가 교회와 세속권력까지 포괄하는 기독교적 질서의 당위론을 주장하였다. 따라서 이승만과 한국교회 다수가 표방한 '미국식 자유민주주의' 주장에 호응되지 않았다고 볼 수 있다. 한국전쟁을 거면서 김재준은 공산주의 이론과 실제의 차별을 경험함으로써 냉전적 사유를 체득하였으며 동시에 정치이념·생활철학으로서의 민주주의 이해가 나타난다. 여기서 민주주의 이해의 바탕은 '하나님 형상'을 닮은 '자유 하는 인간', 신 앞에서 '평등한 피조자'로서의 인간 이해에서 출발한다.[92]

즉 1950년대 김재준의 민주주의 이해는 제도·절차로서의 민주주의가 아니라 인격적 개인의 존엄성이 존중되는 사회를 말한다. 여기서 인간존엄성은 궁극적으로 기독교적 절대자의 '형상'으로까지 상승한다. 따라서 현실적으로 민주주의는 각개 인격의 자유와 '평등'의 실현을 최우선 조건으로 한다. 여기서 인간의 한계(죄악성)와 신(神)앞에서의 제한성은 '자유', '평등' 실현을 제약하는 요소이다. 따라서 '기독교적 속량' 즉 '구원'을 통한 제약의 극복 방안이 제시된다. 1950년대 김재준의 민주주의 이해는 기독교에 의해 보완되는 민주주의 체제로 제시된다.

이승만과 자유당의 독재권력이 무너진 4·19 시기 김재준의 민주주의 인식

......

91) 정해구, 「한국반공주의 부침의 역사」, 『20세기 한국을 돌아보며』, 한울, 2001, 40쪽.
92) 김재준, 「人間生活과 宗教」, 『思想界』, 1953.4, 26쪽.

은 드러나지 않는 범주에 속한다. 4·19를 '정치적 혁명'이 아닌 정신적·도덕적 의거로 이해한 김재준은 인간 제한성의 극복을 내용으로 한 인간혁명을 4·19의 '민주' 과제보다 더 우선한 과제로 이해하였다. 이러한 종교이념 중심의 이해는 5·16 시기 일시적인 재건국민운동 참여로 이어진다.

김재준이 '자유·민주체제'를 정치체제 이념으로 본격적으로 부각하기 시작한 것은 1963년 민정 이양 번복에서부터이다. 1963년 4월 『思想界』에 발표한 기도문에서 김재준은 "이제 우리나라는 주님이 허락하신 자유 민주의 나라를 회복되느냐, 전제와 억압의 나라로 전락하느냐의 갈림길에서 몸부림치나이다"라고 하여 박정희의 '군정연장'을 비판하고 체제로서의 '자유·민주'를 옹호했다.[93]

김재준의 '자유민주주의'체제 옹호는 1964년 한일관계정상화 국면에서 "우리나라의 갈 길이라면 두말 할 것 없이 자유·민주의 길"이며 "모든 선열의 비견이 그것"이라고 한 데서 확인된다.[94] 즉 김재준은 박정희의 군정이 민간정부로 옷을 갈아입은 사건을 '권력에의 의지'로 확인하고 체제 수호 이념으로서 자유민주주의를 강조하기 시작했다고 볼 수 있다. 이후 권력의 전체주의화가 초래하는 자유민주주의의 희생적 가치들에 주목하면서 저항적 자유민주주의 주장으로 확대되어 1969년 '3선개헌반대범국민투쟁위원회 참여'의 정치이념이 된다.

1971년 두 차례 선거를 통해 제도와 절차를 통한 '대의 민주주의의 강조'를 거쳐, 유신체제 이후로는 '자유' 자체를 억압하는 유신의 반체제적 성격에 대항하여 인간 존엄성과 자유를 '神的 기원'에서 찾는 절대가치로, 이것을 보장하는 자유민주주의체제 강조로 성숙해 갔다. 즉 1970년대 이후 김재준은 '기독교적

• • • • • •

93) 김재준, 「紙上祈禱文: 주여! 갈림길에서 몸부림치고 있나이다」(『思想界』, 1963.4), 『전집』 7, 장공김재준목사기념사업회, 1992, 23쪽.
94) 김재준, 「자유에의 헌사: 나라의 갈 길」(1964.5.2) 『전집』 5, 장공김재준목사기념사업회, 1992, 272쪽.

이상'의 현실 구현에 가장 적합한 체제로 자유민주주의를 이해하였다. 그런 의
미에서 김재준의 자유민주주의 옹호는 '기독교적' 바탕에서 정당성을 찾는다고
볼 수 있다.

> 그리스도께서 우리를 해방하여 자유하게 하셨다. 그러므로 굳게 서서 다시는
> 종의 멍에를 메지말자'(갈라디아 5 : 1)로 만들기 위해 평생을 바쳤다는 것과 같은
> 말이다.[95]

김재준은 그리스도의 인간해방이 '자유를 위한 투쟁' 자체였음을 강조한다.
이후 인간의 자유 쟁취 역사는 '신앙 자유 투쟁'(신교투쟁)으로 나타났으며[96]
이것이 기초가 되어 현대사회의 시민적 자유—정치, 경제, 사회, 문화 등—가
주어진 것으로 이해했다. 따라서 현대 자유국가는 시민·신앙 자유의 구별 없
이 '자유 하는 인간', '자유 하는 사회' 자체로 존재하게 된다.[97] 반면에 한국식
'자유민주주의'는 "낮잠 자는 동안 사과가 입에 굴러든 셈", "제힘으로 쟁취한
민주주의가 아니"기 때문에 "민주 국민으로서 여러 약점과 실패를 노출"시키는
것으로 이해했다.[98] 즉 김재준은 한국의 자유민주주의가 서구식 신교 자유 투
쟁 또는 시민혁명 결과로 얻어진 것이 아니라 외부에 의해 '주어진' 것이므로
체제 수호 또는 '국민 주권의 쟁취'에서도 취약한 기반을 갖게 된 것으로 이해
했다.[99]

1970년대 김재준의 자유민주주의 이해와 '남북 관계' 인식의 변화 관계를 살

• • • • • •
95) 김재준, 「自由를 위하여」, 『基督教思想』 Vol.13 No.1, 1969, 70쪽.
96) 여기서 김재준은 영국의 크롬웰과 위클리프, 틴델 등의 성경 번역, 반포를 위한 투쟁 등이 모두
   '자기 양심대로' 자유를 위한 투쟁으로 이해했다.
97) 여기에는 정신과 물질, 개인과 사회, 종교와 역사 등의 이원론이 일원화된 '실존적 이해'가 바탕이
   되기 때문으로 따라서 자유도 모든 삶의 조건을 하나로 포괄한 의미에서 이해된다.
98) 김재준, 「福音과 平和: 무사주의는 거짓평화다」, 『第3일』, 1972.9, 제24호, 15쪽.
99) 김재준은 이것을 '고무신 한 켤레에 자기 주권을 팔아먹는 국민이 많다는 이 나라에 內實있는 민
   주주의가 세워져야 할 것'으로 이해했다(김재준, 위와 같음).

펴보자. 김재준은 1971~1972년 남북 관계 정세 변화에 따라 한국교회 '대북인
식'의 변화를 요구하였다. 구체적으로는 1971년 8월 남북적십자회담 국면 이후
이러한 변화 요구를 확인할 수 있다.

> 우리나라에서도 '가족 찾기 운동'을 북한 적십자사에 제의하여 감격이랄까
> 감상이랄까 얼음을 녹이고 있습니다. …우리는 그동안 대원군 때처럼 쇄국주의
> 속에서 암중모색하여 두더지처럼 제 눈이 어두워진 것 같아서 우리는 저쪽을
> 잘 모릅니다. 공산주의가 '터부'였으니 알 길이 없습니다. 우리 국민은 '악마'와
> '천사'라는 절대적 카데고리 밖에 모르는 셈입니다.[100]

김재준은 한국교회의 공산주의관을 문제 삼았는데, "공산주의는 …영락
없이 하나님의 적이요 악마의 사신"이라는 한국교회 공산주의관을 비판했
다.[101] 특히 김재준은 월남 기독교인들을 '경험파'로 분류하고 이들의 공산
주의관이 흑백논리에 종속되어 있어 남북대화의 진전이 생길 경우 '동키호
테식의 용맹을 부릴 것이 거의 확실'하다고 하여[102] 자신의 대북인식과 차
별시켰다.

> 기독교는 어느 하나의 「ism」을 초월하여 더 높은 차원에서 대립을 해소하고 속
> 량의 사랑 안에 하나로 종합한다. 「그리스도냐, 마르크스냐?」하고 양자택일을 강
> 요당하는 사례가 없을 수는 없으나 그것은 이 사회적 생활에서 구체적인 결단 촉
> 구의 형식일 것뿐이요, 그리스도와 마르크스가 대등한 입장에서 一對一로 대결하
> 기 때문인 것은 아니다. 그것은 초대교회에서 그리스도냐 카이샤냐?하는 선택을
> 강요당했을 때의 경우와 마찬가지다. 마르크스도 하나님 앞에서 그리스도로 말
> 미암아 속량 받아야 할 죄인인 것 뿐이다. 그들도 인간이니만큼 그렇게 오래 하

• • • • • •
100) 김재준, 「인간운동」, 『전집』 10, 장공김재준목사기념사업회, 1992, 47쪽.
101) 김재준, 위와 같음.
102) 김재준, 위와 같음.

나님 없이 살 수는 없을 것이기 때문이다. 그리스도는 마르크스에게도 救主의 立場에 있는 분이시다.[103]

위에서 김재준의 공산주의 이해가 그리스도교의 '보편적 가치' 안에 종속되어 있음을 알 수 있다. 그 결과 1970년대 남북대화 국면에서 한국교회의 적대적 대북인식의 변화를 요구했다.

이제부터 우리는 우선 마음의 태세를 정비해야 하겠다. 공산주의자는 악마요 우리는 천사라는 극단의 대립의 시기에서는 남북교류의 실마리가 풀릴 가망이 없다. 그러므로 대립된 두 주의의 어느 하나도 절대화하지 않으면서 둘의 바람직한 점을 살리고 더 나아가서 새로운 창조를 보여줘야 할 것이다. 우리는 공산주의자가 '主義'의 포로가 되어 世界赤化의 必然性을 盲信하고 모든 자선을 자기들의 공산 침략 수단으로 사용하리라는 凶計에도 눈을 밝히지 않을 수 없다. 그러나 그것 때문에 우리의 同族意識과 인간적 공감을 쉽사리 말살해서는 안 될 것이다. 성숙한 인간으로서의 지혜와 인내로 이런 궤계까지도 극복해야 한다.[104]

그렇다면 새로운 창조를 위해 실질적인 변화의 내용은 무엇인가. 여기서 김재준의 강조점이 다시 자유민주주의 이해로 이어진다.

근본 문제는 우리나라 내부에 있다고 생각한다. 우선 자유민주주의가 국민성격으로 화해야 한다. 개인 하나하나가 '자유가 아니면 죽음을 달라!' 할 정도로 자유인으로서의 긍지와 위신을 지킬 줄 알게 해야 한다. 늘 하는 말이지만 '명령과 복종'체제 만으로써는 자유민주주의가 성장할 수 없다. 민주주의에서는 자유와 정의, 질서가 삼위일체적으로 존재하고 운영되어야 하지만 그중에 제일은 자유인 것이다.[105]

......

103) 김재준, 「한 크리스챤으로서의 歷史를 향한 展望」, 『전집』 10, 장공김재준목사기념사업회, 1992, 75~76쪽.
104) 김재준, 위의 글, 78쪽.

이 시기 김재준의 자유민주주의 체제 강화론은 박정권의 안보논리에 종속
된 강성권력을 비판하는 저항의 의미가 컸다. 즉 "비상사태 선언, 비상조치법,
반공법 등의 폐기 또는 대폭 수정"의 요구, 자유 민주 정신을 존중하는 국민성
의 변화 요구, 경제적 부익부·빈익빈 현상을 극복하고 복리균점의 방향으로
적극 진행되어야 할 것, 사회정의의 회복을 통한 국민총화의 기대 등 현실적으
로 자유민주주의의 실질적인 내용 변화를 요구했다.106)

역사적으로 그리스도교 근거에 가장 적합한 '정체(政體)'인 자유민주주의는
현대 기술사회의 '비인간화 경향에 응전하기 위한 체제로서도 가장 적합한 정
체(正體)이다.

> 공산주의만이 아니라 모든 독재체제는 인간을 노예화한다. 오직 자유민주주의만이
> 인간을 인간답게 대하는 태도를 갖는 것이며 거기서만 자유인이 살 수 있는 것이다.
> 그리고 인간은 자유인인 때에 비로소 인간다운 인간 노릇을 하기 시작하는 것이다.107)

즉 김재준의 자유민주주의론은 '신학적 인간이해'를 전제로 하면서, 박정희
의 독재권력에 대한 저항의 이념으로, 기술문명 사회가 파생한 '비인간화' 요소
들에 대응하는 그리스도교적 휴머니즘의 정치이념이 된다. 따라서 그의 자유
민주주의 옹호는 1970년대 신학적 '인간화'와 결합되어 반유신운동의 저항이념
으로 더욱 공고해진다.

· · · · · ·

105) 김재준, 「남북한 교류의 시점에서」, 『전집』 10, 장공김재준목사기념사업회, 1992, 238쪽.

106) 김재준, 「南北公同 聲明을 읽고」, 『제3일』 1972.7, 제22호, 52쪽. 김재준은 '남북공동성명'에서 사
    상·이념·제도의 차이를 초월한 민족으로서의 대단결이 "피는 물보다 진하다"는 자연감정에 근
    거한 것으로, 남북이 실질적으로 접촉할 경우 차이에서 오는 결정적인 불협화가 심각히 부각될
    것이므로 안이한 낙관은 있을 수 없다고 보았다. 남한의 경우 "좀 더 자유로운 분위기를 실질적
    으로 조성하는 것이 대화를 통한 대결에서 승리를 가져올 素地"가 있다고 보았다(김재준, 위의
    글, 50~52쪽 참조).

107) 김재준, 「인간상위」, 『전집』 10, 장공김재준목사기념사업회, 1992, 256쪽.

## 3. 유신 이후 김재준의 정치참여

1971년 양대 선거에서 민주수호운동을 전개했던 김재준은 유신체제 수립 후 세 방향에서 현실참여를 전개했다. 첫째, 신학적으로는 "인간화(Humanization)"로 통칭할 수 있는 참여 신학을 전개함으로써 한국교회 사회참여운동의 신학적 기반을 넓혔다. 둘째, 유신체제의 '반인권적' 억압에 대항한 인권운동의 참여이다. 1972년 3월 18일에 창립된 국제 엠네스티 한국지부 초대 위원장에 임명된 김재준은 신학적 인권론을 바탕으로 한 보편적 인권옹호론을 전개하여 유신시대 반인권 상황에 저항운동 논리를 전개했다. 특히 그의 그리스도교적 '인권옹호론'은 1973년 11월 NCC가 '신앙과 인권 협의회'를 조직하는 신학적 배경이 되었으며 이후 유신시대 기독교 인권운동의 산실이 된 NCCK인권위원회의 탄생으로 이어지는 계기가 되었다. 셋째, '반유신 민주참여'로 '민수협'을 활동공간으로 1973년 11월 5일 '15인 시국인선언'을 비롯하여 12월 24일 장준하에 의해 시작된 백만인서명운동 등에 민주 세력의 원로로 참여하여 유신체제에 저항하는 범국민운동에 참여하였다.

### 1) 유신 초기 김재준의 신학적 '인간화'와 기독교적 인권론

1971년 10월 15일 위수령국면에 이은 12월 6일 '비상사태 선언', 12월 27일 '국가보위에 관한 특별조치법'을 통해 '비상국가체제'로의 전환을 예고한 박정희 정권은 1972년 10월 17일 '비상계엄' 선포로 국가운영의 정상적 기능을 동결시켰다. 이어 10월 27일 국회를 대신한 비상국무회의를 통해 대통령 일인에게 입법·사법·행정의 모든 권한을 집중시키는 유신헌법을 의결하였다. 유신헌법은 11월 21일 국민투표로 확정되었으며 12월 23일 박정희는 유신헌법으로 만들어진 통일주체국민회의에서 대의원 2,359명 중 2,357명의 지지를 얻어 역

사상 처음으로 '체육관 대통령'으로 당선되었다.[108] 이것으로 '비정상적 통치'
의 일상화를 특징으로 한 유신체제는 박정희의 사망으로 종결된 1979년 10월
까지 한국사회를 지배하는 '초강권 체제'로 군림했으며 이 기간 동안 민주주의
는 철저히 말살되었다.[109]

　　1970년대 개신교 사회참여운동의 신학적 기반은 '하나님의 선교(Missio Dei)'
신학, 민중신학, 해방신학 등으로 폭넓게 설명되어 왔다.[110] 그러나 민중신학,
해방신학의 경우 1970년대 중반 이후 전개된 것이므로 시기적으로 유신 전후의
신학적 기반은 1960년대의 다양한 참여 신학의 연장으로 이해될 수 있다.[111]
본 연구는 1970년대 김재준의 사회참여의 신학적 기반을 '인간운동', '인간구
원', '인간자유' 등을 내용으로 한 "신학적 인간화(Theology of Humanization)"
로 통칭하고자 한다.[112] 여기서 인간화란 1968년 웁살라 세계대회(WCC) 이

● ● ● ● ● ●

108) 서중석(2005), 242~243쪽. 대통령 권한의 비약적 확대를 특징으로 한 유신헌법은 대통령 임기를
　　4년에서 6년으로, 중임 조항도 폐지되어 영구집권의 길을 열어 놓았으며, 군통수권, 국회해산권
　　의 기존 권리 외에 법관 임명권, 국회의원 1/3 임명권 등을 보장했다. 또한 비상국무회의에 의한
　　국정감사법이 폐지되어 국회의 국정감사권이 박탈되고, 국회법, 방송법 등 국회와 언론의 비판
　　기능을 무력화시켰다.

109) 조희연, 「유신체제하 반독재민주화투쟁의 전개와 그 성격」, 민주화운동기념사업회연구소 엮음,
　　『한국민주화운동사』 2, 돌베개, 2009, 19쪽.

110) 강인철, 「종교계의 민주화운동」, 민주화운동기념사업회연구소 엮음, 『한국민주화운동사』 2, 돌
　　베개, 2009, 400~401쪽; 채수일, 앞의 논문, 15~25쪽 참조.

111) 대표적인 민중신학자 서남동이 자신의 (민중신학적) 문제의식을 '명료히' 한 시기가 1974년부터
　　였으며, 해방신학의 경우 1970년대 중반까지는 대중적 영향력이 '제한적'이었고, 해방신학의 고
　　전인 구스타보 구티에레스 신부의 『해방신학: 역사와 정치와 구원』이 번역된 것도 1977년이었다
　　(강인철, 위의 글, 402~403쪽). '하나님의 선교' 신학은 선교의 주체, 선교의 현장, 선교의 목적에
　　있어서 기존의 '교회' 또는 '인간' 중심에서 '하나님'으로 옮겨 간 것으로 설명되는 틀이다. 한국교
　　회가 '하나님의 선교'를 교회 차원에서 최초 논의한 것은 1969년 1월 27일 한국기독교연합회 주
　　최로 열린 '제2회 전국 교회지도자 협의회'였으며, 이보다 앞서 1968년 5월 한국기독교연합회 총
　　무로 취임한 김관석은 자신의 선교신학적 기치로 '하나님의 선교'를 표방했다(강인철, 위의 글,
　　401쪽 참조).

112) 김재준, 「그리스도와 인간해방」, 『제3일』, 1970.12; 「人間上位」, 『제3일』, 1972.10, 제25호; 「韓國
　　敎會의 當面課題」, 『제3일』, 1972.10, 제25호; 「産業社會 속에서의 韓國敎會」, 『제3일』, 1972.11,
　　제26호; 「차세와 내세」, 『전집』 10, 장공김재준목사기념사업회, 1992, 336쪽; 「풍랑과 싸우며」,
　　『전집』 10, 장공김재준목사기념사업회, 1992, 39쪽 등 다수의 글에서 신학적 '인간화'를 다루고
　　있다.

후 에큐메니컬 선교신학에서 본격적으로 대두된 개념으로[113] '인간다운 품성
을 증가시켜가는 하나의 과정', '인간이 인간답게 되어 가는 과정' 등으로 설명
될 수 있다.[114] 한국사회 현실에서 신학적 '인간화'는 1970년 11월 13일 '전태
일 분신사건'이 직접 계기가 되어 참여 신학으로 발전하였다. 22세의 재단사가
몸을 횃불삼아 '근로기준법의 준수'를 외치며 죽음으로 저항했던 이 사건은 한
국교회 진보진영의 참여 수준을 인간소외와 상실의 문제로 한층 더 깊이 파고
들게 하는 계기가 되었다.[115]

　　전태일의 추모사에서 김재준은 그의 희생을 부정, 불의, 부패, 탐욕, 인간학
대에 대한 도전이자 '패역한 세대, 불의에의 항거'로 의미를 부여했다. 또한 그
의 죽음을 '자살'로 죄악시하는 한국교회의 외면적 태도에 대해서는 '의(義)를
위한 삶의 폭발', '더 큰 삶의 균열'로 정의함으로써 우회적으로 비판했다.[116]

· · · · · ·

113) 안승오, 「'인간화'개념의 기원과 방향」, 『신학과 목회』 Vol.25, 2006, 257쪽. 1960년대 후반 이후
　　세계 상황은 혁명적 변화기로 미국 흑인인권운동가인 마틴루터킹 목사의 암살, 네오맑시즘의 확
　　산, '68세대'로 불리는 학생운동, 인권운동, 월남전의 확대 등의 '혁명적 전환'과 이에 따른 '자유
　　민권운동' 등에 직면한 세계교회협의회는 강력한 사회 정의와 인간성 회복의 필요성이 요구되었
　　으며 이것이 '인간화(Humanization)'의 개념으로 대두하게 된다. 이때부터 에큐메니칼 선교는 '이
　　세상 속에서 활동하시는 하나님의 현존을 분별하는 데에 초점'을 맞추었는데 북미는 이것을 '인
　　간화'(Humanization)로, 유럽대륙에서는 이것을 '샬롬(Shalom)'의 개념으로 이해했다. 안승오, 258
　　쪽(원출처: Roger Bassham, *Mission Theology: 1948~1975 Years of Worldwide Creative
　　Tension Ecumenical Evangelical, and Roman Catholic*, 2008, p.68).
114) G. 브라이덴슈타인·박종화 역, 『人間化』, 대한기독교서회, 1972, 65쪽. '인간화'의 연관신학은
　　사회복음의 신학, 세속화신학, 사회 변혁의 신학, 혁명의 신학, 희망의 신학 등이다. 연세대 도시
　　문제연구소의 도시선교위원회와 직접 관계되었던 브라이덴슈타인은 '인간답게 되어 가는 과정'
　　을 '변혁의 윤리'로 설명하였다.
115) '전태일 사건'은 1970년대 이후 노동운동을 포함, 민주주의와 인권운동에서 양심을 일깨우는 상
　　징이 되었다(박형규, 『나의 믿음은 길 위에 있다』, 창비, 2010, 178~180쪽). 특히 이 사건은 진보
　　적 기독인들에게 '인간현실' 문제에 더 깊이 다가서게 하는 하나의 '거대한 느낌표'가 되었으며
　　(이문숙 씀, 『이우정 평전: 오직 한 가지를 택하였다』, 삼인, 2012, 126쪽), 성서신학자인 안병무
　　가 민중신학에 관심을 갖게 된 계기도 전태일의 분신사건이며(문동환, 『떠돌이 목자의 노래』, 삼
　　인, 2009, 297쪽), 문익환이 현장운동에 뛰어든 계기 역시 전태일의 분신사건임은 알려진 바이다
　　(김형수, 『문익환 평전』, 실천문학, 2004, 400쪽 등을 참조할 것).
116) 오재식의 증언에 의하면 11월 13일 전태일의 분신이 일어난 날 새문안교회에서 "현장과 신학계
　　의 역할"을 주제로 한 강좌가 개최되었다. 연세대 서남동 교수 주관으로 열린 이날 강좌 도중에
　　평화시장에서 발생한 분신사건의 소식을 듣고 강좌가 끝난 후 오재식, 서남동, 현영학 교수(이대
　　기독교교육), KSCF 연구 간사인 브라이덴슈타인 박사(독일) 등이 병원을 방문하였는데 이것이

이것은 우리 산 자로서 그의 죽음을 예찬하는 말이 아니다. 우리 몽매한 인간들이 그의 죽음의 의미까지도 왜곡시켜 죄인의 무덤에 인봉할까 두려워하기 때문이다. 우리 자신들의 어두움을 깨우치고, 그의 뜻이 사회에 알려지고, 그가 몸으로 심은 한 알의 밀이 풍성한 열매를 맺게 하기 위해서이다. 그가 극진히 사랑하던 근로대중의 비참이 경감되고 예수님이 선포하신 가난한 자에게 기쁜 소식, 포로된 자에게 해방, 눌린 자에게 자유와 평등이 선포되고 성취되게 하기 위한 다짐이다.117)

위에서 김재준은 '복음'의 인간화적 해석을 통해 구체적 역사현실의 문제와 직접 대면하고 있음을 알 수 있다. 여기서 진정한 인간화란 '인간을 억압하는 모든 조건들에서 구체적으로 그 인간을 해방시켜 자유하게 하는 것을 의미'한다. 곧 정치적으로는 유신체제의 억압적 통치구조가 낳은 반인권적 억압에 대해, 경제적으로는 경제성장주의로 소외된 인간, 빈부의 차, 인간소외, 노동착취, 도시빈민 문제 등 현실적 문제들로부터 소외된 인간들을 해방하는 것이 '기독자의 복음이해'이다. 이것을 위해 김재준은 한국교회가 '인간해방 총력전'을 전개할 것을 주장했다.118) 특히 이 총력전에서 김재준

● ● ● ● ● ●

전태일의 첫 번째 조문단이 되었다고 하였다. 한편 기독교식의 장례절차를 위해 신학교 교수들을 중심으로 시신이 안치된 성모병원에서 가장 가까운 영락교회를 방문, 담임목사(한경직)를 설득하였으나, "첫째, 기독교에서는 자살한 사람의 장례는 교회에서 안 한다. 둘째, 그 사람이 그리스도인이면 자기 교회에서 장례식을 하는 것이 교회의 원칙"이라고 하여 거절당했다고 한다. 오재식, 『나에게 꽃으로 다가오는 현장』, 대한기독교서회, 2012, 143~144쪽.

117) 김재준, 「의의 봉화: 전태일님을 추모하며」, 『전집』 9, 330쪽. 본 연구는 이 추모글이 1970년 11월 25일 기독교와 가톨릭 공동 주최로 연동교회에서 열린 '전태일 추모예배'에서 발표된 것으로 추정한다. 근거로는 『전집』에만 실려 있는 이 '추모글'이 쓰인 시기가 1970년 11월로 날자는 누락되어 있으나 위 추모예배에서 행한 연설로 짐작된다. 한편 이 추모예배는 기독교 측의 도시산업선교회 실무자협의회와 KSCF가, 가톨릭 측에서는 가톨릭노동청년회와 서울대교구연합회가 공동주관했는데 전태일을 기리는 이 자리에 많은 사람들이 '구름떼' 같이 모여들었다는 증언이 있다. 오재식, 위의 책, 145쪽.

118) 김재준, 「人間解放 總力戰」, 『제3일』, 1972.8, 제23호, 8쪽. 이 글에서 김재준은 '그리스도께서 우리를 해방하여 자유하게 하셨습니다. 그러므로 굳게 서서 다시는 종의 멍에를 메지 맙시다'(갈 5:1)를 근거로 그리스도가 인간을 자유케 한 내용으로 ①병으로부터의 해방 ②걱정과 불안, 절망 등 실존적 허무에서 해방 ③율법조문, 도덕적 규율 등의 판에 박힌 선악의 틀에서 해방 ④가장 완전한 인간공동사회인 '하나님 나라'의 제시 ⑤죽음으로부터 인간 해방 ⑥부활을 통한

은 "국가, 또는 정부는 인간 공동생활을 위하여 필요불가결한 것이지만 그 것이 하나의 악마적 또는 우상적인 권력구조로 자기 자신의 권력 강화와 집권 장기화를 위한 인간 탄압과 인간 노예화를 감행하는 일이 세대마다 일어나는 것이 사실이다.… 여기서 인간은 해방되어야 한다. 민주주의는 구체적인 인간 해방운동이다"라고 하여[119] 잘못된 정치권력으로부터의 해방을 강조하였다. 신학적 인간화는 이 시기 한국 진보신학 그룹에서도 공감을 불러 일으켰는데 특히 기독자교수협의회는 1971년 1월 8일부터 개최된 제9회 협의회 주제를 '인간화'로 정하고 분과 토의를 거쳐 '인간화' 성명을 발표하기도 하였다.[120]

김재준의 신학적 인간화는 유신시대 개신교 인권운동의 신학 배경인 '기독교적 인권론'과 상호 연관 속에 더욱 구체화되어 전개된다. 1971년 12월 6일 "국제 정세의 급변, 북한의 남침 준비"를 구실로 '국가비상사태'를 선언한 박정희

● ● ● ● ● ●

하나님의 자녀로서의 영원한 자유인(영의 몸)을 획득하게 됨으로써 인간해방은 완성되는 것으로 보았다. 다른 글에서는 잘못된 정치권력, 경제적 속박, 무지, 인간 자신 등으로부터 해방될 것을 주장했다(김재준, 「인간해방 총력전」, 『전집』 10, 장공김재준목사기념사업회, 1992, 226쪽).

119) 김재준, 「인간해방 총력전」, 『전집』 10, 장공김재준목사기념사업회, 1992, 226쪽.

120) 제9회 기독교자교수협의회의 주제 강연은 서남동 교수가 맡아 '인간화의 문제점들'을 발표하였으며 분과발제로 ①근대화와 인간화(임종철), ②대학의 인간화(이홍구), ③교회와 인간화(서광선) 등이 발표했다(한국기독자교수협의회, 자료집, 70쪽). 총회 후 발표된 '인간화' 성명서는 총 5개항을 결의하였는데, ①…오늘의 근대화 작업에 있어서 비판을 용납하지 않고 시민의 정치적 자유를 박탈하며 사회의 윤리적 퇴폐를 촉진시킴으로써 인간성 그 자체를 거부하는 일체의 비인간적 현상에 대하여 저항하며 이것을 제거하여야 할 책임을 통감한다. ②우리는 대학사회가 그 본래의 인간화 과업을 충실히 실행하지 못하고 있을 뿐만 아니라 정치권력의 시녀로 타락해가는 대학세계를 우려하며 여러 가지 미봉적인 설정 때문에 가속하는 대학 내에서의 비인간화 과정을 종식시키기 위하여 나설 것이다. ③우리는 오늘날의 한국교회가 무력하고 인간의 상황을 외면해 온 데 대하여 책임을 느낀다. 그러므로 인간을 해방시키고 자유케 하시는 하나님의 일에 가담할 모든 사람들과 연합하여 교회를 새롭게 함으로써 그것이 인간보호의 교두보가 되도록 힘쓴다. ④우리는 1971년 우리 사회의 중대 문제가 다가오는 선거에 있다고 생각하며 이 선거를 분명하게 지키고 관리하는 것이야말로 이 땅의 민주주의 토대를 수호하는 첩경이라고 믿는다. 따라서 이번 선거를 공명선거로 지키기 위한 운동에 합세할 것이다. ⑤여기에 모인 우리는 개인으로나 또는 집단적인 활동을 통하여 우리 사회의 정치, 경제, 사회질서와 구조에서 비인간화하는 모든 요인과 세력을 배제하기 위하여 노력하는 모든 세력을 지원하고 또 이에 가담할 것을 다짐한다. (위 자료집, 211쪽, '결의문' 참조).

정권은 국가안보를 최우선으로 '사회불안 요소 배제, 자유의 일부 유보'를 내세
워 비판과 저항의 목소리에 대해 직접 탄압의 대상으로 지목하여 공정한 재판
절차 없이 수감하는 일이 비일비재했다. 학생, 지식인, 언론인 등 수감자들이
늘어나면서 고문 철폐, 공정 재판, 수감자 처우 개선 등 인권운동의 공감대가
형성되기 시작했다.[121]

인권운동의 출발은 1972년 3월 28일 국제인권운동기구인 엠네스티 한국지
부의 결성에서 시작되었다. 특정 정부, 정치적 집단, 이데올로기, 경제적 이해
또는 특정종교에 대해 독립적으로 공평하게 활동한다는 원칙하에 설립된 한국
지부에서 김재준은 초대 이사장에 선출됨으로써 유신시대 인권운동과 직접적
인 인연을 맺게 된다.[122] 다음은 김재준이 한국위원회 발기인 총회에서 발표
한 개회사의 일부이다.

> 인간의 良心과 良智는 인간의 至聖所다. 그런데 어떤 無知한 權力이나 制度
> 가 그것을 짓밟고 더럽히고 거룩한 고장을 不義한 피흘림으로 汚染시킨다면 그
> 것은 몸서리치는 저주가 아닐 수 없다. 이 '앰네스티・인터내쇼날'은 이 地球위
> 에서 人間이 自身의 至聖所를 지키고, 人間이 良心과 良智에 억울함을 품는 일
> 이 없도록 正義를 구현시키고, 폭력 아닌 呼訴와 說得으로 人間尊嚴을 회복시키
> 려는 운동이다.[123]

• • • • • •

121) 서울대 내란음모예비사건(1971.11), 전남대 『함성』지 사건고려대 『민우』지 사건, 검은 10월단 사
   건 등이 대표적이다.
122) 황병주, 「인권운동」, 『한국민주화운동사』 2, 돌베개, 2009, 494쪽. '엠네스티 한국위원회'의 결성
   은 1970년 10월 김지하의 '오적'필화사건을 계기로 당시 Baylis 씨(캐나다인, 목사), Breidenstein
   씨(서독인, 교수), 윤현 씨(목사) 등 3인이 피고들을 위한 캠페인 과정에서 '국제 앰네스티 한국
   위원회'를 창설키로 합의하고 동 위원회 규약안을 작성, 국제집행위원회의 인준을 요청하였다.
   이후 1972년 2월 6일 영국 런던에서 개최된 국제집행위원회가 한국위원회 규약안을 인준하고 3
   월 18일 서울 YMCA 식당에서 한국위원회 발기인회가 개최되었다. 발기인회에 참석자는 김재
   준・Baylis・민병훈・송지영・양수정・윤현・임성희・한승헌・한철하・Holtze 등이며, 창립준비
   위원으로 김재준(위원장), 민병훈, 양수정, 윤현, 한승헌 등 5인을 선출하였다(한승헌, 『한 변호
   사의 고백과 증언』, 한겨레출판사, 2009, 110쪽; 윤현, 「AI한국지부의 창립전후」, 『국제앰네스티
   한국지부 30년사』, 138쪽).

• 엠네스티 한국지부 창립총회

   3월 28일 개최된 '한국위원회 창립총회'에서 이사장에 선출된 김재준은 국내
외 언론을 통해 인권운동의 의의, 한국의 인권운동 상황 등을 알리는 활동을
전개하였다.[124] 김재준의 이사장 선출에는 몇 가지 의미를 부여해 볼 수 있다.
첫째, 신학교육자로서 일찍부터 한국교회 교권주의 · 권위주의 신학에 맞서 개
인의 신앙양심의 자유, 학문의 자유운동을 전개해 온 김재준의 이력은 보편적
인권론이 지향하는 '양심의 자유' 운동으로 설명될 수 있으며, 둘째, 한일협정
반대운동 · 3선개헌반대운동 · 민주수호국민운동 등 김재준의 활동 이력은 '종
교적 양심'에 따라 불의와 부정, 부패에 맞선 인권운동의 '저항정신'을 상징할 수
있었다. 셋째, 김재준의 그리스도교적 '인간 자유, 인권 존중' 사상은 엠네스티가

123) 김재준, 「앰네스티 인터내쇼날' 韓國委員會 發起人 총회 開會辭」, 『제3일』, 1972.5, 53쪽.
124) 김재준, 「앰네스티 인터내쇼날' 紹介」, 『제3일』, 1972.5, 55쪽.

추구하는 보편적 인권론과 동일한 사상적 맥락을 갖는다. 특히 1970년대 김재
준의 신학적 인간화의 강조는 '어떤 권력으로도 침해받을 수 없는 기독교적 절
대 인권'에서 비롯된 것으로 1948년 '유엔인권헌장'의 정신과도 동일한 맥락에
서 이해될 수 있는 것이다.

> 인간이 하나님의 형상으로 지어졌다는 것은 …인간 존재 자체가 하나님의 형
> 상이란 뜻일 것이다. 그렇다면 인간을 잔혹하는 것이 곧 神을 잔학하는 것이고
> 人間을 모독하는 것이 곧 神을 모독하는 것이 된다. 정치니 경제니 국가니 정권
> 이니 하지만 그런 것이 개인 자유와 사회정의를 優先할 수 없을 것이다.[125]

> 국가는 국민의 인간권을 보장할 기본의무를 갖고 있다. 말하자면 1948년 12월
> 10일 국제연합에서 선언한 인권선언의 내용을 인정하고 그 인간기본 자유의 확
> 보에 정부가 책임을 진다는 것을 잊어서는 안 된다는 것이다. 적어도 자유와 정
> 의와 질서, 세 가지가 어느 다른 하나를 희생시키고서 스스로 군림할 수 없다는
> 것을 경고해야 하며 이 셋이 서로 조화를 가질 수 있도록 가능한 최선의 협력을
> 기울여야 한다.[126]

위에서 알 수 있듯이 김재준의 인권사상은 '그리스도교적 인간론'에서 출발
한다. 즉 '하나님의 형상'으로 지어진 인간은 태어날 때부터 '자유 하는 주체'로
서 존엄성을 부여받는다. 이 자유가 억압, 말살될 때 인간은 '비인간화'된다.
따라서 국가는 이 인간권의 보장 의무를 갖는다고 하여 기독교적 인권론에서
시작한 그의 인간존중사상은 개신교 인권운동의 신학적 배경이 되었다.

유신 이후 개신교 인권운동은 인적·조직적 배경에서 1960년대를 계승한 한
국교회 사회참여의 한 부문 운동으로 설명될 수 있다. 1960년대 중반 이후 기
장의 교회갱신운동의 영향과 1950년대 중반 이후 '산업전도'로 시작한 도시산

125) 김재준, 「장공칼럼(1)」, 『전집』 10, 장공김재준목사기념사업회, 1992, 457쪽.
126) 김재준, 「교회와 세계: 한국교회의 형태」, 『전집』 7, 장공김재준목사기념사업회, 1992, 412~413쪽.

업선교는 1970년대로 접어들어 사회 제반 모순의 확대로 나타나는 인간소외 문제들에 집중되면서 사회운동으로 전환된 특징을 보인다.

특히 1970년대 초 다양한 에큐메니컬운동체들이 적극적인 행동과 참여로 상호 연대를 모색해 가는 시기였다. 도시 빈민 문제가 사회문제로 대두하자 빈민선교를 위해 시작된 '도시문제선교위원회'(1968.9)가 1971년 9월 1일 초교파적 선교기구인 수도권 도시선교위원회로, 1973년에는 다시 수도권특수지역선교위원회(1976년 한국특수지역선교위원회로 개칭)로 확대되었다.127) 산업선교 단체들의 초교파 협의체로 출발한 '한국산업문제협의회'(1971.1.4)가 1971년 9월 28일 '크리스찬사회행동협의회'로 확대되었으며,128) 이 협의체가 조직을 정비한 1973년 3월 6일의 '에큐메니칼현대선교협의체(Korea Christian Action

• • • • • •

127) 도시선교위원회는 1960년대 말 연세대에 만들어진 '도시문제연구소(Urban Training Center, 소장 노정현)' 내의 산하기관으로 시작되었다. 연세대 부설 '도시문제연구소'는 미국북장로교 사회선교부, 세계교회협의회(WCC) 도시산업선교회 간사로 도시 빈민운동가인 조지 토드(George Todd)의 적극 지원하에 만들어진 것으로, 연구소 내에 도시선교위원회를 두어 위원장에 박형규·권호경·김동완·인명진·김진홍 등이 도시빈민의 자치적, 주체적 운동을 지원하는 도시빈민선교를 담당했다. 조지 토드의 주선으로 미국에서 도시빈민공동체운동가인 알린스키(Saul Alinsky)를 한국 현장과 연결시켰던 오재식도 KSCF 총무로 도시선교위원회에 깊이 관여했다(이문숙,『이우정 평전』, 삼인, 2012, 143쪽). '수도권도시선교위원회'는 가톨릭, 예장 기감, 기장 등 주요 교단 성직자들이 참여한 조직으로 위원장에 박형규, 총무 조승혁, 주무간사 권호경, 위원에 김동수, 이성길, 현영학, 신익호, 김정국, 박봉배, 최종철, 한철하, 임인봉, 도건일 등이며 실무협력자로 김동완, 전용환 등이 참여했다(박형규,『나의 믿음은 길 위에 있다』, 창비, 2010, 197쪽). 이 가운데 박형규는 1970년대 초 도시빈민선교의 '대부'로 불릴 만큼 이 일에 앞장선 활동가로 볼 수 있다(안재웅, 「이 사람은 우리 모두의 자랑이어라」,『행동하는 신학 실천하는 신앙인: 박형규 목사 고희기념문집』, 박형규목사고희기념문집출판위원회 편, ㈜사회평론, 1995, 42쪽).

128) 신·구교 연합으로 노동, 민중운동을 전개한 크리스찬사회행동협의회(이사장 박홍 신부, 사무총장 조승혁 목사)에는 가톨릭전국대학생연합회, 가톨릭노동청년회(J.O.C) 가톨릭노동청년회, 안양근로자회관, 가톨릭노동자연회, 크리스찬아카데미, 기독교도시산업선교위원회, KSCF, YMCA연합회대학생협의회, YMCA연맹 등 개신교 6개 단체가 망라되었다. 설립 동기를 "힘없고 가난한 이들을 위한 교회적 사명을 절감하고 그 연합전선 형성과 액션을 위해서"라고 밝혔으며, 주요 활동은 노동조합 조직, 노동자들의 의식화교육, 노조 지도자훈련, 평화시장 노동자들을 위한 '평화교실'의 운영 등 노동현장의 실질적인 문제와 결합되었다(한국기독교교회협의회인권위원회,『1970년대 민주화운동: 기독교인권운동을 중심으로』, 227~229쪽 참조; 한국기독교사회문제연구원,『1970년대 민주화운동과 기독교』, 민중사, 121~122쪽 참조). 크리스찬사회행동협의회는 1971년 10월 15일 서울 일원에 위수령이 발동되자 신·구교 대표 50여 명이 천주교 중앙협의회 강당에 모여 "대통령이 부정부패 원흉을 공개 처단할 것"을 요구하면서 "요구가 관철될 때까지 신명을 바쳐 투쟁할 것"을 결의하기도 하였다(박형규, 위의 책, 202쪽).

Organization for UIM, 이사장 박형규 목사, 사무총장 조승혁 목사)'로 확대되었다.[129] 한국교회가 현장선교 중심의 빈민운동, 민중운동 등을 조직적으로 전개해 가자 유신 선포이후 정치권력은 이들에 대해 용공, 색깔론 등의 혐의로 직접 탄압을 가하게 된다.[130] 정부 탄압에 직면한 운동체들은 '정치적 자유' 없이 선교활동은 불가능하다는 인식을 공유하고 '선(先)정치적 자유 획득'을 목표로 한 한국교회의 정치적 저항운동으로 발전하는 계기를 마련했다.

1960년대 중반부터 교회 갱신운동을 전개한 기장은 1966년에 총회 내 '교회와 사회위원회'를 설치하여 사회적 발언과 행동의 출구를 마련한 이후 1973년까지 이른바 기장의 '4대문서'로 알려진 '교회교육지침서(70)' '사회선언 지침'(71, 56회 총회), '신앙고백선언서'(72, 57회 총회)에 이어 '선교정책'문서(73)를 발표하여,[131] 교단의 신앙 · 교육 · 선교와 봉사 · 사회적 책임에 대한 "고백교회"로서의

●●●●●●

129) 조승혁은 이 협의체가 좁은 의미의 '도시산업선교단체'에 국한된 것이 아닌, 교회청년(YMCA, YWCA, JOC), 학생그룹(KSCF, Pax Romana), 교회그룹(성직자와 교회들), 노동자와 빈민지대 주민조직(산업선교팀과 도시선교팀) 들로 구성되었으며, 교회의 사회적 관심과 행동이 한국적 상황에서 어떻게 표현되어져야 하는가에 주의 깊게 연구, 운동하기 위한 목적을 가졌다고 기술했다(한국기독교사회문제연구원, 『1970년대 민주화운동과 기독교』, 민중사, 123쪽). 이 가운데 수도권 특수지역선교위원회는 서울제일교회에 사무실을 두고 위원장 박형규를 중심으로 노동자, 도시 빈민들의 삶으로 직접 다가서는 빈민선교 훈련을 통한 민중운동의 기틀을 마련했다. 이 시기 특수지역선교위원회의 빈민선교운동은 '빈민, 노동자 속으로 들어가 그들을 의식화하고 눈을 뜨게 함으로써 그들 스스로가 스스로의 힘으로 조직할 수 있게 하여 권리를 찾는 행동을 이끌어 내도록 하는 방식'으로 전개되었다(김동완, 「투쟁 그리고 춤과 넉넉함이 어우러진 삶」, 『행동하는 신학 실천하는 신앙인』 박형규목사고희기념문집출판위원회, ㈜사회평론, 1995 178쪽; 박형규, 「대담: 1970년대 한국교회 사회운동의 배경과 신앙」, 『이땅에 평화를: 운산 김관석 목사 고희기념문집』, 김관석목사고희기념문집출판위원회, 1991, 329쪽).

130) 위의 김동완에 의하면 10월 유신이 나자 수도권특수지역선교위원회 위원들 간의 긴 토론 끝에 '10월 유신은 막아야 할 정권'으로, '(정권을) 그냥 두는 것은 기독교 신앙에 맞지 않다'는 데 합의, 유신정권 반대운동을 시작하게 되었다고 하였다(김동완, 위의 글, 178~179쪽). 박형규도 유사한 증언을 하였는데, 유신 이후 빈민, 노동자를 위한 선교는 무조건 '용공, 빨갱이'로 몰리면서 민중선교를 할 수 없는 분위기가 형성되었다. 청계천 등 현장에 들어간 활동가들이 형사들의 감시를 받고 '오열'로 찍히는 등 현장활동가들의 선교가 어려운 상황에 놓이게 되자 '정치적 자유'없는 선교는 불가능하다는 인식하에 선교의 자유를 위해 먼저 정치적 자유의 획득, 정치적 자유의 획득을 위해서는 '유신체제를 무너뜨려야 한다'는 인식을 하게 된다(박형규, 위의 글, 328~329쪽).

131) 기장은 1972년 9월 총회이후 총회 전도부 주관으로 '선교정책연구협의회'를 구성, 기장 선교정책(초안)을 작성하였다.

자기 정립을 정비하였고[132] 유신체제 이후 '신앙 자유 수호'를 교단 사명으로
인식함으로써 기독자적 사회참여를 확대해 갔다.[133]

## 2) 유신 초기 한국교회의 저항운동과 '신앙과 인권 협의회'

1972년 10월 유신체제 성립 이후 반정부 인사로 지목된 김재준은 1971년에
이어 2차 가택연금에 처해졌다.[134] 이 시기 김재준의 저항은 잡지『제3일』을
통한 언론활동으로 전개된다. 특히 유신헌법이 확정되자 1972년 12월『제3일』
은 '狀況과 告白' 특집호로 편성하여 즉각적인 저항의 메시지를 발표하여 얼어
붙은 유신시대의 서막을 '목숨을 건 모험'으로 시작하였다. 특집호에는 김재준
의 예언자론을 비롯하여 히틀러에 저항했던 독일 고백교회와 본회퍼 등 역사
와 '신앙고백' 관계를 다룬 글들을 실었다.[135]

이와 때를 같이해서 기장을 포함한 개신교 참여진영은 1972년 12월 13일의
전주남문교회 은명기 목사 구속사건과 1973년 4월 13일의 남산부활절연합예
배사건을 겪은 후 "보다 본격적이고 대규모적이며 공개적인 저항운동"을 전개
하게 된다.[136] 특히 남산부활절연합예배사건은 개신교가 민주화운동에 본격

......

132) 김재준, 「기독교장로회총회에 보낸 편지」(http://archives.kdemo.or.kr/View?pRegNo=00832311).
　　이 편지는 김재준이 캐나다 이주 이후 기장총회 앞으로 보낸 것으로, 내용에서 김재준은 기장의
　　정체성을 개혁교회로 정의하고, 개혁교회란 부단히 '개혁해 가는' 교회임을 강조하였는데, 개혁
　　의 내용으로 변화하는 세계 속에서 기장이 '세상 나라가 그리스도의 나라가 되게 하기 위한 출전
　　병사로 싸울 것을 주문하였다.
133) 『한국기독교장로회회보』, 1972.11, 제132호, 12쪽; 이영민, 『은총의 숲길을 걸으며』, 신지성사,
　　2001, 91쪽; 『한국기독교장로회총회제58회회의록』, 1973, 14쪽. 이영민은 1964년 제54회 총회에
　　서 39세의 나이로 교단총무에 당선 된 후 연 '3선(三選) 총무'로 1970년대 초까지 총회를 이끌어
　　간 기장의 중심인물이다. 그는 1970년대 초 기장의 '4대문서'가 연이어 발표된 시기를 "자기 확인
　　사업"으로 의미를 부여했다.
134) 김재준, 『凡庸記』 ③(토론토), 1982, 21쪽.
135) 김재준, 「권두언」, 『제3일』, 1972.12, 2쪽. 이 '상황과 고백' 특집호에는 김재준의 「豫言者와 거짓
　　豫言者」, 전경연의 「信仰告白과 神學的 歪曲」, 문동환의 「信仰告白과 共同體」, 박형규의 「본헤
　　퍼와 독일 告白敎會(1)」 등이 특집으로 실렸다.
136) 한국기독교교회협의회인권위원회, 『1970년대 민주화운동』 4, 한국기독교교회협의회, 1987, 34쪽.

적 · 지속적으로 참여하는 계기가 된 점에서 '촉발사건'의 의미가 있다.[137]

1972년 12월 13일 기장 소속 전주남문교회의 은명기 목사가 포고령 위반으로 연행 · 구속됨으로써 국가가 교단 소속 성직자를 구속하는 첫 사례가 되었다.[138] 유신 시작과 함께 '계엄반대, 유언비어 유포' 혐의로 기도회 중에 성직자가 구속된 이 사건은 교계에 큰 충격을 일으키며 한국교회로 하여금 '오늘의 선교'와 '신앙양심의 자유', '교회와 사회'의 문제들을 생생한 현실문제로 부딪치게 하는 사건이 되었다.[139]

검사의 공소사실에 의하면 "은명기 목사는 1948년 조선신학교 졸업 후 1960년 4월 11일부터 전주남문교회의 목사로 재직하면서 1971년 4월 민주수호 전북협의회 결성 준비위원, 5월에는 민주수호 전북협의회 대표위원을 맡아 총선거부, 개표소 참관인단을 결성하고, 1971년 11월 19일에는 남문교회 청년회 명의로 함석헌, 장준하를 초청, 시국강연회를 개최하는 등 평소 반정부적이며 자유에 대한 어떠한 제약에도 반대하고 있는 견해를 가지고 있었"으며 특히 "10월 유신 개헌안과 계엄령 선포에 대하여 반대의사를 표시하여 오던 자"로 구속

......

137) 교회가 정치행위에 나서기 위해서는 해당 행위에 대한 교리적 정당성과 참여 행위를 불가피하게 만드는 계기가 요구된다. 즉 종교 지도자들이 교회의 제도적 이익(institutional interests)에 대해 심각한 위협을 느끼고, 이들 사이에서 위기의식이 확산되는 계기가 필요한데 이런 역할을 담당하는 정치 · 종교적 사건을 '촉발사건'이라 부를 수 있다(강인철, 위의 글, 361쪽 참조).
138) '은명기 목사 사건' 이전인 1972년 7월 인천 기독교도시산업선교위원회 총무 조승혁 목사가 중앙정보부에 연행, 조사를 받은 사건이 있었으며, 다음해인 1973년 2월 영등포 산업선교회의 조지송, 김경락 목사가 연행되어 조사를 받는 등 도시산업 실무자를 포함 노동문제에 대한 교회의 선교적 참여에 국가권력의 감시와 탄압은 이미 시작되고 있었다(한국기독교회협의회인권위원회, 『1970년대 민주화운동: 기독교인권운동을 중심으로』, 219쪽).
139) 이영민, 위의 책, 103쪽. 은명기 목사 사건은 1972년 11월 초 '행운의 편지' 형식의 '유신개헌반대 유인물'이 은명기 목사에게 배달된 것을 그의 아내인 이영림 씨(기장 총무 이영민 목사의 여동생)가 잘못 처리하는 가운데 벌어진 사건이다. 그러나 이 사건의 본 내용은 '행운의 편지'처리문제에 있다기 보다는 은명기 목사 개인의 '이력'을 문제 삼은 것으로 당시부터 해석되었다. 한편, 김상근은 '행운의 편지' 최초 고안이 자신과 작고한 최승국이 수도교회 목사실에서 '시국담을 나누던 중'에 '행운의 편지'를 쓰자는데 합의한 뒤 최승국이 왼손 글씨로 쓴 편지를 은 목사에게 발송하고 김상근은 타자로 쳐서 10통씩 발송한 것으로 증언했다(「대담: 1970년대 한국교회 사회운동의 배경과 신앙」, 『이 땅에 평화를: 운산 김관석 목사 고희기념문집』, 운산김관석목사고희기념문집출판위원회, 1991, 338~339쪽).

의도를 밝혀 이 사건의 성격이 '정치적 탄압'임이 분명했다.[140]

　사건이 발생하자 한국기독교교회협의회(NCCK)는 12월 16일 정책분과위원회를 소집하여 박형규·문용오·송경태·이문영·김기동 등 5인에게 사건진상을 조사케 하였으며, 기장총회는 12월 18일 총회 임원회의를 열어 '당국이 현직 목사를 기도 중에 교회당에서 교인을 해산시킨 후 연행 구금한 일에 유감의 뜻'을 발표하였다. 12월 20일 은명기 목사가 끝내 구속되자 1973년 1월 26일 기장총회는 청와대, 국무총리, 법무장관, 중앙정보주장 앞으로 기장총회 이름으로 진정서를 제출하였다. 진정서는 "기도하는 교인들을 강제 해산시키고 강단 위에 기도하는 은목사를 연행한 것이 일제 탄압하에서도 흔히 찾아볼 수 없었던 일"로, "본 총회는 양심의 자유와 개인의 권리가 절대 존중되는 사회에서 발생한 사실에 매우 유감스럽게 생각하는 동시"에, "일반신도 대중이 교회탄압의 인상을 받게 될 위험이 있다"고 밝혔다.

　한편 기장 총회는 1973호 1월 『회보』에 '은목사 사건'의 경위와 공소사실을 여과 없이 게재하였으나 정부가 1월 24일 회보발송을 중지시키는 언론 탄압을 가해 이 일에 대해서도 '유감'을 표명하였다.[141] '은목사 사건'의 2차 공판이 무기한 연기된 가운데 1973년 1973년 4월 22일 '남산부활절연합예배사건'으로 서울제일교회(기장) 소속 박형규 목사와 권호경 전도사·수도권도시선교위원회 소속 김동완 전도사(반석교회)·남삼우·KSCF 회장 나상기·학사단 단장인 황인성과 정명기·서창석·이상윤 등의 기독학생들이 연행되었다.

　이 사건은 4월 22일에 남산 야외음악당에서 거행된 '부활절연합예배'에서 박형규·김동완·권호경 등이 "회개하라, 때가 가까웠느니라", "주여, 어리석은 왕을 불쌍히 여기소서", "선열의 피로 지킨 조국 독재국가 웬 말이냐", "꿀 먹은

• • • • • •

140) 한국기독교교회협의회인권위원회, 『1970년대 민주화운동: 기독교인권운동을 중심으로』, 220~221쪽.

141) 은명기 목사는 구속된 지 2개월 후인 1973년 2월 7일 병보석으로 풀려난 뒤 2차 공판이 무기한 연기되면서 목회활동에 제약을 받게 된다.

동아일보 아부하는 한국일보", "회개하라 이후락 정보부장", "윤필용장군을 위해 기도합시다", "서글픈 부활절, 통곡하는 민주주의" 등의 내용이 담긴 전단지 2천여 장을 제작하여 배포할 계획이었다. 그러나 부활절 당일 삼엄한 경계 분위기 속에 배포를 맡았던 KSCF 학생들이 귀가하는 교인들에게 전단지 일부를 나누어주는 데 그쳐 당초 계획은 실패로 돌아간 사건이다.[142] 그러나 부활절 후 70여 일이 지난 시점인 1973년 7월 6일 '내란음모 기도 15명 검거: 목사 넷 구속, 11명 즉심' 기사가 보도되면서 세간에 알려진 이 사건은 실제 '일어난 일' 자체보다 과정과 결과가 '사건화'되면서 한국교회와 기장, NCCK를 중심으로 인권운동, 반독재운동으로 나서게 되는 직접 계기가 되었다.[143] 관련자들에게 '내란음모혐의'가 적용된 이유는 전단지 내용이 '독재국가', '언론', '중앙정보부', '민주주의', 군 내부 갈등을 암시하는 '윤필용 사건' 등 정치와 체제 문제를 직접 언급하고 있었기 때문으로 보인다.[144] 특히 수사 과정에서 고문에 의해 허위자백을 받아냄으로써 '내란'의 어휘가 주는 중압감이 교회와 사회에 던진 파장은 매우 컸다.[145]

소속 목사의 '내란예비음모' 혐의를 받은 기장은 이 사건의 직접적인 '이해

• • • • • •

[142] 박형규는 이때 '조그만 목소리를 내서 이 상황(유신정권의 살벌한 강압조치로 인한 극도의 위축 상황)에 돌파구'를 열어야 한다는 신념으로 이 일을 계획했으며 사전에 김관석 NCCK 총무에게만 이 계획을 알렸다고 하였다. 그러나 부활절 당일 현수막과 전단지 배포를 맡은 한국기독학생회총연맹(KSCF) 소속 학생들이 귀가하는 교인들에게 전단지를 조금 나누어 준 것으로 계획은 실패로 돌아갔다(박형규, 앞의 책, 217~220쪽).

[143] "현정부 전복을 기도한 혐의"로 구속된 사람은 박형규·권호경·남삼우·이종란이며 즉심 회부자는 김동완(반석교회 전도사)·이철흥(전 신민당 조직국 2부차장)·나상기(KSCF회장)·진산전·이용일(통일당 서대문구당 총무부장)·이제곤(대한교육보험 의무사원)·김동윤(신민당 조직원)·이상윤(KSCF회원)·정명기( 〃 )·황인성( 〃 )·서창석( 〃 ) 등이다.

[144] 박형규는 당시로는 소문으로 나돌던 '윤필용 수도경비사령관' 체포와 고문 소식(1973.4)을 '공해방지협회'에서 자신과 같이 이사직을 맡았던 전 신민당원 남삼우를 통해 확인한 뒤 '유신은 반공투사도 잡아먹는 지독한 독재체제'를 실감하여, 전단지에 '군 내부의 갈등'을 암시하는 '윤필용 사건'을 언급하였다(박형규, 앞의 책, 218~219쪽).

[145] 박형규보다 먼저 체포된 남삼우와 KSCF의 나상기, 황인성 등이 고문 끝에 내란음모에 가담했다는 허위자백을 하였다(민청학련운동계승사업회 편, 『1874년 4월』(실록 민청학련 1), 학민사, 2004, 213쪽).

당사자'로 적극적인 대응 마련을 모색했다. 기장 총회는 임원회를 열고 27일에 '대책위원회'를 구성하여 박재석(총회장) · 이영민(총회 총무) · 이해영(교회와사회위원회 위원장) · 김윤옥(여신도회전국연합회 총무) · 이종영(서울노회장) · 조향록(초동교회) · 강원용(경동교회) · 조덕현(한일교회) · 문동환(수도교회) 등으로 구성되었다. 한편 박형규 목사, 권호경 전도사, 황인성이 소속한 서울제일교회는 7월 22~28일까지 구속자들을 위한 철야기도회를 개최하였고,[146) NCCK는 7월 24일 실행위원회가 중심이 되어 진상조사위원회를 조직하였다.[147)

7월 19일에 기장 여신도회전국연합회(회장 주재숙)와 한국교회여성연합회(한교여연, 회장 이우정)이 각각 대통령과 국무총리, 법무부장관 앞으로 구속자들의 선처를 바라는 '탄원서'를 제출하였으며 두 여성단체는 구속자가족을 돕는 운동을 전개하였다.[148) 8월 1일에는 한국교회 상황에 관심을 표명해 오던 해외교회들의 파견조사위원단이 도착하여 NCCK 조사위원들과 연석회의를 갖고 협력 방안을 교환하였다.[149) 2심 공판이 열린 8월 28일에 앞서 서울제일교회는 대학생회 주최로 서울 시대 10개 교회 대학생, 청년 350여 명이 참석한 기도회를 개최하기도 하였다.

더욱이 '은 목사 사건'과 '부활절사건'은 모두 한국기독교장로회 소속 목사들

• • • • • •
146) 교회사편찬위원회, 『질그릇: 서울제일교회25년사』, 서울제일교회, 1978, 81쪽.
147) 위원장에 김해득 정령(구세군) · 서기 오충일(복음교회) · 회계 이재정 신부(성공회) · 위원에 김창희 목사(기감) · 김윤식 목사(예장) · 이영민(기장) · 김관석(NCC 총무) · 한승헌(변호사) 등이다(한국기독교교회협의회인권위원회, 『1970년대 민주화운동: 기독교인권운동을 중심으로』, 262쪽).
148) 이우정 · 이현숙 공저, 『한국기독교장로회 여신도60년사』, 한국기독교장로회여신도회전국연합회, 1989, 294~295쪽.
149) 해외조사위원단은 에드윈 라이던스(미 NCC 극동아시아 총무), 조지 타드(WCC, UIM 간사), 이이자카(일본 NCC대표), 마사오 다케나카(EACC, UIM 위원장) 등 4인으로 구성되었다. 이들이 발표한 한국교회 보고서는 '한국교회 지도자들이 현재로서 이 사건에 충분한 활동 능력을 가졌다는 것을 밝힌 것'과 '정부 측에서도 육군 보안사령부가 이 사건에 과욕한 조치를 취해서 곤란한 상황에 놓인 것', '해외 교회가 한국교회지도자에게 계속 관심을 표명할 것, 재판 비용, 구속자 가족 생활보조 등 재정지원이 요구' 등을 내용으로 하였다(한국기독교교회협의회인권위원회, 『1970년대 民主化運動』 I, 1987, 263~264쪽).

이 구속됨으로써 진보 개신교의 사회운동과 저항에 대한 정권의 탄압적 성격
이 짙었다.150) 기장 총회는 '교회와 사회위원회'와 공동으로 1973년 8월 7일
'①교역자 구속사건과 우리의 견해'를, 제58회 총회가 진행되던 1973년 9월 28
일에는 '②제58회 총회성명서'('새 역사 20주년 성명서')를 발표하는 한편 대책
회의와 기도회를 개최하고 해외 교회들에도 관심과 지원을 호소하는 등 다각
적인 구속자 석방활동을 벌였다.151) 기장은 먼저 ①의 성명서에서 이 사건을
'신앙과 선교의 자유권'과 '민주사회 국민 기본권인 언론의 자유'를 제약하는
것으로 이해했다. 또한 공산(독재)체제에 효과적인 대응이 '국민의 자유 신장,
민주정치 제도의 확신, 자유 한국'에 있음을 강조하고, 기장 교단은 '하나님의
말씀이 지시하는 바 신앙양심에 의하여 예언자적 사명을 다함에 있어 국가나
혹은 세속 단체가 이에 강압적인 제약을 가하려고 한다면 이는 기독교 신앙의
사활 문제에 관계된 것으로 간주'할 것임을 선언함으로써 이 두 사건이 '국가
에 의한 교단(교회)'의 강압으로 규정하였다.152)

또한 성명서 ②는 기장의 출범 의의를 '신앙양심의 자유, 신학의 학문적 자
유 수호'임을 강조하고, '대정부 발언'으로 '우리는 자유민주주의가 개인의 자유
와 사회정의를 구현할 수 있는 최선의 체제임을 확신…그러므로 하루 속히 자
유민주주의의 체제로 정상화되기를 진심으로 희구한다'라고 하여 유신체제의

• • • • • •

150) 한편 이 일에 '내란음모죄'가 적용된 데에는 KSCF 소속 감리교 청년회장인 남삼우가 신민당 청년
부장임이 확인되자 이것을 야당인 신민당과 연계시키기 위해서란 분석도 있다(오재식, 『나에게
꽃으로 다가오는 현장』, 대한기독교서회, 2012, 188쪽). 그 전에 남삼우를 권호경 전도사에게 소
개시켜 준 것이 오재식이라고 한다.
151) 성명서 ①은 '한국기독교장로회 총회장 박재석, 교회와사회위원회 위원장 이해영' 명의로, 성명서
②는 '한국기독교장로회 제58회 총회 총회원 일동'으로 발표되었다. 이외에도 박형규 목사가 소속
된 기장 서울노회는 수도교회에서 임시노회를 개최, 박형규, 권호경 구속사건에 대한 '10인대책위
원회'를 구성하고 3가지 사항을 결의하였다. ①우리는 이 땅에 진정한 자유의 보장과 참다운 민주
주의 확립을 위해서 최선의 노력을 해야 한다. ②박형규 목사와 권호경 전도사는 이와 같은 신앙
확신에 의해서 행동한 것으로 믿는다 ③우리는 당국이 이 땅에 참된 자유를 확보해 줄 것과 박목
사의 사건이 공정히 판결되기를 바라면서 예의 주시한다. 이외에 전남노회도 이 구속사건에 대한
결의, 성명을 발표하였다(「노회소식」, 『한국기독교장로회회보』 제141호, 1973.9, 14쪽).
152) 「교역자구속사건과 우리의 견해」, 『정의 · 평화 · 통일자료집』, 한국기독교장로회총회, 2003, 33~34쪽.

비정상성을 비판했다.[153] 이러한 기장의 인식은 제58회 총회가 '교회와사회위
원회(위원장 이해영 목사)'의 보고에 의해 '선교활동자유수호위원회' 기구를 설
치할 것을 결의한 것에서도 확인할 수 있다.[154]

이상에서 알 수 있듯이 1972년 10월 유신체제의 성립과 함께 기장이 겪은
두 건의 사건은 국가가 종교 영역을 직접 감시, 처벌할 수 있으며, 교회의 선
교행위가 체제로부터 자유와 안전을 보장받지 못한다는 사실을 인식시켜 줌으
로써 선교자유운동의 '촉발사건'으로서의 의미가 있었다.[155] 더욱이 종교 활동
중에 신도와 성직자를 강제 해산·연행하는 '공포분위기'를 조성하여 교회의
사회참여·반정부적 발언을 차단한 경고의 의미가 있었다.[156] '부활절사건' 이
후 개신교 참여진영은 공동의 신앙고백문을 비밀리에 작성하여 유신체제의 억
압적 상황을 대외에 알리는 한편 NCCK를 중심으로 다양한 협의체를 구성하여
선교이념을 정립해나갔다.[157]

한편 김재준은 1973년 1월 말 가족들이 머물고 있던 캐나다로 건너가 약 8
개월간 체류하던 중에 '부활절사건'의 3차 공판 소식을 접한 직후 귀국하여 교

· · · · · ·
153) 「제58회총회성명서」, 『정의·평화·통일자료집』, 한국기독교장로회총회, 2003, 34~36쪽.
154) 이 기구의 기능으로는 ①현재까지의 교역자 구속사건 대책위원회의 기능을 맡는 것, ②선교활동
자유의 한계를 연구하고 그 수호에 대한 예방책 강구, ③신앙과 선교활동이 침해당할 경우 대책
강구, ④본 위원회가 타 교파 및 한국기독교교회협의회와 긴밀하게 연락하고 협력토록 할 것 등
이다. 조직 구성으로 총회장, 총무, 사회부장, 교회와사회위원장, 한국신학대학장, 남·녀신도회
장, 서울노회장, 강원용·조향록·김관석·문동환, 법조계 인사 2인, 정계인사 2인으로 구성할 것
을 정하였다. 「선교활동자유수호위원회 설치」, 『한국기독교장로회회보』, 1974.1, 제145호, 13쪽.
155) 한국기독교교회협의회인권위원회, 『1970년대 民主化運動』Ⅰ, 1987, 217~218쪽.
156) '남산부활절연합예배사건'은 3차에 걸친 공판(8.21, 8.28, 9.12)에 이은 9월 19일 결심공판에서 박
형규 목사는 "사건의 모든 책임은 성직자이고 연장자인 나에게 있다"고 하였으며, 권호경 전도사
는 "한국에 종교적 자유가 있다고 생각하여 나라를 위하는 예배가 되도록 하고자 했던 것일 뿐"
이라 자신의 입장을 밝혔다. 9월 25일 선고공판에서 재판부는 박형규, 권호경 피고에 각각 징역
2년을, 남삼우 피고에 징역 1년 6월, 이종란 피고에 1년을 선고하였으며 이틀 후인 9월 27일 돌
연 박형규, 권호경, 남삼우 등 세 피고인에 대한 보석이 결정되어 풀려나게 된다(한국기독교교회
협의회인권위원회, 위의 책, 268~271쪽).
157) '오늘의 구원협의회'(1973.4.3~4), '선교와 교육 연구협의회'(1973.6.25~28), '한일교회협의회'(1973.
7.2~5) 등의 협의회가 있다.

회와 재야진영을 중심으로 인권·민주화운동에 합류하였다.[158] 이 가운데 김
재준이 직접 관계된 '신앙과 인권협의회'의 내용을 중심으로 살펴보자. 1973년
10월 4일 NCCK 산하 연구위원회가 모여 소규모의 인권문제협의회를 통한 인
권연구세미나를 진행할 필요가 있다는 데 결론을 내리고 그 준비와 실행을 국
제문제분과위원회에 일임키로 결의하였다.[159]

　이 결의에 따라 동 위원회는 1973년 10월 15일 모임을 갖고 '인권문제협의회
준비위원회'를 구성하여 위원장에 김윤식목사를 선임하고 구체적 실무는 위원
장과 김관석 NCC총무, 박달진 목사 등 3인에게 일임된다.[160] 그 결과 1973년
11월 23일~24일 장충동 분도회관에서 "신앙과 인권" 주제로 인권문제협의회가
개최되었다.[161] 인권문제협의회는 "인권의 확보 및 수행에 있어서 보다 효과
적인 방법을 모색"하고 "인권의 신학적 개념 정립과 생활전반에 걸친 이해와
해석 그리고 우리의 지식과 경험을 종합해"보기 위해 열렸다.[162] 정보당국의
감시로 비공개로 열린 이 협의회는 한국교회가 '인권'을 주제로 열린 첫 모임
으로 이후 1974년 5월에 조직된 'NCCK인권위원회'의 모체가 되었다는 점에서
매우 의미 있는 자리였다. 이 협의회 참석자로는 언론, 학계, 노사, 여성, 신학,
교계, 법조계 등 각계 50명 정도가 정식 초청되었고 30여 명이 참석하였다. 각
분야별 참석자는 다음과 같다.

● ● ● ● ● ●

158) 김재준, 『凡庸記』 3, 칠성인쇄소, 1982, 39~40쪽.
159) 한국기독교교회협의회인권위원회, 『1970년대 民主化運動』 I, 1987, 296쪽.
160) NCCK 국제문제분과위원회의 '협의회'개최 취지문은 '인권의 문제'를 근본적인 것으로, '모든 속박
　　으로부터의 인간 해방과 직결되는 문제', '신앙의 자유를 기본적 권리로 하는 인권의 문제를 다루
　　게 될 것'임을 밝혔다. 특히 '오늘의 한국교회가 처한 상황에 있어서 인권의 신학적 개념정립과
　　생활전반에 걸친 이해, 해석과 지식과 경험을 종합해 보는 것'을 목적으로, '주어진 상황 아래서
　　인권의 적용 실태, 침해와 유린의 결과에 대한 지식과 경험의 공유' 등이 다뤄질 것임을 밝혔다.
　　위의 자료집, 296쪽.
161) 김관석, 「NCC 인권위원회의 창립배경 및 동기」, 『한국교회 인권선교 20년사』, NCCK인권위원회
　　편, 한국기독교교회협의회, 1994, 23쪽; 조이제, 「인권위원회의 창립」, 『한국교회 인권운동 30년
　　사』, 한국기독교교회협의회, 2005, 58쪽.
162) 조이제, 위와 같음.

| 주제강연 | 김재준, 고범서 |
|---|---|
| 언　　론 | 천관우, 고환규, 유석종, 장종철, 이대용 |
| 학　　계 | 김용준, 노명식, 이문영, 최종고, 고범서 |
| 노　　사 | 신상길, 조승혁, 조지송, 조화순 |
| 여　　성 | 이우정, 이태영, 주선애 |
| 신 학 자 | 안병무, 한철하 |
| 법 조 계 | 정명채, 한승헌 |
| 교　　계 | 김관석, 김윤식, 김재준, 마경일, 마삼락, 박달진, 박형규, 배명준, 서광선, 우열성, 이영민, 장형일, 조향록[163) |

　참석자들은 저항운동의 확산과 인권침해에 주목하여 교회 내에 인권 문제를 다룰 상설기구의 필요성을 제기하고 NCCK 실행위원회에 건의하기로 의견의 일치를 보았다. 그리고 1948년 「세계인권선언」이 채택된 12월 10일을 인권주간으로 정하여 전국교회를 통해 '인권회복과 수행'에 적극 참여토록 할 것을 건의키로 하였다.[164) 마지막으로 각 분야별로 대두되고 있는 인권침해 사례를 지적하는 내용의 '인권선언'을 발표하였다[165)(첨부 자료 4 참조).

　이 협의회에서 김재준은 누가복음 4장 16~21절을 본문으로 "인간을 찾는 그리스도"의 제목으로 주제강연을 맡았다. "인간이란 온 천하를 주고도 바꿀 수 없는 인간의 존엄성, 고귀성이라는 것을 하나님 자신이 우리에게 예수의 사건으로써 증명해주셨다… 인간의 잔학, 인간의 비인간화는 용납할 수 없으며 인

● ● ● ● ● ●

163) 김관석, 위의 글; 조이제, 위의 글, 59쪽; 한국기독교교회협의회인권위원회, 『1970년대 民主化運動』, 296쪽 참조. 공식 초청자 외에 일본교회 여성대표 2인이 옵저버로 참석하였다.

164) 이 결정을 기초로 NCCK는 1973년 12월 10~16일을 '교회와 인권'기도주간(주관:에큐메니칼현대선교협의체)의 행사를 후원하고 1974년 4월 11일 각 교단, 학원, 노동, 언론, 법조, 여성 등 각계 대표로 구성된 'NCCK인권위원회'를 창설하였다(한국기독교교회협의회인권위원회, 위 자료집, 300쪽).

165) 이 협의회에서 각 분야별 주제 발표가 있었는데 '언론과 인권'─유석종 교수, '학원과 인권'─김용준 박사, '여성과 인권'─이태영 박사 등이 발표하였다. 주제 발표의 구체적 내용은 한국기독교교회협의회인권위원회, 위 자료집, 297~298쪽 참조.

간잔학의 가장 두드러진 실례는 정치권력의 악용이다"라고 하여 인간 존엄의
성서적 근거를 재확인하고 정치권력의 악용에 의한 인권유린, 비인간화를 '반
그리스도교적'인 것으로 규정했다.[166] 결론에서 김재준은 "인간의 자유란 전
인간(Total Humanity)으로서의 자유를 의미"하며 인권옹호는 "억울한 사람을
사건별로 풀어주는 식의 흥정이 아니라 인간의 발견, 존엄 그리고 인간의 구원
과 완성 등 인간 전체의 완성을 위한 행군"의 의미로 포괄적으로 해석했다.

소수의 참여 속에 비공개로 진행된 인권문제협의회에서 발표된 '인권선언'
은 유신체제의 억압적 인권 상황에서 '천부인권'을 옹호함으로써 개신교 인권
운동 개념을 공식적으로 천명한 사건이 되었다. 또한 NCCK는 인권침해에 대
한 단기적 대응에 그치지 않고 장기적, 조직적 활동 전개를 위한 상설기구 마
련에 착수하게 된다.[167]

1973년 12월 10일에 열린 NCCK실행위원회는 인권문제협의회의 건의안을 논
의한 결과 인권 문제를 다루는 상설기구 조직을 결정하고 회칙 작성은 교회화
사회위원회에 위임하였다. 교회와사회위원회는 정책분과위원회를 열어 초안을
마련, 1974년 1월 15일 초안심의를 거쳐 실행위원회에 인준을 청원하였다. 인
권위원회 위원 선정은 NCCK 총무가 각 교단 총무와 협의 후 교단 대표를 선정
하게 하고, 한승헌 변호사(법조), 양호민(언론), 조지송 목사(도시산업), 김용준
박사(학원), 이태영, 이우정(여성) 등의 전문위원을 선정하였다.[168] 1974년 3월
28일 실행위원회가 헌장 세칙을 개정, 통과시켜 인권위원회에 대한 법적 근거
를 마련함으로써 KNCC의 특별위원회로 정식 탄생하게 되었다. 인권위원회의

<hr />

166) 한국기독교교회협의회, 『한국교회 인권운동 30년사』, KNCC인권위원회, 2005, 59쪽.
167) 조이제, 위의 글, 61쪽.
168) 이때 마련된 회칙에 의하면 인권위원회는 인권옹호를 위한 계몽활동, 국내외의 인권 옹호 활동
의 유대 관계 촉진, 인권주간 행사 실시, 인권 문제와 선교의 자유에 관한 연구조사 및 대책 등
의 사업을 하도록 되어 있다. 위원구성은 각 교단 대표 2명씩 NCCK 가입 6개 교단 12인, 총무,
교회와사회위원회위원장, 연구위원회 위원장 등 NCCK 대표 3인, 전문 분야 6인 등 모두 21인
으로 구성되었다.

초대 위원에 선임된 각 교단대표에는 예장 김종대 · 조남기 · 기감 박설봉 목사 · 조홍벽 장로 · 기장 이준묵 · 이해영 목사 · 구세군대한본영 김순배 부령 · 유창복 참령 · 성공회의 홍충남 신부 · 이인규 박사 · 복음교회 조용술 · 오충일 목사 등 이 선임되었다. NCCK 대표로는 김관석 총무, 강원용 교회와 사회위원회 위원장 이 확정되었으며 전문위원은 앞서 1월에 선정된 명단 그대로 확정되었다.[169]

1974년 5월 4일에 공식적인 첫 모임을 가진 NCCK인권위원회는 임원선거를 통해 위원장에 이해영 목사를 선출하고 부위원장에 이태영 박사, 서기 홍충남 신부로 초대 임원진을 구성하였다.[170] 이로써 한국교회 사회참여진영은 인권운동의 구심체를 갖춰 유신체제에 대항하는 인권운동을 본격적으로 전개하게 되었다.[171]

### 3) 유신시대 김재준의 '예언자적 역사참여' 신학과 반유신운동

유신체제 이후 김재준과 개신교 사회참여진영은 국민을 '감시와 처벌'의 대상으로 간주하는 억압 상황에 맞서 자유민주체제를 수호하는 저항 세력으로

・・・・・・

[169] 당초 회칙에는 NCCK 연구위원회 위원장도 포함되었는데 2월 25일에 열린 제26회 총회에서 헌장 개정으로 교회와사회위원회에 연구위원회가 통합됨으로써 공석이 되었다. 이후 NCCK 실행위원회 세칙 및 회칙 개정으로 선교위원회 위원장으로 대체됨으로써 1974년 3월 29일 '인권위원회'회의부터 김형태 목사가 참여하게 된다(조이제, 위의 글 65쪽).

[170] 이해영(李海榮, 1916.12.18~1976.3.26) 목사는 1947년 한신대를 졸업한 뒤 1948년 10월 전주남문교회 목회를 시작으로 서울 성남교회, 갈릴리교회 시무하였다. 전북노회장(1957~1958년), 기장 총회장(1964년), 한국기독교연합회회장(1969) 등을 역임하였으며 인권위원회 위원장직을 마친 직후인 1976년 지병인 심장병으로 별세하였다. 이해영과 김재준은 조선신학교 사제 관계로 만나 1970년대 동지적 유대 관계로 발전하였다. 특히 김재준 개인에게는 1947년 조선신학교 '51인 진정서 사건'이 났을 때 학생회장이던 이해영이 문익환과 함께 적극적으로 나서 학생회가 김재준을 옹호하는 입장을 개진하였던 특별한 인연이 있다.

[171] 김상근은 인권위원회 조직 자체가 한국교회의 '용기'였으며 '싸움의 선포', '악의 세력에 대한 도전'이었다고 회상하였다. 당시 참여했던 교회 인사들은 긴장속에 순교의 각오를 다졌으며 '옳은 것을 옳다, 그른 것을 그르다 할 수 없는 것은 신앙도 양심도 아니라는 깨달음'으로 인권위원회에 뛰어들게 되었다고 회고하였다(김상근, 「20년의 겨울」, 『한국교회 인권선교 20년사』, 한국기독교교회협의회, 1994, 199쪽).

변화해 갔다. 1972년 10월 27일 유신헌법의 발표 후 두 번째로 가택연금에 들어간 김재준은 이 시기 자신의 신학적 근거로 '예언자적 사명'의 재확인과 '역사참여 신학'을 전면으로 내세움으로써 1930년대 이후 일관되게 주장해 온 '예언자론'과 참여 신학을 통합한 '예언자적 역사참여신학'을 제시하였다.

유신선포 이후 김재준의 예언자론은 예언자의 역사의식을 보강하여 역사현실에 더욱 다가서 있었다. 특히 구약 예언자들의 직접 정치 관여와 정치 현실에 대한 '경고', '항거'를 통해 국가로부터 고난과 은신, 정면대결의 극적 생애를 이어간 사실에 현재적 의미를 부여하여 한국교회의 예언자적 사명을 일깨웠다.[172] 교회의 '예언자적 사명'이란 역사·정치 현실에 직접 참여함으로써 '그리스도교적 구원사'를 완성해 가는 일에 동참하는 것을 말한다.[173] 이때 예언자에게 요구되는 것은 두 가지로 '역사의 정황을 본다'는 의미에서의 역사의식과 '현실을 여호와의 뜻에 비추어 분석, 비판하는', 즉 '경고'의 의미를 강조하였다.[174] 유신선포 직후 경계와 공포상황에서 발표한 김재준의 '참 예언자론'은 이 시기 한국교회 보수진영의 정교분리론과 대조적으로 교회의 사회참여논리로 부각되었다.[175]

· · · · · ·

172) 다윗왕의 고문이자 궁중예언자인 나단은 다윗의 사생활에 개입하여 그 잘못을 충고 또는 경고하였으며(삼하 12:1), 엘리야는 북왕국 오므리 왕조의 아합왕과 이세벨 왕비의 종교정책에 정면 항거하여 고난과 은신, 정면대결의 극적 생애를 이어 갔음을 예로 들었다(왕상 21:21~24). 이외에도 이사야, 예레미야 등 문서예언자들도 유대민족의 여호와 신앙을 지키도록 왕, 국가에 꾸준히 권고했던 사실을 상기시켰다. 특히 예레미야의 '망국예언'과 국가적 범죄상에 대한 신랄한 규탄, 조속한 참회와 갱신촉구는 당대 이스라엘에 배척과 멸시의 대상이 되었음을 강조하였다(김재준, 「豫言者와 거짓 豫言者」, 『제3일』, 1972.12, 4~8쪽).
173) 김재준, 「한국교회의 예언자적 사명」, 『基督敎思想』, 1973.3, 62~70쪽 참조. 한편 김재준이 자신의 신학적 명제를 '역사참여의 신학'으로 표현한 것은 1971년 양 선거 직후 『제3일』을 통해 발표한 '역사참여의 신학'으로부터 볼 수 있다(김재준, 「역사참여의 신학」, 『제3일』, 1971.7, 4~8쪽 참조).
174) 김재준, 위의 글, 63쪽.
175) 김재준은 글에서 집권자와 국민에게 '듣기 좋은 말'로 거짓 예언하는 '관제예언자(Nationalistic Prophet)'들을 대조하여 시대상을 반영했다. 여기서 김재준은 '참 예언'과 '거짓 예언'을 몇 가지 특징으로 대조하였는데, 예언의 동기에 있어 '참 예언자'는 '신앙적 윤리적 갱신'을 목적으로 한다. 이 경우 부정, 부패, 범죄 종교적 타락 등 죄악적인 것에 대한 충고, 경고, 반대, 심판선도 등으로 '대결'하는 데 반해, '거짓 예언자'는 국가 권력에 아부, 사람들이 좋아할 만한 예언을 목적으로 말하는 것을 대조하였다. '역사이해'에 있어서도 전자는 역사적 사건들 속에서 '하나님의

예언자의 역사의식이란 더 구체적으로 '모든 역사―과거 현재 미래 그리고
전 세계―가 하나님 나라의 범주 안에 수렴되는 역사', 즉 구원사의 완성을 의
미했다. 김재준에게서 세계 역사는 곧 '구원사의 일터'로 예언자의 역사현실참
여는 신학적, 구원사적 정당성을 얻는다고 할 수 있다.[176]

한국사의 경우 한국교회의 '타계적 구원관' 즉 '예수 믿고 천당가라'는 메시
지에 충실한 결과 사회적 책임에 있어서 신학적 기반조차 형성하지 못했음을
지적하고 그 결과 '역사참여'는 더욱 불가능했던 것으로 분석했다. 또한 '개인
영혼구원'에 치중된 한국교회의 구원관에서는 '사회는 저절로 잘 된다'는 막연
한 '사회관'이 지배적이었다고 비판했다. 교회와 정치 관계에 있어서도 '교회가
정치기관이 아닌 이상 무분별한 혼동은 금물'이나, '정치인과 집권층에 대한 예
언자적 직언은 해야 한다'고 하여 예언자적 사명을 강조했다.

그러나 1970년대 한국교회가 '자기중심적, 자기 안전주의, 이득동기'에 따라
상업화·물량화되어 가는 현실을 강하게 비판하였다.[177] 한국교회의 물질주의
를 '잃은 양 한 마리'보다 '아흔 아홉 마리 양'을 위한 교회로 비판한 김재준은
교회의 선교가 사회적 방향으로 전개되어야 할 것을 주장하여 '하나님의 선교'
를 재확인하였다.

김재준의 '예언자적 역사참여' 신학은 1970년대 한국교회 대형 전도집회에
대한 강도 높은 비판에서도 여과 없이 드러난다. 특히 빌리 그레이엄에 대한
평가는 1960년대 중반에서 대전환을 보였는데, '세계적 부흥사'로 그를 인정하
면서도 '개인주의적 회개'를 바탕으로 한 '복음주의적 구원'의 설교자로 분류했
다.[178] 그리고 빌리 그레이엄의 설교가 '사회적 악덕'을 말하지만 사회구조, 구

• • • • • •

계시와 경륜'을 읽음으로써 역사 무대에서 인간의 신앙적 도덕적 타락과 범죄에 민감히 대응한
다. 그러나 후자인 '관제 예언자'는 역사의식이 없이 '자기 생존을 위한 편익만이 있을 뿐'으로
대비시킴으로써 참 예언자의 '역사에의 책임적 참여'를 강조했다(김재준, 위의 글, 10~11 · 19쪽).

[176] 김재준, 위의 글, 65쪽.
[177] 김재준, 위와 같음.
[178] 김재준, 「此世와 來世」, 『제3일』, 1973.5, 15쪽.

조악의 문제까지 나아가지 못하는 한계를 지적했다. 특히 1973년 5월 30일~6월 3일에 진행된 빌리 그레이엄의 전도집회가 정부의 적극 지원하에 이루어진 점을 강하게 비판하고 정부의 지원 이유도 정부에 'harmless'할 뿐 아니라 오히려 '플러스'가 될 것이기 때문으로 이해했다.179)

> 그는 세상과는 관계없는 초세간적인 개인적 내적 신비경험—소위 구원의 심리적 확신을 주기 위해, 영원한 복음을 전파하러 왔다는 말일 것이다. 일제시대에 소위 '民心善導' 구실을 하러 온 셈이다. '예수 믿고 천당가라'는 전통적인 한국 교회 선교표어에다가 다소 현대어로 꾸민 의복을 입힌 내용의 것이었을 터이니까 한국교인을 유혹하기에는 안성맞춤이었을 것으로 상상된다.180)

김재준은 빌리 그레이엄의 메시지가 주는 '마음의 평화'가 개인의 심리요법으로는 '유효했을 것'이나 기독교인의 '비사회적' 게토의식을 조장할 것이며 사회에 관심을 가진다 해도 자선사업 식의 사고방식을 넘지 못할 것으로 비판했다. 특히 미국의 현안인 흑인 문제나 월남전쟁 등의 사회문제를 언급하지 않는 것을 예로 들어 집권자의 정권 유지에 '플러스'가 되는 설교자로 평가했다.181) 김재준의 이러한 평가는 1960년대 중반 빌리 그레이엄의 부흥집회를

• • • • • •

179) 김재준, 「가르침」, 『제3일』, 1973.7, 8~9쪽. 1973년 빌리 그레이엄 전도대회에서 박정희 정권은 범정부적 차원에서 파격적으로 지원했다. '군 공병대의 장비와 병력 투입, 청중의 안전을 위한 1천 8백 명의 경찰관이 동원된 것, 서울시가 대회 기간 중 여의도 일대의 야간 통행금지 해제한 것'이나, 관제행사 외에 개방하지 않던 여의도 5·16광장을 집회용으로 내준 것이나 헬리콥터와 경비정을 동원한 경비, 서울시가 수백 대의 버스로 여의도를 경유하도록 노선을 조정해 준 것, 육사 군악대가 행사에 참석하여 찬송가를 연주한 것, 관영(官營)언론사들을 통한 대대적인 행사 보도 등 정부의 특혜적 배려에 대해 빌리 그레이엄은 집회 마지막 날 고별 설교에서 '집회가 성공적으로 끝날 수 있게 도운 한국 정부에 감사'했다(강인철, 『한국의 개신교와 반공주의』, 2007, 중심, 206~207쪽).
180) 김재준, 위의 글, 9쪽.
181) 김재준, 위와 같음. 빌리 그레이엄의 복음주의적 특징은 그의 경력에서도 확인된다. 그는 세계복음주의협의회 조직에 직접 참여했고 스위스 로잔에서 열린 세계복음화 국제대회를 주창한 인물이기도 하다. 또한 WCC의 사회구원론을 공산주의의 사주로 공격한 전미복음주의협의회(NAE) 소속이기도 했다(장숙경, 『산업선교, 그리고 70년대 노동운동』, 선인, 2013, 158~159쪽).

'예언자적 시사 비판'으로 평가했던 것에서 급전환된 것이다.[182]

한편 1969년 3선개헌반대운동 이후 정교분리를 내세워 온 보수진영은 1972년 10월 교계 대표적인 신학자, 교단 목사 등 40여 명이 '유신지지' 성명을 발표하고[183] 신학적으로 두 가지 흐름에서 교회의 사회참여를 비판했다. 칼빈주의 전통의 '정교분리론'에 따른 정치참여 비판이 하나이며 다른 하나는 에큐메니컬 신학에 대한 비판이다. 대표적으로 김의환 교수(총신대, 역사신학)는 박형룡 교수의 신학적 전통을 잇는 보수 신학자로 '교회와 국가', '한국교회의 정치참여 문제', '기독교와 현실참여' 등을 발표하여 한국교회 사회참여를 비판하였다.[184]

칼빈의 정교분리 원칙에 따라 김 교수는 로마서 13장 1~2절을 인용하여 국가의 정치권력이 '하나님으로부터 나왔으니 그 권력이 어떤 권력이 되었든 굴복하고 따르라'는 뜻으로, '기독자들은 민주주의적인 정치체제만을 고집할 수 없'으며 '위에 있는 권세가 로마제국의 권세이든, 다른 제국의 권세이든 그 권세에 복종'해야 한다고 주장했다.[185] 그러나 역할과 목적이 다른 교회와 정치 두 기관 간에 영역 주권이 침해될 경우 '하나님의 심판'이 따른다고 하여 철저한 분리 인식을 보였다.[186] 한국역사에서 '영역 침해'의 대표적인 사례로 교회

· · · · · ·

182) 더욱이 이 글이 쓰인 날자는 1973년 6월 5일로 이 시기 캐나다에 머물고 있으면서 한국에서의 대형집회를 비판하기 위해 쓴 것이다.

183) 유신 지지성명에 합세한 교계 지도자들은 이종성 · 김희보 · 김정준 · 조종남 · 홍현설 등 각 교단 신학대 학장들과 유호준 · 김윤찬 · 지원상 · 김창인 · 조용기 · 한경직 등 40여 명이다(장숙경, 위의 책, 156쪽).

184) 김의환 교수는 미국 칼빈신학교를 졸업 후 웨스트민스터신학교 대학원에서 신학석사(Th.M), 템플대에서 철학박사(Ph.D) 학위를 받았다. 1970년에『挑戰받는 保守神學』을 발표하여 한국교회 '자유주의'신학의 흐름을 비판적으로 기술하였다(김의환(金義煥),『挑戰받는 保守神學』, 서광문화사, 1970 참조). 1971년 양대 선거 직전에 발표한「교회로 하여금 교회되게 하라」는 글에서 김교수는 참여 신학의 '세속화', '비교회화(Dechurch)'를 비판하고 초대교회의 '교리 중심', '선교 중심', '윤리적 교훈 중심'을 강조하였다. 특히 1960년대 말 이후 사회선교론인 '하나님의 선교' 개념을 '상대주의, 포용주의'로 이해하고 초대교회의 '절대주의, 비타협주의'와 차별, 배치되는 선교개념으로 이해했다.

185) 김의환, 위의 글, 28쪽.

186) 김의환,「敎會와 國家」,『신학지남』, 1974.9, 6쪽.

의 3 · 1운동 참여, 1965년 '한 · 일국교정상화 시비'에 교회가 뛰어든 사건, 그
리고 '오늘날 일어나는 정치변동에 교회의 이름으로 찬반을 보이는 탈선' 등을
예로 들었다.[187]

교회의 3 · 1운동 참여에 대해 김 교수는 "교회는 '愛國'이라는 이름 아래 영
역이탈의 과오"를 범한 것으로, "'하나님의 것'을 '가이사의 것'에 섞어 온 실수"
로, "망국의 슬픈 시련을 겪으면서 '民族愛'의 기치 아래 本意 아닌 정치참여의
길을 택"하여 결과적으로 "한국교회가 일제의 심한 박해"를 받게 된 것으로 보
았다. 김 교수의 논리로는 일제의 박해가 곧 '하나님의 심판'이 된다.[188] 특히
그는 3 · 1운동에 기독교가 개인자격이 아닌 '거 교회적'으로 참여함으로써 이
후 교회가 수많은 핍박을 받게 되었는데, 신사참배 강요도 그중 하나라는 논리
를 폈다.[189]

또 다른 비판론자인 신성종 교수는 1970년대 한국교회가 직면한 세 가지 위
기로 첫째, 외부로부터의 공산주의 위협, 둘째, 내부의 신비주의 경향을 가진
이단 종파들, 셋째, 외국에서 수입된 자연주의적 경향의 여러 신학사조들로 여
기에는 세속적인 면만을 강조하는 세속화신학 등이 포함되어 있다.[190]

보수신학의 정교분리론에 의하면 이 시기 교회의 '사회화'를 강조하는 참여
신학은 한국교회를 '사회주의화' 시키려는 신보편주의(New Universalism)이며,
한국교회를 '하나님의 말씀'이 아닌 "다른 복음(福音)"에 세우려는 '新人本主義
(New Humanism)'로 경계해야 할 신학사조들이 된다.[191] 특히 '가이사의 것은
가이사에게, 하나님의 것은 하나님에게 바치라'는 구절은 '국가가 우리 크리스

187) 김의환, 「基督敎와 現實參與」, 『신학지남』, 1973.6, 참조.
188) 김의환, 위의 글, 25쪽.
189) 김의환, 위의 글, 28~30쪽.
190) 신성종, 「新約에 나타난 敎會와 國家의 關係」, 『신학지남』 통권 179호, 1975.9, 77쪽. 신성종은
    김의환 교수와 같은 웨스트민스터신학교와 템플대를 거쳐 총신대학교 교수, 총신대학교 대학원
    장 등을 거쳤다.
191) 여기서 신인본주의란 1930년대~1950년대 '신신학'을 '현대신학', '인본주의'로 지칭해 온 연장선에
    서 나온 해석이다.

천들이 순종해야 할 대상'임을 밝혀주는 것으로 해석하고 '국가가 죄악이 있는 불완전한 기구라고 해서 여기에 불순종한다면 그것은 예수님의 말씀과는 거리가 먼 행동'이라 하여 국가에 '절대복종'할 것을 가르쳤다.[192] 박형룡 박사의 아들인 박아론 교수는 '에큐메니컬 참여신학'에 초점을 맞춰 비판하였다. 그는 칼 바르트 이후 1960년대 중반 한국교회 진보진영의 신학 배경이 된 세속화신학, '희망의 신학' 등의 현대신학을 '전위신학'으로 통칭하였는데 여기에는 '급진신학', '좌경신학'의 의미가 포함되었다.[193] 이상과 같이 보수신학계가 유신 시기 한국교회 사회참여 진영의 참여논리를 비판한 것은 유신정부가 종교 영역을 차별화하는 데 논거가 되었다.

1974년 11월 9일 한국기독교실업인회가 주최한 '국무총리를 위한 기도회'에서 김종필 국무총리는 로마서 13장을 인용하여 '교회는 정부에 순종해야 하며 정부는 하나님이 인정한 것'이라고 발언하여 보수신학의 '정교분리 인식'과 정확히 동일한 인식을 보였다. 이러한 보수교계의 신학 논리는 1970년대 '맘모스형' 복음화·전도운동을 통한 한국교회 물적·양적 성장의 토대가 되었으며[194] 이와 반대로 소수의 에큐메니컬 사회참여 진영은 정부와 사회로부터 '반정부 세력', '용공 세력'으로 인식되면서 감시와 탄압의 대상이 되었다.[195]

● ● ● ● ● ●

[192] '하나님의 선교'에 대해서도 '하나님나라의 복음은 전하지 않고, 누가복음 4장 18절만을 교회 존재의 전부로 주장하여 하나님나라의 초월성은 부인한 정치신학, 신사회복음주의 범주로 각색한 자유주의자들의 과오'로 비판하였다(신성종, 위의 글, 77~78쪽).

[193] 박아론, 「전위신학 비판」, 『신학지남』, 1969.9, 8~43쪽 참조.

[194] 대표적으로 1972~3년 빌리 그레이엄의 전도집회와 1974년의 '엑스플로 74', 1975년 '나라를 위한 기도회'의 1백만 집회, 1977년 민족복음화 성회 대집회 등을 들 수 있다.

[195] 현영학, 「민중의 고난과 민중신학」, 『이땅에 平和를: 운산 김관석 목사 고희기념문집』, 김관석목사고희기념문집출판위원회, 1991, 37쪽. '5천만을 그리스도에게' 표어를 내걸고 1973년 5월 16일~27일까지 진행된 대 부흥사 '빌리 그레이엄 전도대회'는 전국 6개 지방대회에 이어 5월 30일~6월 3일 여의도 광장에서 서울대회가 개최되어 전체 440만여 명이 참여하는 기록을 달성했다. 한경직 목사를 준비위원장, 김장환 목사를 서기로 1971년부터 준비위원회가 꾸려진 이 '복음화 대회'에서 한경직은 민족복음화를 국가운명을 결정짓는 중대 사안으로 인식하고 '전도전선', 전도를 통한 '현대전쟁에서의 승리' 등의 개념으로 '복음화운동'을 전개하였다. 특히 서울대회 3일째인 6월 1일을 '군인의 밤'으로 정하고 옥만호 공군참모총장과 2천 명의 군 장병이 참석하여 60만 전군, 250만 예비군 신자화를 위한 특별기도의 순서를 갖기도 했다. 오재경 CBS사장은 이 행사의

유신 초기 김재준의 반유신·민주화운동은 민주수호국민협의회 기구를 중심으로 재야진영의 범국민운동을 통해 전개되었다. 1973년 8월 8일 도쿄에서 발생한 김대중 납치사건이 언론을 통해 알려지자 10월 2일 서울 문리대 시위를 시작으로 반유신운동이 전국적으로 확산되자 김재준은 '민수협'을 회합하여 재야모임 차원의 '시국선언문' 발표에 공감하고 1973년 11월 5일 '(지식인) 15인 시국선언'을 발표하였다.

### (지식인 15인) 시국선언[196]

현 정권의 독재정치, 공포정치로 국민의 양심과 일상생활은 더없이 위축되고 …10월 계엄 이후의 비정상적인 사태진전은 급기야 집회, 언론, 학원, 종교의 마지막 자유의 숨기를 누르고 사법과 입법을 완전히 행정부의 장중(掌中)에서 좌우하는 독재의 체제를 구축함으로써 우리의 입국(立國)의 기초인 민주주의는 공공연하게 또 뿌리째 무시되기에 이르렀다. …인권과 민권을 바탕으로 한 민주주의의 기치 아래 민족의 총역량을 집결하는 것만이 끝내 이 땅에 뿌리박고 살아가야 할 우리 민중의 간절한 소망이요 당면한 내외의 난국을 타개하는 단 하나의 활로이다. 현 정권은 이 중대한 현실을 직시하여 민주적 제(諸) 질서를 시급히 회복하라. …

선언문은 유신체제를 비정상적인 '공포정치', '정보정치'의 독재체제로 규정하고 인권과 민권의 민주질서 회복을 촉구하였다. 재야 지식인의 '반유신선언'

• • • • • •

의의를 "오늘을 사는 그리스도인이 그 무서운 공산주의와 맞서 싸울 반공의 보루임을 뚜렷이 보여주었다. 빨갱이들이 두려워하여 허무맹랑하게 떠들어 댄 것이 더욱 우리를 하나로 뭉치게 만들어 주었다"라고 정부의 반공안보논리와 보조를 맞췄다(이은선, 「한경직의 민족복음화론」, 『한국교회사학회114차학술대회 특별세미나』, 2012.4, 116~117쪽; 이혜정, 「한경직과 복음화운동」, 『한경직목사기념추모자료집』, (사)한경직목사기념사업회, 2012, 90~92쪽). 동일한 맥락에서 1971~1974년 사이 전개된 '전군신자화운동'도 한국교회 양적성장에 계기가 되면서 이 시기 총 3만 6천 명의 세례자, 기타 306회 합동 세례식으로 6만 명이 세례를 받아 1974년 군내 '기독교 신자 수'는 34만 명에 달했다(이혜정, 위의 글, 109~110쪽).
196) 한국기독교교회협의회인권위원회, 『1970년대 民主化運動』 I, 1987, 280쪽.

이 된 이 선언문의 서명자는 강기철(민주수호국민협의회), 계훈제( 〃 ), 김승경(민주수호천안협의회), 김재준(민주수호국민협의회), 김지하(시인), 법정(불교), 이병린(민주수호국민협의회), 이재오(민주수호청년협의회), 정수일(민주수호청년협의회),[197] 이호철(소설가), 조향록(기독교), 지학순(천주교), 천관우(민주수호국민협의회), 함석헌(민주수호국민협의회), 홍남순(민주수호광주협의회) 등이다. 성명서 초안은 천관우가 작성했고 함석헌·김재준·천관우 3인의 검토 작업을 거쳐 최종 확정되었으며 장준하가 서명 받는 작업을 맡았다.[198]

기획 당시에는 독립선언서를 상징하는 33인의 서명을 받을 계획이었으나 사안의 중대성에 꺼리는 사람이 많아 최종적으로 '민수협' 중심의 15인으로 서명을 받았으며 장준하는 최종 서명자 명단에서 제외되었다.[199]

1973년 11월 5일 오전 10시 정각에 YMCA Bar에서 거행된 '시국선언문' 발표 행사는 천관우의 사회로 시작하여 국민의례와 김재준의 선언문 낭독, 함석헌의 취지연설, 교회대표로 지학순 주교의 연설, 성명서 채택 후 만세삼창의 순으로 거행

· 재야운동에서 계훈제, 장준하, 함석헌, 이병린과 함께

• • • • • •

197) 이재오는 중앙대 출신으로 민주수호청년협의회 대표직을 맡고 있었고, 이호철은 문학계 대표로 '민수협'에 가담하여 활동하였다(이호철, 「재야단체의 효시, '민수협'의 기둥」, 『巨人 천관우』, 일조각, 498쪽).
198) 김재준, 『凡庸記』 3, 앞의 책, 45~46쪽.
199) 장준하의 서명이 누락된 이유는 당시 그의 신분이 '민주통일당' 최고위원이었기 때문에 성명서가 정치 정략적 성격이 될 수 있다는 이견으로 생략되었다. 이것을 두고 김재준은 '수고하고 이름이 빠진 것이 장준하로서는 참기 어려운 모멸이었을 것이나 잘 참고 계속 협력해 갔다'고 회고하였다(김재준, 위와 같음).

되었다. 성명서 발표 직후 김재준·함석헌·이병린·천관우·지학순·김승경·
법정·김지하·이호철 등 9인은 모두 종로경찰서로 연행되었다.[200]

한국교회의 반유신운동으로는 1973년 11월 28일 기독교회관 대강당에서
NCCK 가맹 6개 교단 공동주체로 구국기도회를 개최하여 '불의와 무질서 앞에
침묵 또는 안일한 자세로 기독교인의 사명을 외면해 온 것을 통회'하고 자유와
평화의 수호를 위해 교회가 '십자가를 질 것'을 다짐하였다..[201]

특히 1973년 12월 10일부터 시작된 '교회와 인권기도주간'을 계기로 한국교
회의 현실비판은 체제저항의 소리를 구체화시켰다.[202] 기도주간의 마지막 날
인 12월 16일 서울 크리스찬아카데미에서 각 교파 소장목사 21인이 모여 시국
기도회를 개최하여 '교회와 나라의 장래를 염려하는 성직자동지 일동'의 이름
으로 '시국선언문' 1·2·3을 12월 17일, 20일, 21일에 연이어 발표하고, 참여
목회자들이 무기한 단식기도에 들어갔다.[203] 이들은 인간존엄성의 옹호가 '자
유민주주의체제'의 유지에 있음을 천명하여 유신체제의 부당성에 저항하였
다.[204] 한국교회가 자유민주주의의 회복과 옹호를 주장한 것은 1970년대 김재

• • • • • •

200) 이호철, 「재야단체의 효시, 민수협의 기둥」, 『巨人 천관우』, 일조각, 494쪽. 이호철은 다른 글에
서 이날 참석자 명단에 '계훈제'를 포함시켰다(이호철, 『씨알의소리소리, 咸錫憲』, 금문당, 1988,
318쪽).
201) NCCK 가맹 6개 교단은 구세군대한본영·기독교대한감리회·기독교대한복음교회·대한성공회·대
한예수교장로회·한국기독교장로회 등이다. 이 구국기도회는 김윤식 목사의 설교(아모스 8장), 김
관석 목사, 박달웅 정위, 김용걸 신부, 오충일 목사, 서정대 목사 등이 주제발언을 하였다. 유호준
목사, 조승혁 목사, 이환관 참령, 정연우 신부, 조용술 목사, 이준묵, 강신명 목사 등이 기도하였다.
202) 기도주간 마지막 날인 12월 16일 에큐메니칼현대선교협의체 주관으로 오후 3시 서울 YMCA 대
강당에서 '교회와 인권 연합예배'가 거행되어 김수환 추기경의 '교회와 인권문제', 김관석 총무의
'인권과 교회의 사명' 등이 발표되었다.
203) 소장 목회자들의 시국선언에는 1972년 10월 17일 이전체제로 환원할 것, 한국교회가 민족의 위
기 앞에 참회할 것(이상 제1선언문), 자유민주주의를 못 지킨 기독교의 책임을 참회할 것(제2선
언문), 하나님이 부여한 생존 권리를 가장 잘 펼 수 있는 제도가 자유민주임을 천명, 오늘의
정치, 경제적, 사회적 위기는 민주주의를 실현하지 않은 데서 비롯된 것, 교회의 참회는 국민적
고통에의 참여와 체제의 개선을 희구하기 때문(제3선언문) 등이다(한국기독교교회협의회인권위
원회, 자료집 306~307쪽 참조).
204) 1973년 12월 27일 기독교회관 강당에서 각 교파 100여 명 성직자들이 참석, 구국참회기도회가
열려, 시국을 대하는 기독교의 입장과 결의를 표명하였다.

준의 정치이념과도 동일한 맥락에서 이해할 수 있다.

박정희 정권은 '비판·저항'의 종교인들에 대해서는 억압전략을, '지지·협력' 종교인들에게는 특혜 제공 등 회유전략의 이원화된 종교정책을 구사했다.[205] 김종필 국무총리와 공화당은 1973년 12월에 보수교단과 진보진영을 각각 면담하여 '협조'와 '위협'의 이중 태도를 드러냈다. 12월 11일 공화당은 보수 교계지도자 14명을 서울시내 외교구락부로 초청하여 시국안정분위기를 조성하였고,[206] 참여진영과는 1973년 12월 11일 삼청동 '안가(安家)'에서 김종필 국무총리가 직접 나서 김재준·김관석·박형규·김정준 등 4인과 면담을 가졌다. 이 자리에서 김종필은 "①비판은 하되 체제만은 건드리지 말 것, ②체제를 건드릴 경우 참혹한 유혈극이 벌어질 것"이라 협박하였다. 이에 김재준은 "①모든 문제는 체제로부터 나오는 것이므로 체제를 건드리지 않을 수 없으며, ②기독교인으로 예 할 것은 "예"로, 아니오 할 것은 "아니오" 하는 것이 신앙고백"이라 대응함으로써 대화는 종결되었다.[207]

이후 김재준의 반 유신운동은 1973년 12월 13일 '민수협'의 주도로 진행된 재야진영의 시국간담회를 통한 대정부 건의문 발표와 1973년 12월 24일 장준하 주도로 전개된 '개헌청원 100만인 서명운동' 동참 등으로 전개되었다. 1973년 11월 5일 '지식인선언' 이후 민주수호국민협의회가 주도하여 재야 각계인사들이 시국간담회 회합을 갖고 12월 27일에 박정희 대통령에 시국관련 건의문 발송과 면담 요청을 진행할 것을 결의하였다.[208] 시국간담회에 참석한 14명의 명단은 다음과 같다.

• • • • • •

205) 강인철, 『저항과 투항: 군사정권들과 종교』, 한신대출판부, 2013, 37쪽.
206) 한국기독교교회협의회인권위원회, 위 자료집, 304쪽. 공화당은 11일에 이어 21일에도 보수계 기독교 인사 16명을 같은 장소로 초청하여 시국간담회를 가졌다.
207) 이 내용은 김재준의 『凡庸記』 3, 1982, 58~59쪽에 기록되어 있다.
208) 건의문의 초안은 천관우가 기초하였고 김재준, 유진오가 수차에 검토하여 면담위원들과 최종 검토로 완성하였다.

김관석(KNCC 총무)　　　　　김수환(추기경)

김홍일(전 신민당수)　　　　　백낙준(연세대 명예총장)

유진오(전 대한변호사협회장)　윤보선(전 대통령)

이정규(전 성균관대 총장)　　　이인(전 법무장관)

한경직(목사)　　　　　　　　이희승(전 서울대학 대학원장)

김재준(민주수호국민협의회)　　함석헌(민주수호국민협의회)

천관우(민주수호국민협의회)　　계훈제(민주수호국민협의회)209)

　건의문 작성은 천관우·김재준·유진오가 맡았으며 면담위원으로 유진오·
함석헌·이인·백낙준·김수환 등이 선출되었다.210) 건의서의 주 내용은 ①국
민의 기본권 보장 ②삼권분립체제 재확립 ③공명선거에 의한 평화적 정권교
체의 길을 열 것 등으로 자유민주체제의 회귀를 원천적으로 요청하는 수준이
었다.211) 간담회 모임은 장준하가 주도하였으나 이 시기 그가 '민주통일당 최
고위원'이었던 이유로 앞서 11월의 '15인 민주시국선언'에 이어 서명자 명단에
는 포함되지 못했다. 함석헌과 계훈제가 장준하의 이름을 포함시킬 것을 주장
했으나 천관우의 적극 반대로 퇴장 소동까지 일어나는 격론 끝에 누락되었다.

· · · · · ·

209) 한국기독교교회협의회인권위원회의 위 자료집에는 '계훈제'가 빠진 13명으로 되어 있으나 『凡庸
記』에 의하면 이날 행사 사회를 '계훈제'가 진행한 것으로 되어 있다(한국기독교교회협의회인권
위원회, 위 자료집, 308쪽; 김재준, 위의 책, 55쪽). 한편 서명자 명단에 의외의 인물 한경직이
포함되어 있다. 한경직은 1972년 '유신헌법' 제정 당시에 '사회 불안을 조성하여 공산당에게 기회
를 주는 일은 절대 하지 마라'는 이유로 교회청년들의 데모를 '적극 반대'하였을 뿐 아니라(김병
희, 『韓景職목사』, 규장문화사, 1982, 88쪽). 1973년에 '복음화운동'을 이끌 때에도 "금년은 우리
국가적으로 모든 것을 새롭게 하자는 유신의 해"(이혜정, 앞의 논문, 93쪽)라고 하여 친정부적
태도를 분명히 했다. 『凡庸記』에는 '시국간담회'에 '신교' 측을 대표한 인물로 '한경직'이 추천되
었고 김재준이 '두어 번 찾아가 설득한 끝에 모임 당일 날 '데리고 나왔다'는 표현으로 보아(김재
준, 위의 책, 53쪽 참조). '시국간담회'의 성격은 사회 각계 지도층 인사들로 대표되는 비교적 '온
건한 저항'의 의미를 부여할 수 있다.

210) 김재준, 위의 책, 55쪽.

211) 한국기독교교회협의회인권위원회, 위 자료집, 309쪽. 김재준은 15인의 연서로 작성된 '건의서' 전
달과 함께 면담을 요청하였으나 거부되었고 1973년 12월 19일에 '건의서'만 '청와대 비서실장에
게 수교'한 것으로 기술하였는데(김재준, 위의 책, 56쪽), NCC자료집에는 동 간담회가 12월 13일,
27일 두 차례 모임을 갖고 건의문 발송을 결의, 12월 31일 장준하가 백낙준 간담회 임시의장의
명의로 건의문을 등기 속달로 우송한 것으로 나와 있다.

장준하의 행동은 1973년 12월 4일 '백만인서명운동 발기'에 이어 24일 YMCA
회관에서 '개헌청원백만인서명운동본부'를 결성함으로써 시작되었다.[212] 서명
에 참석한 30인의 명단은 다음과 같다.

〈개헌청원 100만인 서명 발기 30인〉[213]

| | |
|---|---|
| 장준하(통일당 최고위원) | 유진오(전 신민당수) |
| 함석헌(종교인) | 김재준(전 한국신학대 학장) |
| 백낙준(연세대 명예총장) | 법정(불교인) |
| 김수환(추기경) | 백기완(백범사상연구소장) |
| 김찬국(연세대 신학대 학장) | 김동길(연세대 교수) |
| 김관석(NCC 총무) | 천관우(전 동아일보 주필) |
| 지학순(천주교 원주교구장) | 이희승(연세대 명예총장) |
| 이 인(전 법무장관) | 김지하(시인) |
| 안병무(한국신학대학 교수) | 계훈제(『씨알의소리』 편집위원) |
| 이호철(소설가) | 박두진(시인) |
| 김윤수(이화여대 교수) | 문동환(한국신학대학 교수) |
| 김정준(한국신학대 학장) | 문상희(연세대 교수) |
| 이병린(전 대한변호사협회장) | 김홍일(항일 인사) |
| 이상은(고려대 교수) | 이정규(전 성균관대 총장) |
| 김숭경(의사) | 홍남순(변호사) |

• • • • • •

[212] 이날 발표된 서명운동 방법은 ①헌법개정청원운동본부의 서명자 30명 각자가 본부이며, ②민족
성원이면 누구든지(대학생 연령 이상) 서명하여 연령 및 시·도·군을 명기하고 개인 혹은 집단
으로 서명자 30명 중 누구에게든지 보내주면 된다고 하였다.
[213] 한국기독교교회협의회인권위원회, 위 자료집, 310쪽. 명단에는 앞의 시국간담회에 서명한 윤보
선과 한경직의 이름이 보이지 않는데, 장준하는 이에 대해 "전직 대통령으로 위신상 현직 대통령
에게 청원을 청하는 것이 죄송스러운 일"이라 해명하였으나 윤보선은 오히려 "그런 중대한 국민
운동을 전개하면서 한번 알려야 할 것이 아닌가, 내가 마치 박정희 눈치 보며 사는 사람인 것
같은 인상을 퍼뜨렸"으며, "전직 대통령이라도 국민의 한 사람으로서 민주개헌운동에 서명해야
할 것이 아니냐"는 반응으로 불편한 기색을 보였다(김재준, 위의 책, 57쪽). 한경직은 "여러 가지
제약이 있어서" 빠지게 되었고 했는데(NCC위 자료집, 309쪽) 1974년 '엑스플로 74'를 앞둔 그로
서 '개헌운동' 서명은 큰 제약조건일 수 있었다.

유신체제에 저항하는 각계 원로 재야인사 30명이 발기인으로 참여한 백만인서명운동은 반유신 국민운동의 거국적 전개를 예고하였다. 김재준은 장준하의 '백만인서명운동'이 최초 발기된 12월 4일과 24일의 '운동본부 결성' 사이에 있었던 성격 변화를 언급하였다. 서명운동은 '원로 시국간담회' 직후 장준하 개인이 시작하여 함석헌, 천관우, 김재준 등의 서명동의를 얻을 수 있었으나 '장준하 개인의 정치 수단에 이용될 것'이라는 우려의 여론이 형성되면서 '서명'에 진척을 보지 못하게 된다. 이때 김재준이 운동의 성격을 '30인 발기인' 형식의 변화를 줄 것을 권하였고 이것이 받아들여져 발기인 명단 작성과 '범국민운동본부'가 결성되어 기자회견 등으로 전개되었다.[214]

범국민운동본부가 결성되자 박정희 정권은 강경 대응 조치로 1974년 1월 8일 '대통령 긴급조치 1·2호'를 발표하여 유신헌법을 부정·반대·왜곡·비방하는 일체의 행위, 그 개정이나 폐지를 주장·청원하는 행위를 금하고 이를 위반하는 사람은 영장 없이 체포, 구속하여 15년 이하 징역에 처할 수 있는 '무비판 절대복종'의 초법적 권리를 휘둘렀다. 그리고 발표 5일 후 서명운동 주동자인 장준하, 백기완, 김지하 등을 체포함으로써 긴급조치의 첫 사례를 증명했다.[215] '1·8 긴급조치'와 함께 3차 자택연금에 처해진 김재준은 이 국면을 김종필이 예고했던 '참혹한 유혈극'의 시작으로 이해했다.[216] 1·2차 자택연금이

· · · · · ·

214) 김재준, 위 책, 56~57쪽.

215) '긴급조치 1호'에 한국교회도 즉각적인 저항에 나서 도시산업선교 소속 이해학·김경락·김진홍·이규상·인명진·박윤수 전도사 등이 1월 17일 오전 10시 종로5가 기독교회관 7층, NCCK 김관석 총무 사무실에서 미리 준비한 '선언문'을 낭독한 후 기도회를 갖고 참가자 전원이 개헌청원 서명록에 서명하였다. 선언문은 ①1·8비상조치의 즉시 철회, ②민의에 따른 개헌논의의 자유로운 전개, ③유신체제의 폐지와 민주질서 회복 등을 촉구하여 긴급조치 1호에 저항하였다. 기도회 후 유신헌법 철폐를 외치며 시위하다 전원이 경찰에 연행되어 비상보통군법회의 검찰부에 의해 1월 21일 '긴급조치 1호 위반혐의'로 구속되었다. 이날 구속된 이해학·이규상·박윤수·김성일(경기 일산제일교회) 등은 모두 기장 소속 목사들이다. 「본 교단 소속 교역자 구속」, 『한국기독교장로회회보』 제146호, 1974.2, 13쪽; 한국기독교사회연구원, 『1970년대 민주화운동과 기독교』, 민중사, 172쪽 등.

비교적 활동에 자유가 있었던 반면에 반체제·반정부 인사로 지목된 3차 '자택연금'은 경찰과 헌병사령부·보위부·정보부 등의 24시간 감시망에 둘러싸여 운신의 폭이 매우 좁혀졌다. 1월 21일 김재준은 불법 집회 및 불법 선언문 발표 혐의와 '백만인서명운동' 관계 인물로 조사 대상에 올라 남산 정보부에 연행되어 '경위 조서'를 작성한 뒤 귀가조치 되기도 하였다.[217]

이 무렵(1월 말)에 김재준은 2차 캐나다행을 계획한 것으로 보인다.[218] 연이은 긴급조치 발동으로 국내 상황이 얼어붙는 시점에 김재준의 캐나다행은 '돌연한 사건'으로 비춰질 여지가 있었다.[219] 당초 2개월의 체류 예정이 결과

• • • • • •

[216] 김재준, 『凡庸記』 3, 1982, 61쪽. 김재준은 1월 9일을 '4차 자택감금'의 첫날로, 4년째 자신을 맡았던 신형사에 의해 '24시간' 감시에 들어간 것으로 기록하였는데, 범용기 내용으로 볼 때 1971년 12월 비상사태, 1972년 10월 유신헌법 시기, 그리고 1974년 1월까지 총 3차에 해당하는 것으로 보인다. 한편 김경재도 범용기를 따라 1974년 1월의 '가택연금'을 4차로 기록했다(김경재, 「김재준의 정치신학; 신학적 원리와 사회·정치변혁론」, 『神學思想』 Vol.124, 한국신학연구소, 2004, 68쪽).

[217] 이 시기 김재준의 국내 거주 형편은 말 그대로 '독처(獨處)' 상태였다. 두 아들(은용, 경용) 내외와 두 딸(신자, 혜원) 내외가 이미 1960년대 말 캐나다로 이민 간 상태였고, 김재준의 아내도 1972년에 건강상의 이유로 캐나다로 옮겨 가 있었다. 따라서 연이은 자택연금 상태에 놓였을 때 김재준은 막내 아들 김관용 내외가 수유리 자택 근방에서 김재준을 '돌아보는' 상태였다(김재준, 위의 책, 72~73쪽; 김경재, 위의 글, 70쪽).

[218] 김재준은 2월 3일 경동교회에서 강원용 목사에게 '캐나다행 계획'을 말한 뒤 2월 21일 여권신청서를 제출하였고 정부는 '캐나다 이외 지역 출입제한'의 조건부로 허락하여 3월 5일에 여권이 나오자 3월 12일에 출국하였다.

[219] 김재준은 출국 전날인 3월 11일에 기장의 후배목사들이자 제자들인 강원용, 신양섭, 조덕현, 이영민, 이영찬, 이해영 등과 마지막 만찬 모임을 가졌는데 이 자리에서야 강원용의 입을 통해 김재준의 '여행계획'이 알려졌고 '얼마동안 떠나 계시는 것이 무난할 것'으로 대부분 찬의를 표시했던 반면, 기장 '교회와사회위원회'와 후에 '한국기독교교회협의회인권위원회' 위원장인 이해영 목사만큼은 '굳은 표정'으로 침묵을 일관했다. 김재준의 제자이자 누구보다 김재준과 함께 교회의 사회적 사명을 강조하는 일에 앞장섰던 이해영 목사는 1974년도 NCCK인권위원회가 조직될 당시 누구도 꺼려하던 위원장직을 맡았는데, 이때 그는 심근경색에서 살아난 직전의 상황을 빗대어 '목숨을 내어 놓은' 수락이었기에 김재준의 캐나다행은 선뜻 받아들여지기 힘들었을 것이다. 김재준도 이런 부분이 마음에 남아 이해영 목사의 '침묵'이 오랜 시간 자신에게 'Abyss로 남아 있다'고 술회한 바 있다(김재준, 『凡庸記』 3, 81쪽). 또한 제자 김상근은 김재준의 캐나다행 소식에 '…어느 날 갑자기 캐나다로 떠나신다는 말을 듣게 되었다. 이민을 가신다는 소문도 떠돌아다닌다. 우리는 괴로웠다. 이런 난국에 어떻게 이 나라를 떠나실 수 있다는 말인가? 비겁한 짓 아닌가? 우리가 알 수 없는 피치 못할 사정이 있는 것인가? 우리는 어떻게 싸우라고 버리고 가시는 것인가?… 예수님의 제자들이 스승을 잃고 각자 제 본래 삶의 자리로 돌아갈 때 가졌음직한 허탈감을 지니고 공항 길을 거슬러 시내로 돌아왔다'라고 하여 김재준의 '캐나다행'이 개신교 참여 진영에 미친 파장을 짐작할 수 있다(김상근, 「인격으로 인격을 배웠다」, 『장공이야기』, 한신대출판부, 2001, 263쪽).

적으로는 10년간의 해외 장기 체류로 이어질 것을 예상하지 못했던 김재준은 연이은 '가택연금'으로 활동 반경이 극도로 제한되면서 다른 출구를 모색했던 것으로 보인다.[220] 이 시기를 '박정희 군정이 욱일승천의 기세'로 표현한 것에서도 알 수 있듯이 김재준의 '다른 출구'란 부정적인 현실 인식에서 운동의 외연을 확장함으로써 박정희 유신체제를 압박하는 방법이었다. 이것을 김재준은 '국내에서 사건을 일으키면 국외에서 그것을 타깃(target)으로 총공격을 가하는 것'으로 표현했다.[221] 1974년 3월 12일 출국한 김재준은 캐나다 도착 후인 4월 11일 재북미 기독학자 제8차 연차대회에 참가하여 '우상과 양두구육'의 제목으로 유신체제를 '우상'으로 규정하고 '기독자는 우상숭배에 굴종할 수 없다'고 하여 비판활동을 시작하였다.[222] 이외도 캐나다 출국 직후 국내에서 정간된 『제3일』의 속간호를 1974년 10월부터 재발행하여 해외에서의 언론활동도 이어가게 된다.

김재준의 '돌연'한 캐나다행을 두고 '제 호강을 위해 안일을 탐한 도피'로 음해하는 공격들도 있었는데, 이에 대해 김재준은 'KCIA에 의해 유포된 이간책'으로 단호하게 대응했다.[223] 자신의 출국으로 공백이 생긴 민수협 활동에 대해 '대표위원 4인(함석헌·김재준·지학순·천관우)' 중 3인이 국내에 있으므로 자신은 '국외를 맡는 것이 당연'한 것으로 회답한 것에서도 이러한 인식을 확인할 수 있다.[224]

이 시기 국외 네트워크로는 미국(뉴욕의 이승만·홍동근, 텍사스의 손명걸 목

<hr />

220) 앞서 2월 3일 강원용과의 대화에서도 김재준은 '한 2개월 간'이란 한시적 기간을 제시한 것으로 보아 장기 체류는 계획되지 않았음을 알 수 있다. 한편 그의 캐나다행은 1월 29일 장녀(김신자)로부터 온 '편지'와 무관하지 않은 것으로 보인다(김재준, 위의 책, 74·84쪽).

221) 김재준, 『凡庸記』 3, 위의 책, 85쪽; 「김재준목사가 문익환목사에게 보내는 안부서신」(1974.8.27), 『민주화운동기념사업회 open archives』(http://archives.kdemo.or.kr/View?pRegNo=00829983).

222) 김재준, 『凡庸記』 3, 위의 책, 90쪽; 강주화, 『박상증과 에큐메니칼운동』, 삼인, 2010, 213쪽.

223) 김재준은 KCIA가 직접 그런 말을 안했다 해도 국내 교회가 그 연막 속에 '걸려든' 것으로 표현했다. 이러한 인식은 김재준의 해외활동 또한 정부의 감시망으로부터 자유롭지 못했음을 의미했다.(김재준, 위의 편지, 3쪽).

224) 「김재준목사가 문익환목사에게 보내는 안부서신」(1974.8.27) 2쪽. 김재준이 떠난 직후부터 지속적으로 문익환·동환 형제와 서신교환이 있었는데, 문익환의 귀국 종용 메시지에, '너희 젊은 것들은 뭐냐? 다 늙은 내가 나가야 한다면 싸움은 이미 진 싸움이 아니냐?'로 화답했다(문익환, 「큰 스승이시여」, 『장공이야기』, 한신대출판부, 2001, 391쪽).

사, 동원모 교수)·제네바(WCC 본부 박상증)·일본(김용복·오재식·이인하·지명관·강문규)·캐나다(이상철)·독일(장성환·손규태·김윤옥) 등 기독자 교수, 신학자 등을 중심으로 국내 상황과 긴밀히 연결된 네트워크가 형성되고 있었으며 세계교회와의 유대를 강화해 가던 시기이다.[225] 해외 네크워크를 통한 국내 지원은 한국교회 민주화·인권운동에 대한 물적·인적·이데올로기적 지원과 박정희 정권의 억압적 상황 및 국내 실정의 국제적 여론화, 해당 국가에서의 로비 활동과 여론 조성 등 다양했다.[226] 실제 김재준은 캐나다 도착 후 자신이 가는 곳마다 '촉발점'이 생기고 점화되고 조직이 생겨 9월(1974)에는 전체 해외 민주 세력의 연합전선이 생길 것'으로 기대했으며, 활동 내용도 미국 정·관계, 미 의회, 미국 교계와 사회 등에 국내 상황에 대한 여론을 조성하는 일에 주력했다.[227]

더욱이 김재준의 북미주 체류 기간 동안 활동의 거점인 토론토는 김재준과 인연이 깊은 캐나다 연합교회와 한인 공동체가 배경이 된 곳이다. 1960년대 후반에 캐나다로 이민 간 김재준의 두 아들, 두 딸 내외가 기반을 마련한 상태였으며[228] 문익환의 부모인 문재린·김신묵 내외 역시 1971년 12월 토론토 이민을 떠나 거주하고 있었다.[229] 이들은 김재준의 맏사위인 이상철이 목회하던

· · · · · ·

225) 이상철, 「1970년대 해외 민주화운동의 편모」, 『이땅에 평화를: 운산 김관석 목사 고희기념문집』, 김관석목사고희기념문집출판위원회, 1991, 178~179쪽. 이 시기 해외 민주화운동의 네트워크가 국내 상황과 긴밀히 연결되어 있었던 것은 '부활절연합예배사건'에서 NCCK 김관석 목사가 해외 네트워크를 활용한 사실에서도 알 수 있다. 개신교의 경우 1970년부터 세계교회협의회(WCC)와 동남아시아기독교협의회(EACC)의 주요 인사들이 한국을 방문하기 시작하여 1972년부터는 한국의 인권 문제에 깊이 관여하게 되는데, 남산부활절연합예배사건을 계기로 EACC 부총무, 미국교회협의회(USNCC)와 일본교회협의회(JNCC) 공동조사단의 방문으로 본격적으로 가동되었다. WCC 선교국 총무, EACC 도시산업선교회 총무, 미연합감리교 세계선교본부, 미국연합장로교회 총무, 독일교회, JNCC 총무 등이 한국 정부 또는 교회에 서신이나 전문을 보내왔다. 이외에도 한국에서 활동하는 외국인 선교사들, 선교사 파견교회, WCC 등 국제적 교단네트워크, 해외거주 신자, 국제기구 등이 국제적 네크워크를 형성하고 있었다(박형규, 「섭리의 동반자」, 『이땅에 平和를: 운산 김관석 목사 고희기념문집』, 김관석목사고희기념문집출판위원회, 1991, 193~194쪽 참조; 강인철, 「종교계의 민주화운동」, 『한국민주화운동사』 2, 돌베개, 2009, 417~419쪽 참조).

226) 강인철, 위의 글, 419쪽.

227) 김재준, 앞의 편지 참조.

228) 김재준의 두 아들 은용, 경용은 각각 김행강, 장효순과 결혼하여 캐나다로 이주하였으며 두 딸 신자와 혜원은 각각 이상철, 장인철과 결혼하여 캐나다에 정착해 있었다.

토론토 한인연합교회를 중심으로 새로운 신앙공동체를 형성하고 있었다.[230]

토론토 한인연합교회는 1967년 4월에 캐나다에서 세 번째로 세워진 한인교회로 개방적이고 사회참여적인 신앙 노선을 취했으며, 북간도 용정 출신의 한인들이 많아 김재준, 문재린에게는 매우 익숙한 교회 공동체였다고 볼 수 있다.[231] 뿐만 아니라 기독교장로회와 밀접했던 캐나다 연합교회와 캐나다 선교부의 윌리엄 스콧이나 은진중학교의 마지막 교장인 브루스(Bruce) 등도 생존해 있어서 함경도 출신의 한인 기독공동체를 지원하는 배경이 되었다.

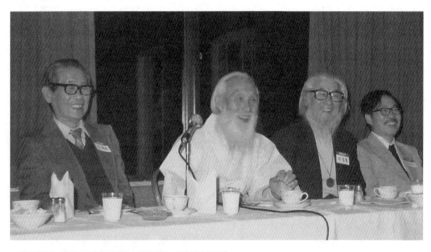

• 함석헌과 미주 강연(김재준 · 함석헌 · 이상철 목사)

• • • • • •

229) 1971년 문재린 내외의 캐나다 이주는 셋째 아들 문영환의 초청을 받아 떠났다(문영금 · 문영미 엮음, 위의 책, 269쪽).

230) 이상철은 용정 은진중학교에서 김재준과 사제의 연을 맺은 후 한국신학대학을 거쳐 캐나다로 유학하였으며 1965년 밴쿠버 근교 그리브스턴 연합교회 초청으로 이민 온 뒤 1969년 8월에 교단 선교부와 정대위 박사의 교섭으로 토론토 한인연합교회 담임을 맡고 있었다. 캐나다 전체에서 한인교회는 몬트리올(1965년 1월), 밴쿠버(1966년 3월)에 이어 토론토 한인연합교회가 세 번째로 세워졌다(문영금 · 문영미 엮음, 위의 책, 275쪽).

231) 한인연합교회에는 용정 중앙교회 출신으로 전택균 장로는 토론토 한인회 회장이기도 했으며, 은진중학교 교감 이태준 목사의 아들인 이성돈 장로, 전택후 목사의 아들인 전충림 장로, 정대위 박사의 딸 정성옥 외에도 전학필, 최성일, 민혜기 등 한신 동문 제자들도 김재준을 도와 신앙동지가 된다(김경재, 위의 글, 71쪽; 문영금 · 문영미 엮음, 위와 같음).

김재준이 북미주에 체류한 10년 동안 전개한 '민주화 · 인권 · 통일' 운동의
활동 근거는 크게 다섯 가지 기구조직이었다. 첫째, 토론토 한인연합교회를 중
심으로 한 '토론토민주사회건설협의회'이며 둘째, '북미주기독학자협의회'(The
Association of Korean Christian Scholars in North America), 셋째, '한국민주회
복통일촉진국민회의'(약칭 '한민통': Korean Congress for De-mocracy and
Reunification) 미주본부, 넷째는 '한국민주화연합운동'(약칭 '민주연합': UM,
The United Movement For Democracy in Korea) 북미본부, 마지막으로 '한국의
인권을 위한 북미주 연합'(약칭 '인권연합': North American Coalition for Human
Rights in Korea) 등이다.[232] 캐나다 이주 무렵 김재준은 현실을 '역사의 전환
기', '혁명의 시기'로 인식했다.

> 지금 한국에서는 역사의 전환기를 겪고 있읍니다. 이것은 커다란 "혁명"입니
> 다. 전반적인 인간해방운동입니다. 교회만의, 교회 중심적 사고방식에 국한될 문
> 제가 아닙니다. 정치, 경제, 사회, 문화, 교육, 노동, 남북통일 등 전반 문제가 그
> 근본에서 대국적인 전환을 가져와야 할 "위기"입니다.[233]

이것을 위해 국내 기독교참여운동을 향해 '감상적 충동'을 벗어날 것, 교회
로서의 자리에서 "예"와 "아니오"를 똑똑히 할 것 등을 주문하였다.[234] 이러한
현실 인식에 따라 김재준은 자신의 국외 활동의 주된 목표를 해외 거주 각 분
야의 '한인 top scholar'를 규합하여 'Post Park Period의 공백 기간을 최단기로
주리고'('줄이고'의 오기), 각 분야에서의 '민주한국 건설'을 위한 'Blue Print에
가까운 구체적인 Document를 만드는 것'으로 제시하였다.[235]

• • • • • •

232) 김경재, 앞의 글, 70쪽.
233) 김재준, 「김재준목사가 문익환목사에게 보내는 안부서신」(1974.8.27)」, 『민주화운동기념사업회
    open archives』(http://archives.kdemo.or.kr/View?pRegNo=00829983, 3쪽.
234) 김재준, 위의 편지, 3~4쪽.
235) 김재준, 위의 편지, 4쪽.

　　김재준의 이 구상과 목표는 매우 의미 있는 현실 인식을 보여준다. 먼저
1974년 시점에 그의 시야가 '박정희 이후 시대'로 확대되어 있으며, '공백 기간'
을 상정하여 정권 이후 의제들을 구상하고 있음을 알 수 있다.[236] 김재준의 이
러한 인식 변화는 캐나다 이주를 전후하여 그의 '변화론적 관점'이 진전된 형
태로 나아가고 있음을 알 수 있다. 앞서 2절에서 보았듯이 김재준은 1960년대
중반까지 개인주의적 변화를 우선으로 한 '기독교적 갱신'을 강조하였으며 '전
진하는 교회'를 표방한 1970년대 초부터 개인과 사회의 '뒤엉킨' 통합적 · 동시
적 변화가 가능할 것으로 변화된 인식을 보였다.[237] 이것을 그는 '政治的 社會
的 革新운동과 기독교적 人間革新과의 긴밀한 連帶關係가 行動的으로 진행되
는 것'으로 설명하였고, 두 요소의 '접촉과 만남'을 지속가능하게 하는 것에
기독자의 '참여' 의미를 부여했다.[238] 그러나 1972년 유신체제의 강성권력과
1974년 긴급조치 이후 김재준은 인간해방을 위한 '총력전'을 주장함으로써 사
회 구조악의 철폐를 강조하는 정치적 · 구조적 변화의 수준으로 발전하였다.
이 경우 현실적으로는 '민주한국건설'이라는 '국가적 목표'로 상승하고 있음을
알 수 있다.
　　이상에서 김재준의 캐나다 이주 전후 상황을 그의 현실 인식 변화를 중심으
로 살펴보았다. 1970년대 초 김재준의 반유신운동은 크게 '민수협'을 중심으로
전개된 '성명운동', '서명운동'에 재야원로로서의 참여와 기장과 NCCK 참여 세
력의 '민주화 · 인권운동'에서 신학적 정당성을 제공한 사상가로서의 참여로 특
징된다. '민수협' 중심의 활동은 반독재민주화운동에서 재야원로로서의 상징적
의미가 컸으며 후자인 '신학적 참여이론'의 전개는 이 시기 김재준의 실질적인

236) 이 지점에 대해서 김재준은 '미국 정계(政界)도 요구하는 일'로 표현하면서 미국이 지금까지 혁
　　명을 돕고서도 실패를 거둔 것은 그 공백기를 신속 과감하게 '민주적으로' 처리하지 못한 데 그
　　원인이 있었다고 보기 때문으로 설명했다(김재준, 위의 편지, 4쪽).
237) 김재준, 「革命은?」, 『제3일』, 1972.5, 2쪽.
238) 김재준, 위와 같음.

'사회참여'의 내용으로 보아야 한다. 즉 1970년대 초 김재준이 전개한 '기독교
적 인권론, 신학적 인간화, 역사참여 신학'은 개신교 참여진영이 유신시대 본
격적인 기독교 민주화·인권운동을 전개하는 데 신학적 근거와 이념으로 제공
되었다고 볼 수 있다.

# 제4절

·

# 소 결


　1960년대 이후 김재준의 사회참여는 종전까지 유지해 온 '비정치적 사회참여'에서 '정치적 참여'로 전환된 특징을 보였다. 전환의 시기는 1960년대 중반 '한일협정비준반대운동' 참여와 연이어 정부에 의한 '사회단체등록법' 국면으로 볼 수 있다. 이후 김재준의 참여 신학·예언자론·정교분리 등의 세 요건이 정치참여의 내용들로 변화되었음을 확인할 수 있었다.

　각각의 내용을 살펴보면, 먼저 정교분리에서의 변화이다. 김재준은 해방 이후 '종교적 규범'으로서의 정교분리 입장을 유지해 왔으며 이러한 특징이 그의 '비정치적 사회참여'를 유지시켜 온 원인이 되어 왔다. 1960년 4·19 직후 제한적이나마 '정교분리 인식'에 변화가 있었는데 국가 인식에 있어서 제한성을 인정함으로써 '저항' 또는 '불복종'의 대상으로 이념상의 변화를 보였다. 그러나 실질적인 내용의 변화는 1960년대 중반에 가서야 이뤄지는데 몇 단계의 계기적 과정이 필요했다. 1963년 민정 이양의 번복 국면과 1964년 전국적인 '한일회담반대운동'의 억압 국면, 그리고 정부에 의한 '사회단체등록법' 국면 등 일련의 과정은 현실의 국가, 즉 박정희 정권의 전체주의적 특징, 독재성을 '불의'한 대상으로 인식하게 되는 전환의 국면들이다. 따라서 이전까지 정치참여를 제한(또는 금지)해 온 '종교적 규범'으로서의 정교분리가 점차 해소·극복되면서 '정치참여'의 길로 접어드는 변화를 보였다. 이 과정에서 '사회단체등록법'에 대한 김재준의 종교자유 투쟁은 '법적 규범'으로서의 정교분리로 변주를 보이는 과도기적 특징을 보여준다.

1960~70년대 김재준의 정치참여는 이 시기 세계교회 에큐메니컬 참여신학의 다양한 내용들이 풍부하게 제공됨으로써 의식의 전환과 변화, 상승의 과정을 보여주었다. 특히 1960년대 중반의 세속화신학과 동일 맥락의 종교의 비종교화, 1966년 WCC '교회와 사회' 대회에서 전파된 '혁명의 신학' 등은 성속(聖俗)의 이원론적 세계관이 일원화 방향으로 통합·전환을 이루는 계기들이었다. 국가 인식의 상대화도 결국은 이 세속화를 통해 이루어졌으며 '혁명의 신학'은 저항과 투쟁의 강도와 범위를 가늠케 한 인식의 변화를 초래했다고 볼 수 있다. 1970년대 박정희 정권의 독재 강화와 유신체제는 김재준의 참여 신학이 '인간화·역사참여 신학'으로 통합되는 성숙의 과정을 보여준다. 특히 기독교적 천부인권론을 근거로 한 그의 '자유민주주의 이해'는 반체제 또는 '체제옹호' 정치사상 논리가 됨으로써 '정치참여'의 정당성을 확보하게 된다. 1970년대 초 저항적 참여 신학과 자유민주주의의 결합은 김재준의 정치참여 성격과 특징이 '저항'의 방향으로 더욱 확대되어 갈 것임을 알 수 있게 한다.

1960년대 이후 김재준의 예언자론은 '비정치적 사회참여'에서 '정치적 참여'로의 전환에서 중요한 매개로 기능하였다. 이전까지 '교회 영역' 안에 머물러 있었던 예언자 기능은 1964년 한일회담반대운동 국면에서 '때의 징조'를 아는 "예언자론"을 통해 김재준 자신의 '예언자적 정체성', 동질성을 확인시켰으며, 동시에 비판적 '정치참여'로의 전환을 이끌어 냈다. 1960년대 중반 이후 '빛·소금·누룩'의 역할로 강조된 예언자론의 확대는 교회 영역에서의 지속적인 갱신·개혁론과 사회(정치) 영역에서의 '고발, 비판, 저항'을 포함하는 성숙의 과정으로 볼 수 있으며 1970년대 초 '예언자적 역사참여 신학'으로 통합되면서 교회와 개인 통합적 사회변화(혁)의 주체로 참여할 수 있는 신학적 논리가 되었다.

제5장

# 결 론

•

## 결론

　본 연구는 장공 김재준의 생애를 '기독교적 사회참여'의 관점에서 살펴봄으로써 1960년대 중반 이후 개신교 사회참여운동의 역사적 연원과 계기적 특징들을 규명해 보고자 하였다. 이 연구를 통해 1950년대 한국장로교의 2차 분열 결과 개신교 내에 소수의 진보적 사회참여 그룹이 형성되는 과정을 김재준의 신학 자유운동과의 관계를 중심으로 확인하였다. 또한 1960년대 후반 이후 본격화된 김재준의 '저항적 정치참여'가 1970년대 초 개신교 참여그룹의 민주화·인권운동에 미친 사상적 지도력의 영향 및 위상을 확인할 수 있었다.

　김재준의 기독교적 사회참여에는 '역사참여 신학·정교분리·예언자론' 등의 세 요소가 역사 전환에 따라 참여의 내용과 수준을 제한 또는 상호 보완하는 개념으로 작용하였다. 특히 세 요소 중 김재준의 정교분리 이해는 그의 사회참여 활동을 제약 또는 확장시키는 데 규정력이 컸음을 알 수 있었다. 가령 예언자론과 역사참여 신학의 적극적인 '현실참여' 주장은 정교분리의 '참여 제한' 논리에 따라 내용과 수준이 결정되었다. 이 전제로 볼 때 김재준의 '기독교적 사회참여'는 1960년대 중반을 경계로 종교적 규범으로서의 '비정치적 사회참여'와 정교분리 자체로부터 이탈한 '정치참여'로 구분된다.

　김재준의 사회참여에 나타난 두 번째 특징은 '예언자론'의 전개를 통한 비판적 사회참여이다. 김재준의 예언자론은 1930년대 한국교회 변화의 흐름 속에 처음 제기된 이후 해방공간에서는 '예언자적 인물론'으로, 1964년 한일국교정 상화 국면에서 '빛·소금·누룩'의 보완된 예언자론으로, 1970년대 유신 이후 '예언자적 역사참여론'으로 확대·강화해 간 특징이 있다. 김재준의 예언자론 은 구약성서에서 비판적 예언자들을 표상으로 하여 국가·권력자·종교지도 자·부패 현실 등을 대상으로 기독교적 통치 질서의 최종적인 회복을 선포하 는 일을 예언활동의 최종심으로 이해했다. 이 경우 1930년대 처음 제기된 김 재준의 예언자론이 한국교회의 교리 중심적·직업적·선교사 의존적 현실을 비판하는 것이었다면 1964년의 보완된 예언자론은 한일국교정상화 국면에서 박정희 정권의 독재권력 강화로 이어지는 역사현실을 향해 교회의 예언자적 사명을 촉구함으로써 변화된 특징을 보였다. 1972년 유신체제 이후 김재준의 예언자론은 한국교회 안에 형성된 보수교계의 친정부적 태도를 관제예언으로 비판함과 동시에 유신체제 정치권력 자체를 비판함으로써 기독자의 '예언자적 사명'을 통한 역사참여를 촉구했다.

김재준의 사회참여에서 이 예언자론이 1930년대부터 1970년대까지 일관되 게 유지될 수 있었던 것은 첫째, 그가 역사의식에 민감한 실존적 참여 신학을 초기부터 이론 배경으로 획득했기 때문이며, 둘째, 보다 본질적인 이유로 김재 준은 세계역사 방향이 기독교적 절대주권 아래에서 구속사의 성취로 나아가는 과정으로 이해했기 때문에 기독자로서 '예언자적 참여의식'의 내면화는 필연적 인 결과로 이해할 수 있다.

김재준의 사회참여에 나타난 세 번째 특징은 참여론의 한계와 극복이다. 김 재준은 자신의 '예언자적 정체성'을 현실비판에서 찾았는데, 1930년대 말 신사 참배와 조선신학원의 현실 타협적 측면, 1950년대 이승만 독재권력에 대한 무 비판적 태도, 1961년 군사쿠데타 직후 '재건국민운동'에의 참여 등 1960년대 초 까지 국가 의식에의 절대성이 유지되면서 국가·정부·국가정책에 기독자적 '복종' 즉 순응 또는 협조로 나타났다. 즉 신학적으로는 자유운동을 전개하여

진보성을 선취해 나갔으나 정치 현실에 대한 비판적 참여 기능이 결여된 예언
자론의 특징을 보였다. 이러한 한계의 극복은 1963년 민정 이양 번복에서 계
기가 마련되어 1960년대 중반 한일국교정상화 국면에서 본격적으로 국가 의식
의 상대화로 가능해 진다. 즉 박정희의 민정 이양 번복에서 권력에의 의지를
확인한 김재준은 한일국교 정상화 국면에서 국가의 전체주의·독재화 경향을
통해 국가 인식의 상대화가 진전된다. 1960년대 말 박정희 정권의 연이은 부
정선거와 3선개헌 국면에서 김재준은 국가를 자유민주주의 체제를 부정하는
'불의'한 집단으로 규정함으로써 자유민주주의 체제로의 복귀를 주장하는 적극
적인 저항논리를 표출했다. 이러한 일련의 과정을 통해 김재준의 '비판적 예언
자론'의 한계는 극복되었으며, 1970년대 이후 그의 '저항적 정치참여'가 본격적
으로 전개되었다.

본 연구는 위의 세 요소를 중심으로 김재준의 전 생애를 관통하는 '기독교적
사회참여'를 세 개의 장으로 나누어 살펴보았다. 제2장은 일제 시기로 김재준
의 사회참여가 형성되는 잠정적 '준비기'에 해당하였다. 김재준의 기독교 회심
과 기독교 세계관의 형성, 현실 중심적 신학교육 수학과 구약학자로서 성서 비
평학 등은 신학교육자로의 정체성을 획득하게 되는 재료들이 된다. 1930년대
초 평양 교계와의 만남과 '아빙돈 성경주석 사건'은 김재준의 '예언자론'이 등
장하는 배경이자 한국교회 비판의 근거가 되었다. 1930년대 후반 북간도를 경
유하면서 터득한 '현실 중심'의 신앙관과 에큐메니컬 참여론은 조선신학원 개
원의 합류로 귀결되었는데 이 과정에서 김재준의 신사참배 수용은 '신학교육'
에의 참여라는 종교 영역의 명분이 국가영역에의 순응으로 귀결되는 참여론의
한계로 설명되었다.

제3장은 해방 후 전개된 김재준의 '비정치적 사회참여'에서 본격적인 교회운
동, 신학운동의 내용을 다루었다. 조선신학원(교)를 중심으로 전개한 '에큐메
니컬 신학 노선'과 신학교육운동, 한국장로교 총회 내에서 신학교를 둘러싼 보
수신학과의 갈등, 총회 분열, '기장' 출현 등 일련의 과정은 김재준이 '사회참여

적·신학적 진보성'을 획득해 가는 신학자유운동의 의미로 다루었다. 해방 직
후 김재준의 '기독교적 건국이념(론)'은 정교분리에 따라 종교의 역할론을 강
조하는 특징을 보였다. 기독청년운동에서 종교이상의 '건국론'을 제시함으로써
현실정치와 거리를 두었으며 구체적으로는 기독교적 갱신윤리의 사회화, '새사
람운동', 기독교인의 예언자적 참여 등을 주장하여 종교적 참여론에 충실하였
음을 알 수 있다.

　1950년대 중반 이후 김재준의 '기독교적 실존주의 역사의식'은 인간 실존의
문제를 역사와의 관계 속에서 인격적·의지적 결단의 문제로 접근하여 1950년
대 실존철학의 허무주의와 거리를 두었다. 또한 세계 역사의 방향을 기독교
절대주권에 의한 구속사적 완성으로 봄으로써 기독자의 실존적 역사참여에 정
당성을 부여하고 1960년대 이후 참여의식 확산에 이론적 기반을 형성하였다.
반면에 이러한 기독교적 실존주의가 현실에서는 이승만의 독재권력과 유착된
한국교회 전체 구조 안에 김재준 또는 기독교장로회가 포함됨으로써 '무비판
성'의 한계를 보였다.

　제4장은 김재준의 비정치적 사회참여가 '정치참여'로 전환되는 내용을 다루
었다. 전환의 계기는 1960년대 중반 한일협정비준반대운동 참여와 연이어 정
부에 의한 개신교 억압전략인 '사회단체 등록법' 국면으로 이 시기 이후 김재
준의 참여 신학, 예언자론, 정교분리 등이 정치참여의 내용들로 변화되었음을
확인할 수 있었다. 1960년대 중반 김재준의 정교분리는 정부의 사회단체등록
법안을 계기로 종교 영역에 대한 정부 간섭에 '종교자유·수호투쟁'을 주장하
여 법적 규범의 과도기를 거친 후 점차 정교분리 자체로부터 이탈하는 변화를
보였다. 여기에는 두 가지 충족 여건이 요구되었는데 첫째 1960년대 중반 세
속화신학 등 다양한 참여 신학의 제공은 성속이원론의 세계관이 일원화로 전
환되는 계기가 되었다. 둘째 현실 인식의 변화로 박정희 정권의 자유민주주의
기본 가치들을 희생양으로 삼은 경제성장논리와 권력집중화를 전체주의화·
독재화로 인식하고 이것을 '정의'와 '불의'로 대립시킴으로써 직접적인 '정치참

여'의 길로 들어서게 되었다.

　1970년대 박정희 정권의 독재강화와 유신체제는 김재준의 참여 신학이 '인간화·역사참여 신학'으로 통합·성숙되는 과정을 보여준다. 특히 기독교적 천부인권론을 근거로 한 그의 '자유민주주의 이해'는 유신체제에서 반체제 또는 '체제옹호' 논리가 됨으로써 '정치참여'의 이념적 정당성을 확보하게 된다. 1970년대 초 저항적 참여 신학과 체제저항으로서의 자유민주주의의 결합은 김재준의 '정치참여' 성격과 특징이 '저항'의 방향으로 확대될 것임을 알 수 있었다.

　이상에서 김재준의 생애를 하나의 일관된 주제인 '사회참여' 관점에서 통시적으로 다루었다. 교회 인물을 역사 연구로 접근할 때 신학적 언술의 역사화가 매우 중요한데 이 연구를 통해 기존에 교회사 서술에 나타난 신학방법 중심의 제한성, 교단 분열을 둘러싼 신학 논증 및 변증 등이 어느 정도 극복되었을 것으로 기대해 본다. 마지막으로 이 연구에서 깊이 다루지 못한 영역이 있다. 김재준의 경우 사상적 기반으로 각 시기마다 세계교회로부터 풍부하게 제공된 참여 신학이 매우 중요했다. 특히 1950년대 실존주의 역사참여에서 중요했던 라인홀드 니이버의 기독교적 현실주의, 1960년대 세속화신학의 기원이 되는 디트리히 본회퍼의 '비종교화·제자도 신학' 등은 김재준의 참여사상을 이해하는 데 중심이 되는 신학적 배경으로 본 연구에서는 본격적으로 다루지 못하였다. 따라서 향후 별도의 연구과제로 남겨둔다.

첨부 자료

# 첨부 자료 1

•

# 「김재준 교수의 진술서」*

一. 성경관

신구약 성경은 신언(神言)이니 신앙과 본분에 대하여 정확무오한 법칙이니라(信條 一) 이것은 나의 신앙이다.

1. 신구약 성경의 권위를 인증하지 않는다는 소언은 성경의 신언(神言)으로서의 권위를 부인한다는 뜻일 터인데 이것은 오해 혹은 무고일 것이다.

구약 삼십구권은 동일한 저자도 아니고 동시대의 저서도 아닌데 「누가?」 「어디서?」 「언제?」 「어떻게?」 記錄하였으며 이것이 언제 어떻게 성전으로 되었느냐? 하는 것은 성경학자들의 간단 없는 과학적 역사적 탐구와 고증으로 말미암아 전통적인 소론이 변경 된 것도 있는 것이다 그러나 이것은 성경 연구의 한 방법이니만치 지식의 부문에 속한 것이요 신앙 문제와는 별개의 것이며 성경이 하나님의 말씀 되는 점에는 하등 영향이 없는 것이다 五경 중에는 그 문서가 직접 모세에게서 전승 되었으리라는 적극적인 기술도 있다(출 一七: 一四-아말렉 전기, 출 二四: 四, 七계 출애급기 중 계약서 즉 율법 부분, 출

* 김양선, 『韓國基督敎解放十年史』, 대한예수교장로회, 1956, 222~225쪽; 『대한기독교장로회 총회 제四四회회의록부 호헌사』, 대한기독교장로회, 1959, 109~114쪽.

三四:二七:十계, 민 三四:二-노정기) 그러나 그 이전에는 모세가 손수 썼다는 직접적 증언이 없다 현금 학계의 대부분의 인정을 받고 있는 문서설을 기다의 객관적 실증을 가지고 있으므로 경히 이를 물리 칠 수 없으나 이것을 시인한다고 해서 모세 五경이 모세와 무관하다는 것은 물론 아니다 모세는 하나님의 지도에 따라 이스라엘을 반석에서 떼어 낸(Hewed Jsail from the Rock) 사람이오 그 뒤를 이어 일어난 선지자(예언자) 제사장 왕 지사 시인 등은 다 그 바위를 쪼아 향형 있는 선민형을 각출한 공인들이다 살아 계신 하나님은 이 위대한 모세의 인격을 통하여 두고 두고 이스라엘을 조성하신 것이다(C. F. Kent: A History of Hebrew People vc. I.P. 44.49) 그러므로 그 근원은 모세에게 둘 것이며 또 문서설이라 하여 모세의 역사성을 무시하는 것도 아니다 즉 모세로부터 전승한 것을 후인이 기록한 것임은 마치 예수님의 말씀을 그 제자가 기록한 것이나 또는 예수님의 정신을 체득한 사도들이 경우를 따라 편지한 것이 복음서와 동칭으로 학위를 갖이는 것이나 마찬가지다 이 역사적 문학적 비판이란 것은 어떤 교리나 철학적 원칙을 손상시키는 것이 아니며 성경의 경감 문제와도 전연 분리된 것으로서 단순히 성경 사실을 사실대로 역사적 문학적 정신성을 가지고 파악 하려는 말하자면 성경 연구의 준비 공작에 불과하다 성경이 하나님의 말씀으로 권위를 가지는 것은 하나님이 영감으로 계시하셨기 때문이요 어떤 인간이 썼기 때문이 아니다 그러므로 「누가」 「어디서」 「언제」 「어떻게」 썼든지간에 그것 때문에 성경이 하나님의 말씀으로서의 권위에 동요되는 것은 결코 아님을 나는 확인한다

성경은 하나님께서 구속의 경륜을 수행하신 역사적 계시다 그것은 마치 산 나무가 자라듯이 수천 년을 자란 것이다 거기에는 뿌리 줄기 가지 잎 등이 있는 것이다 성경에도 그와 같이 각 층의 부분이 있으나 서로 연합하여 유기체적으로 한 목적하에서 통일되어 있다 그리고 시대 시대를 따라 각 방면으로 영양 될 것은 섭취하고 동화하며 그렇지 못한 것은 배제하며 자랐다 마치 나무가 땅에서 공중에서 소용될 양분을 취하고 쓸데없는 것은 배제함과 같은 것

이다 거기에는 신화적인 것도 있고 전설적인 것도 있고 역사도 있고 비유도 이쪽 격언도 있고 예언도 있고 시가도 있고 교훈도 있고 의례도 있다 그러나 이 모든 것은 하나님의 구속의 경륜을 위하여 하나님께서 당신께 영광되고 백성에게 유익 될대로 특별 계시의 재료로 쓰신 것이다 그것이 하나님의 말씀을 품고 있느니만치 벌써 단순한 역사나 문학이 아니요 구속의 경륜을 전하는 하나님의 말씀으로 화한 것이다 우리는 성경에서 과학을 배우려는 것도 아니요 순정 역사를 배우려는 것도 아니다 다만 하나님의 구속의 도리를 찾아 영생의 글을 얻으면 그에서 감사하고 만족하다

## 2. 성경에 오류가 있다고 가르쳤다는 점

이상에서 말한바와 같이 성경은 연대표를 가르치려거나 과학적 사실을 가르치려거나 인종학을 가르치려는 것이 그 목적이 아니라 이런 것은 사람이 각기 그 분야에서 연구하여 얻을 수 있는 「학문」의 영역이다 그러므로 성경은 이런데 대하여 그렇게 용심 하지도 않았으며 또 그리 정확하지 못한 점도 불무하다 어쉬승정의 六천년 연대표라든지 극대의 천문학과 지질학 등 과학과 창세기와를 부합시키려는 시험 등은 다 실패에 돌아가고 말았다 그러므로 성경 절대 무오설을 주장하려면 갈릴레오의 지동설을 성경 파괴하는 이단이라고 재판하던 수도승들의 완명을 재현하지 않을 수 없을 것이다

그러면 나는 성경이 정확 무오한 유일한 법측이란 것을 믿지 않느냐 하면 결코 그렇지 않다 나는 성경의 정확 무오함을 확신한다 그러나 그것은 「신앙과 본분에 대하여」라는 영역 안에서 성립되는 것이다 성경의 목적은 요한복음 五장 三九절에 있는 바와 같이 「너희가 성경을 상고하는 것은 그 속에 영생이 있는 줄 앎이니 이 성경이 나를 위하여 증거하는 것이라」한 그것이다 성경이 우리에게 영생의 도를 가르치지 못하고 우리에게 영생을 실현시키는 그리스도를 증거하지 못한다면 우리는 그 성경이 틀렸다고 할 것이다 그러나 우리는

성경에서 이 것을 만족히 얻고 있는 이상 성경은 「신앙과 본분에 대하여」 정확무오한 유일한 법칙임을 화단히 선언한다 그렇다고 성경이 다른 부문 즉, 지식적인 부문에 있어서는 아주 큰 착오가 있느냐 하면 결코 부련하다 사소하고 그리 중요하지 않는데 다소의 맞지 않는 것이 있다 할지라도 그것은 거론하는 자가 오히려 부끄러울만치 작은 것이다 지구의 표면이 정말 공처럼 빤빤하게 둥근 것이 아니로되 지구각 둥근 것은 부정 못할 진리인 것과 같이 믿음의 도리 즉 종교적 양심적 방면 이외의 부문에 있어서도 성경은 대체로 놀랄만치 정확한 것이다

내가 노아 홍수 바벨탑 기사 등의 역사성을 부인했다는 것은 무언이다 다만 그 온천하라는 것이 지금 우리가 아는 전 세계였다고 단언하기는 어려우니 그것은 그때 사람들의 온 천하라는 것은 그들이 아는 범위만을 이름이 다른에서도 사실인 까닭이며 대체로 비상한 대홍수가 있었을 것은 역사적 사실이나 그 사실의 역사적 서술로 인함을 능사로 할 것이 아니라 이 기사에서 인간이 하나님을 불신하고 죄만 지으면 그 겨로가는 멸망이나, 의인은 구원을 얻어서 세계의 후사가 된다는 하나님의 심판과 구원의 경륜을 길이 백면 만족한다는 것을 고조한 것으로 기억되는 바이요 바벨탑도 바벨론의 축탑(현재도 그 유적이 있음을 소개하고)에 관련된 것으로서 여기서는 물질문명의 발달과 함께 인간의 자만심이 높아 인간이 신의 영역을 침범하려는 심경을 경책하신 하나님의 계시로서 현대인의 가장 적절한 교훈을 이에서 받아야 할 것을 깊이 깨달으면 충분하다고 말할 것이다 인종의 기원에 대한 것은 가난인이 셈속이란 것은 공인된 결론이며(Davis: Dictionary of the Bible) 동양인에 대한 것은 성경에 명시된 것이 없으니 추측할 바 못되며 거인족설에서는 주께서 성신으로 잉태하여 동정녀 마리아에게 나실 것을 깨닫게 하시려는 하나님의 준비시키시는 계시가 아닌가 느껴닌다고 말한바 기억된다 요컨대 나의 성경 주해에 있어서는 그리스도의 구속을 중심으로 그 진리를 찾으려는데에 중점을 두고 구약은 그를 위하여 준비하신 것이며 신약은 그 자신을 선초하신 것으로 믿어 신약의

정신을 구약을 재인식 하는 데에 노력해 온 것이다.

## 二. 교리 문제

1. 새 사람지에 정통을 공격했다는 것은 「새 사람」十一호를 정독시하면 그 것이 참 정통을 공격하는 것인지 소위 정통의 가면을 쓰고 교회를 교란하는 실제적 이단자를 배격함인지를 아실 것이다

2. 신약학 성경은 교리교재로 쓰인 것이 아니오 하나님의 역사적 계시의 기록이란 것은 누구나 다 아는 사실이다 자기 교리를 변증하기 위하여 성경의 역사적 사실을 곡해 할가 두렵다는 것을 짖거한 것이다 참 정통은 그리스도의 심정을 옳게 파악한 자라야만 할 것이다 문자적 정통에 집거하여 「정통」을 「전통」으로 알고 바리새인적인 교만과 완명으로 교권을 끼고 중세기의 종교재판관 노릇을 재연하려는 자들을 나는 배격하는 것이다.

3. 내가 사도신경의 한 구절 한 구절 장로교 신조의 하나 하나를 다 나의 신앙 양심에 비치어 니를 무의 신봉한다는 것은 하나님의 증거하실 것이다 그리고 내가 아메니안 신학에 서지 않고 칼빈주의 신학을 계승한 것을 무한의 영광으로 감사하는 것은 조직 신학 강의 개요를 보시면 다 알 것이다 그러나 「예정신앙」의 감격 없이 「예정론」을 논리의 유리로 취급하는 자는 경계해야 한다고 말한 일이 있다 이 말을 이해 못한 몇 학생이 오전한 것으로 보인다.

## 三. 신관 운운의 항목은 이상에 나의 신앙을 표명하였으므로 더 쓰지 않으려 한다

나는 구약 종교를 진화론적으로 취급한 적이 없다 그러나 나는 점진적 계시 (Prograssive Revelation)를 믿는다.

하나님은 영원불변하시나 사람이 받을 수 있는 정도를 따라 점진적으로 계

시하였다 이것은 성경 자체가 입증하는 바이며 바울도 율법시대를 소학으로 비하였다 그러나 하나님이 알파요 하나님이 오메가시다.

　나의 성경론의 「성경원론」에서 더 자세히 진술되었다. 이것은 전 졸업생들의 재학시대에 충분히 강의 한바이다 그 원고가 상실되었으므로 금후 다시 준비하여 발표하려 한다 그리고 나의 구약 연구의 태도와 그 봉착되는 제 난점에 대한 해병은 지금 공연히 물의가 있으니만치 금후 지상을 통하여 상세히 발표할 것이다.

## 첨부 자료 2

•

## "「편지」에 대신하여"*

조선신학교와 나 자신의 신학적 입장에 관하여 항간에 유언조어가 구구하다는 소식은 잘 알고 있습니다 그러나 하나님의 공의를 믿는 나로서는 구구히 변명하거나 또는 그 말하는 이들을 상대로 논쟁할 생각은 추호도 없었습니다 그런데 평소에 친분있는 성도들과 본 신학교 졸업생 이어서 그 진상을 알려 달라는 편지가 날마다 물어갑니다 저도 이 사랑으로 물어주시는 편지에 대하여서는 회답하여 드리지 않을 수 없는 책임을 느끼나 원체 정력과 시간이 부

• • • • • •

* 김재준의 "「편지」에 대신하여"는 장문의 진술서로 지면 관계상 본 글에서는 6~7항의 내용만을 수록하였다(김양선, 『韓國基督敎解放十年史』, 대한예수교장로회, 1956, 231~245쪽; 『대한기독교장로회제四四회총회회의록-부 호헌사』, 대한기독교장로회, 1959, 136~150쪽 참조).

족한 관계로 일일이 답장을 드릴 수 없사와 이 공개편지로 답장에 대신하려 합니다

......

六. 이제 나는 항간에 돌아다닌다는 유언비어에 대하여 몇 가지 대답하여 두려 합니다

① 내가 그리스도의 처녀탄생도 기적도 부활도 재림도 믿지 않는다는 것을 선전하는 자가 있는 모양입니다 그런 이는 나의 저서와 아울러 내가 八년내 강의한 것을 들처보면 알 것입니다 그리고 학생들이 가지고 있는 교안의 프린트를 보아도 알 것입니다 그런 것을 유포하고 다니는 자가 있다면 그것은 「이웃」을 해하려고 거짓 증거하는 범성자임을 알어야 할 것입니다

② 내가 신신학자나 칼빈신학을 부인하는 자라 운운하는 이도 있다고 들었읍니다 그러나 그것은 너무 지나친 기우라고 봅니다 학생들에게 이미 공개된 교안이 이를 자인할 것을 언제나 강조하는 의미에서 그런 말을 들을 수도 있는 것입니다. 그러나 메헨 박사가 Christianity and Liberralism(기독교와 자유주의)라는 책에서 대조시킨 의미의 자유주의는 아니라는 것을 나 자신은 잘 알고 있읍니다

③ 내가 성경 연구에 있어서 비판적 방법을 채용하였다는 것은 사실입니다 나는 현대 비판학의 정당한 결론으로 공인된 몇가지는 이를 시인합니다 그러나 그것은 구약 성경의 서론 즉 어느 책은 누가 언제 어디서 어떻게 쓴 것이며 어떤 경로로 성경에 편입되었는가 하는 문제를 논한 것이니 이는 성경 연구의 준비지식으로 필요한 「지식」의 문제가 아닙니다 누가 어디서 언제 썼던지 간에 하나님의 감동으로 쓰이고 또 하나님의 특별하신 섭리고 성경에 편입된 한 하나님 말씀되는 데는 틀임이 없는 까닭입니다.

七. 이제 나는 나 자신의 진퇴 문제에 대하여 내 태도를 표명하려 합니다.

거번 모모 인사들이 대전에 모여서 '조선신학교 대책위원회'를 만들었다고 들었읍니다 그것은 일부 인사들의 개인적 행동이므로 노회나 총회에서 운위할 성질의 것이 아님이 사실이나 거기서 논의하였다는 조건이 너무 엄청나기 때문에 과시 영웅들이라고 감탄하여 마지하지 않았읍니다

조선신학교 현 이사진들과 교수진들을 총퇴진시키고 일체 재조직하자는 것이었다고 합니다 이사도 총회에서 공천한 이사들이요 교수들도 조선신학교를 직영으로 받을때에 총회에서 그대로 인허된 사람들입니다 이제 이들 전체를 총 퇴진시키는 데는 백만신도 앞에서 하늘에 사무치는 범죄사실의 존재를 입증하여야 할 것입니다 그리고 이사진이나 교수진이 그들의 판결에 대하여 하등의 불복이 없어야 성립될 것입니다 그런데 이사회 죄과는 교수진을 옹호 데 있다고 볼 수 있겠읍니다 그렇다면 결국 교수 특히 나의 진퇴가 이 문제의 관건인 것이 사실입니다 그러면 이제 나에게 퇴진을 요구할 충분한 이유가 있는가 검토하여봅시다

우선 작년의 학생 사건을 계기로 생긴 수삼차의 이사회합에서 나를 퇴직 시키기로 작정하지 않은 것이 잘못이라면 그것은 나의 학적입장이 장로교 신학교 교수로서의 절대 불가용의 것임이 입증되어야 할 것입니다 그런데 그것은 학적 진리의 문제요 행정 문제는 아닙니다 학적진리의 활가왈부란 것은 전세계 신학계의 학적 판단이 이를 작성하는 것이요 결코 교권이나 정권으로 판단할 것이 아닙니다 우리 그리스도교는 어느 한 구석에서 수군거리는 적은 일이 아닙니다 이것은 전세계적인 한 거대한 유기체입니다 우리는 그리스도의 몸의 한 지체입니다 그러므로 나를 정죄하려면 우선 나의 제출한 진정서를 영역하여 적어도 조선교회와 직접 관련있는 미국 남북장로교 각 신학교와 총회교육국 가나다 호주 영국 스칼렌드 등의 각 장로교 또는 연합교회의 제신학교와 교육국에 보내어 그 신학자들의 판단을 얻어 그것을 정리하여 보아야 비로서

다소 권위있는 판단으로 인정될 것입니다

그리고 신학이란 것은 신앙양심과 직접 관련된 것이니만치 다시 그리스도
와 나 자신과의 사이에 보이지 않는 성신의 간증과 묵계가 있는 것이어서 이
에 함부로 손대는 것은 지성소를 범하는 두려움이 있음을 알아야 합니다 나는
지금 갑자기 고린도교회에 보내는 사도 바울의 너무나 인간적인 심경이 눈앞
에 잡힐 듯이 서언하여 집니다

만일 사람이 자기가 그리스도에게 속한줄 믿을진댄 자기가 그리스도에게
속한 것 같이 우리도 그리한 것을 자기속으로 다시 생각할 것이라 '내가 이에
대하여 지나치게 자랑하여도 부끄럽지 아니하리라…' '원컨대 너희는 나의 좀
어리석은 것을 용서하라' '내가 비록 말에는 졸하나 지식에는 그렇지 아니하다'
'여러사람이 육체를 따라 자랑하니 나도 자랑하겠느니라' '누가 무슨 일에 담대
하면 어리석은 말이나마 나도 담대하리라…' 저가 믿음의 증거를 가졌느냐? 나
도 더욱 그러하다 내가 유교와 한학의 열심없는 집안에 처음 익은 열매가 되
어 어버이에게서 끊어지는 쓰라림으로 오히려 그리스도의 증거를 얻었노라 주
께서 의롭다 하시나니 누가 능히 나를 송사하랴! 하는 마음의 기쁨에 몰려 손
에 쥐어진 하늘의 약속만을 가지고 바다로 육지로 五十평생을 표랑하였으며
내게 부족함이 없었노라 저가 그리스도를 위하여 수고 하였느냐 나도 그러하
다 굶주리고 헐벗고 병들고 외로우되 주의 지팽이가 나를 안위하였노라 저가
신학교육에 공헌이 있느냐 나도 그러하다 사면으로 우겨쌈을 당하고 노회도
총회도 외면하고 지나갈 때 주의 막대기가 나를 붙드셨도다 내 설령 마지막
한숨을 내쉬는 한이있다 하여도 나의 수백명 후진을 생각하고 하늘의 별을 세
일 수 있음을 자랑하리라 저가 현대주의의 결함을 아는가 나도 그러하다 저는
전망대 위에서 보고 웨쳤으나 나는 그들과 함께 피나는 거리를 순례한 사람이
다 나는 그 결함과 아울러 그 장점도 발견하고 있다 저가 정통을 자랑하는가?
나도 그러하다 그는 관념으로서의 정통을 안고 몸부림 친다 그러나 나는 그리
스도 자신의 심정에 부디쳐 들어가는 전인격적 결론을 가지고 있다

저가 칼빈신학을 애호하는가? 나도 그러하다 나는 칼빈이 주창하였기 때문에 좋다는 것이 아니다 자유로 여러 신학자의 순수한 학적 양심을 두드리다가 결국 칼빈의 문하에서 내 신앙의 지적 결론을 얻은 때문이다

친구님들이여 나의 어리석음을 용납하십시오 더 쓰지 않으렵니다 주를 사랑하고 조선교회를 사랑하는 열심히 나를 미치게 할 것 같습니다

나는 나를 떠나간 학생들을 원망하지 않습니다 그 전도를 축복하고 있읍니다 나는 나의 선배 혹 동료인 「정통애호자」를 존경하고 애낍니다 그러나 그들이 자기의 소신을 은혜 받은 대로 겸손히 증거하며 열심히 전도하고 또 그리스도의 심정으로 성도의 친교를 교란하지 않기를 충고합니다

그러나 나는 선진국인 미국의 소위 「정통장로교회」가 자기네의 분파적 투쟁심을 조선에 불붙여 불신자 획득보다도 기성교회의 교란과 쟁탈에 정력을 경주하고 있는 것과 남북장로교 선교사들이 자기네 본국교회에서 이미 경험한 결과를 번연히 알면서도 하등 명백한 지도성을 표시하지 않고 무위좌시하며 어떤 인사들은 도리어 그런 것을 틈타서 전쟁전 선교사 집권의 회복을 꿈꾸는 것을 볼 때 의분을 금할 길 없읍니다 내가 이 편지 쓰는 동기도 사실은 우리끼리의 변론을 뜻한 것이 아니오 알면서 아웅하는 저들께 대한 우리교회의 정당한 인식을 재촉하려는데 있읍니다 듣는바에 의하면 그편 선교사가 방금 다수 입국중이라 합니다 전세계교회는 지금 그리스도의 사랑안에서 한 연합체 되기를 원하고 있읍니다

나도 조선교회가 세계 장로교회 성도의 교제에서 끊어지지 않기를 빕니다 쓰는 중에 사랑을 손상한 것이 있으며 부디 용서하시기를 바랍니다

오해된 것이 있으시면 본의 아닌줄 양촉하시와 시정하여 주시기 원합니다 주안에서 친구님들의 만복을 빌며 삼가 이 편지를 끝 막고저 합니다

# 첨부 자료 3

•

# 「선언서」

굳게 닫힌 쇄국의 문을 깨뜨리고 하나님의 복음의 자유와 창건의 기쁨을 이 나라에 가져온지 우금 七十년 그동안에 선교사 제씨와 우리 선배들의 충선된 활동으로 우리 한국 장로교호가 오늘의 성대한 교세를 이루게된 것을 우리는 하나님께 감사함과 동시에 내외국 모든 선배님들께 심심한 사의를 표하는 바이다, 그러나 해방 후오리 장노교게에는 극단의 전투적 근본주의(戰鬪的 根本主義)를 표방하는 당파와 그 동정자가 발호하여 一九五一년이래 「총회」 총대 석의 다수를 점령함과 동시에 편협한 독선주의로 협동과 친교를 거부하고 오직 자기독단에 의한 심판과 배타를 일삼아 마침내 「거룩한모임」을 위증과 저주와 분쟁의 무대로 화하였다.

그리하여 헌법도 신앙양심도 유린되고 오직 「다수당」의 「기정방침」만이 그 횡포를 극하게 되었다. 이 당파는 「一九二九년에 벌써 미국 장로교회에서 배제당한 한 것은 집단으로서 전 미국과 가나다를 통하여 三十만도 못되는 회원을 겨우 유지하고 있는 「타교파」임에도 불구하고 해방후 한국 장로교회의 혼란 상태를 이용하여 그 세력을 부식한 것이었다. 우리는 우리 장로교회의 정상적으요 세계적인 전통을 이 적은 파당인 타교파의 전단에 마낄수없었으며

• • • • • •

* 『十字軍』 Vol.13, 1953.7, 2~5쪽.

복음의 자유를 그들의 율법주의에 희생시키거나 신앙양심의 자유를 그들읩 불
법한 교권에 굴종시킬수는 없었던 것이다.

그리하여 우리는 총회당석에서 항의함과 동시에 一九五二년 七 월 十九일
전국적인 「호허대회」를 구성하여 그 결의로 총회에 그 불법시정을 요청하였으
며 경기 목포 충북 충남 등 제노회에서는 예를 가추어 금번 제 三十八회총회
에 그 불법시정을 헌의하였던 것이다.

그러나 「총회」는 추호도 반성할 외도가 없었을 뿐 아니라 더욱 강ㅍ하여 정
당한 여론을 봉쇄하여 양심에 충실하려는 회원들을 개인 혹 노회로 총회에서
제거하였으며 계쏙 제거할 태세를 가추고 있는 것이다. 그리하여 총회안에 머
물러 그 불의와 불법을 시정하려든 우리의 의도는 이제 온전히 그 가능성을
상실하였다.

이제 우리는 이 최종단계에 있어서 현 「총회」의 성격을 다시 한 번 규명하
려 한다.

　(一) 「총회」는 三년 내 그 헌법과 통용규칙을 유린함으로 말미암아 스스로 그
　　　 존립의 법적 근거를 상실하였다.
　(二) 「총회」는 개혁교 본래의 대 헌장인 신앙양심의 자유를 억압 유린함으로
　　　 말미암아 그 신앙적인 존재이유를 상실하였다.
　(三) 「총회」는 한 당파의 편협한 고집에 의하여 교회 「총의(總意)」의 반영을
　　　 거부함으로 말미암아 그 도의적인 존재근거를 상실하였다.
　(四) 「총회」는 이런 모든 이유 때문에 새겨진 각 노회와 지교회의 혼란과 이산
　　　 (離散)을 목도하면서도 이를 수습할 아무 성의도 능력도 나타내지 못하고
　　　 있는 사실로 보아 그 행정능력까지도 이미 상실하였음을 자인하지 않을
　　　 수 없게 되었다.

그러므로 이제 우리에게는 조곰이라도 교회에 대한 충의심이 있다면 단연
궐기하여 이 편당주의자들에게 참점(僭占)당한 총회를 반정(反正)하지 않을 수

없는 것이다.

一九五三년 六월 十일 전국 성도들의 열열한 지원아래서 정당한 총회는 마침내 구성되었다. 이제부터 우리 장로교회도 신앙적 사상적으로 전 세계교회 성도들과 함께 자유롭게 성장할 것이다. 이제부터 우리도 의존주의적인 민족적 근성에서 벗어나 자주적인 인격적 위신을 높이 선양할 것이다.

우리는 분렬주의자가 아니다. 다만 영적, 사상적, 법적, 도덕적으로 자멸하고 그 형해만 남은「총회」를 갱생시킨 것뿐이다. 우리의 문은 언제나 열려 있다. 우리는 아직까지 그 태도를 표명하지 않은 많은 노회들과 선배와 동료들을 겸비한 심정으로 기대리고 있다.

진실한 이해(理解)와 사랑으로 임한다면「합동」의 문이 우리편에서 닫혀질 우려는 조금도 없는 것이다.

우리는 아무에게도 악의를 가지려하지 않는다. 우리는 다만「새술은 새부대에」넣을 수밖에 없는 최후단계에 도달한 줄 알고 주님의 뜻에 순종한 것뿐이다.

우리는 우리의 소신에 용감할 것이다. 그러나 우리는 우리의 것을 절대화하지 않는다. 우리에게 과오가 있다면 언제나 그 시정에 인색하지는 않을 것이다.

이제 우리는 우리의 소신과 지도이념을 중외에 천명한다.

(一) 우리는 온갖 현태의 바리새주의를 배격하고 오직 살아계신 그리스도를 믿음으로서 구원얻는「복음의 자유」를 확보한다.
(二) 우리는 거전한 교리를 세움과 동시에 신앙양심의 자유를 확보한다.
(三) 우리는 노예적인 의존사상을 배격하고 자립자조(自助)의 정신을 함양한다.
(四) 그러나 우리는 편협한 고립주의를 경계하고 전세계 성도들과 협력병진하려는「세계교회」정신에 철저하려 한다.

이제 우리나라는 비상한 난국에 처해있다. 이제부터 우리는 우리의 소신대로 전적(全的)인 그리스도를 인간 생활의 전 부문에 증거하기 위하여 총진군할 것이다. 만천하 신앙동지여 함께 전진하자! 성 위 하나님이 우리와 함께하신다.

一九五三년 六월 十일
대한예수교장로회 대표
총회장   김 세 열

# 첨부 자료 4

•

## 「인권선언」*

인권은 하나님이 주신 지상의 가치이다. 인간을 그의 형상대로 지으신(창 1 : 27) 하나님은 인간을 모든 속박으로부터 해방시키며 인권의 침해가 없는 사회를 이루어 나아가고 계시다. 그의 역사하심을 따라 교회는 인권의 확립을 지상의 과제로 믿고(눅 4 : 18) 교회는 시대적 사명이 개인의 생존의 근거이며 사회발전의 기초인 인권확립에 있음을 확신한다.

이에 한국기독교교회협의회는 인권의 확보 및 수행을 위한 효과적 방법을 모색하기 위하여 1973년 11월 23~24일 양일간 인권문제협의회를 개최하고 한국 사회속에서 한국교회의 사명이 인권확립에 있음을 확인하면서 이 선언문을 채택하는 바이다.

지금 한국의 현실은 인권이 무참히 유린당하고 있는 상태이다. 정치적으로 국민은 주권을 박탈당하였으며, 민주주의는 허울뿐 모든 자유가 유보되었다. 신앙의 자유마저 빼앗겨가고 있는 이제, 교회는 종래의 소극적 방관적 태도를 통절히 회개하면서 인권의 확립을 자유의 쟁취에서부터 성취코자 교회의 결의를 새로이 한다. 특히 인권 문제와 관련해서 교회는 다음의 사항들을 인권 확

• • • • • •

* KNCC 인권위원회 편, 『한국교회 인권선교 20년사』, 한국기독교교회협의회, 1994, 68~69쪽; 조이제, 「인권위원회의 창립」, 『한국교회 인권운동 30년사』, 한국기독교교회협의회, 2005, 59~61쪽 참조.

립에 있어 가장 우선적으로 해결해야 할 당면 과제라고 보며, 이의 달성을 위하여 교회가 진력 매진하려 한다.

〈학원에 있어서의 인권〉

정부당국은 학원의 사찰을 즉각 중지하고 학원자율화를 기하라. 민주체제의 재건을 위하여 투쟁하다 구속된 학생들은 조속히 석방되어야 하며, 희생당한 교수들은 모두 구제되어야 한다.

〈여성의 인권〉

한국사회 속에서 여권의 신장은 가장 시급한 과제이다. '관광진흥'이라는 미명 아래 방관 내지 조장되고 있는 관공기생의 국제 매음행위는 중지되어야 한다.

〈노동자의 인권〉

근로자는 근로기준법에 입각한 정당한 대우를 받아야 한다. 따라서 최저임금 제도와 사회보장제도를 확립하여야 한다.

〈언론인의 인권〉

인권확립은 언론자유의 확립에서부터 비롯된다. 정부 당국은 언론사찰 및 검열을 중지하고 언론인들의 자유로운 언론창달을 위하여 확고한 신분보장을 하라.

오늘의 현실을 직시하는 우리는 위의 모든 문제들을 해결함에 있어 우리 자신들의 책임이 막중함을 느낀다. 그러나 무엇보다 먼저 국민의 주권은 헌법으로 보장받아야 한다. 여기 우리 기독교인들은 이러한 문제 해결에 적극적으로 동참하는 자세를 다음과 같은 신앙적인 결단 위에 두려 한다.

1. 억눌린 자들을 해방시키는 복음적 교회가 되기 위하여 교회의 내적 갱신을 기한다.

2. 교회는 개인의 영혼구원에 힘쓸 뿐만 아니라 '구조악'으로부터 인간을 구출
   하기 위하여 사회구원에 힘쓴다.
3. 교회는 인권확립을 위하여 교회의 자원을 집중시킨다.

국제사회 속에 살고 있는 우리는 세계교회와 함께 인권확립을 위해 투쟁할
것이며 이 투쟁은 세계의 평화와 인간회복의 꿈이 실현되어 하나님의 나라가
성취되기까지 지속할 것을 우리는 신앙공동체로서 선언하는 바이다.

1973년 11월 24일
한국기독교교회협의회 인권문제협의회

## 장공 김재준 연보(1901~1987)

| | |
|---|---|
| **1901년 9월 26일 (양력 11월 6일)** | 함경북도 경흥에서 부(父) 김호병·모(母) 채성녀의 2남 4녀 중 차남으로 출생. |
| **1910년~1916년** | 경원 향동소학교 3학년 편입·고건원 보통학교 졸업·회령간이농업학교 졸업. |
| **1916년~1918년** | 회령 군청 간접세과에 취업. |
| **1918년** | 장석연 씨의 맏딸 장분여와 결혼하여 슬하에 3남 3녀(정자, 신자, 혜원, 은용, 경용, 관용)를 둠. |
| **1918년~1920년** | 회령 군청·웅기 금융조합 직원으로 근무. |
| **1920년** | 웅기에서 만우(晩雨) 송창근과의 인연 시작. |

| 1920년~1923년 | 상경하여 서울 중동학교 속성 고등과 편입, 서울 중앙 YMCA 영어 전수과 수학, 기독교로 회심. |
|---|---|
| 1924년~1926년 | 함북 경흥 용현소학교, 귀낙동소학교, 신아산소학교에서 교사로 재직. |
| 1928년 3월 | 일본 도쿄 아오야마(青山)학원 신학부 졸업. |
| 1928년 9월 | 미국 프린스턴신학교 입학. |
| 1929년 9월~ 1931년 5월 | 미국 웨스턴신학교 전입학, 졸업. 신학사(S.T.B) 학위 받음. |
| 1932년 5월 | 미국 웨스턴신학교 대학원 졸업, 신학석사(S.T.M) 학위 받음. |
| 1933년 4월 | 평양 숭인상업학교 교유(교목 겸 교사) 취임. |
| 1933년 8월 | 평양노회 강도사(준목사) 인허 받음. |
| 1935년 | 아빙돈 단권(單券) 주석 사건. |
| 1936년 8월 | 간도 용정 은진중학교 성경교사로 부임, '작은무리' 종교부 제자 길러냄. |

| | |
|---|---|
| 1937년 3월 | 동만노회에서 목사 임직, 은진중학교 교목 겸직. |
| 1937년 5월 | 개인잡지 월간 『十字軍』 창간, 1938년 2월까지 발간. |
| 1939년 9월 | 서울에서 조직된 '조선신학원설립기성회' 실무 담당으로 합류. |
| 1940년 4월 | 조선신학원 교수 취임. |
| 1943년 5월 | 조선신학원 원장 취임. |
| 1945년 9월 | 조선신학교 교장 취임. |
| 1945년 12월~<br>1958년 6월 | 경동교회 설립 및 당회장 역임. |
| 1946년 3월 | 조선신학교 교장 사면, 교수로 재직. |
| 1950년 1월 | 잡지 『十字軍』 속간, 1951년 8월까지 속간 30호 발간. |
| 1954년 5월 | 한국신학대학 부학장 취임. |

| 1958년 10월 | 캐나다 브리티쉬 콜롬비아 주립대학교 유니온대학에서 명예신학박사 학위 받음. |
| 1959년 9월 | 한국신학대학 제6대 학장 취임. |
| 1961년 8월 | 한국신문윤리위원회 위원. |
| 1961년 9월 | 5·16 세력이 제정한 '교육에 관한 임시특례법'에 따라 '대학 총·학장 만 60세 정년제'에 의해 한국신학대학 학장 사임. |
| 1963년 1월~1973년 | 『대한일보』 논설위원(10년간). |
| 1965년 4월 | 한국신학대학 명예학장. |
| 1965년 9월 | 한국기독교장로회 제50회 총회 총회장. |
| 1966년 9월~ 1970년 9월 | 학교법인 한신학원(한국신학대학) 이사장. |
| 1969년 4월 | 박정희 정권의 '3선개헌'에 대항하여 조직된 '3선개헌반대범국민투쟁위원회' 위원장에 선출. |
| 1970년 9월~ 1974년 4월 | 잡지 『제3일』 창간, 제44호로 정간. |

| 1971년 4월 | 공명선거를 위한 운동기구 '민주수호국민협의회'에서 4인 대표 위원 중에 선출. |
| 1972년 3월 | 국제사면위원회(Amnesty International) 한국위원회 창립 초대 이사장. |
| 1973년 11월 | 반 유신 민주화투쟁의 효시 '지식인 15인 시국선언'·'신앙과인권협의회' 개최 및 '인권선언' 발표. |
| 1974년 3월 | 캐나다 이주. |
| 1974년 10월~1981년 6월 | 『제3일』 속간, 제60호 발간. |
| 1975년~1979년 | 한국민주화기독자동지회 의장 및 대표. |
| 1975년 | 북미주 한국인권수호협의회 의장. |
| 1978년 | 북미주 민주주의와 민족통일을 위한 국민연합 위원장. |
| 1982년 | 북미주 한국민주회복통일촉진국민회의 의장. |
| 1983년 9월 | 귀국. |

| 1985년 | 시국의 중대한 문제를 상의하는 "재야 원로 모임"에 참여. |
|---|---|
| 1987년 1월 | 고문으로 살해당한 故 박종철 열사 국민추도회에 함석헌 · 계훈제 · 김대중 등과 발기인에 합류. |
| 1987년 1월 19일 | 함석헌과 함께 "새해 머리에 국민에게 드리는 글"을 유언으로 남김. |
| 1987년 1월 27일 | 오후 8시 51분에 87세의 생애를 마치고 소천. |
| 2002년 12월 27일 | 대한민국 정부로부터 "국민훈장 무궁화장"을 추서 받음. |

# 참고문헌

## 1. 정기간행물

『대한기독교장로회회보』
『한국기독교장로회회보』
『대한기독교장로회총회회의록』
『대한예수교장로회총회회의록』
『한국기독교장로회총회회의록』
『基督敎思想』, 『基督世界』, 『대한자강회월보』, 『대한협회회보』, 『思想』, 『思想界』, 『삼천리』, 『서북학회월보』, 『신생명』, 『十字軍』, 『새사람』, 『신학연구』, 『신학지남』, 『神學思想』, 『서울』, 『長老會報』, 『제3일』, 『靑年』, 『한국신학대학학보』, 『活泉』, 『興國時報』, 『국민보』, 『동아일보』, 『기독교공보』, 『기독공보』, 『경향신문』, 『신한민보』, 『자유신문』, 『조선일보』, 『크리스찬신문』, 『皇城新聞』

## 2. 단행본

### 1) 전기 · 평전 · 회고록

강문규, 『나의 에큐메니컬 운동 반세기: 그 미완의 여정』, 대한기독교서회, 2010.
강주화, 『박상증과 에큐메니컬 운동』, 삼인, 2010.

강신명목사탄생100주년기념사업위원회, 『小竹 강신명 목사』, 서울장신대학교출판부, 2009.

강원용, 『역사의 한가운데서: 해방 40년간의 증언』, 종로서적, 1985.

_____, 『빈들에서』, 열린문화, 1993.

_____, 『역사의 언덕에서』, 한길사, 2003.

_____, 『역사의 언덕에서』 2, 한길사, 2003.

공덕귀, 『나, 그들과 함께 있었네』, 여성신문사, 1994.

김경재, 『김재준 평전: 성육신 신앙과 대승 기독교』, 삼인, 2001.

김관석목사 고희기념문집출판위원회, 『이 땅에 평화를: 운산 김관석 목사 고희기념문집』,
　　　운산김관석목사고희기념문집출판위원회, 1991.

김남일, 『민중신학자 안병무 평전: 성문 밖에서 예수를 말하다』, 사계절출판사, 2007.

김동환, 『실천적인 민족주의 역사가 장도빈』, 역사공간, 2012.

김명수, 『안병무: 시대와 민중의 증언자』, 살림, 2006.

김병희, 『한경직 목사』, 규장문화사, 1983.

_____, 『세대를 뛰어 넘는 경계인: 허심 유재기 목사 저작집』, 예영커뮤니케이션, 2011.

김성수, 『함석헌 평전』, 삼인, 2001.

김재준, 『凡庸記』(1~6), 칠성인쇄소, 1982~3.

_____, 『凡庸記』, 풀빛, 1983.

_____, 『晚雨回想記』, 한신대학출판부, 1985.

김춘배, 『筆苑半百年』, 성문학사, 1977.

김형수, 『문익환 평전』, 실천문학, 2004.

류형기, 『은총의 팔십오년 회상기』, 한국기독교문화원, 1983.

문영금·문영미 엮음, 『(문재린 김신묵 회고록) 기린갑이와 고만녜의 꿈』, 삼인, 2006.

문동환, 『자서전: 떠돌이 목자의 노래』, 삼인, 2003.

晚雨 宋昌根선생기념사업회 편, 『晚雨 宋昌根』, 만우 송창근기념사업회, 1978.

박정희, 『國家와 革命과 나』, 향문사, 1963.

박형규목사고희기념문집출판위원회 편, 『행동하는 신학 실천하는 신앙인: 박형규 목사 고
　　　희기념문집』, ㈜사회평론, 1995.

박형규, 『나의 믿음은 길 위에 있다』, 창비, 2010.

방덕수, 『윤인구 박사 그 참다운 삶과 정신』, 第一, 1988.

송우혜, 『벽도 밀면 문이 된다: 송창근 평전』, 생각나눔, 2008.

신영희, 『橋木들의 영광: 신영희장로 회고록』, 전광산업사, 1980.

심원안병무선생기념사업위원회, 『갈릴래아의 예수와 안병무』, 한국신학연구소, 1998.
이문숙, 『이우정 평전: 오직 한가지를 택하였다』, 삼인, 2012.
이상규, 『한상동과 그의 시대』, SFC, 2006.
이영민, 『은총의 숲길을 걸으며』, 신지성사, 2001.
이장식, 『창파에 배띄우고』, 한들출판사, 2001.
이춘우, 『율원록: 하나님과 이웃과 흙을 사랑한 삶의 기록』, 한울, 1999.
이치석, 『함석헌 평전: 혁명을 꿈꾼 낭만주의자』, 시대의 창, 2015.
이호철, 『씨알의소리소리, 咸錫憲』, 금문당, 1988.
오재식, 『나에게 꽃으로 다가오는 현장』, 대한기독교서회, 2012.
장하구, 『마전에서 역삼까지』, 종로서적, 1978.
정대위, 『노닥다리 초록 두루마기』, 종로서적, 1987.
_____, 『하늘위에 총총한 별들이: 북간도 정재면의 독립운동사』, 청맥, 1993.
정일형, 『오직 한 길로』, 신진문화사, 1970.
조선출, 『은발의 뒤안길』, 경건과신학연구소, 2004.
조성기, 『한경직 평전』, 김영사, 2003.
주태익, 『늘봄 선생과 함께』, 종로서적, 1978.
조향록, 『팔십자술』, 선교문화사, 2000.
천관우, 『巨人 천관우』, 일조각, 2011
천사무엘, 『김재준: 근본주의와 독재에 맞선 예언자적 양심』, 살림, 2003.
팔순기념문집출판위원회, 『역사와 교회: 유호준 목사 회고록』, 대한기독교서회, 1993.
한승헌, 『한 변호사의 고백과 증언』, 한겨레출판사, 2009.
함석헌, 『죽을 때까지 이 걸음으로: 나의 자서전』, 제일출판사, 1964.

2) 일반 단행본

강원용, 『새時代의 建設者』, 朝鮮基督敎書會, 1949.
강인철, 『한국 기독교회와 국가·시민사회: 1945~1960』. 한국기독교역사연구소, 1996.
_____, 『한국의 개신교와 반공주의: 보수적 개신교의 정치적 행동주의 탐구』, 중심, 2007.
_____, 『저항과 투항: 군사정권들과 종교』, 한신대학교출판부, 2013.
_____, 『종속과 자율』, 한신대학교출판부, 2013.

_____, 『한국의 종교, 정치, 국가 1945~2012』, 한신대학교출판부, 2013.

김정준, 『「기독교장로회」 해설』, 대한기독교장로회 종교교육부, 1956.

김재준, 『落穗』, 교문사, 1940.

_____, 『落穗以後』, 종로서관, 1954.

_____, 『啓示와 證言』, 새사람사, 1956.

_____, 『하늘과 땅의 邂逅』, 동양출판사, 1962.

_____, 『인간이기에』, 종로서적, 1968.

_____, 『하느님의 義와 인간의 삶』, 삼민사, 1985.

_____, 『晚雨 回想記』, 한신대출판부, 1985.

김재준 역 · 트루블러드(D. E. True Blood), 『現代人의 危機』, 조선기독교서회, 1946.

김용복, 『한국민중과 기독교』, 형성사, 1981.

김의환, 『挑戰받는 保守神學』, 서광문화사, 1973.

김흥수, 『한국전쟁과 기복신앙 확산 연구』, 한국기독교역사연구소, 1999.

김찬국, 『예언과 정치』, 정우사, 1978.

류형기, 『單券 聖經註釋』, 新生社, 1934.

문장식, 『한국 민주화와 인권운동』, 쿰란출판사, 2001.

민족사바로찾기국민회의, 『3 · 1운동』, 민문고, 1995.

박상증, 『한국교회와 에큐메니칼 운동』, 대한기독교서회, 1992.

_____, 『제네바에서 서울까지』, 새누리신문사, 1995.

박봉랑, 『신학의 해방』, 대한기독교출판사, 1991.

박용규, 『한국장로교사상사』, 총신대학출판부, 1992.

박형룡, 『박형룡 전집』 XIV, 한국기독교교육연구원, 1978.

서남동, 『민중신학의 탐구』, 한길사, 1983.

서중석, 『한국현대민족운동연구』, 역사비평사, 1991.

_____, 『조봉암과 1955년대』(상), 역사비평사, 1995.

_____, 『분단 50년과 통일시대의 과제』 역사비평사, 1995.

_____, 『남 · 북협상: 김규식의 길, 김구의 길』, 한울, 2000.

_____, 『비극의 현대지도자: 그들은 민족주의자인가 반민족주의자인가』, 성균관대출판부, 2002.

_____, 『사진과 그림으로 보는 한국현대사』 웅진지식하우스, 2005.

_____, 『한국현대사 60년』, 역사비평사, 2007.

서영일, 『박윤선의 개혁신학연구』, 한국기독교역사연구소, 2000.

선다 싱 · 최대형 역, 『사두 선다싱 전집』, 은성출판사, 2005.

손규태, 『장공 김재준의 정치신학과 윤리사상』, 대한기독교서회, 2002.

심일섭, 『韓國 土着化神學 形成사 論究』, 국학자료원, 1995.

오성현, 『바르트와 슐라이어마허: 바르트의 초기(1909~1930년)를 중심으로』, 아카넷, 2008.

유동식, 『한국 신학의 광맥』, 다산글방, 2003.

윤정란, 『한국전쟁과 기독교』, 한울, 신학세계』 2015.

이신건, 『칼 바르트의 교회론』, 성광문화사, 1989.

이형기, 『에큐메니칼운동사: 세계교회협의회(WCC)가 창립될 때까지』, 대한기독교서회, 1994.

장공김재준목사탄신100주년기념사업위원회 편, 『장공이야기』, 한신대학교 출판부, 2001.

장공김재준목사기념사업회 편, 『장공 김재준의 신학세계』, 한신대학교 출판부, 2006.

_____, 『장공 김재준의 신학세계』 2, 한신대학교 출판부, 2016.

장규식, 『일제하 한국 기독교 민족주의 연구』, 혜안, 2001.

장준하선생20주기추모문집간행위원회 편, 『光復50년과 張俊河』, 장준하선생20주기추모사
      업회, 1995.

장준하선생추모문집간행위원회, 『민족혼 · 민주혼 · 자유혼: 장준하의 생애와 사상』, 나남
      출판, 1996.

장동민, 『박형룡의 신학연구』, 한국기독교역사연구소, 1998.

장숙경, 『산업선교, 그리고 70년대 노동운동』, 선인, 2013.

전경연 외 19인, 『장공사상 연구 논문집: 장공 탄신 100주년 기념문집 2』, 한신대학교출판
      부, 2001.

전택부, 『한국에큐메니칼운동사』, 한국기독교교회협의회, 1979.

청사 김인수 교수 퇴임기념논문집편찬위원회 편, 『하나님의 때와 인간의 시간』, 쿰란출판
      사, 2009.

최덕성, 『한국교회 친일파 전통』, 본문과 현장사이, 2000.

최종고, 『영락교회의 부흥: 한 종교사회학적 연구』, 한국문학사, 1974.

한경직, 『建國과 基督教』, 서울보린원, 1949.

한경직목사탄신100주년기념사업위원회, 『목사님들, 예수 잘 믿으세요』, 샘터사, 2002.

한국기독교사회문제연구원 편, 『國家 權力과 基督教』, 민중사, 1982.

한국기독교교회협의회 편, 『한국역사속의 기독교』, 한국기독교교회협의회, 1985.

한국기독교장로회총회, 『變遷하는 世界와 教會의 使命』, 한국기독교장로회총회, 1965.

한국기독교장로회총회교육부, 『오늘도 일하시는 하나님』, 한국기독교장로회총회, 1970.

한국복음주의선교학회 편역위원, 『에큐메닉스(선교와 교회일치)』, 성광문화사, 1988.

에밀 브루너 · 전택부 역, 『正義와 社會秩序』, 사상계사, 1976.

라인홀드 니이버 · 지명관 역, 『基督敎現實主義와 政治問題』, 현대사상사, 1973.

라인홀드 니이버 · 편집부 역, 『신앙과 역사』, 종로서적, 1983.

D. 본회퍼 · 고범서 역, 『獄中書簡』, 대한기독교서회, 1967.

G. 브라이덴슈타인 · 박종화 역, 『人間化』, 대한기독교서회, 1972.

하비 콕스 · 마경일 역, 『神의 革命과 人間의 責任』, 전망사, 1974.

J. A. 로빈슨 · 현영학 역, 『神에게 率直이』, 대한기독교서회, 1968.

J. C. 호텐다이크 저 · 이계준 역, 『흩어지는 敎會』, 대한기독교서회, 1979.

데이빗 웰스 · 박용규 역, 『프린스톤신학』, 엠마오, 1992.

_____, 『웨스트민스터 신학과 화란 개혁주의』, 엠마오, 1992.

나이난 코쉬 · 김동선 · 정병준 역, 『아시아 에큐메니칼 운동사』 1, KNCC. 2006.

세계교회협의회 편 · 이형기 역, 『세계교회협의회 역대 총회종합보고서』, 한국장로교출판사, 1993.

세계교회협의회 편 · 강문규 역, 『基督者의 社會參與: 社會的 急變地域에 對한 基督敎對策』, 대한YMCA연맹출판부, 1960.

이성전 · 서정민 · 가미야마 미나코 역, 『미국선교사와 한국근대교육』, 한국기독교역사연구소, 2007.

3) 전집 · 자료집 · 교회사

기독교대백과사전편찬위원회, 『기독교대백과사전』 1~15권, 기독교문사, 1980.

김삼웅편, 『민족 · 민주 · 민중선언』, 일월서각, 1984.

김승태, 『일제강점기 종교정책사 자료집: 기독교편, 1910~1945』, 한국기독교역사연구소, 1996.

김승태 · 박혜진 엮음, 『내한선교사총람: 1884~1984』, 한국기독교역사연구소, 1994.

김영재, 『한국교회사』, 개혁주의 신행협회, 1992.

김인수, 『한국기독교회사』, 한국장로교출판사, 1991.

김요나, 『동평양노회사』, 대한예수교장로회동평양노회 역사편찬위원회, 2003.

민경배, 『한국기독교회사』, 대한기독교서회, 1972.

_____, 『경동교회 30년사』, 경동교회30년사편집회, 1979.

_____, 『한국기독교회사』(개정판), 대한기독교회사, 1981.

박용규, 『한국기독교회사』 2, 생명의 말씀사, 2004.

_____, 『평양 산정현교회』, 생명의 말씀사, 2006.

백낙준, 『韓國改新敎史 1832~1910』, 연세대출판부, 1973.

사와 마사히코(澤正彦), 『일본기독교사』, 대한기독교서회, 1995.

한국기독교장로회 신사동교회, 『신사동교회 100년사』, 신사동교회, 2002.

유동식, 『在日本韓國基督敎靑年會史』, 재일본한국YMCA, 1990.

이장식, 『대한기독교서회 100년사』, 대한기독교서회, 1984.

전택부, 『한국에큐메니칼운동사』, 한국기독교교회협의회, 1979.

_____, 『한국교회 발달사』, 대한기독교출판사, 1991.

정규오, 『신학적 입장에서 본 한국장로교교회사』 1, 2, 한국복음문서협회, 1983.

채기은, 『한국교회사』, 예수교 문서 선교회, 1978.

국제앰네스티 한국지부, 『한국 앰네스티 30년! 인권운동 30년!: 국제앰네스티 한국지부 30
　　　년 약사』, 국제앰네스티, 2002.

金在俊, 『長空金在俊著作全集』(1~4권)장공전집출판위원회, 1971.

長空 金在俊 牧師 기념사업회 편, 『金在俊全集』(1~18권) 장공 김재준 목사 기념사업회,
　　　1992.

경동교회30년사편찬위원회, 『경동교회30년사』, 경동교회, 1976.

교회사편찬위원회, 『질그릇: 서울제일교회25년사』, 서울제일교회, 1978.

기장역사편찬위원회, 『한국기독교100년사』, 기장역편위, 1992.

기장총회해외선교협력위원회, 『해외 에큐메니칼 협력관계 역사자료집』, 한국기독교장로
　　　회총회, 2009.

대한예수교장로회, 『총회창립50년사』, 1962.

대한예수교장로회한국교회백주년준비위사료분과위원회, 『大韓예수교長老會百年史』, 대
　　　한예수교장로회총회교육부, 1984.

대한예수교장로회함해노회, 『함해노회 80년사』, 대한예수교장로회 함해노회, 1992.

대한예수교장로회평양노회, 『떠나온 평양 다가온 평화통일: 평양노회100년사, 한국장로
　　　교출판사, 2012.

대한예수교장로회평북노회, 『감사로 돌아보고 기대로 바라본다: 평북노회 100년사』, 대한
　　　예수교장로회 평북노회, 2014.

대한 YMCA 연맹 엮음, 『韓國 YMCA 運動史: 1895~1985』, 路出版, 1986.

레필쳐 A. 노에취 · 김남식, 『세계장로교회사』, 성광문화사, 1986.

민주화운동기념사업회, 『한국민주화운동사』 1, 돌베개, 2008.

민청학련운동계승사업회 편, 『1874년 4월』(실록 민청학련 1), 학민사, 2004.

신사동교회, 『신사동교회 100년사』, 신사동교회, 2002.

승동교회110년사편찬위원회, 『승동교회110년사』, 대한예수교장로회승동교회, 2004.

오십년사편찬위원회, 『한국신학대학교 50년사』, 한신대출판부, 1990.

연변문사자료위원회편, 『연변문사자료』 제4집, 문사자료연구위원회, 1985.

윤경로, 『새문안교회100년의 역사』, 새문안교회역사편찬위원회, 1987.

은진중학교동문회, 『恩眞 80年史』, 코람데오, 2002.

이우정 · 이현숙 공저, 『한국기독교장로회 여신도회60년사』, 한국기독교장로회여신도회전
        국연합회, 1989.

예수교장로회함해노회사편찬위원회, 『함해노회80년사』, 대한예수교장로회함해노회, 1992.

장로회신학교100년사편찬위원회, 『장로회신학교백년사』, 장로회신학대학교, 2002.

『조선예수교장로회사기』(하권), 한국교회사학회편, 1968.

정협연변조선족자치주위원회 문사자료연구위원회 편, 『연변문사자료』 제4집, 연변문서출
        판사, 1985.

최종고, 『영락교회의 부흥: 한 종교사회학적 연구』, 한국문학사, 1974.

한국기독교장로회, 『韓國基督敎長老會五十年略史』, 한국기장총회발행, 1965.

한국기독교장로회총회, 『한국기독교장로회: 연혁 · 정책 · 선언서』, 한국기독교장로회총회,
        1978.

한국기독교교회협의회인권위원회, 『1970년대 민주화운동』 I, KNCC, 1986.

한국기독교역사연구소, 『한국기독교의 역사』 I, 기독교문사, 1989.

_____, 『한국기독교의 역사』 II, 기독교문사, 1990.

한국기독교역사학회 편, 『한국기독교의 역사 III: 해방 이후 20세기 말까지』, 한국기독교
        역사연구소, 2009.

한국기독교장로회성남교회교회사편찬위, 『서울성남교회50년사』, 서울성남교회, 1998.

한국기독교장로회, 『정의 · 평화 · 통일자료집』, 한국기독교장로회총회, 2003.

한국기독자교수협의회, 『한국기독자교수협의회 30년 자료집』, 한국기독자교수협의회, 1998.

한신대학50년사편찬위원회, 『한신대학50년사』, 한신대학, 1991.

한국기독교장로회총회, 『韓國基督敎長老會五十年略史』, 한국기독교장로회, 1965.

한국기독교장로회,『한국기독교장로회: 연혁 · 정책 · 선언서』, 한국기독교장로회총회, 1978.
_____,『경기노회100년사(1907~2007)』, 한국기독교장로회 경기노회, 2007.
함북노회100년사편찬위원회,『함북노회100년사(1912~2012)』, 쿰란출판사, 2014.
향린교회,『향린 40년』, 향린교회, 1993.
혁명청사편찬위원회,『민주한국혁명청사』, 革命靑史編纂委員會, 1962.
황해노회100회사편찬위원회,『황해노회 100회사(1911.12.8.~1971.4.16.)』, 은성문화사, 1971.
6 · 3동지회,『6 · 3학생운동사』, 역사비평사, 2001.
100년사 편찬위원회 편,『총신대학교백년사』, 총신대학교, 2003.
100년사 편찬위원회,『서울 YMCA운동 100년사(1903~2003)』, 서울 YMCA, 2004.
KNCC 인권위원회 편,『한국교회 인권선교 20년사』, 한국기독교교회협의회, 1994.
_____,『한국교회 인권운동 30년사』, 한국기독교교회협의회, 2005.


3. 논문

간하배(Harvey Conn),「한국 장로교 신학에 관한 연구: 역사적 개요」 I ,『神學指南』,
    1933.3, 1966.
_____,「한국 장로교 신학에 관한 연구」 II ,『神學指南』 12월호, 1966.
강근환,「한국교회 신학의 흐름과 전망」,『한국기독교신학논총』 Vol.22, 한국기독교학회,
    2001.
강만길,「장준하와 민주 · 민족운동」,『민족혼 · 민주혼 · 자유혼』, 나남출판, 1995.
강명구,「1960년대 도시발달의 유형과 특징」,『1960년대 사회변화연구: 1963~1970』, 백산
    서당, 1999.
강문규,「세속주의와 세속화」,『基督敎思想』, 대한기독교서회, 1965.2.
강상현,「1960년대 한국언론의 특성과 그 변화」,『1960년대 사회변화연구:1963~70』, 백산
    서당, 1999.
강신석,「한국교회사의 맥락에서 본 김재준의 사상」,『김재준의 생애와 사상』, 주재용 엮
    음, 풍만출판사, 1986.
강원용 · 강문규 · 김용복,「한국교회와 WCC」,『基督敎思想』 통권 295호, 27/1, 1983.
강인철,「월남 개신교, 천주교의 뿌리, 해방 후 북한에서의 혁명과 기독교」,『역사비평』
    제17호, 1992.

_____, 「한국교회 형성과 개신교 선교사들, 1884~1960」, 『한국학보』 Vol.20 No.2, 1994.

_____, 「한국 개신교교회의 정치사회적 성격에 관한 연구: 1945~1960」, 『한국기독교역사연구소소식』, 1994.3.

_____, 「한국전쟁 이후의 사회변동과 종교」, 『한국종교』 제22집, 1997.

_____, 「민주화 과정과 종교: 1980년대 이후의 한국·종교와 정치」, 『종교연구』 27, 2002.

_____, 「한국 개신교 반공주의의 형성과 재생산」, 『역사비평』 제70호, 2005.

_____, 「해방이후 4·19까지의 한국교회와 과거 청산 문제: 의제 설정을 위한 시론」, 『한국기독교와 역사』(24), 한국기독교역사연구소, 2006.

_____, 「박정희 정권과 개신교 교회」, 『종교문화연구』 제9호, 2007.

_____, 「종교계의 민주화운동」, 민주화운동기념사업회연구소 편, 『한국민주화운동사』 2, 돌베개, 2008.

_____, 「해방 후 한국 개신교의 정치참여: 역사와 평가」, 『한국교수불자연합학회지』 Vol.15 No.2, 2009.

_____, 「대한민국초대 정부의 기독교적 성격」, 『한국기독교와 역사』 30호, 한국기독교역사연구소, 2009.

_____, 「종교가 '국가'를 상상하는 법: 정교분리, 과거청산, 시민종교」, 『종교문화연구』 제21호, 한신인문학연구소, 2013.

_____, 「정교분리 이후의 종교와 정치」, 『민주사회와 정책연구』 제26호, 민주사회정책연구원, 2014.

고지수, 「해방 후 장공 김재준의 '기독교적 건국론' 이해: 사료 「기독교의 건국이념(基督敎의 建國理念)을 중심으로」, 『인문과학』 제54집, 성균관대학교 인문학연구원, 2014.

_____, 「4·19 이후 한국교회 갱신문제와 정교관계 이해: 장공 김재준의 정교분리 이해를 중심으로」, 『史林』 Vol.57, 수선사학회, 2016.

고범서, 「獨裁政權下의 宗敎自由」, 『基督敎思想』, 대한기독교서회, 1966.3.

기독교사상편집부 편, 「한국신학 형성사 서설: 한국 기독교의 토착화 문제와 복음선교의 전망」, 『한국의 신학사상』, 대한기독교서회, 1983.

김경재, 「김재준의 정치신학: 신학적 원리와 사회·정치변혁론: 1970~80년대 인권·민주화·평화통일운동을 중심으로」, 『神學思想』 Vol.124, 한국신학연구소, 2004.

_____, 「장공 김재준의 자유혼과 성육신적 영성」, 『울타리를 넘어서』, 유토피아, 2005.

_____, 「해방 후 한국 기독교의 역사인식과 죄책고백」, 『역사신앙고백』, 그물코, 2008.

김권정, 「1920~30년대 기독교인들의 사회주의 인식」, 『한국기독교와 역사』Vol.5, 한국기
　　　독교역사연구소, 1996.

_____, 「1920년대 전반 기독교민족운동에 관한 연구」, 『한국독립운동사연구』Vol.27, 2006.

_____, 「1920~30년대 한국교회의 사회복음 수용과 사회윤리에 관한 연구」, 『기독교사회
　　　윤리』제16집, 2008.

_____, 「1920~30년대 유재기의 농촌운동과 기독교사회사상」, 『한국민족운동사연구』, 60호,
　　　2009.

_____, 「해방 후 기독교세력의 동향과 국가건설운동」, 『숭실사학』제9집, 숭실사학회, 2012.

김동길 · 안재웅 · 서경석 · 한완상, 「韓國 基督學生 · 靑年運動의 새 進路 摸索」, 『基督敎
　　　思想』5월호, 1979.

김동수 · 김용준 · 노홍섭 · 박형규 · 전택부, 「1967년도 한국교회의 과제와 전망」, 『基督敎
　　　思想』, 1967.

김동환, 「김재준의 정치사상」, 『神學 思想』Vol.164, 한국신학연구소, 2014.

김대영, 「반유신 재야운동」, 『유신과 반유신』, 민주화운동기념사업회, 2005.

김명배, 「해방 후 한국개신교 사회참여에 나타난 교회와 국가의 관계」, 『기독교철학』
　　　Vol.7, 한국기독교철학회, 2008.

김명혁, 「한국자유주의신학비판」, 『基督敎 思想』Vol.21 No.11, 1977.

_____, 「현대 에큐메니칼 운동의 역사적 변천과 그 동향: 세계교회협의회를 중심으로」,
　　　『신학지남』Vol.26 No.1, 1979.

_____, 「교회와 국가에 대한 사적고찰」, 『교회와 국가』, 한국기독교문화진흥원 편, 도서
　　　출판 엠마오, 1988.

김병희, 『劉載奇의 예수촌思想과 農村運動』, 啓明大學校 大學院 박사논문, 2008.

김상근, 「20년의 거울」, 『한국교회 인권선교 20년사』, 한국기독교교회협의회, 1994.

_____, 「인격으로 인격을 배웠다」, 『장공이야기』, 한신대출판부, 2001.

김상태, 「1950년대~1960년대 초반 평안도 출신『사상계』지식인층의 사상」, 『한국사상과
　　　문화』Vol.45, 한국사상문화학회, 2008.

김성보, 「1960년대 남북한 정부의 '인간개조' 경쟁」, 『역사와 실학』Vol.53, 역사실학회, 2014.

김승태, 「1930년대 기독교계학교의 '신사문제'소고」, 『한국기독교와 신사참배문제』, 한국
　　　기독교역사연구소, 1991.

_____, 「돌아보는 기장 50년」, 『기장 50년, 돌아보고 내다보고』, 2002.6.3.

_____, 「과거사청산 안했기에 사회 신뢰 잃어」, 『뉴스엔조이』, 2005.6.24.

김재준 · 함석헌, 「양심의 소리는 막지 못한다」, 『基督敎思想』, 대한기독교서회, 1971.12.

김지찬, 「박형룡의 성경관과 한국 장로교: 김재준과 벌인 성경관 논쟁을 중심으로」, 『박형룡의 개혁신앙 재조명』, 2007.

김영한, 「장공김재준 신학의 특징: 복음적 사회참여신학」, 『한국개혁신학』 38, 2013.

김용복, 「몰트만의 政治神學」, 『제3일』, 1970.9.

_____, 「해방 후 교회와 국가」, 『국가권력과 기독교』, 민중사, 1982.

_____, 「민족 분단과 기독교의 대응」, 『역사와 기독교』 제8집, 한국기독교사회문제연구원, 1984.

김익기, 「인구변동과 환경변화」, 한국인구학회편, 『인구변화와 삶의 질』 일신사, 1997.

김의환, 「세속화는 기독교를 교회에서 세상으로 옮기는 것인가」, 『基督敎思想』, 대한기독교서회, 1967.12.

_____, 「비판적 입장에서 본 WCC」, 『基督敎思想』, 12/6, 1968.

_____, 「韓國敎會의 政治參與 問題」, 『신학지남』, 신학지남사, 1973.3.

_____, 「基督敎와 現實參與」, 『신학지남』, 신학지남사, 1973.6.

_____, 「敎會와 國家」, 『신학지남』, 신학지남사, 1974.9.

_____, 「自由主義 神學이 敎會에 끼친 영향」, 『神學과 宣敎』 Vol.- No.8, 2004.

김천배, 「한국의 학생기독교운동: 1945~1960」, 『基督敎思想』 Vol.23(통권 252호), 1979.6.

김홍기, 「자유주의 신학운동」, 『기독교사상사』 Ⅲ, 대한기독교서회, 2002.

김홍수, 「한국 기독교의 현실정치 참여의 유형과 역사」, 『신학사상』 제78집 가을호, 1992.

_____, 「세계교회협의회(WCC)의 한국전쟁 성명과 공산권 교회들」, 『한국근현대사연구』 제24집 봄호, 2003.

_____, 「이승만의 비전, 기독교 국가건설」, 『성격교회와 신학』 제19호, 2008.

_____, 「6 · 25전쟁 초기 기독교의용대의 창설과정: 김병섭의 증언」, 『신학과 현장』 제26집, 목원대 신학연구소, 2016.

나종석, 「1950년대 한국철학계에서의 실존주의: 박종홍과 조가경을 중심으로」, 『사회와 철학』 No.2, 사회와철학연구회, 2010.

노치준, 「해방 후 한국 장로교회 분열의 사회사적 연구: 世俗化와의 관련을 중심으로」, 『사회와 역사』 Vol.5, 1986.

_____, 「한국전쟁이 한국종교에 미친 영향: 한국의 개신교회를 중심으로」, 『한국전쟁과 사회변동』, 한국사회학회, 풀빛, 1992.

도양술, 「세속화론비판」, 『基督敎思想』, 대한기독교서회, 1966.10.

루드 C. 브로우어 · 이상규 · 박원주 역, 「카나다 장로(연합)교회의 한국선교: 1942년까지
의 간략한 개요」, 기독교사상 연구소 주최 제13회 공개강좌 강연(1997.6.2).
류대영, 「함태영, 해방정국에서 기독교조직을 재건하다」, 『한국사시민강좌』 43, 2008.
마상조, 「민주헌법의 기본원리」, 『基督敎思想』, 대한기독교서회, 1969.7.
문동환, 「信仰告白과 共同體」, 『제3일』, 1972.12.
_____, 「한국의 교회교육사」, 『韓國基督敎敎育史』, 대한기독교교육협회, 1973.
문지영, 「김재준과 1960~70년대 민주화운동의 정치사상」, 『정치사상연구』 제16집, 2010.
민경배, 「韓國 프로테스탄지즘의 抵抗史」, 『韓國歷史와 基督敎』, 대한기독교서회, 1983.
_____, 「金益斗牧師의 復興運動과 그의 治病問題」, 『동방학지』 54, 55, 56, 1987.
민관홍, 「세계교회협의회와 한국교회의 관계 역사」, 『한국기독교와역사』 No.40, 한국기
독교역사연구소, 2014.
문백란, 「남궁혁의 신학사상 연구: 1930년대 신학 갈등을 중심으로」, 연세대학교 연합신
학대학원 석사논문, 2004.
박길준, 「한국헌법의 변개와 그 의미」, 『基督敎思想』, 대한기독교서회, 1969.7.
박신오, 「國土統一에 대한 나의 비전」, 『基督敎思想』, 대한기독교서회, 1965.1.
박아론, 「칼 빠르트의 그리스도관」, 『신학지남』 32/4 1965.
_____, 「참 그리스도냐 거짓 그리스도냐?」, 『신학지남』, 1968.6.
_____, 「세속화신학 비판」, 『신학지남』, 1968.9.
_____, 「전위신학 비판」, 『신학지남』, 1969.9.
_____, 「한국교회의 신학적 전통」, 『신학지남』 33/3, 174호, 1976.
박용권, 「1930~1940년대 조선예수교장로회 내의 지역 갈등에 관한 연구」, 『하나님의 대
화 인간의 시간』, 청사 김인수교수퇴임기념논문집 편찬위원회, 쿰란출판사, 2009.
박응규, 「구 프린스톤신학과 한국장로교회」, 『신학과 선교』 No.8. 아세아연합신대원, 2004.
_____, 「한국교회의 정치참여에 대한 역사적 고찰과 평가: 교회와 국가관계를 중심으
로」, 『장로교회화 신학』 5, 2008.
박종현 한경직의 기독교 정치사상」, 『문화와 신학』 Vol.8(통권 제17집), 2011.
박정신, 「1920~30년대 기독교인들의 사회주의 인식」, 『한국기독교와 역사』 Vol.5, 1996.
_____, 「'뒤틀린 해방'의 기억」, 『현상과 인식』 가을호, 2010.
_____, 「한국기독교회와 세계교회협의회」, 『韓國敎會史學會誌』 제28집, 2011.
_____, 「한국기독교와 세계교회협의회: 그 정치적 악연의 역사」, 『한국교회사학회지』 제
28집, 2011.

박재순, 「한국민족과 김재준의 신학적 주체성」, 『열린사회를 위한 민중신학』, 한울, 1995.

_____, 「한국 에큐메니칼 운동의 전통과 신학적 유산」, 『신학사상』 제128집 봄호, 2005.

박형규, 「新敎의 自由는 어디로」, 『思想界』 155호, 1966.1.

_____, 「본헤퍼와 독일 告白敎會(1)」, 『제3일』, 1972.12.

박형룡, 「정통과 신정통」, 『신학정론』 제2권 1~2호, 1950.

_____, 「한국교회에 있어서의 자유주의」, 『신학지남』 Vol.31 No.1, 1964.9.

배경렬, 「50년대 실존주의론」, 『한국문학이론과 비평』 Vol.20, 한국문학이론과비평학회, 2003.

사와 마사히코, 「일제하 '신사문제'와 기독교주의학교」, 『한국기독교와 신사참배문제』, 김 승태 엮음, 한국기독교역사연구소, 1991.

서광선, 「새로운 세대와 세속화」, 『基督敎思想』, 대한기독교서회, 1966.5.

서굉일, 「기장과 카나다연합교회의 선교관계의 역사(1888~1988)」, 『신학과 한국교회』, 한 신대출판부, 1995.

서남동, 「세속화의 과정과 그리스도교」, 『基督敎思想』, 대한기독교서회, 1966.2.

서정민, 「한국 기독교의 반공 입장에 대한 역사적 이해」, 『基督敎思想』 Vol.32, 1982.

_____, 「한국기독교의 현상(現狀)에 대한 역사적 검토」, 『한국기독교와 역사』 31호, 2009.

서중석, 「3선개헌반대, 민청학련투쟁, 반유신투쟁」, 『역사비평』 제1호, 역사비평사, 1988.

_____, 「박정권의 대일자세와 파행적 한일관계」, 『역사비평』 제28호, 역사비평사, 1995.

_____, 「한국전쟁 후 통일사상의 전개와 민족공동체의 모색」, 『분단 50년과 통일시대의 과제』 역사비평사, 1995.

_____, 「분단체제 타파에 몸던진 장준하」, 『역사비평』 제38호, 역사비평사, 1997.

_____, 「천주교정의구현전국사제단의 출범 배경과 활동」, 『사림』 제27호, 2007.

_____, 「총론」, 민주화운동기념사업회연구소 편, 『한국민주화운동사』 1, 돌베개, 2008.

소기천, 「장공 김재준 박사의 성서적 개혁신학과 신앙」, 『한국개혁신학』 39, 2013.

손명걸, 「世俗化 과정에서의 새로운 기독교」, 『基督敎思想』, 대한기독교서회, 1965.12.

손호철, 「1950년대 한국사회의 이데올로기: 한국전쟁 이후 시기를 중심으로」, 『한국정치 연구』 5, 한국정치연구소, 1996.

송진우, 「조선의 장래와 교육」, 『개벽』 18, 1921.

송창근, 「감격의 생활」, 『神學指南』 No.17, 신학지남사, 1935.

_____, 「새 생활의 전제」, 『神學指南』, 신학지남사, Vol.17 No.1, 1935.

신성종, 「新約에 나타난 敎會와 國家의 關係」, 『신학지남』 통권 179호, 1975.9.

신영희, 「우리는 이렇게 산다」, 『十字軍』 속간 5호, 교계춘추사, 1952.

심일섭, 「長空 金在俊의 歷史參與의 신학사상연구」, 『인문과학논집』 창간호, 강남대학교, 1996.

안교성, 「건국과 한국기독교의 관계의 역사적 · 정치사회적 맥락: 아시아 국가, 특히 베트남과 필리핀과의 비교연구를 중심으로」, 『한국기독교와 역사』 No.40, 한국기독교역사연구소, 2014.

안병무, 「법질서의 성서적 이해」, 『基督敎思想』, 대한기독교서회, 1969.7.

_____, 「長空 金在俊의 人間과 行動」, 『신동아』, 1987.3.

안승오, 「'인간화'개념의 기원과 방향」, 『신학과 목회』 Vol.25, 2006.

안종철, 「반일 · 반공의 토대로서 기독교: 한경직 목사의 해방 전후 사역」 『한경직목사기념사업회 세미나』 No.4, 2011.

엄대용, 「1960년대 한국보수신학과 토착화신학의 갈등과 대화 관계」, 연세대학교 연합신학대학원 이론신학과 석사논문, 2008.

연규홍, 「한국 장로교회사에 나타난 칼빈신학하상 이해의 대립과 분열」, 『한국기독교역사연구소소식』 제27호, 1997.

_____, 「종교권력과 교회분열」, 『신학사상』, 겨울호, 2005.

_____, 「역사의 사실과 해석의 진실」, 『광야의 첫 사람들』, 경건과신학연구소, 2006.

_____, 「역사의 사실과 해석의 진실: 장공 김재준에 대한 친일 논의를 반박함」, 『신학연구』 48, 한신신학연구소, 2006.

유동식 · 안병무 · 변선환 · 김경재 · 박종천, 「한국토착화신학 논쟁의 평가와 전망」, 『基督敎思想』 Vol.35 No.6, 1991.

유석성, 「에큐메니칼 운동의 신학과 사회윤리의 주제」, 『神學思想』 제103집 겨울호, 1998.

유영렬, 「기독교민족사회주의자 김창준에 대한 고찰: 김창준 회고록을 중심으로」, 『한국독립운동사연구』 제25권, 2005.

윤성범, 「1967년 신앙고백 연구에 대한 반론: 복음의 세속화의 타당성」, 『基督敎思想』, 대한기독교서회, 1967.12.

_____, 「말씀의 신학과 세속화론」, 『基督敎思想』, 대한기독교서회, 1968.2.

윤정란, 「3 · 1운동과 기독교」, 『종교계의 민족운동』, 한국독립운동사편찬위원회, 2008.

_____, 「1920년대 기독교의 민족운동」, 『종교계의 민족운동』, 한국독립운동사편찬위원회, 2008.

이광수, 「민족개조론」, 『개벽』 23, 1922.

이광호, 「사회참여의 윤리에 대한 연구: 김재준의 신학사상을 중심으로」, 호남신학대 대학원 석사학위논문, 2001.

이규호, 「종교의 세속화와 자율성」, 『基督敎思想』, 대한기독교서회, 1968.12.

이덕주, 「장공 김재준의 삶과 영성」, 『장공 김재준의 신학세계』 2, 한신대학교 출판부, 2016.

이종성, 「基督敎 世俗化와 福音의 主體性」, 『基督敎思想』, 대한기독교서회, 1966.3.

임희국, 「제1공화국시대(1948~1960) 장로교회의 정치참여, 이와 관련된 한경직 목사의 설교」, 『장신논단』 Vol.44 No.2.

이만열, 「한국현대사와 과거 청산의 문제」, 『한국기독교와 민족통일운동』, 한국기독교역사연구소, 2001.

_____, 「한국 반공주의 부침의 역사」, 『20세기 한국을 돌아보며』, 한울, 2001.

_____, 「한경직 목사의 한국교회사에서의 위치」, 『한경직목사기념사업회 세미나』, 한경직목사기념사업회, 2002.1.

이상규, 「해방 후 한국교회의 민주화운동과 통일운동」, 『한국기독교와 역사』 제4호, 한국기독교역사연구소, 1994.

이상록, 「1960~70년대 민주화운동 세력의 민주주의 담론」, 『역사와 현실』 No.77, 2010.

이영숙, 「진보적 개신교 지도자들의 사회 변동 방안 연구: 1957~1984년을 중심으로」, 『현대 한국의 종교와 사회』, 문학과지성사, 1992.

이오갑, 「자유의 맥락에서 본 장공 김재준의 삶과 사상」, 『신학사상』 제141집 여름호, 2008.

이은선, 「한국교회사의 관점에서 본 한국교회와 정치참여」, 『한국개혁신학』 Vol.13, 한국개혁신학회, 2003.

_____, 「한경직의 민족복음화론」, 『한국교회사학회114차학술대회 특별세미나』, 2012.4.

이익수, 「자유주의 신학의 한국교회에 도입된 과정에 관한 연구」, 칼빈대학교 신학대학원 목회학석사논문, 2009.

이장식, 「解放 30年의 敎會」, 『基督敎思想』 207호, 1975.

_____, 「웨스트민스터 신앙고백과 한국장로교회」, 『춘계 이종성박사 화갑기념 논문집』, 대한기독교서회, 1992.

_____, 「조선신학원 설립의 역사적 의의」, 『신학과 한국교회』, 한신대학교출판부, 1995.

이종성, 「기독교 세속화와 복음의 주체성」, 『基督敎思想』, 대한기독교서회, 1966.3.

_____, 「한국교회의 신학적 과제」, 『基督敎思想』 207호, 대한기독교서회, 1975.

이형기, 「'신정통주의 신학'의 기원과 역사」, 『기독교사상사』 III, 대한기독교서회, 2002.

이혜정, 「한경직 연구의 관점: 기독교적 건국론」, 『한국기독교와 역사』 제30호, 한국기독교역사연구소, 2000.

임 걸, 「김재준(金在俊, 1901~1987)에 있어서 목회자의 사회윤리적 정체성」, 『신학사상』 Vol.127, 한국신학연구소, 2004.

_____, 「정치사회적 책임공동체로서의 교회」(1), 『基督敎思想』 Vol.49 No.6, 2005.

_____, 「정치사회적 책임공동체로서의 교회」(2), 『基督敎思想』 Vol.49 No.8, 2005.

_____, 「세계 교회의 한 지체로서 한국 교회: 김재준의 교회 일치 신학」, 『한국기독교신학논총』 Vol.46, 한국기독교학회, 2006.

임대식, 「1960년대 초반 지식인들의 현실인식」, 『역사비평』 제65호, 역사비평사, 2003.

장규식, 「군사정권기 한국교회와 국가권력: 정교유착과 과거사 청산 의제를 중심으로」, 『한국기독교와역사』 Vol.24, 2006.

_____, 「미군정하 흥사단 계열 지식인의 냉전 인식과 국가건설 구상」, 『韓國思想史學』 Vol.38, 한국사상사학회, 2011.

장동민, 「1930~1950년대 한국장로교회에서의 소위 '자유주의' 해석의 문제: 송창근·김재준의 신학을 중심으로」, 『한국기독교와 역사』 Vol.6, 1997.

_____, 「한국장로교회 분열·연합과 '삶의 세계'」, 『장로교회와 신학』 3, 2006.

장병길, 「後進國에서의 宗敎役割」, 『基督敎思想』, 대한기독교서회, 1966.3.

장호식, 「기독교적 경제이념의 재인식: 교회와 사회 세계대회에 다녀와서」, 『기독교세계』 484호, 1966.

전경연, 「信仰告白과 神學的 歪曲」, 『제3일』, 1972.12.

_____, 「신앙과 신학의 자유를 실천하고 확보하신 분」, 『장공이야기』, 한신대출판부, 2001.

전명수, 「1960~70년대 한국개신교 민주화운동의 특성과 한계: 종교사회학적 접근」, 『한국학연구』 35, 고려대학교 한국학연구소, 2010.

정영진, 「1950년대 지식인의 자유주의 담론 연구」, 『사회와 철학』 No.29, 사회와철학연구회, 2015.

정용석, 「보수와 진보의 갈등」, 『기독교사상사』 III, 대한기독교서회, 2002.

정종훈, 「김재준의 사회윤리사상 연구」, 長老會神學大 大學院 석사학위논문, 1990.

장준하, 「권두언: 긴급을 요하는 혁명과업의 완수와 민주정치에로의 복귀」, 『사상계』 통권 96호, 1961.7.

정지호, 「초기 한국교회의 "자유주의"와 "성서" 이해: 박형룡과 김재준을 중심으로」, 호남
　　신학대 대학원 석사학위논문, 2011.

정해구, 「한국 반공주의 부침의 역사」, 『20세기 한국을 돌아보며』, 한울, 2001.

정화진, 『鼎山 宋奎의 『建國論』 연구』, 원광대학교 일반대학원 박사논문, 2012.

조병호, 「한국기독학생운동사 연구: 한국현대사 전개과정에서의 민주화운동과 복음화운
　　동을 중심으로」, 『한국기독교역사연구소소식』 제71호, 2005.

조희연, 「유신체제하 반독재민주화투쟁의 전개와 그 성격」, 민주화운동기념사업회연구소
　　엮음, 『한국민주화운동사』 2, 돌베개, 2009.

주재용, 「에큐메니칼운동 30년 비판」, 『基督敎思想』 Vol.207, 1975.

＿＿＿, 「WCC의 역사와 이념」, 『基督敎思想』 통권 295호 No.1, 1983.

＿＿＿, 「한국 기독교사에 있어서 김재준의 사상적 위치」, 『김재준의 생애와 사상』, 주재
　　용 엮음, 풍만출판사, 1986.

＿＿＿, 「한국기독교장로회의 역사」, 『한국기독교역사연구소소식』 제113회, 1994.

＿＿＿, 「장공 김재준의 생애와 사상」, 『한국문화신학회 논문집』 Vol.5, 한국문화신학회,
　　2001.

지명관, 「그리스도인과 社會正義」, 『基督敎思想』, 대한기독교서회, 1965.2.

채수일, 「1970년대 진보교회 사회참여의 신학적 기반」, 『한국기독교와 역사』 Vol.18, 한
　　국기독교역사연구소, 2003.

최병천, 「1930~50년대 장로교 신학논쟁: 김재준, 박형룡의 성서관을 중심으로」, 장로회신
　　학대학교 대학원 석사학위논문, 2004.

최성일, 「일제박해 시대의 선교유형에 관한 연구」, 『신학사상』, 2005 여름.

최우길, 「복음의 세속화와 특수전도」, 『基督敎思想』, 대한기독교서회, 1967.12.

최효섭, 「대한기독교교육협회 약사」, 『韓國基督敎敎育史』, 대한기독교교육협회, 1973.

澤正彦, 「韓國敎會의 共産主義에 대한 태도의 역사적 연구」, 『基督敎思想』 Vol.27 No.8,
　　1983.

함석헌, 「人間改造論」, 『최고회의보』 창간호, 국가재건최고회의, 1961.

＿＿＿, 「5·16을 어떻게 볼 것인가」, 『사상계』, 1961.7.

허명섭, 「미군정기 재한 선교사와 한국교회」, 『한국교회사학』 제16집, 한국교회사학회, 2006.

허 은, 「'5·16군정기' 재건국민운동의 성격」, 『역사문제연구』, 역사문제연구소, 제11호,
　　2003.

허 혁, 「복음화냐 세속화냐」, 『基督敎思想』, 대한기독교서회, 1965.12.

현영학, 「五·一六革命과 韓國敎會의 課題」, 『基督敎思想』 5권 7호, 1961.7.

_____, 「민중의 고난과 민중신학」, 『이땅에 平和를: 운산 김관석 목사 고희기념문집』, 김관서목사고희기념문집출판위원회, 1991.

홍석률, 「1960년대 지성계의 동향」, 『1960년대 사회변화 연구: 1963~1970』, 백산서당, 1999.

_____, 「유신체제의 형성」, 『유신과 반유신』, 민주화운동기념사업회, 2005.

홍 철, 「20세기 미국 근본주의 운동의 역사적 고찰: 미국 장로교를 중심으로」, 『역사신학 논총』 제13집, 2007.

홍치모, 「한국 보수신학의 입장에서 본 김재준」, 『김재준의 생애와 사상』, 주재용 엮음, 풍만출판사, 1986.

홍현설, 「傳道에 있어서의 一致」, 『基督敎思想』, 대한기독교서회, 1965.5.

황병주, 「1950년대 엘리트 지식인의 민주주의 인식: 조병옥과 유진오를 중심으로」, 『史學 硏究』 No.89, 한국사학회, 2008.

_____, 「인권운동」, 민주화운동기념사업회연구소 편, 『한국민주화운동사』 2, 돌베개, 2009.

황정욱, 「한국교회의 신정통주의와 진보적 신앙정통」, 『基督敎思想』 Vol.39 No.12, 1995.

H. 크루거, 「세계교회협의회(WCC)의 사업과 활동들」, 한국복음주의선교학회 편역위원, 『에큐메닉스(선교와 교회일치)』, 성광문화사, 1988.

Larry Shiner, 「세속화신학의 방향」, 대한기독교서회, 1966.4.

# 찾아보기

## ▼ 기타

# 저자 소개

고지수 | 제주 출생으로 한 아이의 엄마이자 주부이다. 창원대학교에서 학부와 석사를 거쳐 성균관대학교 사학과에서 「김재준의 기독교적 사회참여 연구」(2016)로 박사학위를 받았다. 수선사학회, 한국기독교역사연구소 회원이며 한국현대사·개신교 사회운동사 등을 연구하고 있다. 주요 논문으로 「1990년대 북미관계 전개과정과 특성」, 「해방 후 장공 김재준의 '기독교적 건국론' 이해: 사료 「基督敎의 建國理念」을 중심으로」, 「4·19이후 한국교회 갱신문제와 '참여'이해」, 「장공 김재준의 정교관계 이해와 사회참여 변화」(한국기독교역사학회 학술발표) 등이 있고, 「역사적 관점에서 본 장공 김재준의 민주주의·자유민주주의 이해」로 민주화운동기념사업회에서 실시한 '2016년 민주주의학술논문 공모'에 선정된 바 있다.